V&R

Wolfgang Lukas

AB

Anthropologie und Theodizee

Studien zum Moraldiskurs im deutschsprachigen Drama
der Aufklärung (ca. 1730 bis 1770)

TB

399 pp.

Göttingen p'

Vandenhoeck & Ruprecht

publ

Bibliografische Information Der Deutschen Bibliothek

Die Deutsche Bibliothek verzeichnet diese Publikation in der Deutschen Nationalbibliografie; detaillierte bibliografische Daten sind im Internet über <http://dnb.ddb.de> abrufbar.

ISBN 3-525-20841-3

Satz und Layout: wapitisign, Retlaw Hüttemann, 94161 Ruderting
Umschlagkonzept: Grothuis Lohfert Consorten, Hamburg
Druck und Bindung: Hubert & Co., Göttingen

Gedruckt auf alterungsbeständigem Papier.

Inhalt

DRITTER TEIL
Emotionalistische Transformationen zwischen 1750 und 1770

Einleitung[*]

Textcorpus und theoretische Voraussetzungen

Die germanistische Forschung zum Drama der Aufklärung ist durch gewisse Einseitigkeiten geprägt. Die eine, bereits vielfach beklagte,[1] besteht in der Fixierung auf eine hochbewertete Gattung – die des bürgerlichen Trauerspiels – und einen kanonisierten Autor – ihren Schöpfer Lessing. Demgegenüber ist in den letzten Jahren zu Recht die Bedeutung des heroischen Trauerspiels als eines eigenständigen und bedeutenden, nicht nur auf die Gottschedzeit zu beschränkenden Gattungsstrangs hervorgehoben worden, der darüber allzu leicht aus dem Blick zu geraten drohte.[2] Parallel hierzu finden sich auch innerhalb der Forschung zum bürgerlichen Trauerspiel erfreuliche Ansätze zur Erweiterung des allzu monotonen Textcorpus um andere, weniger bekannte Autoren[3] und damit zur Abkehr von einer teleologisch auf Lessing hin ausgerichteten und wertenden Literaturgeschichtsschreibung.

Trotz der erwähnten Ungleichgewichtigkeiten darf sich die Tragödie dabei noch eines privilegierten Interesses erfreuen. Im auffälligen Gegensatz hierzu muss die Komödie nach wie vor als ein Stiefkind der Aufklärungsforschung gelten, und an dieser weiteren Einseitigkeit der Forschung hat sich in den letzten Jahrzehnten nur wenig geändert. Allenfalls in einigen Ansätzen scheint sich ein neues Interesse an der Komödie anzudeuten, bezeichnenderweise gilt es zunächst der zeitgenössischen poetologischen Theorie über die Komödie, nicht den Komödien selbst.[4] Die so offenkundige Bevorzugung der Tragödie vor der Komödie in der Germanistik scheint sowohl die Fortschreibung einer traditionellen und äußerst zählebigen poetologischen Hierarchie der Gattungen als auch Ausdruck jenes zweitklassigen Rufes zu sein, den die deutsche Komödie bekanntlich generell genießt. Ohne diese Wertung hier näher dis-

---

[*] Die Orthographie folgt dem von der Deutschen Akademie für Sprache und Dichtung herausgegebenen Kompromissvorschlag: *Zur Reform der deutschen Rechtschreibung. Ein Kompromißvorschlag.* Göttingen 2003.

[1] Vgl. u. a. Meier, Dramaturgie der Bewunderung, S. 13ff.; Steinmetz, Das deutsche Drama, S. 88f.

[2] Hier ist vor allem Meier, Dramaturgie der Bewunderung, zu nennen, sowie Schulz, Tugend, Gewalt und Tod, und Rochow, Das Drama hohen Stils.

[3] Siehe Mönch, Abschrecken oder Mitleiden; Fiederer, Geld und Besitz; sowie den Sammelband von Koopmann, Bürgerlichkeit im Umbruch, zur Oettingen-Wallersteinschen Bibliothek.

[4] Siehe Profitlich, Komödientheorie, und Simon, Theorie der Komödie.

kutieren zu wollen, kann dennoch leicht festgestellt werden, dass sie, zumindest was die Geringschätzung der deutschsprachigen Aufklärungskomödie gegenüber ihrer Schwester, der zeitgenössischen Tragödie betrifft, ein Vorurteil darstellt und jedenfalls in der Sache, d.h. den Texten selbst, kaum begründet ist. Im Gegenteil, die Komödie dürfte innerhalb des Zeitraums von 1730 bis 1770 weithin – ganz eindeutig gilt dies etwa für die zweite Hälfte der 40er Jahre – die quantitativ wie qualitativ bedeutendere Gattung sein. Die Unkenntnis der deutschsprachigen Komödienproduktion ist nicht für alle Teilphasen der Aufklärung gleich groß. Hier besteht eine deutliche Differenz zwischen früher und empfindsamer Aufklärung,[5] wie sie sich im Übrigen in analoger Weise, wenn auch weniger krass ausgeprägt, auch für die heroische Tragödie konstatieren lässt, deren frühaufklärerisches Corpus aus dem Umkreis der Gottschedschen *Schaubühne* deutlich besser erforscht ist als das nach 1750.[6] Während die Komödie der Frühaufklärung – und zwar sowohl die Typenkomödie der 30er und der ersten Hälfte der 40er Jahre als auch die frühe empfindsame Komödie der zweiten Hälfte der 40er Jahre – durchaus zum Forschungsgegenstand geworden ist, gilt Vergleichbares für die Komödie nach 1750 durchaus nicht, ja sie war bis vor kurzem noch nicht einmal bibliographisch erfasst.[7] Zwischen dem Ende der frühempfindsamen Komödienproduktion von Gellert, Schlegel, Krüger und Lessing und der beginnenden Sturm-und-Drang-Komödie eines Lenz, Klinger etc. klafft eine riesige Lücke: Hier gibt es, so scheint es, nur Lessings *Minna von Barnhelm*.[8] Es wird die überragende Position Lessings kaum infragestellen, wenn man auch auf seine Zeitgenossen wie u.a. Christian Felix Weiße, Christian Leberecht Martini, Theodor Gottlieb von Hippel oder Karl Franz Romanus aufmerksam macht, die zum Teil sehr interessante und lesbare Komödien geschrieben haben. Diese wenigstens zum Teil dem germanistischen Wissen wieder verfügbar zu machen, ist nicht zuletzt auch eines der Ziele dieser Arbeit. Sie versucht, den genannten einseitigen Gattungspräferenzen und Kanonisierungen der Forschung zu begegnen, indem

---

5 Diese Differenz ist auch, aber wohl nicht nur dem generellen Anstieg der deutschsprachigen Dramenproduktion nach der Jahrhundertmitte geschuldet. Siehe hierzu am Beispiel der Tragödie Meyer, Das deutsche Trauerspiel des 18. Jahrhunderts, S. 16ff.

6 Siehe die Monographie von Hollmer, Anmut und Nutzen, zu sämtlichen Originaltrauerspielen der Schaubühne. Ungebrochen ist vor allem das Interesse für Gottscheds Trauerspiel *Cato*, das mittlerweile zu den meistinterpretierten Dramen des deutschen 18. Jahrhunderts zählen dürfte (zur Literatur s. Kap. 2.).

7 Die frühaufklärerische Komödienproduktion von 1730–1750 ist hingegen bereits seit langem relativ gut erfasst, vgl. etwa Aikin-Sneath, Comedy in Germany. Die von Reinhart Meyer herausgegebene Bibliographia dramatica et dramaticorum, die diese bibliographische Lücke erstmalig schließen wird, ist mittlerweile bis 1765/1766 (Bd. 21, 2004) gediehen.

8 Vgl. diesbezüglich typische Epochendarstellungen wie Freund, Deutsche Komödien, oder Greiner, Die Komödie.

sie ein Textcorpus von ca. 150 Dramen zugrundelegt, das heroische Tragödie wie bürgerliches Trauerspiel, empfindsam-rührendes Lustspiel wie satirische Typenkomödie[9] umfasst – einzig das Singspiel und Schäferspiel werden, aus rein pragmatischen Gründen, nur am Rande berücksichtigt (s. Anhang).

Eine weitere Einseitigkeit der germanistischen Forschung zum Aufklärungsdrama besteht schließlich in der überwiegenden Orientierung an Fragen der Poetologie und ästhetischen Theorie. Dass die Rekonstruktion der zeitgenössischen Diskussion um die aristotelische Poetik, um die Gottschedsche Reformpoetik und insbesondere um die konkurrierenden wirkungsästhetischen Paradigmen der ›Bewunderung‹ vs. des ›Mitleid(en)s‹ etc. notwendig ist, steht außer Frage, stellt diese Theorieproduktion doch selbst ein höchst signifikantes Phänomen der Epoche dar. Die mittlerweile fast ausschließliche Beschäftigung mit diesen Fragestellungen und vor allem deren Festschreibung als *privilegierte Analysekategorien für den Zugang zu den Texten selbst* darf allerdings doch etwas überraschen. In ihr scheint sich zum Teil, ob eingestanden oder nicht, eine gewisse Verlegenheit oder gar Geringschätzung gegenüber Texten zu manifestieren, die als solche scheinbar kaum interpretatorische Probleme aufwerfen und gleichsam des aufwertenden Rekurses auf textexterne Kategorien – und dies sind, in Bezug auf die Texte, selbstverständlich zunächst auch die aus anderweitigen, theoretischen Schriften gewonnenen poetologischen Kategorien – bedürfen, damit substanzielle Aussagen über sie getroffen werden können. Während die Rekonstruktion der poetologischen Diskussionen der Epoche um das Drama zumindest für die Tragödie als geleistet gelten darf – hier sind im vergangenen Jahrzehnt eine Reihe wichtiger Arbeiten erschienen[10] –, herrscht nach wie vor Mangel an Arbeiten, die sich der Geschichtsebene dieser Texte, d.h. der *Logik und Semantik der dargestellten Welten* und der in ihnen ablaufenden *narrativen Prozesse* widmen. Mit anderen Worten, es existiert, so soll hier behauptet werden, eine Dimension der Textbedeutung, die mit poetologischen Kategorien nicht zu fassen ist und einem Ansatz, der sich hierauf beschränkt, notwendig entgehen muss. Anstelle einer apriorischen Übernahme vorgegebener poetologischer Kategorien wird hier versucht, das Analyseinstrumentarium und die relevanten semantischen Kategorien der In-

---

9 Sowohl ›Tragödie‹ und ›Trauerspiel‹ zum einen, als auch ›Komödie‹ und ›Lustspiel‹ zum anderen werden im Folgenden synonym verwendet. Differenzierungsversuche, die zum Teil bereits von den Zeitgenossen unternommen wurden, konnten sich nicht durchsetzen. Vgl. hierzu Meier, Dramaturgie der Bewunderung, S. 7, Anm. 3 und Trautwein, Komödientheorien.

10 Stellvertretend seien hier folgende größere Monographien genannt: Alt, Tragödie der Aufklärung; Hollmer, Anmut und Nutzen; Luserke, Die Bändigung der wilden Seele; Meier, Dramaturgie der Bewunderung; Mönch, Abschrecken oder Mitleiden; Zeller, Struktur und Wirkung.

terpretation zunächst ausschließlich am Objekt selbst zu entwickeln und sie erst in einem zweiten Schritt in Relation zu setzen mit Kategorien der zeitgenössischen theoretischen Diskurse.[11]

Die Privilegierung speziell von wirkungsästhetischen Fragestellungen wird zum Teil begründet mit der Kritik an früheren rein stoff- und motivgeschichtlichen Arbeiten[12] sowie mit der Forderung nach »einem Interpretationsansatz, der auf ahistorische Wertungen verzichtet«.[13] So berechtigt diese Kritik zweifellos ist – wobei einige der primär motivgeschichtlichen Arbeiten allerdings, das sollte nicht vergessen werden, das Verdienst besitzen, wichtige Textkorpora überhaupt erst erschlossen zu haben[14] –, so führt der Ausweg sowohl aus der Motivgeschichte als auch aus einer ahistorisch wertenden und teleologisch auf Lessing hin orientierten Literaturgeschichtsschreibung jedoch nicht logisch zwingend über den Rekurs auf die Autorenintention, d.h. die vom Autor intendierte Affektsteuerung und Wirkung, die wiederum mithilfe der Kategorien der zeitgenössischen poetologischen Diskussion zu ermitteln wäre. Insofern die Wirkungsintention an überprüfbare Textstrukturen zurückgebunden wird, besteht in der Praxis freilich vielfach Übereinstimmung mit den genannten Ansätzen.[15] Die Kritik richtet sich hier primär gegen eine Verabsolutierung der wirkungsästhetischen Fragestellung, da sie der Gefahr sowohl einer ahistorischen Psychologisierung als auch einer erneuten Wertung ausgesetzt ist, insofern sie nämlich zu Spekulationen über die mutmaßlichen Wirkungen gezwungen ist, die das jeweilige Stück beim zeitgenössischen Zuschauer potenziell ausgelöst haben könnte,[16] oder insofern sie Texte nach dem Kriterium einer »sozialpsychologischen Glaubwürdigkeit« bewertet, die freilich ihrerseits zuallererst zu historisieren wäre.[17]

Besteht die Notwendigkeit der Unterscheidung von literarischem Text und poetologischer Theorie aus methodischen Gründen prinzipiell,[18] so gilt sie

---

11 Zu diesem methodologischen Problem vgl. u.a. Zeller, Struktur und Wirkung, S. 187, sowie Titzmann, Skizze einer integrativen Literaturgeschichte, S. 399ff.

12 So z.B. bei Meier, Dramaturgie der Bewunderung, S. 33f.

13 So bei Hollmer, Anmut und Nutzen, S. 11.

14 Genannt seien hier vor allem Schaer, Die Gesellschaft im bürgerlichen Drama; Heitner, German Tragedy; Birk, Bürgerliche und empfindsame Moral. Vgl. auch Friederici, Das deutsche bürgerliche Lustspiel, dessen Ergebnisse aufgrund einer ahistorischen klassensoziologischen Perspektive allerdings wenig brauchbar sind.

15 Vgl. hierzu das Konzept der »Textintentionalität«, auf das Meier, Dramaturgie der Bewunderung, S. 32, rekurriert. Das angesprochene methodologische Problem wird damit freilich nur scheinbar gelöst.

16 So wiederholt bei Meier, vgl. ebd., S. 68ff., 302 u. passim.

17 Ebd., S. 60; vgl. auch 104, 107.

18 So wird man ebenso wenig, um ein anderes Beispiel zu nennen, etwa aus der frühromantischen philosophischen Theorie bereits das adäquate Analyseinstrumentarium zur Interpretation der romantischen Literatur gewinnen können.

a fortiori für die Frühaufklärung und die Gottschedsche Poetologie und deren zentrales Stück, die berüchtigte Lehrsatztheorie, die die »Fabel« des dramatischen Werks auf einen moralischen Lehrsatz zurückführt und, als präskriptive Regel und quasi-produktionsästhetisches Theorem, die Verfertigung bzw. Genese des Kunstwerks aus einem solchen Lehrsatz vorschreibt bzw. naiv erklären zu können vorgibt.[19] Was Gottsched die »Haupt-Absicht« bzw. die »moralische Wahrheit« der »Fabel« nennt,[20] hat evidentermaßen nichts zu tun mit der semiotischen Kategorie der ›Textbedeutung‹, die den Literaturwissenschaftler interessiert: Letztere kann also auch nicht mit ersterer identifiziert werden. Der Reduktionismus dieser Theorie wurde zum Teil bereits von den Zeitgenossen angeprangert, so u. a. in der bekannten Kritik Johann Elias Schlegels: »gleich als ob man große Theaterstücke mit vieler Kunst deswegen verfertigte, um eine einzige, bekannte, seichte, und oft sehr unbestimmte Sittenlehre zu sagen, die man aus der Komödie eines Seiltänzers ebenfalls herleiten kann.«[21] Das Problem lässt sich nicht etwa durch den Verweis auf die Differenz der literarischen Produktion von Gottsched und Schlegel lösen. Die Schlegelsche Kritik soll hier vielmehr zum Anwalt von Gottscheds eigener poetischer Praxis gegen seine Theorie gemacht werden. Die Inadäquatheit der Gottschedschen Kategorien für die Analyse seiner eigenen literarischen Texte wurde vereinzelt bereits konstatiert. So hat etwa Horst Steinmetz am Beispiel des *Sterbenden Cato* sehr zu Recht kritisiert, dass man sich diesem Text »bisher […] nur von Gottscheds eigenem Standpunkt her genähert habe«, und hat demgegenüber die Notwendigkeit angedeutet, »das Drama vielleicht geradezu gegen Gottscheds Absichten [zu] analysieren, damit man ihm gerecht zu werden vermag.«[22] Die vorliegende Arbeit versucht, diese kritische Anregung systematisch zu berücksichtigen. Indem sie textuelle Semantik und poetologische Theorie zunächst unterscheidet, vermag sie aufzuzeigen, dass die literarische Praxis bereits der Frühaufklärung wesentlich ›interessanter‹ ist, als es die begleitende Theorie vermuten lässt, insofern die Texte nämlich Brüche und versteckte Ambivalenzen aufweisen, die sich einer Beschreibung mittels der offiziellen poetologischen Theoreme nicht nur entziehen, sondern diesen zum Teil sogar zuwiderlaufen. Die Differenz und ambivalente Relation von poetologischer Theorie und literarischer Praxis ist zwar bei Gottsched besonders krass ausgeprägt, sie ist jedoch keineswegs auf diesen beschränkt, sondern

---

19 Siehe Gottsched: *Versuch einer Critischen Dichtkunst*, 4. Kap. »Von den drei Gattungen der poetischen Nachahmung und insonderheit von der Fabel« und 10. Kap. »Von Tragödien oder Trauerspielen« (Gottsched, Schriften zur Literatur, S. 96f. und 161ff.).

20 Ebd., S. 97, 163.

21 *Gedanken zur Aufnahme des dänischen Theaters* (SC 75–111, hier 86). Vgl. auch Meier, Dramaturgie der Bewunderung, S. 159; Alt, Tragödie der Aufklärung, S. 95.

22 Steinmetz, Nachwort zu *Cato*, S. 139f.

muss als Spezifikum der Epoche, zumal der Frühaufklärung gelten,[23] was seinerseits natürlich ein zu interpretierendes literarhistorisches Faktum darstellt.
Die Arbeit wird an einigen Stellen hierzu Thesen formulieren.

Zu Thema und Fragestellung

Analog zur zentralen Stellung der Moralphilosophie im Feld der zeitgenössischen theoretischen Diskurse darf auch in der Literatur der frühen und der
mittleren Aufklärung, also in etwa des Zeitraums von ca. 1730–1770, die Moral als eines der zentral verhandelten Themen gelten.[24] Die Literatur generell
spielt in dieser ihrer ›vorautonomen Phase‹ bekanntlich eine wichtige Rolle bei der Vermittlung der neuen aufklärerischen Moral. Speziell das Theater bzw. das Drama erhält dabei, beginnend mit der Gottschedschen Reform,
eine prominente Funktion zugewiesen. In Korrelation mit dieser grundlegenden moraldidaktischen Funktionalisierung des Dramas, aber zugleich als
eigenständiges textuelles Phänomen, bildet sich ein dramenspezifischer ›Moraldiskurs‹ aus, in dessen Mittelpunkt das säkulare Aufklärungs-Projekt der
Neubegründung und -legitimation von Werten und Normen steht. Dieser
Moraldiskurs ist von einem Materialcorpus zu abstrahieren, das zu diesem
Zweck quantitativ aussagekräftig und einigermaßen repräsentativ sein muss.
Das hier zugrundegelegte Textcorpus beansprucht dies im angegebenen Untersuchungszeitraum lediglich in Bezug auf die sogenannten »Originalstücke«,
wohingegen die große Zahl von existierenden Übersetzungen bzw. Bearbeitungen aus praktischen Gründen unberücksichtigt bleiben muss. Postuliert
wird die Existenz von *gattungsübergreifenden Modellen und Strukturen*, die bei
der Orientierung an etablierten Gattungsunterscheidungen nicht sichtbar würden; zu diesen gehören u.a. die diversen Versuche des Entwurfs einer – Natur
und Norm identifizierenden – ›Naturmoral‹ und die im Zusammenhang damit
vorgenommene spezifische Relationierung von Normativität und Kausalität;
Versuche der Kompatibilisierung und Synthesebildung von Autonomie und
Heteronomie; Strategien der Abwehr von Kontingenz bzw. Relativität sowie
Lösungsversuche des Theodizeeproblems. Die Differenzen der Gattungen und

---

23 Vgl. Steinmetz am Beispiel der zeitgenössischen Diskussion über den *Cato*, hier insbesondere
der Kontroverse zwischen Gottsched und Gottlieb Stolle: Deren Beiträge, so der Heraus-
geber, zeigten, »mit welcher Eindringlichkeit man unwichtige Äußerlichkeiten diskutierte,
wie wenig die Argumente, mit denen man die Fragen und Einwände des Gesprächspartners
beantwortete, dem Gegenstand, über den man sich stritt, angemessen waren.« (Steinmetz,
Nachwort zu *Cato*, S. 142).

24 Vgl. Alt, Tragödie der Aufklärung, S. 65; Grimminger, Aufklärung, S. 27ff.; Titzmann,
Empfindung und Leidenschaft, S. 139f.

Subgattungen werden sekundär als inhaltliche homologe Varianten gemeinsamer zugrundeliegender Strukturen erfassbar. So lässt sich z.B. ein bestimmtes, im gesamten Untersuchungszeitraum äußerst beliebtes Intrigenmodell in der Komödie als gattungsspezifische Ausprägung jener antiintellektualistischen Durchsetzungsstrategie der Aufklärung (P. Kondylis) interpretieren, die für die Dramatik insgesamt nachweisbar ist. Nicht zuletzt wird somit auch eine neue Perspektive auf die historischen Gattungen sowie insbesondere auf die epochalen Tendenzen der Gattungsmischung eröffnet.

Die ›Elemente‹ dieses Moraldiskurses situieren sich auf zwei prinzipiell zu unterscheidenden Ebenen der Normvermittlung: einer *explizit-diskursiven*: die auf der Textoberfläche in der Figurenrede verhandelten Werte und Normen – und einer *implizit-narrativen*: spezifische Modelle der narrativen Ereignisverkettung, der Konfliktkonstitution und -lösung. Beide Ebenen konvergieren keineswegs *a priori*. So zeigt sich etwa, dass das ›offiziell‹ von den Dramen verkündete und vertretene Wertsystem in eben diesen Texten von Anfang an auf Handlungsebene ›inoffiziell‹ unterlaufen wird. Der konflikthaften Interaktion dieser beiden Ebenen wird ein ganz besonderes Interesse dieser Arbeit gelten, insofern sie als mentalitätsgeschichtlicher Indikator einer latenten, nicht-theoretisierten (und -theoretisierbaren) Normenkrise interpretierbar wird, die in dieser Form nur in der Literatur, nicht aber in den theoretischen Diskursen der Epoche greifbar wird. Das, was auf der Textoberfläche als Positionen der neuen aufklärerischen Moral vermittelt wird, ist auf einer Tiefenebene immer schon mit einer latenten Begründungsnot behaftet. Daraus legitimiert sich auch die Entscheidung dieser Arbeit, den Moraldiskurs zunächst textimmanent zu rekonstruieren und erst in einem zweiten Schritt in Relation zu setzen zu offiziellen Positionen der zeitgenössischen Moralphilosophie, um auf diese Weise die spezifische kulturelle Funktion der Literatur in diesem Zeitraum deutlich werden zu lassen, die eben mehr ist als bloße Einübung oder Illustration theoretisch vorgegebener Normen.

Die Großgliederung der Arbeit folgt chronologisch den einzelnen historischen Teilphasen der Epoche, die zugleich relevante Etappen der Wandlungen des Moraldiskurses darstellen; anhand deren Rekonstruktion soll ›Aufklärung‹ in ihrem dynamischen Prozesscharakter sichtbar werden. Die Arbeit gliedert zunächst und konform mit der von der Literaturgeschichtsschreibung vorgenommenen Periodisierung in eine Teilphase der Frühaufklärung von ca. 1730–1750, in der im wesentlichen rationalistische Normsetzungs- und -begründungsversuche dominieren, und in eine empfindsame Teilphase von ca. 1750–1770, in der diese von einem emotionalistischen Moraldiskurs abgelöst werden. Ergänzend zur gängigen Zäsurierung wird die Phase von 1745–1750 als eigenständige Übergangsphase zwischen Frühaufklärung und Empfindsamkeit isoliert, in der zentrale Weichenstellungen vorgenommen werden, die bis zum Ende des Untersuchungszeitraums konstant bleiben werden, ohne dass jedoch bereits alle frühaufklärerischen Grundkonstellationen aufgegeben würden.

Anthropologie und Theodizee – Literatur als Indikator einer epochalen Normenkrise

Der Wandel von der Frühaufklärung zur Empfindsamkeit stellt sich auf den ersten Blick dar als Ablösung einer dominant rationalistischen Anthropologie, die die menschliche Vernunft als entscheidende Instanz setzt, durch eine neue emotionalistische Anthropologie, die die Entdeckung und Aufwertung der Emotionalität/Affektivität betreibt und dergestalt ein neues Konfliktpotenzial im Subjekt selbst anlegt. Anhand der hier behandelten Dramentexte lässt sich ein etwas differenzierteres Bild zeichnen. Denn bereits von Anfang an und in Auseinandersetzung mit dem offiziell als normativ gesetzten rationalistisch-heroischen Tugendsystem wird, so lässt sich zeigen, eine Ebene des Empfindens und Fühlens etabliert als autonome, sich von der Moral zunehmend emanzipierende Ebene. Insofern diese in Opposition zum Tugendheroismus steht und als ›menschlich‹ im emphatischen Sinn gilt, kann bereits in der Frühaufklärung von einer Tendenz zur ›Anthropologisierung‹ gesprochen werden. In ihr manifestiert sich u. a. jene säkulare Tendenz zur »Rehabilitation der Sinnlichkeit« (P. Kondylis), die im Zentrum des aufklärerischen Denkens steht. In Übereinstimmung mit jüngsten diskursgeschichtlichen Forschungen zum theoretischen, vor allem medizinischen Schrifttum der Frühaufklärung[25] lässt sich analog auch in der Literatur die ›Wende zur Anthropologie‹ vordatieren. Die Arbeit versucht zu zeigen, wie sich bereits in der Frühaufklärung im Drama ein anthropologischer Diskurs über die ›menschliche Natur‹ zu formieren beginnt, der seinerseits integrativer Bestandteil des Moraldiskurses wird und für die Lösung des zunehmend drängend werdenden Theodizeeproblems instrumentalisiert wird. Das besondere Interesse gilt hierbei wiederum den impliziten logischen Widersprüchen, die das Drama im Medium der Fiktion inszeniert.

Ein ganz spezifischer Aspekt der impliziten systemimmanenten Normenkrise, der sich wie ein roter Faden durch den gesamten Untersuchungszeitraum zieht, betrifft jene Probleme, die sich bei dem epochalen und von der Literatur ganz entscheidend transportierten und mitgestalteten[26] Versuch der modellhaften Neuorganisation von sozialer Bindung im öffentlichen (Tragödie) wie privaten Raum (Komödie) ergeben. Der Entwurf von empfindsamer, auf gegenseitiger Zuwendung basierender Sozialität lässt sich nicht reibungslos durchsetzen, sondern stößt auf Widerstände. Die Dramenliteratur erweist sich

---

25 Siehe insbesondere Dürbeck, Einbildung, und Zelle, Vernünftige Ärzte. Siehe auch Torra-Mattenklott, Metaphorologie.
26 Vgl. Wegmann, Diskurse der Empfindsamkeit; Jäger, Freundschaft, Liebe und Literatur; Koschorke, Körperströme.

als außerordentlich sensibel für diese impliziten Widersprüche und Ambivalenzen, die zumeist noch unterhalb der Bewusstseinsschwelle der Zeitgenossen
liegen und daher noch kaum Eingang gefunden haben in die theoretischen
Diskurse der Epoche. So lassen die Dramen ab etwa 1745 gattungsübergreifend rebellische Figuren auftreten, die die normativ geforderte Erwiderung
empfindsamer Menschenliebe verweigern und den Grundkonsens der Empfindsamen dergestalt fundamental infragestellen. Mit einer unverkennbaren,
bisweilen gar maliziösen Lust inszenieren die Texte dergleichen Störfaktoren
gegen die empfindsame Interaktionsmoral, die sie offiziell gleichwohl propagieren. Sichtbar werden soll hierbei wiederum auch die spezifische kulturelle
Leistung der Literatur, die als privilegiertes Medium jene impliziten Ambivalenzen und Widersprüche austrägt, die erst in der Spätaufklärung Objekt
theoretischer Diskussion werden, und die somit auch in ihrer ›vor-autonomen‹
Phase alles andere als bloße Applikation theoretischer Diskurse – sei es des
poetologischen oder des moralphilosophischen Diskurses – ist.

Erster Teil

Die frühaufklärerisch-rationalistische Phase
(ca. 1730–1745)

1. Die Strukturanalogie von ›Staat‹ und ›Haus‹ und der Isomorphismus der Gattungen

1.1 Die Dichotomisierung der dargestellten Welt: Vernunft/Tugend *vs.* Unvernunft/Laster

Das auf den ersten Blick vielleicht auffallendste Merkmal des aufklärerischen Dramas in der frühaufklärerisch-rationalistischen Phase ist die Spaltung der dargestellten Welt in zwei gegnerische *ideologische Lager*. Nahezu jede Tragödie und jede Komödie des frühaufklärerischen Corpus konfrontiert zwei ideologische Parteien, die sich als Vertreter eines jeweils aufgeklärten *vs.* nichtaufgeklärten Wertsystems gegenüberstehen, wobei das erstere mit Vernunft und Tugend, das letztere mit Unvernunft und Laster korreliert wird, entsprechend der strikten Bivalenz von Tugend *vs.* Laster in der zeitgenössischen Moralphilosophie, die nur gute oder böse, aber keine neutralen Handlungen kennt.[1] Diese Parteien können durch Nationen bzw. Staaten, durch Personengruppen oder durch eine Einzelperson besetzt sein, wobei in dieser frühen Phase eine eindeutige Präferenz für die Kollektivbildung vorherrscht.

Der Konflikt mit dem politischen Gegner in der Tragödie etwa, z. B. mit dem Tyrannen, wird prinzipiell überhaupt nur insoweit relevant, als er Anlass wird für eine – primär verbal geführte – Auseinandersetzung über oppositionelle *Systeme von Werten und Normen* im Raum der Politik. Analog gilt in der (satirischen Typen)Komödie, dass es nie nur darum geht, ein hervorgehobenes Laster wie z. B. Geiz dem Verlachen preiszugeben. Diese negativen Eigenschaften werden nur insoweit thematisch, als sie Teil eines umfassenden Systems von Werten und Normen sind, das ihnen zugrunde liegt. So wird etwa, um ein bekanntes Beispiel zu zitieren, in L. A. V. Gottscheds *Die Pietisterey im Fischbein-Rocke* die Gegenpartei der Pietisten nicht nur durch eine falsche, nichtaufgeklärte religiöse Position charakterisiert, sondern *zugleich* durch eine nichtaufgeklärte Ehe- und Liebeskonzeption, durch Verstöße gegen die aufklärerischen Normen der Sozialität sowie, gemäß der für das aufklärerische Drama so typischen Selbstreferentialität, durch eine voraufklärerische, näm-

---

1 Vgl. z. B. Gottsched, Weltweisheit. Praktischer Theil. Allgemeine Sittenlehre, I. Hauptstück »Von den Handlungen der Menschen und ihrem Unterschiede«, §§ 14ff., bes. §§ 20–23, 31–35 (= AW V/2, S. 79ff.). Siehe hierzu auch Meier, Dramaturgie der Bewunderung, S. 74ff. und Titzmann, Empfindung und Leidenschaft, S. 140.

lich barocke Dichtungskonzeption[2] – Religion, Erotik, Moral und Poetik fungieren als Parameter eines übergreifenden Systems von (Nicht-)Aufgeklärtheit mit jeweils *einander notwendig bedingenden* Eigenschaften.[3] Dies konstituiert, bei aller Oberflächenkontinuität gegenüber dem Drama des 17. Jahrhunderts, wie sie sich etwa in der Inszenierung von Figurentypen wie dem Tyrannen in der Tragödie, dem Geizigen etc. in der Komödie zeigt, einen ganz entscheidenden Unterschied. Gewiss, jedes in einem beliebigen Text dargestellte Figurenverhalten lässt sich als ›System‹ rekonstruieren. Das Spezifikum des Aufklärungsdramas ist jedoch der explizite und sich selbst thematisierende Systemcharakter der konfligierenden Positionen. Man kann in diesem Sinne von einer prinzipiellen Tendenz zur *Ideologisierung* im rationalistischen Aufklärungsdrama sprechen, die denn auch die typische Handlungsarmut und die Prädominanz des Wortes in diesen Dramen begründet.

In dem Maße, wie Vernunft mit Tugend, Unvernunft mit Laster identifiziert wird, ist der ideologische Basiskonflikt eo ipso auch ein moralischer. Cäsars Streben nach politischer Alleinherrschaft wird in Gottscheds *Cato* ebenso als »Laster« qualifiziert wie in der genannten Komödie der Gottschedin die pietistischen Gottesvorstellungen. Diese Tendenz zur Moralisierung geht denn auch nicht selten mit einer ›Kriminalisierung‹ des ideologischen Gegners einher. So werden z. B. den Vertretern einer nichtaufgeklärten politischen, religiösen etc. Position gern Laster allerlei Art wie sexuelle Ausschweifungen, Betrügereien etc. zugeschrieben; bzw. deren Lasterhaftigkeit wird pauschal einfach gesetzt und beschworen. In *Cato* werden die oppositionellen politischen Optionen – Republikanismus *vs.* Alleinherrschaft – von Cato zumindest *sprachlich* mit moralischen Kategorien bedacht (vgl. SB I, 214).[4] Die moralische Kategorisierung nach »Tugend« *vs.* »Laster« erhebt einen totalisierenden Anspruch und stellt alles auf dieselbe – moralische – Ebene. Zwischen moralischem und politischem Sachverhalt gibt es somit keine kategoriale Trennung; ob sexuelle Wollust oder eine voraufklärerische Machtpraxis, beides ist gleichermaßen verwerfliches »Laster«. In dieser historisch neuartigen Mora-

---

2   Siehe am Beispiel des jungen Herrn von Muckersdorff (V/7). Die Koppelung von Lasterhaftigkeit mit einem barocken literarischen Geschmack findet sich noch in den 60er Jahren, so z. B. in T. G. v. Hippels *Der Mann nach der Uhr* (1765).

3   Horst Steinmetz meint offensichtlich diesen Sachverhalt, wenn er vom Modell der »Doppelung des Lasters« in der sog. »binomischen Komödie« spricht und sie dadurch definiert, dass es neben dem »individuellen Fehler des Helden« immer auch um einen »allgemeineren gesellschaftlich-moralischen Mißstand« gehe (Steinmetz, Komödie, S. 33) – genau dies ist aber generelles Merkmal aller Dramen, weder auf die Komödie noch gar auf einen bestimmten Typ beschränkbar. Zur Problematik der Komödientypologie von Steinmetz s. u., Kap. 3.2.2., Anm. 31 und Kap. 5.2.1, Anm. 20 und 24.

4   Vgl. Alt, Tragödie der Aufklärung, S. 112 zur »Synthese von Stoizismus und Republikanismus« und Wirtz, Gerichtsverfahren, S. 112ff.

lisierung des politischen Raums manifestiert sich einerseits ein polemischer Grundzug der Aufklärung im Umgang mit ihren Gegnern, andererseits ist dies freilich auch Ausdruck einer noch nicht ganz vollzogenen Dissoziation des Politischen und des Moralischen, wie sie die frühaufklärerisch-rationalistische Phase generell kennzeichnet.[5]

1.2 Zur Raumsemantik der dargestellten Welt: Innen *vs.* Außen

Der dominante Fokus[6] der Darstellung in den Dramen liegt in der Regel auf der Partei der Vernunft/Tugend, die einem *semantischen Innenraum*[7] zugeordnet wird. Dieser wird in der Tragödie durch den *Staat* gebildet, in der Komödie durch die Familie, bzw. besser: das *Haus* im institutionellen Sinne des alteuropäischen ›ganzen Hauses‹. Topographisch ist dieser Innenraum als Fürstenhof (Tragödie) bzw. privates Haus (Komödie) konkretisiert. Diesem Innenraum steht ein Außenraum gegenüber, aus dem, gemäß einem weitverbreiteten semantischen Modell, Laster und Unvernunft in Gestalt von Fremden drohen, die in den Innenraum eindringen wollen bzw. bereits eingedrungen sind. Tragödie und Komödie sind bezüglich dieser basalen Dichotomisierung und Raumorganisation homolog strukturiert: Die *außenpolitischen* Feinde in der Tragödie wie z. B. die Römer/Assyrer/Parther etc., die als jeweilige Fremde den Raum der fokalisierten Germanen/Perser/Römer etc. bedrohen, entsprechen den beliebten *familienexternen* Gegnern in der Komödie wie u. a. den Pietisten/Ärzten/Geistlichen/Poeten etc., die sich in der fokustragenden Familie eingenistet haben und dort den Komödienkonflikt auslösen. Es handelt sich jeweils um Varianten eines nichtaufklärerischen, mit Unvernunft und Laster korrelierten Wertsystems (s. Tabelle).

---

5 Zum im 18. Jahrhundert erst allmählich sich konstituierenden und im fortschreitenden Prozess der Aufklärung sich radikalisierenden Gegensatz des Politischen und des Moralischen s. Koselleck, Kritik und Krise. Die von mir beschriebene Moralisierung ist somit als Gegenbewegung zu jener Dissoziation von Politik und Moral im Sinne der »Ausklammerung des privaten Gewissens« aufzufassen, die im 17. Jahrhundert zunächst den Absolutismus als Problemlösung für die konfessionellen Bürgerkriege fundiert (1. Kap., S. 11ff., hier 17). Politik ist bzw. tendiert nun zur Gewissenssache. Siehe auch McCarthy, Politics and Morality.

6 Ich verwende den Begriff gemäß Titzmann, Literatursemiotik, S. 3073.

7 Der Begriff des ›semantischen Raums‹ gemäß Lotman, Struktur, S. 315ff. Hierzu auch Titzmann, Literatursemiotik, S. 3075ff.

		INNEN [Fokus]	AUSSEN
		Aufklärung ≈ Vernunft/Tugend	Nicht-Aufklärung ≈ Unvernunft/Laster
	T R A G Ö D I E		
J. C. Gottsched:	*Cato*	Römer	Pontus (Pharnaces)
T. J. Quistorp:	*Aurelius*	Römer	Parther
J. E. Schlegel:	*Herrmann*	Germanen	Römer (Varus u. a.)
–	*Dido*	Karthager	Lybier (Hiarbas)
L. A. V. Gottsched:	*Panthea*	Perser	Assyrer (Neriglossor u. a.)
D. F. L. Pitschel:	*Darius*	Perser	Griechen (Alexander)
etc.	…	…	…
	K O M Ö D I E		
L. V. A. Gottsched:	*Die Pietisterey im Fischbein-Rocke*	Familie Glaubeleicht	Pietisten (Scheinfromm u. a.)
–	*Die Hausfranzösinn*	Familie Germann	Franzosen (la Flèche u. a.)
J. C. Krüger:	*Die Geistlichen auf dem Lande*	Familie von Birkenhayn	Geistliche (Muffel und Tempelstolz)
J. C. Mylius:	*Die Aerzte*	Familie Vielgut	Ärzte (Recept und Pillifex)
T. J. Quistorp:	*Der Bock im Processe*	Familie Zankmann	Jurist (Scheinklug)
C. F. Weiße:	*Die Poeten nach der Mode*	Familie Geronte	Poeten (Dunkel und Reimreich)
etc.	…	…	…

Diese prinzipielle Homologie besteht also sowohl *gattungsintern* zwischen den einzelnen Tragödien bzw. Komödien als auch *gattungsübergreifend* zwischen Tragödie und Komödie; sie ist Ausdruck jener für das 18. Jahrhundert so typischen Isomorphie bzw. *Strukturanalogie von Staat und Haus*, die sich bekanntlich in Homologisierungen auf den verschiedensten Ebenen manifestiert.[8] Aus dem Status der Parteien als homologe Varianten folgt auch deren grundsätzlich *nicht-ontologischer* und *nicht-individualisierter* Charakter. Dieselbe Nation bzw. Gruppe, die in einer Tragödie die Partei von Unvernunft/Laster repräsentiert, kann in einer anderen die Partei von Tugend/Vernunft repräsentieren. Nicht um ›historische Dramen‹ handelt es sich also, auch wenn diese vorzugsweise ein historisches Ereignis behandeln.[9] Die einzelnen Varianten sind nicht

---

8   Siehe u.a. Sørensen, Herrschaft und Zärtlichkeit, S. 48ff.; Wegmann, Diskurse der Empfindsamkeit, S. 27ff.

9   Zum grundsätzlich fehlenden historischen Eigenwert am Beispiel von B. E. Krügers *Mahomed der IV* s. Hollmer, Anmut und Nutzen, S. 228. Zum Status der Geschichte in der Tragödie der frühen und mittleren Aufklärung allgemein s. Steinmetz, Das deutsche Drama, S. 39, 46.

etwa in ihrer historischen Individualität und Spezifizität relevant, sie besitzen keinen Eigenwert, sondern fungieren lediglich als austauschbare Stellvertreter für die von ihnen repräsentierten ideologischen Wertsysteme. Allerdings existieren auch Grenzen der Austauschbarkeit: Während innerhalb des Corpus der heroischen Tragödie etwa die Römer mit beiden Zuordnungen auftreten können, gilt dies für die Germanen z. B. nicht.

Bereits ein näherer Blick auf die in der obigen Tabelle angeführten Dramentexte zeigt freilich, dass die Zuordnung von Vernunft/Tugend bzw. Unvernunft/Laster nur auf einer *ersten grundsätzlichen Ebene* gilt: Denn nicht alle Germanen in Schlegels *Herrmann* und nicht alle Perser in *Panthea* sind vernünftig/tugendhaft, ebenso wie nicht alle Mitglieder der in der linken Spalte aufgelisteten Familien der Komödien vernünftig/tugendhaft sind. Das Schema bedarf also noch der näheren Differenzierung. In den folgenden Kapiteln ist zu zeigen, dass hierbei in beiden Gattungen jeweils typische und wiederum homologe Modelle der ideologischen Konfliktkonstellation existieren.

1.3 Konfliktüberlagerung in der heroischen Tragödie und das Modell der homologen ›Interiorisierungen‹

Ab 1730 bildet sich eine spezifische Konfliktkonstellation heraus, die bis mindestens 1770 für die heroisch-klassizistische Tragödie der deutschen Aufklärung als außerordentlich charakteristisch gelten darf. Sie besteht in einer *Doppelung des Konflikts*: Der oben beschriebene Basiskonflikt, der die Partei der Tugend/Vernunft einem äußeren Feind konfrontiert, wird gewissermaßen nach innen verlagert, dergestalt, dass neben dem ›äußeren‹ zugleich ein ›innerer‹ Konflikt existiert. Dieser kann seinerseits auf verschiedenen Ebenen situiert sein, von denen sich mindestens die drei folgenden isolieren lassen: der *Staat*, die *Familie* und das *Individuum*. Die Konfliktverlagerung manifestiert sich dementsprechend in einer Tendenz zur (politischen) *Ideologisierung*, zur *Privatisierung/Familialisierung* und zur *Psychologisierung*.

1.3.1 ›Ideologisierung‹: Der innenpolitische Konflikt

Auf der erstgenannten, politischen Ebene wird einem außenpolitischen Konflikt, der ein gegebenes Land in Opposition zu einem feindlichen Land setzt, ein innenpolitischer Konflikt gegenübergestellt, der das eigene Land in zwei miteinander verfeindete Parteien spaltet. So steht etwa in Gottscheds *Cato* Rom in Krieg mit dem Pontus, vertreten durch Pharnaces; innerhalb Roms befehden sich aber die republikanische Partei Catos und die monarchistische Partei Cäsars; in Schlegels *Herrmann* führen die Germanen Krieg gegen die

Römer, sind untereinander aber gespalten in die Partei Herrmanns samt Anhänger und die seines Schwiegervaters Segest, der mit den Römern paktiert; in Quistorps *Aurelius* führen die Römer außerhalb Krieg gegen die Parther, im Zentrum steht aber der innere Konflikt zwischen Kaiser Trajan und dem Titelhelden, usw. usf. Die komplementäre Gegenfigur zum *inneren Feind* ist der *äußere Freund*, der in einigen Tragödien auftritt und der Partei der Tugend/Vernunft zugehört. Die Leitdifferenzen innen/außen und Tugend/Laster bzw. Vernunft/Unvernunft verlaufen somit nicht kongruent, sondern stehen zueinander quer. Ich belege die starke Verbreitung dieses Modells mit einer tabellarischen Übersicht über den Zeitraum von ca. 1730–1770 (s. Anhang, Tabelle 1).

Die Gegenüberstellung beider Konflikte ist jeweils mit einer eindeutigen Hierarchisierung verknüpft: Der innenpolitische Konflikt ist in der Regel der dominante und bedeutendere, demgegenüber der externe zur bloßen Hintergrundfolie tendiert. Nicht die Römer, deren Oberhaupt Varus denn auch nur einen einzigen Auftritt hat, sondern die innergermanischen Widersacher sind in Schlegels *Herrmann* explizit »unsere größten Feinde« (SB IV, 62). Die Todesfälle, die sich in diesen Tragödien ereignen, geschehen immer auch oder gar exklusiv aus internen Ursachen, d.h. durch innere Feinde und/oder durch Selbstmord. In B. E. Krügers *Vitichab und Dankwart* z.B. kommt es *nach* dem Sieg gegen die Römer zur gegenseitigen Selbstauslöschung just der erfolgreichen germanischen Krieger. Falls die Todesfälle durch äußere Feinde verursacht werden, dann wird *auch* der innere Zwist entscheidend dafür verantwortlich gemacht, wie etwa bei Herrmanns Vater Sigmar in Schlegels *Herrmann*, an dessen Tod der verräterische Sohn Flavius schuldig erscheint (vgl. V/2).

Die Dominanz des innenpolitischen Konflikts kommt auch darin zum Ausdruck, dass der äußere Feind oft nur sprachlich präsent ist: Er ist entweder zwar explizit genannt, aber durch keine Personen vertreten (in Tabelle 1 in runden Klammern): so etwa die Niederländer in Gottscheds *Bluthochzeit*, die Etrusker in Behrmanns *Horazier*, die Parther in Quistorps *Aurelius*, die Römer in Mösers *Arminius*, die Perser in Weißes *Mustapha und Zeangir* etc. Er muss darüber hinaus gar nicht einmal sprachlich näher konkretisiert werden, sondern kann lediglich gesetzt sein (in Tabelle 1 in eckigen Klammern): So kämpft man in *Canut* gegen ungenannte Feinde des befreundeten Slawen Godschalk, in Quistorps *Alcestes* gegen irgendwelche afrikanischen Völker, in Derschaus *Pylades und Orestes* ebenfalls gegen nicht näher spezifizierte äußere Feinde etc. Dass innere und speziell innenpolitische Konflikte in der klassizistischen politischen Tragödie auftreten, ist als solches kein Spezifikum der frühaufklärerischen Tragödie. Spezifisch und neu ist aber die *systematische Gegenüberstellung* zum Zwecke der Differenzierung und Hierarchisierung. Die explizite Bewusstmachung, daß es sich um einen *inneren* Konflikt handelt, wird eben just durch die Beigabe eines äußeren Konfliktes erreicht, der *zugleich* sekundär gesetzt wird. Dies wird zumal in denjenigen Texten deutlich, die

Stoffe der französisch-klassizistischen Tragödientradition behandeln, etwa in Behrmanns *Horaziern*. Behrmann führt, in Abweichung von Corneilles *Horace,* einen zusätzlichen äußeren Konflikt zwischen Rom und den Etruskern ein (vgl. die ausdrückliche Erwähnung des »allgemeinen Feinds, Hetruriens« in I/2, DDE I, 226/14),[10] der nicht näher ausgestaltet, sondern lediglich als Negativfolie gesetzt wird. Die hierarchische Überlagerung der äußeren durch eine innere Konfliktebene kann auch durch den *äußeren Freund*, eine Komplementärfigur zum *inneren Feind*, zum Ausdruck gebracht werden, d.h. einen Vertreter des gegnerischen außenpolitischen Lagers, der in das Lager der Positiven überwechselt und solidarische Hilfe anbietet: so etwa der Assyrer Gobrias in L.A.V. Gottscheds *Panthea,* der Grieche Patron in Pitschels *Darius*, Prinz Balazin in Grimms *Banise* oder der König der Parther Tyridat in Camerers *Octavia*.

Wiederholt wird der innere Konflikt als Bürgerkrieg bzw. als bürgerkriegsanaloger Zustand verurteilt. Gottsched beschließt den *Cato* mit der Klage eines Parthers über Catos Tod folgendermaßen: »O Rom! Das ist die Frucht von deinen Bürgerkriegen!« (SB I, 240). In Behrmanns *Timoleon* wird ähnlich geklagt: »O Krieg! O Bürgerkrieg! O innerliche Ruh!« (DDE I, 165/93); Creutz lässt seine Tragödie *Seneca* mit der Klage eröffnen: »In Rom ist innrer Krieg« (DDE II, 101/3), in Quistorps *Alcestes* beschwört man den »innerlichen Streit« (DDE III, 237/21), in Patzkes *Virginia* wird ebenfalls »Krieg im Innern Roms« (PV 35) befürchtet, usw. usf. Ähnliche Formulierungen finden sich stereotyp in den meisten Tragödien, und sogar in solchen, die, wie z.B. Wielands *Lady Johanna Gray*, überhaupt keinen äußeren Konflikt, weder real noch sprachlich, setzen, wodurch der dargestellte Konflikt in jedem Fall als ein *innerer,* in impliziter Opposition zu einem potenziellen äußeren semantisiert wird.

Der innenpolitische Konflikt wird dabei umso mehr beklagt, als angesichts der bevorstehenden kriegerischen Auseinandersetzung mit einem äußeren Feind die innere Einheit notwendig wäre. Fremdherrschaft kann direkt auf inneren Zwiespalt zurückgeführt werden, so z.B. in B. E. Krügers *Vitichab und Dankwart* vom Germanenfürsten Radogast:

RADOGAST. Beglücktes Rom, du siegst! da unser Eintracht Band
    Des blinden Argwohns Macht zu deinem Nutz zerrissen!
    Da deutsche Schwerter selbst der Deutschen Blut vergießen! (DDE III, 30/16)

Die Negativbewertung des inneren Krieges erhält ihre Bedeutung zunächst auf dem Hintergrund der zeitgenössischen Durchsetzung des aufgeklärten

---

10 Zitate aus der von R. Meyer herausgegebenen mehrbändigen Faksimilie-Reprint-Sammlung *Das deutsche Drama des 18. Jahrhunderts in Einzeldrucken. Das Repertoire bis 1755* (DDE) werden mit doppelter Seitenzahl angegeben: Die erste bezieht sich auf die durchlaufende Paginierung des Bandes, die zweite auf die Originalpaginierung des selbständigen Druckes.

Absolutismus. Die in den Tragödien dargestellten faktischen bzw. potenziellen Bürgerkriege aus der germanischen, römischen, persischen etc. Geschichte thematisieren implizit zugleich die aktuelle Bedrohung für die (aufgeklärt-)absolutistische Zentralgewalt. Anhand ihrer wird der *vorabsolutistische* Zustand der Konfessionskriege des 16. und frühen 17. Jahrhunderts als Negativfolie für den aufgeklärten Absolutismus der ersten Hälfte des 18. Jahrhunderts beschworen.[11] In Gottscheds *Die parisische Bluthochzeit König Heinrichs von Navarra* z.B. hat König Carl Angst, dass »der bürgerliche Krieg, den wir kaum abgethan«, erneut ausbricht (SB VI, 5). In Quistorps *Aurelius* wird das alte, republikanische Rom generell mit einem Zustand des »innern Krieg[s]« (SB IV, 189) gleichgesetzt und steht zeichenhaft für einen vorabsolutistischen Systemzustand. Dem Rebellen Valerius, der die Freiheit des alten republikanischen Rom beschwört und zur Ermordung des Kaisers aufruft, hält der Titelheld unter Anspielung auf den Hobbes'schen *Leviathan* entgegen:

AURELIUS. Was war der freye Staat, den du so sehr erhebst?
  Bedenke, wenn wir auch Befehl ertheilen wollten;
  Wo träfe man die an, die uns gehorchen sollten?
  Ein solcher Staat heißt mir mit Recht ein Ungeheur,
  Von außen ist kein Schutz; von innen Krieg und Feur: (SB IV, 189)

Wie zu zeigen sein wird, ist dies aber nur eine erste Bedeutungsebene des inneren Konflikts.

1.3.2 Familialisierung/Privatisierung: Der innerfamiliäre Konflikt

Der innenpolitische Konflikt wird in der heroischen Tragödie mit Vorliebe zugleich als innerfamiliärer abgebildet. Zu historischen Stoffen wird gezielt ein privatfamiliärer Konflikt hinzugedichtet, dergestalt, dass der innenpolitische Konflikt, der den Staat spaltet, homolog zur (faktischen bzw. drohenden) Spaltung der im Mittelpunkt stehenden Familie(n) führt. In *Die parisische Bluthochzeit* etwa inszeniert Gottsched den Konfessionskonflikt als Konflikt innerhalb der königlichen Familie zwischen dem katholischen Lager um den späteren König Heinrich IV. und seine Frau Margarethe einerseits und dem protestantischen Lager um Margarethes Bruder König Carl IX. und dessen Mutter, Catharina von Medici andererseits. In *Cato* ist Cäsar zugleich Catos potenzieller Schwiegersohn, die politische Gegnerschaft würde bei Vollzug der Heirat also auch die Familie spalten.
  Der innerfamiliäre Konflikt tritt in verschiedensten Varianten auf: als Konflikt zwischen Vater und Tochter bzw. (potenziellem) Schwiegersohn – so u.a.

---

11 Siehe hierzu Koselleck, *Kritik und Krise*, und Schulz, *Tugend, Gewalt und Tod*, S. 92f.

in Gottscheds *Cato* und *Agis,* Behrmanns *Die Horazier,* Schlegels *Herrmann,* Mösers *Arminius,* Derschaus *Pylades und Orestes* – bzw. als unmittelbare Variante hiervon zwischen Schwägern wie in Schlegels *Canut*; zwischen (Groß)Mutter und (Schwieger)Sohn – so u.a. in B. E. Krügers *Mahomed der IV,* Bernholds *Irene oder die von der Herrschsucht erstickte Mutterliebe,* Gottscheds *Die parisische Bluthochzeit* – oder, bereits in der Frühaufklärung eine der beliebtesten Varianten, als Bruderzwist, wie u.a. in Schlegels *Herrmann,* Quistorps *Alcestes,* Krügers *Vitichab und Dankwart,* Behrmans *Timoleon,* Kochs »Schauspiel« *Sancio und Sinilde.* Zusätzlich zur *wörtlichen* Familialisierung des politischen Konflikts findet sich auch eine *sprachlich-metaphorische,* entsprechend der im 18. Jahrhundert allgemein üblichen Familienmetaphorik für die Beschreibung der politischen Relation zwischen Souverän und Untertanen. In den *Horaziern* z.B. klagt Camilla, die Tochter des Horatius, Rom an, das »[m]it eignen *Kindern* kriegt, mit seinen *Enkeln* streitet«; König Tullus »[erfreut] sich der Wuth [...], mit *Brüdern* Krieg zu führen«, etc. (DDE I, 224/12).

Diese systematische Familialisierung und Privatisierung des politisch-öffentlichen Konflikts ist ein durchgängiges Merkmal der frühaufklärerischen heroischen Tragödie und lässt sich interpretieren als Indiz für eine beginnende, aber eben noch nicht ganz vollzogene Dissoziation des Öffentlichen und des Privaten. Die Tendenz der Tragödie zur Privatisierung und Familialisierung nimmt im Laufe des Untersuchungszeitraums deutlich zu. Ab Mitte der 50er Jahre – parallel zur Entstehung des bürgerlichen Trauerspiels – findet sich in der heroischen Tragödie etwa eine zunehmende Fokalisierung auf den privat-familiären Konflikt, so u.a. durch die weitgehende Ausblendung der politisch-öffentlichen Dimension von tradierten Stoffen wie z.B. in Patzkes *Virginia* (s. Kap. 8.2.1) oder durch die signifikante Beschränkung des Figurenpersonals auf die Familienmitglieder wie etwa in Wielands *Lady Johanna Gray* oder, noch extremer, in den Weißeschen »bürgerlichen Heldentragödien«[12] der 60er Jahre wie z.B. *Rosemunde* oder *Atreus und Thyest.* Das Verhältnis zwischen dem Politischen und dem Privaten hat sich nunmehr umgekehrt: Ist in der Tragödie der Frühaufklärung die innerfamiliäre Konfliktebene eine *zusätzliche* Dimension zu einem dominant öffentlich-politischen Konflikt, die daraus resultiert, dass die Vertreter der oppositionellen Gruppen bzw. Parteien zugleich verwandt sind, so handelt es sich nun zunehmend um einen rein privaten, innerfamiliären Konflikt, dessen öffentliche Dimension nurmehr aus der Eigenschaft der Figuren resultiert, zugleich Träger öffentlicher Funktionen zu sein. Parallel zur zunehmenden Privatisierung/Familialisierung und ›Nach-innen-Verlegung‹ des Konflikts lässt sich in den 60er Jahren eine Ab-

---

12 Pape, Christian Felix Weiße, S. 276. Hierzu auch Meier, Dramaturgie der Bewunderung.

nahme der Struktur des doppelten, außen- und innenpolitischen Konflikts konstatieren. Sie verschwindet, wenn, wie dies ab ca. 1770 der Fall ist, die Privatisierung/Familialisierung sozusagen ihr Maximum erreicht hat und die Dissoziation des Öffentlichen und Privaten explizit vollzogen ist. Gewiss wird es später wieder eine Verknüpfung von innenpolitischem, außenpolitischem und familiärem Konflikt geben, wie etwa in Schillers *Don Carlos* – die *Art der Korrelation* ist aber eine grundsätzlich andere, die nicht mehr dem hier rekonstruierten Modell folgt.

1.3.3 Moralisierung und Psychologisierung: Der intrapersonale Konflikt

Die oben bereits erwähnte Moralisierung und kategorielle Vermischung von Politik und Moral lässt sich ebenfalls als eine Strategie der Konfliktsubstitution rekonstruieren. Denn auch der innenpolitische Gegner, der einen außenpolitischen Gegner substituiert, ist immerhin noch ein politischer Feind, auch wenn er zugleich als innerfamiliärer Feind auftritt – er kann seinerseits aber substituiert werden durch eine moralische Größe, das Laster, als gleichsam *metaphorischer ›innerer Feind‹.* So belehrt in Schlegels *Herrmann* etwa Sigmar seinen Sohn Herrmann gleich in I/1:

SIGMAR. Zwey Dinge nimm in acht, die deinem Volke nützen:
    Du mußt es vor dem *Feind* und vor den *Lastern* schützen. (SB IV, 4)[13]

Neben der Unterwerfung durch den äußeren Feind als militärisch-politisches und *physisches Ereignis* droht die Unterwerfung unter »seiner Laster Joch« (SB IV, 5) als ein *moralisches Ereignis.* Die Hierarchie wird im Folgenden nur zu deutlich: Die moralischen Laster stellen im Vergleich zum (außen)politischen Feind die weitaus größere Bedrohung dar. In Gottscheds *Agis* geht es ebenfalls nur vordergründig um verschiedene politische Staatsformen. Es ist primär ein moralisches »Unheil [...], / Das unsern Staat bedroht« (SB VI, 208). Nicht der (*wörtliche*) Tyrann Leonidas, sondern die von ihm repräsentierten Laster sind explizit die (*metaphorischen*) »Haupttyrannen«: »Ueppigkeit und Pracht, / Verschwendung, Geiz und Stolz« (SB VI, 217).

Die unmittelbare Verknüpfung der beiden Konfliktdimensionen zeigt bisweilen paradoxe Formulierungen. In L. A. V. Gottscheds *Panthea* z. B. ermahnt König Cyrus sein Heer, das in den Krieg gegen die mit den Römern verbündeten Assyrer zieht, folgendermaßen:

CYRUS. Der Himmel wolle doch mit reichen Siegeskronen
    Ein solches Heldenherz in jedem Kämpfer lohnen.

---

13 Wenn nicht anders angegeben, stammen Hervorhebungen in den Zitaten prinzipiell von mir.

Damit nur ihre Brust, der Wohnplatz edler Treu,
Kein unglücksvoller Raub der Weiberhände sey. (SB V, 40)

»Weiberhände« ist dabei sowohl wörtlich – erotisch – zu verstehen als auch metaphorisch für ein ›weibisches‹ unheroisches Wertsystem, wie es dem äußeren Feind, den Assyrern (ähnlich wie den Römern in *Herrmann*), und ganz besonders dem inneren Feind, dem intriganten Perser Araspes zugeordnet wird. Dieselbe Argumentation treffen wir auch noch nach der Jahrhundertmitte an. In der Tragödie *Das Gross-Müthig Und Befreyte Solothurn* (1755) des Schweizers Frantz Jacob Hermann z.B. geht es auf der politischen Ebene um die drohende Unterwerfung Solothurns durch die Österreicher.[14] Der Anführer der Bürgerwehr, der alte Buchegg, kündigt in II/7 den Feinden den ›militärischen‹ Widerstand in folgenden Worten an:

ALT BUCHEGG. Ja blinde Leidenschafft! ihr werdet underliegen,
    Und mein geschworner Eyd soll eure macht [!] besiegen.
    Betrogner Feinden List! begibe dich zur Ruhe:
    Ich schließ dir Augen, Ohr, und unsre Porten zu. (DDE II, 343/57)

Auch hier werden die Österreicher als äußerer Feind substituiert durch die »blinde Leidenschafft« als dem inneren und eigentlichen Feind, vor dem man sich dadurch schützt, dass man »Augen« und »Ohr[en]« verschließt. Die Formulierung bringt die Gefahr der eigenen Verführbarkeit durch diese Art von Feind unmissverständlich zum Ausdruck.

Der Kampf gegen den politischen Gegner erscheint damit selbst moralisiert als Kampf gegen das Laster, das jener inkarniert. Dabei herrscht eine eindeutige Hierarchie zwischen dem außen- und innenpolitischen Feind: Letzterer wird in eine privilegierte Verbindung mit Lasterhaftigkeit gebracht. So wird z.B. in *Herrmann* das Laster zwar allgemein von den Römern repräsentiert, ganz besonders aber von den germanischen Überläufern Segest, Herrmanns Schwiegervater, und Flavius, Herrmanns Bruder: Machtgier und Verrat bei jenem, Wollust, unheroische und somit ungermanische Passivität und »Eigennutz« (SB IV, 38) bei diesem. Dieselbe Hierarchie findet sich exemplarisch auch in Gottscheds *Cato*. Der Titelheld steht zwei politischen Feinden gegenüber, Pharnaces, dem König von Pontus als äußerem Feind, und Cäsar als innerem Feind. Obwohl ersterer eindeutig ein Intrigant und »Bösewicht« ist (SB I, 213), der Cato nach dem Leben trachtet, so gilt doch Cäsar, der *innere Systemfeind*, als der größere Feind. Cäsar, der Cato Schutz für seine Person und großmü-

---

14 Die Dramatisierung synthetisiert zwei historische Ereignisse im Konflikt Solothurns mit Österreich: die Belagerung Solothurns durch Herzog Leopold 1318 im Streit um die Anerkennung der österreichischen Thronansprüche und den Versuch des Verrats an Solothurn durch Graf Rudolf von Habsburg-Kyburg 1382.

tige Verzeihung anbietet, sei »grausamer«, so Cato, weil: »Von dir wird Rom und mir die Freyheit selbst geraubt.« (SB I, 214)

Gerade beim zentral verhandelten Problem der »Freiheit« wird die Dimension der Moralisierung besonders deutlich greifbar. Die von Cato reklamierte Freiheit meint vordergründig einen konkreten politischen Zustand: die Republik in Opposition zur Alleinherrschaft. Zugleich und eigentlich aber meint sie die vielbeschworene innere = »moralische« Freiheit des Subjekts in Opposition zur »moralischen Sclaverey«.[15] Wenn bei Schlegel Herrmanns Partei versichert, »wir sind noch unser selbst«, dann bedeutet dies ebenfalls ein Doppeltes: neben der Tatsache der *äußeren, politischen und physischen Freiheit* immer auch und primär die Tatsache der *inneren, moralischen Freiheit*, die »Freiheit deutscher Seelen«, die mit Tugend äquivalent gesetzt wird (SB IV, 23, 40). Gemäß dieser Logik kann Herrmann seine Aufforderung an Segest, die Römer zu verlassen und der eigenen Partei beizutreten, in folgende Worte kleiden: »Vereine dich mit uns, *dich selber zu befreyn*« (SB IV, 29). Die Gefahr der drohenden römischen Tyrannei wird nicht etwa anhand der konkreten Situation politischer Unterdrückung gezeigt, sondern anhand der Geschichte der *Verführung* des Flavius durch das *römische Wertsystem*, eine Geschichte, die parallel und oppositionell zur Geschichte des militärischen Sieges des Bruders über die Römer verläuft und das eigentliche ideologische Zentrum des Textes bildet (s. Kap. 2.4).

Wenngleich also Leidenschaft und Laster in diesen frühen Texten zwar grundsätzlich an der ideologischen Gegenpartei thematisiert werden, so erhalten sie ihre Bedeutung indes dadurch, dass sie *implizit* eine Gefahr für *jedermann*, auch für die Tugendhaften/Vernünftigen selbst repräsentieren. M.a.W., *Verführung* bzw. *die potenzielle Verführbarkeit des Subjekts* ist von Anfang an *das* zentrale Thema des Aufklärungsdramas schlechthin.[16] ›Verführer‹ und ›Verführte‹ repräsentieren dementsprechend zwei bedeutsame Figurenklassen. Die Verführung zum Laster kann im frühaufklärerischen Trauerspiel die *politische* Verführung ebenso wie die *erotische* sowie eine *kulturelle* Verführung (etwa durch die zivilisatorischen Künste der Römer) umfassen: Am Beispiel des Flavius führt Schlegel in *Herrmann* alle diese drei Arten von Verführung vor.[17] Der eigentliche Schauplatz der Handlungen ist das Innere des Subjekts,

---

15 In Zedlers *Universal-Lexicon* erhält sie einen eigenen Eintrag, wo sie definiert wird als »derjenige Zustand des Menschen, da dessen Wille sich von der Vernunft nicht weiter lencken lässet, sondern seinen Sinnen und Affecten den Zügel schiessen, und also sich von ihnen beherrschen lässet.«Zedler, Universal-Lexicon, Bd. 21, Sp. 1481. Gegenbegriff ist »Moralischer Sieg« (ebd.).

16 Die Arbeit von Nolle zum »Motiv der Verführung« entdeckt das Thema der Verführung nach Lohenstein erst wieder bei Lessing (Nolle, Motiv der Verführung).

17 Religiöse Verführung taucht hingegen erst später, im Zusammenhang mit der ›Freigeisterei‹ auf, vgl. K. T. Breithaupts bürgerliches Trauerspiel *Der Renegat* (1759).

lexikalisch besetzt durch die in der frühaufklärerischen Phase noch mehr oder
weniger synonym gebrauchten Kategorien »Herz«, »Geist«, »Seele«, »Brust«.
Mit dieser grundsätzlichen ›Interiorisierung‹ geht es also in diesen Texten immer auch um einen psychologischen bzw. – in der historischen Wortbedeutung
des 18. Jahrhunderts[18] – genuin ›moralischen‹ Sachverhalt.

In der Logik der Moralisierung und Psychologisierung liegt schließlich auch
eine gewisse Paradoxie dieser hochbewerteten inneren moralischen Freiheit
begründet. Sie bedarf nicht nur nicht der äußeren politischen und physischen
Freiheit, sondern scheint sogar die äußere Unfreiheit vorauszusetzen im Sinne
einer Negativfolie, von der sich eine qualitativ andersartige ›Freiheit‹ abzuset-
zen vermag. So behaupten die Tugendhaften typischerweise just im Moment
ihrer politisch-militärischen Niederlage und ihrer physischen Unfreiheit ihre
moralische Freiheit und Autonomie. So Cato zu Cäsar: »Ich sterbe sonder
Ketten« (SB I, 239), und ähnlich der Titelheld von Cronegks *Codrus* zum Tyrannen Artander, der ihn gefangengenommen hat:

> CODRUS. Mein Leben kannst du mir, doch nicht die Tugend, rauben.
> [...]
> *Genug, mein Herz bleibt frey,* – – ich bin nicht überwunden.
> Gefesselt ist der Arm; *der Geist ist ungebunden.*
> [...]
> Er zittert auf dem Thron, ich bin in Banden frey.
> (CS 108ff.)

Dieses, im Zustand der Gefangenschaft bzw. im Augenblick der maximalen
äußeren Unfreiheit entgegengesetzte Postulat des ›moralischen Sieges‹ und der
inneren Freiheit des Tugendhaften/Vernünftigen findet sich geradezu stereotyp in der politischen Tragödie des gesamten Zeitraums. Ähnlich lautende
Formulierungen finden sich zwar bereits im barocken Märtyrerdrama, doch
die dort postulierte innere Freiheit ist wesenhaft religiös-theologischer Natur
und repräsentiert eine transzendente Größe; die Texte zitieren dieses Modell,
geben ihm aber eine dominant moralische Bedeutung (s. Kap. 2.5).

1.3.4 Das Laster als ›Fremdes im Eigenen‹

Der *Staat*, die *Familie* und das *Individuum* bilden also ein Paradigma von ge-
staffelten semantischen Innenräumen, innerhalb derer jeweils ein – *innerstaat-
licher, innerfamiliärer, innerpersonaler* – Konflikt inszeniert wird. Staat, Familie
und Individuum fungieren dergestalt als homologe Varianten eines ›Eigenen‹;

---

18 Siehe die guten Erläuterungen von Gerth, Moralische Anstalt, besonders S. 30ff.

die drohende Herrschaft des Lasters wird dabei als *Herrschaft eines fremden Systems innerhalb des eigenen Systems* abgebildet. Hierzu einige Beispiele:

In Schlegels *Herrmann* ist Flavius, der Bruder Hermanns, zwar von deutscher Abstammung, aber in Rom erzogen worden und offiziell Bürger Roms (SB IV, 31). Er besitzt, wie sein Name bereits signalisiert, eine römische Identität, d.h. er vertritt römische Werte und wird schließlich mit Rom paktieren. Bereits über den Namen wird Flavius sinnfällig als Fremdelement innerhalb der Herkunftsfamilie sowie des Lagers der Germanen ausgewiesen – und mit ihm das Laster als ein ›Fremdelement‹ innerhalb des eigenen fokustragenden Systems. Eine ganz ähnliche Konstellation entwirft L.A.V. Gottscheds *Panthea*. Dort ist der Intrigant Araspes zwar nicht mit den äußeren Feinden, den Assyrern, politisch verbündet, wird jedoch mit diesen moralisch gleichgesetzt, vgl. Panthea: »So fleuch nach Babylon zu deines Fürsten Feinden! / Die Lust zum Laster macht euch zum voraus zu Freunden.« (SB V, 49). Er ist sozusagen metaphorisch ein ›Assyrer‹ in den eigenen Reihen und stellt die homologe Figur zu Schlegels Flavius dar. Auch in Gottscheds *Agis* ist der innenpolitische Gegner des Titelhelden, Leonidas, ein Fremder. Wie Flavius ist er im feindlichen und kulturell fremden Außenraum erzogen und dort »fremder Schwelgerey« erlegen:

AGIS. Er ist in Asien nach fremder Art, erzogen;
    Er hat von Jugend auf die Wollust eingesogen,
    Die Blut und Geist verderbt. Der Syrer Zärtlichkeit
    Hat alles, was an ihm spartanisch war, entweiht. (SB VI, 209)

In Lessings Tragödienfragment *Samuel Henzi* schließlich ist der Feind in den eigenen Reihen, Dücret, ebenfalls ein »Fremdling« (L II, 382f.). Er und der Tyrann gelten beide als aus dem Außenraum kommend, das von Dücret repräsentierte Laster erscheint somit als Fremdelement im dargestellten Innenraum.

Doch nicht nur eindeutig lasterhafte Figuren wie die eben genannten, sondern z.B. auch Catos Tochter Portia erscheinen – zumindest kurzfristig – als ein Fremdelement im eigenen römisch-republikanischen System wie auch in der eigenen Familie. Im Außenraum als Tochter des parthischen Königs Arsaces erzogen, besitzt sie wie Flavius eine doppelte Identität, die sich im doppelten Namen Portia/Arsene signalisiert: Die parthische Identität verhält sich in *Cato* zur römischen wie homolog in *Herrmann* die römische zur germanischen, wobei die Nationalität jeweils Träger eines bestimmten politischen und moralischen Wertsystems ist. Das fremde System ist dergestalt nicht nur innerhalb des eigenen *Staates*, sondern zugleich innerhalb der eigenen *Familie* sowie gar innerhalb der eigenen *Person* präsent. Denn Portia/Arsene hat einen inneren Konflikt zu bestehen, der sich, entsprechend der durchgehenden Koppelung von Politik und Erotik, auf einer doppelten Ebene abspielt (s. Kap. 2.3.).

Der Grundkonflikt ist jeweils derselbe und besteht zwischen dem Eigeninteresse, welches das Subjekt in seiner Eigenschaft als Privatperson und ›Mensch‹ hat, und der Pflicht, welche es in seiner Eigenschaft als ›öffentliche Person‹, als Bürger und Untertan hat. Die Konstellation ist dabei so gewählt, dass die erotische Empfindung mit einer potenziellen (Portia) bzw. faktisch vollzogenen (Flavius) *emotionalen Bindung an das ideologisch fremde System* einhergeht. Die weiteren Implikationen dieses Modells für die Normproblematik werden weiter unten am Beispiel dieser beiden Texte noch eingehender zu untersuchen sein.

Warum also ist ausgerechnet der innenpolitische Gegner so gefährlich? Diese Frage wurde oben mit dem Hinweis auf den politisch-absolutistischen Kontext der perhorreszierten Bürgerkriege beantwortet. Nun lässt sich eine zweite Antwort geben: Der (wörtliche) innenpolitische Feind erhält seine Bedeutung auch jenseits der politischen Dimension dadurch, dass er in diesen Texten zugleich als *Zeichen* für bedrohliche Leidenschaften als einem metaphorischen ›Feind‹ fungiert, den das Subjekt *in sich selbst* trägt. Der eigentliche innere Feind und ›Verführer‹ ist in letzter Instanz der eigene Affekt bzw. der eigene Trieb im Subjekt selbst, durch den die Unterjochung droht.[19] Der frühaufklärerische Feind in den *eigenen Reihen* repräsentiert somit implizit und zeichenhaft bereits die Gefahr der *eigenen* Verführbarkeit als eines *allgemeinmenschlichen* Problems. Jenseits des politischen Diskurses über Tyrannei *vs.* Freiheit und über die richtige aufgeklärte Staatsform wird somit zugleich ein moralisch-psychologischer – und, wie noch näherhin zu zeigen sein wird, in Ansätzen ein anthropologischer – Diskurs geführt. Nach 1750 wird denn auch das »Herz« ganz explizit als eigener innerer Feind ausgemacht und benannt werden, womit zugleich die dem frühaufklärerischen Trauerspiel noch so selbstverständliche moralische Grenzziehung zwischen dem eigenen und dem fremden System zunehmend schwierig wird.

1.4 Konfliktüberlagerung in der Komödie

1.4.1 Externer *vs.* interner Gegner in der Komödie

Die Struktur der Doppelung und Überlagerung eines äußeren durch einen inneren Konflikt lässt sich in einer analogen Form auch für die Komödie im Zeitraum 1730–1770 nachweisen. Praktisch jede frühaufklärerische Komödie inszeniert eine Spaltung der fokustragenden Familie in die zwei oppositionellen Lager der

---

19 Siehe Mattenklott, Metaphorologie, zur paradoxen Definition der Leidenschaft bei Wolff als Aktivität und zugleich Passivität (S. 115ff.). Zur Konzeption jedweder Affekte als »Tyrann des Ich« noch bei Kant vgl. Zeuch, Tyrann des Ichs.

›Aufklärung‹ und der ›Nicht-Aufklärung‹. Im Zentrum steht damit ein innerer Konflikt, der seinerseits Produkt eines vorgängigen äußeren Konflikts sein kann, den die Familie mit einer (bzw. mehreren) familienexternen Negativfigur(en) austrägt.[20] Wie bereits aus Tabelle 1 hervorgeht, kennt die frühaufklärerische Typenkomödie ein ganzes Paradigma der Verführergestalten, die von auswärts kommen und sich im Hause der Protagonisten eingenistet haben bzw. dies versuchen – in der männlichen Variante typischerweise als geistliche (Gottscheds *Die Pietisterey im Fischbein-Rocke*, J. C. Krügers *Die Geistlichen auf dem Lande*), ärztliche (Mylius' *Die Aerzte*, Quistorps *Der Hypochondrist*) oder juristische Ratgeberfiguren (Quistorps *Der Bock im Processe*), als Poeten bzw. Gelehrte (Gottscheds *Herr Witzling*, Weißes *Die Poeten nach der Mode*) oder als Hofmeister (J. C. Krügers *Die Candidaten*); in der weiblichen Variante typischerweise als Hausmammsell (Gottscheds *Die Hausfranzösinn*, Weißes *Die Haushälterinn*) oder auch als zweite, jüngere Frau des verwitweten Vaters (Uhlichs *Der Unempfindliche*, Weißes *Der Misstrauische gegen sich selbst*) –, und nun Unordnung zu stiften drohen. Die unvernünftige und lasterhafte Gegenpartei, die es zu enttarnen und/oder zu eliminieren, in jedem Fall aber zu besiegen gilt, operiert mit Betrug, Verstellung, List, mit »Kunstgriffen« etc. – dies sind, wie in der Tragödie, die rekurrenten Schlagwörter –, um an ihr lasterhaftes Ziel – in der Regel eine Erbschaft und/oder die Tochter bzw. den Sohn des Hauses – zu gelangen.

Sie üben auf einen Teil der Familie – die Eltern und fakultativ einen Teil der Kinder – eine negative ideologische Verführung aus, durch Werte, die sie verkörpern bzw. dem/den Verführten verheißen: so u.a. Reichtum, höfisch-aristokratische Lebensart, adlige Abstammung, (scheinbares) gelehrtes (medizinisches, theologisches etc.) Wissen oder (scheinbares) dichterisches Können. Dies alles sind ›äußerliche‹, auf Repräsentation abzielende und besonderes Sozialprestige versprechende, letztlich nicht-bürgerliche Werte, die dem aufklärerisch-bürgerlichen Wertsystem, das um ›innerliche‹, personale Werte und Verdienste wie Tugend, Vernunft, Bildung etc. zentriert ist, konfrontiert werden und als Negativfolie dienen.[21]

Gemäß einem weitverbreiteten Komödienmodell wird der Konflikt der oppositionellen Wertsysteme, der die Familie spaltet, anhand der Erotik entfaltet. Elterliche Unvernunft/Laster – beider Eltern oder eines Elternteils (in

---

20 Der dargestellte Schauplatz ist in der Regel die Familie bzw. das ›Haus‹ als semantischer Innenraum, in Ausnahmefällen auch die Wohnung des Feindes, wie z.B. in Krügers *Die Geistlichen auf dem Lande* (vgl. Schneider, Johann Christian Krügers Dramen, S. 97f.).

21 Diese neuen bürgerlichen Werte decken sich keineswegs notwendig etwa mit der spezifischen ›pietistischen Innerlichkeit‹. Die Pietisten etwa in der Komödie der Gottschedin würden vielmehr in diesem Sinne exemplarisch äußerliche Werte vertreten. Zur Abgrenzung von Bürgerlichkeit und Pietismus im frühen 18. Jahrhundert s. auch Graevenitz, Innerlichkeit und Öffentlichkeit.

letzterem Fall häufiger der Mutter[22]) – gefährden die geplante eheliche Verbindung der jungen Liebenden – meist der Tochter des Hauses mit einem Partner (seltener des Sohnes des Hauses mit einer Partnerin) –, indem sie die Tochter mit einem ungeliebten, aber von ihnen favorisierten unvernünftigen/lasterhaften Partner – dem Fremdling selbst (z.B. Quistorps *Der Bock im Processe*) bzw. einem mit diesem Verbündeten (z.B. *Die Pietisterey im Fischbein-Rocke*) – (zwangs)verheiraten wollen. Das Liebespaar gehört hingegen zur Partei der Vernunft/Tugend und erhält in der Regel Unterstützung durch eine solidarische Domestikenfigur und/oder durch ein weiteres Familienmitglied (z.B. den Bruder oder die stereotype Figur des vernünftigen Oheims väterlicher- oder mütterlicherseits). Die komplementäre familienexterne Figur zum Verführer stellt der tugendhafte Liebhaber dar.

Diesem bekannten Schema liegt natürlich eine topische Grundstruktur der abendländischen Komödientradition zugrunde,[23] die hier allerdings eine *historisch spezifische* aufklärerische Ausprägung erfährt, so insbesondere durch die Verknüpfung bzw. Identifizierung des erotischen Rivalen mit dem ideologischen Systemgegner oder durch das Modell der Verführung zu falschen, nicht-aufgeklärten Werten. Tabelle 2 (Anhang) gibt einen Überblick über das Auftreten des Modells der Kombination von externem und internem Konflikt. Auch diese Tabelle ist keineswegs vollständig, sondern will primär die Verbreitung dieses Modells bis in die späten 60er Jahre hinein belegen.[24] Dabei weisen bereits die Beispiele aus der empfindsam-hochaufklärerischen Phase mehr oder weniger starke Transformationen des frühaufklärerisch-rationalistischen Modells auf. Das Modell der Spaltung der Familie in die zwei oppositionellen Lager der Aufgeklärten und Nichtaufgeklärten findet sich auch noch in der Spätaufklärung, etwa in der Komödie des Sturm-und-Drang (vgl. u.a. Karl Gotthelf Lessings *Die Mätresse* 1780) oder im Familiendrama der 70er und 80er Jahre (vgl. u.a. Großmanns *Nicht mehr als sechs Schüsseln* 1780) – es handelt sich dabei aber bereits um erheblich transformierte Formen. 1770 markiert also für beide Gattungen eine entscheidende Zäsur, und zwar sowohl bzgl. der Produktion[25] als auch bzgl. der Rezeption, denn die frühaufkläreri-

---

22 Zu diesem Phänomen s. (etwas kursorisch) Brandes, Leibhaftige Unvernunft.

23 Siehe hierzu Warning, Pragmasemiotik der Komödie, besonders S. 284f.

24 Signifikant ist allenfalls der relativ hohe Anteil österreichischer Autoren in dieser Spätphase (Ayrenhoff, Heufeld, Klemm u.a.), was zweifellos auf den – verspäteten – Einsatz der Aufklärung in Österreich hinweist. Zur Situation in Österreich am Beispiel der heroischen Tragödie s. Meier, Dramaturgie der Bewunderung; am Beispiel der Komödie s. Müller-Kampel, Sittenrichter gegen Possenreißer, Müller-Kampel, Hanswurst; sowie allgemein Siegrist, Phasen der Aufklärung, S. 167ff. und Bauer, Die österreichische Literatur des josephinischen Zeitalters.

25 Zur manifesten Krise der politisch-klassizistischen Tragödie (als der dominanten Ausprägung der heroischen Tragödie) nach 1770 s. Meier, Dramaturgie der Bewunderung, S. 7ff. und 324ff.

schen Dramen konnten sich im Allgemeinen bis in die 60er Jahre hinein auf den deutschen Bühnen halten.[26]

1.4.2 Verführung durch Franzosen bzw. Römer: L. A.V. Gottscheds *Die Hausfranzösinn oder die Mammsell* und J. E. Schlegels *Herrmann*

Die These der Strukturhomologie von Tragödie und Komödie sei im Folgenden anhand einer synoptischen vergleichenden Lektüre zweier Texte der *Schaubühne*, L. A.V. Gottscheds *Die Hausfranzösinn oder die Mammsell* und Schlegels *Herrmann*, etwas näher konkretisiert. Ich beschränke mich dabei auf die grundlegende Konfliktkonstellation und gehe auf den weiteren Handlungsverlauf nicht ein.

Beide Texte stellen ins Zentrum eine bzw. zwei Familien: die Familie Sigmars und Adelheids mit ihren zwei Söhnen Herrmann und Flavius sowie die unvollständige Familie Segests mit Tochter Thusnelde und Sohn Siegmund bei Schlegel; der verwitwete Kaufmann Germann mit seinem Sohn Franz und den zwei Töchtern sowie die unvollständige Familie des Bruders Wahrmund mit Sohn Christoph bei der Gottschedin. Germann hat nach dem Tode seiner Gattin eine französische Mamsell zur Erziehung seines Sohnes Franz ins Haus geholt, und diese hat sich samt Anhang – ein angeblicher Diener und ein älterer Begleiter, faktisch ihr Bruder und Vater – im Hause eingenistet und dort Vater und Sohn durch französische Lebensart und diverse höfisch-aristokratische Fertigkeiten wie Tanzen, Konversationskunst etc. verführt. Franz möchte eine von der Tugendpartei als unvernünftig gebrandmarkte Reise nach Paris antreten, die der Vater ihm zu finanzieren beinahe bereit ist. Die Franzosen im Hause des deutschen Kaufmanns mit dem sprechenden Namen »la Flèche« stellen das homologe Fremdelement zu den Römern innerhalb des Lagers der Germanen dar. Mlle la Flèche, die »Hausmammsell«, entspricht als Verführerin dem Römer Marcus sowie dem mit den Römern verbündeten Segest, die beide als Verführer des Flavius agieren.

Die Verführung in der Tragödie ist eine *politische* (Pakt mit Rom), *erotische* (Thusnelde als Lohn für den Verrat) sowie schließlich und zentral eine *kulturelle* Verführung, die das fremde System als solches auf Flavius ausübt: Er preist gegenüber dem römischen Freund Marcus »euer[n] Umgang, Scherz, Spiel, Glanz der Gastereyen« und andere »Reizung[en]«, die Rom zu bieten vermöge, und stellt diesen das deutsche Vaterland als unzivilisiertes barbarisches »Land, das nichts als Wälder hat«, gegenüber (SB IV, 13). Der Verführung durch zivilisiert-urbane römische Kultur in der Tragödie korrespondiert

---

26 Siehe hierzu u.a. Wetzel, Das empfindsame Lustspiel, S. 31f.

also die Verführung durch französisch-aristokratische Lebensart in der Komödie – erkennbar handelt es sich beim römischen und französischen Wertsystem um homologe Varianten eines nichtaufgeklärten/lasterhaften und quasi-höfischen Wertsystems, das dem germanischen bzw. deutschen tugendhaften/ aufgeklärten und bürgerlichen Wertsystem gegenübergestellt wird. Ersteres definiert sich jeweils als System von primär ›äußerlichen‹, auf Repräsentation und Effekt abstellenden sowie von hedonistischen Werten, für die das antike Rom und das moderne Paris, Stätten der entwickelten urbanen Zivilisation, metonymisch stehen. Generell können die Franzosen zeitgenössisch als aktuelle ›Römer‹ semantisiert werden.[27] Die Vertreter des nicht-bürgerlichen Wertsystems werden schließlich in beiden Texten mit massiven Normverstößen wie Betrug und illegitimer Sexualität korreliert.

Die *intrafamiliäre* Spaltung, die jeweils ein Mitglied der Kindergeneration und eines der Elterngeneration als Verführte gegen den Rest der Tugendhaften gruppiert, korreliert auch mit einer *intrapersonalen* Spaltung der jugendlichen verführten Protagonisten. Der römisch bzw. französisch Erzogene steht zwischen dem tugendhaften germanischen bzw. deutschen System, dem er qua *biologischer Abstammung* zugehörig ist, und dem fremden System, in dem er (teil)sozialisiert bzw. *erzogen* worden ist – eine zentrale Konfliktkonstellation im Aufklärungsdrama, die uns noch öfters begegnen wird. Wie Flavius sich schließlich Rom als zweites ›Vaterland‹ erwählt, so bezeichnet auch Franz Paris als »mein Vaterland«, spricht von der »Schande, ein Deutscher zu seyn«, bezeichnet sich als »penetrirt von *douleur,* daß ich nicht das Glück habe, ein Franzose gebohren zu seyn«, etc. (SB V, 150, 156f.).[28] Die Verhaftung im französischen Wertsystem manifestiert sich bei Franz nicht nur in seiner durch französische Ausdrücke durchsetzten und damit lächerlichen Rede, sondern vor allem in der normativen Orientierung an der Lebensart der »gens de qualité« (SB V, 160). Die französische Sprache steht repräsentativ für das aristokratisch-höfische System, sie ist Sprache der »Großen und Vornehmen«, die nicht für den Umgang der »Bürger« unter sich geschaffen ist (SB V, 75, 106). Das inadäquate, unfunktionale und schichtunangemessene Sprechen der französischen Sprache wird mit einem Zustand der Heteronomie gleichgesetzt, vgl. den Oheim Wahrmund:

---

27 Siehe z. B. Mösers Vorwort zu *Arminius* (M II, 120ff.) oder Gottsched in der »Vorrede« zum IV. Band der *Schaubühne* über die »Aehnlichkeiten der Stadt Rom zu Augusts Zeiten, mit dem heutigen Paris« (SB IV, 9). Diese Analogie resultiert dabei weniger, wie G.-M. Schulz meint, aus dem Gottsched unterstellten Bedürfnis, »die Fremdheit des Stoffs mit Hilfe einer aktualisierenden Deutung kaschieren zu müssen« (Schulz, Tugend, Gewalt und Tod, S. 149; vgl. auch Schulz, Die Überwindung der Barbarei, S. 84f.), sondern aus der identischen Semantik.

28 Vgl. hierzu auch Krebs, Hermannstoff, S. 298ff., bes. 300, und Mix, Nationale Selbst- und Fremdbilder, S. 59ff., 62f.

HR. WAHRMUND. Aber sagt mir nur was *wir Bürger* mit der französischen Sprache
sollen, als wollten wir Unterthanen einer fremden Krone vorstellen; (SB V, 106)

Die Unterwerfung unter die Römer in der Tragödie und die Unterwerfung unter die Franzosen in der Komödie sind somit funktional äquivalent und werden
als gattungsspezifische Ausprägungen einer »*moralischen Sclaverey*« modelliert,
die jeweils eine drohende emotionale Bindung an ein fremdes verführerisches
Wertsystem bezeichnet.

Die Korrelation des unaufgeklärten bzw. voraufklärerischen aristokratisch-
höfischen Wertsystems mit Frankreich folgt zwar einer bereits barocken Tradition der Alamode-Kritik.[29] Im Unterschied jedoch zu deren konstitutiver
Jenseitsbezogenheit und Anti-Weltlichkeit dient das französische bzw. römische Wertsystem nun als Negativfolie für das neue aufgeklärte Wertsystem,
das sich auf der Basis einer prinzipiellen Diesseitsbejahung konstituiert. Die
Tragödie wie die Komödie stehen damit im Dienst des sich formierenden
aufgeklärten Wertsystems, das sich ab 1720 zunächst im nicht-literarischen,
theoretischen wie populären Schrifttum artikuliert und vor allem in den Moralischen Wochenschriften propagiert wird.[30] Es erhält explizit das Etikett
»bürgerlich« und ist bekanntlich ein solches ›bürgerliches‹ im mentalitätsgeschichtlichen, nicht im strengen schichtensoziologischen Sinn, da es mit einem überständischen Anspruch auftritt.[31] In diesem Sinne vertreten auch in

---

29 Siehe Mix, Nationale Selbst- und Fremdbilder. Zum Phänomen der Gallomanie bzw.
Frankolatrie s. auch Schaer, Die Gesellschaft im bürgerlichen Drama, S. 165ff., und Kiesel,
Hofkritik, S. 201f.

30 Siehe Martens, Bürgerlichkeit in der frühen Aufklärung, zur großen Attraktion des ga-
lanten, höfisch-repräsentativen Lebensstils für Bürger in Deutschland um 1700 und der
entscheidenden Zäsur um 1720, mit der – zunächst in Moralischen Wochenschriften – die
Propagierung eines neuen, explizit »bürgerlich« genannten Lebensstils einsetzt. Hierzu auch
Münch, Lebensformen, S. 262; Schulte-Sasse, Drama, S. 436. Zu sozialgeschichtlichen
Aspekten der höfischen Adelskultur im 18. Jahrhundert s. Elias, Prozeß der Zivilisation,
Bd. I, 1. Kap., S. 10ff., und Ruppert, Bürgerlicher Wandel, S. 25ff. Zur literarischen
›bürgerlichen‹ Hofkritik im 18. Jahrhundert allgemein s. Kiesel, Hofkritik; Stanitzek,
Blödigkeit, S. 110f.; Mog, Ratio und Gefühlskultur, S. 36ff.; Schaer, Die Gesellschaft im
bürgerlichen Drama, S. 147ff.; ferner die wichtige Arbeit von Nell, Zum Begriff ›Kritik der
höfischen Gesellschaft‹, die den diskursgeschichtlichen Wandel der literarischen Hofkritik
im 18. Jahrhundert rekonstruiert.

31 Die Diskussion um die ›Bürgerlichkeit‹, jenen »Hauptstreitpunkt der neugermanistischen
Forschung« zum 18. Jahrhundert (Vollhardt, Aspekte der germanistischen Wissenschaftsent-
wicklung, S. 63), darf wohl als abgeschlossen gelten. Stellvertretend seien hier nur genannt
Möller, Vernunft und Kritik, S. 289ff.; Ruppert, Bürgerlicher Wandel, S. 31ff.; Martens,
Bürgerlichkeit in der frühen Aufklärung, S. 119; Schulte-Sasse, Drama, S. 423ff.; Szondi, Die
Theorie des bürgerlichen Trauerspiels; Guthke, Das deutsche bürgerliche Trauerspiel; Sauder,
Sensibilité. Zum wissenschaftsgeschichtlichen Paradigmenwechsel von der soziologisierenden
zur mentalitätsgeschichtlichen Fragestellung in der germanistischen Aufklärungsforschung
s. Vollhardt, Aspekte der germanistischen Wissenschaftsentwicklung, S. 62.

der Welt der »Fürsten und Helden«, wie sie die heroische Tragödie in Szene setzt,[32] die Vernünftigen und Tugendhaften im Kern ›bürgerliche‹ Werte, unabhängig von ihrem Status als Fürst oder Untertan. Die Prinzipien des aufgeklärten Absolutismus, der die erste Etappe im langfristigen Prozess der Konstitution der ›bürgerlichen Gesellschaft‹ darstellt, werden in der Tragödie denn auch stets von »Bürgerfreunden« formuliert.[33]

Weniger direkt und explizit, als es die thematisch in der Gegenwart situierte Komödie vermag, aber in der Sache nicht unterschiedlich, baut also auch die Tragödie die Korrelation von ›aufgeklärt/bürgerlich/deutsch‹ *vs.* ›unaufgeklärt/aristokratisch-höfisch/fremd (nicht-deutsch)‹ auf.[34] Dass der – einen historischen oder mythologischen Stoff dramatisierenden – Tragödie damit ein solcher Gegenwartsbezug innewohnt, ist dem Text allein nicht direkt zu entnehmen, sondern wird nur durch den Vergleich mit anderen zeitgenössischen Texten greifbar: z. B. nicht-literarischen Texten, aber eben auch den Komödien. Der implizite Aktualitätsbezug der frühaufklärerischen heroischen Tragödie wird also nicht zuletzt durch den Isomorphismus zwischen beiden Gattungen deutlich.

Die beiden hier kurz vorgestellten Dramen sollten diese Strukturhomologie lediglich illustrieren. Zahlreiche weitere Beispiele ließen sich anfügen, die belegen, dass die beiden Gattungen einen *gattungsübergreifenden Moraldiskurs* führen, innerhalb dessen sie in einer Art Aufgabenverteilung im jeweiligen dargestellten sozialen Milieu *gattungsspezifische Ausprägungen* der Werte- und Normendiskussion ausbilden.

---

32 Vgl. J. C. Gottsched: »Die Schauspiele und besonders die Tragödien sind aus einer wohlbestellten Republik nicht zu verbannen«, in: Gottsched, Schriften zur Literatur, S. 3–11, hier 9.

33 Siehe allgemein Koselleck, Kritik und Krise, und speziell zum Drama Schulte-Sasse, Drama, S. 423ff. und 452 (zu »Canut als Verfechter bürgerlicher Moral«).

34 Vgl. Ruppert, Bürgerlicher Wandel, zum prinzipiellen »Widerspruch zwischen adlig-höfischer und deutschsprachig-aufgeklärter Kultur« auf sozialgeschichtlicher Ebene (S. 31).

2. Moralische Ambivalenzen: Die latente Begründungsnot der Tugend in der heroischen Tragödie

Gemäß der vorherrschenden Meinung in der Forschung kommt es zu einer Aufweichung bzw. Relativierung der strikten Dichotomisierung von Tugend *vs.* Laster erst in der Empfindsamkeit, wobei eine neue Emotionalisierung und Psychologisierung mit der neuen Mitleidsästhetik und dem poetologischen Konzept des ›gemischten Charakters‹ zusammentrifft. Eine Einschränkung dieser Zuordnung erkennt man im Allgemeinen nur im Rahmen der Gottschedschen ›Fehlertheorie‹, die, in Anlehnung an Aristoteles, auch dem absolut tugendhaften Helden ein geringes Laster bzw. einen ›Fehler‹ zuschreibt. Für Gottsched wird sie vor allem deshalb relevant, weil er mit ihrer Hilfe das Theodizee-Problem lösen kann, das der unschuldige Tod des absolut tugendhaften Helden aufwerfen würde.[1] So sehr diese Behauptung insgesamt zutreffend ist, vor allem was den Wandel nach 1750 betrifft, so wenig wird sie jedoch den frühen Texten im Einzelnen gerecht. Jenseits der strikten Grenzziehung zwischen Tugend *vs.* Laster, die keinerlei Ambivalenz oder Relativierung zulässt, existiert nämlich eine Ebene der versteckten Relativierung, die in implizitem Widerspruch steht zu dem offiziellen Disjunktheitspostulat, wie es sowohl auf der Textoberfläche, in der expliziten Figurenrede, als auch in der begleitenden poetologischen Theorie formuliert wird. *Theorie und Praxis decken sich also nicht,* so die These, und solange Interpretation nur im Rahmen der von der zeitgenössischen Poetologie vorgegebenen Kategorien betrieben wird, muss diese Ebene notwendigerweise dem Blick des Interpreten entgehen.[2] Auch wenn die strikte Dichotomie von Vernunft/Tugend *vs.* Unvernunft/Laster die Tragödien dieser Teilphase unbestreitbar regiert, gibt es dennoch keinen einzigen Text, der lediglich dieses Schema reproduzieren würde – die eigentliche Problemstellung ist bereits im frühaufklärerisch-rationalistischen Dramencorpus um einiges komplexer, und sie lässt sich nicht mithilfe der ›Fehlertheorie‹ fassen. In den folgenden beispielhaften Analysen soll also gezeigt werden, dass und auf welche Weise bereits die frühaufklärerischen Tragödien eine latente Infragestellung ihrer offiziellen moralischen Setzungen betreiben und einen Konflikt zumindest anlegen, den sie jedoch nicht ausführen. Die Texte bauen gewissermaßen ›ideologische Spreng-

---

1 Siehe u. a. Hollmer, Anmutz und Nutzen, und Meier, Dramaturgie der Bewunderung.

2 Die Diskrepanz von poetologischer Theorie und poetischer Praxis ist zwar bei Gottsched besonders krass, aber weder auf diesen noch auf die Frühaufklärung beschränkt. Wellbery, Aufklärung als sprachpolitisches Programm, hat, anhand einer brillanten Analyse einer Fabel Lessings, für diesen eine analoge Diskrepanz zwischen Theorie und Praxis aufgezeigt.

sätze‹ ein, die jedoch nicht – noch nicht – explodieren dürfen.[3] Es zeichnet sich somit, dies die These, bezüglich der Normproblematik in den Trauerspielen eine *systemimmanente Krise* der Aufklärungsmoral bereits von den Anfängen ab, die weder explizit thematisierbar geschweige denn bewältigbar ist.

2.1 Verführung zur ›Menschlichkeit‹

Die klassizistische Tragödie der frühaufklärerisch-rationalistischen Phase setzt bekanntlich ein heroisches Wertsystem als normativ, in Korrelation mit dem vorherrschenden poetologischen Paradigma der ›Bewunderung‹.[4] Im Zentrum steht dabei der in zahllosen Varianten inszenierte Konflikt zwischen Privat-interesse und Staatsinteresse, dessen Lösung in der geforderten Unterordnung des ersteren unter letzteres besteht. Gemäß der bereits konstatierten Verla-gerung des Hauptkonflikts vom politischen äußerlichen Sachverhalt auf den moralisch-psychischen inneren Sachverhalt der Leidenschaften und Affekte unterscheiden sich die beiden Lager der Tugend/Vernunft *vs.* Unvernunft/Laster wesentlich über den unterschiedlichen Umgang mit der eigenen Emo-tionalität. Die Partei der Tugend/Vernunft beweist sich als solche u.a. und exemplarisch in der selbstverständlichen Unterordnung privater Gefühle un-ter öffentliche Belange des Vaterlandes. Ob der Held dabei selbst Fürst ist oder nur Untertan – lexikalisch in den Texten als »Bürger« auftretend[5] –, ist sekundär, in beiden öffentlichen Rollen/Funktionen muss dieselbe Hierar-chisierung praktiziert werden, nur mit je verschiedener Akzentsetzung: Das Ethos des ›Bürgers‹, der im Kampf gegen den herrschenden Tyrannen privat-familiäre Belange unterordnet, und das Ethos des aufgeklärt-absolutistischen Souveräns, der im Kampf gegen andere feindliche Tyrannen bzw. Intriganten ebenfalls private Interessen und Empfindungen überwindet, beschreiben nur zwei Seiten desselben Staatsethos.[6]

---

3 Wirtz, Gerichtsverfahren, hat am Beispiel des *Cato* auf einige der fundamentalen Inkonsis-tenzen in Gottscheds dramatischer Praxis hingewiesen und bereits zu Recht Kritik geübt an »methodisch wenig reflektierte[n] Untersuchungen […], die sich bereitwillig der so leicht zugänglichen Begriffsoberfläche anvertrauen« (S. 98). Der Verf. bietet allerdings selbst keine überzeugende systematische Interpretation dieser Inkonsistenzen im Zusammenhang epo-chaler Normprobleme an.

4 Siehe Meier, Dramaturgie der Bewunderung; Alt, Tragödie der Aufklärung, S. 84ff.; Pikulik, Bürgerliches Trauerspiel und Empfindsamkeit, S. 132ff.

5 Zur traditionellen Bedeutung von »Bürger« und »bürgerliche Gesellschaft« s. Frühsorge, Der politische Körper, S. 26; Grimminger, Aufklärung, S. 74; Koselleck, Kritik und Krise, S. 28ff.; Möller, Vernunft und Kritik; S. 290ff.; Ruppert, Bürgerlicher Wandel, S. 36ff.; Schneiders, Thomasius politicus, S. 103f.

6 Hierzu auch Schulte-Sasse, Drama, S. 430ff.

Die privaten Interessen und Empfindungen umfassen die *familiäre, freund-schaftliche* und *erotische* Liebe, und in allen drei Varianten wird das geforder-te Opfer vorgeführt. Väter und Mütter sind um das Wohl des Staates willen selbstverständlich bereit, den potenziellen Tod ihrer Söhne in Kauf zu neh-men. Gottscheds Cato trauert bekanntlich nicht um den toten Sohn Marcus, der vom Intriganten Pharnaces erstochen wird, sondern nur um Rom: »Den Sohn beweint er nicht; um Rom vergießt er Thränen!« (SB I, 228); als er in der designierten Partherkönigin Arsene seine eigene Tochter entdecken muss, wird die Unvereinbarkeit der Rollen des ›Vaters‹ *vs.* des ›Römers‹ festgehalten: »Ach! Cato, dießmal kann zu deiner größten Pein, / Ein zärtlich Vaterherz kein römisch Herze seyn« (SB I, 183) – um dann aber augenblicklich die Sub-ordination des ersteren unter letzteres zu bestätigen. Infolge der Tendenz zur Familialisierung des politischen Konflikts existieren Intriganten bzw. Tyran-nen innerhalb der fokustragenden Familie. So muss der Titelheld von Krügers *Mahomed der IV* seine eigene intrigante Großmutter hinrichten lassen; der Ti-telheld von Behrmanns *Timoleon der Bürgerfreund* muss eigenhändig den Ty-rannenmord an seinem Bruder Timophanes vollziehen. Er formuliert seinen Konflikt als Inkompatibilität der Rollen des »Bruders« und des »Bürgers«:

TIMOLEON.   Ja, er musst erkalten.
  Als *Bruder* hätt ich ihm das Leben gern erhalten,
  Als *Bürger* konnt ich nicht. O Stand! O Bürgerstand!
  O brüderliche Pflicht! O theures Vaterland! (DDE I, 201/129)

In Behrmanns *Die Horazier* kündigt der junge Horaz seine Bereitschaft zum Zweikampf gegen den Freund und Schwager analog mit den Worten an: »In uns verstummt der *Freund*, sobald der *Bürger* spricht.« (DDE I, 263/51)

Insofern es in den meisten Texten um die Pflichterfüllung des Helden als »Bürger« – d.h. des Individuums in seiner öffentlichen Rolle als Untertan und Mitglied der ›bürgerlichen Gesellschaft‹ – geht, steht in diesem frühaufkläre-rischen Wortgebrauch der ›Bürger‹ in Opposition zum ›Menschen‹ in seiner privaten Rolle als Vater, Bruder, Freund etc., während unter empfindsamen Vorzeichen die private Dimension zum Definiens avanciert und es zur Ineins-setzung von ›Bürger‹ ≈ ›Mensch‹ kommen wird.[7]

Während das Opfer der familiären Liebe von beiden Generationen erbracht werden muss, wird das der freundschaftlichen und das der erotischen Liebe in der Regel nur von jugendlichen Protagonisten der Kindergeneration erbracht. Zumal bei leidenschaftlicher Liebe kommt es zu problematischen Konflikten der Spaltung des Subjekts zwischen beiden widerstreitenden Interessen. In der

---

7 Siehe Guthke, Das bürgerliche Trauerspiel, S. 6–15; Pikulik, Bürgerliches Trauerspiel und
   Empfindsamkeit, S. 172ff.; Schulte-Sasse, Drama, S. 457.

frühaufklärerisch-rationalistischen Phase gelingt jedoch auch der positiven jugendlichen Figur die Hierarchisierung noch ganz selbstverständlich, so etwa in
der klassischen Formulierung Herrmanns vor der entscheidenden Schlacht gegen die Römer: »Man sage, wenn man einst von meinen Thaten spricht: / Thusnelden liebt er sehr: doch mehr noch seine Pflicht.« (SB IV, 40) Thusnelde selbst
akzeptiert nicht nur diese Wertentscheidung, sondern diese vermag sogar ihre
Liebe zu Herrmann zu steigern: »Da mich dein Herz gesucht, schien mir es lie-
benswerth: / Itzt lieb ich es noch mehr, da es mich nicht begehrt.« (ebd.)

Soweit das bekannte heroisch-klassizistische Modell. Festzuhalten ist, dass die
hier als ›heroisch‹ benannte Tugend offiziell Teil der neuen frühaufklärerischen
Moral ist, Heroismus und Aufklärung bilden diesbezüglich also kein Gegen-
satzpaar.[8] Die Entwicklung der heroisch-klassizistischen Tragödie im weiteren
Verlauf des 18. Jahrhunderts lässt sich bekanntlich rekonstruieren u. a. über die
zunehmende Infragestellung dieses heroischen Paradigmas.[9] Bereits nach 1750
gelingt den Helden etwa der heroischen Tragödien Schönaichs, Brawes oder Cronegks die verlangte Hierarchisierung erheblich schwieriger, bzw. sie wird, wo sie
noch vollzogen wird, gar psycho(patho)logisiert wie etwa in Lessings *Philotas*.

Die These, die hier vertreten werden soll, geht dahin, dass die Infragestellung und Relativierung des heroischen Wertsystems bereits in der frühaufklärerisch-rationalistischen Phase als *latente* nachweisbar ist, bevor dies dann nach
1750 zunehmend offen und unübersehbar der Fall sein wird. Diese Dimension
findet sich ausschließlich in den Texten selbst, während die poetologischen Äußerungen und Selbstkommentare der Verfasser stets nur die offizielle Lesart ihrer Texte bestätigen. Über die explizite Unterscheidung und Hierarchisierung
des Öffentlichen und des Privaten konstituiert sich – zunächst als Negativfolie
gewissermaßen – eine übergeordnete anthropologische Ebene, d. h. eine *Ebene
des menschlichen Empfindens und der menschlichen Natur als solcher*, die dergestalt
heimlich immer schon im Mittelpunkt der Texte steht. Diese implizite Anthropologisierung ist wesentlich mit dem Thema der *Verführung* korreliert, und genau da findet das heroische Paradigma im Aufklärungsdrama letztlich seinen
systematischen Ort. Heroische Tugend beweist sich im Widerstand gegen eine

---

8   Der Begriff des ›Heroismus‹ ist leider äußerst vage und bedürfte daher der jeweiligen Ex-
    plikation. Es geht zunächst um eine – moralindifferente – Werthierarchisierung, die um
    einer Idee willen zum Selbstopfer bereit ist und somit Ausdruck von »Großmuth« – in der
    vorempfindsamen Bedeutung des Wortes! – ist, die wiederum Objekt von Bewunderung
    wird. Je nach inhaltlicher Auffüllung existiert der Heroismus in einer lasterhaften Version
    – z. B. das Streben nach Ehre und Ruhm – oder einer tugendhaften – der hier thematische
    Tugendrigorismus. Zur vorempfindsamen Bedeutung von »Großmuth« s. beispielsweise
    Thomasius, Kurtzer Entwurff der Politischen Klugheit, IV. Cap. »Von der Klugheit sich
    selbst zu rathen«, § 81, S. 104. Siehe auch hier, Anm. 45.
9   Siehe hierzu vor allem Meier, Dramaturgie der Bewunderung, und Schulz, Tugend, Gewalt
    und Tod.

(potenzielle) Verführung, und diese wird privilegiert als eine *Verführung zu einer Regung der menschlichen Empfindung* abgebildet. Hierzu einige Beispiele.

In B. E. Krügers *Mahomed der IV* begründet das »zärtlich Herz« (SB V, 412) des Titelhelden seine Verführbarkeit für die Intrigen der Großmutter Kiosem, die ihr Leben durch einen politischen Umsturzversuch verwirkt hat und nun, gefangen und auf die Hinrichtung wartend, an seine ›Zärtlichkeit‹ appelliert. Obwohl Mahomed sehr wohl weiß, dass die Großmutter einen Anschlag auf sein Leben plante, behauptet er gegenüber seinem Großvezier Selim den typischen inneren Konflikt:

> MAHOMED. Ich bin nicht stark genug, den Trieb zu unterdrücken.
> Ach Freund, du bist zu hart! Die Glut soll ich ersticken,
> Die sich in meiner Brust für die Kiosem regt.
> Der Zwang ist gar zu groß, den du mir aufgelegt! (SB V, 412)

Wenn die gefangene Kiosem den Enkel einen »Unmensch« und »Tyrann« schimpft und ihm »Blutdurst« vorwirft (SB V, 434), dann ist dies zunächst eine dreiste Umkehrung der wahren Verhältnisse und pures Kalkül. Paradoxerweise aber kommt just derselbe Vorwurf bzw. Appell an Mahomeds Menschlichkeit auch aus dem Lager der Tugend, nämlich von Mahomeds Mutter Roxellane, die ab dem IV. Akt ihrem Sohn beinahe wortgleich vorwirft: »*So unterdrückest du die Triebe der Natur?*« (SB V, 425). Ihre Aufforderung, Kiosem zu schonen, ist einer Versuchung äquivalent, wie Mahomed ihr denn auch vorhält: »O! wie versuchst du mich.« (SB V, 432) Mahomed selbst artikuliert schließlich seine Zweifel an der von ihm verlangten »Großmuth«, die die Überwindung persönlichen Schmerzes zu Gunsten des öffentlichen Wohls einfordert: »Sie [die Großmuth, WL] fordert gar zu viel. *Soll man nicht menschlich seyn?*« (SB V, 428)

In Schlegels *Herrmann* lobt der römische Freund Marcus etwa die Liebe des Flavius zu Thusnelde, indem er es als menschliches dem heroisch-unmenschlichen Verhaltensmodell des Bruders gegenüberstellt. Dies ist zwar einerseits Schmeichelei, wie Flavius selbst erkennt (vgl. SB IV, 15), und ein Versuch der Verführung zum Laster, gleichwohl ist der Legitimationsversuch über die Menschlichkeit signifikant:[10]

> MARCUS. Die Triebe, die du fühlst, sind lobenswerthe Triebe:
> Ein sonst zu göttlich Herz wird menschlich durch die Liebe.
> Wenn unsre Tugend uns dem Himmel nahe stellt,
> So ists die Liebe nur, die uns zurücke hält:
> Damit wir nicht zu hoch erhaben von der Erden,
> Ein anderes Geschlecht, und Menschen ungleich werden. (SB IV, 15)

---

10 Vgl. Schulz, Die Überwindung der Barbarei, der hier ebenfalls auf die »Nebentöne« dieser Stelle im Sinne einer impliziten Heroismuskritik aufmerksam macht (S. 77).

Geradezu stereotyp ist ferner das Angebot von Frieden und der Vermeidung von Blutvergießen, welches die Tyrannen den Tugendhaften machen. Zwar bedeutet dies nicht notwendig eine Positivierung der Lasterhaften, da diese zum Teil vor Gewaltanwendung selbst nicht zurückschrecken und das Friedensangebot kalkuliert einsetzen; bezeichnend und interpretationsbedürftig ist aber eben die Tatsache, dass die von der Tugendpartei so sehr als ›blutdürstige Tyrannen‹ verurteilten politischen Gegner wiederholt ein solches Angebot machen, an dessen Ernsthaftigkeit keinerlei Zweifel möglich sind. Beispiele hierfür sind etwa *Cato* oder die Germanendramen *Herrmann* und *Vitichab und Dankwart*. In *Herrmann* macht der römische Feldherr Varus in I/5 ein solches Friedensangebot ausdrücklich in der Eigenschaft als »Freund, und nicht als Sieger« (SB IV, 25); Entsprechendes gilt auch für den römischen Abgesandten Tiber in *Vitichab und Dankwart* oder für Cäsar in *Cato*.

Ein solches politisches Angebot kann ferner in Kombination mit einer erotischen Verführung gemacht werden. Durch die erotische Hingabe, so die Argumentation, kann die Protagonistin unnötiges Blutvergießen vermeiden und Frieden für ihr Volk stiften (vgl. Krügers *Banise* oder auch *Cato*). Gewiss handelt es sich beim Appell zur »Empfindlichkeit«, den Tyrannen an die von ihnen begehrten Protagonistinnen richten, auch um eine bereits im barocken Trauerspiel topische Formel der Aufforderung zur Erotik (vgl. auch in *Cato* Cäsar zu Portia: »Kannst du empfindlich seyn? Sprich, schönste Königinn!« SB I, 206).[11] Bemerkenswert ist aber, dass die lasterhafte Gegenseite keineswegs nur zu etwas *a priori* Illegitimem wie sexueller Wollust oder zur Teilhabe an tyrannischer Herrschaft verführt, sondern dass sie die Verführung zum Laster mit Verführung zu unzweifelhaft positiv bewertetem und jeweils mit ›Menschlichkeit‹ korreliertem Handeln koppelt, und nicht zuletzt darin besteht eben auch das Moment der Verführung. Das lasterhafte Kalkül der Intriganten ist also immer nur die *eine* Seite des Angebots, dieses geht niemals darin auf. Die Texte funktionalisieren gewissermaßen die lasterhafte Intention dieser Figuren, um mit ihrer Hilfe eine übergeordnete anthropologische Dimension zu etablieren. Indem sie derart auf ›Menschlichkeit‹ rekurriert, belegt die Lasterpartei der frühaufklärerischen Tragödie jedenfalls zugleich auch, dass ein solches – im emphatischen Sinn – ›menschliches‹ Wert- und Verhaltenssystem bereits auf dem Wege ist, allgemein akzeptiert und konsensuell zu werden. Die ideologische Sprengkraft der anthropologischen Dimension besteht just in ihrer moralischen Indifferenz, die nach 1750 ganz offenkundig werden wird. Es wird sich zeigen, dass es nämlich überhaupt keine Rolle spielt, ob es sich beim Erotikangebot um illegitime und unter Gewaltandrohung erpresste (z.B. Breithaupts *Barbarussa und Zaphire*

---

11 Vgl. Nolle, Das Motiv der Verführung, S. 57ff.

1758) oder um legitime und von der Protagonistin selbst gewünschte Erotik (z.B. die anonyme Bearbeitung von Brueys' Märtyrerdrama *Die standhafte Christinn Gabinie* 1757) handelt. Die Texte zielen vielmehr auf eine übergeordnete Ebene der menschlichen Natur als solcher, innerhalb der die Unterschiede zwischen tugendhafter und lasterhafter erotischer Liebe neutralisiert werden (s. Kap. 8.1).

2.2 Poetologische Theorie *vs.* literarische Praxis: G. Behrmanns *Die Horazier*

Die behauptete Differenz zwischen Theorie und Praxis sei im Folgenden anhand von Georg Behrmanns *Die Horazier* näher illustriert. Dieses bereits 1733 von der Truppe der Neuberin uraufgeführte Trauerspiel wurde von Behrmann 1751 überarbeitet erstmals dem Druck übergeben.[12] Es bietet sich zur Illustration deshalb an, weil es den ›klassischen‹ Basiskonflikt der frühen heroischen Tragödie mit allen drei Varianten des Privatinteresses – freundschaftliche, familiäre und erotische Liebe – exemplarisch inszeniert, und dies zugleich mit einer sprachlichen Explizitheit und Radikalität, die zum Teil bereits einem späteren Systemzustand geschuldet ist.[13]

Der antike Sagenstoff über den Konflikt zwischen Rom und Alba, der anhand eines Kampfes zwischen den drei Horatier-Söhnen und den drei Curiatier-Söhnen entschieden wurde, bietet sich für das frühaufklärerische Modell des familialisierten politischen Konflikts in idealer Weise an. Bei Behrmann wird das Geschlecht der Horatier durch den alten Horaz (den Vater), den jungen Horaz (einen seiner Söhne) und Tochter Camilla gebildet, jenes der Curiatier komplementär dazu durch die Mutter Secienia, den jungen Curiaz als einen ihrer Söhne und Tochter Sabina. Behrmann verstärkt die Familialisierung, indem er beide Familien durch verwandtschaftliche Bande miteinander verknüpft: Horaz und Sabina sind verheiratet, Curiaz und Camilla verlobt.

Das Drama umfasst die Zeit unmittelbar vor und nach dem entscheidenden Kampf. Vater Horaz und Mutter Secienia sind erwartungsgemäß ganz selbstverständlich zur Opferung ihrer Söhne bereit und formulieren dies in unzweideutigen Aufforderungen. So der alte Horaz zu seinem Sohn: »Es müssen *Held* und *Mensch* in Brüdern sich entzweyn, / Nur Freunde bis zum Kampf, im Treffen Mörder seyn.« (DDE I, 298/86) Werte wie ›Natur‹, ›Herz‹, Menschlichkeit, ›Zärtlichkeit‹ werden ausdrücklich für irrelevant erklärt. Menschlich-

---

12 Siehe hierzu Heitmüller, Hamburgische Dramatiker, S. 4–34.
13 Vgl. den Verf. in seinem Vorbericht: »[A]lle Verse sind darinnen neu« (DDE I, 208/ unpag.).

keit – »*den Menschen zeigen*« – wird von Heroismus – »*der Menschheit würdig seyn*« – unterschieden:[14]

HORAZ, DER VATER. Ein Held muß, als ein Held, von Zärtlichkeiten schweigen,
  Der Menschheit würdig seyn, und nicht den Menschen zeigen.
  Er kömmt, bohrt Wund auf Wund, und *hört, so lang er ficht,*
  Die Stimme der Natur in seinem Herzen nicht,
  [...]. (DDE I, 261/49)

Secienia formuliert gegenüber ihrem Sohn Curiaz noch schärfer:

SECIENIA. Errette dich und uns durch deiner Schwäger Blut,
  [...]
  Hier muß in euch der Freund dem Vaterlande schweigen,
  Und eure Stärke sich in *Bürgerpflichten* zeigen.
  Nun Alba euch allein sich zuversichtlich weyht:
  So hört nicht die Natur, die aus den Brüdern schreyt.
  Dieß harte Mittel ist der Wohlfahrt unentbehrlich,
  Und, weil die Noth es heischt, der Ehre nicht gefährlich.
  Euch geb ich mütterlich den wohlerwognen Rath:
  Lebt durch den Brudermord! Erschreckt nicht vor der That! (DDE I, 256f./44f.)

Der Tugendhafte als Mörder, der unmenschlich und gegen die Natur handeln muss – die Unvereinbarkeit der Rollen ›Held‹ *vs.* ›Mensch‹ ist in dieser Schärfe im frühaufklärerischen Trauerpiel noch nicht gesagt worden. Hier wird also ein Wertsystem gepriesen, *indem* man es zugleich als negatives und zweifelhaftes erscheinen lässt. Theoretisch-rhetorisch könnte es sich um ein Verfahren der Ironie handeln; da es hierfür aber keinerlei zusätzliche Anzeichen gibt, muss auf eine Ambivalenz bzw. Paradoxie des Textes geschlossen werden, die aus der Koexistenz zweier oppositioneller Wertsysteme, einem alten ›heroischen‹ und einem neuen ›menschlichen‹ resultiert, deren Konflikt nicht entschieden wird (bzw. nicht entscheidbar ist).

Während die heroische Wertehierarchie in der Elterngeneration problemlos und selbstverständlich vollzogen wird, ist dies in der (männlichen wie weiblichen) Kindergeneration hingegen keineswegs der Fall. Die politische Opposition wird überlagert durch eine moralische, die quer zu ersterer verläuft: Jede Familie enthält dergestalt eine majoritäre heroisch-tugendhafte Teilgruppe – Vater und Sohn Horaz zum einen, Mutter Secienia und Tochter Sabina zum anderen – und eine minoritäre unheroisch-lasterhafte – Horazens Tochter Camilla und Secienias Sohn Curiaz, die gegen die Norm des Selbstopfers rebellieren und somit jeweils ein ideologisches Fremdelelement innerhalb beider

---

14 Die Aufwertung der »Zärtlichkeit« im Rahmen der Empfindsamkeit folgt umgekehrt einer dezidiert anti-stoischen Stoßrichtung und Polemik. Siehe Baasner, Sensibilité, S. 50, 76f.

Familien darstellen. Die Verteilung der oppositionellen Figuren auf die Paare erfolgt symmetrisch, die Kritiker und die affirmativen Repräsentanten des Heroismus sind jeweils als Paar vereint. Horaz junior besiegt bekanntlich Curiaz, was hier im Sinne einer Theodizee modelliert wird: Das tugendhaft-heroische Paar darf als Lohn überleben, während das zweifelnde Paar Curiaz/Camilla am Ende mit Tod bzw. Verlust des Geliebten bestraft wird – Camilla erleidet hier also nicht das Schicksal des Schwestermordes wie bei Corneille.[15]

Soweit die offizielle Leseebene. Behrmann bekräftigt sie in der Erstausgabe der *Horazier* in den »Nachreden« mit folgenden Versen:

[...]   So lang Exempel lehren,
Und ein Horaz sich hebt, in Söhnen Helden weckt,
Die feige Tochter straft, und durch Camilla schreckt;
So lange Kunst und Witz und Sitten nicht verschwinden:
So lange hoffen wir Vertheidiger zu finden. (DDE I, 324/112)

In einer weiteren Nachrede werden abermals das Vorbild Sabinas und die Darstellung von »edle[r] Bürgertreu« und »erhabne[m] Heldenmuth« gepriesen (DDE I, 325/113). Man vermeint, diese Nachredner, darunter der Verfasser selbst, kennten den (eigenen) Text nicht richtig. Denn dort ist diese Werthierarchie zwar gegeben, aber alles andere als eindeutig, sondern latent, wenngleich unübersehbar erschüttert. Die zitierte Negativierung Camillas verdankt sich ganz offensichtlich dem Bemühen nach einem gleichsam *aposteriorischen Theodizee-Postulat*, das verdecken soll, dass im Text Figuren am Ende bestraft werden, die keineswegs so eindeutig lasterhaft sind, wie vorgegeben. Den analogen Fall stellt Gottscheds nachträgliche Negativierung seines Helden Cato dar, die ebenfalls das Ziel verfolgt, die im Text durch den Tod des Tugendhaften implizit angelegte Theodizeekrise zu verschleiern.[16]

Zwar gelangt schließlich auch Curiaz zur selben heroischen Position wie sein Freund und Schwager Horaz jun., doch auffällig ist die besondere Betonung des Preises, den diese Wertentscheidung erfordert:

CURIAZ. Ich will den Held erhöhn, und nicht durch mich beschämen.
In mir empört sich zwar die Regung der Natur;
Und dennoch siegt sie nicht, und dennoch seufz ich nur.
[...]
Ich laß Natur und Lieb in mir vergebens schreyn,
Mein Ohr den Freunden taub, und Freundschaft Freundschaft seyn!
(DDE I, 258/46)

---

15 Siehe hierzu den Vorbericht des Verf. (DDE I, 208ff./unpag.).
16 Vgl. aus der Antwort an den Kritiker Gottlieb Stolle: »Wäre Cato ganz unschuldig und vollkommen ohne Tadel gewesen: So würde man der Tugend einen schlechten Dienst getan haben, wenn man ihn dennoch unglücklich werden lassen.« (in: Gottsched, Sterbender Cato, S. 102).

Sogar das tugendhafte Paar Horaz/Sabina muss gegen menschliche Regungen ankämpfen, wie sie Herrmann/Thusnelde bei Schlegel noch unbekannt waren. Heroische Tugend gelingt nur mehr um den Preis der Abwehr von Menschlichkeit und eigener Natur:

SABINA. Mich quält, daß mein Horaz, der Heeren schrecklich ist,
Mich fürchtet, vor mir flieht, und mein aus Furcht vergisst.
Entkräftet ihn mein Leid? Flieht er vor meinen Zähren?

HORAZ, DER SOHN. Daß um Sabina nicht aus mir die Thränen dringen,
Erfordert grössern Muth, als Helden zu bezwingen.
[...]
Es kämpfen wider mich Natur und Zärtlichkeiten. (DDE I, 275/70, 282/83)

Die explizite Infragestellung der heroischen Tugend wird an Camilla delegiert. Sie befindet sich in einer analogen Position wie Gottscheds Portia, d.h. zwischen dem Verlobten Curiaz und dem Vater, der gleich Cato Repräsentant Roms ist und ihrem Wunsch, die Liebe zum Vater und zum Bräutigam zu vereinen, mit dem Vorwurf begegnet: »Nicht Rom, dein wildes Herz, dein Bräutgam reisst dich hin. / In dir regt sich die *Braut*, und nicht die *Römerinn*.« (DDE I, 274/62) Im Gegensatz zu Portia, die sich nach kurzen Klagen wie selbstverständlich der Position des Vaters unterwirft und diesem ihre Liebe zu Cäsar opfert, erhebt Camilla gegen den Vater und den Bruder schärfere Anklagen. Speziell diesem wirft sie Mord, Grausamkeit und »Unempfindlichkeit« vor, die »keinem Helden Ehre [bringe]«; er sei nur »kühn aus eitler Ruhmbegier« und »erstick[e] Natur und Zärtlichkeit«. Derjenige »Bürger« aber, der sich derart über Nicht-Menschlichkeit definiere, sei vom »Tyrann« »nicht zu unterscheiden« (DDE I, 245ff./33ff., 282ff./70ff., 268/56).

Offiziell werden die heroischen Wertsetzungen fraglos bestätigt, allerdings allein auf Handlungsebene. Es herrscht eine bezeichnende Diskrepanz zwischen *histoire-* und *discours*-Ebene. Denn die von Camilla vorgebrachten Argumente werden nicht eigentlich widerlegt. Sie ist im Stück keineswegs etwa nur, wie Behrmann in seinem Kommentar behauptet, die »feige Tochter«, die der Abschreckung dienen soll, sondern heimlich die Argumentationsmächtigere. Nicht zuletzt ist die scharfe Grenzziehung, die hier zwischen Camilla und Curiaz einerseits, zwischen Horaz und Sabina andererseits postuliert wird, im Text selbst gar nicht gegeben – sämtliche Figuren (der Kindergeneration) sind mit der Verführung zu Empfindung und Menschsein konfrontiert. Das heroische Tugend-Modell kann allenfalls verbal-postulativ dagegen gesetzt werden. M.a.W., hier ist eine Wertkrise und damit eine Krise der Theodizee latent angelegt, die im Text selbst argumentativ nicht bewältigt werden kann und deren Lösung an die Handlungsebene delegiert wird. Wie wenig sie ideologisch lösbar ist, belegen die aposteriorischen Vereindeutigungen und Rettungsversuche der Autoren in ihren Selbstkommentaren.

2.3 Politische und erotische Verführung in J. C. Gottscheds *Cato*

2.3.1 ›Verführung‹ durch den aufgeklärt-absolutistischen Souverän

Auf der offiziellen Lektüreebene erscheint die Logik der Handlung dieser Tragödie ganz eindeutig: Cato geht in den Tod für die republikanische Freiheit, die er als Untertan des Alleinherrschers Cäsar verlieren muss, wobei allenfalls sein Starrsinn und übertriebener Tugendrigorismus im Sinne eines ›Fehlers‹ negativ bewertet werden.[17] Allein, es existieren im Text Indizien für eine weitere Dimension des Konfliktes zwischen Cato/Cäsar, die genau diese »übersteigerte Freiheitsliebe«[18] in einem neuen Licht erscheinen und auf eine grundsätzliche Ambivalenz der Cato'schen Position schließen lassen. Denn sein Gegenspieler Cäsar wird im Text in auffälliger Weise widersprüchlich bewertet. Laut Cato ist er ein Tyrann, der die Versklavung Roms und seiner Bürger will; demgegenüber behauptet Domitius, Cäsar gedenke, »die Gleichheit einzuführen« (SB I, 193). Behauptet Cato, Cäsar sinne auf Roms »Verderben« und Untergang (u.a. SB I, 192), so präsentiert sich Cäsar im Gegenteil als Retter Roms, der es just »vom Untergange frey [mache]« und ausschließlich »der Römer Wohlfahrt« im Sinn habe: »Ich will ja nichts, als Rom und Welschland glücklich machen!« (SB I, 193, 211). Catos Behauptung, der Tyrann Cäsar empfinde »Lust«, »wenn er nur Thränen sieht«, steht Cäsars Behauptung gegenüber: »überall wohin mein Schwert gekommen, / Hat auch der Thränen Zahl ganz merklich abgenommen«; ganz im Gegenteil, er möchte von seinen Untertanen geliebt sein: »wenn mich die Welt mehr scheut, als Liebe zu mir hat, / So bin ich misvergnügt« (SB I, 192, 211, 104 [204]). Der Behauptung Catos, Cäsar operiere mit »List« und Verstellung, steht Cäsars Beteuerung gegenüber: »mein Herz ist ohne falsch und von Verstellung frey« (SB I, 203). Wirft Cato ihm Gewaltherrschaft vor, so strebt Cäsar eine Herrschaft qua Liebe an: Er legitimiert sich explizit als zärtlicher Landesvater – »Es klopft ein zartes Herz in meiner Vater Brust« –, der »freundliche Gewalt« ausüben und »vielmehr der Überwundnen *Herzen*« beherrschen will (SB I, 104 [204], 207). Nicht »Rachbegier«, sondern Verzeihensbereitschaft und »Großmuth« propagiert er als Grundlage seiner Machtausübung, während es gerade Cato ist, der in der zentralen Szene III/3 Rache als ehrenvoll legitimiert: »Der größte Ruhm ist der: sich rächen, und erkalten« (SB I, 104 [204], 217, 212).

---

17 Siehe hierzu Meier, Dramaturgie der Bewunderung, S. 96ff., besonders 105ff., und Hollmer, Anmut und Nutzen, S. 107ff., besonders 123ff.
18 Meier, Dramaturgie der Bewunderung, S. 105.

Hier steht also systematisch Aussage gegen Aussage.[19] Cäsar wird, in Selbst-
und Fremdbeschreibung, unübersehbar als Herrscher gemäß dem neuen positiven Leitbild des aufgeklärt-absolutistischen Souveräns modelliert.[20] Sogar
Cato muss diese Positivität seines Feindes letztlich wider Willen bestätigen:
»Itzt bin ich voller Scham, ja fast verzweiflungsvoll; / Daß ich dich ehren
muß, da ich dich hassen soll.« (SB I, 214) Man hat diese Dimension des Cäsar durchaus gesehen,[21] sie bedarf aber noch der Einordnung in den systematischen Ort einer epochalen Normenkrise. Dass es sich um eine gezielte
Modellierung handelt, erhellt auch daraus, dass Gottsched gegenüber den
Vorlagen von Deschamps und Addison in der Übersetzung eine deutliche
Positivierung Cäsars im skizzierten Sinne vorgenommen hat.[22] Cäsar ist im
Übrigen auch nicht die einzige derartige Figur im frühaufklärerischen Tragödiencorpus, Trajan (*Aurelius*) und Cyrus (*Panthea*) oder auch Mahomed (*Mahomed der IV*) sind noch eindeutiger als aufgeklärt-absolutistische Herrscher
gezeichnet; Schlegels Canut besitzt also durchaus wichtige Vorläufer in der
Schaubühne. Von Cäsar, dem erst zukünftigen absolutistischen Herrscher im
frühesten Text, über die bereits herrschenden Fürsten Trajan, Cyrus etc. bis
hin zu Schlegels *Canut* und seiner »Apotheose«[23] des aufgeklärten Souveräns
lässt sich eine historische Entwicklungslinie ziehen. Entsprechend ist auch das
(geschichtsphilosophische) Thema des historischen Epochenwandels, das in
Canut explizit auftreten wird, in *Cato* implizit bereits angelegt.[24]

---

19 Die überraschende Positivzeichnung Cäsars hat bereits bei den zeitgenössischen Rezipienten
Diskussionen ausgelöst, vgl. Hollmer, Anmut und Nutzen, S. 121. Auch Hollmer konstatiert
in diesem Fall eine Differenz zwischen Theorie und Praxis und ein von Gottsched nicht
aufgelöstes »Dilemma« (S. 122), will darin aber grundsätzlich nur »Einzelfälle[ ]« (ebd.)
erkennen.

20 Zur »Säkularisierung des Herrscherbildes« im 18. Jahrhundert s. Bauer, Die höfische Gesellschaft, S. 103. Zum Entwurf des aufgeklärten Absolutismus in der Frühaufklärung durch
Wolff s. Möller, Vernunft und Kritik, S. 189ff., und Grimminger, Aufklärung, S. 45ff. und
78ff.

21 Auch Steinmetz fordert in diesem Zusammenhang zu Recht dazu auf, das Drama nicht
ausschließlich »im Sinne der Intentionen seines Verfassers«, sondern »vielleicht geradezu
gegen Gottscheds Absichten [zu] analysieren, damit man ihm gerecht zu werden vermag«
(Nachwort, in: Gottsched, Sterbender Cato, S. 139f.). Vgl. ferner Schulte-Sasse, Drama,
S. 434f.; Schulz, Tugend, Gewalt und Tod, S. 61ff.; Sørensen, Die Vater-Herrschaft; Alt,
Tragödie der Aufklärung, S. 117 sowie Arntzen, Von Trauerspielen (dessen Interpretation,
Cäsar repräsentiere die »Dynamik des bürgerlichen Individualismus« (S. 572f.), allerdings
etwas weit hergeholt scheint.).

22 Siehe Heydebrand, Johann Christoph Gottscheds Trauerspiel *Cato*, bes. S. 557; Meier, Dramaturgie der Bewunderung, S. 103ff. Zur Bearbeitung der Vorlagen s. allgemein Crüger,
Joh. Christoph Gottsched und die Schweizer (»Einleitung« zum *Cato*, S. 31–40).

23 Borchmeyer, Staatsräson und Empfindsamkeit, S. 155.

24 Siehe Steinmetz, Nachwort zu *Cato*, S. 140f., und Schulz, Die Überwindung der Barbarei,
S. 104.

Die Ambivalenz in Bezug auf Cäsar impliziert notwendig eine ebensolche Ambivalenz in Bezug auf Cato. Dessen stoisches Beharren auf seinen Positionen erscheint somit *auch* als Widerstand gegen den neuen Typ von ›sanfter‹ aufgeklärt-absolutistischer Herrschaftsausübung. M.a.W., Cato eröffnet die Serie der Rebellen Aurelius (*Aurelius*), Ulfo (*Canut*), Sigest (*Arminius*), die – nach 1745 zunehmend radikaler und zunehmend negativiert – gegen eine Entmachtung durch die ›verführerische‹ Gewalt des aufgeklärten Souveräns Widerstand artikulieren. Die ›Freiheit‹, um die es Cato zu tun ist, hat also bereits ansatzweise auch diese neue Dimension einer Autonomie des Untertanen, welche sich just durch den aufgeklärt-absolutistischen Staat bedroht sieht. Die irreduzible Ambivalenz besteht somit genau darin, dass, was explizit und offiziell als Widerstand gegen die Tyrannei und somit eine nicht-aufgeklärte Regierungsform auftritt, implizit zugleich als Widerstand gegen die neue, von Cäsar verkörperte aufgeklärt-›zärtliche‹ Regierungsform lesbar wird. Catos Selbstmord hat denn auch bereits diese Bedeutung eines autonomen Akts, der bei späteren Rebellen wie Ulfo oder Sigest sehr viel expliziter werden wird: »Doch soll es nicht geschehn, daß er sich rühmen darf, / Er hab auch mich besiegt.« (SB I, 229)

Die Dimension, um die es hier geht, lässt sich mit der Gottschedschen Fehlertheorie, die eine gewisse Negativierung des Helden erlaubt bzw. verlangt, evidentermaßen nicht befriedigend erklären. So erscheint zwar Catos Tugendrigorismus als partiell negativ, was auch Gottsched in seiner »Vorrede« zur Erstausgabe benennt: »Allein, er treibet seine Liebe zur Freiheit zu hoch, so daß sie sich in einen Eigensinn verwandelt.«[25] Einen »Fehler« will Gottsched ferner vor allem in Catos Legitimierung des Selbstmordes erblicken.[26] Doch damit ist noch nichts über die erstaunliche Positivierung Cäsars gesagt. Offiziell wird die Zuordnung von Cato zur Tugend und von Cäsar zum Laster nicht in Frage gestellt, weder vom Text noch von Gottsched (in seinem Kommentar) selbst. Trotz der positiven Merkmale Cäsars, die schließlich auch Cato anerkennen muss, bleibt Cäsar für ihn »der tollen Ehrsucht Knecht«, der, verführt durch »[d]er Laster schnöde[n] Glanz«, in prinzipiellem Gegensatz zu »Vernunft und Tugend« stehe (SB I, 214). Diese Bewertung ist pures Postulat, die aus Cäsars Handlungen nur vordergründig ableitbar ist; sie bleibt jedoch die im Text gültige, der sich schließlich sogar Portia anschließt, wenn sie am Ende plötzlich Cäsar als »Tyrann« und »Wüterich« beschimpft (SB I, 227).

---

25 »Vorrede«, in: Gottsched, Sterbender Cato, S. 17. Die massive Negativierung des Cato, die Meier, Gottsched nachvollziehend, vornimmt (vgl. Dramaturgie der Bewunderung, S. 105ff.), zielt auf eine Vereindeutigung der Ambivalenz, die dem Text insgesamt nicht gerecht wird, indem sie ihn dergestalt nämlich reduziert auf »den Gedanken, daß tugendhaftes Verhalten stets in der Gefahr schwebt, zu Starrsinn zu degenerieren« (S. 112).

26 Vgl. »Vorrede«, in: Gottsched, Sterbender Cato, S. 17.

Diese offizielle Textbedeutung deckt sich wiederum mit Gottscheds eigenen Äußerungen, die Cäsar ebenfalls nur scheinbare Tugend attestieren. Er habe, so rechtfertigt sich Gottsched, entgegen den historischen Tatsachen eine direkte Begegnung zwischen beiden Protagonisten in Utica gestaltet:

um diese zween große Römer gegeneinander zu halten und den Unterscheid einer wahren und tugendhaften Größe von einer falschen zu bemerken, die aus einem glücklichen Laster entstehet, so zuweilen den *Schein der Tugend* annimmt.[27]

Mit dem Rekurs auf die Kategorie des ›Scheins‹ unterschlägt Gottsched aber erkennbar die latente Ambivalenz, die er selbst in seinem Text angelegt hat. Die Negativierung Cäsars ist eine pure verbale Setzung, die sich offenkundig dem Bemühen um Vereindeutigung verdankt. Es kann zwar wohl nicht von einem regelrechten Bruch zwischen den ersten vier Akten und dem fünften die Rede sein,[28] aber doch unverkennbar von einer Umwertung im Sinne der *Verschleierung* oder Tilgung einer bestehenden Ambivalenz. Der Konflikt, den anzulegen Gottsched zuerst so bemüht ist – und dies sogar durch gezielte Abweichung von der Vorlage –, wird als ein nicht bewältigbarer im Text weder zu Ende geführt geschweige denn gelöst.

2.3.2 Zwischen Vater und Erotikpartner: Die Paradoxie der doppelten Berufung auf die ›Natur‹

Im Mittelpunkt der folgenden Ausführungen steht Catos Tochter Portia, deren Konflikt von einer ähnlichen Ambivalenz gekennzeichnet ist, wie der des Cato. Portia muss bekanntlich einen – wenn auch nur kurzfristigen – Konflikt austragen zwischen dem Vater und dem Geliebten, zwischen Kindesliebe und erotischer Liebe, wobei diese beiden emotionalen Alternativen gekoppelt werden mit zwei politisch-ideologischen Alternativen: dem vom Vater vertretenen ›republikanischen‹[29] und dem von Cäsar vertretenen ›tyrannischen‹ System. Privat-erotischer

---

27 Ebd., S. 16. Vgl. Hollmer, Anmut und Nutzen, S. 122ff. Eine noch schärfere Kontrastierung und Vereindeutigung nimmt Gottsched in seiner »Bescheidene[n] Antwort [...]« auf den zeitgenössischen Kritiker Gottlieb Stolle vor, s. Gottsched, Sterbender Cato, S. 95ff., bes. 101f. Zur zeitgenössischen Diskussion um den *Cato* vgl. auch Alt, Tragödie der Aufklärung, S. 118ff.; Beise, Untragische Trauerspiele, der ebenfalls von einem Widerspruch zwischen Theorie und Praxis bei Gottsched spricht (S. 195f.); Steinmetz, Nachwort zu *Cato*, und Heydebrand, Johann Christoph Gottscheds Trauerspiel *Cato*.

28 Zumal diese These des Bruchs primär vom Wechsel von der französischen zur englischen Vorlage abgeleitet wird. Siehe hierzu kritisch auch Meier, Dramaturgie der Bewunderung, S. 106 u. Anm. 34.

29 Zur zeitgenössischen Bedeutung von ›republikanisch‹ s. Meier, Dramaturgie der Bewunderung, S. 20.

und politisch-öffentlicher Bereich werden homolog strukturiert: *Portia* und *Rom*, Frau und Staat werden äquivalent gesetzt, beide stehen jeweils vor der Wahl zwischen den Antagonisten Cato *vs.* Cäsar. Die erotische Bindung der Protagonistin an Cäsar als Partner wird mit der drohenden politischen Unterwerfung Roms unter Cäsar als absolutistischen Alleinherrscher parallelisiert. Cato deutet sowohl die private Beziehung Portia/Cäsar als auch die ›öffentliche Beziehung‹ Rom/Cäsar mit identischer Metaphorik, nämlich jeweils als Sklavin/Tyrann-Relation: Cäsar, so sein Vorwurf, »[ziehe] das sonst freye Rom zum Sklavenjoche«; seine Tochter fordert er auf: »Verdamme Cäsars Glut, die dich zur Sklavinn machet« (SB I, 192, 240). Cäsar fungiert somit als doppelter Verführer, und die *politisch-ideologische ›Verführung‹* durch den ›sanften‹ absolutistischen Herrscher und die *erotische Verführung* werden zueinander strukturell analog konzipiert.

Virulent wird dieser Konflikt dadurch, dass Portia eine doppelte Identität besitzt. In der Vergangenheit einst in einer Schlacht gegen die Parther von diesen geraubt und von deren König Arsaces als eigene Tochter unter dem Namen der soeben verstorbenen eigenen Tochter Arsene erzogen, soll sie nun, nach dem Tode des vermeintlichen Vaters, den Thron der Parther besteigen. Arsene selbst stellt diese ihre offizielle parthische Identität an keiner Stelle in Frage. Dass es sich um mehr als eine bloße äußerliche Formalie, sondern tatsächlich um so etwas wie eine ›Identität‹ handelt, macht der Text klar, wenn er z. B. in I/1 Arsene ihre Liebe zu jenem Römer bekennen lässt, in dem sie Cäsar zwar nicht erkennt, dessen vermeintlich gleichen, nämlich königlichen Stand sie indes ahnt:

Arsene. Denn wem das Schicksal schon die Krone zugedacht,
    Nimmt gleich an andern wahr, was sie zu Fürsten macht.
    Die *Ahndung der Natur* giebts heimlich zu verstehen,
    [...]. (SB I, 177)

Dem offiziell als lasterhaft geltenden politischen System der Alleinherrschaft gehört die parthische Thronfolgerin zunächst also selbst an, in Arsaces als König und Vertreter dieses Systems erhält sie einen zweiten, sozialen ›Vater‹. Wie im Aufklärungsdrama generell beliebt, wird die *Gespaltenheit* eines jugendlichen Individuums zwischen zwei oppositionellen Wertsystemen im Modell der *Doppelung* der Vaterfigur abgebildet. Arsaces ist zu Textbeginn allerdings soeben gestorben, so dass Portia nicht zwischen zwei ›Vätern‹ wie Flavius in *Herrmann* und andere männliche Protagonisten in späteren Texten, sondern zwischen Vater und Geliebtem steht – eine geschlechterspezifische Variante des strukturell analogen Konflikts. Wie die politische Präferenz des absolutistischen Systems mit der erotischen Liebe zu dessen Repräsentanten Cäsar gleichgesetzt wird, so umgekehrt die politische Präferenz des republikanischen Systems mit der familiären Liebe zu ihrem Vater. Ausdruck der inneren Gespaltenheit der Protagonistin zwischen beiden Systemen ist ihre doppelte äußere Identität als Portia und Arsene, als Römerin und Partherin, als Republikanerin und Königin, und schließlich homolog hierzu als erotisch Liebende und Tochter.

Die römisch-parthische Doppelidentität ist mit einer weiteren Doppelung bzw. Spaltung der Person korreliert, nämlich der Unterscheidung von privater *vs.* öffentlicher Identität. In ihrer privat-menschlichen Eigenschaft als *Tochter* wird Portia von Cato geliebt, in ihrer öffentlich-politischen Eigenschaft als (potenzielle) *Königin* der Parther wird sie indes von ihm gehasst, so wie sie ihrerseits Cäsar als Privatperson und (potenziellen) *Partner* liebt, ihn in seiner Eigenschaft als *Alleinherrscher* indes – nach der Wiedervereinigung mit Cato – ablehnen muss. Beide Männer, Vater und Geliebter, stehen ihrerseits in Bezug auf Portia in komplementärer Relation zueinander: Weiß Portia von Cato zunächst nur seine öffentliche Identität als Anführer des republikanischen Roms und seinen Namen, nicht jedoch seine private Identität als ihr biologischer Vater, so besitzt Cäsar umgekehrt für sie zunächst eine rein private Identität und Bedeutung als Geliebter, während sie seine öffentliche Identität und seinen Namen noch nicht kennt – zwei Varianten einer Inkongruenz des Öffentlichen und Privaten:

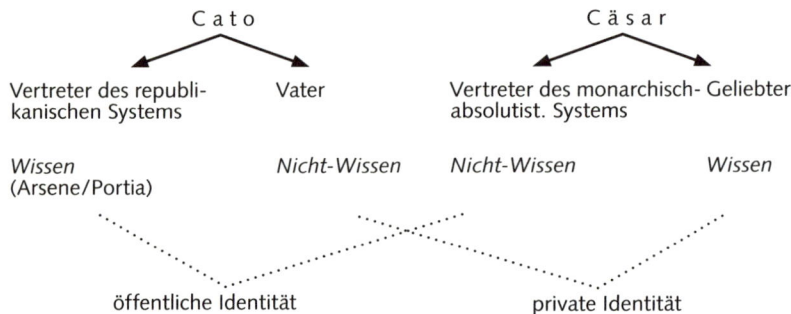

Cato verlangt von Portia nun also die übliche heroische Hierarchisierung:

CATO. Besieg, als Römerinn, und Tochter, Lieb und Ehre,
    Und zeige, daß dein Herz dem Cato angehöre!
    [...]
    Ersticke solche Flammen! (SB I, 221f.)

Die »Römerinn« und »Tochter« siegt denn auch erwartungsgemäß über die Partherin und die Liebende. So klein dieser Konflikt hier bei Gottsched abgehandelt wird, so existiert doch auch bei der tugendhaften Portia ein innerer Widerstand gegen Catos Tugendforderung. So reagiert sie zunächst durchaus zwiespältig auf die Eröffnung Catos, er sei ihr Vater. Offiziell gilt es ihr als maximales Glück: »Dieß Glück ist herrlicher, als Kron und Thron zu schätzen« – doch die erste spontane Reaktion lautet: »Welch plötzliches Entsetzen!«, und dann, im bereits reflektierteren Zustand, gegenüber Cäsar noch einmal: »So grausam ist mein Glück! / Ja, Cäsar, so ergrimmt ist dein und mein Geschick.« (SB I, 220, 224) Ein Blick auf die französische Vorlage belegt, dass Gottsched hier sogar noch radikalisiert. So lautet das erste Zitat, die Antwort auf Catos Entdeckung, er sei ihr Vater, bei Deschamps lapidar:

PORTIA. Moi, Fille de Caton! *Quelle surprise extrême!*
 Un sort si glorieux vaut plus qu'un Diadême. (DC 48)

Die zweite Stelle, da Portia Cäsar ihr Schicksal erläutert, lautet: »Voi, Cesar, à quel point mon destin est affreux, / [...]« (DC 53). Auch dies ist ungleich harmloser formuliert als die Zwiespältigkeit, die in der Kombination von »grausam« und »Glück« zum Ausdruck kommt.

Auf Catos ultimative Aufforderung, Cäsar nicht mehr zu lieben, wenn sie noch seine Tochter heißen wolle, stellt Portia zunächst die zentrale und bereits bekannte Frage nach dem Verhältnis zwischen Vernunft und Tugend einerseits und Natur und Menschlichkeit andererseits:

PORTIA. Sprich, muß ein Römer denn, um Rom getreu zu scheinen,
 In seiner Seele gar die Menschlichkeit verneinen,
 Und unempfindlich seyn?
 [...]
CATO. Sprich, soll denn die Natur der Tugend Eintrag thun?
PORTIA. Und muß die Tugend denn Natur und Trieb ersticken? (SB I, 222)

Durch die Ereigniskonstellation indes, die die anstehende erotische Verbindung mit der Wiedervereinigung mit dem Vater koppelt, verhält sich die Sache komplizierter. Denn die Kategorie der ›Natur‹ wird nun gleichermaßen für erotische Liebe zum Partner *und* die Liebe der Tochter zum Vater – und durch ihn zu Rom – in Anspruch genommen. Cato eröffnet Arsene, dass sie seine Tochter sei, mit den Worten »Es liegt was Römisches in deiner Brust begraben« und begründet die unwillkürliche Liebe, die ihn zu der Unbekannten hingezogen hatte, folgendermaßen: »Es war ein heimlich Band *in unser Blut* gelegt; / So heftig regten sich *die eingepflanzten Triebe*!« (SB I, 219, 221) Arsene, die sich noch als Tochter des Arsaces wähnt, gesteht ihre Unfähigkeit, die Römer und »Königsfeinde[ ]«, wie es eigentlich ihre Pflicht wäre, zu hassen: »Mein Herz empört sich stark und murrt so sehr darwieder, / Als trät ich *die Natur und ihr Gesetz* darnieder.« (SB I, 219). Nachdem sie ihre Abstammung weiß, bestätigt sie, nunmehr als Portia, nochmals:

PORTIA. Die *Regung der Natur* bewog mich, dich zu lieben,
 Ein unbekannter Zug hat mich hieher getrieben.
 Du weist wie deutlich sich mein Herze schon entdeckt,
 Obgleich das Schicksal mich in fremdem Schmuck versteckt.
 Itzt regt sich das *Geblüt* mit freudigem Ergießen; (SB I, 220f.)

Die Kategorien ›Natur‹ und ›Trieb‹ werden also bemüht, um die Bindung der Protagonistin nicht nur an den Vater, sondern mit ihm auch an das richtige, d.h. tugendhafte und vernünftige politisch-ideologische System zu legitimieren. Natur und Norm werden damit ontologisierend ineins gesetzt;[30] Normativität erscheint gleichsam als durch die ›Natur‹ und die ›Stimme des Blutes‹ diktierte emotionale Bindung an ein Wertsystem.

Die versteckte Paradoxie des Textes liegt nun darin, dass just die nämlichen Kategorien auch als Erklärungsgröße fungieren für die Liebe zu Cäsar und damit auch zum falschen, d.h. unvernünftigen und lasterhaften System. Denn bevor Portia Cato gesteht: »*Ein unbekannter Zug hat mich hieher getrieben*«, hat sie Cäsar nahezu wortgleich ihre erotische Liebe gestanden: »*Ein unbekannter Zug bewog mich dich zu lieben*« (SB I, 108 [208])! Beide zentrale Szenen, III/2 und IV/2, da Arsene/Portia im unbekannten Geliebten Cäsar und in Cato den Vater entdeckt, sind auch dadurch ganz deutlich aufeinander bezogen. Beide einander ausschließende Neigungen/Interessen – die dem Subjekt qua Geburt quasi vorgegebenen und die, die Produkt seiner Wahl sind – erscheinen gleichermaßen als innerer, natürlicher Trieb der Person. Ein Blick auf die französische Vorlage belegt, dass Gottscheds Übersetzung wiederum eine gezielte Abweichung von Deschamps darstellt. So lautet zwar die oben zitierte Stelle, da Portia auf Catos Enthüllung antwortet (IV/2), bei Deschamps relativ gleich:

PORTIA. C'était de la Nature une force inconnüe
    Qui me faisoit par tout rechercher votre vûë.
    Par un charme secret je cedois à sa loi.
    Vous sçavez à quel point elle parloit en moi. (DC 48)

Jene Szene, da sie – als Arsene – Cäsar ihre Liebe gesteht (III/2), liest sich bei Deschamps indessen folgendermaßen:

ARSENE. Mon âme entre vous deux semble se partager,
    Votre gloire me touche, & je crains son danger.
    C'est un secret penchant qui *pour lui* m'intéresse.
    J'ignore ce que [!] qui peut exciter ma tendresse:
    Mais il est, après vous, le plus cher à mes yeux. (DC 35f.)

Nicht nur gibt es hier keine lexikalisch gleichlautende Formulierung für die Liebe zu Cäsar und Cato, sondern Gottsched substituiert darüber hinaus im entscheidenden Vers den Adressaten und macht aus »un secret penchant qui *pour lui* [i.e. Caton] m'intéresse«: »Ein unbekannter Zug bewog mich *dich* [i.e. Cäsar] zu lieben«! Hier wie dort artikuliert Arsene ihre Zerrissenheit zwischen Cato und Cäsar, doch die Akzentuierung ist deutlich verschieden. Gottsched erzielt

---

30 Vgl. Gottsched, Weltweisheit. Praktischer Theil, II. Hauptstück: »Von dem Gesetze der Natur und der Verbindlichkeit desselben«, §§ 29ff. (= AW V/2, S. 86ff.).

durch die beiden genannten Änderungen eine ungleich schärfere semantische Profilierung der Problematik von Natur *vs.* Norm, er baut einen ideologischen ›Sprengsatz‹ ein, der in dieser Form in der französischen Vorlage (noch) nicht existiert. Ungleich schärfer liest sich bei Gottsched dementsprechend auch das Problem der (Un)Vereinbarkeit der väterlichen normativen Forderung und des eigenen Begehrens. Für die Aufforderung Portias gegenüber dem Vater: »Verbinde, wenn du kannst, was Rom, was Vaterland; / Was *meine Liebe* will, durch ein beglücktes Band!« (SB I, 222) gibt es in der französischen Vorlage kein Pendant. Die entsprechenden Verse lauten dort hingegen: »Vous pouvez accorder, sans être criminel, / L'amour de la Patrie & *l'amour paternel*« (DC 50). Auch hier wird man durchaus von einer Eigenleistung Gottscheds sprechen dürfen.

Die latente Ambivalenz bzw. Widersprüchlichkeit des Textes besteht also in letzter Instanz darin, dass zwar einerseits Portia/Arsene sich dem Vater und dem von ihm repräsentierten republikanischen Rom und damit derjenigen Seite zuwendet, die auf Textebene als die der Tugend gilt – dass aber andererseits die von Cato und ihr selbst gelieferte Begründung, die das ideologisch richtige System ontologisierend mit einem Trieb der ›Natur‹ korreliert, gleichzeitig dadurch unterlaufen wird, dass eben derselbe unwillkürliche Trieb der ›Natur‹ das Subjekt auch zum ideologischen Gegner führen kann. Der Anspruch der Notwendigkeit wird damit implizit dementiert: ›Trieb‹ und ›Natur‹ sind ideologisch neutrale und moralindifferente Größen, die die Hinwendung sowohl zu Cato als auch zu dessen Oppositionsfigur bewirken können; die Identifikation mit dem väterlichen Tugendsystem ist also nur scheinbar ›natürlich‹ im Sinn von selbstverständlich und alternativlos, da die »Natur und ihr Gesetz« (SB I, 219) letztlich nicht so existieren, wie offiziell beschworen.

2.4 ›Kulturelle Verführung‹ und ›primitivistischer‹ Diskurs in J. E. Schlegels *Herrmann*

Der Konflikt der Portia/Arsene, der bei Gottsched allenfalls einen kurzfristigen Nebenkonflikt darstellt, wird von Schlegel in *Herrmann* anhand der Figur des Bruders des Titelhelden, Flavius, als zentraler Konflikt gestaltet. Damit ist zugleich eine Negativierung der Figur verknüpft: Ideologische Konflikte dieser Art sind, zumindest wenn sie explizit ausbrechen, in der frühen heroischen Tragödie nur bei einer lasterhaften Figur darstellbar – nach 1750 wird sich dies entscheidend ändern. Die Opposition zwischen dem römisch-republikanischen und dem römisch-monarchistischen bzw. -absolutistischen System in *Cato* wird hier homolog gebildet von der Opposition zwischem dem germanischen und dem römischen Wertsystem. Auch hier ist ersteres ein heroisches, mit Tugend und Vernunft korreliertes, letzteres ein nicht-heroisches, mit Laster und Unvernunft korreliertes Wertsystem. Flavius besitzt, wie bereits erwähnt (Kap. 1.3.4), aufgrund der Erziehung in Rom eine analoge Doppelidentität wie Arsene/Portia. Im Gegensatz zu Catos Tochter besitzt er aber nur diesen römischen Namen, was bereits eine sehr viel stärkere fremde Identität signalisiert bzw. ihn noch stärker als Fremdelement ausweist.

Die ideologische Gespaltenheit des Individuums zwischen zwei oppositionellen Wertsystemen wird auch hier durch die Doppelung des Vaters abgebildet. Neben dem biologischen Vater Sigmar besitzt Flavius im innenpolitischen Feind Segest, der mit den Römern paktiert, explizit einen zweiten »Vater« (SB IV, 34). Während Arsene/Portia ihre Doppelidentität jedoch einem Nicht-Wissen verdankt und diese dann, nachdem sie in Cato ihren Vater wiedergefunden hat, in eine einheitliche römisch-republikanische Identität überführt, resultiert Flavius' Doppelidentität auf einer bewussten Wahl. Dem ursprünglichen Vaterland Deutschland – »mein erstes Vaterland« (SB IV, 31) – und dem biologischen Vater Sigmar werden das Wahlvaterland Rom und der Wahlvater Segest gegenübergestellt. Flavius' Zwischenposition wird als »Kampf der zweifelhaften Seele« inszeniert: »Ich aber muß in mir mit tausend Zweifeln streiten. / Das ungewisse Herz wankt zwischen beyden Seiten.« (SB IV, 31, 35) Der Konflikt, dem die tugendhafte Portia und der lasterhafte Flavius ausgesetzt sind, ist indes strukturell der gleiche, nur die Lösung ist oppositionell.[31]

Flavius' Position wird auch in Relation zu dem zweiten Geschwisterpaar, Thusnelde und ihrem Bruder Siegmund, deutlich. Hat Flavius in Segest einen zweiten sozialen Vater, so hat Segests biologische Tochter Thusnelde in Flavius' und Herrmanns Mutter Adelheid eine zweite, soziale Mutter, von der sie bereits in der Kindheit erzogen worden ist. Thusnelde repräsentiert also den komplementären Fall und die positive Variante zu Flavius, wobei Tugendhaftigkeit bzw. Lasterhaftigkeit dieser beiden mit der ideologisch-moralischen Positivität bzw. Negativität des jeweiligen sozialen Elters korrespondiert. Letztere ist also ausschlaggebend für die Position der jugendlichen Figur. Thusneldes Bruder Siegmund ist seinerseits ebenfalls in Rom erzogen worden und übt dort ein Priesteramt aus, sein germanischer Name signalisiert hier aber

---

31 Eine psychologisierende und gänzlich ahistorische Interpretation dieses Konflikts bietet Hans Peter Herrmann, der in Flavius eine »komplexe, interessante, moderne Figur« erblickt (Arminius und die Erfindung der Männlichkeit, S. 166). Seine Liebe zu Thusnelde »[werde] von ihm als qualvolle Auslieferung an die eigene Sexualität erlebt, als Problematisierung seiner männlichen Identität«, etc. (ebd.) – dies sind offenkundige Projektionen aus der Perspektive des späten 19. bzw. frühen 20. Jahrhunderts. Der Verf. verknüpft sie mit der These einer ins 18. Jahrhundert reichenden Kontinuität von »Nationalismus, Männlichkeit und Fremdenhaß« und wendet sich erklärtermaßen gegen eine historische Differenzierung von Patriotismus *vs.* Nationalismus (Ich bin fürs Vaterland zu sterben auch bereit, S. 32). Schlegels Herrmann erscheint dergestalt als Vorläufer des faschistischen Mannes; die Aufforderung des Vaters an Flavius, Rom zu »hassen« (SB IV, 8), würde der Verf., wie er gesteht, »eher für ein Dramenzitat von 1914 oder 1933/39 halten als für eines von 1740«! (ebd., S. 35).

bereits noch seine germanische Identität – er wird denn auch im Laufe des
Stücks sich von seinem Vater lossagen und den zu Flavius komplementären
Lagerwechsel von den Römern zu den Germanen vollziehen.

In Auseinandersetzungen mit beiden ›Vätern‹ wird der Konflikt des Flavius entfaltet. So argumentiert Flavius gegenüber Segest, der ihn zum Verrat
gegen die Germanen verführen will, mit seiner aus der Geburt und Herkunft
abgeleiteten moralischen Verpflichtung gegenüber dem Vaterland:

> FLAVIUS. [...]   doch mich zwingt mein erstes Vaterland.
> Nach der Pflicht muß ich thun, die mich zuerst verband.
> *Das Feld, das mich gezeugt, die Milch, die ich gesogen,*
> Hat mich für Deutschlands Wohl, und nicht für Rom erzogen.
> Vergebens schenk ich selbst mich einer andern Stadt,
> Das Volk nimmt mich zurück, das mich gebohren hat. (SB IV, 31f.)

Gegenüber seinem biologischen Vater Sigmar vertritt Flavius hingegen römische Werte und führt gegen germanische Barbarei römische Zivilisation
ins Feld:

> FLAVIUS. Rom lehrt uns Kunst und Witz und zähmt die wilden Sitten.
> SIGMAR. Rom jagt die Unschuld weg aus den beglückten Hütten. (SB IV, 9)

Die Rede von den »beglückten Hütten« folgt einem bereits in der Frühaufklärung vor Rousseau etablierten ›primitivistischen‹ Diskurs, der in kulturkriti-
scher Absicht einen vorzivilisatorischen Naturzustand mit Tugend und Glück
korreliert.[32] Auf beiden Seiten wird jeweils ein positiver Wert hochgehalten,
zwischen diesen beiden besteht aber eine Inkompatibilität.[33] Die kulturellen
Errungenschaften Roms – »Kunst«, »Witz«, fortgeschrittene städtisch-urba-
ne Zivilisation – sind nur um den Preis von »Laster« – »Tyranney«, »Wollust«,
»Weichlichkeit«, »Eigennutz«, »fauler Müßiggang« etc. (SB IV, 9, 11, 26f.) –
zu haben; die Tugend der Germanen indes – »Unschuld«, Freiheit, heroische

---

32 Dies ist weniger als Antizipation von Rousseau zu verstehen, sondern vielmehr in die zeitgenössische Strömung des Primitivismus einzuordnen, in den auch Rousseau selbst gehört, vgl. hierzu
ausführlich Ehrard, L'idée de nature, S. 349ff., 742ff., und Kondylis, Die Aufklärung, S. 354ff.
Siehe auch Meyer, Hütte und Palast (zum »vorrousseauischen Rousseauismus«, S. 142).

33 Vgl. Schulz, Die Überwindung der Barbarei, S. 73ff., bes. 76, und Schulz, Tugend, Gewalt und
Tod, S. 143ff., der hier auch eine Nähe zum Motivkomplex des ›edlen Wilden‹ konstatiert (bes.
S. 146f.). Siehe ferner Essen, Hermannsschlachten, S. 57ff., hier 66f. Hollmer, Anmut und
Nutzen, sieht die Germanen primär mit naturrechtlichen Vorstellungen korreliert (S. 157ff.).
Das im Text anhand der Germanen thematisierte Phänomen des tugendhaften Handelns
ohne bewusste Kenntnis der Regeln stellt zweifellos auch eine Vorform von *moral-sense*-
Konzeptionen dar. Vgl. hierzu bei Gellert den gleichlautenden Vergleich des unschuldigen
Tugendhaften mit dem ohne Regelkenntnis produzierenden Genie (*Moralische Vorlesungen*,
2. Vorlesung: »Von der natürlichen Empfindung des Guten und Bösen, des Löblichen und
Schändlichen« G VI, 28).

Tapferkeit etc. – ist umgekehrt nur um den Preis von defizitärer Zivilisation – »schlechten Hütten«, »Wüsteneyen«, »wilden Sitten« und ländlicher Barbarei (SB IV, 9f., 13) – möglich. Der väterlichen Aufforderung, sich einem der beiden Systeme ganz und ungeteilt zuzuwenden: »Was theilest du dein Herz? Sey treu mit ganzen Trieben / Sey römisch oder deutsch«, antwortet Flavius mit einem Programm, das von beiden Seiten die jeweils positiven Werte vereinigen will: »Von Tapferkeit und Muth soll Rom mich nicht entfernen: / Roms Laster will ich fliehn, und seine Künste lernen.« (SB IV, 8, 10f.) Dies entspricht exakt Portias Wunsch in *Cato*, die väterlichen normativen Forderungen und das eigene Begehren gleichermaßen zu befriedigen. Ihr Appell an den Vater: »*Verbinde*, wenn du kannst, was Rom, was Vaterland; / Was meine Liebe will, durch ein beglücktes Band!« (SB I, 222) kehrt analog in der Frage bzw. Aufforderung des Flavius an den Vater wieder: »So kann denn beider Wohl nicht mehr *vereint* bestehn?« (SB IV, 8).[34]

Erneut wird daran die strukturelle Äquivalenz dieser Konflikte deutlich. Jene Größen, die die problematische Verführung ausüben, können inhaltlich verschieden besetzt werden; der Verführung durch *Erotik* im einen Fall (Portia) korrespondiert die Verführung durch *Zivilisation, Kunst, Lebensart* etc. im anderen Fall (Flavius). Zwar wird bei Schlegel der Verführung durch das römische System anschließend die Verführung durch Erotik beigesellt, aber dies ist lediglich eine zusätzliche Korrelation, Thusnelde ist *nicht* die homologe Größe zu Cäsar (zumal sie eben auch nicht fremd, sondern germanisch ist). In beiden Fällen geht es jeweils um eine problematische Verführung durch eine *fremde* Größe, die aber auf die *eigene menschliche Natur* des Subjekts abzielt. Dies wird in *Herrmann* deutlich, wenn Flavius seine ideologische Wahlbindung an das römische System mit denselben Kategorien ›Natur‹ und ›Blut‹ beschreibt wie die ursprüngliche und vorgegebene Bindung an das germanische System. So begrüßt er in I/4, unmittelbar nach den Auseinandersetzungen mit dem Vater und dem Bruder, in denen die geforderte Zugehörigkeit zum tugendhaften germanischen System auch über die Zugehörigkeit zum gemeinsamen Blut der biologischen Herkunftsfamilie begründet wurde, den römischen Freund Marcus folgendermaßen:

FLAVIUS. Komm, werther Römer, komm, *mein ganzes Blut wird rege;*
Das Herz hüpft in der Brust, und fühlt geschwinde Schläge.
Dein Anblick ruft in mir das ganze Rom hervor,
Und alle seine Lust, die ich mit Schmerz verlohr. (SB IV, 13)

---

34 Vgl. Essen, Hermannsschlachten, S. 57ff., hier 85ff. Die Paradoxie, die die Verfasserin ausfindig macht (vgl. S. 92), beruht allerdings auf einer selbstproduzierten Ebenenkonfusion (›römisch‹ als Nation *vs.* ›römisch‹ als metonymisch-synekdochische (textexterne!) Bezeichnung für den barocken heroisch-klassizistischen Heldentyp).

»Blut« ist unverkennbar die Entsprechung zum inneren »Trieb«, der Portia zu Cäsar führt. Jeweils wird also der problematische Fall einer (potenziellen bzw. faktischen) Inkongruenz entworfen, wo das Eigenste der Person – »Blut«, »Trieb«, »Natur« – mit dem Fremden und Feindlichen solidarisch ist. Genau hier droht die moralisch-psychische Heteronomie des Individuums, die mit der politischen Heteronomie des Staates parallelisiert wird: Anhand der drohenden Unterjochung des letzteren durch einen *äußeren (politischen) Feind* wird immer auch die drohende Unterjochung des ersteren durch den »Trieb« als *inneren Feind* erzählt.

Flavius repräsentiert damit schließlich auch eine alternative Variante zu Segest. Denn die von Sigmar und Herrmann vorgenommene Ontologisierung und Naturalisierung von Vernunft/Tugend steht zunächst in Gegensatz zu dem von Segest vertretenen rein utilitaristischen Wertsystem, welches keinerlei Bindung an Herkunftsfamilie oder Vaterland kennt. Es gibt, so Segest, »nur eine Pflicht«, nämlich die, »auf [s]einen Nutz zu sehen« (SB IV, 19). Seine Lehre, die er gegenüber seinem Sohn Siegmund folgendermaßen formuliert:

> SEGEST. Dein Vaterland ist da, wo du kannst Vortheil hoffen,
>   Wenn dieß nichts mehr verspricht, steht dir ein andres offen.
>   Sieh nicht den eitlen Blitz der Himmelsgötter an:
>   Dein Gott ist, wer dir nützt, und wer dir schaden kann. (SB IV, 19)

ruft bei diesem blankes Entsetzen hervor: »Wo bin ich? Was sagst du? Wer ists? Wer lehret mich? / Bist du es? Nimmermehr! […]« (SB IV, 19). Demgegenüber stellt die von Flavius behauptete *innere Bindung* an die positiven Werte des römischen Systems einen ganz anderen Fall dar!

Freilich erfolgt hier eine analoge Negativierung im Laufe des Textes wie bei Cäsar, und zwar im Sinne einer Vereindeutigung und Auflösung der Ambivalenz zugunsten der lasterhaften Merkmale. Flavius selbst straft seine anfänglichen Worte Lügen, wenn er sich schließlich tatsächlich als »feig und weibisch« (SB IV, 10) herausstellt, als eigennützig, verräterisch und von seinen wollüstigen Trieben beherrscht. Nicht um der hochgehaltenen zivilisatorischen Werte Roms willen und nicht aus der beschworenen Dankbarkeit heraus weigert er sich, gegen Rom zu kämpfen, sondern er macht – utilitaristisch wie Segest – seine politische Entscheidung abhängig vom Besitz der begehrten Frau: »Dem Theile tret ich bey, der mir Thusnelden giebt.« (SB IV, 36) Offiziell ist die Hierarchie der Werte also nicht zweifelhaft. Und dennoch erweist sich die anhand von Flavius aufgeworfene Problematik als ebensowenig lösbar wie die in *Cato*. Analog wie bei Cäsar finden wir in der Narration eine Wende durch Negativierung und gewaltsame Desambiguierung der Figur. Aber auch hier werden Flavius' Argumente an keiner Stelle rational widerlegt, und sie sind auch nicht dadurch schon erledigt, dass er schließlich der erotischen Verführung erliegt. Die Diskussion wird auch hier also gewissermaßen abgebrochen.

2.5 Märtyrerdrama I: Die »Märtyrer der Tugend« und die Logik des Selbstopfers

2.5.1 Aufklärung und Märtyrerdrama

Die skizzierten Ambivalenzen in Bezug auf die Moral und die Begründungsnot, in die die Position der Tugend gerät, zeigen sich in ganz besonderer Weise
bei den ›Märtyrerfiguren‹. Zu Recht ist in der Forschung wiederholt und bis
einschließlich Lessings *Emilia Galotti* die Frage nach der Relation der Aufklärungstragödie zur traditionellen, d.h. christlich-barocken Märtyrertragödie
aufgeworfen worden. Im Trauerspiel des gesamten Untersuchungszeitraums
tendiert die Tugend auffällig zum Selbstopfer und zur märtyrerhaften Haltung, die tugendhaften Figuren präsentieren sich mit Vorliebe als »Märtyrer
der Tugend«, wie es z.B. explizit vom Protagonisten Mustapha in Weißes
Mustapha und Zeangir heißt (WT II, 240). Die massive Relevanz des Märtyrermodells innerhalb der Tragödie der frühen und mittleren Aufklärung
verbietet es, von spätbarocken Relikten oder Ausläufern des barocken Märtyrerdramas zu sprechen.[35] Wie die frühaufklärerische Tragödie generell »einen
fundamental neuen Ansatz«[36] darstellt, über den in Abgrenzung sowohl zum
deutschen barocken Trauerspiel als auch zur französischen *tragédie classique*
eine eigenständige Gattungstradition begründet wird, so handelt es sich auch
speziell hier um eine Transformation barocker Modelle, die nur mehr an der
Oberfläche anzitiert werden, aber eine grundlegend andere Semantik besitzen.[37] Dies gilt auch für die christlichen Märtyrerdramen im engeren Sinne –

---

35 Vgl. Alt, Tragödie der Aufklärung, zum »weltlichen Märtyrer« als bevorzugten frühaufkläre-
rischem Heldentyp (S. 90), sowie zur »ungewöhnliche[n] Renaissance« der Märtyrertragödie
in den 50er Jahren (S. 146).

36 Meier, Dramaturgie der Bewunderung, S. 23 ff., hier 23.

37 Zu solchen Zitaten barocker Märtyrertopik am Beispiel des *Cato* s. Arntzen, Von Trauerspielen, S. 574 ff.; am Beispiel von Wielands *Lady Johanna Gray* s. Neuss, Tugend und Toleranz, S. 67 ff. Die von Neuss angeführten Merkmale wie u.a. Umdeutungen des Todes als
Glück, die Gefängnismetaphorik für den Körper sowie Todesvisionen (S. 98, 109 ff., 112 f.)
finden sich aber auch in zahlreichen anderen frühaufklärerischen Tragödien, die nicht von
einem christlichen Martyrium im engeren Sinn handeln. Zur Diskussion am Beispiel des
Cato vgl. u.a. Heydebrand, Johann Christoph Gottscheds Trauerspiel; Nolle, Das Motiv
der Verführung; Neuss, Tugend und Toleranz; Hollmer, Anmut und Nutzen, S. 124 ff.; Alt,
Tragödie der Aufklärung; Rochow, Das Drama hohen Stils, S. 11 ff.; Wirtz, Gerichtsverfahren, S. 164 ff.; Beise, Untragische Trauerspiele. Die Luhmann-Applikation von Wirtz, die die
Neusemantisierung des Märtyrermodells in den Zusammenhang mit dem Übergang von der
stratifikatorischen zur funktional differenzierten Gesellschaft stellt und eine »Umcodierung
des Martyriums auf Karriere« behauptet (Gerichtsverfahren, S. 170), erscheint freilich etwas
forciert. Die Behauptung von Beise, der im *Cato* keine aufklärerische Tragödie, sondern den
Sonderfall einer »echten Märtyrertragödie« erblicken will (Untragische Trauerspiele, S. 195),
ist unhaltbar und missachtet das zeitgenössische Tragödiencorpus.

wie u.a. in den 40er Jahren Steffens' *Placidus oder Eustach,* in den 50er Jahren die anonyme Bearbeitung von Brueys' *Die standhafte Christinn Gabinie,* Wielands *Lady Johanna Gray,* Cronegks *Olint und Sophronia –*, die eine Teilgruppe bilden innerhalb eines übergeordneten Tragödienmodells, das hier vorläufig als ›Quasi-Märtyrerdrama‹ bezeichnet sei.[38] Quasi-Märtyrerfiguren können als männliche wie weibliche vorkommen, wobei sich einige typische personale Besetzungen der Märtyrerrolle isolieren lassen, so zum einen die Serie der *alten Männer –* u.a. Cato (Gottscheds *Cato*), Admiral Coligny (Gottscheds *Die parisische Bluthochzeit*), Socrates (Baumgartens *Socrates*), Seneca (Creutz' *Seneca* und Kleists *Seneka*) und Montezum (Schönaichs *Montezum*) –, die Serie der *jungen Frauen –* u.a. Banise (Krügers *Banise*), Lucretia (Schlegels *Lucretia*), Polyxena (Schlegels *Die Trojanerinnen*), Octavia (Camerers *Octavia*), Virginia (Patzkes *Virginia*), Sophronia (Cronegks *Olint und Sophronia*), Gabinie (Brueys' *Die standhafte Christinn Gabinie*), Johanna d'Orleans (Bernholds *La Pucelle d'Orleans*), Johanna Gray (Wielands *Lady Johanna Gray*) bis hin zu Lessings Emilia Galotti – sowie die zahlenmäßig deutlich geringere und erst nach 1750 auftretende Serie der *jungen Männer* wie u.a. Mustapha (Weißes *Mustapha und Zeangir*) oder Krispus (Weißes *Krispus*), wozu auch Lessings Philotas noch zu zählen wäre. Die Figur des passiv Leidenden kann also zumal in der Frühaufklärung noch weitgehend geschlechtsunspezifisch besetzt sein, während sich mit dem bürgerlichen Trauerspiel bekanntlich eine typische weibliche Besetzung dieser Rolle ankündigt.[39]

Die Logik des Martyriums der Tugend liegt in letzter Instanz in den Theodizee-Konzeptionen des Jahrhunderts begründet. Der frühaufklärerische moralphilosophische Diskurs postuliert einen notwendigen Zusammenhang zwischen Tugend und Glück bzw. Laster und Unglück: »die Glückseligkeit«, so Gottsched, ist »eine unausbleibliche Belohnung der Tugend. Ein Tugendhafter muß notwendig glücklich werden!«[40] *Gerade weil* zwischen Tugend und Glück ein notwendiges wechselseitiges Bedingungsverhältnis behauptet wird, muss die Tugend paradoxerweise bevorzugt im Leiden und Unglück präsentiert werden, das Idealbild der Tugend im Drama ist die lei-

---

38 Das frühaufklärerisch-rationalistische Corpus kennt wiederholt auch den Fall der falschen Märtyrerpose: bei Figuren, die aus Tugendrigorismus zum Selbstopfer bereit sind und gerade noch davor bewahrt werden können, so z.B. die Titelhelden von *Banise, Aurelius* und *Mahomed der IV.*

39 Vgl. Huyssen, Das leidende Weib; Meyer-Kalkus, Die Rückkehr des grausamen Todes; Titzmann, Empfindung und Leidenschaft, S. 149.

40 Gottsched, Weltweisheit. Praktischer Theil, IV. Hauptstück: »Von der menschlichen Glückseligkeit, und von den Mitteln dazu zu gelangen«, § 75 (= AW V/2, S. 109). Siehe auch Wolff: »Von dem Vergnügen, welches man von der Tugend zu gewarten hat«, in: Wolff, Gesammelte kleine philosophische Schriften, §§ 400ff. (S. 520ff.). Siehe hierzu auch Wetterer, Publikumsbezug, S. 49ff., bes. 52f.

dende Tugend.[41] Bereits in Leibniz' *Essais de Théodicée* findet sich hierfür z.B.
folgende Rechtfertigung, die sich mit Odo Marquard als typischer »bonum-
durch-malum-Gedanke«[42] klassifizieren lässt:

le mal ne sert souvent que pour mieux goûter le bien, et quelques fois aussi il contri-
bue à une plus grande perfection de celuy qui le souffre, comme le grain qu'on seme
est sujet à une espece de corruption pour germer.[43]

Bei Gottsched erfährt diese Argumentation dann eine wirkungspoetologische
Wende in der Hervorhebung der kathartischen Wirkung, die die literarische
Darstellung der leidenden Tugend beim Zuschauer erzielen kann: »Sehr oft
hat das Unglück selbst ihr [der Tugend, WL] weit mehr Anhänger erwor-
ben, als das Glück«.[44] Jenseits dieser Begründungen verhält es sich zweifellos
so, dass just das Postulat eines wechselseitigen Bedingungsverhältnisses von
Tugend ⇔ Glück und Laster ⇔ Unglück die theoretisch-logisch möglichen,
aber ausgeschlossenen Kombinationen Tugend/Unglück und Laster/Glück
ins Zentrum rücken. Von ihren Anfängen an besitzt die Aufklärung somit
ein auffälliges, ja geradezu obsessives Interesse an der Darstellung der – mit
Sade zu sprechen – »malheurs de la vertu«. Dass da, wo sich die Aufklärung
unermüdlich am Problem der nicht belohnten Tugend abarbeitet, zugleich
fundamentale systemimmanente Begründungsschwächen verschleiert werden
(müssen), wird in der Spätaufklärung offenbar werden; bereits in der frühen
und vor allem der mittleren Aufklärung sind die textinternen Argumentationen im Zusammenhang mit der Begründung des Leidens der Tugend aber
alles andere als konsistent. Diesen Inkonsistenzen und Ambivalenzen soll im
Folgenden anhand der Frage nach der Logik des Selbstopfers nachgegangen
werden.

---

41 Vgl. hierzu auch die spätere Polemik Sulzers »daß die dramatischen Stücke, vermöge eines
    alten Vorurtheils, gemeiniglich so eingerichtet sind, daß die Tugend unterliegt, um das
    Mitleid zu erregen« (aus den *Philosophischen Betrachtungen über die Nützlichkeit der drama-
    tischen Dichtkunst* 1760, zit. bei Martino, Geschichte der dramatischen Theorien, S. 445).
    Zur zeitgenössischen Diskussion über die poetische Gerechtigkeit in der Tragödie s. Zeller,
    Struktur und Wirkung, S. 112ff.
42 Marquard, Der angeklagte und der entlastete Mensch, S. 45f.
43 Zit. bei Martino, Geschichte der dramatischen Theorien, S. 438. Zur Instrumentalisierung
    des Bösen für das Gute bei Wolff s. Geyer, Das Jahrhundert der Theodizee, bes. S. 394, und
    Saine, Von der Kopernikanischen bis zur Französischen Revolution, Kap. IV, S. 68–115, hier
    86ff.
44 Gottsched, Akademische Vorlesung, S. 495.

2.5.2 Der ›Masochismus‹ der Tugend

Auffälligstes Merkmal der »Märtyrer der Tugend« ist ihre extrem passive Haltung allen Verfolgungen durch das Laster gegenüber, die eben in der Bereitschaft zum Opfertod gipfelt. In einer Radikalversion findet sich diese Haltung in Gottscheds Trauerspiel über die Bartholomäusnacht *Die parisische Bluthochzeit Königs Heinrich von Navarra*, wo denn auch die für das Aufklärungsdrama generell typische Handlungsarmut auf extreme Weise realisiert ist. Das Lager der Hugenotten, gebildet durch König Heinrich von Navarra, seine Gattin Margarethe und seinen Cousin Prinz von Condé sowie durch Admiral Coligny, wird wiederholt zur Flucht aufgefordert. So beschwört Margarethe etwa ihren Gemahl, »doch nicht mehr so ruhig zu [zu schauen]«, denn: »Die Zeichen sind zu klar« (SB VI, 41). Dessenungeachtet verharren die Hugenotten in Passivität und lassen sich, allen voran ihr Anführer Admiral Coligny, als Opfer abschlachten. Der junge Clermont auf der Seite der Hugenotten thematisiert dieses Verhalten:

CLERMONT. Wie lassen wir uns hier denn ungestraft erschlagen?
  Sind wir denn Lämmer nur, die man zur Schlachtbank führt? (SB VI, 40)

Die heroische Tugend kann also durchaus mit dieser *spezifischen* Passivität einhergehen, zum Teil wird sie ganz explizit damit identifiziert.[45] Noch die Protagonistin von Wielands *Lady Johanna Gray,* die sich angesichts der innenpolitischen Verfolgung durch die katholische Partei von Anfang an in einer passiv-duldenden Rolle einführt (»Was kann ich thun? […] ich kann nur weinen!« W XIV, 209), wird gerade um ihrer stoischen »Seelenruh« willen, mit der sie das Schicksal der drohenden Hinrichtung erträgt, von allen Figuren als »Heldin« bewundert (W XIV, 267, 269).[46] Die explizit stoische Kennzeichnung darf wiederum nicht darüber hinwegtäuschen, dass es sich hierbei

---

45 Zum epochentypischen Ideal der Passivität und Ergebenheit in das Schicksal vgl. Martino Geschichte der dramatischen Theorien, S. 448, Anm. 33. Der von Meier, Dramaturgie der Bewunderung, hingegen behauptete Widerspruch von Heroismus und Handlungspassivität (S. 179f.) beruht auf der – hier nicht reflektierten – Vagheit der Kategorie des ›Heroismus‹: Wie es im frühaufklärerischen Tragödiencorpus den tugendhaften (z. B. Herrmann) und den lasterhaften Heroismus (z. B. Ulfo) gibt, so auch den aktiven, zur Tat drängenden, und den passiv-leidenden. Vgl. auch Sulzer, Allgemeine Theorie der Schönen Künste, Artikel »heroisch«: »Das Heroische besteht aber nicht blos in kriegerischen Thaten, oder in Ausführung kühner Unternehmungen; es gibt auch stille heroische Tugenden. Alles, wozu eine außerordentliche Stärke des Geistes, eine ungewöhnliche Kraft des Gemüths erfodert wird, ist heroisch.« (1771, Bd. I, S. 536) Die Identifizierungen ›heroisch ≈ aktiv handelnd ≈ nicht-bürgerlich‹ vs. ›unheroisch ≈ passiv ≈ bürgerlich‹, mit denen gar Willenberg, Tat und Reflexion, arbeitet, verdanken sich mehr einer vorgefassten Idee als der empirischen Untersuchung der Texte.

46 Vgl. auch Schulz, Tugend, Gewalt und Tod, S. 230ff., bes. 237ff.

nur um eine besonders extreme Ausprägung einer generellen Tendenz der Tugendhaften zur Passivität handelt.

Diese Passivität besteht nicht nur in der mangelnden Eigeninitiative der Märtyrerfiguren, sondern vor allem in der auffälligen Weigerung, Hilfs- und Rettungsangebote anzunehmen. Tatsächlich könnten die Protagonisten gerettet werden, wenn sie es denn wollten. Cato z.B. erhält in seiner Tochter Arsene faktisch ein Rettungsangebot für das republikanische Rom: Ihre Herrschaft als Königin der Parther böte den einzigen wirklichen Schutz vor Cäsar, wie nicht nur der Bösewicht Pharnaces unwiderlegt behauptet (SB I, 187), sondern auch Catos treuer Bediener Phokas bestätigt:

PHOKAS. Nur bloß, die Königinn, als deine Tochter, stellt
    Zu unsrer Freyheit Schutz, ein parthisch Heer ins Feld.
    Entdeck ihr, wer sie ist; und sag ihr ihr Geschlechte:
    Doch laß ihr Thron und Reich, und bringe Rom zurechte. (SB I, 183)

Ginge es Cato tatsächlich um Rom, müsste er dieses Angebot annehmen. Stattdessen weist er es entrüstet als »unerhörte[n] Rath« zurück und qualifiziert den vorgeschlagenen Pakt mit der Partherkönigin als Frevel, auch wenn dieser »[i]n einer Tugend Dienst« vollbracht würde (SB I, 184). Cato antwortet also auf ein *politisches* Argument gezielt inadäquat mit einem *moralischen*.

Einen ganz analogen Konflikt inszeniert Friedrich Melchior Grimms *Banise*. Die Titelheldin widersteht allen Versuchen und Aktionen, sie vor der drohenden Hinrichtung durch den Tyrannen Chaumigrem zu retten und setzt sich von Anfang an als Opfer (»Ich bin das Opfer« SB IV, 408), und zwar um der Tugend willen: »Sie stirbt, der Tugend wegen« (SB IV, 386). Zwei oppositionelle Rettungsangebote ergehen an sie, ein zweideutiges, lasterhaftes des Tyrannen Chaumigrem, der sie als Geliebte begehrt und den üblichen Appell an ihre »Empfindlichkeit« richtet (vgl. SB IV, 396, 406), und ein unzweideutiges, tugendhaftes der Verbündeten. Banise widersetzt sich *beiden* Rettungsangeboten. Sie erweist sich wie Cato als unfähig zum pragmatischen Handeln zum eigenen Vorteil, wie es ihr die Vertraute Fylane vorschlägt:

FYLANE. Halt ihn durch Schmeicheley mit glatten Worten auf!
    Sey freundlich gegen ihn, bis sich der Zeiten Lauf
    Zu deinem Vortheil kehrt. Du kannst den Zweck erlangen. = =
    [...]
    Nimm nur die Mittel an! du sollst und wirst nicht sterben: (SB IV, 407, 411)

Diese Rettungsangebote argumentieren mit dem Kriterium des Nutzens und des Vorteils, Kategorien, die auf den Kontext der ›politischen Klugheit‹ verweisen, jenes Interaktionsmodells, welches sich im 17. Jahrhundert zunächst im höfisch-öffentlichen Raum herausbildet (›politische Staatsklugheit‹) und um 1700 zunehmend auf den privaten ›bürgerlichen‹ Bereich übertragen wird

(›politische Privatklugheit‹).[47] Die Texte konstruieren also mit Bedacht eine Konstellation, in der die Tugend ›mit sich selbst‹ in eine dilemmatische Situation gerät: *Ziel* und *Mittel* klaffen auseinander. Das tugendhafte Ziel – die republikanische und/oder persönliche Freiheit – kann nur mit dem Mittel eines ›Lasters‹ – durch den Königsthron der Tochter bzw. die hinhaltende Schmeichelei dem Tyrannen gegenüber – erreicht werden. Eben dies aber ist der wahren Tugend unmöglich; sie interpretiert diese Situation als eine der »Prüfung« und der Versuchung (SB I, 185). Die Quasi-Märtyrer nehmen somit eine Antiposition zum »Politicus« ein, der, gemäß zeitgenössischer Definition, »seine und anderer *äusserliche Glückseligkeit* auf eine rechtmäßige Art zu befördern weiß«.[48] Es geht den genannten Protagonisten somit wiederum nicht um die *faktische* Freiheit, denn diese wäre eben, so wird unwidersprochen suggeriert, möglicherweise zu verwirklichen bzw. zu bewahren, sondern um eine *ideologisch-moralische*.[49] Das Ziel, insofern es einen konkreten realen politischen Zustand betrifft, ist sekundär gegenüber dem moralisch-ideologischen Gebot, einzig und allein tugendhaft zu handeln, auch wenn genau dies das positive politische Ziel selbst gefährdet. Um der absoluten Tugend willen muss, so die paradoxe Konstellation, Roms Untergang – den zu verhindern Cato als oberstes Ziel vorgibt – in Kauf genommen werden.[50] Logisch konsequent verknüpft Cato dieses Credo schon hier, im I. Akt, mit der Bereitschaft zum Selbstopfer:

CATO. Was recht und billig ist; sonst rührt mich nichts auf Erden!
Tyrannen helfen sich durch Schand und Laster auf;
Doch wer die Tugend liebt, geht lieber gar darauf. (SB I, 184)

Der Primat des zum Selbstwert tendierenden tugendhaften Handelns bedeutet eine Verabsolutierung und Ideologisierung, die radikal von der faktisch-realen

---

47 Siehe zu diesem Komplex Barner, Barockrhetorik, S. 135ff.; Frühsorge, Der politische Körper, S. 10–58; Schneiders, Thomasius politicus; Brinkmann, Quasificirte Welt; Grimminger, Aufklärung, S. 36ff.; Müller, Rhetorik und bürgerliche Identität, S. 30ff., 74ff; Beise, Untragische Trauerspiele, S. 196ff.; Steinhausen, Galant, curiös und politisch.

48 Zedler, *Universal-Lexicon*, zit. bei Steinhausen, Galant, curiös und politisch, S. 27. Zum Gegensatz zwischen der kasuistisch argumentierenden ›Klugheit‹ und der absolut, situationsunabhängig argumentierenden (neo)stoizistischen Moral s. Titzmann, Verstellung, S. 544f.

49 Vgl. Wirtz, Gerichtsverfahren, der dies ebenfalls festhält (S. 103ff.). Mit dem Fazit, »Idiosynkrasien gegenüber allen diesseitigen Lösungen kennzeichnen Catos Reaktion« (S. 106), wird Cato aber vorschnell wieder in die Position des barocken christlichen Märtyrers gedrängt. Zu Recht hebt Wirtz indes die Selbstzweckhaftigkeit der verbalen Auseinandersetzung vor der faktischen Lösung von Problemen hervor (S. 121ff., 125) – dies lässt sich generalisieren für die gesamte frühaufklärerische Tragödie.

50 Diese Paradoxie wird sich nach 1750 noch verstärken, so z. B. bei der Titelfigur von Lessings *Samuel Henzi*.

Situation abstrahiert und statt dessen ausschließlich die innere Ebene des Subjekts relevant setzt, welches zu seinem eigenen moralischen Richter avanciert. Nicht das konkrete politische Resultat – Freiheit oder Sklaverei – ist bedeutend, sondern die Tatsache, dass das Subjekt *vor sich selbst* moralisch bestehen kann, in den Worten Catos: »Darf uns nur künftig nichts von unserm Thun gereuen; / So sind wir stark genug, Tyrannen zu zerstreuen.« (SB I, 185) Damit ist letztlich auch eine unverkennbare ›egozentrische‹ Tendenz des Tugendhaften gegeben.[51] Das eigene Gewissen erhält die höchste Bedeutung, ja es konstituiert sich hier ersichtlich,[52] ihm gegenüber wird alles andere, auch das faktische politische Schicksal der Untertanen, sekundär. Dies wird kaschiert, wenn der bereits sterbende Cato fragt, ob er seinen Freunden »sonst noch irgend dienen kann?« (SB I, 239) Er dient eben damit Rom nicht bzw. kann sein Tun allenfalls gewaltsam zum Dienst an Rom uminterpretieren. Das Gleiche gilt für Banise, die offiziell als Sinn und Nutzen ihres Opfers die Befreiung der Bürger von der Tyrannei ausgibt:

> BANISE. Für euch fließt dieses Blut, für euch würgt dieser Strick.
>   Liebt mich, wenn ihr dereinst in den Geschichten leset,
>   Daß mit Banisens Leib auch eure Noth verweset. (SB IV, 441f.)

Inwiefern dieses Selbstopfer die Not der Bürger beenden könnte, bleibt rätselhaft – im Gegenteil, letzteres könnte nur durch pragmatisches Handeln geschehen. Wiederum handelt es sich um ein pures Postulat, hier zugleich in Form einer quasi-christologischen Selbststilisierung.

Banises Entscheidung wird im Text unübersehbar problematisiert. Denn ihre Weigerung geht nicht in einer Antiposition zu spätbarocker Klugheitslehre auf. Banise verweigert sich nämlich nicht nur dem pragmatischen Vorschlag ihrer Vertrauten, der einer List gleichkommt, sondern darüber hinaus sowohl einem Angebot ihres Bruders Xemin, der sie im III. Akt als Priester verkleidet retten will, als auch einem Angebot des verbündeten Abaxar, Obersten der kaiserlichen Leibgarde, der sie im IV. Akt zur Flucht auffordert. Exakt derselbe Vorwurf von Unempfindlichkeit, »Verstockung«, »Trotz«, »Stolz« etc. (SB IV, 396, 399, 406, 408f.), den der Tyrann Chaumigrem und sein Verbündeter Rolim ihr machen, weil sie sich ihren Absichten widersetzt, wird ihr paradoxerweise sowohl von der Vertrauten Fylane gemacht: »Prinzeßinn, lerne weichen! / [...] / Gieb nach! sey nicht verstockt!«, als auch von Abaxar: »Prinzeßinn, *laß dich rühren!*« (SB IV, 410f., 432). Eine identische sprachliche Kategorie wird für zwei konträre Sachverhalte eingesetzt: Was im Fall des

---

51 Wirtz, Gerichtsverfahren, spricht im Zusammenhang mit Cato von einem »todessüchtigen Solipsismus« (S. 151).
52 Vgl. ebd., S. 161ff.

Tyrannen und seines Intriganten durch »geile[ ] Brunst« (SB IV, 384) motiviert ist, ist im zweiten Fall durch die tugendhafte Rettungsabsicht motiviert. Das erotische Angebot des lasterhaften Tyrannen und das Rettungsangebot der Tugendhaften werden hier also äquivalent gesetzt bzw. letzteres wird von Banise offenbar wie eine potenzielle *Verführung* behandelt. Erst durch diese Gleichsetzung wird deutlich gemacht, dass die Titelheldin tatsächlich ein Problem mit ihrer ›Empfindung‹ hat, was aus der bloßen Behauptung des lasterhaften Gegenspielers noch nicht folgen würde. Ihre willkürliche Selbstsetzung als Opfer wird nun Gegenstand der kontroversen Diskussion im Text. Der Konflikt mit dem Tyrannen wird dergestalt fast völlig substituiert durch einen Konflikt innerhalb der Partei der Tugend selbst, der kurzfristig in einer regelrechten Krise kulminiert, so im Ausbruch des Bruders: »Schwester, sprich! soll ich dich gar noch hassen?« (SB IV, 415)

Der Text selbst bleibt ambivalent und bietet die bekannte Diskrepanz zwischen *histoire* und *discours*. Auf der Ebene der faktischen Ereignisse wird Banise insofern bestätigt, als ihre Prophezeiung, des Bruders Intrige koste diesen sein Leben, sich bewahrheitet, und als die am Ende geplante Flucht ebenfalls misslingt. Die finale Rettung Banises durch den Verbündeten und Verlobten, Prinz Balazin, der im letzten Augenblick als deus ex machina auftritt, kann somit auch als Lohn für ihre Tugend erscheinen.[53] Die Vorbehalte und Anklagen der Verbündeten und die von ihnen artikulierte Infragestellung von Banises willkürlicher Märtyrerposition indes werden dadurch mitnichten widerlegt.

Die Arbitrarität der eigenen normativen Setzungen erweist sich zumal bei der Diskussion über den Willen Gottes bzw. der Götter, die typischerweise im Lager der Tugendhaften geführt wird.[54] Die verbündeten Tugendhaften, die die pragmatische ›kluge‹ Lösung vorschlagen, argumentieren, so z. B. in *Cato*, Arsene/Portia sei »mit Recht« auf dem Partherthron (SB I, 184), und zwar nicht nur im formal-legalen Sinne, sondern auch in Bezug auf eine sinnvolle Weltordnung: Ihre Herrschaft sei Wille der Götter und das von ihnen gesandte Mittel zur Befreiung Roms. Es auszuschlagen, bedeute somit Auflehnung gegen die Götter:

PHOKAS. Die Götter fehlen nie; die schenkten ihr die Krone!
    Bedünkts dichs ungerecht? Ach! unser Augenschein
    Kann hier von ihrem Thun kein rechter Richter seyn.
    Man unterwerfe sich nur dem, was sie befehlen;
    Verwirf das Mittel nie, das sie uns selber wählen. (SB I, 184)

---

53 Vgl. Hollmer, Anmut und Nutzen, S. 188ff.
54 Vgl. auch Wirtz, Gerichtsverfahren, der in *Cato* eine »inflationär[e]« Präsenz der Götter auf der Ebene der Figurenrede konstatiert und dies als Korrelat ihrer Abschaffung als reale Größe durch die Aufklärung deutet (S. 151ff., hier 156f.).

Analog kann auch Cäsar seinerseits seine Liebe zu Portia als Wille der Götter und eine eheliche Verbindung als Akt der Klugheit zum Nutzen und Wohle Roms interpretieren:

CÄSAR. Was? sieht man unsre Lieb als ein Verbrechen an?
    Warum verdammt man sie, *da sie doch nützen kann?*
    Der Himmel sucht dadurch die Römer zu verbinden;
    Drum solltest du die Glut noch mehr und mehr entzünden.
    Warum zertrennst du doch, was selbst der Himmel paart? (SB I, 225)

Cato hingegen interpretiert diese Angebote jeweils als eine von den Göttern gesandte Prüfung. Wie bei der widersprüchlichen Bewertung von Cäsar, steht auch hier Deutung gegen Deutung, beide Behauptungen sind gleichermaßen willkürliche Setzungen, und auch hier gilt, dass der Konflikt im Text letztlich nicht gelöst wird.

Den gleichen Konflikt finden wir in Grimms *Banise*. Beide Handlungsoptionen, aktives ›kluges‹ Handeln *vs.* passive Opferhaltung, werden von ihren Vertretern jeweils als Wille der Götter bezeichnet. Behauptet Fylane bezüglich der sich bietenden Rettungsmöglichkeit: »Man sieht, der Götter Macht entreißt dich dem Verderben«, desgleichen Banises Bruder Xemin: »Verehre doch vielmehr der Götter Gnadenzeichen. / [...] / Du siehst, der Götter Macht will deinen Mörder stürzen« (SB IV, 411, 416), so setzt Banise dem einfach die umgekehrte Interpretation entgegen:

BANISE. Die Tugend herrscht in mir. Es ist der Götter Wille,
    Den ich voll Großmuth auch im Sterben noch erfülle.
    Mehr kann ich selbst nicht thun. Ihr Götter, seyd gerecht;
    Und eurer Macht gefällts, daß heute mein Geschlecht
    Mit mir vergehen soll. (SB IV, 411)

Auf beiden Seiten handelt es sich um *arbiträre Setzungen*, deren Konflikt nicht entscheidbar ist, da ihnen jeweils normative Prämissen zugrundeliegen, die zwar nicht explizit diskutiert werden, die dadurch allerdings *als solche implizit* bewusst gemacht werden. Die ›Märtyrer‹ argumentieren jeweils auf einer ganz anderen Ebene, die jede rational-pragmatische Erwägung nach Sinn und Nutzen eines möglichen Handelns gegen die lasterhaften Tyrannen *a priori* sinnlos macht.

Passivität und Opferhaltung tendieren hier also zum Selbstwert und werden geradezu zum Beweis für die eigene Moralität, die durch aktives Handeln zum eigenen Schutz gleichsam widerlegt werden könnte. Auf den eingangs zitierten Vorwurf, der in *Die parisische Bluthochzeit* aus dem Lager der Tugendhaften gegen die allzu große Passivität erhoben wird, antwortet König Heinrich ausdrücklich, man müsse vielmehr:

K. HEINRICH. [...]   dem Schutz des Himmels trauen!
    Und nicht so frech allein auf Menschen Klugheit bauen.

Die Tugend schützt sich selbst, und soll sie untergehen;
So wird doch alle Welt auf ihrer Seite stehn. (SB VI, 41)

Dieselbe Argumentation begegnet auch noch stereotyp im Märtyrerdrama der 50er Jahre, etwa in Wielands *Lady Johanna Gray* oder in Creutz' *Seneca*.[55] An die Stelle von aktivem Widerstand bzw. Rebellion tritt hier das passive Selbstopfer als einer Form der ›Rebellion‹ (vgl. Seneca: »Nun Nero trozen wir Tyrannen und Gefahr« DDE II, 172/74).[56] Bis einschließlich *Emilia Galotti* bezeichnet dies ein für die Epoche allgemein typisches Modell für die Auseinandersetzung zwischen Untertan und Tyrann. Die Passivität der Quasi-Märtyrer erscheint auf diesem Hintergrund lediglich als Extremversion jener zumal für das frühaufklärerische Drama so typischen Grundhaltung, die nicht auf (revolutionäre) Veränderung des Bestehenden, sondern primär auf Moral abzielt.[57] In dem Maße, wie Passivität und Schicksalsergebenheit als Grundtugenden gelten, kann dies im Sinne der Theodizee geradezu umfunktioniert werden für die Rechtfertigung der Existenz von Übel. So heißt es ganz direkt in Hutchesons *Sittenlehre der Vernunft* etwa:

Ja, weder Geduld, noch Ergebung in den Willen Gottes, noch Vertrauen auf denselben, kan in einem System ausgeübet werden, wo kein Elend vorhanden ist.[58]

Bei der Diskussion, die mit den ›Märtyrern der Tugend‹ über die Möglichkeit ihrer Rettung geführt wird, handelt es sich also letztlich um eine Pseudodebatte. Was auch immer auf der realen Ereignisebene an günstiger oder ungünstiger Entwicklung geschehen mag – es ist völlig irrelevant, da die ›Märtyrer‹ von Anfang an ihren Tod als Unausweichlichkeit antizipieren.[59] Damit ist ein weiterer *Substitutionsmechanismus* in Bezug auf die Todesursache in diesen Dramen gegeben: Der Opfertod der Protagonisten erfolgt nur scheinbar aus äußerer Notwendigkeit, in Wahrheit aber ausschließlich *durch diese selbst*. Dies wird zum Teil ausdrücklich eingestanden, so etwa in Baumgartens *Der sterbende Socrates*. Der Titelheld, der sich ebenfalls von Anfang an und kaum motiviert zum Tod

---

55 Vgl. auch Rochow 1994, S. 77ff.

56 Damit ist zugleich, die Beispiele zeigen es deutlich, ein Zug zur politischen Resignation verknüpft. Zur Diskussion, die in der Spätaufklärung hierüber geführt werden wird, vgl. Martino, Geschichte der dramatischen Theorien, S. 448ff.

57 Vgl. hierzu Steinmetz, Das deutsche Drama, S. 34f.

58 Hutcheson, Sittenlehre, I. Bd., S. 286. Auch für Gellert zählen »Demuth, Vertrauen auf die göttliche Vorsehung, und Ergebung in ihre Schicksale« zu den höchsten Tugenden: *Moralische Vorlesungen*, 1. Vorlesung »Einleitung in die Moral; oder Abriß derselben nach ihrer Beschaffenheit, ihrem Umfange, und ihrem Nutzen« (G VI, 18). Siehe auch die 20. Vorlesung »Von der Demuth« und die 21. Vorlesung »Von der Menschenliebe, dem Vertrauen auf Gott, und der Ergebung in seine Schickungen«.

59 Zum Teil auch durch Träume, vgl. etwa J. G. Bernholds *Irene*. Dies wird dann im bürgerlichen Trauerspiel ein beliebtes Modell sein (s. Kap. 10.1.2).

bereit erklärt, erhält im IV. Akt mit Alcibiades' Meldung, er habe den Rat von
Athen umgestimmt, das Angebot der Freiheit, das er selbstredend ablehnt. Der
Tod, den er schließlich von sich aus will, deutet er folgerichtig um in eine frei-
willige Entscheidung: »Socrates trifft *keine blinde Wahl*« (DDE I, 36/28). Nach
1750 wird dies noch expliziter. So beschließt der Titelheld in Creutz' *Seneca* sei-
nen Tod ganz unabhängig von Neros Aktionen: »*Mein Schluß war längst gefaßt:
ich suche nur den Willen / Des Himmels, der mich lenkt, gelassen zu erfüllen.*«
(DDE II, 136/38) In Breithaupts Trauerspiel *Barbarussa und Zaphire* beharrt die
Titelheldin Zaphire gegenüber ihrer Vertrauten Basora gar auf ihrem Leiden
– »Ich bin zum Leid bestimmt, *so laß mir denn mein Leid*« (BZ 13) – und legt
Wert darauf, ihr Schicksal als einen autonomen Akt der Wahl zu definieren:

ZAPHIRE.   Mein Schicksal ist entschieden.
BALSORA. Durch wen denn?
ZAPHIRE.   *Durch mich selbst.* (BZ 78)

Nicht zufällig wird der Opfertod dieser ›Märtyrer‹ denn auch idealerweise als
Selbstmord realisiert, bzw. die Differenz zwischen Selbst- und Fremdtötung wird
signifikanterweise neutralisiert,[60] worin die postulierte moralische Autonomie
exemplarisch zum Ausdruck kommt. Die in diesen Texten formulierte aufklärerische Moral ist also dezidiert nicht-christlich, insofern sie, entgegen offiziellen
Beteuerungen (siehe etwa Gottscheds Kommentar zu *Cato*), den Selbstmord
heimlich oder offen legitimiert – in den Worten der Elisinde in Cronegks *Codrus*: »Dieß letzte Mittel bleibt der Tugend stets zurücke.« (CS 110)[61]

2.5.3 Pervertiertes ›Märtyrertum‹ oder der Widerstand gegen den neuen Souverän: T. J. Quistorps *Aurelius*

Bereits in Gottscheds *Cato* wurde deutlich, dass sich hinter der Märtyrer-
geste des Titelhelden heimlich ein Widerstand gegen eine neuartige, aufgeklärt-absolutistische Macht verbirgt. Aufgrund der Negativierung Cäsars
blieb diese Dimension allerdings völlig in der Latenz bzw. wurde im narrativen Verlauf des Dramas gleichsam wieder eliminiert. Anders in Quistorps
Aurelius, zweifellos einer der interessantesten Tragödien der *Schaubühne*,[62]

---

60 Besonders deutlich etwa bei den Titelhelden von J. S. Patzkes *Virginia*, J. F. v. Cronegks
   Codrus, O. v. Schönaichs *Montezum*.
61 Zur Paradoxie des ›moralischen Selbstmords‹ s. auch den wichtigen Aufsatz von Bähr,
   Selbsttötung und Selbsterhaltung, bes. S. 67ff. und 79ff. zum Konflikt zwischen der »Pflicht
   physischer Selbsterhaltung« und der »Pflicht moralischer Selbsterhaltung«.
62 Vgl. zu dieser Tragödie auch Hollmer, Anmut und Nutzen, S. 166ff. und Wirtz, Gerichtsverfahren, S. 267ff. (dessen Abwertung dieses Textes allerdings kaum gerechtfertigt ist).

wo der Tugendrigorismus des Protagonisten zu einer Bedrohung des Staates ›von innen‹ her führt.

Wie oben bereits angedeutet, situiert sich der Text bezüglich jener geschichtsphilosophischen Dimension, die einen historischen Systemwandel – von einem vorabsolutistischen zum aufgeklärt-absolutistischen System – thematisiert, zwischen Gottscheds *Cato,* wo das neue politische System als ein kommendes lediglich präsupponiert wird, und Schlegels *Canut,* wo dieser Wandel als bereits vollzogen dargestellt wird. *Aurelius* fokalisiert bereits auf den aufgeklärt-absolutistischen Zustand und stellt diesem den republikanischen als vergangenen Zustand gegenüber, rückt diesen Gegensatz jedoch noch nicht so deutlich ins Zentrum des Textes, wie Schlegels Tragödie dies dann tun wird.

Das Drama nimmt eine komplette Substitution der Konflikte vor, und zwar in doppelter Hinsicht. Zum einen tritt wie üblich ein innenpolitischer Konflikt an die Stelle des außenpolitischen, des zeitgleich geführten Krieges gegen die Parther, »die Feinde draußen« (SB IV, 234). Zum anderen werden *zwei* innenpolitische Konflikte verschiedener Art einander substituiert. Im I. Akt plant der Rebell Valerius, der wie Cato bereits das Faktum der Alleinherrschaft als »Tyranney« klassifiziert und das vorabsolutistische republikanische Rom mit Freiheit identifiziert (SB IV, 188),[63] den Tyrannenmord. Nach einer Auseinandersetzung mit dem Titelhelden, seinem Freund, der umgekehrt »das Elend jenes Roms«, das durch einen Zustand des permanenten Bürgerkriegs gekennzeichnet gewesen sei, evoziert und erst mit Kaiser Augustus »die güldne Zeit« anbrechen lässt (SB IV, 189), wird Valerius schon am Ende der ersten Szene von Aurelius erstochen. Indem dieser sich nun als Mörder anklagt, das Motiv seiner Tat verschweigt und jede Begnadigung durch Trajan verweigert, gerät er selbst in einen Konflikt, der ebenfalls ein innenpolitischer ist, allerdings einer von ganz anderer Qualität.

Das Problem, das der Text entfaltet, ist ein paradoxes: wie der loyale Untertan just durch seinen Tugendrigorismus in die Position des Lasters gerät. Aurelius setzt dem formalen *Recht,* dem »julische[n] Gesetze« (SB IV, 195), das die Ermordung eines Revolutionärs, der das Leben des Souveräns bedroht, nicht nur legitimiert, sondern sogar gebietet, seine eigene *Moral* als höhere Instanz entgegen, derzufolge die Tötung des Freundes als »Blutschuld« gilt (SB IV, 201). Sein Beharren auf einer Bestrafung und somit auf dem eigenen Tod reiht ihn ein in die Serie der ›Märtyrer der Tugend‹. Seine extreme Ge-

---

63 Zu den gemeinsamen Merkmalen mit *Cato* vgl. Wirtz; Gerichtsverfahren, S. 280ff. Seine
    Behauptung einer diesbezüglichen intertextuellen Bezugnahme des *Aurelius* auf *Cato* (S. 284f.)
    ist unnötig und greift zu kurz, da es sich um ein innerhalb des frühaufklärerischen Tragödiencorpus allgemein verfügbares topisches Argumentationsmodell handelt. Zum Gewissen
    als metaphorischem ›Gerichtshof‹ s. auch Ishikawa, Gerichtshof-Modell.

wissensqual, die zur wahnhaften Antizipation seiner öffentlichen Verurteilung führt, verleiht dieser Tugendposition pathologische Züge:[64]

AURELIUS. Mich dünkte, jedes Aug sey bloß auf mich gewandt,
    Und meine Missethat schon überall bekannt;
    Nicht mir allein bewußt. Mein ängstliches Gemüthe
    Verrieth, daß ich der sey, da mich kein Mensch verriethe.
    Ich stehe ganz betäubt, *und seh, und höre nicht:*
    Doch hör ich überall: Aurel, der Bösewicht!
    Und sehe, voller Scheu, die Henker nach mir greifen,
    Und alle Marter schon zu meiner Strafe häufen.
    So gleich verleitet mich *mein Wahn* so gar zum Fliehn.
    [...]
    Mein schüchtern Auge sieht beständig hinter sich;
    Und scheut sich doch zu sehn: *ich flieh; und bloß für mich.* (SB IV, 215)

Darüber hinaus weist Aurelius' Argumentation eine ganz spezifische Struktur auf. Seine unnachsichtige Selbstanklage suggeriert eine Tat gegen ein unschuldiges Opfer – »Valer, ein Wittwensohn, ein Bürger liegt im Blut; / Und ich, ich eben bins, auf dem die Blutschuld ruht« (SB IV, 213) – und blendet die Umstände der Tat völlig aus: Immerhin plante Valer die Ermordung des Kaisers, und Aurel rettete mit seiner Tat diesem das Leben. Aber dieser *Kontext* ist es eben, der erst die adäquate Bewertung einer Handlung erlaubt.

Mit der mangelnden Einbeziehung des Kontextes ist ein bezeichnendes Phänomen benannt, das in den frühen Dramen, Tragödien wie Komödien, allerorten anzutreffen ist, und mit dem die Texte das Problem der *Kontextrelativität von moralischen Normen* diskutieren. In Krügers *Mahomed der IV* etwa geht es um das bereits zitierte analoge Problem, den Titelhelden davon zu überzeugen, dass er um des Staates und des Gemeinwohls willen seine intrigante Großmutter Kiosem, die, eine homologe Figur zum Rebell Valerius, einen Staatstreich plante und Mahomed selbst nach dem Leben trachtete, hinrichten lassen müsse. Auch dieses Problem wird inszeniert als Konflikt zwischen zwei verschiedenen, für sich genommen jeweils positiven Werten, ein Konflikt, der in dieser Schärfe aber überhaupt erst durch die völlige Abstraktion vom Kontext ausbrechen kann. Wenn Mahomed etwa seinem Großvezir Selim entgegenhält: »ists erlaubt, die Mutter zu ermorden, / Von der mein Vater selbst zur Welt gebohren worden?« (SB IV, 416), so ist dies eine geradezu absurde theoretische Argumentation, denn immerhin hat diese Mutter seinen

---

64 Diese nähern Aurel dem Helden von Quistorps Komödie *Der Hypochondrist* an. Zur Pathologisierung der extremen Gewissenhaftigkeit im Kontext der zeitgenössischen Suizid-Diskussion s. auch Bähr, Selbsttötung und Selbsterhaltung, S. 71ff.

Vater ermorden lassen![65] Die sich aufdrängende Frage nach der eventuellen psychologischen Motivation der Figur für derartige Inadäquatheit – bewusstes Kalkül und somit List oder Nicht-Bewusstheit? – ist offenkundig falsch gestellt. Es handelt sich um rein willkürliche Setzungen, die eine psychologische Unwahrscheinlichkeit in Kauf nehmen und den einzigen Zweck verfolgen, den Konflikt als ein ›tugendinternes‹ Problem zwischen zwei positiven Normen erscheinen zu lassen. D. h., ein derartiger Konflikt wird gezielt konstruiert zum Zweck der Normdifferenzierung und -hierarchisierung.

Trajan seinerseits wird modelliert als Ideal des aufgeklärten Souveräns, der durch »edle Sanftmuth« herrscht und seinem Volk ausdrücklich nicht »Herr«, sondern ein »Vater« sein will: »Er herrschet ohne Trotz, bezwingt uns bloß durch Güte: / Er hat ein Bürgerherz [...]« (SB IV, 187, 249).[66] Auf diesem Hintergrund kommt es ab dem III. Akt zur völligen Umdeutung von Aurelius' Verhalten. Die Vorwürfe, die der Richter Maximin und Trajan vorbringen, lauten nun auf »Eigensinn«, »stolzen Sinn«, »Trotz« und »ein steinern Herz, das *nichts bewegt noch rühret*« (SB IV, 222, 244, 226f.) – derselbe Vorwurf der Unmenschlichkeit, der gegen die ›Märtyrerin‹ Banise erhoben wird, und auch dort von der Tugendpartei selbst. Trajan klassifiziert Aurels Widerstand als Rebellion und stellt ihn dem des Valerius an die Seite: »Der Aufruhr stillen will, und ihn doch selber wagt« (SB IV, 244). Während der äußere Krieg gegen die Parther erfolgreich und problemlos verläuft, ist die von Aurelius verantwortete innere Krise dazu angetan, in den Worten Trajans, »[m]ein Ansehn, meine Macht, mein Reich selbst zu verstören« (SB IV, 237). Gegenüber der Rebellion des Valerius, die ihrerseits bereits ein innenpolitischer Konflikt war, stellt die von Aurelius verantwortete Rebellion einen qualitativ ganz andersartigen inneren Konflikt dar. Leistet Valerius *äußeren Widerstand* gegen Trajan, indem er ihn mit Gewalt beseitigen will, so leistet der Titelheld *inneren Widerstand*. Ist Valerius ein Vertreter des alten heroischen Systems, der für sich noch »der Väter Geist und Muth« reklamiert (SB IV, 191), so repräsentiert Aurelius eine neue Form des Widerstands, die nicht gegen die absolutistische Herrschaft als solche gerichtet ist, sondern implizit deren spezifisch aufklärerische Herrschaftslegitimation in Frage stellt.

Dementsprechend wird auch die Schuld des Aurelius völlig neu definiert. Seine Schuld gegenüber dem getöteten Freund wird substituiert durch eine

---

65 Das Phänomen der scheinbar inadäquaten Argumentation findet sich nicht nur bei letztlich tugendhaften Figuren wie Aurel und Mahomed, sondern auch bei eindeutig lasterhaften. Vgl. z.B. den Intriganten Araspes in L. A.V. Gottscheds Trauerspiel *Panthea*, der seine ehebrecherische Liebe zur Titelheldin folgendermaßen rechtfertigt: »Ich lieb und ehr sie doch, und achte keinen Schmerz. / [...] / Ich schwör ihr treu zu seyn, und kann den Eid nicht brechen.« (SB V, 31)

66 Hierzu auch Hollmer, Anmut und Nutzen, S. 177f.

Schuld gegenüber dem aufgeklärten Souverän, die darin besteht, dessen großmütige Verzeihung und Begnadigung nicht annehmen zu wollen. Indem er, gleich den christlichen »Unschuldsmärtern« (SB IV, 247), in den Tod gehen will und das Leben verweigert, verletzt er nicht nur die aufklärerische Norm der Selbsterhaltung – die Pflicht, »[s]ich seiner Wohlfahrt selbst vernünftig anzunehmen« (SB IV, 232) –, sondern darüber hinaus auch die Pflicht des Untertanen, aus der Hand des Souveräns das Leben anzunehmen und für sein Glück sorgen zu lassen. So lautet denn auch die Klage des zweiten Richters Julianus: »Herr! er ist frech und stolz; *er will nicht glücklich werden*«, und Trajan selbst empört sich schließlich über den, »[d]er nichts nach meiner Huld, dem Leben selbst nichts fragt« (SB IV, 235, 244). Im eklatanten Widerspruch zur unentwegten Beteuerung seiner Schuld tritt Aurel vor Gericht nicht als Schuldiger, nicht »wie ein Knecht von den Gesetzen« und ohne die gebührliche »Demuth, Scham, und Reu, und Kummer« auf, sondern erhobenen Hauptes, seinen Richtern »Ehrfurcht« einflößend und die geforderte Unterwerfung unter die Autorität des Gerichts verweigernd, gleichsam wie jemand, der über dem Gesetz steht (SB IV, 239, 236) – exemplarische Rebellion des Untertanen, der durch diese subtile Strategie die Machthierarchien umkehrt:

> JULIANUS. Nein! es war kein Gericht. Ein Schauspiel mag mans nennen.
>   Herr! dieser Eigensinn schien uns nicht zu erkennen.
>   Er scherzte nur mit uns: und hielt uns nicht für werth,
>   Von ihm belehrt zu seyn: ob wir es gleich begehrt.
>   Er kam mit hoher Brust, und abgemeßnen Schritten;
>   Und ließ sich fast von uns um Red und Antwort bitten.
>   Das Volk stand ganz bestürzt: weil nichts dem Hochmuth glich.
>   Sein Schweigen machte nur die Fragen lächerlich.
>   Wir saßen ihm zum Spiel, dem Volke zum Gespötte. (SB IV, 236)

Wenn im IV. Akt Trajan, der bislang immer noch mit der Bestrafung Aurels gezögert hatte, paradoxerweise erst dann hierzu bereit ist, nachdem er von Maximin den Beweis von Aurels Unschuld im Fall Valerius erhalten hat, macht er damit unmissverständlich deutlich, dass es jetzt eben um *einen ganz anderen Normverstoß* geht. Seine Weigerung, vom Souverän sein Leben zu erflehen, verbindet ihn einerseits mit seinem Nachfolger Ulfo, andererseits aber auch mit seinem Vorläufer Cato. Trajan tadelt denn auch Aurels Autonomiepostulat als das eines »ächte[n] Stoiker[s]«, der stets »Herr von seinem Leben« sein und dieses keinem »Obern«, sondern »nur sich allein« verdanken will (SB IV, 245). Während Aurel selbst sein Verhalten mit seiner Loyalität begründet (dies aber bereits ambivalent formuliert: »*Mein freyes Herze* sehnt / Sich nach dem süßen Tod, *bloß um des Kaisers Ehre*« SB IV, 223), probt er eigentlich den Aufstand und führt einen impliziten Machtkampf mit seinem Fürsten.

Aurels innere Rebellion erfolgt zeitgleich mit einer drohenden handgreiflichen Rebellion durch das Volk, das im III. Akt in Solidarität mit dem getöteten Valerius die Bestrafung Aurels fordert. Diese Parallelisierung ist keine zufällige. So unterschiedlich beide Rebellionen sind, werden sie nämlich in einem wesentlichen Punkt gleichgesetzt. Der Aufstand wird auf einen im Volk noch nicht ganz überwundenen Republikanismus zurückgeführt; es gebe, so Maximin, »noch Enkel jener Zucht / Des stolzen Caßius«, die als »*verborgne[] Feinde[]*« gegen Trajans Herrschaft rebellierten (SB IV, 229f.). Dabei stellt speziell die neue aufgeklärt-absolutistische Form der Herrschaft qua Güte das Problem dar:

MAXIMIN. Es scheint, die Sanftmuth selbst wird dieser Stadt zur Last.
    Sie denket immer arg: und meynet, wer regieret,
    Der müsse boshaft seyn. (SB IV, 230)

Damit ist aber genau auch Aurels Problem benannt. Wenn es von den vorabsolutistischen Zeiten der Republik kritisch heißt: »*Rom kämpfte mit sich selbst*«, so sagt derselbe Maximin an anderer Stelle von dem widerstrebenden Aurel, er »[spreche] wie ein Mensch, *der mit sich selber ficht*« (SB IV, 230, 219). M.a.W., Aurels innerer Widerstand erscheint auf einer impliziten geschichtsphilosophischen Ebene als Neuauflage und gleichsam ›psychologisierte‹ Form eines vorabsolutistischen Konflikts unter nunmehr veränderten, aufgeklärt-absolutistischen Prämissen, denen zufolge die Macht des Souveräns über den Untertan sich nicht mehr als Recht auf Tötung, sondern als Recht auf Erhaltung des Lebens definiert. Der aufgeklärte Absolutismus des 18. Jahrhunderts, der die politische Herrschaft programmatisch über die Sorge um das Leben der Bürger legitimiert, stellt eine zentrale Etappe in dem von Foucault analysierten langfristigen Prozess des Wandels der Macht vom alten »Recht über den Tod« zur neuen »Macht zum Leben« dar.[67] Die mit diesem Wandel einhergehende historisch neuartige psychologische Dimension der Fürst/Untertan-Relation ist zweifellos ein privilegierter Gegenstand der Reflexion des politischen Trauerspiels der Frühaufklärung. Nach 1745 wird dieser Konflikt wesentlich radikalere Formen annehmen (s. Kap. 5.1).

Die Lösung des Konfliktes wird, wie in *Banise*, durch äußere Hilfe bewerkstelligt, hier allerdings durch eine spezifische Konstellation, die breiten Raum im Text einnimmt. Fulvia, die Mutter des getöteten Valer, hat vom Umsturzversuch ihres Sohnes erfahren und besteht nun nicht mehr auf Bestrafung Aurels, sondern erbittet ihn sich zum Ersatzsohn. Dieser Bitte Fulvias um Genugtuung kann sich Aurel nicht mehr entziehen. Erst dadurch wird seine Rettung möglich, die zugleich als metaphorische ›Neugeburt‹ durch Fulvia beschrieben wird:

---

67 Foucault, Sexualität und Wahrheit, S. 159ff.

FULVIA. Sey du hinfort mein Sohn, da jener nicht kann leben.
Der Schmerz, der bange Schmerz, den du mir heut gemacht,
Gleicht völlig dem, womit ich ihn hervorgebracht.
Du bist fürwahr! ein Sohn, den ich mit Angst geboren! (SB IV, 256)

Erneut substituiert der innere Rebell Aurel den äußeren Rebell Valer, nun aber
als sozialer und metaphorischer ›Sohn‹ Fulvias. Diese, so wird nun enthüllt, hat
den Halbwaisen Aurel in der Kindheit bereits erzogen. Aurels Weigerung, sich
begnadigen zu lassen, kann nun zugleich als Verstoß gegen das »Mutterrecht«
uminterpretiert werden, »[d]as deine Kindheit mir schon längstens aufgetragen« (SB IV, 257). Diese spezifische Zusatzmotivation ist offensichtlich nötig,
denn der Quasi-Märtyrer Aurel gibt seinen Widerstand (gleich Banise) letztlich nicht auf. Damit verdankt der Held sein neues, zweites Leben schließlich
sowohl dem Gnadenakt des Souveräns als metaphorischem ›Vater‹ als auch der
metaphorischen ›Mutter‹ Fulvia, die beide als soziale und symbolische ›Eltern‹
an die Stelle der ursprünglichen biologischen Eltern treten.

Das Problem des Widerstands des Untertanen gegen seinen Souverän wird
mit diesem ›dea-ex-machina-Schluss‹ freilich ebenso wenig ausdiskutiert wie in
den vergleichbaren anderen Texten. Statt dessen findet sich eine pragmatische
Konfliktlösung, wie wir sie zeitgleich insbesondere in der Komödie antreffen.
Denn der durch den Tod Valers auf sich allein gestellten hilflosen Witwe soll
Aurel »forthin als ihr Versorger nützen« (SB IV, 258). Aurels Leben erscheint
damit zugleich auch als Produkt einer *sozialen Aushandlung* und einer *pragmatischen Neumotivation*. Das »Denkmaal der Zärtlichkeit«, das der Untertitel
nennt, ist letztlich doppeldeutig und bezeichnet sowohl explizit die zärtliche
Stiftung der neuen Mutter-Sohn-Beziehung (vgl. SB IV, 262), als auch implizit die neue zärtliche Herrschaftspraxis des Souveräns.[68]

---

68 Vgl. zu diesem Titel auch die »rezeptionstheoretischen Überlegungen« von Bekes, Poetologie
des Titels, S. 406ff.

3. Strukturen des Ausgleichs zwischen Moral und sozialer Praxis in der Komödie

Die bisher analysierten Tragödien-Beispiele haben, parallel zur Substitution des außen- durch den innenpolitischen Feind, eine Tendenz zu einer weiteren und ganz spezifischen Konfliktsubstitution gezeigt, die eben darin besteht, dass der Konflikt mit einem gegebenen Feind, etwa dem Tyrannen als einem Vertreter von Unvernunft/Laster und damit als einer – ideologisch – externen Größe, überlagert wird von einem *Konflikt innerhalb der Partei der Tugend*, der die eine Teilgruppe in Opposition zur anderen setzt. Eine zunächst aufgebaute erste Front weicht einer zweiten Front, mit der die ranghöhere Auseinandersetzung stattfindet. Der Moraldiskurs in den Dramen konstituiert sich ganz wesentlich über derartige *systeminterne* Diskussionen, mit dem Ziel der Definition und Ausdifferenzierung dessen, was als eigentliche und ›wahre‹ aufgeklärte Moral gelten soll. Es geht dabei also auch um die Hierarchisierung von Werten und Normen, wobei, wie im Folgenden gezeigt werden soll, der *soziale Kontext als pragmatisches Kriterium* eine herausragende Stellung einnimmt. Die *kontextuell inadäquate Tugend*, d. h. ein Verhalten, das nominell-abstrakt gesehen tugendhaft ist, bezogen auf einen konkreten Kontext aber zum Laster bzw. Fehler wird, ist eines der Probleme, die zumal in der Komödie vorzugsweise verhandelt werden. Die Konfliktsubstitution geht dergestalt mit einer Dominantsetzung außermoralischer über moralische Kriterien einher. Das ›Außermoralische‹ wird je nach Gattung verschieden aufgefüllt; in der Tragödie wird es politisch definiert und durch die Normen für einen funktionierenden Staat besetzt, in der Komödie wird es sozial definiert und durch die Normen für eine funktionierende Sozialität besetzt. Nachdem im vorangehenden Kapitel anhand von Quistorps *Aurelius* ein Beispiel für die Tragödie vorgestellt wurde, steht nun die Komödie im Mittelpunkt.

3.1 ›Aufklärung‹ als rekursive Anwendung auf sich selbst: Kontextrelativierung und Normhierarchisierung

Die frühaufklärerisch-rationalistische Komödie hat eine spezifische Form der Normhierarchisierung qua Kontextdifferenzierung hervorgebracht, die zu den in der Tragödie praktizierten Formen homolog ist. Sie präsentiert sich als deutliche Überlagerung zweier verschiedener Ebenen der Klassifikation bzw. Bewertung. Was als positive Norm gemäß dem aufgeklärten Wertsystem, das der Text vertritt, gelten soll, resultiert auch hier immer erst im *Doppelschritt*.

In einem ersten Schritt erfolgt auf einer primären Ebene die Zuordnung einer bestimmten Eigenschaft zu Laster *vs.* Tugend. In einem zweiten Schritt muss – auf einer höheren Ebene – erneut differenziert werden: Die tugendhafte Eigenschaft erweist sich unter bestimmten Voraussetzungen, d.h. situativ in bestimmten Handlungskontexten, als lasterhaft und unvernünftig. *Das aufklärerische Wertsystem konstituiert sich damit im narrativen Prozess des Textes durch rekursive Anwendung auf sich selbst.*[1] Anhand von drei Beispielen aus dem Corpus der *Schaubühne* sei dies illustriert.

3.1.1 Tugend als positiver Mittelwert: J. E. Schlegels
Der geschäfftige Müßiggänger

Schlegels erste (gedruckte) Komödie, die im IV. Band der *Schaubühne* nach Quistorps *Aurelius* folgt, realisiert das zu analysierende Modell in exemplarischer Weise. Das Drama inszeniert das Scheitern einer geplanten ehelichen Verbindung aufgrund von Unvernunft und Laster. Der männliche junge Held Fortunat ist zunächst an einem falschen, nämlich quasi höfisch-galanten Wertsystem orientiert: Er beherrscht sämtliche aristokratische Fertigkeiten – Französisch, Musizieren, Reiten, Tanzen, Malen (vgl. SB IV, 313) –, versagt aber in seinem bürgerlichen Beruf als Advokat, an dem er völlig desinteressiert ist. Statt dessen gilt seine besondere Sorge seinem Äußeren, der Kleidung, Haartracht etc. Heirat und Erwerb einer festen beruflichen Stelle sind die zwei Aufgaben, die sich hier als (bürgerliche) Pflichten dem Helden stellen. Fortunat scheitert in beiden. Er versäumt sowohl seinen privaten Termin: den Besuch seiner Braut Lieschen und ihrer Mutter im III. Akt, als auch seine beruflichen Termine: ein Gespräch beim Minister wegen einer zu vergebenden Sekretärsstelle sowie einen Geschäftstermin mit seinem ersten Klienten. Am Ende des Textes hat er die potenzielle Partnerin, die Stelle und den Kunden verloren. Unordnung und Müßiggang werden als Laster für diese Pflichtvergessenheit verantwortlich gemacht. In seiner Braut Lieschen und in dem (beruflichen wie erotischen) Rivalen Rennthier werden Fortunat zwei Figuren gegenübergestellt, die zu diesen beiden Lastern jeweils die positive Gegeneigenschaft repräsentieren: Lieschen zeigt vor allem in der zeitlichen Organisation ihres privaten Alltags eine extreme Ordnungsliebe, Rennthier ist, wie bereits sein sprechender Name andeutet, von extremer Geschäftigkeit gekennzeichnet. Während der lasterhafte

---

1 Es transzendiert damit auch die Ebene der ›Inhalte‹ und konstituiert sich als Prozess, als ›Tätigkeit‹. Vgl. zu diesem zentralen Aspekt Cassirer, Die Philosophie der Aufklärung, S. 16ff.

Protagonist am Ende leer ausgeht, gehen die beiden tugendhaften Figuren ihrerseits eine erotische Verbindung ein. So weit die primäre und einfache Lektüreebene dieses Textes.

Die Pointe des Textes besteht nun freilich darin, dass es bei dieser primären Ebene der Gegenüberstellung eines Lasters und der korrespondierenden Tugend nicht bleibt. Denn zum einen ist Fortunat sehr wohl auch durch Ordnungsliebe und Fleiß gekennzeichnet – nur gelten diese eben nicht, wie sie sollten, seinen beruflichen und privaten Pflichten, sondern allein Muße-Aktivitäten oder seinem Äußeren. In seinem rastlosen Bemühen, sich neue Kleidungsstücke bzw. Farben für seine Malerei o.ä. zu besorgen, legt er sogar eine außerordentliche Geschäftigkeit an den Tag. Bereits Lieschen bemerkt ironisch:

> LIESCHEN. Aber wenn *in* seinem Kopfe so viel Ordnung ist, als *an* seinem Kopfe: so wird man sich schwerlich enthalten können, ihn zu loben. (SB IV, 322)

Die Mutter, die als einzige der Elterngeneration ihren Sohn gegen Kritik, vor allem aus dem Munde ihres (zweiten) Gatten Sylvester, verteidigt, lobt ihn gegenüber ihrem Bruder, der den sprechenden Namen Sorger trägt, gar als besonders »sorgsam« (SB IV, 350), so im folgenden signifikanten Dialog:

> SYLVESTERINN. Aber ich muß dir sagen, Herr Bruder, mein Mann spricht immer, Fortunat sorgt für gar nichts. Aber ich sehe nun, daß es lauter Eigensinn ist. *Er sorgt wohl.*
> SORGER. *Sorgt er?* Das ist ja schön. Er hat heut unfehlbar seinen Termin abgewartet.
> SYLVESTERINN. Ach nein! dazu habe ich ihn *vor lauter Sorge* nicht bringen können.
> SORGER. *Ist er so besorgt*, daß ihn der Minister übergangen hat. (SB IV, 349)

Quelle der Komik ist hier nicht nur die Rekurrenz der Lexeme ›Sorge/sorgen‹ in verschiedensten sprachlichen Wendungen, sondern auch die absolute, präpositionslose Verwendung des Verbs ›sorgen‹, die nicht nach dem Objekt und nicht nach dem Kontext des ›wofür?‹ fragt. Fortunat ist gewissermaßen ebenfalls ein ›Sorger‹, nur freilich nicht bei den richtigen Dingen und nicht zum richtigen Zeitpunkt. Der Text gefällt sich nun darin, diese Merkmalskombination als Paradoxie von Müßiggang trotz augenscheinlicher permanenter Geschäftigkeit bzw. von Unordentlichkeit trotz, ja gar aufgrund von zu großer Ordnungsliebe zu modellieren. So behauptet der Stiefvater Sylvester in einem Streitgespräch mit seiner Frau:

> SYLVESTER. Wenn er nicht so ordentlich wäre, wäre er vielleicht nicht so unordentlich. Verstehst du das?
> SYLVESTERINN. Ist denn ein Mensch unordentlich, wenn er ordentlich in Kleidern ist?
> SYLVESTER. Höre nur an. Wenn ich von einem Menschen rede: so rede ich ja nicht von seinen Kleidern. Wenn du mich nicht hättest, und hättest nur meine Kleider:

so hättest du keinen Mann, der Sylvester hieße. [...] Ordentliche Kleider sind kein ordentlicher Mann. (SB IV, 326)

Sylvester unterscheidet also nicht nur Ordnung *vs.* Unordnung, sondern eine äußere Ebene – hier die der *Kleider* – und eine innere Ebene – die der *Person*, die beide hierarchisiert werden. Im IV. Akt geht es erneut um dasselbe Problem, wobei als Quelle der Komik die Unfähigkeit der unvernünftigen Mutter fungiert, diese Ebenenunterscheidung nachzuvollziehen (SB IV, 337f.).

Wie bei Fortunat äußere Ordnung mit innerer Unordnung, so kann umgekehrt äußere Unordnung ebenso mit innerer und wahrer Ordnung einhergehen: Diesen komplementären Fall repräsentiert Fortunats Rivale Rennthier, über den Lieschen äußert: »Geputzt geht er nicht, aber er hat seine Ordnung innerlich.« (SB IV, 369) Die wahre Tugend ist also erstens eine ›innerliche‹, die unmittelbar die *Person* – und das bedeutet hier immer: ihr Sozialverhalten – betrifft, und zweitens eine, die das Verhalten *kontextrelativ* steuert, beide Aspekte gehören hier wesenhaft zusammen. Absolut und für sich genommen, ohne Kontext, müssen denn auch einige Entscheidungen Fortunats als vernünftig und tugendhaft erscheinen. Nachdem er zuerst im III. Akt den Vorstellungsbesuch seiner Braut wegen lächerlicher Besorgungen versäumt hat, will er diesen nun im IV. Akt partout nachholen, mit dem Argument, der Erwerb einer Partnerin fürs Leben sei doch höher anzusetzen als ein beruflicher Termin mit einem Klienten:

FORTUNAT. Was wäre denn das für eine Aufführung, wenn ich meiner Liebste wegen, es nicht übers Herze bringen könnte, einen Termin zu versäumen? (SB IV, 344)

Theoretisch kann diese Werthierarchisierung tatsächlich Ausdruck von Vernunft sein – in diesem speziellen Kontext ist sie faktisch freilich Ausdruck von Unvernunft. Denn zum einen geht es bei dem Treffen mit seinem ersten, bereits mehrfach verprellten Klienten nicht um einen beliebigen, sondern um einen für die berufliche Zukunft inklusive Partnerschaft eminent wichtigen Termin. Zum anderen ist diese Äußerung unabhängig davon völlig konstruiert, sie maskiert das eigentliche Motiv, nämlich den Unwillen, der beruflichen Pflicht nachzukommen, wobei dieser Unwille im Text freilich nicht Objekt einer weiteren – etwa psychologisierenden – Erklärung wird. Diese Äußerung stellt den homologen Fall dar zu den oben zitierten inadäquaten Tugendargumenten, mit denen in der Tragödie Aurelius, Araspes oder Mahomed ihre Verfehlungen zu legitimieren versuchen.[2]

---

2   Vgl. auch die rhetorisch-stilistische Untersuchung von Brüggemann, Die sächsische Komödie, die ebenfalls das auffällige Phänomen des Lasters, das sich der Sprache der Tugend bedient, konstatiert (S. 74ff., 84ff., 130ff.).

Die Pointe des Textes resultiert aber noch aus einem weiteren, hiermit korrelierten Aspekt. Denn zwar repräsentieren Rennthier und Lieschen den positiven Gegenentwurf zum Protagonisten, ihre Tugenden tendieren jedoch ihrerseits zur Karikatur. Die extreme Übertreibung der Geschäftigkeit bei Rennthier und der Ordnung bei Lieschen macht diese ihrerseits zu einem Fehler und somit zum Objekt satirischer Verspottung. Wenn Lieschen sich eine Uhr mit Sekundenzeiger oder als Bemalung von Damenfächern einen Kalender anstatt der üblichen »unnütze[n] Dinge« wünscht (vgl. SB IV, 319, 362f.), dann folgt diese komische Übertreibung letztlich demselben Prinzip wie Fortunats Laster. Das *an sich Richtige* wird am *falschen Ort* und im *falschen Kontext* gefordert bzw. praktiziert und genau dadurch insgesamt falsch und unvernünftig. Der analoge Sachverhalt findet sich bei Fortunats Stiefschwester Fiekchen, die mit ihrer Vorliebe für Ruhe zunächst den positiven Gegensatz zum vielbeschäftigten und rastlosen Helden darstellt. Doch diese Ruhe ist erstens ebenfalls übertrieben und erscheint als extreme Passivität, und zweitens wird sie wiederum auch am falschen Ort und im falschen Kontext praktiziert: Wenn sie, im Gegensatz zum müßiggängerischen Bruder, der »alle Tage [tanzt]« (SB IV, 358), das Tanzen generell verweigert, dann ist dies, wie ihr die Domestikin vorhält, ebenso unvernünftig wie bei Fortunat, zumal, wenn es um den Tanz auf dem geplanten Hochzeitsfest ihres Bruders geht: »Pfuy! schäme sie sich. In der Stube soll heute noch getanzt werden: und sie will hinne faulenzen.« (SB IV, 358)

Der Gegensatz zwischen den Parteien wird damit neutralisiert und kompensatorisch relativiert: Es existiert, mit Ausnahme des Stiefvaters Sylvester und der Domestikin Cathrine, keine eigentlich tugendhafte und vernünftige Figur im Text. Sämtliche (Haupt-)Figuren scheinen hier an einem *Mangel an Kontextualisierungsfähigkeit* zu leiden. Freilich setzt der Text dieser angelegten Relativierung von Tugend *vs.* Laster eine Grenze. Sie wird bestätigt in Cathrines Kommentar zu Fortunats Schmähungen auf den allzu geschäftigen Rennthier: »Wenn er gleich beständig thut, als wenn er es versäumen wollte: so ist er doch besser, als sie.« (SB IV, 271) Die wirklich tugendhafte und vernünftige Position, die sich auf der sekundären Ebene ausdifferenziert, konstituiert sich somit 1. als innere Ordnung, 2. in Abhängigkeit des jeweiligen sozialen Kontextes und 3. als eine der Mitte zwischen zwei negativen Extremen.

3.1.2 Tugend *vs.* ›Klugheit‹: L.A.V. Gottscheds *Das Testament*

In der letzten, fünfaktigen Komödie der Gottschedin wird das pragmatische Kriterium des Kontextes bei der Bestimmung von Tugend/Laster ebenfalls bedeutsam. Im Mittelpunkt stehen drei Geschwister – Amalie, Caroline und der junge Kaltenbrunn –, die als Waisen von ihrer Tante, der verwitweten

»Frau Oberstinn von Tiefenborn« aufgezogen wurden und sich zur nun bevorstehenden Testamentsverkündung ihrer Tante unterschiedlich verhalten.
Die beiden lasterhaften Geschwister Amalie und Kaltenbrunn spekulieren auf
eine Erbschaft, um ein ausschweifendes Leben führen zu können – so Kaltenbrunn – bzw. um eine reiche Partie zu werden – so Amalie –, und sie schrek-
ken schließlich nicht einmal vor einem Mordauftrag zurück, um das Erbe
zu bekommen (IV/2). Die tugendhafte Caroline hingegen ist zum Verzicht
auf das Erbe bereit. Insbesondere die Opposition zwischen Caroline und der
älteren Schwester Amalie wird ausgestaltet. Letztere ist eine Schmeichlerin,
die der Tante nach dem Sinn redet und sie in ihren zeitweiligen hypochondrischen Anfällen bestärkt, in der Hoffnung auf den baldigen Erbfall; letztere hingegen ist ehrlich und scheut auch vor Kritik an der Hypochondrie der
Tante nicht zurück:

> Frl. Caroline. […] ich sage der Oberstinn meine Meynung gerade heraus; und ich
> verleugne meine gesunde Vernunft aus Hoffnung eine reiche Erbschaft von ihr zu
> bekommen, gar nicht; wenn ich nämlich meyne, daß sie Unrecht hat. (SB VI, 90)

Caroline handelt damit entgegen den Maximen der privatpolitischen Klug-
heitslehren, die vor ungeschickter Offenherzigkeit warnen. Ein solches ›anti-
politisches‹ Verhaltensideal, das Aufrichtigkeit Freund und Feind gegenüber
zur neuen Norm erhebt, wird, wie vor allem Georg Stanitzek gezeigt hat, bereits in der frühaufklärerischen und vorempfindsamen Phase im popularphi-
losophischen Schrifttum im Rahmen einer ›Identitätsmoral‹ propagiert.[3] Am
Ende des Textes werden dementsprechend die lasterhaften Geschwister entlarvt und bestraft, insofern sie leer ausgehen, während die tugendhafte Caroline als einzige mit einem Teil der Erbschaft belohnt wird.

Bei dieser simplen Opposition bleibt der Text indes nicht stehen. In einem
zweiten Schritt und auf höherer Ebene muss Tugend in Bezug auf Klugheit
präziser gefasst werden, müssen moralische und soziale Werte neu austariert
werden. Denn zum einen wird Carolines kompromisslose Wahrheitsliebe, ihr
extremer »Abscheu vor der Schmeicheley« (SB VI, 150), latent negativiert. Was
zunächst und theoretisch eine Tugend ist, wird zum potenziellen Fehler bzw.
Laster. Caroline sei zwar, so erkennt ihre Tante an, »ehrlich und uneigen-
nützig; aber sie hat einen unüberwindlichen Starrkopf«, und mit ihren »frey-
en Ausdrückungen« habe sie »[ihren] Zorn so oft gereizet« (SB VI, 104, 150).
Wenn ihr der im Hause verkehrende junge Herr von Kreuzweg aus eigennützigen Motiven – weil er auf eine Verbindung mit ihr spekuliert – ebenfalls
vorhält, sie solle »ein wenig Gefälligkeit« der Tante gegenüber zeigen (SB VI,
114), so trifft diese, durch ein Laster motivierte Kritik zugleich auch zu. Die

---

3   Vgl. Stanitzek, Blödigkeit, S. 92ff.

Konfliktstruktur entspricht homolog der in der Tragödie analysierten: Just die Tugendhafte avanciert damit, analog den ›Märtyrern‹ Aurelius oder Banise, zur Problemfigur, und der ursprüngliche Konflikt ist durch einen neuen substituiert, bzw. er stellt sich auf höherer Ebene erneut und in anderer Gestalt. Mit ihrem Tugendrigorismus verstößt Caroline gegen die Normen der Sozialität. Wahrheitsliebe/Offenheit *als solche* stellt noch keine Tugend dar.[4] Dies macht der Text deutlich, indem er den lasterhaften Oppositionsfiguren zum Teil ebenfalls gezielt Wahrheitsliebe zuordnet. Im Gegensatz zur falschen Schwester Amalie, die ihre egoistischen Absichten auf die Erbschaft verhehlt, bekennt sie z.B. Bruder Kaltenbrunn ganz offen und brutal: »Bey dem braucht man keine großen Künste ihn auszufragen. *Er sagts grade heraus* [...].« (SB VI, 103) Sein lasterhafter junger Freund von Wagehals, der es auf Amalie abgesehen hat, geht sogar so weit, der Tante unverblümt von ihrem baldigen Tod zu reden und sie nach der Höhe des Erbanteils für Amalie zu befragen – eine extreme Grobheit, die er ebenfalls als Wahrheitsliebe ausgibt: »Nun! nehmen sie mirs nur nicht übel. Sie wissen ja meine Art: *ich nehme kein Blatt vors Maul.*« (SB VI, 177) Die tugendhafte Caroline findet sich also in ein und derselben Gruppe mit den Lasterhaften wieder! Der Text präsentiert mit Caroline, Kaltenbrunn und Wagehals drei Varianten von Wahrheitsliebe und verweigert damit eine simple und konstante Zuordnung zu Tugend oder Laster. Wahrheitsliebe wird als *rein formale Eigenschaft* gesetzt und damit aus der zunächst etablierten Relation einer sich gegenseitig bedingenden Implikation bzw. logischen Äquivalenz ›Wahrheitsliebe ⇔ Tugend‹ gelöst. Wahrheitsliebe erhält ihren moralischen Status erst in Funktion des jeweils zu differenzierenden sozialen Kontextes.

Bevor Caroline am Ende erwartungsgemäß und entsprechend ihren »innern Verdiensten« (SB VI, 115) als einzige einen Teil der Erbschaft erhält, muss sie noch eine spezielle Tugendprobe bestehen, und zwar zusätzlich zu ihrer von der Tante bereits erkannten generellen Ehrlichkeit, da diese nur den Status einer notwendigen, nicht aber schon hinreichenden Bedingung besitzt. Caroline muss, von ihrer Tante nach den wahren Gesinnungen ihrer Geschwister befragt und unter der drohenden Aufforderung, »mir die Wahrheit zu sagen« (SB VI, 149), die eigentliche Wahrheit verschweigen, da Ehrlichkeit in diesem Kontext die Bedeutung der Verleumdung erhielte. Diese Abweichung vom Prinzip der bedingungslosen Offenheit leistet ein Doppeltes: Caroline erkennt damit zum einen das sozialpragmatische Kriterium einer funktionierenden Sozialität an und beweist zum anderen ihre Verzichtbereitschaft, indem sie nämlich riskiert, dass die lasterhaften Geschwister ungerechterweise belohnt

---

4 Dieselbe Argumentation findet sich auch in zeitgenössischen Moralischen Wochenschriften. Siehe Martens, Geselligkeit, am Beispiel von *Der Gesellige* (1748–1750).

werden, sie selbst indes leer ausgeht. Damit besitzt sie, wie ihr die Tante bescheinigt, »ein vortrefflich Naturell, in der Welt arm zu bleiben« (SB VI, 151).
In der Welt des Textes indes herrscht eine optimale Theodizee, derzufolge die
Tugend ihren schließlichen (materiellen) Lohn erhält. In der Verzichtbereitschaft als fundamentalem Tugendkriterium ist zudem bereits jene *Entsagungs-
struktur* vorgeformt, die dann im empfindsamen Drama zumal im Bereich der
Erotik eine zentrale Rolle spielen wird.

3.1.3 Pragmatische Neulegitimation des Mesallianceverbotes: L.A.V. Gottscheds *Die ungleiche Heirath*

Die Komödie handelt von der geplanten Mesalliance zwischen einem Bürgerlichen und einer Adligen und deren schließlicher Verhinderung. Die verarmte
adlige Familie Ahnenstolz will ihre Tochter Philippine gegen deren Willen mit
dem reichen bürgerlichen Kaufmann Wilibald verheiraten, um sich finanziell
zu sanieren. Auf einer primären Ebene stehen sich zunächst die Familienmitglieder als Vertreter eines exemplarisch nichtaufgeklärten und rein äußerlichen
aristokratischen Wertsystems und der bürgerliche Schwiegersohn bzw. Partner in spe als Vertreter aufgeklärter Positionen gegenüber. Der Adelsdünkel
der Familie äußert sich in verschiedenen Weisen: beim Vater in einer Wap-
penmanie und einer Glorifizierung der Genealogie seines Geschlechts, dessen »Ursprung [...] noch ein Bißchen adelicher, als adelich [ist]« (SB IV, 73);
bei der – typischerweise noch negativer gezeichneten – Mutter u.a. in einer
lächerlichen Rivalität mit ihrer Nachbarin v. Zierfeld um die ihnen zustehende Rangfolge; bei der Tochter Philippine vor allem in einer Ehekonzeption,
die aufgeklärt-bürgerlichen Wertvorstellungen völlig zuwiderläuft: Einziges
Heiratsmotiv ist das Geld des Partners, um dessen »Empfindungen« sie sich
ansonsten nicht »bekümmern« will (SB IV, 105). Die Beziehung mit ihrem
Geliebten, dem jungen Adligen Zierfeld, ist ihrerseits nicht auf Liebe, sondern letztlich auf »Eigennutz« gegründet: Beiden ist der/die Geliebte nicht
so viel wert, dass sie seinet-/ihretwegen die Entbehrungen eines versäumten
Mittagessens (so Philippine) oder eines beschwerlichen Weges (so Zierfeld)
in Kauf nehmen wollen (SB IV, 99f., 105).[5] Generell und typischerweise erscheint das lächerliche Festhalten an adeligen Konventionen, nicht anders als
das Gegenmodell, das lächerliche Festhalten an provinziell-lokalen Konventionen – vgl. Borkensteins *Bookesbeutel* und Uhlichs Nachfolgekomödie *Der
Schlendrian, oder des berühmten Boockesbeutels Tod und Testament* – als »Schlendrian« (SB IV, 115), d.h. als Weigerung, diese Konventionen einer kritischen

---

5   Vgl. hierzu auch Greis, Drama Liebe, S. 22ff.

Prüfung durch die Vernunft zu unterwerfen. Gegenüber diesen Lastern tritt der vorurteilsfreie und die Relevanz innerer Verdienste als Partnerwahlkriterium verkündende Wilibald als Vertreter von Vernunft und Tugend auf. Soweit wiederum die primäre Ebene der Opposition von Vernunft/Tugend *vs.* Unvernunft/Laster.

Im Laufe des Textes erfolgt indes auch hier eine Negativierung des tugendhaften Bürgerlichen Wilibald. Alle Argumente, die von adeliger Seite gegen diese Mesalliance sprechen, und eben allein auf dem äußerlichen Kriterium der fehlenden adligen Abstammung beruhen, haben vor der vernünftigen Kritik keinen Bestand – und *dennoch* ist Wilibalds Heiratsvorhaben fehlerhaft/lasterhaft. Amalia, der Halbschwester der »Frau von Ahnenstolzinn«, die sich als die einzig wahre Repräsentantin von Vernunft und Tugend im Text profiliert, bleibt die Kritik an Wilibald vorbehalten. Sie wirft ihm bereits im II. Akt vor, das wahre Motiv des Heiratsprojektes sei, dass er »[seinem] bisherigen Bürgerstande entweichen, und sich durch eine adeliche Frau gleichsam mit zum halben Edelmanne machen wolle[ ]«; er selbst muss im IV. Akt bekennen, dass »ich mir die Grille in den Kopfe gesetzt hatte, mich durch ein Fräulein über meines gleichen zu erheben« (SB IV, 117, 149). Zwar »eine Thorheit«, die Wilibald »mit dem besten Herzen von der Welt begeht«, bleibt es doch immerhin ein Akt der Unvernunft, der, so Amalia, nach Sanktion verlangt: »Eine Thorheit ist eine Thorheit, und wenn sie auch ein Heiliger begienge. Sie muß also gestraft werden.« (SB IV, 144) Der Verlust von 10.000 Talern, die Wilibald dem Schwiegervater in spe gegeben hat und die dieser bereits ausgegeben hat, gilt am Ende als gerechte Strafe hierfür.

Von Bedeutung ist die weitere Auseinandersetzung zwischen Wilibald und Amalia. Denn die Mesalliance wird nicht nur negativ, durch ein lasterhaftes Motiv auf Seiten des Protagonisten verurteilt; vielmehr wird darüber hinaus eine standesgemäße Heirat positiv begründet. Eine Mesalliance gilt *als solche*, d.h. prinzipiell und ganz unabhängig von den beteiligten Personen, als fehlerhaft und wider die Vernunft, wie Amalia in der zentralen Szene IV/1 ausführt und nochmals in der letzten Szene V/8 als Antwort auf Wilibalds Heiratsantrag, den er ihr nach der Lösung der geplanten Verbindung mit Philippine macht. Das Mesallianceverbot darf jedoch nicht mehr mit den alten Vorurteilen wie dem *äußeren* Kriterium der Abstammung begründet werden – denn diese sind ja bereits auf der primären Ebene als nichtaufgeklärt aufgehoben worden –, sondern muss sich über *innere und pragmatische* Kriterien neu legitimieren. So führt Amalia u. a. an, es genüge nicht, dass die Partnerin vernünftig und vorurteilsfrei sei (ein Kriterium, welches ihre Nichte Philippine zwar nicht, sie selbst jedoch sehr wohl erfüllen würde), sondern deren ganzer familiärer Anhang müsse es ebenfalls sein, um ein glückliches Eheleben zu garantieren – dies sei aber höchst unwahrscheinlich. Kriterium ist hier also wiederum das der funktionierenden Sozialität; der Wert einer störungsfreien sozialen Interaktion zwischen den Mitgliedern eines Familienverbandes rangiert höher als die faktische Durchsetzung von Vorurteilsfreiheit bei der Partnerwahl. Eine Mesalliance würde außerdem, so Amalia, »eine wirkliche Unordnung in einem alten Geschlechte machen« (SB IV, 147), da die Kinder die adligen Privilegien nicht automatisch erben könnten, wobei Amalia den Akzent wiederum weniger auf den formalen äußeren Aspekt dieser Privilegien legt als vielmehr auf einen quasi *psychologischen* Aspekt: »Es ist nicht anders, als wenn eine Löwinn ein Schaaf zur Welt brächte. Denken sie nur, wie das ein rechtschaffenes Mutterherz quälen muß!« (SB IV, 148) Nicht innerhalb der gegebenen Gesellschaft, sondern allenfalls in Island, so schließt Amalia, wäre eine Ehe zwischen ihnen beiden möglich, d.h. aber eine Mesalliance ist definitiv sozial nicht integrierbar.

Die Argumente, mit denen Amalia das Mesallianceverbot neu legitimiert, sind also durchwegs soziale und pragmatische, auf eine in der Praxis funktionierende Sozialität abzielende, welche jenseits von theoretischen moralischen Reformentwürfen den höheren Wert darstellt. Das Mesallianceverbot, das in einem ersten Schritt aufklärerischen Wertvorstellungen nicht mehr standhalten konnte, wird also in einem zweiten Schritt wieder in Kraft gesetzt, wiederum mit aufklärerischen Argumenten, die sich nun aber auf einer ranghöheren Ebene situieren. Ziel des Textes ist letztlich die Konstanthaltung von als wesentlich betrachteten Normen und deren ideologische *Neubegründung und -legitimation*.[6]

Der Text, der auf der genannten primären Ebene zunächst eine scharfe Adelssatire ist, relativiert sich gewissermaßen selbst, indem er eine zweite Front eröffnet, die nun just auf diejenige Position abzielt, die zunächst als die positive Alternative aufgebaut wurde. Das primäre Objekt des Spotts, der unvernünftige und lächerliche Adel, bleibt erhalten, es wird ihm jedoch ein sekundäres, nämlich der in seinen Nobilitierungsbestrebungen lächerliche Bürger, hinzugefügt. Indem beide oppositionellen Parteien sozusagen ›ihr Teil abbekommen‹, wird nicht nur der überständische Anspruch der neuen Moral angemeldet, die Tugend/Laster nach dem Vernunftgebrauch und nicht nach dem sozialen Stand bestimmt, sondern es wird gezielt auch hier wiederum eine *Struktur der Kompensation* hergestellt.

Die aufklärerische Moral konstituiert sich also in ihrem eigensten Selbstverständnis ganz wesentlich als Synthese bzw. Mittelposition zwischen zwei

---

6   Dieser fundamentale Mechanismus entgeht Greis, Drama Liebe, derzufolge »die kommunikative Absicht« des Textes nur auf »die Abwehr der Mesalliance-Vorstellungen und auf die Befestigung des Allianzdiskurses [ziele]« (S. 24). Der Vergleich mit Uhlichs *Der Unempfindliche* zeigt im Übrigen auch die Relevanz der Geschlechterverteilung: Die hypergame Mesalliance (adliger Mann + bürgerliche Frau) ist eher akzeptabel als die hypogame Mesalliance. Vgl. auch Martinis *Die Prachtsüchtige*.

Extremen. Letzteres findet sich nicht nur textintern, sondern auch auf Corpusebene: Komödien, die etwa die Übernahme eines quasi-höfischen Wertsystems und Gallomanie geißeln – z. B. *Die Hausfranzösinn* – stehen von Anfang an solche gegenüber, die das entgegengesetzte Laster, Provinzialismus und Traditionalismus geißeln – z. B. *Der Bookesbeutel*. Zu große und zu geringe ›Weltorientiertheit‹, übertriebenes A-la-Mode-Wesen und übertriebenes Festhalten an allem Alten, Hergebrachten konstituieren gleichermaßen ein Laster und figurieren ebenso in der Serie der dem Verlachen preisgegebenen Negativeigenschaften wie etwa zu geringe Gewissenhaftigkeit – z. B. *Das Testament* – und zu große Gewissenhaftigkeit – *Der Hypochondrist* –, wie zu geringe und zu große Wahrheitsliebe etc.[7] Zentrale Wertkategorien sind zunächst neutral und können je nach Kontext moralisch negativ oder positiv semantisiert sein. So kann z. B. in Uhlichs *Der Schlendrian, oder des berühmten Boockesbeutels Tod und Testament* Amalie, die Tochter des provinziellen und lasterhaften Titelhelden, die der Erziehung in der Stadt bei ihrem Oheim ihre Aufgeklärtheit verdankt, die positive, aufgeklärten Normen genügende »Lebensart« sogar über galante Fertigkeiten definieren:

AMALIE: Welchen Unterschied von Lebensart aber ward ich nicht an seinem [d. Oheims, WL] Orte gewahr! Man läßt den jungen Frauenspersonen dort ihren völligen Willen; *sie lernen tanzen, singen, zeichnen, fremde Sprachen und alles was zur galanten Lebensart gehört.* Sie dürfen in alle vernünftige Gesellschaften gehen, sie dürfen gute Bücher lesen, [...]. (U I, 45)

Ihr Vater hingegen qualifiziert diese Vorstellungen von Lebensart pauschal als »Eitelkeit«, »Hoffart« und »Narrheit« (U I, 54f.) – nicht anders übrigens, wie in *Die Hausfranzösinn* die galanten Fertigkeiten des Sohnes verurteilt werden. Was dort Ausdruck von Unvernunft/Laster ist, gilt hier indes als Vernunft/Tugend. Identische lexikalische Kategorien werden also auf Corpusebene je nach Kontext zum Teil verschieden inhaltlich aufgefüllt und bewertet.

Die Gesellschaft der Aufgeklärten, die sich sozialgeschichtlich bekanntlich als ›mittlere Schicht‹ konstituiert,[8] definiert sich auch auf der Ebene der Normen

---

7 Martens, Bürgerlichkeit in der frühen Aufklärung, kommt bei der Untersuchung von Moralischen Wochenschriften auf das analoge Ergebnis: »eine Mittellinie [...] zwischen frommer Weltfeindlichkeit einerseits und eitlem Äußerlichkeitendienst und ausschweifender höfisch-galanter Weltlichkeit andererseits« (S. 118). Vgl. auch Martens, Geselligkeit, S. 178. Nicht recht zu überzeugen vermag hingegen die These eines historischen Wandels, den Koopmann, Drama der Aufklärung, von *Die Pietisterey im Fischbein-Rocke* zu *Der geschäfftige Müßiggänger* konstruiert. Für Schlegels Komödie wird eine Abweichung vom Gottschedschen Modell behauptet, die darin bestünde, dass sie nicht mehr nur ein Laster zur Negativfolie habe und dass dergestalt hier »das rein aufklärerische und oft so rechthaberische Moment bewußt zurückgedrängt [sei]« (S. 91).
8 Siehe z. B. Ruppert, Bürgerlicher Wandel.

und Werte – in Literatur und Popularphilosophie – über ein ›mittleres System‹.
Die Herstellung eines solchen mittleren Systems gelingt ganz wesentlich durch
den Ausgleich von *theoretischen Moralforderungen* einerseits und *sozialer Praxis*
andererseits. Letztere wird, wie gezeigt, über den pragmatischen Kontextbe-
zug relevant. Die Texte bleiben also nie bei dem – auf den ersten Blick paradox
anmutenden – Antagonismus von theoretischer Moral *vs.* pragmatischer Vernunft stehen, sondern sie *reflektieren diesen Gegensatz immer schon mit*, indem sie
in einem zweiten Schritt auf einer Metaebene ›Aufklärung‹ neu definieren unter
Einbeziehung der pragmatischen Sozialkriterien mit dem Ziel der Überwindung
dieses Gegensatzes qua kompensatorischem Ausgleich.[9] Inwieweit dieser Kompensationsmechanismus auch als Versuch eines Ausgleichs zwischen Tradition
und Moderne interpretierbar ist, wird im nachfolgenden Kapitel zu diskutieren
sein. Kap. 6 wird schließlich zeigen, wie diese Modelle von Synthese und Kompensation unter emotionalistischen Prämissen transformiert werden und wie das
pragmatische Kriterium der optimalen Sozialität neu aufgefüllt wird.

3.2 Pragmatische Durchsetzung von Tugend/Vernunft durch außermoralische Strategien

Die Spannung zwischen theoretischer Moral und pragmatischer Vernunft hat
in der frühaufklärerischen Komödie spezifische narrative Konfliktlösungsstra-
tegien hervorgebracht. Diese Modelle finden sich zum Teil auch noch nach
1750 in der empfindsamen Phase, weshalb nachfolgend das zugrundegelegte
Corpus entsprechend erweitert wird.

Die Lösung des zentralen Problems in der frühaufklärerischen Typenkomödie – in der Regel die Unvernunft der Eltern, die die von der Kindergeneration angestrebte erotische Verbindung gefährdet – kann auf verschiedene
Weise erreicht werden. Die verführten Eltern können am Ende zur Einsicht
kommen, meist nachdem die Verführerfigur als Bösewicht entlarvt und die eigene Selbsttäuschung erkannt worden ist: so u. a. in *Die Pietisterey im Fischbein-
Rocke*, *Der Witzling* und *Die Hausfranzösinn* der Gottschedin, in J. C. Krügers
Die Geistlichen auf dem Lande, Mylius' *Die Aerzte*. In einer Vielzahl der Fälle
kommt es indes zu keinerlei Einsicht, die Eltern bleiben unverbesserlich. Bis-

---

9 Dieser Kompensationsmechanismus als integraler Bestandteil von ›Aufklärung‹ wird zum
   Teil verkannt. Daher inszeniert die hier besprochene Komödie den Sieg der pragmatischen
   Vernunft, wie sie von Amalia vertreten wird, eben nicht, wie Saße, Die Ordnung der Gefühle,
   behauptet, »gleichsam gegen seinen Willen« (S. 77ff., hier 81); eine Verbindung Wilibalds
   mit Amalia würde umgekehrt also keineswegs den »moralphilosophisch geforderte[n] und
   dramatisch umzusetzende[n] Triumph der Tugend über das Laster« repräsentieren (S. 94).
   Siehe hierzu auch Schneider, Johann Christian Krügers Dramen, S. 204f.

weilen wird die Schwierigkeit der Überzeugung durch Vernunftargumente auch explizit thematisiert, so wenn in *Die Aerzte* z.B. der junge Liebhaber Damon geradezu die Immunität der Mutter seiner Geliebten gegenüber rationaler Argumentation auch angesichts der offenkundigsten Beweise der Lasterhaftigkeit der beiden Ärzte und Verführer konstatiert:

> DAMON. Ja, es ist wahr; so tief eingewurzelten Vorurtheilen, welche noch dazu stets von der ärgsten List und Bosheit unterstützet werden, kann sich fast kein göttlicher Verstand widersetzen. (DDE V, 197/87)

Die Paarverbindung gelingt in solchen Fällen nur durch außermoralische Strategien, die die unvernünftigen Projekte der Eltern zum Scheitern bringen. Der Unterschied zwischen beiden Lösungsmöglichkeiten freilich erweist sich häufig als einigermaßen relativ. Denn auch da, wo die Eltern am Ende ihre Fehler bekennen und Besserung geloben, findet diese Rückkehr zu Vernunft und Tugend doch selten durch die Mittel der rational-verbalen Argumentation allein statt, sondern ihr muss in der Regel immer – mehr oder weniger stark – nachgeholfen werden. Ein höchst beliebtes ›außermoralisches Mittel‹, mit Hilfe dessen die elterliche Zustimmung zum Heiratsprojekt erreicht wird, ist die handfeste und tätliche Intervention wie u.a. betrügerische Tricks, Prügeleien, etc., die nicht gegen die Eltern, sondern gegen die Verführerfigur gerichtet ist und in der Regel an Dienerfiguren delegiert wird.[10] Sie stellt ein Rudiment der *commedia dell'arte* dar, die trotz der Gottschedschen Reform bekanntlich noch nicht verschwunden ist und bis 1770 und zumal in der frühaufklärerisch-rationalistischen Teilphase noch eine bedeutende Rolle spielt.[11] In den folgenden Teilkapiteln sollen nicht diese *commedia dell'arte*-Reminiszenzen, sondern zwei andere nicht minder typische außermoralische Strategien kurz vorgestellt werden. Von einem historisch späteren moralischen Standpunkt aus beurteilt, sind die Komödien der frühen rationalistischen Aufklärungsphase skandalös.[12] Dieser moralische Standpunkt ist aber bereits einer späteren

---

10 Zur Funktion der Dienerfigur siehe u.a. Boom, Die Bedienten, hier S. 79ff. In der Komödie der 60er Jahre kann diese Funktion auch an nicht zur Dienerschaft gehörende moralisch grenzwertige Figuren wie potenzielle oder ehemalige Ganoven delegiert werden, vgl. Weißes *Der Projectmacher* oder *List über List*.

11 Siehe hierzu Hinck, Das deutsche Lustspiel, und Meyer, Hanswurst; speziell für Österreich Müller-Kampel, Hanswurst, Bernardon, Kasperl.

12 Vgl. Müller, Das Erbe der Komödie, der z.B. den Komödienschluss von Lessings *Der junge Gelehrte* durch Abtretung der halben Erbschaft als »unmoralisch« klassifiziert und den »Sieg von Tugend und Vernunft im Sinne der sächsischen Typenkomödie« vermisst (S. 36f.) – eben für letztere ist aber, wie gezeigt, dieses Fehlen absolut typisch! Auch die »Behauptung des Realitätsprinzips« (ebd.), die der Verf. in dieser Komödie erblickt, ist keineswegs für Lessing spezifisch, sondern wiederum generelles Merkmal der frühaufklärerisch-rationalistischen Komödie.

Epoche zugehörig und nicht der frühen Aufklärung. Der Widerspruch zwischen einem auf der Textoberfläche proliferierenden Tugenddiskurs und der gleichzeitig herrschenden Prädominanz sozialpragmatischer Werte ist charakteristisch für diese Anfangsphase des Konstitutionsprozesses der bürgerlichen Gesellschaft, in der sich Modernität und Traditionalität, Reformentwürfe der sich konstituierenden bürgerlichen Gesellschaft mit Strukturen der alteuropäischen Gesellschaft verschränken. Genau diese Doppelgesichtigkeit macht den eigentümlichen Charme dieser frühen Komödien aus.

3.2.1 Verführung und Tauschhandel: Die Instrumentalisierung des ›Interesses‹ gegen die Unvernunft

Eine zentrale Strategie, zu der die Kindergeneration häufig greifen muss, besteht in einer Art ›Verführung‹ der Eltern durch materielle Anreize bzw. Gegenleistungen, meist in Form von Geld. Im Folgenden einige Beispiele.[13]

Borkensteins *Der Bookesbeutel*, nach *Die Pietisterey im Fischbein-Rocke* die früheste deutsche bzw. die erste ›Originalkomödie‹ (im engeren Sinn),[14] gibt dieses Modell paradigmatisch vor, das mindestens bis 1770 gültig bleibt. Die unvernünftigen Eltern von Susanna, die mit dem vernünftigen und tugendhaften Ehrenwehrt, dem Freund des Bruders Sittenreich, verlobt werden soll, sind, ebenso wie ihre Tochter selbst, bis zum Ende gänzlich unfähig zur Erkenntnis ihrer »pöbelhaften, abergläubischen und niederträchtigen Lebensart«.[15] Nachdem Ehrenwehrt im II. Akt einen Partnerwechsel vollzogen und anstelle der schlecht erzogenen Tochter des Hauses deren gesittetere und aufgeklärtere Freundin Charlotte gewählt hat, geriert Vater Grobian sich wie ein Halbwahnsinniger und versteigt sich bis zu Mordphantasien gegen die Konkurrentin seiner Tochter. Seine Einwilligung in die Auflösung der ursprünglich geplanten Verbindung gibt er faktisch erst dann, als Ehrenwerth ihm ein finanzielles Geschäft in Aussicht stellt, indem er ihm zusichert, das Brautgeschenk bei ihm zu kaufen.

Häufig muss das Paar auch auf die Mitgift, bzw. muss er oder sie auf seine/ihre Erbschaft bzw. auf einen Teil des ihm/ihr zustehenden Vermögens zugunsten der eigennützigen Eltern bzw. des Vormunds der Partnerin verzichten: so u.a. in Lessings *Der junge Gelehrte*, Gellerts *Das Loos in der Lotterie*, Gottlieb Fuchs' *Die Klägliche*, Weißes *Die Haushälterinn*; ähnlich auch in Karl

---

13 Siehe hierzu auch die materialreiche Studie von Fiederer, Geld und Besitz.

14 Siehe zu dieser Komödie auch Saße, Die aufgeklärte Familie, mit einer vorzüglichen Rekonstruktion des sozialgeschichtlichen Kontextes (S. 44ff.).

15 So der »Vorbericht« (BB, unpag.)

Franz Romanus' *Crispin als Vater.* Im Einakter *Der Vormund* des letztgenannten Autors, dem derben Gegenstück zu Christian Leberecht Martinis fünfaktiger ernster Komödie gleichen Titels, gelingt es dem jungen Floridor, seinen
Oheim Fickfack (!), der sein Mündel und zugleich Floridors Geliebte Lisette
selbst zur Frau begehrt und ihr das ihr zustehende Vermögen vorenthalten
will, auszutricksen und sowohl die Geliebte zu bekommen als auch ihr Vermögen zu retten – er verzichtet aber am Ende freiwillig auf sein eigenes Erbe,
das er dem Unterlegenen nicht mehr abfordert. In Hippels *Die ungewöhnliche
Nebenbuhler* kann der alte geizige Dorton sich gegen die Verbindung seines
Sohnes mit dem jungen Clärchen im Prinzip nicht mehr wehren, nachdem
deren adlige Identität und ihr großes Vermögen erwiesen sind. Gleichwohl
gilt der Verlust dieses Vermögens, das der Vater bislang selbst verwaltet hat
und, da die Besitzerin als tot galt, als sein Eigentum betrachtete, als zu hart;
Clärchen erklärt sich daher von sich aus bereit zur »Verpfändung aller meiner jetzigen und künftigen Haabe« an den unverbesserlichen Schwiegervater (H 124). Die Tochter des Hauses kann ihrerseits mit ihrem Geliebten erst
dann das Parallelpaar bilden, nachdem dieser ausdrücklich auf jede Mitgift
verzichtet hat und Clärchen sich großmütig bereit erklärt hat, ihm das vom
Vater verlangte Vermögen von 50.000 Gulden zu schenken. Noch in der 1770
uraufgeführten Komödie *Die Kabala, oder das Lottoglück* des österreichischen
Dramenautors Tobias Philipp von Gebler begegnen wir diesem Modell.

Auch andere Objekte als Geld finden ihren Einsatz. So ist in Gellerts *Betschwester* z.B. die frömmelnde und geizige Mutter zunächst nicht bereit, dem
jungen aufgeklärten Simon, den sie der Gottlosigkeit zeiht, ihre Tochter zu
geben. Ihr plötzlicher Sinneswandel am Ende gründet nicht etwa in der Einsicht in ihr Fehlverhalten, sondern ist allein darauf zurückzuführen, dass Simon ihr großzügig für eine zerschlagene Porzellantasse Ersatz geleistet hat.
In Gellerts *Die kranke Frau* kann die Protagonistin Frau Stephan nur dadurch
von ihrem hypochondrischen Leiden geheilt werden, dass sie das neue schöne Kleid ihrer Nachbarin erhält, jene beneidete Andrienne, die die heimliche
Ursache ihrer Leiden war, usw. usf. Als Beispiel aus den späten 60er Jahren
sei die erfolgreiche und u.a. von Friedrich dem Großen besonders geschätzte[16] Komödie *Der Postzug oder die noblen Passionen* des österreichischen Autors
Cornelius von Ayrenhoff angeführt, wo sich der junge Major von Rheinberg
die Geliebte doppelt erkauft: Die Zustimmung des Vaters der Geliebten zur
Heirat erhält er als »Gefälligkeit« (A 76) dafür, dass er dem Hundenarr wun-
derschöne Windhunde schenkt; den von der Mutter favorisierten Rivalen, den
Pferdenarr von Reitbahn, bewegt er durch das Geschenk eines wunderschö-

---

16 Siehe den Artikel zu C. H. v. Ayrenhoff von Felix Leibrock in Killy, Literaturlexikon, Bd. I,
S. 264f.

nen Pferdegespanns, eben des titelgebenden Postzugs, zum Verzicht auf die ihm bereits zugesagte Frau.

Diese freiwilligen und gleichwohl notwendigen Geld- oder Geschenkgaben – die prinzipiell zu unterscheiden sind von Fällen, da eine Figur am Ende einen finanziellen Verlust als Sanktion für unvernünftiges Verhalten hinnehmen muss (vgl. u. a. *Die Hausfranzösinn* und *Die ungleiche Heirath* der Gottschedin) – erfüllen offensichtlich eine doppelte Funktion. Sie zielen zum einen auf eine Verführung der unvernünftigen/lasterhaften Gegenpartei, bei der rational-verbale Überzeugung und moralische Besserung aussichtslos sind. Die Tugendpartei *verführt* zu Vernunft und Tugend, indem sie die Leidenschaften und Laster – den Geiz, die Eitelkeit, etc. – *für ihre eigenen Zwecke instrumentalisiert.* Sie handelt damit auch gemäß den Klugheitsmaximen, die zumal den Einsatz von Geld ausdrücklich legitimieren, in den Worten Thomasius':

Denn ein Narr wird denen Weisen niemals beyspringen / als wenn er darbey seinen eigenen Nutzen siehet.

Und weil alles / auch Ehre und Lust vor Geld zu erlangen ist / so kan ein Kluger nicht irren / wenn er das Geld als einen Magnet brauchet / die Narren damit an sich zu ziehen.[17]

Was theoretisch verurteilt wird, wird praktisch also gleichwohl eingesetzt. Die Tatsache, dass der Sieg der aufklärerischen Moral dergestalt auf ein dieser Moral Äußerliches zurückgeführt wird und dessen geradezu bedarf, bezeichnet die charakteristische Ambivalenz der Aufklärungsmoral im Allgemeinen und speziell in der frühen Phase. Jene milde – und von einem historisch späteren Standpunkt aus freilich skandalöse – Ironie, die diese Komödienschlüsse so sehr kennzeichnet, ist nicht zuletzt auch Ausdruck einer noch unvollkommenen Internalisierung der neuen bürgerlichen Moral. Trotz des Verinnerlichungsschubs, den die Empfindsamkeit initiiert, wird dieser ›Mangel‹ noch bis 1770 deutlich greifbar bleiben. Diese gewissermaßen ›realistische‹ Haltung, die jenseits der theoretischen moralischen Reformentwürfe immer auch mit den praktischen Widerständen zu rechnen weiß und diese einbezieht, legt damit zugleich eine Ebene der *impliziten Psychologisierung* an, über die die prinzipielle Verführbarkeit der unvernünftigen/lasterhaften Figur enthüllt bzw. vorausgesetzt wird. Diese psychologische Dimension wird sich nach 1745, allen voran bei Gellert, dem großen ›Psychologen‹ unter den deutschen Lustspielautoren der frühen Empfindsamkeit, anhand des Entwurfs spezifischer grotesker Charaktere wie z. B. der »Betschwester« oder der »Kranken Frau« entfalten und verstärken (s. Kap. 4.2.1).

---

17 Thomasius, Kurtzer Entwurff der Politischen Klugheit, IV. Cap. »Von der Klugheit / sich selbst zu rathen«, §§ 54f., S. 96.

Die Funktionalisierung eines Lasters im Kampf gegen ein anderes folgt zugleich aber auch jener epochalen Denkfigur einer *wechselseitigen Neutralisierung der Leidenschaften*, die sich in ersten Ansätzen bereits im 17. Jahrhundert im Zuge des allmählichen Niedergangs des heroischen Wertsystems von Ruhm und Ehre entwickelt.[18] Im 18. Jahrhundert tritt dieses Modell überwiegend in der Form der Bekämpfung der Leidenschaften durch das sogenannte »Interesse« auf, d.i. durch bestimmte Leidenschaften, denen diese neutralisierende bzw. zähmende Kraft zugesprochen wird, nämlich allen voran der Habgier. Diejenige der menschlichen Leidenschaften, die traditionell als die schlimmste von allen gilt[19] – eine Wertung, die auch die deutschsprachige satirische Komödienproduktion bis mindestens 1770 deutlich bestätigt[20] –, wird somit funktionalisiert im Kampf gegen Unvernunft und Laster. Die Beliebtheit dieser Denkfigur im 18. Jahrhundert dürfte zunächst zweifellos darin begründet sein, dass das Postulat der Instrumentalisierbarkeit eines *malum* für ein *bonum* auch eine exemplarische Theodizee-Argumentation leistet.[21] Wie Albert O. Hirschman gezeigt hat, ist dieses Denkmodell ferner Indiz für die im 18. Jahrhundert sich vollziehende Rehabilitation des materiell-ökonomischen Gewinnstrebens.[22] Die Läuterung und Sublimierung der Habgier zur ›sanften, ruhigen Leidenschaft‹ des Gelderwerbs, wie sie im Diskurs der Aufklärungsphilosophie vorgenommen wird, würde nach Hirschman einen frühen Versuch der »Begründung des Kapitalismus vor seinem Sieg« darstellen.[23]

Die unzweifelhafte Instrumentalisierung und Funktionalisierung, die das Laster der Habgier in der deutschsprachigen Komödienproduktion erfährt, ist hier allerdings noch nicht einer Rehabilitation äquivalent. Zwar spielt die Wirtschaftsthematik bekanntlich eine große Rolle, wie bereits die bevorzugte Besetzung der Protagonisten mit der Figur des Kaufmanns belegt, doch Geiz und Habgier bleiben bis weit in die 60er Jahre hinein ein Objekt der satirischen Verspottung.[24] Kann einerseits also nicht von einer literarischen Legitimation des Kapitalismus gesprochen werden, so andererseits aber auch kaum von

---

18 Hirschman, Leidenschaften und Interessen.

19 Siehe … etwa Thomasius, Einleitung zur Sittenlehre, »Zuschrifft«. Siehe auch Hirschman, Leidenschaften und Interessen, S. 50, 63ff.

20 Siehe Fiederer, Geld und Besitz, S. 173ff.

21 Siehe zu derartigen typischen Theodizeeargumentationen Marquard, Der angeklagte und der entlastete Mensch, S. 45ff.

22 Parallel zu dieser Entwicklung lässt sich in der deutschsprachigen Komödie eine zunehmende Relevanz der Geldsphäre und des »merkantilen Denkens« belegen: vgl. Fulda, Falsches Kleid und bare Münze, anhand des Vergleichs zweier Komödien von Gryphius und Christian Weise (hier S. 40). Siehe auch Fiederer, Geld und Besitz, S. 217ff.

23 Ebd., S. 65ff.

24 Siehe etwa T. G. v. Hippels *Die ungewöhnliche Nebenbuhler* (1768).

einer regelrechten Kapitalismuskritik. Letzteres behauptet Günter Saße am Beispiel von Borkensteins *Bookesbeutel*, wenn er den Komödienschluss liest als »Abwehrgeste einer bürgerlichen Intelligenz gegen ein Wirtschaftsbürgertum [...], dessen Macht des Geldes sich dem frühaufklärerischen Postulat einer ›moralischen‹ Vernunft nicht fügt«.[25] Der dargestellte Tauschhandel ist indes wohl weniger Beleg für die Dominanz einer sich formierenden modernen ökonomischen Rationalität, gegen die die aufgeklärte bürgerliche Intelligenz Front bezieht, als vielmehr Ausdruck einer grundsätzlichen pragmatischen Einstellung der vormodernen, traditionalen Gesellschaft. Das Stück stellt insofern keineswegs »eine Ausnahme«[26] innerhalb des frühaufklärerischen Corpus dar.

Die zentrale Funktion der materiellen Gabe ist offensichtlich primär sozialer Natur. In dem Handel, den die oppositionellen Parteien am Ende eingehen, manifestiert sich immer auch das Bedürfnis nach sozialem Arrangement derer, die miteinander umgehen müssen. Dies erhellt nicht zuletzt daraus, dass eben auch *nicht-materielle Tauschakte* zur Konfliktlösung eingesetzt werden. So muss in Uhlichs *Der Unempfindliche* die Stiefmutter Lottchens gegen ihren Willen die Zustimmung zu deren Verbindung mit dem jungen Schimmerreich am Ende geben, weil sie diesen zuvor, als er als Bauer verkleidet die Geliebte besuchen wollte, selbst verführen wollte und er sie somit in der Hand hat. In Krügers *Die Candidaten* muss die Gräfin in ähnlicher Weise ihre Zustimmung zur Verbindung der beiden Liebenden geben, weil dem solidarischen Bruder der Braut die Verführung der Gräfin gelungen ist und er somit drohen kann, sie andernfalls öffentlich bloßzustellen (s. Kap. 6.2.2). Ob der Unvernünftige wirklich zur Einsicht gelangt ist und der Lasterhafte wirklich die moralische Norm verinnerlicht hat, ist demgegenüber sekundär, es zählt die funktionierende Sozialität. Insofern sind die Gabe bzw. der Tauschhandel, auch wenn sie der Durchsetzung eigener Interessen dienen, stets mehr als reines Kalkül.

In dieser Bereitschaft und Fähigkeit zum Kompromiss, zum kompensatorischen Ausgleich und zum sozialen Arrangement darf wohl auch ein spezifisch humanes Moment der alteuropäischen vormodernen Gesellschaft erblickt werden, das hier in den Komödien greifbar wird. Das wird u.a. auch daran deutlich, dass, wie bereits einige der zitierten Beispiele zeigen, die Praxis der Gegengaben von der Vernunftpartei nämlich nicht

---

25 Saße, Die aufgeklärte Familie, S. 59. Wie hier gezeigt wurde, kann eben nur vordergründig von einer »widersprüchlichen Auflösung des Verhältnisses von Ökonomie und Tugend« die Rede sein (S. 44ff., bes. 55ff.). Gleiches gilt für die Behauptung, der Text habe letztlich »genau das gezeigt, was es zu widerlegen galt: die Wichtigkeit des Geldes für das Glück« (S. 60).
26 Ebd., S. 61.

nur gegenüber denjenigen geübt wird, die (noch) verführt werden müssen, sondern zum Teil auch gegenüber jenen, bei denen dies nicht (mehr) nötig ist, so vor allem gegenüber den besiegten erotischen Konkurrenten. Diese erhalten z.B. einen Freitisch im Hause, nachdem sie vom vernünftigen Geliebten der Tochter beim Vater ausgestochen worden sind (Hippels *Der Mann nach der Uhr*), oder man bietet ihnen großzügig einen Aufenthalt im Landhaus des Siegers an, nachdem sie von der Tugendpartei ausgeschaltet worden sind (Weißes *Der Projectmacher*). Hierher gehören letztlich auch all jene Fälle, da der oder die unterlegene Konkurrent(in) am Ende ebenfalls mit einem – von außen eingeführten – Ersatzpartner versorgt wird: so bereits in Borkensteins *Bookesbeutel*, sowie u.a. in Schlegels *Die stumme Schönheit*, Uhlichs *Der Unempfindliche* etc. All diese genannten Beispiele zeigen das eminente Bedürfnis nach sozialem Ausgleich und Integration, unter der Voraussetzung freilich, dass es sich bei den unterlegenen Unvernünftigen nicht um echte Bösewichter mit schwerwiegenden Lastern oder gar Verbrechen handelt. Diese, wie etwa die beiden Theologen in Krügers *Die Geistlichen*, die Ärzte in Mylius' *Die Aerzte*, der Betrüger Scheinfromm in der *Pietisterey*, oder die französische Gouvernante in Weißes *Die Hausfranzösinn*, etc. werden ausnahmslos und gänzlich aus dem dargestellten familiären Raum eliminiert. Die frühe Komödie unterscheidet also sehr genau zwischen sozialer Ausgrenzung und Integration; wo aber erstere nicht nötig ist, ist letztere erklärtes Ziel.

Dieses Modell der pragmatischen Konfliktlösung als einem kompensatorischen Tauschakt zwischen den beiden Parteien bleibt bezeichnenderweise auch in der empfindsamen Phase relevant. Es kommt allerdings, wie in Kap. 5 zu zeigen sein wird, zu einer Transformation und Neufunktionalisierung unter emotionalistischen Prämissen. So kann nun z.B. die finanzielle Gabe, mit Hilfe derer die Lösung zustande kommt, als spezieller empfindsamer Großmutsakt semantisiert werden.

3.2.2 Antiintellektualismus und ›ästhetische Therapie‹: Ein neues Modell der Komödienintrige

Das zweite außermoralische Mittel neben dem Tausch und der Gabe, auf das die Vernunft/Tugend rekurrieren muss, besteht in der List als einer ausgearbeiteten Strategie, die die jugendlichen Liebhaber bzw. einer der beiden, meist im Verein mit helfenden Domestiken, gegen die Elterngeneration und/oder den Rivalen unternehmen. List, Betrug, Verstellung sind somit weder ein Privileg der Lasterhaften noch sind sie per se lasterhaft; es stehen einander vielmehr negative und positive List gegenüber, ihre moralische Bewertung resultiert nur aus dem Kontext, dem jeweils angestrebten tugendhaften *vs.* lasterhaften Ziel.

Zwei Arten von List bzw. Intrige[27] sind dabei zu unterscheiden, eine traditionelle und eine neue, spezifisch aufklärerische:

Die List als topisches Gattungsmerkmal
Die List konstituiert zunächst ein topisches Gattungsmerkmal der Komödie, wie es sich insbesondere, aber keineswegs ausschließlich in der *commedia dell'arte* findet. Sie kann in Lügen oder handfesten Betrügereien, (z.B. durch gefälschte Dokumente, fingierte Briefe, etc.) oder in Verkleidungsszenen bestehen. Wenn auch in der frühaufklärerischen Komödie vorherrschend, bleiben solche derben Praktiken bis in die späten 60er Jahre hinein auf der komischen Bühne relevant (vgl. etwa Weißes *List über List*). Die Domestiken, denen wie üblich der Hauptanteil dieser Intrigen übertragen wird, dürfen auch die entsprechende ›Moral‹ dazu formulieren: »Die Welt liebt den Betrug, drum muß man sie betrügen«, so proklamiert das Mädchen Sophie in Uhlichs *Der Unempfindliche* (SB VI, 454). In Lessings *Der junge Gelehrte* antwortet das Kammermädchen Lisette dem jungen Valer, der ihren Vorschlag, durch einen gefälschten Brief den Vormund der Geliebten zur Zustimmung zur geplanten Heirat zu bewegen, einen bedenklichen Betrug findet: »Ei, was Betrug? Wenn der Betrug nützlich ist, so ist er auch erlaubt. Ich sehe es wohl, ich werde es selbst tun müssen.« (L I, 336) Die Komödie verhält sich diesbezüglich gewissermaßen komplementär zur zeitgenössischen heroischen Tragödie. Befleißigen sich dort, wie gezeigt, insbesondere die ›Märtyrer der Tugend‹ einer absoluten Moral, die jede pragmatische Ausrichtung auf den eigenen Vorteil unterschiedslos verdammt, wird hier das pragmatische und kluge Handeln in sein Recht eingesetzt – freilich wird es eben, zur moralischen Entlastung der Hauptfiguren, an die Domestikenschaft delegiert.

Doch nicht diese – vor- bzw. antiaufklärerischen – Intrigen sollen im Folgenden im Vordergrund stehen, sondern ein spezifischer Typ der (positiven) Intrige, dem ein *genuin aufklärerisches Denkmodell* zugrundeliegt. Es handelt sich um ein für die frühe Komödie höchst signifikantes paradoxes Konfliktlösungsmodell, demzufolge das Laster *nur innerhalb seines eigenen negativen Systems* besiegt werden kann. Sind die *commedia dell'arte*-ähnlichen einfachen Intrigen eher episodisch-paradigmatisch strukturiert, so stellt diese Intrige hingegen ein komplexes narratives Syntagma dar, das die komische Haupthandlung konstituiert. Beide Typen von Intrige können im Übrigen insofern kombiniert sein, als erstere ihren Platz finden innerhalb der letzteren.

---

27 Ich verwende ›Intrige‹ hier im engen Sinn der List, nicht im weiten Sinn des Handlungsknotens, vgl. Zeller, Struktur und Wirkung, S. 16f.

Die aufklärerische List: T. J. Quistorps Der Bock im Processe
Exemplarisch lässt sich das gemeinte Modell anhand von Quistorps im V. Band
der *Schaubühne* erschienenem Lustspiel *Der Bock im Processe* illustrieren. Der
Text folgt einem in der (frühen) Komödie außerordentlich beliebten narrativen Schema: Die beiden Liebenden, Jungfer Suschen und der junge Herr von
Zierlich, haben sich in der Vergangenheit ohne Wissen der Eltern bereits versprochen; der männliche Partner kehrt zu Texteinsatz nach einer längeren
Absenz – zumeist, und so auch hier, eine Parisreise – zum Zweck der Eheschließung zurück und findet eine negative Veränderung vor: Die Eltern bzw.
hier der Vater der Geliebten ist in der Zwischenzeit Opfer der Verführung
durch einen unvernünftigen und lasterhaften Rivalen geworden, dem er die
Tochter noch heute Abend, so die übliche Konstellation, in einem offiziellen
Akt anverloben will. Während der einjährigen Absenz des jungen Zierlich hat
sich der alte Jurist Scheinklug, eine Variante zum Pietisten Scheinfromm in
der *Pietisterey*, im Hause des Vaters der Geliebten, des ehemaligen Richters
Zankmann, eingenistet und sich bei diesem in Gunst gesetzt. Die Verführung
durch Scheinklug besteht darin, dass er die Marotte des Alten bedient, nämlich
dessen Leidenschaft, Richter zu spielen, und ihn überredet hat, »seine Hausge-
richtsbarkeit vollkommen proceßordnungsmäßig einzurichten« (SB V, 252).
Rationale Argumentation dem verblendeten Vater gegenüber kommt von
vornherein nicht in Betracht. Die zuerst von Zierlich spontan erwogene Entführung Suschens und der Plan, »*Gewalt mit Gewalt* [zu] vertreiben« (SB V,
275), werden verworfen – u. a. weil die Geliebte vor der offenen Widersetzlich-
keit gegen den Vater zurückscheut – und substituiert durch eine Intrige, die
darin besteht, *List mit List* zu besiegen, also die Intrige des Verführers mit einer Gegenintrige zu beantworten. So rät Suschens Bruder dem Freund: »*Schik-
ke dich in meines Vaters Sinn*; und lege dich aufs *Proceßiren*« (SB V, 276). Der
Vater, so das Ziel, muss dazu gebracht werden, dass er die Tochter *von selbst*
Zierlich gibt. Dies ist aber eben nicht durch Vernunft oder Einsicht erreichbar,
sondern nur durch *ein Spiel, über das sich bereits hier implizit die Komödie selbst
thematisiert*. Zierlich muss eine »Rolle […] spielen« (SB V, 277), und zwar die
des Anklägers in einem Prozess, der gegen den Rivalen seine früheren Rechte
auf die Tochter *juristisch* geltend macht. Der Vater, so sein Sohn Zankmann
junior, »[lasse] sich alles abproceßiren […], wozu er sich gutwillig und außer-
gerichtlich nimmer verstehen würde« (SB V, 293). Das bedeutet freilich, wie
Zierlich erkennt, dass die Tugendhaften und Vernünftigen »seine [des Vaters,
WL] Schwachheit gleichfalls *misbrauchen* müssen; weil es der abgefeimte Bösewicht also macht. *Füchse muß man mit Füchsen fangen.*« (SB V, 278)
Auf der Oberfläche bedient sich die Tugend also desselben Mittels wie das
Laster, sie muss zum Schein das unvernünftige System übernehmen. Die List
der beiden Freunde, im Hause einen Prozess um Suschen zu führen, koin-
zidiert dabei mit dem Plan des Gegners, Zierlich wegen dessen (titelgeben-

dem) Ziegenbock zu verklagen, den dieser mit sich führte und der zufällig in Scheinklugs Zimmer eingedrungen ist und dort Unordnung gestiftet hat. Erwartungsgemäß gehen sowohl der Verführer Scheinklug als auch der Vater in die eigene Falle. Der Vater wird dazu gebracht, die Tochter *auf der Basis seiner eigenen unvernünftigen Prämissen* und somit *von sich aus*, wenn auch widerwillig, herzugeben. So muss er etwa jene lächerliche Substitution der privaten Vaterrolle durch die quasi-öffentliche Richterrolle, die er in einem streng formalistisch durchgeführten Verhör von seiner Tochter verlangt, indem er ihr z.B. untersagt, ihn mit »Vater« oder »Papachen« anzureden (SB V, 328f.), seinerseits ebenfalls einhalten, als die Tochter vor dem Hausgericht ihr bestehendes Liebeseinverständnis mit Zierlich gesteht: Der Wechsel in die Rolle des erzürnten Vaters ist ihm somit verwehrt, und er muss »die väterlichen Affecten bey Seite [setzen]« (SB V, 337f.). Gefangen im eigenen System, muss der Vater dem jungen Mann seine Tochter schließlich gerichtlich zuerkennen. *Die väterliche Unvernunft, die Ursache des Heiratshindernisses ist, wird funktionalisiert als Mittel gegen sie selbst.* Es ist, so versichert Zankmann junior dem Freund nachher, »dein höchstes Glück, daß den Alten der richterliche Paroxysmus wieder befiel«; denn ohne diesen könnte der wegen des Liebesgeständnisses seiner Tochter erzürnte Vater »leicht im Zorne auf vernünftige Gedanken geraten«, und das hieße in diesem Fall: die Tochter »ins Kloster stecken lassen« (SB V, 358). Das System der Unvernunft wird gleichsam nicht ›von außen‹, sondern auf der Basis seiner eigenen Prämissen und ›innerhalb seiner selbst‹ überwunden.

Zugleich findet auch die oben beschriebene Konfliktlösung durch Tausch und Kompensation ihre Anwendung. Denn der Ziegenbock, den der junge Liebhaber Zierlich in das Haus der Geliebten bringt, dient nicht nur als Auslöser für die Klage des Rivalen Scheinklug, die wiederum die Gegenklage Zierlichs ermöglicht, sondern er dient am Ende auch als Tauschobjekt. Muss der Rivale dem Helden Suschen abtreten, so dieser jenem seinen Bock. Die begehrte Partnerin und der Bock werden dementsprechend auch funktional äquivalent gesetzt: Wie dem Rivalen der Bock »in die Posseß gegeben [wird]«, so »wird« Zierlich »*gleichergestalt* die Posseß an der Jungf. Zankmanninn, als seiner colorirten Braut, verstattet und eingeräumet« (SB V, 376).

Und schließlich bedarf es auch noch einer einfachen, rein episodischen List samt derber Handgreiflichkeit. Denn der Sieg des jungen Liebhabers über den Rivalen auf formaljuristischem Weg hat ihm zwar die Braut gesichert, aber noch keine Distanzierung des verblendeten Vaters von der Verführerfigur bewirkt, denn Scheinklugs Lasterhaftigkeit ist damit noch nicht erwiesen. Für alle Fälle greifen die Freunde daher noch zu einer zweiten List, indem sie die Prozeßsucht der querulatorischen Frau von Eigensinn, einer familienexternen Parallelfigur zu Scheinklug, die im I. Akt vom Diener Heinrich unsanft zum Hause hinaus befördert worden war und nun gegen diese Behandlung klagt, ebenfalls für ihre eigenen Zwecke ausnutzen und ihr mithilfe einer gewitzten Dienerin weis machen, dies wäre auf Befehl Scheinklugs geschehen. Dabei handelt es sich nun um eine eindeutige Verleumdung, die aber ebenfalls legitimiert wird und zum gewünschten Erfolg führt, nämlich der Verhaftung Scheinklugs auf Befehl der städtischen Obrigkeit und zur Abwendung des Vaters von dem Verführer. Diese Distanzierung erfolgt mithin ebenso wenig aus Einsicht in höhere Vernunftgründe wie die Zustimmung zur ehelichen Verbindung seiner Tochter mit Zierlich, sondern sie resultiert in letzter Instanz nur aus Unvernunft. Denn erst die Entrüstung über die angebliche Schandtat Scheinklugs an – der von Zankmann völlig zu Unrecht geschätzten – Frau v. Eigensinn bringt seine Lösung vom Verführer zustande. Nachdem das erste Problem, die erotische Verbindung der beiden jungen Liebenden, vor dem Hausgericht erstritten worden ist, ist erst jetzt damit auch das zweite Problem, die Elimination des Bösewichts aus dem Hause, gelöst. Wenn die notwendige Voraussetzung für die Distanzierung von der lasterhaften Figur aber die Solidarisierung mit einer anderen lasterhaften Figur ist, dann geht es hier wiederum um die rein pragmatische Ausnutzung und Instrumentalisierung des vorgefundenen Übels, gemäß der von Zierlich ausgegebenen Devise: »*Einen Teufel muß man durch den andern austreiben!*« (SB V, 355) Beide Intrigen, das Rollenspiel des Liebhabers und der Betrug an Eigensinn und Scheinklug, vereinigen sich somit auch zu einer gemeinsamen Strategie der ›Eliminierung des Übels mithilfe dieses selbst‹ und leisten somit in letzter Instanz wiederum eine *implizite Theodizee*.

Das skizzierte Modell der positiven List ist vor allem im frühaufklärerischen Komödiencorpus, aber auch darüber hinaus weit verbreitet und kann in den verschiedensten Varianten auftreten. Wie der junge Held den Juristen spielen muss, um die juristische Marotte des Vaters zu überlisten, so muss er den Theologen spielen, um die theologische Marotte der Mutter zu überlisten (Krügers *Die Geistlichen vom Lande*), so muss er als Arzt agieren (der er in diesem Fall allerdings sogar faktisch ist), um die medizinische Marotte der Mutter zu bedienen (Mylius' *Die Aerzte*), so muss er als Dichter agieren, um die poetische Marotte beider Eltern zu bedienen (Weißes *Die Poeten nach der Mode*), oder so muss er den Ordnungspedanten mimen, um dem Vater *über* dessen Pedanterie beizukommen (Hippels *Der Mann nach der Uhr*); in der (selteneren) weiblichen Variante muss die Protagonistin z.B. den misogynen Diskurs des Schwiegervaters nachahmen und scheinbar bestätigen (Lessings *Der Misogyn*) – titelgebend ist dieses parodistische Verfahren in Cronegks französischsprachiger Skizze eines Einakters, *Les défauts copiés*, geworden.[28] Damit sind aber nur einige besonders deutliche Beispiele dieses Intrigenmo-

---

28 Vgl. ähnlich auch Schlegels *Der gute Rath*. Bei Cronegk mündet die Spiegelung bereits in eine empfindsame ›Bekehrung‹, s. Kap. 5.2

dells genannt. Neben die satirische Verspottung der komischen Unvernunft tritt somit eine ganz neue Quelle des Komischen: nämlich dieses Rollenspiel der Tugendhaften, in dem sich die Komödie selbst thematisiert. Diese dann für die empfindsame Komödie so bezeichnende *metapoetische und autoreflexive Ebene* ist hier also bereits angelegt.

Die Intrige, um die es hier geht, konstituiert die Haupthandlung des Textes und entspräche somit in der (Eduard v. Hartmann entlehnten) Terminologie Rainer Warnings der »anderweitigen Handlung«, die zur eigentlichen komischen Handlung wird[29] – ohne dass sie aber bereits auf explizit empfindsamen Prämissen der Liebeskomödie beruhen würde. Die von Warning aufgestellte historische Wandelthese, die diesen Komödientyp erst mit der empfindsamen Liebeskomödie ansetzt und ihn an einen konstitutiven paarinternen psychologischen Liebeskonflikt bindet,[30] wäre also diesbezüglich zumindest für die deutsche Komödie zu differenzieren – bzw. anders gewendet: Die Tatsache, dass dieses Modell bereits im frühaufklärerischen Komödiencorpus belegbar ist, zeigt, wie sehr bereits um 1740 bestimmte Strukturen angelegt sind, die dann erst in der Empfindsamkeit explizit an die Oberfläche treten werden. Die Bedeutung dieses narrativen Modells für die gesamte Aufklärungskomödie ist kaum zu überschätzen. Es erfreut sich allergrößter Beliebtheit und bleibt bis mindestens 1770 in Geltung. Wie es sich nach 1745 unter emotionalistischem Einfluss transformiert, wird in Kap. 5 und 6 zu zeigen sein.

Kluge dissimulatio *oder ›ästhetische Therapie‹?*
Wie ist dieses Intrigenmodell nun aber näherhin zu interpretieren? Die These, die hier vertreten werden soll, geht dahin, dass es keineswegs etwa mit einem »gleichsam archetypisch überlieferten Grundmodell der Komödie«[31] zu fassen sei, sondern dass ihm eine spezifische historische Logik eignet, die sich allerdings als eine doppelgesichtige erweist.

Zunächst scheint die von den jugendlichen Liebhabern gewählte Strategie ganz jener Maxime zu entsprechen, wie sie z.B. Thomasius in seiner Klugheitslehre als Konversationsregel im Umgang mit Narren aufstellt:

---

29 Warning, Pragmasemiotik der Komödie, S. 283ff.; Theorie der Komödie, S. 38ff.

30 Warning, Pragmasemiotik der Komödie, S. 295ff., und Warning, Komik und Komödie als Positivierung von Negativität.

31 So Steinmetz, Komödie, S. 32. Sein Versuch einer Klassifikation in die sogenannte »binomische« vs. »monomische« Komödie ist wenig überzeugend; die Behauptung, die Intrige finde sich primär nur in der letzteren, dem historisch späteren Typ, hält der Überprüfung am Material nicht stand. So verdienstvoll das Bemühen um eine derartige Typologie zweifellos ist (und so sehr sie frühere typologische Versuche wie etwa den von Wicke, Die Struktur des deutschen Lustspiels der Aufklärung, zu überbieten versucht), so hat der Verf. hier doch reichlich Konfusion gestiftet durch logisch inkonsistente Klassifikationskriterien. Ein wesentlich besseres Instrumentarium entwickelt Warning, Pragmasemiotik der Komödie.

Je klüger demnach einer ist / ie mehr wird er bey Conversation denen Narren einräumen / nicht zwar daß er mit ihnen närrisch werde / sondern sich mit ihnen etwas närrisch anstelle. Dahin das gemeine Sprichwort gehet: Es sey die gröste Klugheit / wenn man zu rechter Zeit närrisch seyn könne. *Er wird demnach allen alles / damit er sie gewinnen möge / und richtet sich nach dem Naturell der Narren / weil sie nach seinem Naturell sich nicht richten.*[32]

Der Kluge darf und muss also zu denselben Mitteln der Verstellung greifen wie der Lasterhafte: »Hieraus erhellet / daß simuliren und dissimuliren eine Kunst sey / die ein Kluger so nöthig als ein Arglistiger brauchet [...]«.[33]

Neben dieser ›traditionellen‹, voraufklärerischen Bedeutung besitzt die hier diskutierte Komödienlist aber auch eine ›moderne‹, spezifisch aufklärerische. Sie besteht in der Substitution der *rationalen Argumentation* durch das *performative Spiel* und bezeichnet damit eine wesenhaft *antiintellektualistische Durchsetzungsstrategie der Aufklärung.* In ihr manifestiert sich, so meine These, jener antiintellektualistische Grundzug des aufklärerischen Rationalismus, wie ihn insbesondere Kondylis herausgearbeitet hat.[34] Die Norm setzt sich nicht qua Erkenntnis (und Anerkennung) durch den objektivierenden Intellekt, sondern auf dem Umweg über das unmittelbare Erleben und das intuitive Erfassen durch. Das Komödienmodell der positiven List ist damit auch anschließbar an zentrale Kategorien des zeitgenössischen philosophisch-ästhetischen Diskurses wie der der ›lebendigen Erkenntnis‹. Anstelle der ›toten‹ symbolischen Erkenntnis der moralischen Wahrheit soll deren ›lebendige‹ und sinnliche Erkenntnis treten. Nur diese vermag zu ›rühren‹, d.h. auf das Begehrungsvermögen einzuwirken, und kann in Handlung umgesetzt werden.[35] Ziel ist somit auch jene »Präsenzerfahrung«, wie sie analog in der (sprachlichen) Kunst mittels der »ästhetischen Repräsentation« angestrebt wird.[36] Allerdings geht es in den hier besprochenen Texten (noch) nicht um die Darstellung von ›lebendiger Erkenntnis‹ als eines subjektiven psychischen Aktes im eigentlichen

---

32 Thomasius, Kurzer Entwurff der Politischen Klugheit, V. Capitel »Von der Klugheit sich in täglicher Conversation wohl auffzuführen«, § 28, S. 122.

33 Ebd., § 29, S. 123.

34 Kondylis, Die Aufklärung, Kap. Vff. Zum »Vorgang der grundsätzlichen Loslösung der Vernunft vom Intellekt« s. 325ff., hier 326.

35 Wellbery, Das Gesetz der Schönheit, S. 180ff., hier 181, und Torra-Mattenklott, Metaphorologie, S. 133ff., hier 139f. (zu A. G. Baumgarten). Vgl. auch dies. zur Konzeption der ›lebendigen Erkenntnis‹ bei Wolff: »eine durch Überredung erwirkte lebendige Erkenntnis [ist] so viel wert wie ein Scheingut; sie ist strenggenommen gar keine lebendige Erkenntnis.« (ebd., S. 148)

36 Wellbery, ebd. Wenngleich in den Komödien nicht eine spezifische künstlerische Qualität der Sprache thematisch ist, sondern die narrative Logik des inszenierten Spiels und der Handlung, so scheinen mir dennoch beide Phänomene über deren Ziel, nämlich die Ermöglichung von ›lebendiger Erkenntnis‹, unzweideutig analogisierbar zu sein.

Sinn, sondern primär um eine abstrakte Struktur der Ermöglichung von ›lebendiger Erkenntnis‹. Damit ist auch die Basis gelegt für die entscheidende spätere Transformation, die der Emotionalismus vornehmen wird (und in dem sich der Antiintellektualismus dann explizit manifestieren wird), indem er die normative Vernunft direkt an das Gefühl und die Empfindung bindet.

Dieselbe aufklärerische Denkfigur konstituiert das narrative Grundschema nicht nur von Komödien, sondern zahlreicher literarischer Texte, die vom Sieg der Vernunft und Tugend erzählen. Als ein mehr oder weniger zufälliges Beispiel sei Mylius' »Erzählung« *Der beschämte Gottesleugner* angeführt. In diesem Lehrgedicht muss ebenfalls Zuflucht zur List genommen werden, um den Titelhelden, einen Atheisten, zu bekehren:

> Ein Freund, der diesem Wahn, aus Ueberzeugung fluchte,
> Und ihn von Gottes Seyn zu *überführen* suchte,
> Dacht, einst, wie zeig ich ihm, wie ungereimt er schließt?
> *Beweise hört er nicht:* wohlan! *ich brauche List.*
> [...][37]

Hier besteht die List ebenfalls in einer Art ›Spiel‹, die den Atheisten dadurch von seinem »Wahn« heilt, indem sie ihm seine Position spiegelt und sie ihn gleichsam nichtbewusst konkret ›erleben‹ lässt. Der Unterschied zur vorgestellten Komödienintrige besteht lediglich darin, dass das Spiel hier in einen Erkenntnisakt mündet, womit es bereits auf die frühempfindsamen Bekehrungsmodelle verweist (s. Kap. 5.2).

Der gemäß dieser Spielanweisung errungene Sieg über die Unvernunft beschreibt damit auch ein Modell der ›ästhetischen Therapie‹, wie es im frühen anthropologischen Schrifttum entworfen wird. Ich greife ein Beispiel aus Friedrich Georg Meiers *Theoretische Lehre von den Gemüthsbewegungen überhaupt* (Halle 1744) heraus. Das 5. Hauptstück des Traktats widmet sich dem Problem, »[w]ie die Leidenschaften vermindert und unterdrückt werden können«.[38] Als Mittel werden u. a. einerseits die Verminderung der »Lebhaftigkeit der Vorstellungen«, andererseits die Vermehrung des »Gebrauch[s] der obern Kräfte der Seele« empfohlen, letzteres mit dem Ziel, bei der betreffenden Person eine »vernünftige Erkenntniß« ihrer Leidenschaft »nach den Regeln der Vernunftlehre« zu erwecken.[39] Im vorliegenden Zusammenhang ist signifikant, dass die angestrebte »vernünftige Erkenntniß« allerdings nicht ohne weiteres bewirkt werden kann; Meier sieht daher den Einsatz »*gewisser Kunstgriffe und Hülfsmittel*« vor, »wodurch man die gantze Arbeit befördern

---

37 Mylius, Vermischte Schriften, S. 450.
38 Meier, Lehre von den Gemüthsbewegungen, §§ 175ff./S. 306ff.
39 Ebd., § 176/S. 308f.

und erleichtern kann«.[40] Diese »Kunstgriffe«, denen ein eigener Paragraph gewidmet ist,[41] beschreiben *psychologische Strategien*, die auf der Ebene der Gefühle, des Temperamentes, der »Gemüthsart« etc., nicht der des Intellekts ansetzen. Ein erster besteht darin, auf eine Intervention zu verzichten, wenn die Leidenschaft auf ihrem Höhepunkt sei, da hier die Vernunft von vornherein keine Chance besitze:

> Man muß daher einem Menschen, in dem höchsten Grade seiner Leidenschaft, nicht widersprechen. *Man muß ihm in Anfange Recht geben, auf seine Seite treten,* und wenn wir ihm dergestalt Zeit gelassen, und ihn uns geneigt gemacht haben, denn ist es Zeit nach und nach an der Beruhigung seines Gemüths zu arbeiten.[42]

Kann man in dieser Maxime bereits unschwer die Strategie der Vernünftigen in zahlreichen Komödien wiedererkennen, so formuliert die folgende jenes zentrale Prinzip, die Unvernunft auf der Basis ihrer eigenen Prämissen und ›innerhalb ihres eigenen Systems‹ zu besiegen:

> Man muß dem andern zeigen, daß seine Leidenschaft, die wir dämpfen wollen, seiner Gemüthsart, seinem Temperamente, und Hauptneigung zuwider sey. Das heißt, *wider ein bewegtes Gemüth mit seinen eigenen Waffen fechten.* Man muß daher solche Gründe wider die Leidenschaft anführen, *die aus den gewöhnlichen Maximen des andern hergenommen sind.* Diesen Gründen pflegt ein jeder am leichtesten Eingang zu verstatten, [...]. Wenn man einen Menschen *an seiner Gemüthsart, seinem Temperamente und seiner Hauptneigung angreift,* so greift man ihn an dem Orte an, an welchem er das zärteste und stärckste Gefühl hat. Unsere Vorstellungen werden ihn also am leichtesten *rühren,* und es wird ihm wenig Mühe kosten dergleichen Vorstellungen nachzusinnen.[43]

Zu einer regelrechten »Rührung« gelangen die hier vorgestellten unvernünftigen Komödienfiguren nun freilich nicht; das folgende Beispiel, das Meier anführt, zeigt allerdings, in welch elementarer, noch nicht spezifisch ›empfindsamer‹ Bedeutung »Rührung« zu verstehen ist:[44]

> Man stelle sich einen geitzigen Vater vor, der über den Tod seines noch unerzogenen Sohnes heftig betrübt worden. Ich bin gewiß versichert, daß man die Traurigkeit desselben nicht leichter wird stillen können, als wenn man ihm die Unkosten auf den Fingern herzält, die die Erziehung eines Sohns erfordert [...].[45]

---

40 Ebd., § 176/S. 309.

41 Ebd., § 196/S. 353–355.

42 Ebd., § 196/S. 354.

43 Ebd.

44 Siehe zu dieser Bedeutung von »Rührung« als einer »elementare[n] Form physischen und psychischen Erlebens« Torra-Mattenklott, Metaphorologie, S. 15.

45 Meier, Lehre von den Gemüthsbewegungen, § 196, S. 354f.

Der Umweg über die ›Sinnlichkeit‹, den die Vernunft hier nehmen muss, beschreibt eine ähnliche Strategie wie das bereits bekannte Komödien-Modell der Instrumentalisierung eines Lasters (wie z. B. des Geizes, der bezeichnenderweise auch hier genannt ist) zur Überwindung eines anderen Lasters bzw. einer anderen Leidenschaft.

Analoge Modelle, nun ›therapeutische‹ im engeren Sinn, finden sich im zeitgenössischen medizinischen Diskurs. Wie neuere Forschungen gezeigt haben, kommt es bereits in den 1740er Jahren im Umkreis der Halleschen »Vernünftigen Ärzte« zu einem epochalen »diskursive[n] Bündnis von Medizin und Philosophie«, das die historische Geburtsstunde der Anthropologie wie der Ästhetik bezeichnet.[46] Beide Diskurse stellen zwei historische Redeformen über ›Psychologie‹ dar, die in dieser Epoche selbst noch nicht als autonomer Diskurs existiert. Die programmatische Integration der Ästhetik als der »Wissenschaft der Verbeßerung sinnlicher Erkenntnis«[47] in die Medizin führt u. a. auch zu neuen spezifischen Modellen der psychischen Therapie von Krankheiten der Seele, etwa von pathologischen Einbildungen: So werden u. a. das Sich-Einlassen auf die wahnhafte Perspektive des Kranken durch scheinbare Übernahme seiner Fiktionen, das ärztliche Intervenieren mithilfe von Tricks und Listen[48] entworfen – Modelle, die erkennbar homolog zu dem hier isolierten Intrigenmodell sind.

In dem Maße, wie in der frühaufklärerischen satirischen Typenkomödie die Psyche des Gegenübers freilich weitgehende Leerstelle bleibt, lässt sich das Komödienmodell der positiven, aufklärerischen List hier noch nicht als solche ›ästhetische Therapie‹ im eigentlichen und engeren Sinn apostrophieren; es legt aber die entscheidende antiintellektualistische Basis für die ab 1745 auftretenden empfindsamen Bekehrungsmodelle, die genau diesem Therapiemodell folgen werden (Kap. 5.2). Die neue anthropologisch-ästhetische Bedeutungsdimension, die hier in ersten Ansätzen greifbar wird, bleibt noch an eine dominante sozialpragmatische Dimension rückgebunden. *Moderner Antiintellektualismus* und *vormoderne Sozialität* gehen in dem beschriebenen Intrigenmodell somit eine eigentümliche Verbindung ein. Letzteres bildet gewissermaßen den Schnittpunkt von (einsetzendem) Antiintellektualismus, wie er dem sich formierenden anthropologischen und ästhetischen Diskurs zugrundeliegt, und dem (noch gültigen) vormodernen pragmatisch-›klugen‹ Interaktionsmodell.

---

46 Zelle, Sinnlichkeit und Therapie, S. 10.

47 A. G. Baumgarten: Philosophische Brieffe (1741), zitiert bei Zelle, Sinnlichkeit und Therapie, S. 21.

48 Siehe Zelle, Sinnlichkeit und Therapie, S. 16ff.; Dürbeck, Physiologischer Mechanismus und ästhetische Therapie, S. 111ff.; Košenina, Nymphomanie, S. 124.

Zweiter Teil

Die frühaufklärerisch-empfindsame Phase (1745–1750)

Vorbemerkung zur Periodisierung

Die (Binnen)Zäsur um die Mitte des Jahrhunderts, die die Frühaufklärung von der Hochaufklärung scheidet, und über deren Bedeutung in der Forschung allgemeiner Konsens besteht, gestaltet sich für das deutsche Drama in zwei Zäsuren, die jeweils mit dem Auftreten einer neuen Dramengattung einhergehen: 1745 erscheint das erste empfindsame Lustspiel, 1755 das erste bürgerliche Trauerspiel. Beide Zäsuren sind unterschiedlicher Art. Zweifellos markiert 1755 auf den ersten Blick den spektakuläreren Einschnitt. Die dominante Orientierung sowohl am Problem der ›bürgerlichen‹ Gattung als auch an poetologischen Fragestellungen hat dazu geführt, dass dieses Datum bzw. allgemein die Jahre nach 1750, die zur Ausformulierung der neuen emotionalistischen Mitleidsästhetik geführt haben,[1] gemeinhin als die eigentliche Zäsur angesehen werden. Es besteht andererseits ebenfalls Konsens darüber, dass der Beginn des Emotionalismus bereits vor 1750 anzusetzen ist. Man hat zu Recht das Auftreten erster empfindsamer Strömungen um 1740 angesetzt und vom fünften Jahrzehnt generell als der »Zärtlichkeits«-Phase gesprochen,[2] als deren Programmtext in der Dramenliteratur z.B. Gellerts ›rührendes Lustspiel‹ *Die zärtlichen Schwestern* gelten kann. Aber auch wenn sich, wie hier bereits deutlich wurde, erste empfindsame Ansätze bereits im Umkreis der Gottschedschen *Schaubühne* ausfindig machen lassen, so droht doch aus dieser Perspektive der in den 40er Jahren stattfindende literarhistorische Wandel vernachlässigt zu werden.

Demgegenüber soll hier die Bedeutung der Zäsur um 1745 festgehalten werden und mit ihr die Behauptung einer entscheidenden Differenz zwischen der Dramenproduktion der ersten und der der zweiten Hälfte des fünften Jahrzehnts verknüpft werden, ungeachtet der weitgehenden Kontinuität, die, zumal in der Tragödie, *auf der Textoberfläche* herrscht.[3] Gegenüber der Zäsur um 1750/55 ist die um 1745 von sehr viel diskreterer Natur; ihre Bedeutung – innerhalb der hier gewählten Betrachtungsebene – resultiert daraus, dass sie neue Themen, Strukturen, Modelle inauguriert, die mindestens bis Ende der

---

1 Vgl. speziell zum Einschnitt durch die neue Theorieproduktion Luserke, Funktion und Wirkung.

2 Sauder, Empfindsamkeit, Bd. 1, S. 227ff. Zur Periodisierung vgl. auch Grimminger, Aufklärung, und Voßkamp, Probleme und Aufgaben.

3 Eine ausführliche Untersuchung, die sich speziell diesem Problem widmet, fehlt, so weit ich sehe, noch. Für die Komödie betont immerhin Wetzel, Das empfindsame Lustspiel, zu Recht »die gewaltige Wendung, die sich von der ersten zur zweiten Hälfte des vierten [recte: fünften] Jahrzehnts vollzog« (S. 73) und die z.B. Schlegels und Krügers frühe Produktion von der nach 1745 trennt. Vgl. auch Schneider, Johann Christian Krügers Dramen.

6oer Jahre gültig sein werden.[4] Es wird zu zeigen sein, dass sich dieses Neue
nicht nur in einigen spektakulären, scheinbar singulären Texten – wie Gellerts *Die zärtlichen Schwestern* im Bereich der Komödie, Schlegels *Canut* im
Bereich des Trauerspiels –, sondern von 1745 an auf breiter Basis manifestiert,
und zwar in beiden Gattungen.

Bezüglich des sowohl qualitativen wie quantitativen Gewichts der Gattungen hat allerdings eine Verschiebung zu Gunsten des Lustspiels stattgefunden.
Während in der Dramatik aus dem Umkreis der *Schaubühne* Komödie und
Tragödie einigermaßen gleichgewichtig, sowohl quantitativ als auch qualitativ, vertreten sind, ist die Komödie bekanntlich in der zweiten Hälfte der 4oer
Jahre, vor allem mit dem Autorenquartett Gellert, Schlegel, Krüger und Les-
sing, unbestritten die bedeutendere Gattung.[5] Der Zeitraum 1745–1750 stellt
eine – vielleicht *die* – Blütezeit der deutschsprachigen Lustspielproduktion der
Aufklärung schlechthin dar. Auch wenn man Schlegels *Canut* noch das eine
oder andere Trauerspiel als wichtigen Text hinzufügen muss – etwa Mösers
Arminius oder Derschaus *Pylades und Orestes*[6] –, so hat die Tragödie doch der
Komödie in dieser Phase insgesamt nichts Gleichwertiges entgegenzusetzen.
In den folgenden Kapiteln wird dementsprechend die Komödie im Vordergrund stehen. Diese Teilphase endet um 1750 ziemlich abrupt, zum einen mit
dem frühen Tod von Schlegel und Krüger, zwei der bedeutendsten deutschen
Lustspielautoren, zum anderen mit der von Gellert und Lessing gleichzeitig
vollzogenen (definitiven bzw. vorläufigen) Abwendung von der Lustspielproduktion. Dies rechtfertigt es, das Intervall von 1745–1750 als relativ eigenständige Teilphase zu isolieren. Sie sei hier die frühaufklärerisch-empfindsame
oder kurz: die ›frühempfindsame Phase‹ genannt. In den 5oer Jahren wird die
Komödie hingegen eine eher untergeordnete Rolle gegenüber der Tragödie (in
der heroischen wie bürgerlichen Variante) spielen, um erst nach 1760[7] wieder
mit dieser gleichzuziehen.

---

4   Vgl. auch Kändler, Von der sächsischen Komödie zum europäischen Rührstück, die anhand
    einer lexikalischen Analyse von Schlegels *Der Triumph der guten Frauen* im Hinblick auf
    Schlüsselwörter der Empfindsamkeit zu Recht darauf hinweist, dass die Zäsur zwischen
    dieser und der frühen Komödie *Der geschäfftige Müßiggänger* größer ist als der von der
    Forschung oft behauptete Unterschied zwischen dem *Triumph* und Lessings *Minna*. Aus
    sozialgeschichtlicher Perspektive führt Münch, Lebensformen in der Frühen Neuzeit, Belege
    für diese Zäsur an (zum Wandel der Anredeformen, S. 262f.)
5   Vgl. Koopmann, Drama der Aufklärung, demzufolge die Komödie generell als »die pro-
    gressive Literaturform der vierziger Jahre« zu gelten hat (S. 89).
6   Derschau hat in einem »Anhang« auch einen wichtigen Beitrag zu Fragen der Versgestaltung
    verfasst. (PO 87ff.).
7   Dabei ist allerdings zu berücksichtigen, dass einige der erst nach 1760 publizierten Komödien
    bereits in den 5oer Jahren entstanden sind, vgl. etwa Martini oder Cronegk.

4. Die ›Entdeckung der Zeit‹: Temporal-prozessuale Dimension und ihre Funktionalisierung für die Normproblematik

Eine grundlegende Neuerung besteht nach 1745 in einer Neustrukturierung des frühaufklärerischen Modells der Konfliktsubstitution. Die Relation von äußerem und innerem Konflikt wird zum einen emotionalistisch neu definiert: Letzterer etabliert sich nun im Ansatz als autonomer ›empfindsamer Konflikt‹. Zum anderen wird die Substitution der Konflikte innerhalb des Textes als narrativer Prozess entfaltet: Die Stücke erhalten also eine *neue temporal-prozessuale Dimension*. Sie manifestiert sich auf der Textoberfläche meist als eine auffällige Zweiteilung, die auf einen ersten Konflikt einen zweiten folgen lässt und in dieser Form in Texten der *Schaubühne* noch nicht existiert. Die spezifische Logik der narrativen Sukzession dieser Konflikte lässt sich wiederum nur auf dem Hintergrund der aufklärerischen Normproblematik fassen. Eine weitere temporale Dimension ist durch die Konstruktion einer dem Text vorausliegenden handlungsrelevanten Vergangenheit gegeben, die noch kaum in der *Schaubühne*,[8] nach 1745 indes sowohl in Tragödien als auch Komödien gehäuft auftritt. Auch hier wird zu zeigen sein, wie diese zunächst ›formale‹ Konstellation eine spezifische Funktionalisierung und Semantisierung erfährt. Eine, die wichtigste davon, lässt sich als narratives Modell der *emotionalistischen Neu-Legitimation* von Normen benennen und folgendermaßen beschreiben: Eine (normative) Vorgabe, die zunächst verworfen wird, wird im Prozess der dargestellten Geschichte wieder eingesetzt und bestätigt – allerdings mit einer ganz neuen Motivation bzw. Legitimation, die nun unmittelbar im handelnden Subjekt gründet.

Es handelt sich bei den genannten Neuerungen also um gattungsübergreifende Modelle, Komödie und Tragödie bilden diesbezüglich wiederum Homologien aus. Anhand von drei Beispielen, zwei Tragödien und einer Komödie, sei dies gezeigt.

---

8 Eine Ausnahme ist Gottscheds Schäferspiel *Atalanta*.

4.1 Der neue empfindsame Konflikt in der heroischen Tragödie: B. E. Krügers *Vitichab und Dankwart, die Allemannischen Brüder*

4.1.1 Konfliktsubstitution und doppelte Schicksalsmotivation

In der frühaufklärerisch-rationalistischen Teilphase war eine Kritik am Heroismus, wie gezeigt, nur sehr indirekt, über die beschriebenen Widersprüche und Ambivalenzen gegeben. Diesbezüglich bringt die zweite Hälfte der 40er Jahre einen deutlichen Wandel. Zum einen wird Heroismus nun in seiner negativen Variante, d.h. an herausragenden lasterhaften Figuren dargestellt, wie bekanntlich an Ulfo in *Canut*. Zum anderen wird das heroische Handeln der tugendhaften Helden seinerseits deutlich relativiert. Ein typisches Modell, das ab Mitte der 40er Jahre auftaucht, ist die (latente) Gleichsetzung der beiden Antagonisten, des tugendhaften Protagonisten und seines lasterhaften Gegenspielers. Ich illustriere dies anhand von Benjamin Ephraim Krügers 1746 publiziertem Germanendrama *Vitichab und Dankwart, die Allemannischen Brüder.* Das von den Zeitgenossen zum Teil heftig geschmähte Stück[9] präsentiert sich *prima vista* als ganz typisches frühaufklärerisch-rationalistisches Trauerspiel in der Gottsched-Nachfolge, zu der Krüger sich in Widmung und Vorwort auch explizit bekennt;[10] es weist allerdings einige fundamentale Neuerungen auf, die es dem Literarhistoriker interessant machen.

Die Grundkonstellation dieser Tragödie ist zunächst ähnlich wie in Schlegels *Herrmann*-Drama gestaltet. Die Alemannen um Herzog Vitichab werden durch den als Verführer agierenden Abgesandten des römischen Kaisers Valentinian, Tiber, erfolgreich gespalten, indem es ihm gelingt, Fürst Siegmar, den Schwiegervater und potenziellen politischen Rivalen Vitichabs gegen diesen aufzuhetzen. Wir finden somit auch hier die typische Konfliktsubstitution: Der außenpolitische Konflikt gegen die Römer wird durch einen inneren – innenpolitischen wie auch innerfamiliären – Konflikt unter den Alemannen überlagert. Während die zwischen III. und IV. Akt stattfindende Schlacht gegen die Römer siegreich verläuft, sind am Ende drei Todesfälle unter den Protagonisten zu beklagen, die allein auf innere Konflikte zurückzuführen sind. Bereits diese Todesopfer aber besitzen einen merklich anderen Status als die vergleichbaren

---

9 Siehe den Anhang: *Nöthige Ablehnung des Scherzes über die Allemannischen Brüder welchen ein paar lose Freunde aus Leipzig in den Hamburgischen Correspondenten einrücken lassen.* Wittenberg 1746 (DDE III, S. 95–142). Krüger identifiziert seine Kritiker hier als (C.) Mylius und (A. G.) Kästner. In Wien indes, wo das Stück 1747 als erste regelmäßige Tragödie die Schaubühne eröffnete, hatte es großen Erfolg. Siehe Heitner, German Tragedy, S. 106ff.

10 Krüger widmet das Trauerspiel der Gottschedin und bittet in einem »Schreiben d. Verf. an einen Gelehrten in Leipzig« Gottsched um sein fachmännisches Urteil. Die erwähnte Kritik zielte also letztlich auf Gottsched.

Todesfälle von Tugendhaften in den früheren Texten. Zwar wird in *Herrmann* der Tod von Herrmanns und Flavius' Vater Sigmar am Ende auch auf den Verrat des Flavius und damit, wenn auch sehr indirekt, auf dessen problematische Leidenschaften zurückgeführt; Sigmar fällt aber ganz regulär in der Schlacht und von Hand des politischen Gegners. Auch die Tode Catos, des Admirals von Coligny (*Die parisische Bluthochzeit*), des Agis (*Agis*) etc. sind ausschließlich politisch motiviert; rein privat motivierte (Selbst)Morde tauchen eigentlich nur im Zusammenhang mit erotischer Leidenschaftlichkeit auf (so in L. A. V. Gottscheds *Panthea*, Schlegels *Dido* und *Lucretia*). Hier wird hingegen erstmalig die Selbstauslöschung einer Familie aus rein privaten Motiven vorgeführt.

Der interne Konflikt zerfällt seinerseits in zwei Konflikte, die sich in der narrativen Sukzession ablösen und dergestalt das Trauerspiel in zwei Teile teilen. Die Akte I–III werden beherrscht vom Konflikt zwischen Vitichab und Siegmar, dem Schwiegervater in spe. Verführt durch den intriganten Römer Tiber, zeiht Siegmar Vitichab der Herrschsucht und fordert seinen (vermeintlichen) Sohn Radogast – der faktisch, was zu diesem Zeitpunkt aber noch niemand weiß, Vitichabs Bruder Dankwart ist – zum Mord an Vitichab auf (s. Figurenschema).

Figurenschema (selektiv):[11]

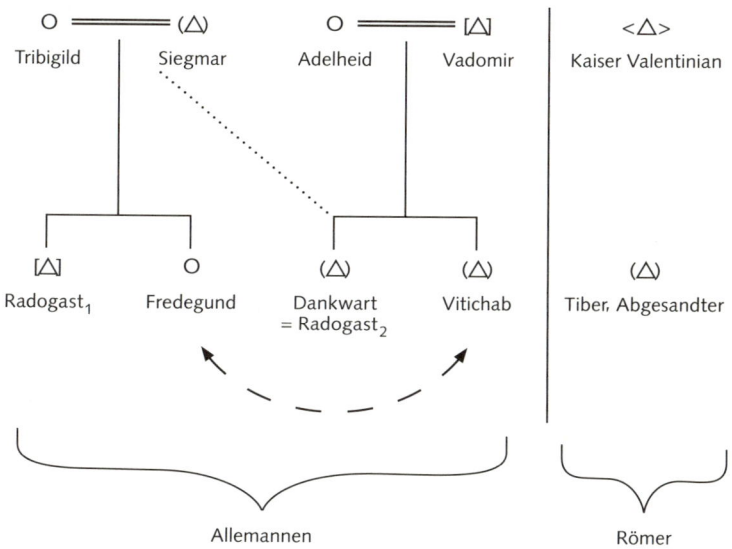

11 Zur Legende: ( ) = Tod im Laufe der dargestellten Handlung; [ ] = Tod in der Vorgeschichte; < > = nur sprachlich, nicht real präsent; ═══ = eheliche Verbindung; ····· = scheinbare Elternschaft; ◄ - - ► = geplante eheliche Verbindung.

Hauptanlass des Konflikts ist die Weigerung Vitichabs und seiner Mutter
Adelheid, noch vor der Schlacht die Eheschließung zwischen Vitichab und
Siegmars Tochter Fredegunde zu vollziehen. Was Ausdruck einer exemplarischen heroischen Werthierarchisierung ist, wie sie Vitichabs Mutter Adelheid,
unter Rekurs auf die alte, vorempfindsame Bedeutung von »Zärtlichkeit«[12]
fordert:

ADELHEID. Erst siege, dann kannst du dein Herz der Liebe schenken.
   Die Zärtlichkeit erstickt in unsrer Brust den Muth,
   An Wollust denkt sie nur, und nicht an Rach und Blut. (DDE III, 42/28),

wird von Siegmar unter Anstiftung durch Tiber indes als Betrug gewertet,
was ihn noch im I. Akt von der höchsten Lobpreisung Vitichabs unvermittelt – und freilich etwas schwach motiviert[13] – zu unversöhnlichem Hass und
Rachewünschen führt. Die ersten drei Akte kreisen um diesen Konflikt zwischen Siegmar und Vitichab, aus dem letzterer siegreich hervorgeht. Sowohl
gegenüber Radogast/Dankwart als auch gegenüber den aufständischen deutschen Fürsten kann er sich als Freund und Herzog legitimieren; die parallel
zu den Schlachtvorbereitungen unternommenen Versuche Siegmars, seine
Tochter Vitichab zu entführen, scheitern.

Nach der Schlacht gegen die Römer im III. Akt kommt es indes zu einer
Wende. Siegmar kehrt frühzeitig aus der Schlacht zurück, mit der Falschmeldung vom Sieg der Römer. Er hat zwar Vitichab in einer entscheidenden Situation das Leben gerettet, ist jedoch feig vor den Römern geflohen, deren Sieg
er annahm. Nachdem der faktische Sieg der Alemannen feststeht, klagt er sich
des Verrats an und fordert seine Bestrafung. Akt IV und V wird nun von einem
ganz neuen Konflikt dominiert, der nicht mehr zwischen Vitichab und Siegmar
stattfindet, sondern stattdessen zwischen Vitichab und Radogast/Dankwart.
Siegmar will Vitichab nicht mehr töten, sein »Haß«, so verkündet er, »[z]u dem
Tibers Betrug durch Lügen mich getrieben«, sei nunmehr »zerstört« (DDE III,
70/56). Er bittet Vitichab vielmehr um seine eigene Tötung als Strafe für die
Flucht. Letztere wird allerdings Objekt divergierender Bewertungen. Denn
Siegmar hat mit dieser Flucht dem Protagonisten eigentlich das Leben gerettet,
und insofern handelt es sich um ein »kluges Fliehn«, und seine Tat ist »kaum
strafbar«; sein wahrscheinlicher Tod, wenn er nicht geflohen wäre, hätte zu-

---

12 Siehe beispielsweise Thomasius, Ausübung der Sittenlehre, 9. Hauptstück »Von der Wollust
    […]«, wo »Zärtlichkeit« als »grosse Unvollkommenheit menschlicher Natur« gilt und letztlich
    mit »Wollust» identifiziert wird (S. 203, A. 35). Die empfindsame Aufwertung läuft also
    auch über eine Entsexualisierung dieses Begriffs. Vgl. hierzu auch Sauder, Empfindsamkeit
    – Sublimierte Sexualität.

13 Diese Motivationsschwäche wurde auch von den genannten Kritikern angeprangert. Vgl.
    hierzu Krüger in seiner Verteidigung (DDE III, 37ff.).

dem keinen Nutzen gehabt, wie einer der Fürsten, Rando, argumentiert: »Was hätte doch dein Tod für Vortheil wohl gebracht? / Wär unser Vaterland durch ihn wohl frey gemacht?« (DDE III, 53/39, 60/46) Siegmar selbst argumentiert hingegen absolut und unter Abstraktion der pragmatischen Umstände – ähnlich Aurel in Quistorps *Aurelius* – und beharrt auf seiner eigenen Schuld:

> SIEGMAR. Vor bloßen Fehlern weicht die reine Tugend schon.
> Das Laster wirket mehr. O Schand! ich bin geflohn.
> Und habe durch die Flucht das Vaterland verrathen.
> Dieß Laster überwiegt die größten Heldenthaten. (DDE III, 67/53)

Vitichab seinerseits betrachtet sich durch das »Recht« formal zur Bestrafung verpflichtet: »Als Vater soll ich dich, und auch als Retter ehren! / Und muß dich tödten = = « (DDE III, 66/52).

Damit ist zugleich aber eine Situationsumkehr gegeben. Denn Vitichab tritt in diesem zweiten Konflikt nun an jene Stelle, die im ersten Konflikt Siegmar ihm selbst gegenüber eingenommen hatte: Hatten Fredegunde und Radogast letzteren um Menschlichkeit und Empfinden angefleht (vgl. I/7), um von der Tötung Vitichabs Abstand zu nehmen, so ist es jetzt Vitichab, der von Fredegunde in ähnlichen Formulierungen um Menschlichkeit und Empfinden angefleht wird, um von der Tötung Siegmars Abstand zu nehmen (IV/3–5). Es kommt also zum *Positionstausch* zwischen den beiden ursprünglichen Gegnern, und dieser betrifft das *Problem der Verweigerung von menschlicher Emotion*, wobei es jeweils um Tötung *vs.* Lebensrettung bzw. -erhaltung geht. Der Held wechselt diesbezüglich von der Position dessen, dem menschliche Empfindung verweigert wird, zur Position dessen, der seinerseits eine solche Empfindung verweigert. War er vorher gleichsam ›außerhalb‹ des Entscheidungskonflikts, so erlebt er diesen nun unmittelbar an sich selbst.

Nachdem Siegmar zu Beginn des V. Aktes im Duell gegen Tiber, das Vitichab ihm an Stelle der Todesstrafe gewährt hat, gefallen ist, rächt ihn sein vermeintlicher Sohn Radogast/Dankwart, indem er Vitichab tötet. Erneut spielt der Römer Tiber eine entscheidende Rolle, indem er Radogast/Dankwart suggeriert, sein Vater sei nur der Herrschsucht Vitichabs zum Opfer gefallen, so dass Radogast/Dankwart in Vitichab nun einen vermeintlichen »Tyrann[en]« tötet (DDE III, 81/67). Somit ergibt sich insgesamt folgende narrative Struktur: Was beim ersten Konflikt noch nicht gelingt – die Tötung Vitichabs durch den Bruder (zu der Siegmar auffordert) –, das gelingt nun am Ende des Textes. Jeweils handelt es sich um eine Intrige des Römers Tiber, der jeweils Herrschsucht Vitichabs behauptet, doch mit einem entscheidenden Unterschied. Denn die Motivation ist nun *eine ganz neue, von Vitichab selbst verantwortete*. Trifft die erste Verleumdung Tibers – Vitichab werde an Siegmars Tochter wortbrüchig – nicht zu, so trifft seine zweite Behauptung – Vitichab habe Siegmar »bloß für sich« bestraft, er hätte eigentlich das »ganze

Volk« befragen müssen (DDE III, 80/66) – tatsächlich zu. Fürst Rando, im ersten Teil solidarisch mit Vitichab, distanziert sich im zweiten Teil und warnt ihn ausdrücklich, das Urteil gegen Siegmar zu vollziehen, da er damit just die Freiheit der Alemannen, um die er gekämpft habe, zerstöre:

RANDO.   *Der Zorn, der dich erhitzet,*
   Verbirgt dir die Gefahr, die Siegmars Urthel droht.
   Beruf den Kriegesrath. Herr, soll denn dein Geboth
   Das Grab der Freyheit seyn, für die die Deutschen fechten?
   Erweg, ein Feldherr ists, den doch nach unsern Rechten
   Des ganzen Volkes Schluß allein verdammen kann. (DDE III, 72/58)

Nicht juristische Notwendigkeit, sondern Leidenschaft motiviert also die Bestrafung. Nur mehr scheinbar geht es hier um den typischen Konflikt zwischen heroischer Pflichterfüllung und privater Neigung. Vitichab selbst, der auf die Bitten Fredegundes zunächst mit der üblichen heroischen Werthierarchie antwortet: »Dich lieb ich mehr als mich, jedoch noch mehr das Recht. / Ich bin ein Fürst, und frey, doch der Gesetze Knecht« (DDE III, 71/57), liefert im darauffolgenden Akt, vom rächenden Radogast/Dankwart tödlich getroffen, eine ganz andere Version und klagt sich schließlich, bevor er in Märtyrerpose stirbt, einer zu großen Strenge und Härte an:

VITICHAB. Den Tod hab ich verdient. Mein *Stolz* und *Unbedacht*
   Verdammten diesen Held, *aus selbst genommner Macht,*
   Den nur das ganze Heer, nicht ich, verdammen sollte;
   Ich fehlte, da ich nur mein Ansehn schützen wollte. (DDE III, 83/69)

Der Widerspruch zwischen beiden Versionen – Pflichterfüllung *vs.* Fehlverhalten – bleibt am Ende unvermittelt stehen. Denn der sterbende Vitichab bestätigt in einem Atemzug sowohl die Notwendigkeit seines Handelns – »Ich mußte Siegmars Tod als Deutschlands Haupt beschließen« – als auch seine Schuld – »Ich war zu streng und hart, / Da deines Vaters Blut durch mich vergossen ward.« (DDE III, 84f./70f.) Zwei einander logisch ausschließende Verhaltensmotivationen werden angeboten: Neben der moralischen Entlastung, die Vitichabs Handeln als Pflicht gemäß einer vorgegebenen Norm deutet, steht die moralische Belastung, die das Handeln auf seine problematische Emotionalität – »Stolz«, »Zorn«, Herrschsucht – zurückführt. Dementsprechend weist auch Vitichabs Tod eine paradoxe doppelte, externe und interne Motivation auf: Er fällt sowohl unschuldig, durch die Intrige des äußeren Feindes Tiber, als auch zugleich und eigentlich durch eigene Schuld. Analoges gilt schließlich für die Alemannen selbst: Der externe politische Feind, repräsentiert durch die Römer, spielt allenfalls die Rolle des Anlasses; faktisch scheitern die Alemannen an sich selbst, an ihren inneren privaten Zwisten, die zugleich solche der nicht gezähmten Leidenschaften sind.

Nur auf der Oberfläche folgt der Text damit der Gottschedschen Fehlertheorie.[14] Neu ist indes nicht nur die Struktur der *doppelten Schicksalsmotivation*, sondern auch die Qualität dieses ›Fehlers‹ gegenüber den bislang üblichen ›Fehlern‹, etwa dem des Cato. Es handelt sich um eine *problematische Emotionalität* des Helden, die hier zur Verweigerung von positiver, empfindsam-altruistischer Menschenliebe führt. Die Struktur der Doppelmotivation legt zugleich eine Ebene der *Quasi-Psychologisierung* an, die im tugendhaften Titelhelden ein Laster ›aufdeckt‹: Indem er scheinbar nur »der Gesetze Knecht« war, wie er selbst glaubte, muss er am Ende erkennen, dass er faktisch ›Knecht seiner Leidenschaften‹ war, nicht anders, als sein Gegner Siegmar in Teil I. Die offizielle heroische Position wird durch diese Rückführung auf eine zusätzliche, aber gegenstrebige innere psychologische Determinationsebene massiv relativiert. Dergleichen Psychologisierung des Heroismus gibt es in den Tragödien der *Schaubühne* noch nicht.[15]

Das Ende leistet somit auch eine Lösung des Theodizeeproblems: Einerseits stirbt Vitichab einen tugendhaften Märtyrertod, für den er im Jenseits den Lohn erhofft (vgl. zu seiner Mutter: »Nun hoff ich bald den Lohn, o Mutter, zu erlangen, / Den Tugendhafte nur nach ihrem Tod empfangen.« DDE III, 82/68); andererseits ist dieser Tod jedoch auch als Strafe für eine Schuld interpretierbar. Die Belastung des Helden durch Enthüllung seiner problematischen Leidenschaft verhindert hier zugleich den Ausbruch einer Theodizeekrise.

4.1.2 Die neue Relevanz der Vergangenheit

Bislang unberücksichtigt blieb die Vorgeschichte, die dieses Drama entwirft. Nach dem Tod Vitichabs wird enthüllt, dass Radogast eigentlich Vitichabs Bruder Dankwart ist und am Ende somit ein Brudermord stattfindet. Tatsächlich spielt dies bis zum Schluss des Textes keine Rolle, erst in der letzten Szene werden die Verwandtschaft und die Vorgeschichte mitgeteilt (s. Figurenschema): Aufgrund eines Orakels, das den Brudermord prophezeite, wurde Dankwart nach der Geburt vom Vater Vadomir zur Tötung bestimmt.

---

14 Vgl. den üblichen Selbstkommentar, den der Verfasser in der an Gottsched adressierten Vorrede formuliert: »Der Hauptinhalt meines Gedichtes soll lehren, daß übereilte Handlungen das größte Unglück nach sich ziehen, und lauter Verwirrungen anrichten. Durch diesen Fehler fallen Vitichab und Radogast.« (DDE III, 10/unpag.)

15 Eine ganz analoge Relativierung ließe sich auch für den Helden Pylades in Derschaus *Pylades und Orestes* belegen, der im Verlauf der Auseinandersetzung mit dem Tyrannen Troas ebenfalls mit diesem implizit gleichgesetzt wird, und zwar wiederum just durch sein als heroische Pflichterfüllung deklariertes Selbstopfer um des Freundes Orest willen. Damit wechselt auch er von der Position dessen, dem menschliche Emotion verweigert wird (von Troas), zur Position dessen, der ebendies selbst tut (gegenüber der Geliebten Tomire).

Gleichzeitig wird Siegmar ein Sohn, Radogast, geboren und stirbt zusammen mit der Mutter unmittelbar nach der Geburt. Der mit der Obhut beauftragte Diener bzw. Vertraute Willibald verheimlicht dies aus Angst vor Siegmars Zorn und schiebt dem nichtsahnenden Vater Dankwart als vermeintlich eigenen Sohn Radogast unter.[16] Noch *bevor* die Enthüllung dieser Geschichte durch den alten Willibald erfolgt, verzeiht der von Dankwart alias Radogast tödlich verletzte Vitichab seinem Mörder in V/3 und übergibt ihn seiner eigenen Mutter »an Sohnes statt« (DDE III, 84/70) – die Mutter erhält damit den eigenen biologischen Sohn als ›sozialen Sohn‹. Erst nachdem der Sterbende bereits weggetragen worden ist, erfolgt die Aufdeckung der Vergangenheit, der Protagonist selbst erfährt sie gar nicht mehr. Die Frage drängt sich somit auf, welche Funktion diese Verwandtschaftsstruktur und mit ihr die Vorgeschichte im Text überhaupt erfüllt? Mit der aristotelischen dramaturgischen Kategorie der ›Anagnorisis‹ jedenfalls, so viel ist sicher, lässt sie sich nicht adäquat fassen.

Sie macht zum einen aus diesem Text eine Familientragödie, in deren Mittelpunkt als tragischer Held Radogast/Dankwart steht, der, hierin ein Vorläufer des Vatermörders Marcius in Brawes *Brutus*, zum Brudermord verführt wird, indem ihm diese Tat, wie bereits geschildert, als moralische Pflicht bedeutet wird. Die Bedeutung dieser finalen Enthüllung liegt zum anderen aber vor allem darin, dass sie *eine weitere Motivationsebene* für das Geschehen aufbaut. Vitichabs Schicksal ist, wie gezeigt, zum einen *in der Gegenwart* und in seinem *eigenen selbstverantwortlichen Handeln* begründet: d.h. in seiner schuldhaften Härte gegenüber Siegmar, die überhaupt erst den Racheimpuls Radogasts/Dankwarts auslöst. Sein Schicksal ist zum anderen aber somit auch *in der Vergangenheit* und in einer determinierenden Ebene jenseits der Eigenverantwortung des Subjekts verankert, einer Ebene von quasi-metaphysischer Dimension, der *Vorsehung*, die hier durch das Orakel besetzt ist. Im Tod Vitichabs koinzidieren beide Determinationsebenen, das individuelle Schicksal konstituiert sich somit als Zusammenfall von Eigen- und Fremddetermination. *Das zentrale abstrakte ›Ereignis‹ des Textes ist offenkundig genau diese Koinzidenz.* Unter Berücksichtigung der temporalen Ebene wird sie lesbar als – im narrativen Prozess entfaltete – *Neumotivation einer Vorgabe durch das Subjekt.* Was dem Subjekt vorbestimmt ist, erfüllt sich am Ende – jedoch nur unter Mitwirkung des Subjekts, insofern der Held durch seine schuldhafte Leidenschaft erst die Voraussetzung dafür schafft, dass der Bruder den (vorbestimmten) Mord ausführen kann. Oder anders formuliert: Im ›Schicksal‹ manifestiert sich jene ›Autonomie‹ des Subjekts, die eben darin besteht,

---

16 Vgl. die ähnliche Konstellation in Johann Friedrich Löwens »prosaischem Trauerspiel« *Hermes und Nestan, oder das Orakel.*

die vorgegebenen fremden, heteronomen Bedingungsgründe durch autonome, eigene gänzlich ›einzuholen‹, ohne dass die ersteren aber dadurch getilgt
würden. Die *anthropologische Ebene der menschlichen Natur*, der Empfindungen
bzw. Leidenschaften erweist sich als eine unmittelbar schicksalskonstitutive
und als solche zugleich aber immer schon vermittelt mit einer *Ebene der göttlichen Vorsehung*.

Krügers Tragödie *Vitichab und Dankwart* ist das erste Trauerspiel, das diese
Struktur realisiert. Sie tritt in der zweiten Hälfte der 40er Jahre aber gehäuft
auf und manifestiert sich auf der Textoberfläche meist als analoge überraschende Schlusswendungen durch Enthüllung einer Vergangenheit: so z.B. in Derschaus *Pylades und Orestes* oder in Steffens' *Placidus oder Eustach*.[17] Wie in Kap.
4.2.2 zu zeigen sein wird, handelt es sich dabei wiederum um eine gattungsübergreifende Struktur mit gattungsspezifischen inhaltlichen Auffüllungen.

4.2 Der neue empfindsame Konflikt in der Komödie: C. F. Gellerts *Die Betschwester*

Die Etablierung einer schicksalskonstitutiven anthropologischen Ebene und
damit eines eigenständigen empfindsamen Konfliktes führen in der Komödie zu einem ganz spezifischen narrativen Modell: der finalen Paarverbindung
als *Restitution* einer ursprünglich angestrebten (bzw. schon realisierten) und
zwischenzeitlich wieder (faktisch oder beinahe) aufgehobenen erotischen Beziehung. Die erste deutsche empfindsame Komödie, Gellerts *Die Betschwester*, zugleich die erste deutsche Liebeskomödie,[18] entwirft dieses Modell auf
exemplarische Weise.

4.2.1 Alter satirischer *vs.* neuer empfindsamer Konflikt

Gegeben sind die beiden jugendlichen Partner Simon und Christiane. Wie
so oft in Komödien dieser Zeit (d.h. ab 1745), wurde die Verbindung in der
Vorgeschichte vom Vater bzw. Vormund (hier Simons Vormund) in die Wege
geleitet, das Paar selbst kennt sich somit noch kaum. Die Geschichte der Paarverbindung, die dieser Text erzählt, zerfällt nun in zwei Konflikte, die jeweils
ein verschiedenes Liebeshindernis konstituieren.

---

17 Derartige Schlusswendungen, die zudem auch ein dem Leser bislang unbekanntes Wissen
   enthüllen und somit dessen Wissensstand mit dem der Figuren parallelisieren, kennt das
   frühaufklärerisch-rationalistische Drama in der Regel nicht.
18 Vgl. auch Wetzel, Das empfindsame Lustspiel, S. 135ff., und Greis, Drama Liebe, zum
   »Ansatz eines neuen Liebesdiskurses« in diesem Text (S. 27ff., hier 27).

Ein *erster, frühaufklärerisch-rationalistischer Konflikt*, der die ersten zwei Akte dominiert, konfrontiert die vernünftige Kindergeneration einerseits – Simon, den aufgeklärten Schwiegersohn in spe, seinen bereits verheirateten Freund und Cousin Christianes, Ferdinand, sowie die im Hause lebende Freundin Christianes, Lorchen – und die unvernünftige Elterngeneration andererseits, bestehend aus der frömmelnden unaufgeklärten Mutter, eine jener unnachahmlichen skurrilen Figurenschöpfungen Gellerts, in denen sich das satirische Element mit einer neuartigen Figurenpsychologie verbindet. Wenn »Frau Richardinn« neben ihrer Frömmelei, die deutlich pietistische sowie abergläubische Züge trägt, zusätzlich Geiz und Habsucht zugeschrieben wird, dann ist diese Korrelation als solche bereits aus *Die Pietisterey im Fischbein-Rocke* bekannt und erscheint als Ausdruck jener konstatierten polemischen Tendenz der Aufklärung zur ›Diskriminierung‹ ihrer ideologischen Gegner. Sie erhält hier allerdings einen neuen Status. Denn Frömmelei und Geiz koexistieren nicht nur als mehr oder weniger gleichrangige Laster, sondern erstere erscheint tendenziell als *Ausdruck* von letzterem, so etwa, wenn obsessives Beten dem heimlichen Zweck dient, das Mittagessen einzusparen o. ä. Hier wird also ein ganz neues Kausalverhältnis entworfen und mit ihm eine neue Dimension der *impliziten Psychologisierung*, die bei der Gottschedin noch nicht existiert.[19]

Nachdem Simon zusammen mit seinem Freund Ferdinand im Hause der Frau Richardinn eingetroffen ist, um die Verbindung zu vollziehen, kommt es in einer ersten Wende zur Auflösung der beabsichtigten Verbindung, und zwar aus einem doppelten Grund. Der Mutter, die die Heiratsverhandlungen über die Mitgift zunächst aus Geiz verzögert hat, dient Simons Fluch, mit der er im II. Akt sein Missgeschick einer zerbrochenen Kaffeetasse quittiert: »Der Teufel!« (G III, 88), als Vorwand, um die Verhandlungen mit dem Vorwurf der Gottlosigkeit platzen zu lassen. Bereits zuvor wird im I. Akt aber eine weitere Motivation für die Aufhebung der Beziehung geschaffen, die nun von ganz anderer Art ist und in einem *paarinternen Problem* begründet ist. Denn Christianchen erfüllt nicht die Erwartungen gemäß Simons aufgeklärten Kriterien der Partnerwahl: Sie tritt als ›stumme Schönheit‹ auf, die zwar außerordentlich schön, aber eben mehr oder weniger stumm ist und der es generell »an der Erziehung und an der Lebensart fehlt« (G III, 76f.). Sie hat ihm damals, wie er nun erkennt, »gefallen, weil ich nicht Gelegenheit gehabt habe, sie zu kennen« (G III, 77).

Das Thema der mangelnden Lebensart der zur Verheiratung anstehenden Tochter wurde bereits von Borkenstein in *Der Bookesbeutel* eingeführt. Im Un-

---

19 Vgl. die zeitgenössische Rezeption der Titelheldin von *Die Betschwester* durch einen anonymen französischen Kritiker: »un caractere tout neuf sur le Théâtre, & différent de celui de Tartuffe, sans être moins Comique« (G III, 371).

terschied zum Mangel an Lebensart der dortigen Tochter, der primär äußerlich über schlechte Sitten und primär rationalistisch über fehlenden Verstand definiert wird, wird der Mangel hier nun primär innerlich-empfindsam definiert, die mangelnde Aufgeklärtheit manifestiert sich vor allem in der Unfähigkeit zu Empfindung und Liebe:[20]

SIMON. Ich sagte ihr die zärtlichsten Sachen von der Welt vor, und sie blieb bey allen gleichgültig. Wenn sie mich nur mit einer empfindlichen Miene belohnt hätte. Ja, und Nein, waren ihre Antworten. [...] *Sie muß gar keine Empfindungen von der Liebe haben.* (G III, 78)

Christianchen selbst bestätigt gegenüber Lorchen Simons Urteil, wobei sie aber ihre mangelnde Empfindungs- und Liebesfähigkeit von mangelnder Weltkenntnis aufgrund der falschen Erziehung durch die Mutter ableitet:[21]

CHRISTIANCHEN. Ich fühle kein besonderes Verlangen. [...] Ich versichre Sie, daß ich in meinem Leben noch keine Empfindung gegen eine Mannsperson gemerkt habe. *Ich komme ja nirgends hin. Ich darf ja mit keinem Menschen reden, weil es meine Mamma nicht haben will.* [...]
LORCHEN. So haben Sie noch niemals geliebt?
CHRISTIANCHEN. Niemals. Und wenn es mein Leben kosten sollte: So könnte ich nicht sagen, was Liebe, oder Haß, wäre. (G III, 86)

Überzeugt, dass Christianchen ihn nicht liebe und nicht die richtige Frau für ihn sei, gibt Simon, nach dem besagten Eklat mit der Mutter im II. Akt, den Plan einer Verbindung mit Christianchen auf und macht stattdessen dem etwas älteren Lorchen einen Heiratsantrag. Ende des II. Aktes scheint die Sache perfekt und der Partnerwechsel vollzogen. Die Aufhebung der ursprünglich geplanten Verbindung erfolgt mithin aus einer doppelten Motivation, wobei beide Motivationsebenen klar hierarchisiert sind: Nur oberflächlich ist der frühaufklärerisch-rationalistische Konflikt mit der Mutter die Ursache, faktisch aber ist der paarinterne empfindsame Konflikt die wahre Ursache.

Wenn am Ende die ursprüngliche Verbindung plötzlich doch wieder realisiert wird, dann wird auch für dieses Schlussereignis die analoge Doppelmotivation aufgebaut. Auf der primären Ebene wird die Verbindung durch den plötzlichen Sinneswandel der Mutter determiniert, die augenblicklich zur Verheiratung ihrer Tochter bereit ist, als sie erfährt, dass Simon für die zerschlagene Kaffeetasse großzügigen Ersatz in Form eines ganzen Porzellanaufsatzes geleistet hat. Ein Laster – Frömmelei – war die Ursache für den

---

20 Vgl. Greis, Drama Liebe, S. 28. Zu sozialgeschichtlichen Aspekten der Formierung des bürgerlichen Weiblichkeitsmodells im 18. Jahrhundert vgl. auch Frevert, Frauen-Geschichte, S. 33ff., besonders 37.
21 Vgl. auch Uhlichs Einakter *Der Mohr.*

Abbruch der Heiratsverhandlungen, und ein Laster – Geiz – ist nun die Ursache für deren Wiederaufnahme. Auf dieser Ebene tritt also kein Wandel ein, die Mutter bleibt bis ans Ende völlig uneinsichtig. Der Text folgt damit dem bereits bekannten Modell der gegenseitigen Neutralisierung der Laster und speziell der Strategie der Instrumentalisierung des ökonomischen ›Interesses‹ für den Sieg der Vernunft.

Doch ganz anders als etwa in Borkensteins *Bookesbeutel* ist diese Ebene hier gar nicht mehr die ausschlaggebende. Die entscheidende Motivation für die Verbindung situiert sich einzig und allein auf der Ebene der empfindsamen Interaktion zwischen Simon, Christianchen und Lorchen. Im III. Akt kommt es hier zu einer *Wende*, die das Liebesproblem auf eine ganz neue Ebene stellt und den empfindsamen Konflikt in den Mittelpunkt rückt. Lorchen, die Simon bereits die Ehe versprochen hat, entschließt sich, durch Christianchens Entsagungsbereitschaft und durch ihre »unschuldige Aufrichtigkeit *so gerührt*« (G III, 91), ihrerseits zur großmütigen Entsagung. Simons »Herz«, so ihre Argumentation, sei »nicht für mich, sondern für Christianchen bestimmt [gewesen]«, daher die Ehe mit ihm denn einen *unrechtmäßigen Entzug von Emotion* bedeuten würde: »je mehr Vergnügen ich in der Ehe mit Ihnen genossen haben würde, desto unruhiger würde ich geworden seyn, daß ich meiner Freundinn so viel entzogen hätte.« (G III, 109) Voraussetzung hierfür ist aber, dass, wie sie Simon bereits im I. Akt versichert, Christianchens mangelnde Empfindungsfähigkeit »*kein Fehler der Natur, sondern einer unachtsamen und sklavischen Erziehung [ist]*«; sie selbst besitze »das beste Herz«, und: »Sie liebt Sie, ohne es zu wissen« (G III, 78f., 109). Damit führt Gellert erstmalig auch das – u.a. im Theater Marivaux' beliebte – Phänomen der *nicht-bewussten Liebe* in die deutsche Komödie ein.[22] »Wir empfinden«, so erläutert Lorchen gegenüber Christianchen, »die Liebe oft, ohne daß wir wissen, daß es die Liebe ist« (G III, 87). Das ursprüngliche Argument für die Auflösung der Verbindung, nämlich die fehlende Liebe, wird damit aufgehoben. Im Gegensatz zur Titelheldin von Schlegels *Die stumme Schönheit* gilt Christianchen emotional noch als entwicklungsfähig, ihr »fehle[ ] [...] nichts, als die Welt« (G III, 87). Dabei werden das bereits in der frühen Komödie relevante Kriterium der *Kenntnis der Welt* und das neue der *Empfindungs-/Liebesfähigkeit* als in notwendiger Beziehung stehend und als einander bedingend gedacht – Beleg für eine, wenn auch subjektivierte, letztlich doch vormoderne, da wesentlich auf Sozialität abstellende Liebeskonzeption. Denn wie der Erwerb der nötigen Lebensart automatisch zur Liebesfähigkeit führt, so kann die Liebe zu Simon umgekehrt den Erwerb von Lebensart befördern, und zwar qua Nachahmung

---

22 Dies ist auch im deutschsprachigen Schäferspiel ab 1745 ein beliebtes Modell, vgl. u.a. Gellerts *Sylvia* oder Uhlichs *Der faule Bauer*.

und »Anleitung« (G III, 79). Simon soll und kann also Christianchen »zärtlich *machen*« (G III, 80).[23]

Der postulierte Wert Christianchens liegt nun nicht zuletzt auch in ihrer
»Unschuld« begründet. Diese, von Simon zu Beginn gemäß rationalistischen
Kriterien noch negativ beurteilt – »Aber die Unschuld ohne Verstand ist ein
sehr mittelmäßiger Schatz« (G III, 78) –, wird im Laufe des Textes aufgewertet
und zum moralischen Verdienst der Person erhoben, so z. B. in den lobenden
Worten Ferdinands zu seiner Cousine: »Sie wissen es nicht, wie liebenswürdig Sie ihre Unschuld macht, und desto mehr verdienen Sie, hochgeschäzt
zu werden« (G III, 108). Nachdem es Lorchen mit Hilfe einer List gelungen
ist, Christianchen zu einem freieren Umgang gegenüber Simon zu bewegen
und damit einen ersten Beweis für ihre Entwicklungsfähigkeit zu erbringen
(vgl. III/4.5.10), revidiert Simon schließlich sein ursprüngliches Urteil: »Sie
ist wirklich nicht sowohl einfältig, als furchtsam« (G III, 107). Hier zeichnet
sich exemplarisch die epochale Umcodierung und Aufwertung der »Blödigkeit« im Zeichen einer normativ gesetzten empfindsamen »Identitätsmoral«
ab.[24] Die Legitimation der Beziehung erfolgt nun über das »redlich Herz«
und die »unschuldige Aufrichtigkeit« Christianchens, wodurch die Umwelt
sich als »so gerührt« erklärt (G III, 91) – Qualitäten der Person, die also nicht
mehr nur *abstrakt benannt* werden, sondern deren Wirkung im Text *unmittelbar und performativ vorgeführt* wird.

Zwischen den beiden füreinander bestimmten Partnern kommt es allerdings
zu keiner Liebeserklärung, Christianchen weiß nichts von Lorchens Projekt
und wird nicht gefragt, Simon seinerseits gerät nach Lorchens Absage gar in
eine vorübergehende Krise:

SIMON. Um des Himmels willen, was fangen Sie mit mir an? [...] Ist mir denn alles in
der Liebe zuwider? [...] Liebste Eleonore, in welche Bestürzung setzen Sie mich?
[...] Also darf ich mir keine Hoffnung machen, Sie zu besitzen, meine Eleonore?
Verdiene ich nicht länger, als etliche Augenblicke, von Ihnen geliebt zu werden? Bin
ich denn in einem Traume, oder schlagen Sie mir wirklich ihr Herz ab? Darf ich gar
nicht mehr hoffen? (G III, 109f.)

Simon fügt sich schließlich: »Ich gehorche dem Verhängnisse und der Liebe« (G III, 110). Die Paarverbindung wird damit auch durch eine spezifische Interaktion zwischen den beiden Frauen ermöglicht. Der zweimalige
weibliche Verzicht auf den erotischen Partner folgt einer *empfindsamen Inter-*

---

23 Vgl. auch Baasner, Sensibilité, zum Konzept des »rendre sensible« im Theater Marivaux'
(S. 80).
24 Siehe Stanitzek, Blödigkeit, S. 83ff, hier 99f. Zur vorempfindsamen negativen Bedeutung
von »Einfalt« als »ein Mangel der Klugheit« vgl. etwa Thomasius, Kurtzer Entwurff der
Politischen Klugheit, II. Cap. »Von der Klugheit / Rath zu geben«, § 38 (S. 36).

aktionslogik der emotionalen Reziprozität, derzufolge ein erster altruistischer Entsagungsakt (Christianchen) durch einen zweiten (Lorchen) beantwortet wird, ja diesen provoziert, so dass dieser zugleich als Lohn für jenen fungiert. Implizit erhält Christianchen den Partner bereits nach der paradoxen empfindsamen Logik des ›verzichten, *um* zu bekommen‹, die nicht zuletzt auch wiederum eine Logik der Theodizee beschreibt (s. Kap. 9) – allerdings ist ihre Perspektive, im Gegensatz zu späteren Beispielen hier nicht die dominante, wie auch ihr Verzicht nur ansatzweise als bewusste Entsagung interpretierbar ist. Die eigentliche Entsagung ist diejenige Lorchens, die im Text als exemplarisch empfindsamer Akt gepriesen wird – »Das heißt Großmuth! Das heißt Freundschaft!« (G III, 111) –, der seinen Lohn als einen immateriellen in sich trägt, insofern er der Entsagenden den typischen Selbstgenuss der Empfindsamen verschafft (vgl. G III, 110f.). Als Ersatz für den verlorenen Partner erhält Lorchen in Ferdinand einen ›Vater‹ (vgl. G III, 111).

4.2.2 Das Modell der Restitution der erotischen Beziehung

Die finale Restitution der ursprünglich geplanten erotischen Beziehung erfolgt damit auf der Basis einer fundamentalen Neumotivation und -legitimation. Die Vorgabe durch den Vormund, die nur auf flüchtiger Bekanntschaft gründete und primär durch Kriterien wie »viel Schönheit« und »viel Reichthum« motiviert war (G III, 77), ist aufgehoben, und diese eher äußerlichen Kriterien sind substituiert durch empfindsame wie »Herz«, »Liebe«, »Unschuld«, »Aufrichtigkeit« etc. – ›Verdienste‹ der Person, die zum Teil aber (so die Liebe) erst durch einen bewussten Akt der Erziehung *hergestellt* werden müssen. Die Realisierung der fraglichen Beziehung ist nach den neuen emotionalistischen Werten und Partnerwahlkriterien schließlich nicht nur legitim, sondern die Nicht-Realisierung erscheint darüber hinaus als Verstoß gegen dieses Wertsystem, etwa in Form des Entzugs von Emotionen, auf die Christianchen aufgrund dieser personalen ›Verdienste‹ ein Anrecht hat. Das vom Text als maßgebend gesetzte aufklärerische Wertsystem konstituiert sich also auch hier im Doppelschritt: Was in einem ersten Schritt durch Anwendung von aufklärerischen Kriterien zur Auflösung der geplanten Beziehung führt, das führt in einem zweiten Schritt durch Anwendung von neuen, aber ebenfalls aufklärerischen Kriterien zur Restitution der Beziehung.

Die Struktur der *Neumotivation,* die die Relation von textinterner Gegenwart und dem Text vorausliegender Vergangenheit betrifft, korreliert systematisch mit einer Struktur der *Konfliktsubstitution* bzw. *-überlagerung,* die die Relation der beiden Konflikte innerhalb der dargestellten narrativen

Ereignissukzession betrifft. Ein *erster, frühaufklärerischer komisch-satirischer Konflikt*, der das Liebespaar und die Eltern konfrontiert, wird gegenüber einem *zweiten, empfindsamen ernsten Konflikt* völlig sekundär gesetzt und in diesem Sinne durch ihn substituiert. Die Zustimmung der Mutter im III. Akt ist für die Realisierung der Beziehung ebensowenig entscheidend als es deren Verweigerung für die Trennung im II. Akt gewesen war. Nur mehr auf der Oberfläche wird die Beziehung aufgehoben durch das Veto der Mutter und wieder eingesetzt durch deren schließliche Zustimmung. Die eigentlichen Motivationen situieren sich auf einer rein paar- und subjektinternen Ebene, die sich hier in Handlungen manifestiert – Trennung von Christianchen mit deren Einverständnis, Werbung um Lorchen und neues Heiratsversprechen, Entsagung und erneute Planung der Ehe mit Christianchen –, von denen die unvernünftige Mutter überhaupt nichts mitbekommt. Zeichenhaft für diese ›Entmachtung‹ bzw. Irrelevantsetzung der frühaufklärerischen Konfliktebene steht, dass Simon schließlich die Braut nur mehr vordergründig aus der Hand der Mutter erhalten wird, faktisch indes, wie im Text angekündigt, aus der Lorchens, die nämlich vor der Eheschließung bei Christianchen Mutterfunktion ausüben und ihr ein Jahr lang in Berlin die erforderliche nachträgliche Erziehung verabreichen soll.

Das in der *Betschwester* erstmalig realisierte narrative Modell der finalen Restitution einer ursprünglich geplanten oder bereits vollzogenen und zwischenzeitlich (faktisch oder beinahe) aufgelösten Beziehung ist ein in der empfindsamen Liebeskomödie äußerst beliebtes Modell. Eine große Anzahl von Komödien zwischen 1745 und 1770, einschließlich Lessings *Minna von Barnhelm*, gestalten die gelingende Verbindung der Liebenden nach diesem Schema. Dabei geht es jeweils um die Neulegitimation der Beziehung gemäß einem emotionalistischen Wertsystem, dessen explizite Verbalisierung Ziel der vom Text inszenierten Auseinandersetzung der Liebespartner ist.

Die Koexistenz von frühaufklärerisch-rationalistischen und empfindsamen Modellen bzw. Elementen, die sich u.a. in der Kombination von satirischer mit ernsthafter Komik manifestiert, ist generell typisch für die deutschsprachige Komödie über diese Teilphase hinaus bis ca. 1770.[25] Sogar die im deutschsprachigen Komödiencorpus eher seltenen sogenannten ›rührenden‹ oder ›weinerlichen Lustspiele‹ – die als eine Teilmenge des ›empfindsamen Lustspiels‹

---

25 Sie ist insofern auch keineswegs, wie Steinmetz, Komödie, am Beispiel von Weißes Komödien behauptet, Zeichen einer »beginnende[n] Auflösung der Aufklärungskomödie« (S. 59).

aufzufassen sind[26] – weisen rudimentäre satirische Elemente auf. Diese Koexistenz ist, wie gezeigt, nicht einfach nur akzidenteller Natur, in dem Sinne,
dass sie etwa durch die schiere Persistenz traditioneller satirischer Modelle
bedingt wäre, sondern *systematischer* Natur, insofern die Komödientexte über
die Opposition eines alten und eines neuen Konflikts konstruiert sind. *Die
Texte bauen damit eine Metaebene auf, auf der sie ›Aufklärung‹ implizit in ihrem
dynamischen Prozesscharakter reflektieren und sich selbst als Produkt einer historischen Entwicklung thematisieren, die von der Frühaufklärung zur Empfindsamkeit fortschreitet.*

4.3 Realitätskonstitution und das Problem von
Normativität und Kausalität

Vergleichen wir nun abschließend die beiden analysierten Texte in Bezug auf
Konfliktsubstitution und Neumotivation.

In beiden Texten besteht erstens eine Doppelung der Konflikte und deren Überlagerung bzw. Substitution im narrativen Prozess. Dem ersten Konflikt bei Krüger, der den männlichen jugendlichen Protagonisten Vitichab
und den Schwiegervater Siegmar konfrontiert, korrespondiert bei Gellert ein
erster Konflikt, der den männlichen jugendlichen Protagonisten Simon und
die Schwiegermutter konfrontiert. Dieser erste Konflikt wird jeweils abgelöst durch einen zweiten, bei Krüger durch den Konflikt zwischen den beiden
Brüdern Vitichab und Dankwart, bei Gellert durch den Konflikt zwischen
den Partnern. (In der Tragödie erscheinen die beiden innerfamiliären Konflikte ihrerseits als Substitut eines vorgegebenen außenpolitischen Konflikts.)

---

26 Lessing hat in seinen *Abhandlungen von dem weinerlichen oder rührenden Lustspiele*, die die
   Übersetzungen von Pierre-Mathieu-Martin de Chassirons *Betrachtungen über das Weinerlich-
   Komische* und Gellerts *Abhandlung für das rührende Lustspiel* präsentieren, das *quantitative*
   Kriterium als das ausschlaggebende genannt – »Anfangs muß man über die Erklärung
   der rührenden oder weinerlichen Komödie einig werden. Will man eine solche darunter
   verstanden haben, welche hier und da rührende und Tränen auspressende Szenen hat; oder
   eine solche, welche aus nichts als dergleichen Szenen besteht?« – und die Bezeichnung für
   den letztgenannten Fall reserviert. Sie bezieht sich also als Übersetzung von *comédie larmo-
   yante* ausschließlich auf »diejenigen Stücke [...], welche völlig den Stücken des la Chaussee
   ähnlich sind« (L IV, 54, 57). Das betrifft im deutschsprachigen Corpus nur wenige Stücke
   wie Gellerts *Die zärtlichen Schwestern* oder Weißes *Die Freundschaft auf der Probe*. Zur zeitgenössischen terminologischen Diskussion um das Lustspiel s. auch Schaer, Die Gesellschaft
   im bürgerlichen Drama des 18. Jahrhunderts, S. 13ff.; Profitlich, Komödien-Konzepte. Zur
   Rezeption der ernsten französischen Komödie im deutschsprachigen Raum s. Valentin, La
   réception de Destouches, und Grimberg, La réception de la comédie française (anhand einer
   Untersuchung deutscher Übersetzungen und deren Vorreden).

Die beiden ersten Konflikte lassen sich rekonstruieren als homologe und gattungsspezifische Ausformungen eines einfachen und traditionellen frühaufklärerischen Intrigenkonflikts, der in Bezug auf den Protagonisten und sein Vorhaben ein rein subjektexternes, fremdes Hindernis konstituiert, in das der Protagonist emotional nicht involviert ist. Die beiden zweiten Konflikte lassen sich hingegen rekonstruieren als homologe und gattungsspezifische Ausformungen eines neuen empfindsamen Konflikts, an dem der Protagonist unmittelbar selbst emotional beteiligt ist: die problematische Leidenschaft Vitichabs in der Tragödie, das Problem der (un)möglichen Liebe Simons zu Christianchen in der Komödie. Der erste Konflikt ist jeweils ein generationsübergreifender, der die Kindergeneration mit einer unvernünftigen und lasterhaften Elterngeneration konfrontiert; der zweite Konflikt ist jeweils ein generationsinterner, den die tugendhaften Vertreter der Kindergeneration unter sich austragen. In beiden Texten lässt sich auf der syntagmatischen Achse eine Zweiteilung konstatieren, wobei die Relation der Teile in der dreiaktigen Komödie (I–II + III) und in der fünfaktigen Tragödie (I–III/IV + IV/V) in etwa dieselbe ist.[27]

In Bezug auf das finale Ereignis – den tragischen Tod des Helden in der Tragödie, die gelingende Paarverbindung in der Komödie – bedeutet die Doppelung des Konfliktes zugleich eine Doppelung der Ursachen bzw. der Motivation. Denn der erste Konflikt wird zwar durch den zweiten überlagert, verschwindet aber nicht völlig, so dass jeweils ein doppeltes Motivationsangebot besteht: Warum tötet Dankwart den Bruder Vitichab? weil er durch den Vater (und Tiber) angestiftet wurde, oder weil er von sich aus ein von Vitichab begangenes Unrecht rächt? – Und was ermöglicht die Paarverbindung Simons mit Christianchen? das plötzliche Einlenken der Mutter oder der Entsagungsakt Lorchens? Die Texte stellen damit als – historisch neue – Frage die nach der *Konstitution* oder *Determination* der (finalen) Realität: Wie wird sie herbeigeführt, was ist ihr Ermöglichungsgrund und ihre letztliche, eigentliche Ursache? Die Antwort ist jeweils dieselbe: Wie Vitichabs Schicksal nur mehr auf der Oberfläche von der Intrige des (durch den externen Feind Tiber angestifteten) Schwiegervaters Siegmar verursacht wird, eigentlich aber seinen Grund in der Interaktion zwischen den beiden Brüdern findet, so wird homolog die Paarverbindung von Simon und Christianchen nur mehr scheinbar durch das Einlenken der Mutter ermöglicht, faktisch indes durch eine spezifische Interaktion zwischen den Partnern und der Freundin. Auch diese Hierarchisierung bzw. Substitution der Determinanten lässt sich als eine Neumotivation fassen, bei der es jeweils darum geht, dass das finale Ereignis nicht mehr durch ein

---

27 Die Zweiteilung der *Betschwester* hält bereits Pikulik, Bürgerliches Trauerspiel und Empfindsamkeit, S. 115, richtig fest, allerdings ohne Interpretation.

›Außen‹, wie zuerst und auf der Oberfläche angelegt, *fremdmotiviert*, sondern einzig und allein durch ein ›Innen‹ *eigenmotiviert* erscheint. ›Empfindsamkeit‹ ist somit nicht nur inhaltlich zu bestimmen durch diese ranghöhere Ursache, die eine unmittelbare emotional-affektive Beteiligung des Protagonisten setzt, sondern *auf einer abstrakten Meta-Ebene durch den Mechanismus der Überlagerung, Hierarchisierung und Substitution der Ursachen selbst.*

Beide Texte entwerfen eine relevante Vorgeschichte, die das finale Ereignis antizipiert: Das den Brudermord prophezeiende Orakel in der Tragödie korrespondiert dem durch den Vormund getroffenen Ehearrangement in der Komödie – wiederum zwei gattungsspezifische homologe Besetzungen eines identischen tiefenstrukturellen Ereignisses. Damit wird zum einen eine temporale Dimension eingeführt, die in der *Schaubühne* noch keine Rolle spielt, und zum anderen wird das Problem der Realitätskonstitution noch einmal ganz explizit gestellt. Das Schlussereignis ist nun auch auf dem Hintergrund dieser Vorgeschichte zu lesen und nach seinem Verhältnis zu ihr zu befragen: Wie verhält es sich zu dieser seiner Vorgabe, die es auf der Textoberfläche jeweils bestätigt? Denn der einstige Orakelspruch wird ebenso bestätigt wie das ursprüngliche Ehearrangement, der ereignishaften Erfüllung der Todesprophezeiung korrespondiert die ereignishafte Restitution der Ehe.

Das Problem der *Realitätskonstitution* wird damit implizit mit einem Problem der *Normativität* verknüpft. Denn in der Vorgeschichte steckt ein normatives Moment, eine subjektexterne Vorgabe und eine Art Vorherbestimmung, etwas, das sich ereignen soll. Dies wird in anderen Komödien noch deutlicher, wenn anstelle des Arrangements des Vormunds, der hier selbst gar nicht mehr auftritt, der väterliche Wunsch einer bestimmten Partnerwahl steht, dem die Tochter oder der Sohn unter Androhung von Sanktion unbedingt Folge leisten muss (s. Kap. 6.3). Vitichab hat also ›von selbst‹ und ›von sich aus‹ ein Schicksal ›geschaffen‹, das ihm ohnehin schon aus der Vergangenheit vorbestimmt war. Ganz analog hat das Liebespaar ganz selbständig und gegen alle Hindernisse eine Verbindung geschaffen, die allein ihren paar- und subjektinternen Bedingungsgrund, in den Empfindungen der Liebenden hat, und doch zugleich paar- und subjektextern bereits vorgegeben ist. Der vom Dramentext inszenierte narrative Prozess besteht mithin genau darin, dass das jugendliche Subjekt (bzw. Paar) die ihm äußerliche Vorgabe jeweils ganz sich ›zu eigen machen‹ muss, sie ganz im eigenen Inneren gründen lassen muss, dergestalt, dass im Schlussereignis Selbstbestimmung und Fremdbestimmung, Autonomie und Heteronomie, Subjekt und Norm versöhnt und ununterscheidbar zusammenfallen. Eine Ebene der *Kausalität*, die nach den Ursachen eines Schicksals fragt, die nun ausschließlich im Subjekt selbst gefunden werden, und eine Ebene der *Normativität* werden auf diese Weise kurzgeschlossen. Was die Dramen hier in gattungsspezifischer Ausprägung verhandeln, ist in letzter Instanz das epochale Problem der Relationierung und Vermittlung des Kausalen und des

Normativen, das, wie insbesondere Panajotis Kondylis gezeigt hat,[28] den verschiedensten diskursiven Formationen dieser Epoche zugrundeliegt.

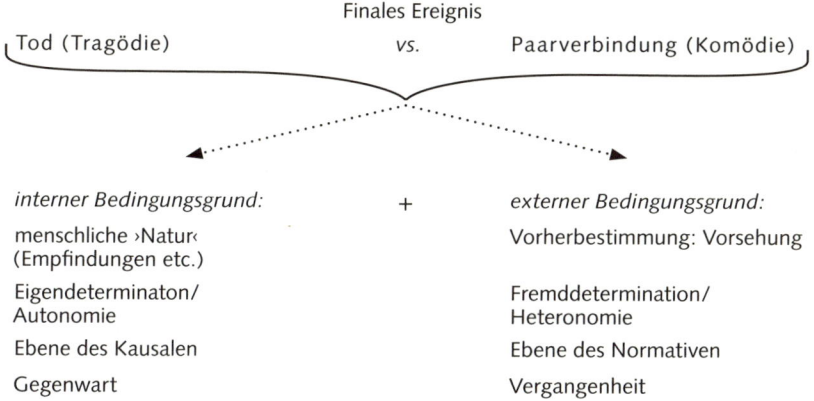

Finales Ereignis

Tod (Tragödie)   vs.   Paarverbindung (Komödie)

interner Bedingungsgrund: +   externer Bedingungsgrund:

menschliche ›Natur‹   Vorherbestimmung: Vorsehung
(Empfindungen etc.)

Eigendeterminaton/   Fremddetermination/
Autonomie   Heteronomie

Ebene des Kausalen   Ebene des Normativen

Gegenwart   Vergangenheit

Die anthropologische Ebene der menschlichen Natur, der Empfindungen bzw. Leidenschaften, in denen das (positive wie negative) Schicksal gründet, erweist sich zugleich als immer schon vermittelt mit einer Norm von direktem (in der Tragödie) bzw. indirektem (in der Komödie) metaphysischen Status. Die Trauerspielvariante, die mit dem Tod des Protagonisten endet, und die Lustspielvariante, die mit der glücklichen Hochzeit endet, sind diesbezüglich nur zwei gattungsspezifische Varianten derselben paradoxen Relationierung von Autonomie und Heteronomie bzw. des Kausalen und des Normativen, über die zugleich Gegenwart und Vergangenheit vermittelt werden.

4.4 Märtyrerdrama II: Konflikt um die normative ›Natur‹ in J. H. Steffens' *Placidus oder Eustach*

In den frühen Tragödien konnten implizite Widerständigkeiten beim Versuch der Konstruktion eines normativistischen Naturbegriffs und der Begründung einer ›Naturmoral‹ nachgewiesen werden. Bestrebungen nach Ontologisierung und Naturalisierung der Normen wurden unterlaufen durch eine – freilich höchst indirekte und gewissermaßen erst im Keim erkennbare – Arbitrarität und somit auch Relativierung. Diese Tendenz tritt nach 1745, im Zusammenhang mit Tendenzen zur Subjektivierung und Emotionalisierung, sehr viel deutlicher auf, so dass nun im eigentlichen Sinne von ›Relativierung‹ die

---

28 Kondylis, Die Aufklärung, bes. Kap. VI, S. 357ff. und zum »normativistischen Naturbegriff«
S. 342ff. Siehe auch Ehrard, L'idée de nature, S. 335ff. und 395f.

Rede sein kann, auch wenn diese freilich nach wie vor uneingestanden bleibt und unlösbare Konflikte im Text konstituiert. Die anhand von *Cato* und *Herrmann* skizzierte Problematik der paradoxen Berufung auf die ›Natur‹ begegnet jetzt in radikalisierter Form, und zwar wiederum gattungsübergreifend. Die folgenden Ausführungen konzentrieren sich auf Johann Heinrich Steffens' 1749 publizierte Tragödie *Placidus oder Eustach* und versuchen, die erstaunliche Wandlung nachzuzeichnen, die die Gattung des ›Märtyrerdramas‹ mit diesem Text erfahren hat.

4.4.1 ›Wahrer‹ *vs.* ›falscher‹ Vater

Auf den ersten Blick handelt es sich hierbei um ein höchst konventionelles und eher sprödes christliches Märtyrerdrama, das jedoch auf den ›zweiten Blick‹ durchaus Bemerkenswertes enthält.[29] Der Text dramatisiert die Geschichte des Martyriums des Hl. Eustachius, i.e. des konvertierten römischen Hauptmanns Placidus und seiner Familie unter Kaiser Hadrian. Die Vorgeschichte umfasst die Legende der Trennung der Familie – Placidus, Gattin Trajana und die Söhne Theopist und Agapius – vor ca. 20 Jahren durch einen Raubüberfall in Nordafrika, wo Placidus als römischer Feldherr Dienst tat. Trajana geriet in cilicische Sklaverei, Theopist wurde von einem Löwen geraubt, dann von einem ägyptischen Schäfer unter dem (anagrammatischen) Namen Metophis aufgezogen und landete schließlich unerkannt als Soldat im römischen Heer unter Placidus; Agapius wurde von einer Wölfin geraubt und anschließend von Marcellus, einem Cilicier, als Gracchus aufgezogen, den er jetzt noch für seinen Vater hält. Der Text zerfällt deutlich in zwei Teile: Teil I (Akte I–III) erzählt die Wiedervereinigung der Familie als rührende Geschichte; Teil II (Akte IV–V) erzählt deren heroisches Martyrium.

Akt I setzt unmittelbar nach der siegreichen Schlacht der Römer unter Placidus über die Cilicier ein, bei der der eine Sohn – Metophis/Theopist – den Vater vor dem Tode errettete, während der andere – Gracchus/Agapius, der zusammen mit seinem Ziehvater Marcellus auf der Gegenseite kämpfte – gefangengenommen wurde. Placidus dankt Metophis für die geleistete Lebensrettung; dieser begründet seinen Antrieb zur Rettung über eine unerklärliche Sympathie zu Placidus:

---

29 Vgl. die knappen Bemerkungen von Heitner, German Tragedy, dem dies freilich völlig entgangen ist (S. 400f.). Laut Reinhart Meyer handelt es sich um eines der seltenen protestantischen Schulspiele des 18. Jahrhunderts, ein »[p]rotestantischer Rechtfertigungsversuch, in der Schule Theater zu spielen« (Bibliographia dramatica, Bd. II/14, S. 368).

METOPHIS. Ein was, ich weiß nicht was, erhizte Muth und Glieder,
ein angeflamter Trieb rief: stoß die Mörder nieder,
[…].
Denn glaube, da ich dich zum erstenmal erblikt,
hat sich ein sanfter Trieb in meine Brust gedrükt.
Ich fühle seit der Zeit sonst unbekante Triebe,
und kurz, erlaube mir, o Herr, daß ich dich liebe. (DDE III, 297/3, 299/5)

Placidus bestätigt für sich dieselbe Regung und nimmt Metophis als Adop-
tivsohn an, der den verloren geglaubten biologischen Sohn Theopist substituieren soll: »Ja, Fremdling seltner Art, ich willige darein, / du solst mir statt
des Sohns, ich will dein Vater seyn.« (DDE III, 299/5) Der biologische Sohn
wird somit zum zweitenmal und bewusst zum Sohn ›gemacht‹, ein bereits in
Cato (anhand von Cato und Arsene/Portia) ansatzweise eingeführtes und zumal im empfindsamen Drama beliebtes Modell.[30] Wird in *Cato* der unwillkürliche Trieb aber erst *a posteriori, nach* dem Wissen um die Verwandtschaft
formuliert, so hier nun *vorher* und ganz unabhängig davon; was bei Gottsched
bloß *gesagt* wird, erlangt hier handlungskonstitutive Relevanz und wird unmittelbar als *Ereignis* inszeniert.

Wiederholt und ausführlich wird im ganzen I. Teil des Dramas von Placidus, Metophis sowie von der später auftretenden Mutter Trajana der unwillkürliche natürliche Trieb beschworen, der die Familienmitglieder zueinander
führt. Metophis verspürt dieselbe unwillkürliche Anziehung und denselben
Rettungsimpuls sowohl gegenüber dem gefangenen Bruder als auch gegenüber der der Sklaverei entflohenen Mutter, die er im III. Akt vor den Besitz-
ansprüchen des Ciliciers Crito rettet:

METOPHIS. […] es ist ein seltner Trieb, der dir die Schuld entrichtet,
der so Geheimnisvoll, so stark die Brust erfüllt,
daß wieder allen Zwang mein Aug voll Thränen quillt. (DDE III, 335/41)

Trajana bekennt ihrerseits denselben wirkenden Trieb, hier nun gegenüber dem
anderen Sohn Gracchus/Agapius, der von ihr im III. Akt identifiziert wird:

TRAJANA. Bist dus Agapius? Mein Gott, kaum kenn ich dich.
[…]
Ja! Ja! Mein Sohn, du bists, *jetzt sagt es mir der Trieb,*
der mir bei aller Qual doch stets natürlich blieb. (DDE III, 340/46)

Einer der ›Sprengsätze‹ dieses Stücks besteht nun darin, dass dieser »natürliche
Trieb« nicht, wie suggeriert, allgemeingültig zwischen allen Familienmitgliedern wirkt, sondern bei Sohn Agapius/Gracchus offenbar nicht. Insbeson-

---

30 Vgl. u. a. Brawes *Brutus*, Geblers *Klementine*.

dere zwischen ihm, der von einem zweiten ›Vater‹ auferzogen wurde, und dem biologischen Vater funktioniert die ›Stimme des Blutes‹ zunächst ganz und gar nicht. Die väterlich-zärtlichen Regungen gegenüber Metophis in I/1 (»welch ein sanfter Zug regt sich in meinem Herzen! [...] nie ist meine Brust empfindlicher gerührt;« DDE III, 301f./7f.) kontrastieren mit einer geradezu feindseligen Regung Placidus' gegenüber Gracchus unmittelbar darauf in I/3. Dessen fehlende Sohnesliebe zum biologischen Vater wird ihrerseits umso deutlicher dadurch, dass Gracchus nämlich sehr wohl zärtliche Regungen und einen Rettungsimpuls kennt und auch wortreich artikuliert – sie gelten aber seinem sozialen ›Vater‹ Marcellus sowie den cilicischen Kampfgenossen, »seine[n] Brüder[n]« (DDE III, 313/19). Mit nicht geringerem rhetorischen Aufwand wie Placidus und Metophis beschwört Gracchus geradezu provozierend just seine Liebe und emotionale Bindung an den ›falschen‹ Vater und das ›falsche‹ Vaterland Cilicien: Ersterer ist ihm sein »liebster Vater«, letzteres »mein liebstes Vaterland«, sich selbst apostrophiert er als des Marcell »liebsten Sohn«, enthüllt ein »Herz voll Zärtlichkeit für seinen Vater«, durch das Schicksal der gefangenen Kampfgenossen werde »in [s]einer Brust ein blutig Herz bewegt« usw. usf. (DDE III, 304/10, 327/33, 307/13). Die Provokation besteht also darin, dass hier just ein ›falscher‹ Vater und ein ›falsches‹ Vaterland exakt dieselben positiven Emotionen auszulösen vermögen, die offiziell nur der biologisch eigene Vater und das eigentliche Vaterland auslösen dürften. Die Erklärung, die Marcell abgibt: »[...] Gracchus, dessen Blut gern, o Rom, / für dich geflossen, / wenn er meiner Pflege nicht, seit so langer Zeit genossen.« (DDE III, 330/36), ist angesichts des Gegenbeispiels Metophis, der gegenüber sämtlichen Familienmitgliedern einen unwillkürlichen ›natürlichen‹ Rettungstrieb empfindet, nur eine scheinbare Begründung für das Versagen der ›Natur‹ bei Gracchus.

Zwei Klassen von zärtlicher Menschenliebe werden also einander konfrontiert: Die eine, unwillkürlich und nichtbewusst wirkend, funktioniert als ›Stimme des Blutes‹; die andere ist Resultat eines vorgängigen Erziehungs- und Sozialisationsprozesses und erscheint als bewusste Gegenleistung des ›Sohnes‹ für die vom ›Vater‹ ihm erwiesene Liebe und Fürsorge, mithin als ein genuin ›aufklärerisches Produkt‹. Beide zärtlichen Emotionen, zum wahren wie zum falschen Vater, werden aber gleichermaßen unter Berufung auf die Kategorie der ›Natur‹ begründet. So rechtfertigt sich Gracchus: »Nichts hab ich sonst gesucht, / als was Natur und Pflicht mir wirklich auferlegt.« (DDE III, 303/9) Die Paradoxie der ›widernatürlichen‹, gleichwohl als ›Natur‹ reklamierten Liebe wird zeichenhaft abgebildet in der Geschichte vom seltsamen Fürsorgetrieb jener Wölfin, die den Findling einst säugte. In einem Brief, den der sterbende Marcell an Hadrian sendet und der vom Feldherr Mithridat im III. Akt vorgelesen wird, schildert er die Situation, da er den Knaben Agapius/Gracchus vor 19 Jahren fand, folgendermaßen:

MITHRIDAT. (lieset) [...]
> Dieses Thier, so greßlich auch mich sein erster Anblick deuchte,
> war *vor Mitleid so gerührt*, daß es ihm die Brüste reichte,
> und durch sein gelindes Lecken oft die Thränen unterbrach.
> *Die Natur schien hier verleugnet*; [...]. (DDE III, 330/36)

Wie die Wölfin den Knaben liebt, so lieben sich Marcell und Gracchus; die widernatürliche Überschreitung der Gattungsgrenzen zwischen Mensch *vs.* Tier steht zeichenhaft für die ›widernatürliche‹ Überschreitung der Grenze zwischen biologischem *vs.* sozialem Vater (bzw. Sohn), zwischen Römer *vs.* Cilicier. Was aber hier zur ereignishaften Abweichung von der Natur und geradezu zu deren ›Verleugnung‹ führt, ist jeweils eine exemplarisch menschlich-empfindsame Qualität: »vor Mitleid so gerührt«! Natur und Menschlichkeit sind also dissoziiert, oder anders formuliert, ›Natur‹ wird wieder doppelt und paradox in Anspruch genommen. Gegenüber Gottsched (*Cato*) und Schlegel (*Herrmann*) ist der Konflikt um Tugend und Natur somit erheblich verschärft, und zwar u.a. dadurch, dass es sich hier nicht, wie bei Portia und Flavius, um einen erotischen Trieb handelt, der in Gegensatz zur Tugend gerät, sondern um absolut tugendhafte, geradezu vorbildliche altruistische Liebe zu Vater und Vaterland, die nur den Fehler hat, dass sie eben den ›falschen‹ Objekten gilt. Hier wird also geradezu maliziös ein Gegenmodell gesetzt, welches das Postulat des *notwendigen* Wirkens eines Naturtriebs und der naturhaften, *alternativlosen* Bindung an das ›richtige‹ System implizit unterläuft und aufhebt. Der Widerspruch, der hier zu Tage tritt, bezeichnet wiederum den fundamentalen Konflikt zwischen dem Kausalen und dem Normativen, den die epochalen Bemühungen um Begründung einer ›Naturmoral‹ zu lösen haben und die Dramen u.a. anhand des Themas der Liebe zum biologischen *vs.* sozialen Vater abhandeln. In dem Maße, wie offiziell die Kongruenz und Koinzidenz des Kausalen und Normativen postuliert wird, wird indes inoffiziell zugleich deutlich, dass es sich hierbei um ein pures Postulat handelt.

All diese Probleme werden weder explizit diskutiert, geschweige denn gelöst. Auf der Textoberfläche wird der Konflikt zwischen Vater und Sohn ausschließlich über das Problem einer Gesetzesübertretung ausgetragen. Denn der auf Bitten des Bruders Metophis freigelassene Gracchus benutzt seine Freiheit dazu, Marcellus und seine mitgefangenen »Brüder« zu befreien und ihnen zur Flucht zu verhelfen. Seine Liebe zum ›Vater‹ führt ihn also zum Verstoß gegen das (römische) Gesetz. Für diesen »Frevel« (DDE III, 302/8) droht ihm Placidus den Tod durch Hinrichtung an. Nachdem auch er schließlich eine unerklärliche Neigung zu Gracchus behauptet (»ich weis nicht welch ein Trieb mich heimlich zu ihm neiget«), wird das Problem in der konventionellen Form eines Gegensatzes zwischen »Trieb« *vs.* »Pflicht« ausgetragen: »Doch Recht und Amt und Pflicht bemeistern meinen Trieb; / [...] / ich lieb und straf ihn doch; Er bleibet ein Verräther.« (DDE III, 307f./13f.). Die Konfrontation des

Sohnes mit dem Vater wiederholt sich im II. und III. Akt als Konfrontation mit
dem Landesvater, dem neuen Kaiser Hadrian. Diesem gegenüber rechtfertigt
Gracchus ebenfalls stolz seine Tat, verweigert jegliche Reue und erklärt sich
zum Tod bereit. Seine Rettung gelingt schließlich nur durch den erwähnten
Brief des Marcellus, der Gracchus' wahre Herkunft enthüllt.

Am Ende des III. Akts, nach der Enthüllung der Identität der Söhne und
der Mutter, ist die Familie glücklich wiedervereint. Das Problem des wahren
vs. falschen Vaters sowie der – vorhandenen oder fehlenden – ›Stimme des
Blutes‹ ist damit scheinbar erledigt. Im weiteren Verlauf des Stücks wird es
zumindest nicht mehr thematisch werden. Um so größere Sprengkraft entfaltet es aber auf indirekte Weise im II. Teil der Tragödie.

4.4.2 ›Wahrer‹ *vs.* ›falscher‹ Gott

Mit ihrer ursprünglichen familiären Identität, markiert durch ihre Namen
Agapius bzw. Theopist, erhalten die beiden Söhne zugleich eine neue *konfessio-
nelle* – christliche – sowie (dies gilt insbesondere für den ›Cilicier‹ Gracchus)
eine neue *politische* – römische – Identität, die jeweils auch ihre alte, ursprüngliche Identität ist.[31] Gemäß der epochalen Analogisierung von Familien- ≈
Landes- ≈ Gott-Vater erhält also Gracchus/Agapius drei neue ›Väter‹.[32] In der
letzten Szene des III. Akts eröffnet Placidus den erstaunten Söhnen, dass sie
christlich getauft seien und fordert sie zum Hass gegen den Götzendienst auf.
Mit der Rekonversion der Söhne ist der Grund gelegt für eine konfessionel-
le Problematik, die ab Akt IV als neuer dramatischer Konflikt entfaltet wird.
Denn auf Betreiben der Priester ordnet Hadrian als Dank an die Götter für
die siegreiche Schlacht einen großen Opferritus an und fordert Placidus und

---

31 Mit der signifikanten Ausnahme der Mutter besitzen alle männlichen Familienmitglieder
    einen doppelten Namen, den ursprünglichen – Placidus, Agapius, Theopist – und den neu-
    en – Eustach, Gracchus, Metophis. Das Problem der doppelten Identität besteht seinerseits
    aber nun auf doppelte Weise: Denn sie wird (für die Söhne) *biographisch* abgeleitet vom ver-
    gangenen Schicksal der Trennung und Erziehung unter fremdem Namen am fremden Ort;
    sie bezeichnet sodann in Teil II das aktuelle und *religiöse* Problem der frühen konvertierten
    Christen (wie exemplarisch des Vaters), die neben der offiziellen römisch-heidnischen Identität
    eine inoffizielle christliche besitzen. Auch diese Struktur der doppelten – *diachronen* und
    synchronen – Identitätsproblematik lässt sich letztlich auf ein Problem der Relationierung
    des Kausalen und des Normativen zurückführen (vgl. die ganz analoge Problematik in
    C. Mylius' bemerkenswertem Schäferspiel *Die Schäfer-Insel*. Im Gegensatz dazu kennen die
    frühen Dramen nur die ›einfache‹ Identitätsproblematik, vgl. Gottscheds *Cato* und *Atalanta*,
    Schlegels *Herrmann*).

32 Die Äquivalenz des Familienvaters mit dem Landesvater wird auch noch dadurch verdeutlicht,
    dass mit dem Tod des Marcell und dessen Substitution durch den wahren Vater Placidus der
    Tod des Kaisers Trajan und dessen Substitution durch Hadrian parallelisiert wird.

dessen Familie zur Teilnahme auf – was diese nun mit dem Hinweis auf ihr Christentum verweigern.

Der Gegensatz zwischen Christentum *vs.* Heidentum wird auf der Text-oberfläche als Gegensatz zwischen Aufklärung *vs.* Nicht-Aufklärung modelliert. Der Glaube an den Gott, »den die Natur bekennt, / Vernunft und Trieb und Pflicht anbetens würdig nennt« (DDE III, 381/878), hat in Vernunft und Herz gleichermaßen seinen Sitz und definiert sich hier primär über Menschlichkeit, welche den Heiden abgesprochen wird: »Unmenschen fangt doch an, wie Menschen zu empfinden! / Die Unschuld rührt euch nicht, der Wahrheit bleibt ihr feind.« (DDE III, 394/100) Die beiden letzten Akte inszenieren nun den bekannten Konflikt um die Tugend, die sich allen Versuchungen, politisch klug zu handeln, um das Leben zu retten, selbstredend widersetzt und heroisch den Märtyrertod stirbt. Abgesehen von einigen unverkennbar empfindsamen Anklängen scheint das Drama gegenüber früheren ›Märtyrerdramen‹ nichts Neues zu bieten. Die christliche Position bleibt somit letztlich austauschbar, etwa mit der republikanischen Position eines Cato, wie denn auch Hadrian gleich Cäsar (wenn auch mit mehr Grund, da er das Martyrium anordnet) als »Tyrann« beschimpft wird (DDE III, 395/101).

Die ganze Raffinesse oder Tücke des Textes liegt freilich in der angelegten *Relation* zwischen den beiden Konflikten, dem Konflikt um den »rechte[n] Vater]« (DDE III, 332/38) in Teil I und dem Konflikt um den rechten Gott in Teil II. Die Verknüpfung beider Probleme wird bereits auf der Handlungs-ebene hergestellt, wenn Ende des III. Aktes für die Söhne die Erkenntnis des biologischen Vaters unmittelbar parallelisiert wird mit der Erkenntnis des christlichen Gottes. Die ganze Tragweite des in Teil I inszenierten Konflikts um den biologischen *vs.* sozialen Vater und die ihm entgegengebrachte Liebe wird jetzt erst deutlich. Das Problem des ›richtigen‹ Glaubens wird nun, wie erwartbar, nach demselben Modell des heimlichen Naturtriebs konzipiert wie die Liebe zum biologischen Vater. Der Konflikt, den Teil I um den letzteren entfaltete, wiederholt sich beim christlichen Gott allerdings scheinbar nicht, sondern geht erstaunlicherweise völlig unproblematisch vonstatten. So darf nun ausgerechnet Gracchus/Agapius in Bezug auf den christlichen Gott das behaupten, was in Bezug auf seinen Vater nicht so recht funktionierte:

GRACCHUS. Die Regung wachet auf, die ich schon längst verspührt.
    Was für ein heilger Schmerz will mein Gewissen nagen?
    [...]
    der Vorsatz ist gefaßt, du must mich, Herr, bekehren.
    Von nun an haß ich dich, unselger Götzendienst. (DDE III, 353/59)

Buchstäblich von einer Sekunde auf die andere erklären sich die Söhne zu Feinden des heidnischen Glaubens und begehen schließlich sogar Religions-frevel, indem sie den römischen Altar schänden.

Allein die Parallelisierung des konfessionellen Problems mit dem familiären Problem impliziert logisch notwendig, dass auch die Bindung an den christlichen Gott letztlich ebenso willkürlich und kontingent ist, wie sich die Bindung an den Vater erwies. Die Äquivalenz beider Konflikte wird offiziell freilich nicht eingestanden – inoffiziell und auf sehr indirekte Weise dafür aber um so mehr hergestellt. Gracchus gehörte in Teil I zu den cilicischen »Rebellen« als den äußeren Feinden – als Christ gehört er nun zusammen mit dem Bruder und dem Vater erneut zu den »Rebellen« als innerrömischen Feinden (DDE III, 312/18, 360/66). Tatsächlich werden beide inhaltlich so unterschiedlichen Konflikte völlig identisch modelliert. Jeweils wird ein Normverstoß gegen das herrschende kaiserliche Gesetz begangen, an dem sich der Konflikt entzündet: Gracchus' widerrechtliche Befreiung der gefangenen Kampfgenossen in Teil I, die Verweigerung der angeordneten Teilnahme am Opferritual sowie die Schändung des römischen Altars durch die beiden Söhne in Teil II. Jeweils wird den Rebellen kaiserliche Gnade versprochen, sofern sie nur zur Reue bereit seien; doch diese beharren auf ihrer Position und sind zum Opfertod bereit, ungeachtet der jeweils wiederum wortgleich an sie ergehenden Aufforderung, politisch klug zu handeln und das eigene Wohl zu bedenken (vgl. DDE III, 304/10 und 364/70).

War Sohn Gracchus in Teil I der eigentliche Protagonist, so ist es in Teil II Placidus – erst jetzt wird er gewissermaßen zum Held, während die Söhne kaum relevante Redeanteile mehr erhalten. Die auffällige Ablösung des Sohnes durch den Vater in der Protagonistenrolle ist nicht nur eine rein formale. Placidus übernimmt von Gracchus den Konflikt in dem Sinne, dass er sich in derjenigen Position wiederfindet, die dieser zuvor innehatte. War es in Teil I Placidus, der Gracchus zur Reue aufforderte – »Ihr dürftet das Versehn nur unverstelt bereuen« –, so wird nun Placidus seinerseits vom Hauptmann Sever wortgleich aufgefordert: »Bereue dein Versehn, ich hoff es zu erlangen, / es wird dein Kaiser dich mit vorger Huld umfangen;« (DDE III, 304/10, 362/68). Drohte Placidus im I. Akt Gracchus Martern an, so werden sie ihm nun selbst angedroht, wie umgekehrt bereits Gracchus sich in der typischen Märtyrerpose gefiel (»Ich sterbe […] mit freudigem Gemüthe.« DDE III, 305/11). – Was ist die Logik dieser Substitution? War Placidus gegenüber dem Sohn in der Position des *Subjekt/Agens*, so gerät er nun in die des *Objekt/Patiens*. Er muss nun *unmittelbar an sich selbst erleben und erleiden*, was er zuvor einem anderen zufügen wollte. Das unmittelbare Erleben dessen, was zuvor nur verbal und am fremden Objekt als ein dem Subjekt Äußerliches verhandelt wurde, beschreibt, so meine These, wiederum eine Struktur der *antiintellektualistischen Versinnlichung*, die die *fremde* Geschichte zur *eigenen* Geschichte werden lässt und dadurch einen *Perspektivenwechsel* produziert, der handlungskonstitutive Funktion erhält. Mit der Homologie der Figuren – Placidus : Gracchus :: Hadrian : Placidus – ist eine Homologie der Konflikte gegeben. Allein daraus und aus dem Perspektivenwechsel resultiert bereits notwendig eine Relativierung, im Sinne einer nachträglichen impliziten Rechtfertigung der Positionen des Sohnes. Beide Male geht es um eine »Schuldigkeit« gegenüber den zwei oppositionellen Größen ›Natur‹ *vs.* ›Gesetz‹ (DDE III, 313/19), und jeweils ist die Schuldigkeit gegenüber der Natur-Norm – empfindsame Menschenliebe zum Vater in Teil I, christliche Gottesliebe in Teil II – die ranghöhere.

Die eigentliche ideologische Sprengkraft dieser Analogiestruktur liegt nun darin, dass sie damit den Vergleich dessen erzwingt, was offiziell inkommensurabel ist. Im II. und III. Akt ist Hadrian erbittert über den Stolz und »Trotz« des gefangenen Gracchus, der sich weigert, um Gnade für sich zu bitten und statt dessen heroisch für seinen *geglaubten Vater* in den Tod gehen will; nun, im IV. und V. Akt wiederholt sich dieselbe Frontstellung gegenüber der ganzen Familie, und Hadrian artikuliert seinen Zorn über den »Trotz« der Familie, die heroisch für den *geglaubten Gott* in den Tod gehen will (DDE III, 314/20, 388/94). Jeweils ist der bzw. sind die Protagonisten zum Selbstopfer für eine geglaubte Größe bereit, aber im einen Fall ist es ein wahrer, im anderen ein falscher Glaube! Der mit soviel Aufwand als ›wahrer‹ beschworene christliche Gott und die ›wahre‹ christliche Religion befinden sich mit dem nur vermeintlich wahren, faktisch aber ›falschen‹ Vater und dem ›falschen‹ Vaterland in ein- und derselben Klasse! Entgegen der offiziellen Ontologisierung, die die Bindung an das richtige religiöse System als Wirken eines unwillkürlichen Naturtriebs ausgibt und das Christentum mit Natur, Tugend und Vernunft identifiziert, wird eine versteckte Relativierung und tendenzielle Gleichsetzung der ideologischen Systeme betrieben. Nicht nur erscheinen aus der Perspektive der Römer die christlichen Familienmitglieder völlig zu Recht als lasterhafte Religionsfrevler und werden der Nicht-Vernunft und der »Schwärmerei« bezichtigt (DDE III, 387/93); sondern darüber hinaus auch kann die Gegenpartei der christlichen Beschwörung einer ontologischen Differenz – »*Es ist ein wahrer Gott, erdacht sind eure Götter*« – denselben Einwand entgegenhalten: »*Was Gott? Der Christen Gott, was ist er, als ein Traum?*« (DDE III, 363/69, 384/90). Dieser Konflikt um die ›wahre‹ ideologische Position ist, das macht der Text uneingestanden, aber unmissverständlich deutlich, nicht mehr entscheidbar. Johann Heinrich Steffens ist mit diesem, laut »Vorrede« offiziell zur »Ehre unserer allerheiligsten Religion« verfassten Text (DDE III, 291) zweifellos eine der subtilsten Umdeutungen des traditionellen christlichen Märtyrerdramas gelungen – oder sollte man besser sagen: ›unterlaufen‹?

Deutlich wird in diesem Text nicht zuletzt auch eine grundlegende Neusemantisierung des Selbstopfers, die das aufklärerische ›Märtyrerdrama‹ generell betrifft. Wenn am Ende die ganze Familie um der identifikatorischen ideologisch-religiösen Bindung willen in den Tod geht, dann bestätigt sie damit gleichsam die ›Natürlichkeit‹ dessen, was eigentlich Produkt einer willkürlichen Wahl und Setzung ist, bzw. anders formuliert: *Sie restituiert mit dem Selbstop-*

fer gewissermaßen die latent bedrohte Natürlichkeit und Selbstverständlichkeit des Normativen. Die Tat erfüllt hier eine zentrale legitimatorische Ersatzfunktion, sie muss für das einspringen, was das Wort nicht mehr zu leisten vermag. Hier beginnt also erkennbar ein Konflikt, der in Lessings *Nathan* schließlich einer Lösung zugeführt werden wird, womit zugleich auch das Ende der hier betrachteten Epoche markiert wird. Nicht zufällig wird auch dort das Problem der Relativität der ideologisch-religiösen Systeme mit dem Problem des biologischen *vs.* sozialen Vaters verknüpft. Der stattfindende aufklärungsinterne Wandel lässt sich hieran exemplarisch ermessen: Die Abwehr von Kontingenzerfahrung, die hier noch gelingt – und gelingen muss –, wird in der Spätaufklärung dann nicht mehr in dieser Weise gelingen.

5. Der Widerstand gegen die empfindsame Liebe

Die zweite Hälfte des fünften Jahrzehnts bringt im Drama gattungsübergreifend, sowohl im öffentlich-politischen als auch im privat-familiären Raum, den Entwurf einer empfindsamen Interaktionsmoral. Jeweils handelt es sich auch um eine Neulegitimation von Autorität und Macht über empfindsame Emotionalität. Das Ideal aufgeklärt-absolutistischer Herrschaft, die sich anstatt über äußeren Zwang und Gewalt über Huld, Gnade, Verzeihen etc. legitimiert – ein Ideal, das sich, wie gezeigt, in Ansätzen bereits in der *Schaubühne* fand –, wird nun im Trauerspiel explizit und ganz ausführlich formuliert. Parallel hierzu – und gemäß der epochalen Strukturanalogie von Staat und ›Haus‹ – kommt es im privat-familiären Raum zur analogen Neudefinition und -legitimation patriarchaler Autorität. Dem Fürsten als aufgeklärten ›zärtlichen Landesvater‹, wie ihn die Tragödie entwirft, korrespondiert in der Komödie der zärtliche, um das Wohl seiner Kinder besorgte Familienvater, der bei der erotischen Partnerwahl seiner Kinder nicht mehr Zwang, sondern Freiwilligkeit walten lässt. Die Vollform solch väterlicher Zärtlichkeit erweist sich in umfassender Verzeihensbereitschaft auch für gravierendere Fehltritte, als sie die Komödie zulässt, und wird somit erst im bürgerlichen Trauerspiel (exemplarisch *Miß Sara Sampson*) auftreten. Doch kennt die Komödie der zweiten Hälfte der 40er Jahre bereits unverkennbare Vorformen davon.

Die Rhetorik der empfindsamen Liebe darf freilich nicht darüber hinwegtäuschen, dass Autorität und Gewalt *als solche* in den Dramentexten keineswegs aufgehoben werden, vielmehr in neuem, emotionalisiertem Gewand fortbestehen. Insbesondere Sørensen hat in seiner bekannten Studie die konstitutive Doppelheit von »Herrschaft und Zärtlichkeit«, von Patriarchalismus und Empfindsamkeit sowohl für den öffentlich-politischen wie den privat-familiären Bereich herausgearbeitet.[1] Die folgenden Kapitel wollen den Blick auf das bislang noch wenig beachtete Phänomen des *Widerstands* richten, der sich gegen die neue empfindsame Liebe formiert und von dem die Dramen – Tragödien wie Komödien – erzählen.

Die neue Macht verzichtet zwar auf die Anwendung äußerer Gewalt – sie bleibt jedoch auf die *Erwiderung* der zärtlichen Liebe angewiesen. Eine zärtliche Liebe zu erwidern bzw. anzunehmen, kann nun die Bedeutung eines *impliziten Unterwerfungsaktes* erhalten. Dies gilt nicht nur im Umgang mit Autoritätsinstanzen wie dem Fürsten bzw. dem Vater, sondern generell: Der ge-

---

1 Sørensen, Herrschaft und Zärtlichkeit.

samte Bereich der empfindsamen Interaktion, also auch die freundschaftliche oder erotische Liebe, ist nun von einer neuartigen Machtthematik durchzogen. Der Widerstand besteht somit in der *Verweigerung der Erwiderung* solch zärtlicher Liebe. Wie man den Untertan, die Tochter, den Freund oder den Partner (bzw. die Partnerin) zur Erwiderung und Annahme der ihnen entgegengebrachten zärtlichen Liebe bringen und *zwingen* kann, wird zu einem der beliebten Themen der Dramenliteratur – die bereits in der frühaufklärerischen Tragödie zentral verhandelte ›Freiheit‹ erhält nun ganz neue Bedeutungsnuancen und hält Einzug auch in die Komödie. Es konstituiert sich gattungsübergreifend ein regelrechtes Paradigma der ›Rebellen‹, die auf ihre ›Freiheit‹ pochen und die dergestalt einen impliziten Machtkampf gegen diejenigen führen, die ihnen ihre Liebe aufzwingen wollen. Gelingt in der Komödie schließlich die Überwindung dieses Widerstands, so scheitert dieser Versuch in der Tragödie, wobei dies mit dem Tod des Rebellen (*Canut*, *Arminius*) und/oder mit dem Tod des Souveräns (*Arminius*) verbunden sein kann.

Der Widerstand gegen die empfindsame Liebe ist somit doppeldeutig: Einerseits Zeichen einer vorempfindsamen alten Position, die das neue Paradigma noch nicht verinnerlicht hat, ist er zugleich Ausdruck der latenten Machtproblematik, die der neuen empfindsamen Liebe eignet. Ist die erstere Bedeutung die in den Texten offiziell herrschende, so ist die letztere, die gleichsam inoffizielle, nichtsdestoweniger präsent. Das problematische und fragile Gleichgewicht innerhalb der empfindsamen Interaktion, die – nicht gegebene, gestörte bzw. (wieder) herzustellende – *Symmetrie und Reziprozität empfindsamer Emotionen* wird zu einem der zentralen Themen der Dramenliteratur zwischen 1745 und 1770. Die Literatur reflektiert damit sehr wohl – und als privilegiertes Medium – die Ambivalenzen und Verwerfungen, die sich beim Versuch der Durchsetzung eines neuen emotionalistischen Interaktionsmodells um die Jahrhundertmitte ergeben.

In den folgenden Kapiteln wird untersucht, welche gattungsspezifischen Formen dieser Widerstand annehmen kann und welche, wiederum gattungsspezifischen Lösungen des Konflikts die Dramenliteratur dieser Zwischenphase entwirft. Durch die Corpusanalyse und die Zusammenstellung der Einzeltexte zu paradigmatischen Serien wird versucht, auch auf bekannte und vielinterpretierte Dramen eine neue Sicht zu gewinnen.

5.1 Das Scheitern empfindsamer Interaktion in der Tragödie: J. E. Schlegels *Canut* und J. Mösers *Arminius*

Die skizzierte Problematik sei zunächst für die heroische Tragödie am Beispiel von Schlegels *Canut* (1746) und Mösers Dramatisierung des Hermann-Stoffs *Arminius* (1749) illustriert, wobei der Schwerpunkt auf letzterer Tragödie liegen soll, die, wiewohl weniger bekannt, zweifellos zu den herausragenden Dramen der deutschen Frühaufklärung zählt.[2]

Möser stellt in einer Widmung[3] einige höchst bemerkenswerte Überlegungen über das Thema seines Dramas voran:

Ich hatte mir anfangs vorgesetzt in gegenwärtigem Versuche, die wahre Menschenliebe von einer gewissen Seite abzuschildern. Ich wollte sie vorstellen, wie sie den Schein der Großmut sorgfältig vermiede und dem Unglück der Menschen so zeitig zuvorkäme, ehe sie mit dem kränkenden Namen der Barmherzigkeit beleget werden könnte; ehe ein flehender Fußfall den Hochmut des Gebers zu einem unerträglichen Mitleid zwänge, ehe die notleidende Demut alle Empfindung ihrer selbst zerknirschet und sich zu solchen Erniedrigungen gezwungen hätte, welche nagender als alle Unglückszufälle sind; [...]. (M II, 118)

Das sind erstaunliche Sätze: »Barmherzigkeit« gilt hier ganz selbstverständlich als Kränkung und Herabsetzung, als ein den Selbstwert der Person Gefährdendes; Mitleid kann »unerträglich« sein, Annahme von Großmut kann zu »Erniedrigungen« führen. Selten ist die Ambivalenz empfindsamer »Menschenliebe« so explizit beim Namen genannt wie hier. Großmut und Verzeihen werden ganz ungeschminkt als eine Form der Machtausübung gesetzt. Die »wahre Menschenliebe«, so Möser, möchte dies zwar vermeiden, der Text selbst indessen führt vor, dass dies gar nicht möglich ist. Die Differenz zwischen *(aktivem) Geber vs. (passivem) Empfänger* von emotionaler Zuwendung erweist sich hier – und im Dramencorpus der empfindsamen Aufklärung generell – als von außerordentlicher Relevanz.

Möser situiert das Drama zeitlich später als Schlegels *Herrmann*. Die Schlacht gegen Varus ist hier bereits Vergangenheit, Thusnelde ist durch den Pakt ihres Vaters Sigestes mit den Römern bereits seit zwölf Jahren von Ar-

---

2   Sie wird fast ausschließlich im Kontext des Problems von Patriotismus/Nationalismus wahrgenommen (vgl. u.a. Herrmann, Ich bin fürs Vaterland zu sterben auch bereit, und Herrmann, Arminius und die Erfindung der Männlichkeit im 18. Jahrhundert; ferner Krebs, Hermannstoff). Die Behauptung der Singularität von Schlegels *Canut* als absolutem »Sonderfall« in der Epoche (Steinmetz, Das deutsche Drama, S. 57; im gleichen Sinne bereits Brüggemann, Die bürgerliche Gemeinschaftskultur der vierziger Jahre, S. 8) trifft so nicht zu.

3   Widmung an J. F. von dem Busche.

minius getrennt und in Rom gefangen und kehrt nun mit ihrem Sohn zurück. Die Tendenz zur Konfliktsubstitution ist gegenüber Schlegels *Herrmann* noch einmal verstärkt. Die Römer treten gar nicht auf und sind nur mehr sprachlich präsent; von Anfang an geht es allein um das durch »innern Neid entzweit[e]« Deutschland (M II, 147). Möser stellt in den Mittelpunkt der Tragödie die Auseinandersetzung zwischen Arminius und Sigestes, die der zwischen Canut und Ulfo bei Schlegel entspricht. Der Machtkampf zwischen dem aufgeklärten Souverän und seinem widerspenstigen Untertan wird hier aber in einer anderen, deutlich pessimistischeren Variante inszeniert.

Arminius definiert sich als exemplarisch aufgeklärter Souverän, der, gleich Canut, nicht durch »Zwang« und »Furcht«, sondern durch »Huld« und »Beschämung« herrschen und durch »[s]einer Großmut Macht« die Herzen der Untertanen »rühren« will (M II, 145f.). Von seinen Gegnern, allen voran Sigestes, wird er hingegen als Tyrann behandelt und der Herrschsucht geziehen wie bereits Cäsar in Gottscheds *Cato*. Sigestes vereinigt in sich das Merkmal des antiabsolutistischen Freiheitskämpfers Cato und des lasterhaften Intriganten Ulfo. Wenn Sigestes der erotischen Verbindung seiner Tochter mit Arminius widerstrebt und sie damit in einen Konflikt zwischen Kindesliebe und Gattenliebe stürzt, wiederholt der Text ebenfalls ein Handlungsmodell des *Cato*, allerdings in deutlich radikalisierter Form. Es finden sich ferner Handlungsversatzstücke sowohl aus dem *Canut* – so, wenn Sigest zum Mord an Arminius anstiftet, wenn er von diesem keine Verzeihung annehmen kann, wenn er Arminius' Angebot, in einem Teil des Landes Alleinherrscher zu sein (analog Canuts Angebot an Ulfo, alleinverantwortlich das Heer anzuführen), zum Schein annimmt, mit der Absicht, ihn zu töten, etc. – als auch aus Krügers *Vitichab und Dankwart* – so die durch Drohungen verstärkte Aufforderung Sigestes an seinen Sohn Sigismund, Arminius zu töten.

Bereits in *Canut* wird die Herrschaft des aufgeklärten Absolutismus mit dem Niedergang des um Ruhm und Ehre zentrierten heroischen Wertsystems verknüpft. Dieser Wandel wird aus der Perspektive Ulfos negativ beschrieben, nämlich als ein Prozess der Domestikation und Versklavung des (männlichen) Untertanen:

> ULFO. Itzt glaubt ein jeder sich als Untertan beglückt,
> Die Güte des Canut hat allen Mut erstickt.
> Die Stolzen lieben schon der Herrschaft sanfte Bande,
> Und ein Verzagter hält den Ehrgeiz fast für Schande. (SC 31)

In *Arminius* erscheint die Diskussion um die aufgeklärt-absolutistische Herrschaftskonzeption demgegenüber noch einmal verschärft. Denn letztere wird nicht nur durch den lasterhaften Sigestes angefeindet, sondern sie wird allgemein, auch bei den Tugendhaften, Objekt konträrer Bewertungen. Sogar die politischen Verbündeten Arminius', so z. B. Sigests Sohn Sigismund, werfen ihm vor, er nehme ihnen, genauso wie Rom, nur auf andere Weise, die Freiheit und sei somit der eigentliche Gegner: »*Dein Wohltun sei verflucht; willst du dadurch, Armin, / Aus einer Dienstbarkeit uns in die andre ziehn?*« (M II, 140) Arminius definiert sich zwar seinerseits als »Knecht des Volks« und qualifiziert diese geforderte Freiheit als »falsche Freiheit« (M II, 165, 139), doch dies bleibt im Text eine minoritäre Position.

Die Figur des Gegenspielers ist umgekehrt ambivalent, keineswegs nur negativ gezeichnet. Sigestes ist zum einen durchaus nicht der reine Utilitarist und Vaterlandsverräter wie Schlegels Segest. Wie Ulfo zeigt er zwar maßlosen »Ehrgeiz« (M II, 161) und vertritt ein heroisches Wertsystem, doch wird der Akzent hier weniger auf den Erwerb von persönlichem Ruhm und Ehre gelegt.[4] Sigestes wird vielmehr als großer Patriot vorgestellt, der zunächst und verbal *exakt dieselben Werte* wie sein Antagonist vertritt: für Freiheit, gegen Unterwerfung und Herrschsucht. Auf geradezu provozierende Weise lässt Möser den Intriganten seitenweise positive Werte wie »Freiheit«, »Vaterland«, »deutsches Blut«, »Unschuld« etc. beschwören (s. II/3, IV/6). Seinen Sohn Sigismund etwa fordert er bei der »Asche deutscher Väter, / Die ihr geheiligt Blut dem Vaterland geweiht« zum Tyrannenmord an Arminius auf (M II, 170); ähnlich lautet sein Appell an die verbündeten Fürsten zum Kampf gegen Arminius:

> SIGEST. [...]   Nein, das gemeine Beste,
>   Des eignen Wohlergehens nur einzig sichre Feste
>   Erweckt in mir den Trieb; Trieb, den der Himmel ehrt,
>   Wenn seines Eifers Glut der Bosheit Spreu verzehrt.
>   Die angestorbne Pflicht, das Vaterland zu schützen,
>   Der Freiheit Gott zu sein; der Unschuld Recht zu stützen,
>   Ist der geheiligte, mit Blut gelegte Grund,
>   Worauf das Wohl des Staats und unserer Väter stund.
>   Den lasset uns vereint mit unserm Blut verteidgen[.] (M II, 179)

Die Freiheit, um die es Sigestes und Ulfo geht, wird nicht mehr durch tyrannischen äußeren Zwang bedroht, wie noch in den meisten frühen Tragödien (wie u.a. in *Agis, Die parisische Bluthochzeit, Timoleon der Bürgerfreund*), sondern just durch das Gegenmodell, den gütigen Verzicht des Souveräns auf derartigen Zwang. Es ist der *innere Zwang* zur emotionalen Bindung an den Souverän, der nun als – neue – Tyrannei beschworen wird. Denn der aufgeklärte Fürst fordert nun – anders als der voraufklärerische absolutistische

---

4 Zum Wandel des Ehrbegriffs vom voraufklärerischen, äußerlichen zum aufgeklärten, innerlichen Ehrbegriff s. Zunkel, Ehre, Reputation. Zur innerliterarischen Diskussion s. vor allem Alt, Der Held und seine Ehre; Alt, Tragödie der Aufklärung, S. 128; Schulz, Tugend, Gewalt und Tod, S. 155ff.

Fürst[5] – *Gegenliebe*. Beide Fürsten, Canut wie Arminius, formulieren denn auch ganz offen ihre empfindsame Güte als Form der Zähmung und Unterwerfung des Untertanen. Wie Canut seiner Schwester und Ulfos Gattin Estrithe gegenüber sein Modell einer zärtlichen Herrschaft erläutert:

CANUT. Er soll, ist nicht sein Herz der Menschheit ganz entrissen,
    Da er mich ehren lernt, zugleich *mich lieben müssen.*
    Er fühle nur hierdurch, er sei mein Untertan,
    Er überzeuge sich, *daß ich ihn zwingen kann.*
    Glaub, ich will, um den Trutz des Ulfo zu bezähmen,
    Ihn an der Strenge Statt durch Güte nur beschämen. (SC 39),

so tut dies in ähnlichen Worten Arminius gegenüber dem Freund Adelbert:

ARMINIUS. Kann meiner Großmut Macht ihr [der Deutschen, WL] freies *Herze*
                                                            rühren;
    So wird ihr Haß *beschämt* auch wider Willen fliehn,
    Und ihr zerknirschtes Herz *erniedrigt vor mir knien.*
ADELBERT. Ha! knien?
ARMINIUS. Ja! Ja! der Zorn, durch Sanftmut unterbrochen,
    Fehlt ihm zum Haß der Grund, verrauchet ungerochen.
ADELBERT. O! welch ein frommer Wahn umnebelt dein Gemüt,
    [...]. (M II, 145f.)

Denselben Zweifel an diesem Herrschaftsprogramm, den hier Adelbert äußert, lässt Schlegel in *Canut* Haquin gegenüber Estrithe formulieren (s. SC 48).

Beide Dramen fokalisieren auf das psychologische Moment der durch den aufgeklärten Absolutismus transformierten Fürst/Untertan-Beziehung. Sie konstruieren eine analoge Konstellation, die den Rebell jeweils in eine Situation bringt, wo er sich verzeihen lassen muss und wodurch der Souverän Gelegenheit erhält zur exemplarischen Demonstration der neuen Art von Machtausübung. In beiden Dramen ist der Rebell am Ende aufgrund eines gescheiterten Anschlags gegen den Fürsten gefangen, und die Situation ist diesbezüglich nochmals gesteigert. Reue, bestehend im öffentlichen verbalen Schuldbekenntnis, ist die Vorbedingung für die Verzeihung, sie substituiert die äußerlichen Sanktionen und übernimmt die Funktion der neuen, rein innerlichen Strafe: »Ein einzig Wort von ihm, daß er sich schuldig nennt, / Soll alle Strafe sein, die man ihm zuerkennt.« (SC 61).

Funktion und zentraler Stellenwert der Reue werden in beiden Texten exemplarisch und für die ganze empfindsame Aufklärung in gültiger Form ex-

---

5   Vgl. etw Thomasius, Einleitung zur Sittenlehre, wo eine besondere Liebe zwischen Fürst und Untertan ausdrücklich als weder möglich noch erforderlich gilt (9. Hauptstück, 11. und 12. Abs., S. 360f.)

pliziert.[6] Mit der Bekundung von Reue gesteht das Subjekt nicht nur die eigene Schuld ein und erkennt damit die von ihm verletzten Normen ausdrücklich an, sondern es erklärt sich damit auch bereit, für den Fall, dass die begangene Normverletzung als verzeihbar gilt, Verzeihung anzunehmen. Verzeihung und Verzicht auf Strafe bewirken im positiven Fall im schuldigen Subjekt eine Art *Genese des Gewissens*, wie es zahlreiche Dramen – Komödien wie Tragödien bis 1770 und darüber hinaus – als finalen ereignishaften Akt unermüdlich vorführen.[7] Die Dramentexte führen damit auch jenen psychologischen Mechanismus vor, wie ihn bekanntlich Nietzsche in der *Genealogie der Moral* thematisiert hat: Nicht die Strafe, so Nietzsche, habe zur Entstehung des Gewissens geführt, vielmehr gelte,

daß gerade durch die Strafe die Entwicklung des Schuldgefühls am kräftigsten *aufgehalten* worden ist – wenigstens in Hinsicht auf die Opfer, an denen sich die strafende Gewalt ausließ. Unterschätzen wir nämlich nicht, inwiefern der Verbrecher gerade durch den Anblick der gerichtlichen und vollziehenden Prozeduren selbst verhindert wird, seine Tat, die Art seiner Handlung *an sich* als verwerflich zu empfinden: […].[8]

Im System des aufgeklärten Absolutismus, wie es der Text auf der Basis eines emotionalistischen Interaktionsmodells entwirft, in dem sich die Macht des Fürsten also nicht mehr über die Befugnis zum Töten, sondern über die gnädige Erhaltung des Lebens des Untertanen – vgl. Godewin: »Die Reu erniedrigt nicht. *Nimm doch dein Leben an*« (SC 66) – definiert,[9] gilt Verzeihen selbst als Akt königlicher (»Verzeihn ist königlich« M II, 183) bzw. gar göttlicher Machtausübung. Die reuevolle Annahme der Verzeihung ist umgekehrt einem Akt der Selbstunterwerfung äquivalent.

Man hat eine Ambivalenz des empfindsam-altruistischen Handelns bislang vorwiegend unter dem Aspekt der »Dialektik von Mitgefühl und Selbstgefühl« thematisiert;[10] auch ein latenter Egoismus bzw. Narzissmus ist hervorgehoben

---

6   Siehe hierzu auch Titzmann, Empfindung und Leidenschaft, S. 149ff.

7   In einer frühen, vorempfindsamen Form findet sich das Modell bereits in B. E. Krügers *Mahomed der IV*: Die tugendhafte, in diesem Text aber noch ungewöhnliche und daher problematisierte Bereitschaft zur Verzeihung, die Mahomeds Mutter gegenüber ihrer Schwiegermutter, der Mörderin und Rebellin Kiosem äußert, führt bei dieser schließlich zum Sinneswandel und zur ›Geburt des Gewissens‹: »Dein seltner Tugendtrieb macht mein Gewissen rege! / Es fühlt schon meine Brust die martervollen Schläge, […]« (SB V, 446).

8   Nietzsche, Werke, Bd. III, S. 268 (= II, 822, Hervor. i. O.). Zu Prozessen der Norminnerlichung und der Hervorbringung von Gewissensangst in der zeitgenössischen Pädagogik s. Begemann, Furcht und Angst, besonders S. 229ff.

9   Vgl. Begemann, Furcht und Angst, zum Wandel des Strafgedankens in der Pädagogik (S. 186ff.), sowie Kleinheyer, Wandlungen des Delinquentenbildes, zum analogen Wandel im Strafrecht des 18. Jahrhunderts, besonders zur »Ausschließung des Vergeltungszweckes« zumindest in den theoretischen Reformentwürfen (S. 233).

10 Sauder, Empfindsamkeit, Bd. I, S. 211ff.

worden.[11] Auf die implizite Dimension der Machtausübung, die der Verzeihung als einem exemplarisch empfindsamen und ›menschlichen‹ Akt innerhalb der dargestellten sozialen Interaktion eignet, ist nur vereinzelt hingewiesen worden.[12] Sigestes wird in seiner Behauptung, Arminius wolle den Krieg gegen die Römer nur »zum Schein«, ihm gehe es eigentlich einzig um den »Thron« (M II, 132) etc., zwar faktisch-äußerlich widerlegt – nicht aber, insofern seine Behauptungen den inneren psychologischen Machtmechanismus betreffen. Der Untertanenstatus definiert sich jetzt nicht mehr darüber, potenzielles Objekt fürstlicher Vergeltung mit ihrem »Recht über den Tod« zu sein, sondern primär dadurch, seine Existenz einer – mit Foucault zu sprechen – »Macht zum Leben«[13] verdanken zu müssen. Der Untertan als Objekt empfindsamer Menschenliebe des Fürsten sieht sich damit in eine neue passive Rolle versetzt; gemäß den zeitgenössischen Geschlechterkonzeptionen kann daher auch eine Frau, wie Estrithe in *Canut*, als Modell des Untertanen fungieren.[14] Genau um diese rein innerliche und psychologisierte Autonomie *vs.* Heteronomie wird der Machtkampf geführt. Die von den Texten ersonnene Konstellation, die den normverletzenden Rebellen in Abhängigkeit von fürstlicher Verzeihung versetzt, ist also nur zeichenhafte Zuspitzung einer Situation, die *generell* und für jeden Untertan im System des aufgeklärten Absolutismus gilt. Wenn Ulfo »nichts Schimpflichers [weiß], als sich verzeihn zu lassen« (SC 62), und wenn es für Sigest die größte Schmach bedeutet, »[d]em, den er tödlich haßt, *verbindlich sich zu wissen*« und »*dem Feinde danken müssen*« (M II, 182), dann werden diese Bewertungen vom Text zwar offiziell nicht bestätigt, die Rebellen werden aber in keiner Weise in ihrer Machtanalyse widerlegt. Das anachronistische heroische Wertsystem, demzufolge Reue und Sich-retten-lassen Erniedrigung und unheldenhafte Schwäche bedeuten, wird hier nur zum Medium für die Problematisierung eines ›modernen‹ Sachverhaltes, der darin besteht, dass die Opposition zwischen der Subjekt- *vs.* Objektposition innerhalb der empfindsamen Interaktionslogik als Machtrelation gedeutet und erfahren wird. Die Rebellen vertreten zwar ein voraufklärerisches Wertsystem von Ehre und Ruhm, sind gleichwohl alles andere als bloße Reproduktionen barocker Intrigantenfiguren, wie am Beispiel des Ulfo vielfach behauptet,[15] sondern immer auch Träger

---

11 Pikulik, Bürgerliches Trauerspiel und Empfindsamkeit, S. 51ff., besonders 54f. Vgl. hierzu auch die Kontroverse mit Sauder (Empfindsamkeit, Bd. I, S. 83), die zum Teil aber wohl auf einem Missverständnis beruht: Jene von Sauder herausgestellte »Dialektik« ist keine Ambivalenz im eigentlichen Sinn, da sie zwei zusammengehörige und offizielle Aspekte des empfindsamen Gefühls beschreibt; Pikulik zielt hingegen eher auf einen latenten Sachverhalt ab.

12 Siehe vor allem Titzmann, Empfindung und Leidenschaft, S. 149ff.

13 Foucault, Sexualität und Wahrheit, S. 161ff.

14 Zur generellen Repräsentierbarkeit des empfindsamen Individuums durch die Frau s. Titzmann, Empfindung und Leidenschaft, S. 149.

15 Vgl. u.a. Jones, Johann Elias Schlegel, S. 159, und Borchmeyer, Staatsräson und Empfindsamkeit; dagegen Steinmetz, Das deutsche Drama, S. 54ff.

neuartiger psychologischer Probleme. Desgleichen ist die Todesbereitschaft, die die Bösewichter demonstrieren, indem sie die Annahme der Gnade verweigern, nurmehr scheinbar Ausdruck einer heroischen Bereitschaft zum Selbstopfer – sie avanciert vielmehr zu einem zentralen Mittel der Auseinandersetzung mit dem gnädigen Souverän, wird zur neuen Form des Widerstands selbst. Anhand dieser Rebellen wird schließlich exemplarisch und stellvertretend die große zeitgenössische Sensibilität für die Differenz zwischen dem Verzeihendem und demjenigen, der diese Verzeihung annimmt, zwischen Retter und Gerettetem, kurzum zwischen dem *aktiven Geber-Subjekt* und dem *passiven Empfänger-Objekt* von empfindsamer Emotion und Menschenliebe manifest.

Im Dialog mit Thusnelde wirft Arminius die dilemmatische Frage auf, ob es möglich sei, »Mittel zu ersinnen, / Den, welchen Großmut schmerzt, mit Großmut zu gewinnen?« (M II, 172). Thusnelde versucht eine Differenzierung:

> THUSNELDE. Nur solche Großmut schmerzt und macht den Ehrgeiz rot,
> Die ihn empfinden läßt die Größe seiner Not,
> Die uns erniedrigend der Gnade Ansehn träget
> Und uns von stolzer Höh des Dankens Last aufleget. (M II, 183)

Wenn Möser am Ende Sigestes tatsächlich Arminius ermorden lässt, dann sind die Tatumstände höchst bedeutsam. Denn Sigestes ist bereits gefangen und eigentlich unschädlich gemacht, einzig Arminius' Großmut, die er gegenüber dem Gefangenen auf Thusneldes Rat hin praktiziert, ermöglicht diesem die Tat:

> ADELBERT. Zum Unglück mußte er sein Antlitz seitwärts lenken,
> *Um den Gefangenen mit keinem Blick zu kränken,*
> Und dies half seinem Feind; *und diese letzte Huld*
> *War, eh er sich versah, an seinem Falle schuld.*
> *Die Großmut ist sein Tod.* [...]
> THUSNELDE. Ach! muß die Güte denn dem Menschen tödlich sein!
> Armin ist tot; und ich ... ich habe ihn getötet – (M II, 196)

Die Problematisierung von zu großer und somit gefährlicher fürstlicher Großmut findet sich als Thema bereits in der *Schaubühne* vorgegeben, so u.a. in *Mahomed der IV* (mit positivem Ausgang) und in *Agis* oder *Darius* (mit negativem Ausgang), deren Titelhelden eine Vorform des Canut und Arminius darstellen. Auch Agis fällt schließlich durch seine eigene Großmut dem Feind Leonidas gegenüber. Der von Freund Lysander wiedergegebene Ausruf der Mutter an der Leiche ihres Sohnes lautet ähnlich wie der Thusneldes:[16]

---

16 Vgl. analog in Pitschels *Darius*, IV/5 (SB III, 245).

LYSANDER. „Das giebt dir nun die Lindigkeit zum Lohne!
„Nur dein bescheidnes Herz, o Sohn! hat dich gestürzt,
„Und uns zugleich mit dir, die Wohlfahrt abgekürzt! (SB VI, 276)

Die Ähnlichkeit macht zugleich aber die Differenz deutlich. Die Schonung
bei Gottsched ist ganz anderer, nämlich rein äußerlicher Art und besteht einfach darin, dass Agis nach Absetzung des Tyrannen Leonidas als König diesen vor einem Anschlag, den sein eigener lasterhafter Oheim Agesilaus plant,
schützt. Die Schonung, die Arminius dem Gegner angedeihen lässt, besteht
indes nur in einer unmerklichen Geste und bezieht sich auf das analysierte
psychologische Moment innerhalb der Interaktion zwischen Fürst und Untertan. Bei Möser gerät das Großmut, Schonung, Verzeihung etc. propagieren-
de menschlich-empfindsame Wertsystem am offenkundigsten in eine Krise.[17]
Was offiziell als positive, aufgeklärte Norm beschworen wird, erweist sich faktisch als nicht durchsetzbar, da die Zähmung durch Sanftmut eine Illusion
bleibt; die ideale empfindsame Interaktion ist eine Utopie. Und sie ist es nicht
zuletzt deswegen, weil die Rebellion, die Schlegel und Möser darstellen, zwar
einerseits offiziell keineswegs legitimiert wird, andererseits jedoch latent verstehbar und nachvollziehbar gemacht wird – wie bewusst oder nichtbewusst
das den Autoren selbst auch immer gewesen sein mag.[18]

5.2 Das Gelingen empfindsamer Interaktion in der Komödie

5.2.1 ›Ästhetische Therapie‹ als Komödienlist:
C. F. Gellerts *Die zärtlichen Schwestern*, J. E. Schlegels *Der Triumph
der guten Frauen*, G. E. Lessings *Der Freygeist*

Wie bereits am Beispiel von Gellerts *Die Betschwester* demonstriert, kommt
es in der frühempfindsamen Komödie ab 1745 zu einer Verschiebung des Fokus von der Eltern- auf die Kindergeneration, insofern die Hindernisse für
die eheliche Verbindung zweier jugendlicher Liebenden nun primär innerhalb dieser selbst liegen. Damit geht ein fundamentaler Wandel des Stellen-
werts der Liebeshandlung einher. War sie bislang ein beigeordneter Konflikt,

---

17 Vgl. in diesem Zusammenhang auch Cornelius v. Ayrenhoffs Dramatisierungen des Her-
mann- und Aurelius-Stoffes aus den 60er Jahren (*Hermanns Tod* und *Aurelius oder Wettstreit
der Großmuth*), die diese Krise aufgreifen, die Ambivalenz aber wieder etwas mindern.

18 Vgl. Schulz, Die Überwindung der Barbarei, der in *Canut* nur die offizielle Textebene sehen
will, obwohl er ausdrücklich die faktische Beschränkung traditioneller ständischer Freiheiten
durch den aufgeklärten Absolutismus konstatiert: »Das darzustellen, kann Schlegel – 1746 –
noch nicht in den Sinn kommen« (S. 97f.). Vgl. auch Steinmetz, Das deutsche Drama, S. 54ff.,
besonders 57. Zur Diskussion um die Figur des Ulfo s. weiter unten Kap. 7.1.

der zusammen mit dem Hauptkonflikt am Ende gelöst wurde und dergestalt ein topisches Schlusselement der Komödie bildete (exemplarisch etwa in *Die Pietisterey im Fischbein-Rocke*), so rückt sie nun ins Zentrum und wird zur eigentlichen Handlung, auf die alles bezogen ist.[19] Die zu besiegende unaufgeklärte Position besteht nicht mehr in rationalistisch definierter Unvernunft und Lasterhaftigkeit, die Objekt des satirischen Verlachens werden, sondern primär in einer *emotionalen Verfehlung* tugendhafter Protagonisten, die Objekt ernster empfindsamer Diskussionen wird. In Analogie zum Widerstand gegen die zärtliche Liebe des aufgeklärt-absolutistischen Souveräns in der Tragödie besteht diese Verfehlung in der Komödie in der *Verweigerung einer – erotischen, familiären oder freundschaftlichen – Emotion*, welche von der tugendhaften Gegenseite verlangt wird. Die empfindsame Kernproblematik ist gattungsübergreifend dieselbe.

Geht es in der frühaufklärerischen Typenkomödie darum, eine von den *unvernünftigen* Eltern geplante ungewollte erotische Verbindung zu verhindern, so nun z. B. darum, eine von einem der Partner angestrebte und von den *vernünftigen* Eltern ebenfalls gewollte erotische Verbindung gegen den Widerstand des anderen Partners zu erreichen. Versuche der rein rationalen Argumentation scheitern auch hier, so dass erneut eine positive Intrige/List[20] erforderlich wird, um den bzw. die Protagonisten/in zur Erwiderung der Liebe und damit zu Vernunft und Tugend (zurück) zu führen. Inszeniert die Tragödie (zumeist) das Scheitern der Versuche, den Widerstrebenden zu überwinden und in die Gemeinschaft der tugendhaften Empfindsamen zu reintegrieren, so die Komödie komplementär hierzu das Gelingen. Dies sei im Folgenden an

---

19 Siehe die explizite poetologische Begründung des empfindsamen Lustspiels als Liebeskomödie durch Gellert in seiner *Abhandlung für das rührende Lustspiel* (G V, 145–173, hier 153ff.). Vgl. auch die vielzitierte Formel von Marivaux: »Chez mes confrères l'amour est en querelle avec tout qui l'environne et finit par être heureux malgré les opposants; chez moi, il n'est en querelle qu'avec lui même et finit par être heureux malgré lui« (zit. bei Wetzel, Das empfindsame Lustspiel, S. 135, Anm. 4). Siehe hierzu auch folgende Beiträge von Warning: Komik und Komödie als Positivierung von Negativität; Pragmasemiotik der Komödie; Die Komödie der Empfindsamkeit.

20 Der von Steinmetz, Komödie, behauptete Gegensatz von »Intrigenkomödie« *vs.* »Rührkomödie« (S. 29) ist nicht haltbar. Daraus resultieren eine Vielzahl von Fehlurteilen und -einordnungen durch den Verf., so z. B. die Klassifikation von Schlegels *Der Triumph der guten Frauen* als »Höhepunkt der satirischen Intrigenkomödie« (S. 45). Einigermaßen Konfusion herrscht auch bzgl. der Gattungsbezeichnungen »Typen- vs. Charakterkomödie«, die zur Differenzierung wenig taugen, da sie nur vage definiert sind und jeweils verschiedenste Komödientypen umfassen können. Aufgrund der Kontinuität des Produktionsorts Leipzig über das ganze Jahrzehnt hindurch ist schließlich auch die Bezeichnung »sächsische Komödie« problematisch, wenn sie, wie üblich, als Kurzformel für »sächsische Typenkomödie« verwendet wird: Gellert hat ausschließlich empfindsame Lustspiele geschrieben (mit mehr oder weniger starken satirischen Anteilen), die freilich auch sämtlich »sächsische Komödien« wären.

drei Beispielen illustriert: Gellerts *Die zärtlichen Schwestern* (1747), Schlegels *Der Triumph der guten Frauen* (1748) und Lessings *Der Freygeist* (1749).

Das Paradigma der Verweigerer von empfindsamer Interaktion
Die drei Komödien entwerfen drei Varianten einer Verweigerung empfindsamer Interaktion. Im Zentrum von Gellerts *Die zärtlichen Schwestern* steht der Konflikt um Julchen,[21] das den jungen tugendhaften Damis heiraten soll, was nicht nur dessen, sondern auch des Vaters Wunsch ist. Ihre Liebeserklärung und Einwilligung in die Ehe markieren hier also die – bislang verweigerte und daher erst noch zu erreichende – Position der Vernunft. In Schlegels *Der Triumph der guten Frauen* ist hingegen nicht die Erstbeziehung, sondern die Wiederherstellung einer ehelichen Beziehung das Ziel. Das Paar Nikander/ Hilaria wurde in der Vergangenheit, drei Monate nach der Hochzeit, getrennt, weil Nikander um seiner erotischen Freiheit willen seine Frau verließ; jetzt, zehn Jahre nach dieser Trennung, macht sich die verlassene Ehegattin auf, »[i]hres Mannes Herz wieder zu bekommen« (S II, 328). Im Zentrum von Lessings ›philosophischer Komödie‹ *Der Freygeist* schließlich steht zwar das Problem der Freigeisterei des jungen Philosophen Adrast, das jedoch ebenfalls als Problem der verweigerten Emotion inszeniert wird. Dabei geht es nicht um Erotik, sondern um das Angebot einer Freundschaft, die der Theologe Theophan, der sich wie Adrast um eine der beiden Töchter des Lisidor bewirbt, dem Titelhelden macht.

Das ehescheue Julchen, der Libertin Nikander und der Freigeist Adrast lassen sich zu einem Paradigma der ›Widerspenstigen‹ ordnen, die sich der normativ geforderten empfindsamen Interaktion verweigern. Ihr Verhalten wird wiederholt als Eigensinn, Trotz, Unbiegsamkeit und Halsstarrigkeit qualifiziert (vgl. L I, 493, 532; G III, 200) – Merkmale, die eine Uneinsichtigkeit, ein Beharren auf falschen Positionen, die Nichterfüllung eines moralischen Imperativs zum Ausdruck bringen. Diese Verweigerungshaltung erscheint jeweils auch als Versuch der Bewahrung von Autonomie und Freiheit: Julchen gefällt sich in einem »wunderlichen Gedanken von der Freyheit« (G III, 200); Nikander besteht ebenfalls ausdrücklich auf seiner Freiheit; Analoges gilt für Adrast. Dass diese Freiheit inhaltlich unterschiedlich aufgefüllt sein kann (z.B. als erotische Lizenz, für Nikander), ist nicht entscheidend; das Gemeinsame ist die *Scheu vor der emotionalen Obligation und Verbindlichkeit*.

Dieses ›unvernünftige‹ antiempfindsame Verhalten ist somit auch tendenzielles Laster, freilich von unterschiedlicher Stärke. Den minimalen Grad an Normverletzung stellt selbstverständlich Julchen dar. Einen eindeutigen

---

21 Der Parallelkonflikt um die Verheiratung der älteren Schwester Lottchen wird hier ausgeklammert.

Normverstoß hingegen hat Nikander begangen, der um anderer Frauen willen Hilaria verlassen hat. Noch gravierender erscheint die Abweichung des als »Freidenker, starker Geist, Deist« eingeführten Adrast (L I, 476).[22] Sein Gegenspieler Theophan qualifiziert ihn zwar nicht direkt als lasterhaft, wirft ihm aber vor, er strebe nach etwas, »was nur Feinde der Tugend, was nur Bösewichter sein sollten« (L I, 476). Gemäß der typischen ›Kriminalisierungstendenz‹ wird ihm zudem ein unordentlicher Lebenswandel zugesprochen, dessen aktuelle Folgen in finanziellen Schulden bestehen, die seine geplante Ehe gefährden. Bezeichnenderweise steht dies aber nicht im Vordergrund; es zählt primär sein Verstoß gegen die empfindsame Interaktionsmoral. Die Vorwürfe der Umwelt lauten demnach auf »stolzen Kaltsinn« (L I, 475) und Fühllosigkeit gegenüber Theophan, ja auf Unmenschlichkeit (vgl. Juliane: »da er jetzt kaum ein Mensch unter den Menschen ist« L I, 493). Religion selbst wird schließlich weniger unter inhaltlichem, ideologisch-dogmatischem als vielmehr unter emotionalistischem Aspekt relevant, nämlich als Garant für emphatische empfindsame ›Menschlichkeit‹. Nicht der Intellekt, sondern das »Herz« ist der primäre Ort von Religiosität:

> JULIANE. Was kann unser Herz, diesen Sammelplatz verderbter und unruhiger Leidenschaften, mehr reinigen, mehr beruhigen, als eben diese Religion? [...] Was kann uns zu wahrern Menschen, zu bessern Bürgern, zu aufrichtigern Freunden machen, als sie? (L I, 528)

Das Ziel besteht in allen drei Komödien darin, die bzw. den Widerstrebende(n) zur Erwiderung einer – erotischen bzw. freundschaftlichen – Emotion zu bringen und sie bzw. ihn damit in den Kreis der Empfindsamen und Tugendhaften zu (re)integrieren. Jeweils bedarf es hierzu einer speziellen Strategie. Denn Versuche der rationalen Argumentation und Überzeugung scheitern bei den emotionalistisch definierten Verfehlungen ebenso wie bei den rationalistisch definierten. Diese Strategie besteht auch hier grundsätzlich in einer *Verführung*, die darauf abzielt, den bzw. die Widerstrebende(n) dahin zu bringen, *von selbst* die Position von Vernunft/Tugend einzunehmen. Entsprechend dem gewandelten Laster ist auch diese Verführungsstrategie aber eine qualitativ andere: Es geht nicht mehr darum, die elterliche Gegenseite zu überlisten, so dass diese sich in ihrem eigenen unvernünftigen System fängt und dergestalt zwar ›von selbst‹, aber *rein formal* und zum Teil wider Willen, eine Position der Vernunft einnehmen muss, mit allenfalls fakultativer Einsicht. Es geht nun vielmehr darum, die jugendliche Gegenseite *durch sich selbst und freiwillig*, und d.h. aus *innerer Überzeugung* zur Vernunft zu führen. Bei Gellert und Schlegel nimmt diese Strategie die Gestalt einer positiven Intrige an, die sich

---

22 Zur Figur des Freigeists s. Kap. 7.2.

als Spiel im Spiel, als Komödie in der Komödie thematisiert; bei Lessing fehlt eine derartige Intrige, es existiert allerdings, wie zu zeigen sein wird, eine Konstellation, die als Äquivalent fungiert.

Alte vs. *neue Strategie in Gellerts* Die zärtlichen Schwestern
In Gellerts ›rührendem Lustspiel‹ *Die zärtlichen Schwestern* werden zwei oppositionelle Modelle, wie Julchen zur Einwilligung in die Heirat gebracht werden könnte, einander konfrontiert: ein altes vorempfindsames, das von der Elterngeneration vertreten wird, und ein neues empfindsames, das von der Kindergeneration vertreten wird. Ersteres ist in zwei Varianten gegeben, der des Vaters und der seines Bruders, des Magisters. Der Vater, noch nicht der zärtliche Vater à la Sampson, jedoch gegenüber früheren Vätern bereits deutlich emotionalisiert, wird als »ein liebreicher Vater« eingeführt, der auf äußere Gewaltanwendung ausdrücklich verzichtet und »stets freundlich« mit seinen Töchtern umgeht; gleichwohl beruft er sich auf sein »Machtwort« als ein mögliches letztes Mittel zur Durchsetzung seiner Autorität (G III, 214, 217, 200). Sein Bruder, der Magister, will Julchen durch philosophische und moralische »Lehrsätze« und gemäß dem »ewigen Gesetze der Vernunft« zur Einwilligung bewegen (G III, 213, 230). Eheliche Liebe wird von ihm definiert als »eine Übereinstimmung zweener Willen zu gleichen Zwecken«, zu denen insbesondere Prokreation und ökonomische Versorgung gehören (G III, 231, 211). Liebe selbst besitzt keinen Eigenwert, sie ist nur »Mittel« zu diesem höheren »Zweck« und demzufolge auch »Pflicht« (G III, 211). *Erkennen* und *Wollen* werden dieser frühaufklärerisch-rationalistischen Konzeption gemäß nicht als autonome Ebenen unterschieden:[23]

DER MAGISTER. Wenn Sie erkennen, daß Sie zur Ehe verbunden sind, wie könnte denn Ihr Wille undeterminirt bleiben? Ist denn der Beyfall im Verstande und der Entschluß im Willen nicht eine und eben dieselbe Handlung unserer Seele? (G III, 211)

Julchen beharrt demgegenüber auf einem Eigenwert des Wollens und bestreitet die postulierte Koinzidenz von Wollen und Erkennen: »Ich will *ungelehrt* lieben. Ich will warten, bis mich die Liebe *durch ihren Reiz bezaubern* wird.« (G III, 211) Während das alte Modell das menschliche Herz als unproblematisch konzipiert und somit keine Relevanz der Psychologie kennt – vgl. Vater Cleon: »Dein Herz bist du, und du wirst doch wissen, was in dir vorgeht« (G III, 217) –, ist in der neuen Konzeption das Herz zur problematischen, nicht mehr selbstverständlichen Größe geworden. Es ist nun möglich, nicht zu wissen, was im eigenen Herzen vor sich geht; Liebe – und

---

23 Siehe Kap. 5.2.2.

damit ihr eigenes Herz – gilt Julchen als »Rätzel, das niemand auflösen kann« (G III, 231).

Das empfindsame Gegenmodell, vertreten insbesondere von Julchens Schwester Lottchen, verwirft gleichermaßen sowohl die (potenziell erwogenen) autoritären »Zwangsmittel« als auch die intellektualistische Position des Magisters. Der neuen Ehekonzeption, die dominant *personale* Kriterien der Partnerwahl kennt, korrespondiert als neue alternative Methode zur Durchsetzung der Vernunft eine *psychologische* Strategie:

> LOTTCHEN. Nein, lieber Papa, solche Bewegungsgründe zur Ehe sind wohl nicht viel besser, als die Zwangsmittel. Julchen hat *Ursachen genug in ihrem eigenen Herzen und in dem Werthe ihres Geliebten*, die sie zur Liebe bewegen können; diese will ich wider ihren Eigensinn erregen, und sie *durch sich selbst* und durch ihren Liebhaber besiegt werden lassen. (G III, 200)

Diese Psycho-Strategie beruht auf der Prämisse der ›nichtbewussten Liebe‹ Julchens: »Sie liebt den Herrn Damis, und weis es nicht, daß sie ihn liebt«; ihre »Halsstarrigkeit« ist »nichts als Liebe« (G III, 203). Julchens Weigerung wird dergestalt psychologisierend umgedeutet zum Beweis der bereits vorhandenen Liebe: »Eben weil sie fühlt, daß ihr Herz überwunden ist: so wendet sie noch die letzte Bemühung an, der Liebe den Sieg sauer zu machen.« (G III, 203) Wenn Julchen »*fühlt*«, dass sie liebt, dies aber nur noch nicht »*weiß*«, kann es also nur mehr darum gehen, »sie dahin zu bringen, daß sie sieht, was in ihrem Herzen vorgeht« (G III, 203).[24]

Die konkrete List besteht darin, eine Konstellation zu ersinnen, in der es zur unwillkürlichen Selbstenthüllung des Herzens kommt. Sie umfasst *zwei Teilstrategien*: Damis soll Julchen nicht mehr von Liebe reden und ihren Freiheitsvorstellungen nicht widersprechen, er soll sich vielmehr *auf ihre Perspektive einlassen* und sie scheinbar bestätigen (vgl. G III, 205). Zum zweiten soll Siegmund, Lottchens Bräutigam, gleichzeitig Liebe zu Julchen simulieren, dergestalt »ihr Herz in Unordnung bringen« und dadurch schließlich die Selbstoffenbarung provozieren (G III, 204).

Die Haltung der Empfindsamen ist dabei ambivalent, insofern sie vordergründig Freiheit lassen, faktisch indes mit unverkennbarer Vereinnahmung operieren. Julchens Bestehen auf ihrer Freiheit ist denn auch weniger gegen

---

24 Vgl. hierzu auch Saße, Die aufgeklärte Familie, S. 115ff., sowie Greis, Drama Liebe, zur »Integration« Julchens »in den empfindsamen Liebescode« (S. 34ff., hier 35). Das dargestellte Problem resultiert allerdings nicht, wie die Verf. behauptet, lediglich aus »Umstellungsschwierigkeiten von der galanten zur empfindsamen Liebe« (S. 35). Steinmetz, Komödie, erblickt aufgrund der falschen Prämisse einer Verbindung von Intrigenlustspiel und satirischer Typenkomödie in der »Julchen-Handlung« völlig abwegigerweise »das Schema der monomischen satirischen Typenkomödie« (S. 55).

die Institution der Ehe als solche gerichtet, als vielmehr gegen die binden-
de Kraft der empfindsamen Liebe. Ihr Widerstand besteht gerade darin, sich
»durch die Vertraulichkeit [...] [nicht] *binden* und [...] *feßeln*« lassen zu wollen
(G III, 205). Tatsächlich tritt diese Liebe extrem aufdringlich auf. Julchen
wird von allen Seiten – vom Vater, Oheim, der Schwester und vom Partner –
ununterbrochen bedrängt, in die Heirat einzuwilligen, man will sie nötigen
zu ihrem Besten; wiederholt fordert sie »das Glück, einige Augenblicke allein zu seyn« (G III, 209), das ihr nicht gewährt wird.[25] Diejenigen, die für
sich in Anspruch nehmen, das Herz des anderen besser zu kennen als dieser
selbst, tendieren dabei auch zur Infantilisierung, so z. B. deutlich Lottchen,
mit entsprechender Reaktion Julchens (vgl.: »Oh! Du willst mich zum Kinde
machen« G III, 236).

Die entscheidende Wende gelingt erst durch Siegmunds Verrat, dadurch
also, dass aus dem Spiel Ernst wird. Durch die – falsche, von Damis' Vormund
mit Absicht gestreute – Nachricht von Julchens Erbschaft verführt, macht
Siegmund nun Julchen den Hof und verleumdet Damis, indem er behauptet,
dieser liebe Lottchen mehr als sie (III/1). Genau dies provoziert, wie geplant,
eine eifersüchtige Regung bei Julchen, und damit hat sie ihr Herz offenbart
und »*[s]ich fangen lassen*« (G III, 242). Es kommt aber zuvor zu einem manifesten paarinternen Konflikt, zum »Krieg« zwischen beiden Partnern, in dem
Julchen dem Geliebten Untreue und Betrug vorwirft (G III, 241). Erst durch
die Krise, die als unmittelbarer Ausdruck und Beweis der neuen Relevanz
von Emotionalität gilt – »Und alles dieß thust du, o Liebe, du Pest der Menschen! ...« (G III, 240) –, gelingt die Selbsterkenntnis, die schließlich in die
gewünschte Liebeserklärung mündet:

JULCHEN. Ja. Nunmehr weis ichs gewiß, daß ich Sie liebe. Und nunmehr bin ich bereit,
    dieses Bekenntniß vor meinem Vater und Ihrem Herrn Vormunde zu wiederhoh-
    len [...]. (G III, 243)

Julchen willigt damit auch in die explizite Verbalisierung ihrer Empfindungen »in Gegenwart so vieler Zeugen« (G III, 221) ein, vor der sie am Anfang zurückscheute. Das Liebespaar findet zueinander über ernste Gefühle
der Rührung und des Mitleidens und der angenehmen Traurigkeit (II/3.4),
die Emotionalisierung wird im Nebentext signalisiert durch Angaben wie
»bange«, »mit beweglicher Stimme«, »ganz betroffen« und schließlich durch
Tränen beiderseits (G III, 223f.). Hier und anderswo geht es dabei aber niemals um einen rein privatistischen Akt, sondern um die Verbalisierung und

---

25 Ein typisches Merkmal der aufdringlichen Empfindsamen, das sich in extremer Steigerung
   dann in Weißes *Die Freundschaft auf der Probe* wiederfinden wird (s. Kap. 9.2). Vgl. auch
   Greis, Drama Liebe, S. 36.

soziale Inszenierung dieser Gefühle im halb-privaten/-öffentlichen Raum der Familie.[26]

In der Gesamtanlage folgt Lottchens Strategie einer *Neulegitimation* des normativ Vorgegeben über das »Herz« und die Empfindung. Solange die geforderte Emotion »nichts ist als eine Pflicht«, und ein vernunftmäßig einsehbarer Lehrsatz der »Sittenlehre« (G III, 211), d.h. dem Subjekt etwas Äußerliches darstellt, kann sie nicht entstehen. Ziel ist die harmonische Koinzidenz von Sollen und Wollen und damit die Synthese von Heteronomie und Autonomie, wie sie in paradoxen, aber typischen Wendungen wie z.B. der des Vaters zum Ausdruck kommt: »Du *sollst* ja *aus freyem Willen* lieben, gar nicht gezwungen.« (G III, 219)

Doppeltes Rollenspiel in Der Triumph der guten Frauen

Auch in Schlegels großer fünfaktiger Komödie ist die gewählte Strategie eine Intrige, die hier mehrere, komplex miteinander verknüpfte Teilstrategien umfasst, mit dem Ziel, den treulosen Ehemann von selbst wieder zur Rückkehr zu bringen. Schauplatz der Handlung ist das Haus eines zweiten, frisch verheirateten Ehepaares, Agenor/Juliane, in dem sich Nikander seit zwei Wochen aufhält, mit dem Ziel, Juliane zu verführen. Eine erste Strategie Hilarias ist die Verkleidung als Mann Philinte und die *Nachahmung und Übernahme* der Verführerrolle Nikanders, so dass scheinbar beide nun um Juliane rivalisieren.[27] Nur vordergründig geht es dabei darum, die Gefahr, die von »Julianens Reizungen« (S II, 330) ausgeht, zu bannen, indem sie vorgibt, selbst Anspruch auf ihre erotische Rivalin zu erheben. Vielmehr begibt sich Hilaria damit, zunächst nicht anders als der junge Liebhaber in Quistorps *Bock im Processe,* auf die Ebene des ideologischen Gegners, um diesen *innerhalb seines (unvernünftigen) Systems* zu schlagen.

Dieselbe Logik wird noch expliziter in Hilarias zweitem Verkleidungsspiel, in dem sie als angebliche Schwester Philintes auftritt, was bereits die halbe Enthüllung ist: Denn damit besitzt sie zwar noch die falsche Identität, aber bereits das wahre Geschlecht. Sie versucht nun, Nikander in sie verliebt zu machen, indem sie ihm »nach seinem Sinne« redet (S II, 407), um ihn wiederum mit seinem eigenen System zu fangen. Auf der Oberfläche wird dies motiviert mit einer psychologischen Annahme: »Der größte Grund der Lie-

---

26 Siehe hierzu Titzmann, Empfindung und Leidenschaft, S. 148f.; Pikulik, Bürgerliches Trauerspiel und Empfindsamkeit, S. 6off., 8of.

27 Mit dem Kleidungswechsel vollzieht sich gleichsam ein Identitätswechsel – Indiz für die zugrundeliegende vormoderne, nicht-individualisierende Personkonzeption; vgl. den ironischen Kommentar der Domestikin Kathrine: »Die Begierde zu verführen muß doch gleich in den Mannskleidern stecken« (S II, 327).

be ist die Uebereinstimmung der Gedanken.« (S II, 407) Hierin entspricht
die Strategie noch dem frühaufklärerisch-rationalistischen Modell und seiner ›einfachen‹ Psychologie, derzufolge die Tugendhaften die diversen (medizinischen, juristischen, poetischen etc.) Marotten der unvernünftigen Eltern
simulierten, um sich diese gewogen zu machen. Zugleich wird jedoch eine
entscheidende empfindsame Transformation greifbar. Denn Hilaria formuliert, *indem* sie Nikanders libertine Position scheinbar wiederholt, eine Neudefinition und -legitimation der eigenen Ehe. Ihre Forderung, »man müsse
die Liebe mit der Freyheit verbinden« (S II, 423), stellt die Lösungsformel dar,
die versucht, das zu verbinden, was zunächst inkompatibel erschien. Sie erzählt ihm unter fremdem Namen ihr eigenes Schicksal der verlassenen Ehefrau und entwirft dabei ein neues Ehekonzept:

> HILARIA. Ich glaube, daß keine andere Liebe seyn sollte, und daß wenigstens keine
> andere glückliche Liebe seyn kann, als die ohne Zwang ist. [...] Die Liebe kann
> niemals eine Schuldigkeit seyn. [...] Ich hätte gar nicht von ihm verlangt, mich zu
> lieben. Hätte ich ihm zeigen können, daß ich es verdiente, *so würde er mich auch wi-*
> *der seinen eigenen Vorsatz haben lieben müssen.* (S II, 423f.)

Liebe, die »verlangt« wird, also als äußerer Zwang erscheint, wird einer Liebe konfrontiert, die sich qua Verdienste beim anderen Partner gleichsam ›von
selbst‹ einstellt. Das Kriterium der *Person* (Verdienste) korreliert mit dem Kriterium der *Freiwilligkeit* beim Partner. Indem Hilaria ihrem Mann scheinbar
nach dem Sinne redet, gibt sie also zugleich dessen Forderung nach Freiheit
eine neue Bedeutung: Was bei Nikander Zeichen einer anti-empfindsamen
libertinen Position ist, wird bei ihr zum konstitutiven Element einer neuen
positiven Ehekonzeption.

Wie gelingt nun aber die konkrete Umsetzung dieses Programms? Eine wesentliche Rolle spielt die *Großmut* als exemplarisch empfindsame Tat. Noch als
Philinte verkleidet, hilft sie dem in finanziellen Nöten befindlichen Nikander,
indem sie seine Schulden bezahlt. Diese altruistische Rettungstat Philintes/
Hilarias dient der *Herstellung einer Verbindlichkeit* und provoziert nun eine
ebensolche Großmutstat Nikanders. Zu Beginn des IV. Aktes will er ihm/ihr
Juliane abtreten, womit sich ein erster Wandel der Person einleitet: Nikander
gibt damit die Rolle des leichtsinnigen Verführers auf.

Als zentrale Großmut gilt aber die neue Ehekonzeption selbst, mit der
Hilaria auf jeglichen »Zwang« in der Liebe verzichten will, ja Liebe gar
nicht mehr »verlangen« will. Just dadurch gelingt es ihr, beim Partner Liebe
zu ihr hervorzurufen. Die »Schuldigkeit« wird also in einem ersten Schritt
aufgehoben, in einem zweiten Schritt emotionalistisch neudefiniert: kein
Außen- und Fremdzwang mehr, aber doch eine freiwillige Selbstverpflichtung, da diese Liebe implizit die Bedeutung einer *Gegenleistung* besitzt. Was
Hilaria theoretisch und verbal entwirft, stellt sich nun praktisch in Reali-

tät ein: Ihr Gesprächspartner bestätigt ihr ihre Großmut – »Wie edel und großmüthig ist das gedacht!« (S II, 425) – und verliebt sich prompt in sie und schwört ihr ewige Liebe. Damit vollzieht sich zugleich ein Positionstausch: Es ist nun Nikander, der um ihre Liebe wirbt, die sie ihm im Spiel noch verweigert (V/1).

Hinter Hilarias Rollenspiel verbirgt sich als zentrale Strategie die *Scheindissoziation* von *eigenem vs. fremdem Schicksal.* Scheinbar wird Nikander mit einer anderen, fremden Geschichte und einer fremden Frau konfrontiert – faktisch aber mit der eigenen. Wenn Nikander jenen fremden Ehemann schließlich verurteilt: »Aber gesetzt, ein Mensch wäre von so übelm Geschmacke, daß er aufhören könnte, Sie zu lieben: [...]« (S II, 424), dann spricht er sich nichtbewusst sein eigenes moralisches Urteil. Wenn er sich darüber hinaus in die aktuelle Sprecherin verliebt, setzt er die Theorie unmittelbar in Praxis um und *macht* das Allgemeine zum Persönlichen, *transformiert* das Fremde in ein Eigenes:

HILARIA. So? ich rede nur überhaupt, und gar nicht von Ihnen; und Sie fangen gleich an, von mir persönlich zu sprechen.
NIKANDER. Ja persönlich, Madame! und zwar *so persönlich*, daß ich noch mit keiner Person in der Welt, mit der *Empfindung* geredet habe, wie ich mit Ihnen rede. (S II, 426)

Das Prinzip der ›von selbst‹, ohne äußeren Zwang und ohne Wissen entstehenden Liebe wird also auf Textebene unmittelbar dadurch abgebildet, dass die geforderte Empfindung *performativ* im Dialog sich konstituiert. *Besprochene Situation* und *Sprechsituation, fremde erzählte vergangene Realität* und *eigene erlebte aktuelle Realität* koinzidieren hiermit, bzw. erstere wird in letztere überführt.

Nun liebt zwar also Nikander Hilaria alias Philintes Schwester, er liebt aber noch nicht *mit Wissen* seine verlassene Ehefrau Hilaria. Die Scheindissoziation ist noch nicht aufgehoben. Die Gefahr, dass der Transfer scheitern könnte, wird denn auch von Hilaria thematisiert: »Wird seine Liebe auch wohl wieder aufhören, wenn er merket, daß er sie gegen seine eigene Frau gewendet hat?« (S II, 428) Der ganze Lösungsprozess, der die Restitution der Beziehung ermöglicht, vollzieht sich also in drei Schritten: Auf die erste, von Hilaria vorgenommene Substitution, die sich in eine fremde Person verwandelt und die eigene Ehegeschichte als fremde ausgibt, muss eine zweite, von Nikander vorgenommene Substitution folgen, die die von Hilaria in einem ersten Schritt *entpersönlichte* Geschichte wieder *re-personalisiert*, indem er sie zu seiner persönlichen, eigenen macht, allerdings zunächst nur auf der Ebene des *Empfindens*, die Besprochenes in Erlebtes transformiert, noch nicht auf der des *Wissens*. Erst in einem dritten Schritt wird die erste Entpersonalisierung vollständig rückgängig gemacht und die erreichte Empfindung – Nikanders Liebe – mit dem Zielobjekt – Hilaria –

wieder zusammengeführt. *Fühlen/Empfinden* und *Wissen/Erkennen* fallen nun wieder ineins.[28]

Damit die gewünschte Empfindung also hervorgerufen werden kann, muss das eigentliche Objekt durch ein fremdes Scheinobjekt substituiert werden, sie kann offensichtlich nicht direkt und wissentlich am Zielobjekt entstehen, sondern nur über diesen Umweg. *Fühlen* und *Wissen* werden dissoziiert, letzteres konstituiert sich nur auf dem Umweg über ersteres, worin sich wiederum exemplarisch die antiintellektualistische Durchsetzungsstrategie der Aufklärung manifestiert, die nun aber ganz explizit im Gefühl verankert wird. Das Spiel im Spiel führt jetzt erst auch, im Gegensatz zum frühaufklärerisch-rationalistischen Modell, zur inneren Bekehrung des Helden. Nikander hat am Ende schließlich das Bedürfnis nach außerehelicher Erotik verloren, die Verpflichtung durch externe Instanzen ist substituiert durch die freiwillige Selbstverpflichtung. Wenn Hilaria ihren Mann »so wenig als möglich fühlen lassen [will], daß er verheurathet wäre« (S II, 425), dann bringt die neue Ehe die Dimension der Verpflichtung nur scheinbar zum Verschwinden. Sollen und Wollen, Heteronomie und Autonomie fallen zusammen, und diese Koinzidenz wird im Text durch die oben beschriebene Art der Genese von Empfindung unmittelbar als das zentrale Ereignis abgebildet.

So sehr dieses Modell der Neumotivation und -legitimation einer Liebesbeziehung über das unmittelbare Gefühl eine *Subjektivierung* der Liebeskonzeption impliziert, so wenig bedeutet es indes bereits deren volle *Individualisierung* (im Sinne der goethezeitlich-romantischen Liebe). Unhinterfragte Prämisse für das Entstehen von Liebe beim Partner bleibt, dass der andere diese Liebe *verdient*. Dieses Verdienst wird sinnlich-ästhetisch definiert als ein ›Angenehmes‹, welches äußere Schönheit ebenso wie empfindsame Tugend – etwa Hilarias Großmut – umfasst: »Man kann nichts lieben, als was man angenehm findet.« (S II, 424) Das solchermaßen definierte Verdienst ist zwar ein personales, aber doch ein objektives Kriterium, wie das von Hilaria gewählte Vergleichsbeispiel der sinnlichen Wahrnehmung von Farbe und Geschmack zeigt:

HILARIA. Kann man denn jemanden befehlen, etwas weiß oder süße zu finden, wenn es auch die Wahrheit wäre? *Wer den Gebrauch seiner Sinnen hat, der wird schon sehen oder schmecken, was weiß oder süße ist:* Und wer den verloren hat, dem kann keine Schuldigkeit und kein Befehl seine Sinnen wiedergeben. (S II, 424)

---

28 Vgl. auch Miething, Marivaux' Theater, zu ähnlichen ›Identitätsproblemen‹ bei Marivaux, so u.a. zu *Le jeu de l'amour et du hasard*, S. 104ff., allerdings mit einer generell zu ›soziologisierenden‹, zu sehr auf die ständische Problematik abhebenden Interpretation dieses Phänomens (vgl. u.a. S. 141).

Die Grenzen des neuen Modells werden hier deutlich. Der im Verdienst der Person begründete Anspruch auf Erwiderung der Emotion ist immer schon vorausgesetzt.[29] Die hypertrophe Rede von »Herz«, »Gefühl«, »Empfindung« etc. darf also nicht dazu verleiten, hier etwa bereits eine ›romantische‹ Liebeskonzeption erblicken zu wollen.[30] Das Konzept einer von selbst und gleichsam unwillkürlich, ja sogar »wider [den] eigenen Vorsatz« entstehenden Liebe beruht also auf einer wesenhaft vormodernen, nur bedingt individualisierenden Liebeskonzeption, die die Liebe über die Verdienste/Tugenden und somit über angebbare und rational begründbare Merkmale der Person ableitet.

Spiegelung und Perspektivenwechsel in Der Freygeist

In Lessings Komödie wählt die Tugendpartei eine doppelte Strategie. Zum einen wird die von Adrast eingenommene Position maximaler Aufgeklärtheit, der Religion als »Aberglaube[ ]« und Theophan als »blöde[r] Verleugner seines Verstandes« gilt (L I, 477, 480), mit denselben rationalistischen Argumenten bekämpft und – eine epochentypische Strategie[31] – als nur scheinbare Aufgeklärtheit deklariert: »Vorurteile«, »vorgefaßte[ ] Meinungen«, ja gar »Wahn« und die Unfähigkeit zu rationaler Argumentation werden Adrast bescheinigt (L I, 508, 546ff.). Zum anderen macht sich Theophan zum Anwalt von Adrasts *Herzen* wider seinen *Intellekt*: Wie Lottchen gegenüber Julchen behauptet, sie kenne ihr Herz besser als sie, so hier Theophan, er kenne Adrasts Herz besser als dieser selbst, und sei sich »seiner Umkehr so gewiß, daß ich ihn schon im voraus darum liebe« (L I, 495):

THEOPHAN. Ihr Herz also ist das beste, das man finden kann. Es ist zu gut, Ihrem Geiste zu dienen, den das Neue, das Besondere geblendet hat, den ein Anschein von Gründlichkeit zu glänzenden Irrtümern dahinreißt, […]. (L I, 476)

War bei Gellert die Haltung der Empfindsamen durch unverkennbare Vereinnahmung charakterisiert, so findet sich dies noch um einiges gesteigert bei Theophan. Er will dem Protagonisten seine Freundschaft ausdrücklich »aufdringen« (L I, 476), erklärt sich »wider Ihren Willen« zu Adrasts »Freund«, ja er hat sich gar »vorgenommen, […] ihm […] seine Freundschaft *abzuzwin-*

---

29 Zur Konzeption der empfindsamen Liebe über das ›Verdienst‹ s. Schneider, Johann Christian Krügers Dramen, S. 77ff.; Stanitzek, Blödigkeit, S. 102ff.; Titzmann, Empfindung und Leidenschaft, S. 152.; Schulte-Sasse, Drama, S. 461f.

30 Vgl. das grundlegende Missverständnis von Saße, Liebe und Ehe, am Beispiel von *Minna von Barnhelm* (S. 45f.).

31 Vgl. die ähnliche argumentative Strategie in G. F. Meiers *Rettung der Ehre der Vernunft wider die Freygeister* (Halle 1747, z. B. § 4, S. 8), oder auch bei Voltaire im *Dictionnaire Philosophique*, Artikel »Athée, Athéisme« (Dictionnaire Philosophique, S. 36ff., hier 42). Zur Diskussion des Problems der falschen Fremderkenntnis in der zeitgenössischen Vorurteilstheorie s. Berg, Schwierigkeiten der Gemütererkenntnis, am Beispiel der ›Anthropognosie‹ G. F. Meiers.

gen, es mag auch kosten, was es will« (L I, 477, 508).[32] Das vereinnahmende Verhalten der Empfindsamen provoziert auch hier geradezu – und legitimiert damit implizit! – das Widerstreben der Protagonisten.

Wie Hilaria im *Triumph* heimlich Nikanders Schulden bezahlt, so besteht auch im *Freygeist* eine zentrale Strategie Theophans in der Übernahme von Adrasts finanziellen Schulden zu Beginn des III. Akts bei dessen Gläubiger Araspe. Die finanzielle Rettung gilt auch hier als exemplarisch empfindsam-menschlicher Akt und stellt gewissermaßen eine Art Analogon zur Rettung durch Begnadigung dar, die im öffentlich-politischen Bereich in der Tragödie begegnet.[33] Sie macht den Geretteten zum ›Schuldner‹ im doppelten, nämlich *finanziellen* wie *emotionalen* Sinn und schafft eine Asymmetrie und ein Un-gleichgewicht zwischen beiden Interaktionspartnern: Der äußeren, formalen und finanziellen Verbindlichkeit korrespondiert die innere, emotionale Ver-bindlichkeit dem überlegenen Retter gegenüber. Was von Nikander uneinge-schränkt als Großmutstat gepriesen werden kann, weil er in Philinte nicht die Gattin vermutet und somit von einem uneigennützigen Akt ausgehen muss, wird bei Lessing freilich in seiner ganzen Zwiespältigkeit thematisiert. Theo-phans Angebot, bei Araspe wegen des Wechsels zu vermitteln, gilt Adrast als Aufforderung zur Unterwerfung:

> ADRAST. Und Sie meinen, daß ich Sie mit einer demütigen Miene, mit einer kriechen-den Liebkosung, mit einer niederträchtigen Schmeichelei darum ersuchen solle? Nein, so will ich Ihre Kitzelung über mich nicht vermehren. (L I, 514)

Nachdem der erste Versuch, die Schulden bei seinem Vetter für Adrast zu übernehmen, gescheitert war, unternimmt Theophan Ende des IV. Aktes bei dem Wechsler einen zweiten Versuch. Adrast wehrt sich erneut gegen diese Vereinnahmung – »Er dringt seine Wohltaten mit einer Art auf –« (L I, 541) – und den Versuch, eine Verbindlichkeit zu schaffen:

> ADRAST. *Ich gebe mir alle Mühe, Ihnen auf keine Weise verbunden zu sein:* muß es mich also nicht verdrießen, daß Sie mich in den Verdacht bringen, als ob ich es gleich-wohl zu sein Ursache hätte? (L I, 542)

---

32 Vgl. Schneider, Schenken und Tauschen, der von »Freundschaftsterrorismus« des Theophan spricht (S. 465) und als einer der ersten auf die eminente Bedeutung von »Schenken und Tauschen« als einer »Grundfigur der Lessingschen Dramatik« aufmerksam gemacht hat. Siehe auch Fiederer, Geld und Besitz, S. 179ff. Die rein motivgeschichtliche Arbeit von John, Vernünftige Menschenliebe, widmet sich der Wohltat und dem Almosen speziell gegenüber Notbedürftigen und belegt immerhin die immense Relevanz auch dieses Themas in Drama und Roman der Aufklärung.

33 Zur allgemeinen Relevanz von Geld im Drama der Aufklärung gibt Altenhein, Geld und Geldeswert, einen ersten brauchbaren Überblick. Siehe ferner Pape, Symbol des Sozialen; Fiederer, Geld und Besitz; Jung, Das Geld und die guten Worte. Zur Verknüpfung von Emp-findsamkeit und »ökonomischer Rationalität« s. Mog, Ratio und Gefühlskultur, S. 47ff.

Wie in der Verzeihensbereitschaft der Hilaria und insbesondere in der Haltung des Theophan, der die Feindseligkeit des Protagonisten »*nicht mit gleicher Münze* [...] *bezahlen*«, sondern mit Nachsicht, Verzeihung und »Großmut« reagieren will (L I, 508), unschwer die des Canut und Arminius wiederzuerkennen ist, so entsprechend im Widerstand vor allem des Adrast der Widerstand des Sigestes und des Ulfo – freilich in jeweils gattungsspezifischen Ausprägungen. Der strukturelle empfindsame Kernkonflikt ist indes derselbe. Auch hier findet sich die nämliche Ambivalenz: Was offiziell als Fehlverhalten angeprangert wird und, im Falle Adrasts, als geradezu paranoides Misstrauen erscheint, das den Protagonisten hinter den Wohltaten des Freundes »Wohltaten eines Feindes« vermuten lässt (L I, 515) – ein Vorwurf, der erkennbar dem des Sigestes und der Germanen gegenüber Arminius entspricht: »Dein Wohltun sei verflucht [...]« (M II, 140) –, wird latent gerechtfertigt und textintern nachvollziehbar gemacht, nämlich in seiner unterschwelligen Bedeutung als Widerstand gegen die entautonomisierende empfindsame Menschlichkeit.

Die Überwindung des Widerstands des Helden gelingt nur mit Hilfe der Liebesproblematik. Der ideologische Gegensatz zwischen beiden Kontrahenten – »meine Art zu denken, und die Ihrige« (L I, 475) – ist mit einer (scheinbaren) erotischen Rivalität kombiniert, denn Adrast liebt nicht die ihm zugedachte Henriette, sondern deren Schwester Juliane, die als zukünftige Braut Theophans vorgesehen ist.[34] Von Bedeutung sind nun die Merkmale der beiden Schwestern, denn bei ihnen wiederholt sich homolog die Merkmalsopposition, die zwischen den beiden männlichen Rivalen herrscht. Die Jüngere, Henriette, wird eingeführt als »hübsch, munter, fix«, gern spielend, singend und tanzend, mit Schlagfertigkeit und einer gehörigen Portion »Dreustigkeit« versehen und somit ebenso wild und spöttisch wie Adrast (L I, 483): sozusagen die abgeschwächte weibliche Version eines ›Freigeists‹. Juliane hingegen, die Ältere, »blendet nicht«, sondern fesselt mit »ihren stillen Reizen« wie »gesetzte Anmut« und »Bescheidenheit«. Der Vater charakterisiert sie als »die liebe, heilige Einfalt«, Henriette verspottet sie als »Betschwester« (L I, 483, 523): Sie repräsentiert also das weibliche Pendant zum frommen Theophan.

Eine entscheidende Rolle spielt hierbei die Auseinandersetzung zwischen Adrast und Henriette, deren Unverträglichkeit ab Ende des III. Aktes immer offenbarer wird und schließlich in die Artikulation von gegenseitiger Nicht-Liebe, ja Hass mündet (L I, 523). In dem Maße, wie Adrast Henriettes Wildheit und Spötterei als »Fehler« tadelt und jene »Wahrheit und Empfindung« an ihr vermisst, die er bei ihrer Schwester Juliane findet (L I, 530, 483),

---

34 Die – Lessing bekannte – Komödie von L.-F. de La Drevetière Delisle, *Les Caprices du cœur et de l'esprit* (1739) hat hier als (mehr oder weniger bewusste) Vorlage gedient. Zum Verhältnis der beiden Stücke s. Lukas, Les tentations de la raison, S. 240ff.

tadelt er implizit und nichtbewusst am fremden Laster das eigene und nimmt Henriette gegenüber die Rolle ein, die Theophan ihm gegenüber spielt. Seine Kritik – »Ihre Zunge verschont nichts, auch dasjenige nicht, was ihr das Heiligste von der Welt sein sollte. Pflicht, Tugend, Anständigkeit, Religion: alles ist ihrem Spotte ausgesetzt« (L I, 526) – ist nichts anderes als eine exakte Selbstbeschreibung. Henriette ›spiegelt‹ ihm somit sein eigenes Verhalten, Kritik an der *fremden Person* leitet seinen *eigenen* Wandel ein. Ob diese Situation nun durch gezieltes Rollen- und Verkleidungsspiel herbeigeführt wird in Schlegels *Triumph* (V/1) oder sich, wie hier, von selbst ergibt: Sie entspricht ersichtlich der Konstellation, da Nikander im (erfundenen) Ehemann der (erfundenen) Schwester Hilarias ebenfalls sich selbst verurteilt. Die Distanzierung von der alten Rolle des Libertins bzw. des Freigeists wird jeweils nicht durch *bewusste Verbalisierung* und *theoretische Argumentation*, sondern zunächst ausschließlich durch die *nichtbewusste Praxis* erreicht, und zweitens nicht durch direkte *Selbst*erkenntnis, sondern auf dem Umweg über ein *fremdes* Objekt. Im Positionstausch, der Adrast gegenüber Henriette zum ›Theophan‹ werden lässt, wird unwillkürlich das Neue bereits praktiziert, wird *das Besprochene und argumentativ Verhandelte* ein *unmittelbar Gelebtes*, und immer erst auf diesem Wege vermag ersteres zu wirken.[35]

Der erotischen Rivalität zwischen Adrast und Theophan kommt die Funktion zu, den ideologisch-religiösen Konflikt zwischen beiden zusehends in den Hintergrund zu drängen. Es ist ein scheinbarer Konflikt, denn Theophan liebt seinerseits nicht die ihm zugedachte Juliane, sondern eigentlich Henriette – im Gegensatz zu Adrast muss er sich dieser Liebe im Laufe des Stücks aber erst selbst bewusst werden. Die Abtretung Julianens in V/3 durch Theophan, die als ein Akt der Großmut und »Aufopferung« (L I, 548) gilt, fungiert als zentraler Auslöser für Adrasts Wandel. Die entscheidende Wende erfolgt aber erst durch eine *Krise* in eben dieser Szene, die tatsächlich Theophans ganzes »Unternehmen« (L I, 533) der empfindsamen ›Bekehrung‹ des Adrast scheitern zu lassen droht. Bereits als Adrast in IV/7 Theophan seine Liebe zu dessen Braut gesteht, ersehnt er sich eine emotionale Reaktion seines Gegners:

ADRAST. Was für eine Wollust sollte mir das *Erschrecken* sein, das sich in Ihrem Gesichte verraten würde! Was für ein Labsal für mich, wenn ich Sie *seufzen* hörte, wenn

---

35 Dieses Phänomen des Positionstausches gehört wohl zu jenen Phänomenen, die Pütz, Die Leistung der Form, unter dem Begriff der »Umkehrung« zusammenfasst. Zwar hat der Verf. recht, wenn er es in Zusammenhang bringt mit dem typischen aufklärerischen Denkprinzip des Perspektivenwechsels (S. 53), er fasst die Kategorie der »Umkehrung« jedoch viel zu weit (definiert »als die umfassendste Beschreibung für z.T. recht verschiedenartige Phänomene« S. 57), so dass, wie der Verf. schließlich selbst eingestehen muss, »der Begriff der Umkehrung [...] zum Schibboleth zu werden [droht] für alle möglichen Erscheinungen in Lessings Komödien« (S. 95).

ich Sie *zittern* sähe! Wie würde ich mich freuen, wenn Sie Ihre ganze *Wut* an mir auslassen, und mich voller *Verzweiflung*, ich weiß nicht wohin, verwünschen müßten! (L I, 532)

Was zunächst nach einem aggressiven Wunsch gegenüber dem vermeintlichen Rivalen aussieht, wie ihn in den Tragödien die freigeisterischen Bösewichter radikalisiert formulieren, ist freilich zugleich der Wunsch, überhaupt eine *emotionale Reaktion* – »Erschrecken«, »seufzen«, »zittern«, »Wut«, »Verzweiflung« – im Gegensatz zur stets ostendierten »Gelassenheit« (L I, 533) und Affektkontrolle Theophans zu provozieren.[36] In der finalen Auseinandersetzung in V/3 artikuliert Adrast genau dies als emotionales Defizit, über das er Theophan nun seinerseits das Merkmal der Menschlichkeit abspricht:

ADRAST. [...] sind Sie nicht wenigstens *ein Mensch, der Beleidigungen empfindet?* Und auf einmal alles in allem zu sagen: – – Sind Sie nicht ein Liebhaber, welcher Eifersucht fühlen muß? (L I, 543)

Eifersucht muss Theophan nicht fühlen, weil er Juliane nicht liebt, diesbezüglich wird Adrast also widerlegt, nicht jedoch bezüglich seiner Forderung überhaupt nach einer emotionalen Reaktion. Nachdem Adrast in dieser Szene das großmütige Entgegenkommen Theophans hartnäckig als feindseligen Akt interpretiert, gibt Theophan erstmalig seine großmütig-nachsichtige Haltung auf und will »verdrießlich« weggehen:

ADRAST (beiseite). Er wird zornig? – Warten Sie doch, Theophan. Wissen Sie, daß *die erste aufgebrachte Miene, die ich endlich von Ihnen sehe,* mich begierig macht, dieses vernünftige Wort zu hören?
THEOPHAN (zornig). Und wissen Sie, daß ich endlich Ihres schimpflichen Betragens überdrüssig bin?
ADRAST (beiseite). Er macht Ernst. –
THEOPHAN (noch zornig). Ich will mich bestreben, daß Sie den Theophan so finden sollen, als Sie ihn sich vorstellen.
ADRAST. Verziehen Sie. Ich glaube in Ihrem *Trotze* mehr Aufrichtigkeit zu sehen, als ich jemals in Ihrer Freundlichkeit gesehen habe. (L I, 544f.)

Die Herstellung der gewünschten positiven Empfindung bei Adrast gelingt also erst durch eine Art (unfreiwillige) ›paradoxe Intervention‹, die ersichtlich derjenigen in den *Zärtlichen Schwestern* entspricht, da Julchen annehmen muss, Damis wende sich von ihr ab. Entscheidend ist hier nun, dass Theophan seine empfindsame Haltung vorübergehend aufgeben und gewissermaßen die antiempfindsame Haltung des Protagonisten übernehmen muss:

---

36 Vgl. die Interpretation von Pikulik, Bürgerliches Trauerspiel und Empfindsamkeit, der diese Dimension sieht, sie aber übertreibt, so dass völlig aus dem Blick gerät, dass zunächst Theophan die empfindsame Figur repräsentiert (S. 37ff.).

THEOPHAN. Wunderbarer Mensch! *Muß man sich Ihnen gleich stellen*, muß man eben so stolz, eben so argwöhnisch, eben so grob sein, als Sie, um Ihr elendes Vertrauen zu gewinnen? (L I, 545)

Letztlich wird hieran nochmals die Ambivalenz der empfindsamen Großmut deutlich, die die Bekehrung der Protagonisten einerseits ermöglicht, andererseits aber zugleich blockiert. Erst wenn Adrast die Position der überlegenen Großmut und »Freundlichkeit« aufgibt, macht er Adrast »begierig«, sein »vernünftige[s] Wort zu hören« und ermöglicht ihm die emotionale Annäherung und damit die Annahme seiner Großmut.

Die Aufhebung der Gegnerschaft zwischen beiden folgt damit auch einer komplementären und kompensatorischen Struktur. Es ist nicht nur Adrast, der einen Wandel zum fühlenden ›Menschen‹ im empfindsam-emphatischen Sinn vollzieht, indem er seinen »stolzen Kaltsinn« aufgibt, sondern parallel hierzu muss auch Theophan zum fühlenden ›Menschen‹ werden, indem er seine »Gelassenheit« aufgibt.[37] (Zu den weiteren Implikationen dieses Kompensationsmodells s. Kap. 6.2.1). Jetzt erst erkennt Adrast die Aufrichtigkeit Theophans, und jetzt erst kommt es zum positiven Wandel des Protagonisten, der einem »Triumph« des Empfindsamen äquivalent ist, wie ihn Theophan bereits zu Beginn als sein Ziel verkündet hatte (L I, 495), und in der Artikulation jener Scham und Reue besteht, welche die Tragödienbösewichter so beharrlich verweigern:

ADRAST. Ich schäme mich – – […] Himmel! wenn ich mich überall so irre, als ich mich bei Ihnen, Theophan, geirret habe: was für ein Mensch, was für ein abscheulicher Mensch bin ich! – (L I, 548, 555).

Adrasts Schuldbekenntnis wird identisch modelliert wie Julchens Liebesbekenntnis, woran nochmals die homologe Position beider Figuren deutlich wird. Eingeständnis der *Liebe* und Eingeständnis von *Schuld* stellen gemäß der empfindsamen Interaktionslogik denn auch zwei äquivalente Akte dar, gewissermaßen zwei Varianten eines ›Triumphs der Empfindsamkeit‹, in denen jeweils eine ›emotionalistische Hierarchie‹ zwischen den Interagierenden herrscht, die die Obligation des Bekennenden dem Adressaten gegenüber zum Ausdruck bringt.[38]

Auch hier koinzidieren schließlich Natur und Norm. Indem der Widerstrebende programmgemäß dahin gebracht worden ist, »nur seinen eignen

---

37   Vgl. Bohnen, Nachwort zum *Freigeist*, der von einem »Enthüllungsprozeß« spricht, »der in der ›Vernunft‹ des Theophan die ›Natur‹ und in der ›Natur‹ des Adrast die ›Vernunft‹ aufdeckt« (S. 108).

38   Siehe Titzmann, Empfindung und Leidenschaft, zum Wandel des »Sprechakt[s] des Liebesausdruck[s]« vom ›Erklären‹ der Liebe zum ›Bekennen‹ bzw. schließlich zum ›Gestehen‹ (S. 155).

Empfindungen [zu] folgen« (L I, 476), erfüllt er zugleich die Vorgaben der normativen Vernunft. Damit einher geht eine Neudefinition von ›Freundschaft‹, die die subjektive Empfindung und das Normative zu versöhnen trachtet. In I/1 werden zwei oppositionelle Freundschaftskonzeptionen einander konfrontiert. Für Adrast ist Freundschaft definiert als (in den Worten Theophans) »*nicht willkürliche* Übereinstimmung der Seelen«, als »*angeborne* Harmonie der Gemüter« (L I, 479). Freundschaft wird dergestalt deterministisch gedacht als rein naturhaftes Phänomen, als Produkt der triebhaften Natur. Demgegenüber konzipiert Theophan Freundschaft als ›*willkürliche* Übereinstimmung der Seelen‹, die Produkt einer *bewussten Wahl* und einer vorgängigen Vernunfterkenntnis ist:

THEOPHAN. [...] eine edlere Freundschaft [...], welche *jenes blinden Hanges, den auch die unvernünftigen Tiere nicht missen*, entbehren kann: eine Freundschaft, die sich nach *erkannten* Vollkommenheiten mitteilet; *welche sich nicht von der Natur lenken läßt, sondern welche die Natur selbst lenket.* (L I, 479f.)

In Gellerts *Moralische Vorlesungen*, in der 24. Vorlesung »Von den Pflichten der Verwandtschaft und Freundschaft«, lesen wir ganz gleichlautend:

Der eifrigste Enthusiasmus in der Freundschaft, der sich nur auf gleichseitige Neigungen des Temperaments gründet, ist an und für sich, so sehr er auch den äußerlichen Glanz der Rechtschaffenheit von sich wirft, keine Tugend; er ist *bloßer Naturtrieb*. [...] und in so weit wir bloß dieser Stimme der Natur, die unsre Herzen einander zuführen will, folgen, in so weit ist es noch keine Tugend. Aber wie reizend wird die Freundschaft nicht, wenn sie sich *zugleich auf Natur und auf Tugend* gründet! (G VI, 257f.).

Damit ist eine nicht nur für Freundschafts-, sondern auch für sämtliche dargestellte Liebesbeziehungen gültige Formel aufgestellt. Die – im Sinne der Empfindsamkeit: positive – Empfindung, die in den Komödien jeweils hergestellt bzw. bewirkt werden soll, ist nie etwas rein Naturhaftes, durch die bloße triebhafte Natur Determiniertes, sondern in ihr sind Natur und Norm immer schon versöhnt. Die ereignishafte Genese dieser Empfindung, wie sie Lessings Komödie im narrativen Prozess darstellt, beschreibt also auch die Transformation eines Phänomens der *physikalischen Welt* in ein Phänomen der *moralischen Welt*.[39]

---

39 In der historischen Bedeutung von »moralisch«, vgl. etwa C. F. Bahrdt, *Handbuch der Moral für den Bürgerstand* (Tübingen 1789): »Alles das heist [...] moralisch, was aus den innern, freyen Thätigkeiten des Menschen hervorrührt« (zit. bei Gerth, Moralische Anstalt, S. 32.). Siehe auch Kap. 8., Anm. 33.

5.2.2. Die Homologie von Bekehrung und Therapie

Die vorgestellten Komödien erzählen in verschiedenen Varianten vom selben Problem, wie eine im Prinzip zwar tugendhafte, die empfindsame Interaktion aber verweigernde Figur dahin gebracht werden kann, diesen Widerstand aufzugeben und die geforderte zärtliche – erotische oder freundschaftliche – Emotion zu erwidern. Die verfolgte Konfliktlösungsstrategie ist strukturell dieselbe. Äußerer Zwang ist ebenso a priori zum Scheitern verurteilt wie Belehrungen und verbal-rationale Argumentationsversuche – die einzige Erfolgsmöglichkeit besteht darin, die betreffende Figur dazu zu bringen, unwillkürlich, von selbst und nichtbewusst das geforderte Gefühl zu ›produzieren‹. Gellerts *Die zärtlichen Schwestern*, die früheste der drei Komödien, kontrastiert beide Strategien explizit; indem sie sie als alte *vs.* neue Strategien einführt und der Eltern- *vs.* Kindergeneration zuordnet, bildet sie den aufklärungsinternen Wandel von der rationalistischen zur emotionalistischen Phase im Text selbst ab.

Erkennbar handelt es sich bei der neuen Strategie wiederum um den Versuch der *antiintellektualistischen* Durchsetzung von Aufklärungspositionen, wie er bereits der positiven List der frühen Komödien zugrundeliegt. Auch dort ging es, wie gezeigt, darum, die Gegner dahin zu bringen, *von selbst* die Position von Tugend und Vernunft einzunehmen. Dieses Grundmodell tritt nun allerdings in einer emotionalistisch transformierten Gestalt auf. Besaß dieses ›von selbst‹ in der rationalistischen Komödie eine eher formal-äußerliche Bedeutung – insofern eine innere emotionale Beteiligung der betreffenden Figur nicht erforderlich war –, so wird dieses in der frühempfindsamen Komödie emotionalistisch neu definiert, subjektiviert und psychologisiert: Erst jetzt geht es um die *Genese eines bestimmten Gefühls* beim Protagonisten, die zugleich das ranghöchste Textereignis darstellt. Gemeinsam ist den frühen wie den späteren Komödien, dass der Gegner ›von selbst‹ im Sinne von *unwillkürlich* und *nichtbewusst* die gewünschte Position einnimmt. Nicht über einen kognitiv-intellektuellen Akt der Erkenntnis oder Belehrung, sondern nur über das unmittelbare sinnliche Erleben gelingt der aufgeklärten Position der Sieg. Dazu bedarf es Tricks oder einer List. Das in der frühen rationalistischen Komödie erst im Ansatz erkennbare Modell der ›ästhetischen Therapie‹ findet sich nun deutlich ausgeprägt. Wenn der Liebhaber die Strategie wählt, dem widerspenstigen Julchen nicht mehr zu widersprechen, sie in ihrem Freiheitsbestreben scheinbar zu bestärken, oder wenn die verlassene Ehegattin das Mittel wählt, dem widerspenstigen Nikander ›nach dem Sinn zu reden‹, dann ist dies in unverkennbarer Analogie zu sehen zu Therapiemodellen, wie sie im frühen anthropologischen Diskurs der ›vernünftigen Ärzte‹ entworfen werden als Alternative zur scheiternden vernünftigen Belehrung: Man lässt sich auf das wahnhafte System der psychisch Kranken ein, operiert durch paradoxe Interventionen und versucht, sie dadurch ›von selbst‹ zur Vernunft zurückzuführen, dass man sie ihre Unvernunft unmittelbar sinnlich erfahren lässt (Kap. 3.2.2). Die antiempfindsame Komödienfigur jedenfalls befindet sich *strukturell* in der Position des ›psychisch Kranken‹; das Komödienereignis der *empfindsamen Bekehrung* definiert sich homolog zur *psychischen Cur.* Letztere wird im zeitgenössischen theoretischen Diskurs umgekehrt mit einer moralischen Besserung äquivalent gesetzt. Wie Gabriele Dürbeck gezeigt hat, implizieren die frühen psychophysischen Konzepte aus dem Umkreis der Halleschen ›vernünftigen Ärzte‹ auch eine Moralisierung der Therapie, so z.B. explizit bei Johann Christian Bolten im Rahmen seiner »philosophischen Pathologie«:

> Die schändlichsten Kranckheiten sind Würckungen der schwärzesten Laster, und ihnen vorzubeugen, ist in denen mehresten Fällen nichts anders, als den Willen bessern. […] was heißt einen Menschen bekehren, einen Lasterhaften tugendhaft machen, anders, als seinen Willen durch eine psychologische Cur bessern.[40]

Die ›Therapie‹ stellt *die* privilegierte Lösung dar, mit der sich subjektive Natur und Norm versöhnen lassen. In dem Maße, wie die gewünschte Emotion in der dargestellten Welt immer auch eine soziale Norm darstellt, wie die empfindsame Partner- oder Freundesliebe als fundamentales Sozialitätsgebot erscheint, beschreibt die ereignishafte Genese dieser Liebe eine *Neuableitung bzw. -legitimation* des normativ Geforderten durch das Subjekt und sein Gefühl. Wollen und Sollen, Autonomie und Heteronomie, Subjektivitäts- und Sozialitätsgebot sind damit in idealer Weise kongruent. Die Bestrebungen, diese beiden Dimensionen zu identifizieren, sind ihrerseits Indiz dafür, dass sie nicht (mehr) selbstverständlich zusammenfallen. Diese Kongruenz muss, wie eben die frühempfindsame Komödie exemplarisch belegt, *erst ereignishaft hergestellt werden*, und dieser Herstellung liegt ein gesteigertes ideologisches Bedürfnis der Epoche zugrunde, das eben in dem Maße entsteht, wie eine *Ebene des Wollens* als eigenständige autonome ausdifferenziert und von der des *Sollens* dissoziiert wird. Im Gegensatz hierzu kann der frühaufklärerische Rationalismus von Wolff und Gottsched eine scheinbar problemlose Kongruenz von Sollen und Wollen postulieren, weil eine Inkongruenz im eigentlichen Sinne noch nicht gedacht wird und allenfalls auf akzidentelle Störfaktoren wie Affekte zurückgeführt wird;[41] es gilt die Prämisse der notwendigen Übereinstimmung von Verstand und Willen. So postuliert Wolff, »es gehet auch nicht an, daß man

---

40 J. C. Bolten, *Gedancken von psychologischen Curen* (1751), zit. bei Dürbeck, Einbildungskraft, S. 134.

41 Siehe Gottsched, Weltweisheit. Praktischer Theil. Erster Theil: »Die Allgemeine Sittenlehre«, I. Hauptstück: »Von den Handlungen der Menschen und ihrem Unterscheide«, § 24 (AW V/2, S. 84). Siehe auch Wetterer, Publikumsbezug, S. 49ff.

eine an sich gute Handlung nicht wollen sollte, wenn man sie nur deutlich begreifet«.[42] Logisch konsequent kann bei dieser Konzeption ein Problem mit dem Außenzwang gar nicht erst entstehen. So gilt für Gottsched ganz selbstverständlich,

daß ein Tugendhafter keines äußerlichen Zwanges zum guten brauchet. Dieser erkennet die innerliche Schönheit der Handlungen so gut und so lebhaft; *daß er sich nicht enthalten kann, dieselben zu lieben, und sie also mit rechtem Vergnügen auszuüben.*[43]

Die frühempfindsame Komödie formuliert bereits eine deutliche Abkehr von dieser optimistisch-naiven Konzeption. Am Ende von *Die zärtlichen Schwestern* lässt Gellert den Magister, der mit seinen »Lehrsätzen« zweifellos eine satirische Verkörperung wolffianisch-gottschedianischer Moralphilosophie darstellt, schließlich selbst einen Positionswandel vollziehen und die Notwendigkeit einer Psychologie bzw. Anthropologie folgendermaßen postulieren:

DER MAGISTER. Wir haben so viele Vernunftlehren. Eine Willenslehre ist ebenso nöthig. Ist denn der Wille kein so wesentlicher Theil der Seele, als der Verstand? (G III, 253)

Die Verflechtung von Sollen und Wollen ist notwendig korreliert mit den epochalen Bemühungen um die Neuableitung der Normen aus der Natur und stellt somit ein generelles Prinzip des aufklärerischen Denkens von seinen Anfängen an dar. Die emotionalistische Version dieser Verflechtung, wie sie von den zitierten Komödien entworfen wird, ist homolog zu der von der *moral-sense*-Theorie postulierten Normbegründung durch das Gefühl. Die Konzeption eines ›moralischen Gefühls‹ im Sinne einer angeborenen Fähigkeit zur Unterscheidung des Guten und des Bösen[44] verankert das Normative unmittelbar in der menschlichen Natur und ist Ausdruck jener grundsätzlich optimistischen Anthropologie, wie sie auch den beschriebenen Konfliktlösungsmodellen in der deutschsprachigen (früh)empfindsamen Komödie zugrundeliegt. Die Kompatibilisierung und Harmonisierung von Wollen und Sollen, Autonomie und Heteronomie, »self love« und »social

---

42 Wolff, zit. bei Kühlmann, Frühaufklärung und Barock, S. 191/Anm. 11; s. auch Gottsched, Weltweisheit. Praktischer Theil. Dritter Theil: »Die Tugendlehre«, I. Hauptstück: »Von der Lust und Liebe zur Tugend«, § 447 (= AW V/2, S. 303).

43 Gottsched, Weltweisheit. Praktischer Theil. Erster Theil: »Die Allgemeine Sittenlehre«, III. Hauptstück: »Von der Tugend, und von dem Laster«, § 54 (= AW V/2, S. 98).

44 Siehe Gellert, Moralische Vorlesungen, 2. Vorlesung: »Von der natürlichen Empfindung des Guten und Bösen, des Löblichen und Schändlichen« (G VI, 24ff.).

love«, Individualitätsgebot und Sozialitätsgebot etc.[45] – all dies sind nur Varianten des – sich allenfalls in seiner Radikalität unterscheidenden – Versuchs der Lösung desselben strukturellen Grundkonflikts des Natürlichen bzw. Kausalen und des Normativen, an dessen Bewältigung die Literatur und die Moralphilosophie der Epoche gleichzeitig arbeiten.[46]

---

45 Vgl. Sauder, Empfindsamkeit, Bd. 1, 73ff., der zu Recht die große Bedeutung des *moral-sense*-Denkens für die deutsche Empfindsamkeit hervorhebt, und zwar durchaus nicht »im Sinn traditioneller ›Einfluß‹-Philologie« (S. 85); sowie vor allem Wegmann, Diskurse der Empfindsamkeit, S. 38f., 54, 98ff.; Kondylis, Die Aufklärung, S. 396; Kopper, Ethik der Aufklärung, S. 25ff.; Baasner, Sensibilité, S. 95ff. und 123ff., und, am Beispiel von Gellert, Saße, Die aufgeklärte Familie, S. 109ff.

46 Siehe hierzu grundlegend Kondylis, Die Aufklärung, S. 357ff.; zur Moralphilosophie 381ff. Die genannten Kompatibilisierungsbemühungen lassen sich auch mit naturrechtlichen Konzeptionen zum gegenseitigen Bedingungsverhältnis von Soziabilität und Selbstliebe in Verbindung bringen, auf deren Relevanz für die erste Hälfte des Jahrhunderts vor allem Vollhardt wiederholt aufmerksam gemacht hat (u. a. Vollhardt, Freundschaft und Pflicht; Zwischen pragmatischer Alltagstehik und ästhetischer Erziehung; Naturrecht und schöne Literatur im 18. Jahrhundert; Die Grundregel des Naturrechts). Eine einfache Ableitung hiervon verbietet sich jedoch, nicht zuletzt deshalb, da sich (zumindest in Deutschland) Aufstieg der *moral-sense-* und Niedergang der Naturrechts-Konzeptionen parallel, nämlich in etwa ab der Jahrhundertmitte vollziehen (vgl. Vollhardt, Freundschaft und Pflicht, S. 306f.; Vollhardt, Die Grundregel des Naturrechts, S. 146).

6. Die Konstitution der ›Naturmoral‹ als Ereignis: Narrative Synthese-Modelle in der Komödie

Versuche der literarischen Konstruktion einer ›Naturmoral‹ setzen, wie gezeigt, bereits in den Anfängen des Aufklärungsdramas ein. Einer der zentralen Wandelaspekte von der frühen zur mittleren Aufklärung besteht darin, dass die Synthese von Tugend und Natur nicht nur als theoretisches Programm verkündet und nicht mehr nur diskursiv vermittelt wird, sondern textintern auch unmittelbar auf Handlungsebene abgebildet wird als narratives Modell der Konfliktlösung im Sinne der *ereignishaften Herstellung* dieser Synthese. Die Projektion des Theorems auf die Ebene der Handlung mit ihrer prozessualen Dimension und seine Überführung in eine gelebte Realität ist ihrerseits einem Akt der Entintellektualisierung äquivalent und muss als eines der bezeichnendsten Merkmale der frühempfindsamen Komödie gelten. Das in Kap. 4 und 5 in verschiedenen Liebeskomödien rekonstruierte Modell der narrativen Neumotivation bzw. -legitimation einer Ehe ist bereits ein Beispiel der ereignishaften Konstitution einer Naturmoral. In den folgenden Kapiteln werden einige weitere narrative Synthesemodelle vorgestellt, die die frühempfindsame Komödie hervorgebracht hat und die für sie als außerordentlich typisch gelten dürfen. Dabei kommt es auch zur Neufunktionalisierung und -semantisierung von topischen Gattungsmerkmalen unter spezifisch aufklärerischen Zeichen.

6.1 Die doppelte Front der Aufklärung und die antiasketische Moral

Bereits im frühaufklärerisch-rationalistischen Komödiencorpus ging es indirekt um Versuche der Synthetisierung bzw. Kompatibilisierung von scheinbar Widersprechendem, und zwar im Rahmen der Kontextrelevanz für die Moralnormen. Das optimale Verhaltensmodell resultierte ex negativo aus zwei entgegengesetzten lasterhaften Extremen, etwa: weder lasterhafter Müßiggang noch übertriebene Geschäftigkeit, weder Lüge und Schmeichelei noch rigoristische Wahrheitsliebe, weder excessive höfisch-galante Weltorientierung noch provinzielle Ablehnung von jeglicher ›Lebensart‹ etc. Die wahre Tugend darf (bzw. muss) also – in bestimmten sozialen Kontexten und unter bestimmten Voraussetzungen – sehr wohl auch Müßiggang praktizieren, sie darf auch zur Lüge greifen, sie darf sich in gewissem Maße an der ›Welt‹ orientieren etc. Hiermit wird bereits in Ansätzen eine prinzipiell *antiasketische Moral* begründet, wie sie für die Aufklärung – und eben auch für das Aufklärungsdrama – generell typisch ist,[1] so sehr die aufklärerische Moral auch in Einzelaspekten einen lustfeindlichen Aspekt aufweisen mag.

Wir finden dieses Modell in leicht transformierter Gestalt auch in der früh-empfindsamen Komödie. Ab 1745 findet sich eine bezeichnende Neubesetzung der doppelten Gegnerschaft der Aufklärung, womit sich diese letztere in ihrem dynamischen Prozesscharakter selbst reflektiert. Nach wie vor bilden Aberglauben und Unaufgeklärtheit die eine Front, die andere wird nun aber überwiegend durch zu radikale Aufgeklärtheit in Form von ›Freigeisterei‹, also (tendenziellem) Atheismus und Nihilismus besetzt.[2] Diese geht dabei in der Regel mit einer radikalen Aufwertung von Sinnlichkeit/Natur zu Ungunsten von Tugend und Norm einher.[3]

Lessings *Freygeist*, wo dem Titelhelden als Vertreter radikaler Aufklärungsphilosophie ein christlicher Theologe als Vertreter eines – so die Polemik Adrasts – »Aberglaubens« (L I, 477) gegenübergestellt wird, spielt mit dieser doppelten Front, deren Überwindung qua Synthese, wie noch zu zeigen sein wird, beiden Kontrahenten aufgetragen wird. Die doppelte ideologische Front erscheint zum komischen Zerrbild gesteigert in den beiden Dienerfiguren, die jeweils eine einseitige Radikalversion der Position ihres Herrn repräsentieren. In Adrasts Diener Johann ist die Freigeisterei simplifiziert zur hedonistischen Position: »Der Mensch ist in der Welt, vergnügt und lustig zu leben. Die Freude, das Lachen, das Kurtisieren, das Saufen sind seine Pflichten.« (L I, 502) Komplementär hierzu erscheint Theophans Diener Martin als abergläubischer Dummkopf. Johann und Martin sind, in den Worten Lisettes, »die wahren Bilder ihrer Herren, von der häßlichen Seite! Aus Freigeisterei ist jener ein Spitzbube; und aus Frömmigkeit dieser ein Dummkopf.« (L I, 499) Radikale Aufgeklärtheit um den Preis von Lasterhaftigkeit einerseits, frömmelnde Tugend um den Preis von Dummheit und Unaufgeklärtheit andererseits repräsentieren mithin die zwei Gefahren, die potenziell drohen, zwei Extrempole einer misslungenen Synthese, die es *beide gleichermaßen* zu überwinden bzw. zu vermeiden gilt.

Als weiteres einschlägiges Beispiel kann Gellerts *Das Loos in der Lotterie* genannt werden. Die Tugendpartei, Frau Damon und ihre Ziehtochter Carolinchen, kämpft gegen einen doppelten Gegner, der in bezeichnender Weise generationenspezifisch besetzt ist. Eine erste Konfliktlinie verläuft zu einer

---

1   Siehe Kondylis, Die Aufklärung, S. 381ff., 407ff.; Martens, Bürgerlichkeit in der frühen Aufklärung, S. 116f. und Martens, Die Botschaft der Tugend, S. 264ff.; Koschorke, Körperströme, S. 35ff.; Ehrard, L'idée de nature, S. 375.

2   Vgl. Kondylis, Die Aufklärung, S. 360. Siehe auch hier Kap. 7.2.

3   Zur zeitgenössischen Korrelierung von Freigeisterei mit Epikuräismus s. Sauder, Empfindsamkeit, Bd. 1, S. 99. Auch bzgl. der Frontstellung von Stoizismus *vs.* Epikuräismus kommt es zu zeitgenössischen Versuchen der Synthesebildung (ebd., S. 104f., 125ff.).

Figurengruppe aus der Elterngeneration, Herrn Damon und dem verwandten Ehepaar Orgon, die ein ganzes Bündel von Lastern unterschiedlichster Art repräsentieren: exzessiven Geiz von geradezu groteskem Ausmaß, Stolz, Neid, Eitelkeit, Hypochondrie und Herrschsucht, sowie schließlich Passivität und Unterwürfigkeit. Eine zweite Konfliktlinie verläuft gegenüber dem jungen ›Freigeist‹ Simon, Mündel von Herrn Damon, welcher ihn mit Carolinchen verheiraten will. Simon präsentiert sich, ähnlich Adrast bei Lessing, als Radikalaufgeklärter:

> HR. SIMON. *Ich liebe den Verstand*, und mag unmögliche Dinge weder glauben, noch ausüben. Und gesetzt, es wäre möglich, ein Tugendhafter nach der Religion zu werden: so ist es nur so schlimm, daß man zu gleicher Zeit ein Dummkopf wird. (G III, 159)

Zugleich tritt die Freigeisterei in der Gestalt eines galant-höfischen, an der ›großen Welt‹ orientierten französischen Wertsystems auf. Die von Simon unentwegt propagierten Normen und Verhaltensregeln der »Leute von Stande«, des »Hofmanne[s]«, des »Galanthomme[s]« etc. (G III, 150f., 153), zu denen u. a. eine libertine, dezidiert antibürgerliche Liebes- und Ehekonzeption gehört,[4] stehen in Opposition *sowohl* zu dem provinziellen und kleinlich-beschränkten Wertsystem der anderen Lasterhaften, *als auch* zur Tugendpartei. Seine rein auf äußerliche Reputation bezogene *voraufklärerische* Moral – »Das nenne ich Tugend, seinem Stande gemäß leben, und sich die Hochachtung der Welt erwerben« (G III, 157) – stellt die Entsprechung dar zum voraufklärerischen Konzept von Ehre eines Ulfo oder Sigestes in der Tragödie.

Die hypertrophe Hochschätzung des Intellekts und des Geists darf indes auch hier keineswegs als Gegensatz zur Sinnlichkeit verstanden werden, im Gegenteil. Die radikale Aufgeklärtheit manifestiert sich vor allem in einer *Radikalisierung des aufklärerischen Antiintellektualismus*:

> HR. SIMON. Die Leute, die der strengen Tugend so nachlaufen, kommen mir immer vor, als ob sie böse darauf wären, daß ihnen der Himmel Augen und Ohren und andere Sinne gegeben hätte, welche der angenehmsten Empfindungen fähig sind. Was ist denn das Leben, ohne Freyheit, ohne Zufriedenheit? (G III, 157f.)

Sie gipfelt in der Behauptung der Unvereinbarkeit von Tugend und Natur: »Eine Religion, die mir alles Vergnügen verbietet, die meine Begierden ausrotten will, hebt die Natur und die Menschheit auf.« (G III, 158)

Gegenüber den ›einfachen‹ Lasterhaften, die nur gegen einzelne bestimmte Normen verstoßen, stellt Simon den gefährlicheren Gegner dar. Denn die von ihm aufgestellte Behauptung der Inkompatibilität von Tugend *vs.* Natur/

---

4 Vgl. Greis, Drama Liebe, S. 30ff.

Sinnlichkeit stellt eine *ideologische* Bedrohung dar, die die aufklärerische Moral (d.h. deren dominante Richtung) in ihrem Kern angreift. Gegen diesen Angriff zieht die Tugendpartei zu Felde, indem sie den Beweis der Synthese und prinzipiellen Kompatibilisierung anzutreten versucht. Am Beispiel der Religion begründet Frau Damon die aufklärerische Moral programmatisch als antiasketische Synthese:

> FR. DAMON. Sie [die Religion, WL] hebt unser Vergnügen nicht auf, sie schränkt es nur ein, und richtet es auf solche Dinge, die uns ein Leben ohne Reue, und ein wahres und immerwährendes Glück geben. Die Religion rottet die Begierden der Menschen nicht aus; sie ordnet solche, sie bessert sie, indem sie sie einschränkt. Sie macht unser Verlangen reiner und ruhiger; aber sie macht uns nicht zu lebendigen Todten. [...] Es ist so falsch, daß ein Christ kein vernünftiger Mann seyn und in der Welt nicht vergnügt leben könnte, daß derjenige keine Widerlegung verdienet, der einen solchen Satz behauptet, sondern Verachtung und Abscheu. (G III, 158f.)

Carolinchen lebt diese Synthese- bzw. Mittelposition selbst vor: Sie, der Simon vorwirft, dass sie »nicht zu leben weis« und die er als Frau nehmen würde, »[w]enn sie nur *mehr Welt* hätte«, »will«, entgegen diesen Behauptungen, weder »traurig sein [!]« noch »auf eine ausgelaßne Art lustig seyn« (G III, 171, 167). Dieselbe Synthese propagiert Gellert unermüdlich auch in seinen theoretischen Schriften zur Moralphilosophie, wobei der *moral sense* explizit als Problemlösung fungiert:

> Der falsche Gedanke, der so viele von ihrer Pflicht entfernet, als ob die Tugend die Freuden des Lebens aufhübe und man aufhören müßte ein Mensch zu seyn, um tugendhaft zu leben, läßt sich nicht glücklicher widerlegen, als durch *die innerliche Empfindung des Guten*, das man standhaft und fortgesetzt ausübt.[5]

Das folgende Kapitel versucht zu zeigen, wie diese Synthese im Sinne einer finalen Konfliktlösung auf Handlungsebene ›hergestellt‹ wird.[6]

---

5 *Moralische Vorlesungen*, 9. Vorlesung: »Allgemeine Mittel, zur Tugend zu gelangen und sie zu vermehren« (G VI, 114; Hervorhebung durch Sperrung i. Orig., Hervorhebung durch Kursivierung von mir).

6 Über eine analoge Synthesenbildung legitimiert (und thematisiert) sich übrigens auch die Aufklärungskomödie selbst: nämlich als Kombination von Witz und Philosophie, Scherz und Vernunft. Vgl. als Beispiele dieser typischen ›Meta-Komödien‹ J. C. Krügers *Das Glück der Comödie*, Schlegels Vorspiel zur Eröffnung des Kopenhagener Theaters *Die Langeweile* oder Cronegks *Die verfolgte Comödie*.

6.2 Kompensation als ›gelebte Synthese‹

6.2.1 Komplementärer Ausgleich in G. E. Lessings *Der Freygeist*

Lessing inszeniert eine derartige Synthese als Textereignis nicht nur anhand des bereits dargestellten empfindsamen Wandels seines Protagonisten, sondern auch auf der Ebene der Interaktion zwischen den beiden Kontrahenten. Diese bilden nämlich nicht nur bezüglich ihrer religiösen Position einen Gegensatz, sondern auch bezüglich der semantischen Kategorien ›Natur/Sinnlichkeit/ Weltorientierung‹, was sich in einer ganzen Serie weiterer Personmerkmale niederschlägt. So stehen sich in Adrast und Theophan nicht nur der Freigeist und »der fromme Mann« gegenüber, sondern auch der (einstige) »Wildfang« und »lockre[ ] Zeisig« zum einen und der stets Stillere, Sanftere und Vernünftigere zum anderen; der Vielgereiste und in der »großen Welt« Erzogene und der Begrenzte, der seine Jugend »in einer engen staubigten Studierstube« verbracht hat; und schließlich der physisch Attraktivere (»besser gewachsen«) und der Unattraktivere (»keine so schöne Person [...], als Adrast« L I, 493, 481, 552, 492–495). Adrast und Theophan stehen somit insgesamt in einer komplementären Oppositionsrelation zueinander. Der kalte Rationalist Adrast, der so sehr die Dominanz des Verstandes und Geistes betont, ist zugleich privilegiert mit biopsychischer Sinnlichkeit und ›Natur‹ korreliert: bezüglich seiner Liebe, seiner Wildheit und Affektbetontheit (vgl. »das aufwallende Geblüte« L I, 507), seiner oben zitierten rein naturhaft-deterministischen Freundschaftskonzeption, seiner körperlichen Merkmale. Umgekehrt ist Theophan, der exemplarisch Empfindsame, diesbezüglich mit defizitärer ›Natur‹ korreliert.[7]

Dieser Gegensatz wird nun vermittelnd ausgeglichen. Denn nicht nur Adrast muss sich, wie gezeigt, der Position Theophans annähern – umgekehrt muss sich auch Theophan zumindest partiell der Position Adrasts nähern. Dies geschieht zum einen über die Erotik. Neben dem *religiösen* Hauptproblem, das Adrast zu bewältigen hat, hat Theophan ein *erotisches* Nebenproblem, und beide sind wiederum komplementär angelegt: Während Adrast von vornherein die richtige Frau liebt, aber eine falsche, zu korrigierende religiöse Position vertritt,[8] hat Theophan umgekehrt von Anfang an die richtige Religion, liebt aber im Gegenzug die falsche Frau. Der narrative Prozess lässt sich also nicht nur als

---

7 Siehe hierzu auch Bohnen, Nachwort zum *Freigeist*, S. 108ff.; Lukas, Les tentations de la raison, S. 240ff. Zu den aufklärerischen Bemühungen um eine Synthese von »Geist« und »Herz« bzw. »esprit« und »cœur« s. auch Sauder, Empfindsamkeit, S. 125f., und Baasner, Sensibilité, S. 63ff.

8 Bezeichnenderweise erfolgt Adrasts Wandel, wie gezeigt, nur auf emotionaler Ebene; eine evtl. Abkehr von seinen abweichenden religiösen bzw. philosophischen inhaltlichen Positionen ist kein Thema.

Triumph und Sieg des tugendhaften Kontrahenten beschreiben. In mehrer-lei Hinsicht wird die Lösung als *Kompensation* modelliert. Zum einen ist die nötige Bewusstwerdung Theophans und das Eingeständnis seiner Liebe zu Henriette einer Aufwertung des bislang defizienten ›Natur‹-Pols äquivalent. Dieser Wandel steht zwar nicht im Mittelpunkt, immerhin aber wird er sig-nalisiert, wenn der Nebentext Theophan im Dialog mit Lisette, die als erste seine heimliche Liebe zu Henriette bemerkt, »unruhig und zerstreut« werden lässt (L I, 498). Die Liebe, die »*ein gar zu vernünftiges Ansehen*« hat – was für das falsche Paar Juliane/Theophan gilt –, muss dem Lieben »*aus Liebe*« wei-chen (L I, 497), und der gar zu vernünftige Theophan muss gegenüber Adrast sowohl die Bedeutung der autonomen Instanz »Herz« und deren »*Unabhän-gigkeit von dem Verstande*« erkennen als auch kurzfristig jene oben zitierte lei-denschaftliche Reaktion und damit etwas von dem »aufwallende[n] Geblüte« zeigen, welches Adrast im Übermaß besitzt (L I, 545, 507). Der Vater Lisi-dor behauptet bereits im I. Akt eine Ähnlichkeit bzw. Kompatibilität beider Kontrahenten und antizipiert damit das Dramenende. Bei ihren Streitereien, so Lisidor, nehme er sich von beiden Positionen jeweils etwas und mache sich »hernach ein Ganzes«; ihre behauptete Unvereinbarkeit beruhe nur auf »Ein-bildungen«; am Ende wird dieser Sprachwitz noch einmal bestätigend wie-derholt (L I, 482, 549).

Der zentrale Ausgleich wird freilich über die Paarkombinatorik geleistet, mit der die beiden Kontrahenten nicht nur die Partnerinnen untereinander tau-schen – was nicht zuletzt auch als Akt gelungener sozialer Interaktion gilt[9] –, sondern sich über die Partnerwahl jeweils dem Gegner annähern. Der am Ende vollzogene Partnertausch ist mehr als nur Quelle der Komik (vgl. V/4–7); es geht auch nicht nur darum, dass die beiden Problemfiguren – Adrast und Henriette – im Partner einen Gegenpart mit positivem pädagogischen Ein-fluss erhalten und damit gebessert werden sollen, wie die Großmutter Phila-ne in der letzten Szene ausführt.[10] Die Kombination des »Fromme[n]« mit der »Lustige[n]« und des »Lustige[n]« mit der »Fromme[n]« (L I, 554) ist vielmehr höchster Ausdruck der ideologischen Synthese-Strategie des Textes.[11] Denn indem Adrast und Theophan nicht die zu ihnen homologen Frauen, sondern die konträren Partnerinnen wählen, lieben sie jeweils an der Partnerin die Ei-genschaft ihres männlichen Kontrahenten und nähern sich dergestalt, auf dem Umweg über die Erotik, gegenseitig an. Die neuen *Paare* repräsentieren somit

---

9   Vgl. Pape, Symbol des Sozialen, S. 61, und Schneider, Schenken und Tauschen, S. 466.
10 Es geht hier auch nicht nur um die Durchsetzung des Liebesdiskurses gegen den Allianz-diskurs, wie Greis, Drama Liebe, etwas reduktionistisch behauptet (S. 40ff.).
11 Vgl. in Christian Gottlob Klemms *Die Heurath wider die Mode* die ähnliche, wenngleich simplifizierte Opposition der Schwestern; anstelle der chiastischen kommt es hier zur pa-rallelen Verbindung der beiden einzigen Tugendhaften (Sonnenthal und Josephe).

exakt auch jene Kombination von ›Tugend + Natur‹, die die beiden Gegner Adrast und Theophan jeweils als *Individuum* realisieren müssen.

6.2.2 Sozialer Kompromiss und ideologische Synthese: J. C. Krügers *Die Candidaten*

Innerhalb des frühen Komödiencorpus wurde die eminente Rolle des sozialpragmatischen Moments der aufklärerischen Moral ersichtlich, das sich in Konfliktlösungsmodellen wie Tauschhandel und Kompromissen niederschlägt. Die Bedeutung dieser Modelle hält in der frühempfindsamen Komödie unvermindert an; die alten, vormodernen Sozialitätsmodelle gehen nun aber eine Verbindung ein mit emotionalistischen Synthese- und Kompatibilitätskonzepten. Exemplarisch lässt sich dies an Krügers großer Komödie *Die Candidaten, oder: Die Mittel zu einem Amte zu gelangen* (1748) zeigen.[12]

Gegeben ist zunächst ein weitgehend traditioneller frühaufklärerischer Konflikt zwischen Kindergeneration und Elterngeneration, die in einem gemeinsamen gräflichen ›Haus‹ leben, ohne miteinander verwandt zu sein. Herrmann Wahrmund, Sekretär des Grafen, und Caroline, verarmte Adlige, die inkognito bei der Gräfin als Kammerjungfer Dienst tut, lieben sich und wollen heiraten. Voraussetzung dafür ist, dass Herrmann die vakante Ratsherrenstelle erhält, die der Graf als Patron vergibt, und die ihm sowohl aufgrund seines Fachwissens als auch seiner gewissenhaften Pflichterfüllung, die er in langjährigem Dienst bewiesen hat, zustehen würde. Das Hindernis für den Erwerb dieser Stelle und somit auch das Liebeshindernis besteht in der Unvernunft und Lasterhaftigkeit des Grafenehepaars, die beide durch ihre ehebrecherischen Leidenschaften verführbar sind und daher zwei andere Konkurrenten um das Amt favorisieren: Der lächerliche Mitbewerber Chrysander, der weder das nötige Wissen noch das Pflichtbewusstsein zur Ausübung dieses Amtes besitzt, sondern ausschließlich am Titel und am Geld interessiert ist, sticht Herrmann beim Grafen aus, der auf eine Liebschaft mit Chrysanders Braut spekuliert; der – allerdings nur vermeintliche – Mitbewerber Valer sticht ihn bei der Gräfin aus, die die Pläne des Gatten aus Rachsucht hintertreibt und ihrerseits auf eine Liebschaft mit Valer spekuliert. Der Graf macht darüber hinaus Caroline den Hof und ist somit auch erotischer Rivale Herrmanns. Der Hofmeister Arnold, Inbegriff des falschen schmeichlerischen Höflings (und eine komödienunübliche Figur), soll durch Intrigen dem Grafen Caroline als Mätresse zuführen, der sie ihm als Lohn dafür zur Frau geben will. Die Tu-

---

12 Vgl. zu diesem Text auch Saße, Die aufgeklärte Familie, S. 77ff., und Schneider, Johann Christian Krügers Dramen, S. 127ff.

gend kämpft also auch hier an einer doppelten Front: gegen Dummheit und Unaufgeklärtheit, wie sie der Rivale Chrysander repräsentiert, einerseits; gegen Freigeisterei, wie sie Hofmeister Arnold vertritt, andererseits.[13]

Herrmanns unbedingte Wahrheitsliebe wird von Krüger einer analogen Problematisierung unterzogen wie von der Gottschedin in *Das Testament*. Sie erscheint als Fehler, ja tendenziell als Laster.[14] Aufgrund einer »übertriebenen Liebe zur Wahrheit« (K 273) ist Herrmann unfähig zu harmloser Schmeichelei gegenüber seinem Herrn und dessen Gattin, was aber erforderlich wäre, um die Stelle zu erhalten; dies rückt ihn in die Nähe der epochalen Figur des ›Blöden‹.[15] Die Geliebte Caroline wirft ihm denn gleich in I/1 vor:

> CAROLINE. [...] daß sie *nicht zu leben wissen*, daß sie ein eigensinniger, ein unerträglicher, mit einem Worte, daß *sie vor lauter Vernunft und Tugend ein Narr sind*. (K 273)

Sie teilt hiermit die Kritik der Gräfin, die den Secretär als »Sittenrichter« und »Moralist« verachtet (K 352), weil er nicht verführbar ist. Tugend und Laster stimmen hier überein, freilich aus jeweils unterschiedlichen Motiven. Der Tugendrigorismus gefährdet nicht nur die geplante Heirat, sondern erscheint als prinzipieller Mangel an Lebensart, als »Unhöflichkeit« (K 277) und als Grobheit, ja gar als vermessene Standesüberhebung: »Aber ihre unbändige, ihre übertriebene Liebe zur Wahrheit ist eine *Widerspenstigkeit*, ist ein *Stolz*, der viel niederträchtiger ist. Sie vergessen ihren Stand [...]« (K 275). Herrmann erscheint darin als Komödien-Pendant zum Titelhelden von Quistorps *Aurelius*. Im Gegensatz zu Herrmann, der nur absolute Setzungen vornimmt, relativiert Caroline, indem sie ein soziopragmatisches Kontext-Kriterium einführt: Es gibt »unschädliche Unwahrheiten« (K 275), die unter bestimmten Umständen erlaubt und geboten sind. Entscheidendes Kriterium ist, wie schon bei der Gottschedin, der Standesunterschied: »Aber ich halte es für keine Niederträchtigkeit, wenn man sich allemal seines Standes erinnert, und wenn man erlaubte Mittel anwendet, ihn zu verbessern.« (K 275) Herrmanns rigorose Wahrheitsliebe und Arnolds Schmeichelei, die als quasi-höfische Komplimentierkunst im Sinne ›politischer Privat-Klugheit‹ vorgeführt werden,[16] stehen sich als zwei negative Extreme gegenüber. Caroline entwirft hiermit die ›wahre Tugend‹

---

13   Zu den inhaltlichen Positionen dieses Freigeists s. Kap. 7.1.3 und 7.2.2.

14   Vgl. Schneider, Johann Christian Krügers Dramen, S. 143ff. Zum Vergleich mit Alceste in Molières *Misanthrope* vgl. auch Wetzel, Das empfindsame Lustspiel, S. 191ff.

15   Vgl. Stanitzek, Blödigkeit, bes. S. 115ff. Die ›Blödigkeit‹ Herrmanns manifestiert sich vor allem in der Szene des gescheiterten Komplimentierversuchs gegenüber der Gräfin, IV/8.

16   Siehe Saße, Die aufgeklärte Familie, S. 88. Zur Höflichkeit und Schmeichelei als höfischer und politisch kluger Verhaltensmaxime vgl. Stanitzek, Blödigkeit, S. 92ff., 115ff.; Kiesel, Hofkritik, S. 11 u. passim; Kühlmann, Frühaufklärung und Barock, S. 198f.; Müller, Rhetorik und bürgerliche Identität, S. 97ff. Speziell zur ›Lebensart‹ als einer zentralen Kategorie der Privat-Klugheit s. Mauser, Geselligkeit, besonders S. 12ff.

wiederum als mittleres Modell, das sowohl den *Anforderungen der Welt* – dem geselligen Umgang, der Lebensart, den Normen der Sozialität – als auch den *Anforderungen der Moral* Genüge leistet.

Soweit dieser *erste Konflikt*, der, von einigen wenigen Aspekten – wie den radikalen, freigeisterischen Positionen des Hauptgegners und Verführers Arnold und der Inszenierung eines ansatzweise paarinternen Konflikts (der allerdings kein Liebeskonflikt ist!) – abgesehen, weitgehend im frühaufklärerisch-rationalistischen Rahmen verbleibt. Neu und diesen überschreitend ist nun vor allem die Art und Weise, wie auf Handlungsebene das Synthese-Programm konfliktlösend eingesetzt wird. Die Beseitigung des Ehehindernisses und damit die Lösung des ersten Konflikts gelingt nur über einen *zweiten Konflikt*, in dessen Zentrum die Figur des Fähndrichs von Wirbelbach alias Valer steht, der im III. Akt erstmalig auftaucht und als handelnde Figur in der zweiten Hälfte des Textes stärker in den Vordergrund tritt und den Intrigant Arnold gewissermaßen ablöst, der seinerseits im IV. und V. Akt keinen einzigen Auftritt mehr hat. Insofern Valer als Mitbewerber um die Stelle eingeführt wird, gehört er scheinbar auch dem ersteren Konflikt an; faktisch gehört er einem anderen Handlungsstrang an. Wirbelbach alias Valer, der sich am Ende als Cousin Carolines herausstellt, bewirbt sich nur zum Schein um die Stelle, soll vielmehr im Auftrag seines Obersten, der sich wegen einer kürzlichen erotischen Zurückweisung und öffentlichen Bloßstellung durch die Gräfin rächen will, diese verführen, um sie dann ihrerseits öffentlich bloßzustellen. Die Verknüpfung der Konflikte bzw. Geschichten erfolgt dergestalt, dass der ursprüngliche Konflikt des Ehehindernisses *nur über und durch* die mit Valer verknüpften Handlungsstränge lösbar ist. Wenn Herrmann schließlich die Stelle erhält, dann nämlich nur deshalb, weil Valer, dem die (Beinahe-)Verführung der Gräfin gelungen ist und der damit den Zuspruch auf die Stelle erhalten hat, die Gräfin zu einem Tauschhandel zwingen kann: Er verzichtet auf ihre öffentliche Bloßstellung, wenn sie im Gegenzug der Bestallung Herrmanns zustimmt. Darüber hinaus löst Valer das Liebeshindernis auch dadurch, dass er sich als Cousin Carolines zu erkennen gibt und sie in die ihr zustehende soziale und materielle Position versetzt, was den beruflichen Aufstieg als Voraussetzung für die eheliche Verbindung im Prinzip sogar überflüssig machen würde.

Entscheidend ist aber im Hinblick auf die Synthese-Problematik, dass Herrmann in dem scheinbaren Rivalen Valer eine Figur gegenübergestellt wird, die genau jene Eigenschaften zu vereinen weiß, die bei Herrmann inkompatibel sind: die Fähigkeit zur pragmatischen Lüge und List bei absoluter Tugendhaftigkeit. Valer beherrscht die Kunst der – maßvollen – Schmeichelei und Verführung gegenüber der Gräfin perfekt (IV, 4–6), während Herrmanns unmittelbar darauffolgender Komplimentierversuch bei der Gräfin kläglich scheitert (IV, 8). Valer besitzt von »Natur« aus die besondere Gabe, Frauen

durch »Schmeicheleyen und Liebkosungen« zu verführen; von seinem Diener Johann erfahren wir zudem, dass er seinem Herrn immer wieder hüb-
sche Mädchen zuführen muss (K 318, 316). Valer ist aufrichtig, ohne ›blöde‹
zu sein, und repräsentiert also auf der Ebene der Wertsysteme die ideale Synthese von Tugend und Lebensart/Weltbezogenheit und zugleich eine *mittlere Position* zwischen der Lasterhaftigkeit des Grafenpaars einerseits, das die
Maxime »*Man muß zu leben wissen*« (K 360) in der amoralischen, gewissenlo-
sen Variante propagiert, und dem Tugendrigorismus Herrmanns andererseits,
der »*nicht zu leben [weiß]*« (K 273). Von Bedeutung ist nun die Verknüpfung,
die Krüger zwischen diesen Merkmalen und der Handlungsebene vornimmt.
Denn Valer repräsentiert die Lösung des Problems auf einer doppelten Ebene: Diejenige Figur, die auf der *semantischen Ebene der Figurenmerkmale* in der
idealen Kombination von scheinbar einander ausschließenden Fähigkeiten die
Lösung repräsentiert, führt auch unmittelbar auf der *Handlungsebene* zur Lösung für das Liebespaar. *Statisch-konstante Dimension* (Figurensemantik) und
dynamisch-prozessuale Dimension (Handlung) werden miteinander gekoppelt.[17]
Zugleich gehen auch wieder die *ideologische Konfliktlösung* – das Synthese-Pos-
tulat – und die *sozialpragmatische Konfliktlösung* – der Tauschhandel mit der
Gräfin – Hand in Hand.[18]

6.3 Kontingenz und Theodizee: Das Komödienmodell des Pseudokonflikts zwischen eigenem und elterlichem Partnerwunsch

Ein weiteres signifikantes Modell, das ab 1745 in der Komödie auftritt und für
die frühe Konstitutionsphase der Empfindsamkeit außerordentlich typisch
ist,[19] ist das der *scheinbaren Differenz* zwischen Partnerwünschen der Eltern
(in der Regel des Vaters bzw. der Väter) und der Kinder, die am Ende glücklich aufgelöst wird. Dieses Modell realisiert die Kongruenz von Sollen und
Wollen auf eine extreme, paradoxe Weise, in der die Verknüpfung der Synthese-Problematik mit der Theodizeeproblematik besonders deutlich wird. Dies
sei anhand zweier Beispiele, Mylius' *Die Aerzte* (1745) und Schlegels *Der Geheimnißvolle* (1747), demonstriert.

---

17 Vgl. eine ähnliche Konstellation in Schlegels *Die stumme Schönheit* in Bezug auf die Figur
des Laconius.
18 Saße, Die aufgeklärte Familie, konstatiert zu Recht in Bezug auf den tugendhaften Helden,
dass das gute Ende »nicht Resultat seiner Tugend« ist, sondern »trotz seiner Tugend« zustande
komme (S. 87) – er verkennt aber das prinzipielle Syntheseprogramm, wenn er daraus folgert,
diese Lösung erfolge »entgegen seiner [des Dramas, WL] moralischen Botschaft« (ebd.).
19 Vgl. u. a. Lessings *Der Schatz* sowie, als ein späteres Beispiel, *Die seltne Zärtlichkeit* (1767)
des österreichischen Autors Christian Gottlob Klemm.

6.3.1 Satirischer *vs.* empfindsamer Konflikt in C. Mylius' *Die Aerzte*

Mylius' Ärztesatire ist einerseits noch sehr frühaufklärerisch geprägt, zum Teil mit derben *commedia dell'arte*-artigen Einlagen, weist aber andererseits bereits empfindsame Elemente auf, so vor allem das hier zur Diskussion stehende paradoxe Modell der Paarkonstitution. Auch dieser Text kombiniert zwei unterscheidbare Geschichten bzw. Konflikte, die jeweils den Heiratswunsch der Kindergeneration – Luisgen und Damon – in Opposition zu dem der Elterngeneration setzen: erstens einen *frühaufklärerisch-rationalistischen Konflikt* mit der unvernünftigen Mutter Luisgens, der etwa dem von Krüger in *Die Geistlichen auf dem Lande* inszenierten weitgehend entspricht und hier, im Unterschied zu Gellerts *Die Betschwester*, noch nahezu den gesamten Text ausmacht; zweitens einen *empfindsamen Konflikt* mit dem vernünftigen Vater.

Die hypochondrische Mutter ist von den beiden betrügerischen Ärzten Pillifex und Recept »bezaubert« (DDE V, 127/17) und will die Tochter an einen von diesen beiden verheiraten. Dieser erste Konflikt wird vom jugendlichen Liebespaar mit den üblichen, bereits erwähnten Mitteln bzw. Strategien gewonnen: Zum einen unternimmt Damon eine Gegen-Verführung, indem er gegenüber der Mutter den kundigen Arzt mimt, was in diesem Fall nicht nur Spiel ist, denn Damon ist tatsächlich Arzt, hat sich allerdings der Geliebten gegenüber, die ihren Hass auf alle Ärzte erklärt, als Jurist ausgegeben. Zum anderen entlarvt sich das Ärztepaar unfreiwillig selbst durch das Offenbarwerden seiner Delikte. Tatkräftige Hilfe leistet zum dritten der Diener.

Just in dem Augenblick, da im V. Akt die Bösewichte und Verführergestalten Pillifex und Recept ihrer mehrfachen, zum Teil sehr massiven Vergehen überführt sind und die Mutter, zu besserer Einsicht gekommen, ihre ursprünglichen Verheiratungspläne aufgibt und in die Verbindung der beiden Liebenden Damon/Luisgen einwilligt, taucht nach fünfjähriger Absenz der Vater auf und mit ihm ein zweites, ganz anders gelagertes Hindernis. Denn der Vater hat vor Antritt seiner Geschäftsreise nach Indien mit einem Freund die Verbindung ihrer beiden Kinder vereinbart. Der Tochter gegenüber vertritt der Vater diese Entscheidung als vernünftige Wahl, die in objektiven positiven Merkmalen und Verdiensten dieses Sohnes begründet ist:

HERR VIELGUT. Seine guten innerlichen und äusserlichen Eigenschaften nahmen mich gleich so ein, daß ich gar bald auf den Einfall gerieth, er und du würden einmal ein feines Paar zusammen werden. […] Ich meldete seinem Vater, ohne langen Aufschub, meine Gedanken, wiewohl ich es erst nur gleichsam zum Scherze that, und machte ihm zugleich einen Entwurf von dir. Er traute meiner Aufrichtigkeit so, wie ich der seinigen, und machte sich so einen guten Begriff von dir, daß er eben so sehr, als ich, wünschte, euch beyde miteinander vermählet zu sehen. […] Er, des jungen Menschens Vater, versicherte mich sogleich, daß er an der Einwilligung seines Sohnes gar nicht zweifelte, weil er wüste, daß er seinem Rathe allezeit gehorsam nachkäme, und du seiner Neigung vollkommen gemäß zu seyn schienest. (DDE V, 225ff./115ff.)

Im Gegensatz zum ersten Konflikt handelt es sich aber hier nur um einen Scheinkonflikt, denn Damon entpuppt sich just als jener Sohn. Die Väter haben sogar Verlobungsringe ausgetauscht, die Luisgen und Damon, ohne es zu wissen, bereits tragen! Der *selbstgewählte* Partner ist identisch mit dem fremden, vom Vater ausgewählten und *vorgegebenen.* Die von der Kindergeneration geforderte primär *emotionalistische Legitimation* durch das eigene »Herz«, und die von der Elterngeneration geforderte primär *rationalistische Legitimation* durch die »guten innerlichen und äusserlichen Eigenschaften« fallen idealerweise zusammen. Die paradoxe Logik dieses Modells wird hier auf die Spitze getrieben, wenn der Vater, von Luisgen aufgefordert, diesen ihr zugedachten Mann zu beschreiben, ihn mit dem anwesenden Damon vergleicht:

> HERR VIELGUT. Wenn ich dir sein Aeuserliches an einer Person zeigen soll, die du kennest, meine Tochter! so kann ich dir keinen Menschen nennen, welcher ihm so ähnlich wäre, als dieser Herr hier. [...] *Glauben sie mir, mein Herr! ich wollte wünschen, daß sie es selbst wären.* (DDE V, 231/121)

Diese ›märchenhafte‹ Struktur ist ersichtlich nur eine Extremversion der Synthese von Autonomie und Heteronomie. Die Vorherbestimmung der Ehe durch den in der Vergangenheit geschlossenen väterlichen Pakt korrespondiert der Todesprophezeiung durch das Orakel in der Vergangenheit in B. E. Krügers *Vitichab und Dankwart* (s. Kap. 4.3). Der Sieg gegen Laster und Unvernunft der Elterngeneration (in Gestalt der Mutter), den die vernünftige Kindergeneration hier erringt, wird also, ähnlich wie in *Die Betschwester,* in einen ganz neuen Kontext eingeordnet: Was in der Vergangenheit von der Elterngeneration (in Gestalt des Vaters) normativ vorbestimmt wurde, ›erarbeitet‹ sich die Kindergeneration nun in der dargestellten Gegenwart *neu, für sich selbst und völlig unabhängig* von den Vätern. Das Vorbestimmte wird gewissermaßen retardierend zurückgestellt, um dem Liebespaar die Chance einer eigenen, selbstverantworteten Legitimation und Begründung ihrer Verbindung zu geben. Beide Seiten werden gleichermaßen befriedigt. Der strukturell angelegte Konflikt bricht also typischerweise gar nicht erst aus, bzw. anders formuliert: Der Text legt eine Differenz zwischen Elterngeneration und Kindergeneration nur an, *um* diese dann ununterscheidbar zusammenfallen zu lassen und dergestalt eine paradoxe Kongruenz von Autonomie und Heteronomie sowie von Natur und Norm herzustellen.

Je nach Kontext kann sich diese emotionalistische Harmonisierung auch als »gewaltsame Versöhnung«[20] darstellen; in jedem Fall leistet sie aber die Kon-

---

20 Sauder, Empfindsamkeit, Bd. I, S. 84.

struktion einer sinnvollen und optimalen Weltordnung, in der *Kontingenz* und *Providenz* ununterscheidbar zusammenfallen. Im Text gilt diese Kongruenz denn auch als exemplarischer Ausdruck einer Theodizee, die für die Figuren unmittelbar erfahrbar wird:

DAMON. O wunderbares Glück!
[...]
LUISGEN. Was soll ich sagen? Ich weiß nicht, ob ich träume, oder wache?
FR. VIELGUTIN. Und mir geht es auch so. Der Himmel scheint uns alles Vergnügen auf den heutigen Tag aufgehoben zu haben.
[...]
HERR VIELGUT. Wie glücklich vereinigen sich alle unsre Wünsche! [...] so aber erkenne ich allzu deutlich, daß die Hand Gottes mit im Spiele ist, und alles so wunderbar gelenket hat. (DDE V, 232f./122f.)

Der extremen, der Identifikation sich nähernden Kongruenz des Kausalen und des Normativen korrespondiert also – logisch notwendig – eine ebensolche extreme Theodizee-Modellierung der Realität, die die Grenze des Wunderbaren streift; beides ist der frühaufklärerisch-rationalistischen Phase noch fremd.

6.3.2 Die doppelte Identitätsproblematik in J. E. Schlegels *Der Geheimnißvolle*

Präsentiert sich die 1745 publizierte Komödie von Mylius über weite Strecken noch traditionell-frühaufklärerisch, so ist die zwei Jahre später erschienene fünfaktige Komödie Schlegels, die zweifellos zu den bedeutenden (Prosa)Komödien dieses Zeitraums zählt, bereits sehr viel stärker empfindsam transformiert. Das betrifft insbesondere den ausgestalteten Liebeskonflikt des jugendlichen Paares, der bei Mylius erst ansatzweise gegeben ist.[21] Er wird mit demselben Modell des Pseudokonflikts zwischen Eltern- und Kindergeneration verknüpft, nur auf komplexere Weise.

Der Text entfaltet eine doppelte Identitätsproblematik um den jugendlichen männlichen Helden. Eine erste gründet in dessen Psycho(patho)logie. Abgrund, so der sprechende Name des Titelhelden, ist »ein wunderlicher Mensch« (S II, 190), eine Variante des zeitgenössisch beliebten Misstrauischen und eine Weiterentwicklung des Quistorpschen »Hypochondristen«.[22] Von paranoidem Misstrauen geprägt, wähnt er unentwegt Anschläge jeglicher Art gegen ihn gerichtet und tritt daher inkognito als »Geheimnißvoller« auf, in stets wech-

---

21 So etwa im III. Akt, als Damon vorübergehend Zweifel an Luisgens Treue hegt, oder im letzten Akt, als diese ihm für sein Rollenspiel als angeblicher Jurist zürnt.
22 Vgl. T. J. Quistorp, *Der Hypochondrist* (1745).

selnden Verkleidungen und Masken; seine wahre Identität – Name, Beruf, Stand – ist selbst seinem Diener unbekannt. Virulent wird dieses Problem nun durch die Liebeshandlung: Denn da er sein legitimes erotisches Interesse an Amalia für etwas Illegitimes ansieht und bemüht ist, unter keinen Umständen den »Verdacht« zu geben, dass er sie liebe (S II, 298), inszeniert er eine lächerliche Geheimnistuerei und erregt just dadurch den Verdacht seiner Umwelt – indem er sich nämlich so verhält, als wäre er »der ärgste Schelm von der Welt, oder hätte zum wenigsten jemanden erstochen« (S II, 197). Obwohl tugendhaft, ist sein Verhalten doch »wider alle menschliche Vernunft« (S II, 214), ja sein Problem besteht gerade in einem hypertrophen Gewissen, das die Vernunft dominiert, wie sein Diener Johann konstatiert: »Wenn es in seinem Gehirne so richtig stünde, als in seinem Gewissen; so wollte ich gut für ihn seyn.« (S II, 197). Zum anderen wird das pathologische Misstrauen auch von zu großer »Eigenliebe« (S II, 269) abgeleitet, wird somit als emotionales Fehlverhalten gedeutet, das zu einer Störung empfindsamer Sozialität und ihres konstitutiven Gleichgewichts von *self love* und *social love* führt.

Eine Störung der empfindsamen Interaktion der Liebenden ist ebenfalls die Folge. Denn nicht nur verweigert Abgrund mit der Enthüllung seiner Identität zugleich und notwendigerweise die geforderte offizielle Liebeserklärung und Werbung bei Amalias Vater. Er verstrickt sich darüber hinaus zunehmend in Schwierigkeiten, muss z.B. der verwirrten Geliebten im III. Akt versichern, dass »[d]iese Person«, d.h. er selbst, »gar nicht diejenige [ist], wofür sie gleich itzt ausgegeben ward« (S II, 261), etc., so dass er mit seiner Maskerade gerade das verhindert, was sie ermöglichen sollte:

ABGRUND. Wie unglücklich gelingt mir doch alle meine Behutsamkeit! Meine Verkleidung hat mich nur tausendfacher Angst, und tausend Nachforschungen ausgesetzt, und sie soll mir noch ihren Zorn zuziehen? (S II, 264)

Am Ende des III. Aktes hat er es schließlich dahin gebracht, dass Amalia, obwohl sie ihn bereits liebt, ihn »niemals wieder« sehen will und sich darin mit dem väterlichen Willen eins weiß: »Es scheint ohnedieß, daß er meinem Vater misfällt, und er misfällt mir auch.« (S II, 264, 266).

Ein zweites Identitätsproblem, das in den Akten IV und V neu auftaucht, ist zunächst ein rein äußerliches, vom Helden selbst nicht unmittelbar verantwortetes. Es beruht auf einer Verwechslung Abgrunds mit einem Gauner (der selbst nicht auftritt), dem ehemaligen Herrn von Abgrunds Diener Johann. Abgrund wird nun gesucht und soll verhaftet werden. Beide Konflikte werden verknüpft: Denn zum einen ermöglicht die innere Identitätsproblematik überhaupt erst die Verwechslung; zum anderen fungiert sie in der paranoiden Perspektive des Helden als Beweis für die Wahrheit seines Verfolgungswahns und als Rechtfertigung seiner Geheimnistuerei. Dieser zweite Handlungsstrang, der auf der Oberfläche wie ein traditioneller komischer

Intrigenkonflikt aussieht, besitzt strukturell indes die Bedeutung der ›ästhetischen Therapie‹ für den psychisch Kranken. Nur über ihn gelingt nämlich die finale Konfliktlösung, nachdem alle Versuche, durch rational-verbale Argumentation Abgrund von seiner Unvernunft zu überzeugen, fehlgeschlagen sind. Die Handlungskonstellation funktioniert gewissermaßen wie eine ›paradoxe Intervention‹, die den Helden seine Unvernunft *unmittelbar an sich selbst erleben* lässt, indem sie sie scheinbar bestätigt. Erst wenn Abgrund tatsächlich als scheinbarer Verbrecher festgenommen ist, gelingt seine Identifikation und damit die Paarverbindung – letztere freilich nur mit starker Unterstützung der beiden Väter. Inwieweit eine wirkliche Besserung bzw. Heilung des Helden eingetreten ist, bleibt am Ende offen. Ungeachtet dessen kann festgehalten werden, dass der Handlungsstrang der Verwechslung, ein geradezu topisches Gattungselement der Komödie, hiermit eine spezifische Neufunktionalisierung auf dem denkgeschichtlichen Hintergrund des aufklärerischen Antiintellektualismus erfährt. Dieser zweite Handlungsstrang besitzt damit auch die analoge Funktion wie in anderen Komödien die als ›Spiel im Spiel‹ inszenierten positiven Intrigen.

Er fungiert problemlösend auch bei Amalia, die ihrerseits ebenfalls erst zur empfindsamen Liebe hingeführt werden muss, da sie bislang nichtbewusst liebte: »Wenn sie ihn liebt, so weis sie gewiß selber noch nichts davon.« (S II, 211) Die Verdächtigungen Abgrunds provozieren eine Bewusstwerdung und Artikulation ihrer Liebe: Sie äußert ihre Unruhe über das Schicksal Abgrunds und verteidigt ihn, ihr »Herz« garantiere ihr seine Unschuld (S II, 297). Amalia findet somit genau dadurch zu Abgrund, dass sie, eigentlich exakt so, wie er es wünschte und wie er vor sich selbst seine Maskerade legitimierte, »*bloß [s]eine Person*« schätzen lernt (S II, 238) – d. h., sie liebt ihn, so die empfindsame Fiktion, unter Abstraktion aller, für eine definitive Paarverbindung gleichwohl notwendigen zusätzlichen Bedingungen wie insbesondere passender sozialer Stand und Konsens des Vaters.

Schlegel verknüpft die Geschichte dieses empfindsamen Liebeskonflikts schließlich auf die bereits bekannte Weise mit einem (Pseudo-)Konflikt zwischen dem jugendlichen Paar und den beiden Vätern. Bereits im I. Akt im Dialog zwischen Amalias Vater von Schlangendorf und der gewitzten Zofe Kathrine wird die Problematik eingeführt. Schlangendorf kündigt an, er wolle seiner Tochter einen Mann »nach [s]einem Sinne« wählen und formuliert dabei explizit das paradoxe Prinzip der Kongruenz von Selbstbestimmung und Fremdbestimmung:

SCHLANGENDORF. Meine Tochter muß nicht einmal wissen, daß ich ihr einen Mann nach meinem Sinne gebe. […] Sie muß mich noch dazu um den Mann bitten, den ich ihr aussuchen werde, und sich einbilden, daß sie ihn selber gewählt hat.
KATHRINE. Das ist listig genug. Aber so wählen Sie bald, ehe sie selber wählet!
(S II, 209)

Genau dieser programmatische Entwurf wird sich schließlich auch faktisch erfüllen – freilich anders, als vom Vater gedacht. Denn Amalia liebt entgegen dem väterlichen Willen den jungen paranoiden Abgrund, und *indem* sie dies tut, erfüllt sie zugleich den väterlichen Wunsch, denn Abgrund entpuppt sich am Ende als der vom Vater vorgesehene Partner, nämlich der Sohn seines Freundes von Bährenfeld. Die Vernunft-Kriterien des Vaters – »Ich muß nothwendig einen Schwiegersohn haben, mit dem was anzufangen ist, dessen Glück ich machen kann, und der mir mit der Zeit wieder Dienste thun kann.« (S II, 209) – stimmen ›zufällig‹ mit dem von der Kindergeneration vertretenen Kriterium der Liebe überein. Einerseits scheitert also das väterliche Projekt der direktiven rationalen Partnerwahl, denn die im I. Akt ausgesprochene väterliche Anweisung, der Tochter jenen Unbekannten aus dem Sinn zu bringen, schlägt fehl – andererseits aber erfüllt es sich just dadurch. Eine analoge Paradoxie gilt auch bezüglich Abgrund und Vater Bährenfeld. Abgrund täuscht seinen Vater über seine wahren Reiseabsichten, gibt eine angebliche Paris-Reise vor und fährt unter falschem Namen in die Stadt, wo Amalia wohnt – und dies alles, weil er »[s]ein Glück *[s]einen eigenen Bemühungen schuldig seyn wollte*« (S II, 319). Mit dieser indirekten Zuwiderhandlung gegen den Vater erfüllt er aber wiederum dessen Intentionen: Denn er befindet sich dadurch »gerade zu einer Zeit« an dem Ort, wo der Vater ihn selbst »hier verlangte«, um mit dem Freund die Verbindung zu arrangieren (S II, 319).

Im IV. Akt wird das Problem der väterlichen Partnerwahl von den Vätern selbst thematisiert. Schlangendorf begründet gegenüber dem Freund, warum er es für nötig befindet, dass seine Tochter den Mann, den sie nach seinem Willen heiraten soll, zuvor mit eigenen Augen sehe:

SCHLANGENDORF. Ich wollte doch nicht gern meiner Tochter sagen: Ich habe dir einen Mann ausgesucht; du hast ihn noch nicht gesehen, aber auf mein Wort! Er verdienet es; du mußt ihn lieb haben.
BÄHRENFELD. Da haben Sie recht. Das wäre der Weg, alles zu verderben. Wir kennen uns selbst. Oft weigert man sich aus Eigensinne, etwas zu thun, *was man gewiß selber gewollt haben würde, wenn es uns auf beßre Manier wäre vorgestellt worden.*
SCHLANGENDORF. Es geht, wie mit den Pferden. Das beste wirft uns am ersten ab, wenn wir es den Zügel zu sehr fühlen lassen. (S II, 285)

Das Prinzip der sanften Herrschaft, das die optimale Durchsetzung väterlicher Autorität garantieren soll, erscheint hier geradezu als List und wird mithilfe einer einfachen psychologischen ›Übersetzung‹ des abstrakten Kongruenzprinzips von Sollen und Wollen begründet.

Das Phänomen der Pseudo-Inkongruenz zwischen eigenem Partnerwunsch der Kindergeneration und dem der Elterngeneration lässt sich auch formulieren als *Pseudodifferenz* bzw. *-dissoziation* von eigenem, i.e. selbstgewähltem, und fremdem, i.e. vorbestimmtem Partner. Neben dem »Mann«, den Amalia

»für ihren Herrn Vater nehmen [müsse]«, so die witzige Replik der Domestikin gegenüber dem Vater, »[wolle sie] ihr gewiß *noch einen andern* für sich
selber dazu geben« (S II, 208). *Der Triumph der guten Frauen, Die Aerzte* und
Der Geheimnißvolle entwerfen also drei Varianten desselben Modells:[23] Der
bzw. die vorgegebene Zielpartner(in) – Hilaria bzw. die von den Vätern ausgewählten Söhne der Freunde – wird zuerst durch eine(n) scheinbar andere(n)
Partner(in) substituiert, *um* diese sodann zu (re)identifizieren; eine dritte Figur
wird scheinbar eingeführt, *um* sie sodann wieder zu eliminieren. Diese Dissoziation oder Differenz ist nur eine scheinbare und gleichwohl absolut notwendig. Der bzw. die – mehr oder weniger normativ und autoritativ – vorgegebene
Zielpartner(in) kann nicht *direkt* und *bewusst* emotional (wieder)besetzt werden,
sondern immer nur *nichtbewusst* und *unwillkürlich, auf dem Umweg* über eine(n)
scheinbar andere(n). Jeweils findet der Protagonist bzw. finden die beiden jungen Liebenden von sich aus, allein durch seine bzw. ihre eigenen Empfindungen determiniert,[24] zu demjenigen Partner, der ihnen zugleich subjekt- und
paarextern vorgegeben ist. Eine Ebene des reinen Wollens und des Empfindens, somit der ›Natur‹, wird scheinbar isoliert, um sie aber immer schon mit
der Ebene des Sollens und der Normativität zusammenfallen zu lassen. Auch
hier gilt wiederum: Was im *Triumph* eine kalkulierte Strategie der verlassenen Ehefrau ist, das leistet in den anderen beiden Texten das Walten des ›Zufalls‹. Der harmonischen und utopischen Kongruenz von Wollen und Sollen,
von Autonomie und Heteronomie, korrespondiert die nicht minder utopische
Kongruenz von Kontingenz und Providenz.

---

23 Weitere Varianten entwerfen etwa Lessing in *Der Misogyn* oder Weiße in *Der Naturaliensammler.*
24 In *Der Geheimnißvolle* kontrastiert zudem die ernsthafte und empfindsame Interaktion der
 Kindergeneration mit einem galanten Liebescode, wie ihn die Elterngeneration – Abgrunds
 Vater gegenüber Amalia bei der Werbung für seinen Sohn in der hübschen Szene V/4 – vertritt.

DRITTER TEIL

Emotionalistische Transformationen zwischen 1750 und 1770

7. Die Faszination des Verbrechens: Wandlungen des Lasters in der Tragödie nach 1750

Man hat Verbrechensdarstellungen in der Literatur des 18. Jahrhunderts wiederholt im Kontext neuzeitlicher Individualisierungsthesen gedeutet. Verbrecherische Intriganten agieren dergestalt als »Strategen der Subjektivität« und werden von der Literatur funktionalisiert für die Konstruktion moderner Individualität.[1] Unverkennbar zeigt das Drama ab 1750, zumal das Trauerspiel, eine zunehmende Faszination am ausgeklügelten, diabolischen Verbrechen; parallel hierzu, zum Teil auch schon vorher einsetzend, findet sich im poetologischen Diskurs eine ästhetische Legitimation seiner literarischen Darstellung.[2] Hier setzt also jener langfristige Prozess der Dissoziation von Ethik und Ästhetik und damit der »Entkopplung literarischer und moralischer Kommunikation«[3] ein, der in der Goethezeit (und vor allem Romantik) seinen vorläufigen Höhepunkt und Abschluss erreichen wird. Die Individualisierung und Autonomisierung des literarischen Verbrechers korreliert mit einem Prozess der Autonomisierung der Literatur selbst. Literatur, die sich dergestalt gegenüber Moralpädagogik und -didaxe verselbständigt, avanciert somit ihrerseits zum Medium der Individualisierung.[4]

Die folgenden Teilkapitel wollen einige zentrale Aspekte jenes unter dem Einfluss des Emotionalismus sich vollziehenden Wandelprozesses benennen, der in auffälliger Weise das Laster und seine Agenten betrifft. Dabei wird sich die konstitutive Bezogenheit dieses Lasters auf die neue empfindsame Moral erweisen: Es entsteht über den Negativbezug auf diese und fungiert gewissermaßen als deren notwendiges – und somit zuallererst von ihr hervorgebrachtes – Komplement. Für die überblickshafte Darstellung des Wandelprozesses, der bereits in der zweiten Hälfte der 40er Jahre einsetzt, sich nach der Jahrhunderthälfte aber in besonders expliziter Form manifestiert, wird zum Teil auch auf das frühe Dramencorpus zurückgegriffen.

---

1 Siehe Memmolo, Strategen der Subjektivität; Alt, Dramaturgie des Störfalls; von Matt, Ästhetik der Hinterlist.
2 Siehe Zelle, Angenehmes Grauen.
3 Plumpe, Epochen, S. 65ff., hier 68.
4 Siehe Ort, Affektenlehre, S. 138.

7.1 Verbrechen als Ausdruck von gesteigerter Individualität

7.1.1 Das Laster als ›große Tat‹

Bereits im frühaufklärerisch-rationalistischen Corpus taucht in den Texten das Schlagwort der ›großen Tat‹ bzw. des ›großen Werks‹ für das Laster auf. In einem auf Ruhm und äußerliche Ehre im öffentlich-politischen Raum abstellenden voraufklärerisch-heroischen System fungiert die ›Größe‹ als zentrale Wertkategorie.[5] Sie wird im Aufklärungsdrama von Tyrannen wie Intriganten gleichermaßen in legitimatorischer Absicht für ihre Verbrechen in Anspruch genommen. In B. E. Krügers *Mahomed der IV* z. B. bekennt der Intrigant Bektas, der den Titelhelden vom Thron stürzen will und dessen Mutter Roxane zur Frau begehrt, es »[reize ihn] ein Zug nach großen Thaten« (SB V, 440), und beruft sich hierbei explizit auf ein solches heroisches Wertsystem:

> BEKTAS. Denn ein erhabner Geist, ein wahrer Heldenmuth
> Kann nur nach Macht und Ruhm und hohen Dingen streben.
> Ich wünsche mir den Tod, wenn ich mich nicht erheben,
> Und wenn ich nicht gekrönt ein Volk beherrschen kann.
> Die Richtschnur nehm ich selbst bey meinem Lieben an:
> Nur eine Kaiserinn kann mich zur Liebe zwingen; (SB V, 390)

Die ›A-Moralität‹ der erstrebten ›Größe‹ im Sinne der völligen Moralindifferenz zeigt sich, wenn er am Ende, nach dem Scheitern seiner Intrigen, jede Strafbarkeit leugnet und keinerlei Schuldbewusstsein zeigt: »Ich bin nicht strafenswerth, ich habe nur gethan, / Was große Helden thun.« (SB V, 440). In *Die parisische Bluthochzeit* rühmt »Katharina von Medices« die Ermordung der Hugenotten ebenfalls als »große That[ ]« und als »Schluß von seltner Art«, d. h. als Ausdruck ihrer Größe und Herrschkunst (SB VI, 12). Bisweilen wird die Bereitschaft zum ›heroischen Verbrechen‹ auch als »Großmuth« – in einer vorempfindsamen Bedeutung – bezeichnet (vgl. u. a. SB V, 435), in der noch das barocke Ideal der Corneilleschen »grandeur d´âme«[6] aufscheint. Bereits die frühaufklärerische Tragödie also entwickelt anhand der engen Koppelung zwischen dem Laster und einem als Legitimationsbasis dienenden Wertsystem von Ehre, Ruhm und Macht eine polemische Strategie der Diskreditierung, ja ›Kriminalisierung‹ des voraufklärerischen heroischen Paradigmas.

---

5 Vgl. z. B. Hobbes, *Leviathan*, I. Teil, 10. Kap.: »Über Macht, Würde, Ehre« (Hobbes, Leviathan, S. 79ff.) Siehe hierzu Brüggemann, Der Kampf um die bürgerliche Welt- und Lebensanschauung; Alt, Der Held und seine Ehre; Zunkel, Ehre, Reputation, S. 17ff.

6 Vgl. auch die Corneillesche Konzeption des Helden als überdurchschnittlicher Figur im außermoralischen Sinn, als »caractère brillant et élevé d'une habitude *vertueuse ou criminelle*« (zit. bei Meier, Dramaturgie der Bewunderung, S. 155).

Die Topik der ›großen Tat‹ nimmt nach 1745 nicht etwa ab, sondern im Gegenteil, sie nimmt deutlich zu, aber sie wird nun ausschließlich für Bösewichter reserviert und fungiert als *antiempfindsame Negativfolie*. Nicht nur Ulfo beschwört rekurrent seine Intrigen gegen Canut als »große[ ] Taten«, zählt sich zu den »größre[n] Geister[n]«, rühmt sich, ein »Herz« zu besitzen, »das wahre Größe schätzet« etc. (SC 31, 54); dieselbe Topik führen auch andere gleichzeitige Bösewichter wie u.a. Sigestes in *Arminius* oder Dücret in *Samuel Henzi* im Munde, wobei letzterer explizit die Inkompatibilität dieser heroischen Werte mit Tugend festhält:

> Dücret. Sie [die Tugend, WL], die nur allzu oft den ihr geweihten Geist,
> Von großen Taten ab, zu kleinen Skrupeln reißt;
> Die selten Helden schafft, doch öfters sie ersticket,
> Noch eh der kühnen Faust ein nützlich Laster glücket; (L II, 383)

Die Korrelation von Heroismus und Laster wandelt sich nach 1745 entscheidend. Die sich als ›Held‹ definierende Person darf nicht nur vor dem potenziellen Laster nicht zurückschrecken, sondern *sie bedarf geradezu notwendig des Lasters*. Die Texte thematisieren, wie unter den Bedingungen des aufgeklärten Absolutismus, der dem Untertanen keine Möglichkeit zu heroischem Handeln mehr gibt, die politische Intrige notwendig zum einzigen und privilegierten Medium wird, über welches das Individuum sich noch ›Größe‹ erwerben kann. Ulfo formuliert dies in *Canut* deutlich, wenn er seine Feindschaft gegen Canut folgendermaßen begründet: »Was bleibt mir, soll mich nicht zu leben ganz gereun, / Zur Ehre für ein Weg als der, sein Feind zu sein?« (SC 13; vgl. auch Kap. 5.1)

Die angestrebte Größe erhält auf diesem Hintergrund bereits in der frühempfindsamen heroischen Tragödie zunehmend die Bedeutung von Autonomie und gesteigerter Individualität. Typisch ist daher auch die stolze Selbstsetzung, mit der der Intrigant sich und seine Laster bekennt, so vor allem in Monologen, die, als eine Form der Ich-Aussage, im gesamten Aufklärungsdrama überdurchschnittlich häufig den Bösewichtern reserviert sind. Auch im Dialog formulieren die Bösewichte auf auffallende Weise das offene Bekenntnis der eigenen lasterhaften Absichten bzw. Taten gegenüber Freund und Feind. So entgegnet in *Cato* Cäsar dem Pharnaces, als dieser ihm seinen Vorschlag zu einer gemeinsamen Intrige gegen Cato unterbreitet: »Wie frech erkühnst du dich, durch solche Frevelthaten, / Die Bosheit deiner Brust so schändlich zu verrathen?« (SB I, 215); in *Panthea* erklärt sich die Vertraute der Titelheldin, nachdem Araspes dieser offen sein illegitimes Begehren und, nach seiner Zurückweisung, ebenso unverhüllt seine Rache angekündigt hat, »erschreckt, / Daß er so ungescheut sein Laster dir entdeckt!« (SB V, 50). Auch Ulfo »[entdeckt] vor aller Welt« (SC 33) seine bösen Absichten, was bei der Umwelt wiederholt Erstaunen auslöst. Die offene Benennung des Lasters verlangen zwar zunächst auch die Gottschedschen poetologischen Normen zur Figur.[7] Wie aber bereits die textinterne Diskussion hierüber zeigt, kann dieser Bekenntnisdrang nicht allein auf diese (textexterne) Norm zurückgeführt werden. Das Selbstbekenntnis ist zugleich Ausdruck eines gesteigerten Selbstbewusstseins, das den Lasterhaften vor dem Tugendhaften auszeichnet; über dieses Bekenntnis konstituiert er sich gewissermaßen als ›Ich‹. Die Tragödien bilden dies auch sprachlich durch auffällige rhythmische Versgestaltung ab, so etwa jene Stelle in *Canut* in II/4, als Ulfo Estrithe gesteht, dass er die Heirat mit List erreicht habe, durch Verleumdung ihres Geliebten Godewin und einen gefälschten Brief Canuts:

GODEWIN. Sprich, wer entdeckte dir dies alles wider mich?
    Wer hinterging dich so?
ULFO.   Der, den du suchst, bin *ich*.
GODEWIN. Du?
ULFO.   *Ich*.
ESTHRITE.   Unglücklicher, so hast du mich betrogen?
ULFO. Mein Kunstgriff reut mich nicht; er war zu wohl erwogen.
    Ich habe dir durch List Estrithens Herz entführt,
    Du warst dies Herz nicht wert, nur mir hat es gebührt. (SC 29f.)

Schlegels Versgestaltung ist aber nur eine Steigerung dessen, was bereits die Gottschedin in *Panthea* vorführt. Als am Ende Cyrus gemeldet wird, Pantheas Gatte Abradat sei nicht durch Feindeshand, sondern durch Mord gefallen, bekennt Araspes ähnlich selbstbewusst seine Tat, wobei ihn die Gottschedin ebenfalls in betonter Position – hier nun am Versende – »Ich« sagen lässt:

CYRUS. (ganz erstaunt.) Was sagst du … Abradat? … Ihr Götter! schreckt ihr mich
    Durch solche Bothschaft noch? Wer ist der Mörder?
ARASPES.   *Ich!*
CYRUS. Hilf Himmel! (SB V, 65)

Nicht zufällig geschieht das selbstbewusste Bekenntnis gegenüber dem sanften aufgeklärten Herrscher Cyrus, allerdings noch ohne die dazugehörige Semantik, die erst in *Canut* explizit formuliert werden wird.
    Die stolze Selbstsetzung des Lasterhaften bleibt ein Charakteristikum der Bösewichter im heroischen wie später auch im bürgerlichen Trauerspiel, sie tritt im weiteren Verlauf aber auch losgelöst vom Kontext des Widerstandes gegen den empfindsamen Fürsten auf. In Weißes *Krispus* z.B. erscheint das »Ich« der Verbrecherin Fausta genau dann an betonter Versposition, als ihr Plan, den von ihr begehrten Stiefsohn Krispus zum Inzest zu zwingen, am Ende des III. Aktes durch die Ankunft des Gatten Konstantin definitiv ge-

---

7   Hierzu Hollmer, Anmut und Nutzen, S. 88ff., besonders S. 91.

scheitert ist und sie sich nur mehr über ein erneutes, maximales Verbrechen – die Vernichtung Krispus' – retten kann. Fausta wird sich ihrer – im negativen Sinn – exzeptionellen Stellung und Isolation als Verbrecherin bewusst:[8]

> Fausta. Was türmt sich über mir für ein entsetzlich Wetter! –
> O Krispus! Konstantin! wie tönt ihr fürchterlich,
> Sonst süße Namen! – Itzt – Was bleibt mir übrig? –
> (Nach einem kleinen Stillschweigen) *Ich!* (DLE XII, 86)

Nach 1750 zeichnen sich vor allem zwei Transformationen der Korrelation von Laster und Heroismus ab. Zum einen begegnet der Intrigant nun auch als bürgerliche Figur im bürgerlichen Trauerspiel.[9] Auch für die Machenschaften im privaten Raum kann nun allerdings die Semantik des ›großen Werks‹ abgerufen werden, wiederum mit der Konnotation des Heroischen. Obzwar eine Figur aus dem Mittelstand, vertritt der Intrigant ein dezidiert ›nicht-bürgerliches‹ Wertsystem.[10] Als ein Beispiel sei hier nur Henley genannt, der große Intrigant in Brawes *Der Freygeist*, der die empfindsame Tugend seines Gegenspielers Granville als »Weichlichkeit« qualifiziert und an den »*heldenmütigen* Geist[ ]« (DLE VIII, 289) seines Verführungsopfers Clerdon appelliert (s. Kap. 7.2 und Kap. 8.3.1.).

Parallel hierzu nimmt die »Größe« auch in der heroischen Tragödie verstärkt ›nicht-bürgerliche‹ Konnotationen an. In dem Maße, wie das sich formierende empfindsame Wertsystem zunehmend mit bürgerlicher Privatheit korreliert wird und sich über den konstitutiven Negativbezug auf das Interaktionssystem der politischen Klugheit definiert,[11] wird der Gegensatz zwischen dem Heroischen und dem Empfindsamen organisiert als Gegensatz zwischen dem Öffentlichen und dem Privaten. D. h., es werden nun nicht mehr zwei oppositionelle Konzepte von Ehre und Ruhm innerhalb des politischen Raums

---

8 Vgl. auch Pape, Ein *billetdoux* an die ganze Menschheit, S. 279.

9 Vgl. Alt, Dramaturgie des Störfalls.

10 Wenn in *Samuel Henzi* Dücret betont, »[d]aß ich kein Bürger bin« (L II, 382), dann meint dies ein Doppeltes: Zum einen gehört er als Fremder nicht zur Berner Bürgerschaft, ist kein »Bürger« in der Bedeutung des Stadtbürgers; zum anderen wird sein heroisches *Wertsystem*, das er wie Ulfo der gegenwärtigen »weibisch tapfre[n] Zeit« (L II, 382) entgegensetzt, damit als nicht- bzw. vorbürgerliches markiert. Hier ist das positive Modell zwar explizit ein ›bürgerliches‹, aber noch nicht mit Privatheit korreliert. Der Text ist deshalb freilich keineswegs, wie Meier, Dramaturgie der Bewunderung, völlig zu Recht hervorhebt, als Vorläufer des bürgerlichen Trauerspiels zu klassifizieren; vgl. zu dieser (bereits zeitgenössischen) Diskussion S. 164f. Zur nicht-ständischen Bedeutung von »Bürger« und »bürgerlich« in diesem Kontext s. auch Guthke, Das bürgerliche Trauerspiel, S. 43.

11 Siehe Wegmann, Diskurse der Empfindsamkeit, S. 56ff. Ferner Kiesel, Hofkritik; Stanitzek, Blödigkeit, S. 110f.; Mog, Ratio und Gefühlskultur, S. 36ff.; Schaer, Die Gesellschaft im bürgerlichen Drama des 18. Jahrhunderts, S. 147ff.; Nell, Zum Begriff ›Kritik der höfischen Gesellschaft‹.

einander konfrontiert wie noch u.a. in *Canut, Arminius* oder *Samuel Henzi*, sondern heroisches Handeln tritt in einen antagonistischen Gegensatz zu empfindsamer Liebe, in ihrer familiären, freundschaftlichen oder erotischen Ausprägung. So will etwa, um nur ein Beispiel anzuführen,[12] in Weißes *Mustapha und Zeangir* Roxane, die zweite Ehefrau des Sultans Soliman, den Stiefsohn und legitimen Thronanwärter Mustapha beseitigen, um ihrem eigenen Sohn Zeangir den Thron zu sichern. Gegenüber diesem formuliert sie das typische heroische Wertsystem eines Ulfo:

ROXANE. Wahr ist's, ein Kaiserthum ist eines Aufruhrs werth,
   Und *kein gemeiner Geist* ist's nie, der sich empört.
   Du selbst, Prinz, hättest du nach einem Thron zu schmachten,
   Und schlichst nur fromm einher, wie würd ich dich verachten! (WT II, 140)

Zeangir konfrontiert der Mutter aber nicht ein moralisiertes innerliches Ehrkonzept, wie die Umwelt dies in *Canut* tut, sondern rein private Werte und beschwört die zärtlich-empfindsame Freundschaft, die ihn mit dem Halbbruder Mustapha verbindet. Sein auf Rührung abzielendes Bitten für den Freund und Bruder werden von Roxane und dem mit ihr verbündeten Intriganten Rustan als »kindisches Geschrey« abgetan, unwürdig eines »kronenwerthe[n] Held[en]« (WT II, 197, 203); empfindsam-menschliche Regungen werden generell als unheldische ›Blödigkeit‹ qualifiziert:

RUSTAN. Noch hat dein *kleines Herz* kein *mächtiger Gefühl*
   Zum Ruhm *erweitert*, kein's, als Freund und Puppenspiel! (WT II, 149)

ROXANE. Kein *mächtiger Gedank'* hat noch dein Herz *erweitert*,
   Kein Glanz des Purpurs noch *dein blödes Aug'* erheitert; (WT II, 239)

7.1.2 ›Vergeistigung‹ und Ästhetisierung des Verbrechens

Eine weitere entscheidende Transformation betrifft die zunehmende ›Vergeistigung‹ und, in Korrelation hiermit, die zunehmende Ästhetisierung des Lasters. Wird im frühaufklärerischen Trauerspiel die Intrige primär als faktische Tat relevant, so steht nach 1750 zunehmend der raffinierte *Gedanke*, der ausgeklügelte *Entwurf*, der diabolische *Plan* etc. im Vordergrund. Die Topik des ›großen Werks‹ bleibt erhalten, sie erfährt aber diese spezifische Nuancierung, die das Verbrechen primär als ein *geistiges Produkt* thematisiert. Bereits Ulfo beruft sich in auffälliger Weise auf seinen »Geist« als Kriterium »wahre[r]

---

12 Vgl. etwa auch Kleists *Seneka*, Wielands *Lady Johanna Gray*, Martinis *Rhynsolt und Sapphira* u.a.

Größe« (SC 54; vgl. auch 30ff., 53ff.). Henley in Brawes *Der Freygeist* spricht von seinem Rachewerk als »mein großer Entwurf«, »das große Vorhaben« etc. (DLE VIII, 275, 331). Der Titelheld von Weißes *Richard der Dritte* preist seinen teuflischen Anschlag, mit dem er an die Macht – »das höchste Ziel von einem großen Geist« (WR 64) – kommen und Elisabeth, die Schwester des legitimen Thronerben, zur Heirat zwingen will, ebenfalls und voller Stolz wiederholt als »meinen großen Plan«, »den göttlichen Entwurf« etc. (WR 13, 55). Sein Mitläufer Catesby bewundert ihn als geistigen Schöpfer dieses Verbrechens:

CATESBY. O welch ein großer Geist gab Dir den Anschlag ein,
    Du mußt bewundert, Herr, Du mußt gefürchtet seyn!
    [...]
    O Anschlag Deiner werth, groß, wie Du selber bist! (WR 14f.)

In Brawes heroischer Tragödie *Brutus* rühmt der Bösewicht Publius den Verrat, den sein Verführungsopfer Marcius unwissentlich am eigenen Vater Brutus begeht, als Produkt einer ›geistigen Zeugung‹: »Marcius Verrätherey / Ist meiner List *Geschöpf,* mein Stolz, mein Ruhm. – « (B 78) Ähnlich preist auch Don Pedro in Johann Gottfried Christian Nonnes (1770 erschienenem) bürgerlichen Trauerspiel *Don Pedro und Anton* seinen Mordanschlag gegen den gehassten Anton als »grosse[n] Gedanke[n]« (N 215). Deutlich wird an diesen Beispielen auch, dass die geistige Qualität des Verbrechens in der *Bereitschaft* zur exzeptionellen Normverletzung liegt und damit in der radikalen Norm*negation*, die größere Bedeutung erlangt als die Norm*verletzung* selbst. Anhand der Figur des ›Freigeists‹ wird dies noch näher zu erläutern sein.

Die Intrige als geistiges Werk erhält dergestalt implizit Merkmale eines ›Kunstwerks‹. »Kunst« bzw. »Kunstgriff« begegnet bereits im frühaufklärerischen Drama als geradezu stereotypes Merkmal der Bösewichter und bezeichnet da zunächst die Kunst der Verstellung und Dissimulation, die List des ›klugen‹ Höflings. Nach 1750 kann das Merkmal des ästhetischen Produkts im Sinn des Kunstwerks hinzukommen.[13] Der Intrigant Breithorst in Friedrich Wilhelm von Langenaus *Ludewig der strenge* (1766) etwa preist »die vollkommne Feinigkeit meiner Kunstgriffe«, seine List gilt ihm als »ein Meisterstück meiner Kunst« (LL 102). Fausta in Weißes *Krispus* hebt die gleichsam ästhetische Qualität ihres Plans hervor, sich ihren Stiefsohn Krispus durch eine raffinierte Verleumdung für eine inzestuöse Liebesbeziehung gefügig zu machen:

FAUSTA. Ja! ein Verbrechen ist's; *doch welch ein schön Verbrechen!*
    Ich wagt's, und sollt' es Gott mit allen Donnern rächen! (DLE XII, 67)

---

13 Vgl. Sulzer, Allgemeine Theorie der Schönen Künste, Artikel »Kunstgriff« (Bd. 2, S. 628).

Hier deutet sich eine beginnende Dissoziation des Ethischen und des Ästhetischen an. Diese Entwicklung erfolgt in Korrelation mit der Theoretisierung
und Legitimation der Lust am Schrecken, wie sie im poetologischen Diskurs –
beginnend bereits mit den Schweizern Bodmer und Breitinger und vermehrt
nach 1750 in der neuen Mitleidsästhetik – vorgenommen wird.[14] Der textintern thematisierte Selbstgenuss des verbrecherischen Subjekts an der ästhetischen Qualität seines Lasters steht zugleich zeichenhaft für die Akzeptanz
und ästhetische Legitimation der literarischen Darstellung des Lasters und
somit für die zunehmende Abkopplung der Literatur von einer moraldidaktischen Funktionalisierung. Nach 1770 wird diese Semantik eine Verbindung
mit der goethezeitlichen Genieästhetik eingehen. Den logischen und historischen Extrempunkt dieser Verbrecherfiguren repräsentiert – nicht nur in dieser Hinsicht – zweifellos Schillers ›erhabener Verbrecher‹ Franz Moor in den
Räubern, der mit dem raffinierten Anschlag gegen seinen Vater ein »Origi-
nalwerk«, »[e]in Werk ohnegleichen« etc. schaffen will (SW II, 198).[15] Nicht
zufällig nimmt Schiller denn auch eine indirekte Gleichsetzung seines negativen Protagonisten mit dem Tyrannen Richard vor (vgl. V/1, SW II, 286).

Eine Vergeistigung des Verbrechens ist nun auch insofern gegeben, als die
Bösewichter nicht mehr mit einfacher List vorgehen wie noch die frühen Vertreter dieser Gattung, sondern mit raffinierten ›Psycho-Strategien‹, die ganz
gezielt die *Verführbarkeit* des Subjekts in Rechnung stellen und dergestalt versuchen, ihre Gegner ›durch sich selbst‹ zu Fall zu bringen, womit sie im Übrigen auch ihr Opfer auf neuartige Weise als Subjekt wahrnehmen.[16] Zumal
Weiße hat mit Vorliebe derartige Intrigen ersonnen, so etwa in *Mustapha und
Zeangir, Krispus* oder *Rosemunde*. Auch diesbezüglich stellt Franz Moors Plan,
den Vater durch psychische Qual zu töten und dergestalt »den Körper vom
Geist aus zu verderben« (SW II, 198) das Maximum jener Tendenz zur ›Psychologisierung‹ der Intrige auf der Basis des zeitgenössischen anthropologischen Wissens dar.

---

14 Siehe hierzu Zelle, Angenehmes Grauen, S. 261ff., 295ff.; Luserke, Funktion und Wirkung
von Literatur im 18. Jahrhundert, S. 26. Vgl. auch die Überlegungen von Pross, Das Konzept
des Populären, zum generellen Zusammenhang von angestrebter »ethische[r] Individualisierung« der Figuren und »ethische[r] Entwertung der Kunst« im Drama des 18. Jahrhunderts
(S. 27ff., hier 30).

15 Dieselbe Metaphorik für das Verbrechen dann auch bei Sade, vgl. Steinhagen, Der junge
Schiller, S. 154ff. Zum Konzept des ›erhabenen Verbrechens‹ bei Schiller s. vor allem die
Abhandlungen *Über den Grund des Vergnügens an tragischen Gegenständen* (1792) und *Über
das Pathetische* (1793).

16 Auch dies ist rekonstruierbar als Transformation einer Technik der voraufklärerischen
›Privatpolitik‹, vgl. Gabler, Machtinstrument statt Repräsentationsmittel, S. 23f.

7.1.3 Sozial-ständische *vs.* ›ideologische‹ Autonomie

Die gesteigerte Individualität und Ichhaftigkeit der Bösewichter korreliert mit einem Anspruch auf exzeptionelle Autonomie. Im Zusammenhang mit einer voraufklärerischen Herrschaftskonzeption, wie sie die Bösewichter der heroischen Tragödie in der Regel vertreten, ist diese Autonomie zunächst sozial-ständisch rückgebunden und erscheint als ein elitäres Recht des Mächtigen – allen voran des (nichtaufgeklärten) absolutistischen Souveräns bzw. Tyrannen selbst – auf die Normverletzung. Nero in Johann Friedrich Camerers *Octavia* z.B. leitet das Recht auf Verbrechen – hier die Ermordung seiner Gattin Octavia – ganz in barocker Tradition aus dem absolutistischen Selbstverständnis dessen, der ›legibus solutus‹ herrscht, ab,[17] während Seneca die neue, aufklärerische Konzeption des Fürsten als eines fürsorgenden ›Vaters‹ vertritt:

NERO. Was hält mich noch zurück? Denn da ich Kaiser bin,
  So bindet kein Gesetz den ungebundnen Sinn.
  Poppäens schöner Strahl hat Aug und Herz gebunden,
  Die Venus fesselt mich, die hat mich überwunden.
  [...]
SENECA. Fürst! Fürst! du herrschest viel zu frey,
  Du herrschest, doch mit dir und über dich Gesetze,
  [...]
  Du bist ein Vater nur, doch nicht ein Herr der Welt.
  [...]
  Du bist ja für das Volk, es nicht für dich gebohren. (CO 55ff.)

Bereits in Schlegels bemerkenswertem, Anfang der 1740er Jahre entstandenem Trauerspielfragment *Lucretia*[18] reklamiert der Tyrann Sextus Tarquinius das Recht auf die exzeptionelle Normverletzung. So begründet er seinem Bruder gegenüber die Tat der Vergewaltigung Lucretias folgendermaßen:

LUCIUS. Aber sage mir, wie hast du, unter ihrem Flehen und ihren Thränen, deine grausame That vollziehen können? [...] Kannst du gegen dieselbe Person zugleich verliebt und grausam seyn?
SEXTUS. Ich liebte, ich sehnte mich, darum mußte ich genießen.
LUCIUS. Was hilft dir ein Genuß, den du erzwungen hast?
SEXTUS. Ists möglich, daß du ein Königssohn bist, und deine Vorzüge nicht kennest? Was soll mir ein mattes Vergügen, welches auch meine Unterthanen genießen könnten? Wisse, daß ich durch nichts ergötzt werde, *wenn mich nicht mein Verbrechen an*

---

17 Vgl. etwa Laetus in Gryphius' *Großmüttiger Rechts=Gelehrter oder Sterbender Aemilius Paulus Papinianus*: »Ein Fürst ist von dem Recht und allen Banden frey« (II, v. 69).
18 Siehe hierzu Meier, Dramaturgie der Bewunderung, S. 147ff., bes. S. 160.

meine Höhe erinnert, und wenn mir nicht, mitten unter der Freude, mein Herz zuruft: Dieses dürftest du nicht thun, wenn du nicht ein Prinz wärest! (S II, 16f.)

Das Verbrechen »erinnert« den Täter nicht nur an seine »Höhe«, es *stiftet* diese gewissermaßen, insofern sich der Verbrecher *mit der Tat* über die Normalsterblichen erhebt. Das Laster erhält dergestalt einen ›Mehrwert‹ bzw. tendiert zum Selbstwert. Lucius bescheinigt dem Bruder Größe und sich selbst »Schwäche«, die er in folgender ambivalenter Formulierung definiert: »Aber ich bin noch nicht genug über die Menschen erhoben, daß ich meine Freude in ihrem Verdrusse suchen sollte.« (S II, 17)

Die Freiheit vom menschlichen Gesetz erscheint auch als gottgleiche Position. In Johann Gottfried Bernholds Tragödie *Irene oder die von der Herrschsucht erstickte Mutterliebe* formuliert der mit der Titelheldin verbündete Intrigant Nicephorus, der selbst den Kaiserthron usurpieren will, sein Autonomiestreben folgendermaßen:

> NICEPHORUS.   Ich sterbe lieber klein,
> Als daß ich leben sollt, und doch nicht Kaiser seyn!
> Der Umfang meines Muths kan sich nicht ehr begnügen,
> Bis Er die Niedrigkeit der Menschen überstiegen.
> *Ein GOtt auf Erden seyn, das labet meine Brust.*
> [...]
> Der ist ein Ebenbild des Höchsten, der die Welt
> Gemacht; und wie Er will, in seinem Seyn erhält.
> Drum darf durch Niedrigkeit, kein Fürst sein Urbild schmähen,
> Und *unter kein Gesez, auch des Gewissens*, gehen.
> Wer über alles ist, der kan kein Unterthan
> Auf dieser Erden seyn. [...]   (DDE I, 359/33, 364/38)

Bereits Ulfo in *Canut* will nur vordergründig Canuts Thron, eigentlich aber strebt er nach Höherem: »*Ich suche nichts für mich* und find ein wahr Ergötzen, / *Nicht König selbst zu sein, nur Könige zu setzen.*« (SC 55) Nicht anders formuliert Sigest in Mösers *Arminius*:

> SIGEST. Der ist *sein eigner Gott*, wer *frei gedenkt* und tut;
> Von angestammter Höh Tyrannen kriechen siehet,
> Sie hebt und wieder stürzt, wenn ihm zu viel geschiehet; (M II, 189)

Die Freiheit und quasi göttliche Autonomie, die hier in Anspruch genommen wird, ist, wie die Zitate belegen, nicht mehr nur jene *äußere ständische* bzw. politische, die außerhalb der Gesetze steht, sondern tendenziell bereits die *innere geistige* des aufgeklärten, selbstdenkenden Subjekts, während der »Geist« der loyalen Untertanen in den Worten Ulfos als »[z]um Denken zu umschränkt« (SC 53) qualifiziert wird. Die angestrebte Emanzipation ist insbesondere auch eine *moralische*, die sich nicht dem »*Gesez* [...] *des Gewissens*« unterwerfen will.

Was sich hier andeutet, wird ein neuer Typ von Bösewicht radikalisieren, der nach einer »Höh[e]« strebt, die nicht mehr ständisch bzw. politisch rückgebunden ist: der »Freigeist« (s.u.).

Die eigentliche Faszination, die von diesen Figuren ausgeht, gilt ihrer – negativen – inneren ›moralischen Autonomie‹, die vor allem in der absoluten Reuelosigkeit besteht. In dem Maße, wie die Frage nach Norm*anerkennung vs. -negation* in der empfindsamen Phase wichtiger wird als die nach faktischer Normeinhaltung *vs.* -übertretung, wird die im öffentlichen Raum des Hofes (bzw. im privaten Raum der Familie) zu artikulierende Reue in der Tragödie (wie in der Komödie) tatsächlich, wie Weißes Krispus formuliert, zum *»einz'ge[n] Zeichen noch nicht ganz verderbter Seelen«* (*Krispus*, DLE XII, 101) und somit zum einzigen Kriterium, das die für das Aufklärungsdrama so wichtige Unterscheidung der bloß Verführten von den eigentlichen Verführern erlaubt. Letztere verfolgen ihre Intrigen bis zum letzten Atemzug und enden in Szenarien der absoluten Reuelosigkeit. Ulfo gibt auch hier das Modell vor: Noch im Mordversuch an Godeschalk will er seine »Rachbegier« befriedigen und stirbt in offener Auflehnung gegen den weltlichen wie göttlichen Herrscher: »Er stirbt, indem er noch mich zu durchbohren sucht, / Zum Himmel zornig blickt und dem Geschicke flucht.« (SC 73) Desgleichen lassen auch Möser in *Arminius* seinen Sigest nach dem – erfolgreichen – Mord an Arminius »von wildem Groll verzücket« (M II, 197) und Martini in *Rhynsolt und Sapphira* seinen Helden Rhynsolt »mit knirschender Wut« sterben (DLE VIII, 104). In Weißes *Richard der Dritte* gibt der am Ende siegreiche Richmond folgende Schilderung vom Tod des Titelhelden:

RICHMOND. Er focht unsinnig – so, wie die Verzweiflung ficht,
    Nur tödten wollt er izt, […]
    In hundert Qualen fühlt er noch den Rest vom Leben;
    Hier lag er, brüllte laut, und fluchte, fluchte Gott! (WR 90)

In *Krispus* lässt Weiße Fausta, die Stiefmutter des Titelhelden, deren Verbrechen nach dem Märtyrertod des Krispus offenbar geworden sind, mit folgenden Worten in der letzten Szene Selbstmord begehen:

FAUSTA. Ich aber weiß, was ich mir schuldig bin. …
    […]
    Umsonst! – ihr könnt mir nie verzeihen,
    Und Fausta wäre wohl so klein – es zu bereuen? –
    Den mächtigen Triumph gönnt sie Euch nicht! (DLE XII, 112)

Der Selbstmord erscheint als logische Konsequenz der Reuelosigkeit, die selbst bereits eine radikale Selbstausgrenzung aus der Gemeinschaft der Empfindsamen bedeutet. Von den Anfängen an (vgl. u.a. *Cato*, Schlegels *Dido*, L.A.V. Gottscheds *Panthea*) ist der Selbstmord eine bevorzugte Todes-

art des Bösewichts, die der Affirmation seiner Autonomie dient – vgl. Dido:
»bin denn ich nicht selbst in meiner Hand?« (SB V, 243).[19] Neben der offiziellen moralischen Verurteilung wird das reuelose Ende der Bösewichter Objekt
einer unverhohlenen Bewunderung. Allerdings handelt es sich dabei um eine
qualitativ neuartige ›Bewunderung‹, die erst auf dem Hintergrund des empfindsamen Reue- und Geständniskults zu verstehen ist und diesen als konstitutive Negativfolie benötigt.

An dieser Stelle sei auch auf die seit Nicolais Kritik bis auf den heutigen
Tag geführte Diskussion um die Figur des Ulfo eingegangen. Eine Ambivalenz des Textes bezüglich seines Quasi-Helden wurde ebenso oft behauptet[20] wie bestritten,[21] wobei die Ambivalenzbehauptung meist mit einer – in
dieser Form sicherlich nicht haltbaren – Vereinnahmung Ulfos als unmit-
telbarem Vorläufer der Sturm-und-Drang-Helden einherging.[22] Der Streit
ist zum Teil auch überflüssig, wenn er in der Form der – nicht entscheid-
baren und auch letztlich irrelevanten – Frage geführt wird, inwieweit dem
Autor eine eventuelle Ambivalenz selbst bewusst war oder nicht.[23] Es liegt
in der Natur einer ›Ambivalenz‹, dass sie weder die Existenz einer *offiziellen* eindeutigen Bewertungsebene innerhalb des Textes unmöglich macht
noch dem Autor selbst notwendig bewusst sein muß. So unleugbar es ist,

---

19 Siehe den Vergleich von Witte, Vom Martyrium zur Selbsttötung, von Sterbeszenen im
barocken und »bürgerlichen Trauerspiel« (vom Verf. missbräuchlich verwendet für das empfindsame Trauerspiel generell) und seine am Beispiel von Ulfo entwickelte These von der
»Entstehung des Individuums aus der Aneignung des je eigenen Todes« im 18. Jahrhundert
(S. 429f.). Zur Diskussion über den Selbstmord im anthropologischen Diskurs des 18. Jahrhunderts s. Hartung, Über den Selbstmord, besonders S. 38ff. Siehe auch hier Kap. 2.5.2 zur
Nähe zwischen Martyrium und Selbstmord.

20 So u.a. von May, Johann Elias Schlegels *Canut*; Brüggemann, Die bürgerliche Gemeinschaftskultur der vierziger Jahre, S. 9ff.; Heitner, German Tragedy, S. 101ff.; Steinmetz,
Nachwort zu *Canut*, S. 124ff.

21 So u.a. von Jones, Johann Elias Schlegel; Willenberg, Tat und Reflexion, S. 39, 47f.; Jacobs,
Das klassizistische Drama der Frühaufklärung; Schulz, Die Überwindung der Barbarei,
S. 99ff.

22 J. G. B. Büschels dreiaktiges Prosatrauerspiel *Canut* von 1780 belegt sowohl, dass der Sturm-
und-Drang hier anknüpfen konnte, als auch, welche Transformation die Gestalt des Ulfo
dabei erlitten hat. Siehe hierzu auch Alt, Tragödie der Aufklärung, S. 137.

23 Vgl. Schulz, Tugend, Gewalt und Tod, zur Frage, ob »Schlegel sich der Faszination bewußt
gewesen ist, die möglicherweise von der Gestalt Ulfos ausgeht« (S. 152ff., hier 157), oder
Steinmetz, Nachwort zu *Canut*, zur Frage, ob Schlegel »entgegen seiner – durchaus aufklärerischem Denken entsprechenden – negativen Zeichnung der Person doch heimlich mit
ihr sympathisiert habe« (S. 125). Vgl. zur Diskussion ferner Steinmetz, Das deutsche Drama,
S. 54ff.; Alt, Tragödie der Aufklärung, S. 132ff.; Pikulik, Bürgerliches Trauerspiel und Empfindsamkeit, S. 141ff. u. 157; Borchmeyer, Staatsräson und Empfindsamkeit, besonders S. 159f.
und Beise, Untragische Trauerspiele, S. 188ff. (dessen Auffassung, Nicolais Vorschlag, *Canut*
zum Opfer werden zu lassen, hätte daraus notwendig ein Märtyrerdrama wie Gryphius' *Leo
Armenius* gemacht, ist nicht haltbar, wie das Beispiel von Mösers *Arminius* zeigt).

dass das aufgeklärte System des Canut *offiziell* als das richtige und tugendhafte gesetzt wird, so unleugbar ist auch, dass eine *latente und offiziell nicht
eingestehbare* Bewunderung bestehen bleibt für das von Ulfo gelebte unbedingte Streben nach Ehre und Ruhm – eben genau für das, was das neue
Wertsystem jetzt ächtet. Ulfos Behauptung im folgenden Zitat bleibt letztlich unwiderlegt:

ESTRITHE. Verachtet man ein Herz, das sich als menschlich zeigt?
ULFO. Doch das bewundert man, das selbst der Tod nicht beugt. (SC 66)

Dass eine solche Dimension der Bewunderung im Text gezielt angelegt
wird, erhellt nicht zuletzt auch aus der signifikanten Abweichung von der
historischen Vorlage, die Schlegel vorgenommen hat, indem er Ulfo nicht
durch Canut töten lässt, sondern ihm einen heldenhaften Abgang durch
Widerstand bis zum Tod und einen autonomen Quasi-Selbstmord zuge-
steht.[24] Im Übrigen zeigt bereits ein Blick auf die Serie der Weißeschen
Bösewichter, die Ulfo anführt, dass hier eine heimliche Faszination am Verbrechen gegeben ist, die sich im Laufe der Aufklärung bis hin zu Schiller
steigern wird.

7.2 Die Bedrohung durch den Nihilismus: Die Figur des ›Freigeists‹ in Tragödie und Komödie

7.2.1 Die Leugnung der Theodizee

Wie am Beispiel der Komödie bereits thematisiert (Kap. 6.1), taucht nach 1745[25]
ein neuer Typ des Lasters auf – die Freigeisterei. Der Freigeist ist gefährlicher
als seine Vorgänger im frühaufklärerisch-rationalistischen Drama, da er nicht
nur einzelne konkrete Normverletzungen begeht, sondern darüber hinaus das
Normensystem als solches negiert.[26] In dem Maße, wie weniger die *faktische*
Handlung, als vielmehr diese innere, *moralisch-ideologische* Einstellung des
Bösewichts im Vordergrund steht, tendiert letzterer generell zum Freigeist

---

24 Inwieweit dieser Tod »grotesk-komische[ ] Züge« aufweisen soll (so Schulz, Überwindung
der Barbarei, S. 110), ist mir nicht nachvollziehbar – dies müsste denn auch für eine ganze
Serie ähnlich sterbender Verbrecher gelten, u. a. Weißes Richard III.
25 Diese Zäsur markiert z. B. auch in Frankreich den Beginn der eigentlichen Ära der »philosophes« und den Einsatz der Gegenbewegung der »anti-philosophes«, s. Dierse, ›Philosophes‹
und ›anti-philosophes‹.
26 Vgl. Titzmann, Empfindung und Leidenschaft, S. 150.

und damit quasi zum ›Philosophen‹.[27] In ihm findet die konstatierte Tendenz zur ›Vergeistigung‹ des Verbrechens ihren sinnfälligen Ausdruck. Das zeitgenössische Schlagwort des »großen Geistes« bzw. des »starken Geistes« – als Übersetzung des französischen »esprit fort« (vgl. Lessings Adrast: L I, 476) – wird zum Synonym für den Freigeist bzw. den Freidenker.[28] Die von ihm vertretene Position präsentiert sich als Resultat einer gesteigerten Befreiung des Subjekts von Vorurteilen und Aberglauben; das Auftauchen des Freigeistes spiegelt insofern auch den aufklärungsinternen Wandel wider. Das zeitgenössische Schlagwort der ›Freigeisterei‹ ist allerdings eine einigermaßen vage Kategorie, die pauschal für radikale religionsphilosophische Positionen steht, wie sie die Aufklärung selbst – zunächst vornehmlich in England unter der Bezeichnung *freethinking* ab ca. 1700 – hervorgebracht hat, und die inhaltlich verschieden besetzt sein kann.[29] Das Generalmerkmal »ohne Religion«, das z.B. Lessing seinem Helden Adrast im Personenverzeichnis des Entwurfs zum *Freygeist* gibt (L II, 651), kann Deismus oder (tendenziellen) Atheismus und Nihilismus indizieren, wobei echte Atheisten im deutschen Drama allerdings so gut wie nicht auftreten: Sogar der Titelheld von Brawes *Freygeist* verwahrt sich dagegen, in die »Klasse der Gottesleugner« eingereiht zu werden; er gehört aber zu »denen, die auf das stolze Bekenntnis einer natürlichen Religion trotzen« (DLE VIII, 293). Die heftige Kritik der gemäßigten Aufklärer – und das ist unter den Dramenautoren die dominante Gruppe – an der Freigeisterei ist jedoch ambivalent, weil sie über die eigene Nähe zu den

---

27 Dies ist allerdings nur eine, vor allem im deutschsprachigen Drama der Aufklärung beliebte Variante des Philosophen, s. Lukas, Les tentations de la raison. Zur ungleich größeren Bedeutung des Philosophen als literarischer Figur im französischen Aufklärungsdrama s. den Sammelband von Pierre Hartmann, Le philosophe sur les planches.

28 Siehe Liepe, Der Freigeist, S. 9, 18. Vgl. etwa auch den Eintrag »Naturalisten« in Zedlers *Universal-Lexicon* und die dortige Gleichsetzung von »Naturalisten« mit Deisten und »Esprits forts« (Zedler, Universal-Lexicon, Bd. 23, Sp. 1237).

29 Siehe Kondylis, Die Aufklärung, S. 490ff. Die vage Terminologie wurde bereits von den Zeitgenossen karikiert, vgl. z.B. die Kritik aus Mylius' Zeitschrift *Der Freygeist*, dass das Schlagwort, »so häufig es auch von manchem jungen Augustin und Ambrosius unserer Zeiten hinausgedonnert wird, doch zur Zeit noch so vielerley bedeutet, daß man oft nicht weiß, ob man nur einen Wolffianer, oder gar den Teufel darunter verstehen soll.« (zit. bei Liepe, Der Freigeist, S. 9, 26. Vgl. ebd. auch zu zeitgenössischen Differenzierungs- und Klassifikationsversuchen). Siehe auch Gumbrecht/Reichardt, Philosophe, S. 30; Stuke, Aufklärung, S. 256ff. zur zeitgenössischen Diskussion über ›wahre‹ vs. ›falsche‹ Aufklärung. Zur Freigeisterei als Thema in den Moralischen Wochenschriften s. die Dokumentation von Martens, Die Botschaft der Tugend, S. 185ff.

verdammten Positionen hinwegtäuscht.[30] Es gibt in diesem Sinne prinzipiell keinen kategorialen, sondern nur einen graduellen Unterschied zwischen gemäßigter Aufklärung und Freigeisterei, im Freigeist verdammt die Aufklärung nur eine Extremvariante ihrer selbst.

Als beliebte Provokation tritt vor allem die Leugnung einer Schicksalslenkung durch die göttliche Vorsehung und damit auch die Leugnung einer sinnhaften Weltordnung im Sinne der Theodizee auf. Der zentrale Verstoß gegen die »Pflichten gegen Gott, als den Quellen aller anderen Pflichten« – so der Titel der 26. Vorlesung von Gellerts *Moralischen Vorlesungen* – besteht just in der Substitution von Providenz durch Kontingenz, in der Behauptung, dass »ein Ohngefehr, eine blinde Nothwendigkeit« herrsche (G VI, 273). In ersten Ansätzen finden sich solche nihilistischen Positionen bereits im frühaufklärerisch-rationalistischen Drama. Mit dem sich als »Freymäurer«[31] vorstellenden Herrn von Wagehals lässt die Gottschedin in ihrer letzten Komödie *Das Testament* (1745) eines der ersten Exemplare eines Freigeists auftreten, der »die Vorsehung und alles was ein höheres Wesen betrifft, das unser Schicksal regiert, nicht glaubt.« (SB VI, 201, 179). In der frühempfindsamen Komödie wird er, wie bereits angedeutet, gehäuft und nicht mehr nur als Nebenfigur wie bei der Gottschedin auftreten: so u.a. in Gellerts *Das Loos in der Lotterie*, in Krügers *Die Candidaten* und in Lessings *Der Freygeist*, wo er es bis zum Titelhelden gebracht hat. Lessing lässt Adrast bei der Nachricht vom Eintreffen seines Gläubigers im Hause des zukünftigen Schwiegervaters just zum Zeitpunkt, da er sich verheiraten will, folgende Klage gegen »ein ungerechtes Schicksal« führen:

---

30 Vgl. Liepe, Der Freigeist, S. 15ff. Dies hat denn in der Forschung auch zu einigen missverständlichen Urteilen geführt, etwa dem von Alt, Tragödie der Aufklärung (S. 225), oder Mönch, Abschrecken oder Mitleiden (S. 108ff.), dass die Positionen eines Gottsched und Gellert nicht deistisch seien. Die deutschsprachige Aufklärung ist in ihrer dominanten Strömung indes eindeutig deistisch, s. Gawlick, Der Deismus, und Gawlick, Von Duldung der Deisten; Rasch, Goethes Iphigenie auf Tauris; Titzmann, Empfindung und Leidenschaft, S. 139f. Siehe auch Feil, Art. »Déisme«, in: *Delon*, Dictionnaire européen des Lumières, S. 314ff. Zur Nähe des Deismus zur sogenannten »Neologie«, der im Gefolge Wolffs entstandenen Reformtheologie, s. Kondylis, Die Aufklärung, S. 568f.; Möller, Vernunft und Kritik, S. 71ff., bes. 80f. So nimmt denn auch der scheinbar orthodoxe Christ Theophan in Lessings *Freygeist*, wie Hillen, Die Halsstarrigkeit der Tugend, zu Recht hervorhebt, letztlich eine deistische Position ein (S. 118f.), auch wenn er seinen Antagonisten unterschiedslos als »Freidenker, starker Geist, Deist« apostrophiert (L I, 476). Zudem ist, sowohl in der Literatur – vgl. etwa als berühmtes Beispiel *Die Pietisterey im Fischbein-Rocke* von L. A.V. Gottsched – als auch im theoretischen Schrifttum, mit typischen Verschleierungsoperationen zu rechnen, s. hierzu Zurbuchen, Der Philosoph des 18. Jahrhunderts. Die christliche Orthodoxie machte umgekehrt in polemischer Absicht vom Begriff des »Atheismus« einen sehr großzügigen Gebrauch, s. hierzu Voltaire, Dictionnaire philosophique, Art. »Athée, Athéisme«, S. 37.

31 Zur zeitgenössischen Verwechslung des Freigeists mit dem Freimaurer s. Liepe, Der Freigeist, S. 14.

ADRAST. Doch wider wen murre ich? Wider ein taubes Ohngefähr? Wider einen blinden Zufall, der uns ohne Absicht und ohne Vorsatz schwerfällt? Ha! nichtswürdi-
ges Leben! – (L I, 487f.)

Dabei wird grundsätzlich die *religiöse* Abweichung mit *moralischer* Abweichung
gekoppelt. So lässt die Gottschedin ihren Freigeist bekennen:

HERR VON WAGEHALS. Was ist Gewissen? Ich thue in der Welt, was ich will und kann.
Ich folge meinem Vergnügen und meiner Neigung, und nehme und genieße, was
ich nur kriege; und bekümmere mich um mein Gewissen nicht ein Haar: denn nach
dem Tode ist doch alles aus! Sehen Sie das ist meine Religion! (SB VI, 176)

Konkret manifestiert sich seine abweichende Position in angedeuteten Normverletzungen u.a. erotischer Art (vgl. SB VI, 179). Anders Adrast, der im Kern
tugendhaft ist und somit tendenziell ein Beispiel des in der Epoche vieldisku-
tierten ›tugendhaften Atheisten‹ darstellt. Immerhin wird aber, wie gezeigt
(Kap. 5.2.1.), seine ideologisch-religiöse Abweichung mit Verstößen gegen die
Normen empfindsamer Sozialität sowie mit einem unordentlichen Lebenswandel korreliert.

Die Frage der Anerkennung oder Negierung einer gerechten Weltordnung
im Sinne der Theodizee ist für die Zeitgenossen deshalb so zentral, weil sie
ganz unmittelbar mit einer Frage der Moral verknüpft wird. Gellert widmet
gleich die dritte seiner insgesamt 26 »Moralischen Vorlesungen«, nach der Einleitung in die Moral und die grundlegende Unterscheidung des Guten und des
Bösen, der »Schrecklichkeit der freygeisterischen Moral«. Im Falle der Leugnung eines gerechten Gottes gerät die Tugend bei Gellert in ein gravierendes
Legitimationsproblem:

Ist kein gerechter Gott, keine Tugend, keine Unsterblichkeit der Seele, und also keine ewige Belohnung oder Strafe; was soll mich abhalten, so oft ich kann, der Stimme
meiner erhitzten Leidenschaften zu gehorchen?

> *Dann hätt' ich Lust ein Bösewicht zu seyn,*
> Und würde, wär kein Gott, auch keinen König scheun![32]

In der Koppelung von Religiosität und Moralität kommt zunächst allgemein jene
»traditionelle Funktion Gottes als des Inbegriffes und Garanten aller Werte, die
soziales Leben ermöglichen«,[33] zum Ausdruck, die ungeachtet der Bemühun-

---

32 Gellert, *Moralische Vorlesungen*, 3. Vorlesung: »Von dem Vorzuge der heutigen Moral vor
     der Moral der alten Philosophen, und von der Schrecklichkeit der freygeisterischen Moral«
     G VI, 33ff., hier 45. Vgl. auch Diderots *Entretien d'un philosophe avec la maréchale de *** (in
     der von Friedrich Melchior v. Grimm hrsg. *Correspondance littéraire*, April und Mai 1775)
     über das Problem des tugendhaften Atheisten; dort die Frage der Dialogpartnerin: »Quel
     motif peut avoir un incrédule d'être bon, s'il n'est pas fou?« (Œuvres, t. 1, S. 930).
33 Kondylis, Die Aufklärung, S. 362.

gen der Aufklärung, eine Moral über die menschliche Natur neu zu begründen, bekanntlich bis einschließlich Kant nicht völlig verschwinden wird. Im Postulat der sozialen Nützlichkeit des Glaubens stimmen auch die meisten Aufklärer, ob progressiver oder konservativer Observanz, überein.[34] So behauptet auch z. B. Voltaire, der Atheismus sei »presque toujours fatal à la vertu«.[35] Die bereits von Pierre Bayle aufgeworfene Frage,[36] ob eine Gesellschaft von Atheisten auf Dauer bestehen könne, wird von ihm verneint, und die Notwendigkeit der kollektiven Vorstellung eines belohnenden bzw. strafenden höchsten Wesens für ein funktionierendes Gemeinwesen wird demgegenüber betont[37] – nicht anders lässt Lessing auch seinen Freigeist Adrast argumentieren, Religion sei, obzwar nur auf Irrtümern und Vorurteilen beruhend, dem »Pöbel« ein notwendiger »Grund seines Glücks« und somit »die Stütze des Staates« (L I, 527). Bezeichnenderweise ist also der bloße Glaube an die Existenz Gottes als metaphysischem Wesen noch keine hinreichende Bedingung für Tugend, wie es denn auch um diese Frage so gut wie nie in den Dramen geht. Konstitutiv für Tugend ist vielmehr der Glaube an eine *sinnvolle und gerechte Welt gemäß der Theodizee*, ja Tugend wird mit letzterem tendenziell identifiziert. Man kann dies vielleicht als indirektes Symptom einer latenten Sinnkrise werten: Insofern nämlich das Hauptmerkmal der Tugend dergestalt in der (Bereitschaft zur) ideologischen Bewältigung des faktisch existierenden Übels besteht, wird daran der Aufwand an zu leistender Uminterpretation und Krisenabwehr ermessbar.[38] Bemerkenswert ist in

---

34 Ebd., S. 363f.

35 Voltaire, *Dictionnaire philosophique*, Art. »Athée, Athéisme«, S. 43.

36 Siehe hierzu Schröder, Zwei tugendhafte Atheisten.

37 »Il est donc absolument nécessaire pour les princes et pour les peuples, que l'idée d'un Être suprême, créateur, gouverneur, rémunérateur et vengeur, soit profondément gravée dans les esprits.« (Ebd.) Vgl. auch Voltaires bekanntes Diktum über die Notwendigkeit, Gott für das Volk zu erfinden, wenn es ihn nicht gäbe (Kondylis, Die Aufklärung, S. 363). Ähnliche Positionen dann auch bei La Mettrie (etwa in *Anti-Sénèque ou le souverain bien*: Anti-Sénèque, S. 31ff.; hierzu Kondylis, Die Aufklärung, S. 507) und Sade (hierzu Bürger, Moral und Gesellschaft bei Diderot und Sade, S. 66ff.)

38 Siehe auch den Eintrag »Athées« in der *Encyclopedie*, demzufolge die deutliche Erkenntnis des Guten *vs.* des Bösen (»la connoissance de la différence essentielle des choses«) im Verein mit dem moralischen Gefühl (»sentiment moral«) noch nicht hinreichend seien für Tugendhaftigkeit, denn: »Les passions étant très-souvent opposées à la vertu & incompatibles avec elle; il faut pour contre-balancer leur effet, mettre un nouveau poids dans la balance de la vertu; & ce poids ne peut être que les récompenses ou les peines que la religion propose.« (Diderot/d'Alembert, Encyclopedie, T. 1, 1751, S. 806, Sp. 1) Der Atheist verfüge allenfalls über eine »vertu purement philosophique«, die indes nicht ausreiche, um den Versuchungen zu widerstehen: »Pour résister, sur-tout lorsqu'il en coûte d'être vertueux, il faut être rempli de l'idée d'un Dieu, qui voit tout, & qui conduit tout. L'athéisme ne fournit rien, & se trouve sans ressource; [...] Au contraire, celui qui croit fortement qu'il y a un Dieu, que ce Dieu est bon, & que tout ce qu'il a fait & qu'il permet, aboutira enfin au bien de ses créatures; *un tel homme peut conserver sa vertu & son intégrité même dans la condition la plus dure. Il est vrai qu'il faut pour cet effet admettre l'idée des récompenses & des peines à venir.«* (Art. »Athéisme«, ebd., S. 816, Sp. 1).

diesem Zusammenhang die versifizierte Konklusion, die Gellert zieht: In ihr
manifestiert sich der anthropologische Aspekt dieser Krise. Wenn der Wegfall
von Strafe – wie es die Leugnung der Theodizee impliziert – *automatisch* und
gewissermaßen notwendig »Lust« auf das Laster macht, dann muss nicht nur
auf einen eher geringen Grad an Normverinnerlichung geschlossen werden;[39]
vielmehr drückt sich hierin eine latent pessimistische Anthropologie aus, die
permanent mit dem Bösen im Menschen rechnet.[40] Dieser Pessimismus hebt
den grundsätzlichen Optimismus, den auch Gellert teilt, nicht auf, stellt ihm
aber ein Korrektiv zur Seite: Tugend ist somit nicht durch bloße *Selbstentfaltung* möglich und durch eine grundsätzlich positive menschliche Natur immer
schon gegeben, wie es die antiasketische *moral-sense*-Lehre im Prinzip konzipiert, sondern nur durch *Selbstüberwindung.*[41] Darauf wird an anderer Stelle
noch zurückzukommen sein.

   In der heroischen Tragödie lässt sich die Radikalisierung freigeisterischer Positionen am Beispiel der Herrmann-Dramatisierungen von Schlegel (*Herrmann*
1743) über Möser (*Arminius* 1749) bis hin zu Otto von Schönaich (*Thußnelde und
Hermann* 1754) illustrieren, und zwar anhand der zentralen ideologischen Verfüh-
rergestalt Segest. Bereits Schlegels Segest zeigt eine unverkennbare Nähe zum
Freigeist. Wenn er die von Herrmann und den Seinen gerühmte germanische
Tugend, die ohne bewusste Normkenntnis das moralisch Gute tue, als »Vorurtheil« qualifiziert und demgegenüber die Leistung des Varus hervorhebt, der
»uns Deutsche erst die Tugend kennen lehrt, / Die wir aus Einfalt sonst, nicht
aus Vernunft geehret« (SB IV, 34, 22), präsentiert er sich als Aufklärer. Seine
utilitaristische Klugheitslehre, die er seinem Sohn erteilt, formuliert zwar keinen
direkten Atheismus, leugnet aber die mögliche Intervention der Götter:

SEGEST. Sieh nicht den eitlen Blitz der Himmelsgötter an:
   Dein Gott ist, wer dir nützt, und wer dir schaden kann.
   Ein Mächtiger der Welt kann größre Furcht erwecken,
   Als Götter in der Höh, die nur von ferne schrecken. (SB IV, 19)

Ist Mösers Sigestes in seinem Aufwand an theoretischer Begründung des Lasters bereits radikaler als Schlegels Segest, so gilt dies noch einmal mehr für

---

39 Zum Problem der Internalisierung moralischer Normen s. Begemann, Furcht und Angst,
   anhand des pädagogischen Schrifttums; s. vor allem S. 229ff.
40 Vgl. auch hierzu den Eintrag »Athées« in der *Encyclopédie*: »De la manière dont les hommes
   sont faits, il leur en coûte beaucoup plus pour suivre scrupuleusement la vertu, que pour se
   laisser aller au cours impétueux de leurs penchans. La vertu dans ce monde est obligée de
   lutter sans cesse contre mille obstacles qui à chaque pas l'arrêtent; [...] mille objets séducteurs
   détournent son attention; [...].« Encyclopedie, T. 1, 1751, S. 807, Sp. 1).
41 Siehe Kondylis, Die Aufklärung, S. 407ff., besonders 417 zu den »Schwierigkeiten der optimistischen Anthropologie«.

Schönaichs Segest in *Thußnelde und Hermann*. Schönaich lässt ihn zentrale Theodizee-Positionen in Frage stellen und das bereits bei Schlegel auftauchende Beispiel des Blitzes aufgreifen:[42]

SEGEST. Die Blitze, die gekrümmt aus finstern Wolken brechen,
Zerschmettern oftermals die Frommen, wie die Frechen.
Der Strahl, der Wälder zündt, dringt auch in Tempel ein;
Sieh doch die Eichen an: und sprich! schont er den Hayn?
Die Götter sind nicht das, was unser Pöbel glaubet,
Dem man mit Fleiß den Tag, damit er blind sey, raubet.
[...]
Wann Tugend Menschen plagt; und uns nicht glücklich machet:
Wohlan! so werde sie, so wie der Blitz, verlachet,
Der um die Scheitel zischt, und wohl nur die erschreckt,
Die noch den Ursprung nicht von seiner Macht entdeckt. (SV 135f.)

Der radikale Glücksanspruch, den übrigens auch Lessings Adrast vertritt – »Wir sollen glücklich in der Welt leben; dazu sind wir erschaffen; dazu sind wir einzig und allein erschaffen.« (L I, 527) –, führt bei Schönaich zur expliziten Legitimation des Verbrechens. Die Lizenz zur Übertretung erscheint als elitäre Selbstüberhebung über den Pöbel. Die »Götter«, so entgegnet Segest der Tochter Thußnelde, die ihm seinen Treubruch gegenüber Hermann vorhält, »sind allein des Pöbels Band. / Es hält das Volk im Zaum, und bindt nicht unsre Hand.« (SV 135) Wenn Segest diese seine »Lehren« als Basis einer von ihm erstrebten »Hoheit« ausgibt (SV 136), dann bezeichnet dies die elitäre *ideologische (religiöse und moralische)* Position des Freigeists, die sich weniger sozial-ständisch als vielmehr als radikale Aufgeklärtheit legitimiert.[43] Die *radikal-aufklärerische* Bedeutung des Freidenkertums und die *voraufklärerische höfisch-heroische* Bedeutung des machiavellistischen Machtpolitikers gehen hier eine Konjunktion ein. Ist im frühaufklärerischen Drama die Verletzung und Negation der Normen, wie gezeigt, noch weitgehend an die (bereits besessene oder angestrebte) Position des absolutistisch-tyrannischen Herrschers gebunden, so wird sie nun von ständischen Kriterien abgekoppelt und an eine rein geistige, aufklärerische Haltung gebunden. Die Korrelation als solche von Freigeisterei mit einem höfisch-aristokratischen *Wertsystem* bleibt jedoch

---

42 Welches keineswegs zufällig gewählt ist: Siehe Kittsteiner, Die Entstehung des modernen Gewissens, zur traditionellen »Verbindung von Gewissen und Gewitter« seit dem 16. Jahrhundert und der Auflösung dieser Verbindung erst in der Aufklärung (S. 31ff., hier 31). Siehe auch Briese, Die Macht der Metaphern, S. 17ff.

43 Vgl. auch Dierse, Philosophes und anti-philosophes, zum ambivalenten Selbstverständnis des »philosophe« in französischen philosophischen Lexika des 18. Jahrhunderts und zum Merkmal der elitären Sonderstellung gegenüber dem »peuple« der Unaufgeklärten (S. 174, 182).

erhalten. So ist etwa auch Adrast »in der großen Welt erzogen worden«, und seine freidenkerische Position präsentiert sich ebenfalls als elitäre Selbstüberhebung über den »Pöbel«, der zur Erkenntnis der »Wahrheit« nicht fähig ist (L I, 495, 527). Analoges gilt, wie bereits gezeigt, auch für die Figur des Simon in Gellerts *Das Loos in der Lotterie* (Kap. 6.1).[44]

7.2.2 Die Leugnung des *moral-sense*

Die Moral ist nicht nur qua Leugnung der Theodizee Angriffspunkt der Freigeister. Sie ist es darüber hinaus in einer ganz spezifischen Weise. Die nihilistische Position, die die Freigeister vertreten (können), gipfelt in der Behauptung der Relativität und des puren sozialen Setzungscharakters aller Werte und Normen. Sie stellt damit eine prinzipielle aufklärerische Denkmöglichkeit dar, die jene Konsequenzen aus dem Wegfall Gottes als traditioneller metaphysischer Legitimationsinstanz zieht, die sich die dominante Aufklärungsströmung zu ziehen weigert.[45] Wenngleich die deutsche Aufklärung in ihrem theoretischen Schrifttum bekanntlich keine derartigen Radikalpositionen hervorgebracht hat,[46] sind diese nichtsdestoweniger bestens bekannt. So lassen die Dramen mit Vorliebe Figuren auftreten, die punktuell und partiell typisch nihilistische Positionen vertreten und damit in den Texten die für die positive (empfindsame) Aufklärung notwendige Negativfolie abgeben.[47]

Die Emphase der Vernunft und des Geistes, die sich bei den Freigeistern typischerweise findet, umfasst einen doppelten Aspekt: Es handelt sich zum einen um eine rein instrumentelle und zweckrationale, somit nicht aufklärungsspezifische Vernunft, wie sie insbesondere dem Machtkalkül und den raffinierten Strategien der Intriganten in der Tragödie zugrundeliegt. Es handelt sich zum anderen aber auch um eine radikalisierte und entfesselte spezifisch aufklärerische Vernunft, die nicht mehr moralisch rückgebunden ist. In beiden Fällen geht es nicht um die von der dominanten Aufklärung postulierte

---

44 Vgl. dieselbe Korrelation der Freigeisterei mit der »große[n] Welt« in den *Moralischen Vorlesungen* (3. Vorlesung: »Von dem Vorzuge der heutigen Moral vor der Moral der alten Philosophen, und von der Schrecklichkeit der Freygeisterischen Moral«, G VI, 33ff., hier 47f.). Gellert thematisiert in diesem Zusammenhang die (an Simon dargestellte) Gefahr, sich seiner Tugend zu »schämen«: »Schämen Sie sich nie, Religion zu haben« (ebd.) – ein Problem, das dem frühaufklärerisch-rationalistischen Dramencorpus noch völlig fremd ist.

45 Vgl. Kondylis, Die Aufklärung, S. 360ff. und Kap. VII, S. 490ff.

46 Ebd., S. 537ff. Ferner Krauss, Studien zur deutschen und französischen Aufklärung, S. 455ff.; Saine, Was ist Aufklärung?, S. 324ff., 332ff.

47 Auch diesbezüglich repräsentiert Franz Moor die Extremvariante der hier einsetzenden Entwicklung. Vgl. Steinhagen, Der junge Schiller, zu Schillers Figur als konsequentem Vertreter materialistischer Positionen und zum Vergleich Schillers mit Sade.

normative Vernunft.[48] Die fehlende Moralität resultiert im einen Fall aus einer *voraufklärerischen* Position, im anderen aus einer *radikalaufklärerischen*. Der freigeisterische Intrigant repräsentiert immer *beides*.[49] Wie bereits erwähnt und anhand von Lessings Adrast angedeutet, impliziert die Betonung des Geistes und des Verstandes keineswegs eine Gegenposition zur antiintellektualistischen Grundtendenz der Aufklärung, sondern im Gegenteil deren Radikalisierung im Sinne einer Steigerung des *Natur-Pols* zu Ungunsten des *Norm-Pols*, welcher tendenziell getilgt wird.[50] Der zentrale Angriffspunkt des Nihilismus ist vielmehr der normativistische Naturbegriff und die darauf gründende Natur-moral selbst. Nachstehend einige Beispiele derartiger Angriffe.

Eine der kühnsten Varianten des frühempfindsamen Freigeists in der Komödie und zugleich eine Vorform des diabolischen Ratgebers à la Marinelli[51] stellt zweifellos der Hofmeister Arnold in Krügers *Die Candidaten, oder: Die Mittel zu einem Amte zu gelangen* dar. Seiner Intrige, Carolinchens Tugend durch gezielte Entzweiung der beiden Liebenden zu Fall zu bringen und sie damit in die Hände des Grafen zu spielen, liegt eine pessimistische und zynische anthropologische – teils an Hobbes, teils an nihilistische Positionen gemahnende[52] – Konzeption zugrunde, die jedwede Handlung auf Egoismus, Selbsterhaltungs- und Machttriebe zurückführt und die Annahme eines ursprünglichen, angeborenen *moral sense* leugnet:[53]

ARNOLD. Ich kenne das menschliche Herz. Sie [der Graf, WL] glauben daß Caroline zu tugendhaft dazu ist, sie zu leiden? ja wenn die Tugend keine Chimäre wäre. *Ehrgeitz, Eigennutz und Liebe sind die einzigen Triebfedern unsrer guten Handlungen*; Caroline würde nicht so spröde, nicht so sittsam seyn, wenn sie nicht so verliebt wäre, und wie leicht ist nicht die Liebe eines Frauenzimmers in Haß zu verkehren;

---

48 Zur Unterscheidung von instrumenteller *vs.* normativer Vernunft vgl. auch Kondylis, Die Aufklärung, S. 420.

49 Die Vernunft insbesondere des freigeisterischen Intriganten darf also nicht reduziert werden auf die »rationale ›Klugheit‹ im Sinne des ›politischen Menschen‹ der vorbürgerlichen Zeit des frühen 18. Jahrhunderts« (so bei Brüggemann, Das Drama des Gegeneinander, S. 26; s. auch ders., Der Kampf um die bürgerliche Welt- und Lebensanschauung, S. 100.) Siehe auch Memmolo, Strategen der Subjektivität, zur »Fetischisierung von Rationalität als Medium der Selbstentfaltung« (S. 148).

50 Kondylis, Die Aufklärung, S. 490ff.

51 Nicht zufällig weist diese Komödie auch mit der Lokalisierung der Handlung im quasi-höfischen Raum selbst eine gewisse Nähe zur Tragödie auf. Siehe hierzu auch Schneider, Johann Christian Krügers Dramen, S. 210f. Vgl. auch die – ebenfalls tragödien-ähnliche – Intrigantenfigur des Oront in Clodius' Komödie *Medon, oder die Rache des Weisen* (u. a. Cl 45).

52 Zu Kontinuitäten zwischen Hobbes und aufklärerischem Nihilismus s. Kondylis, Die Aufklärung, S. 505, Anm. 57.

53 Vgl. auch Ehrard, L'idée de nature, S. 390ff.; Euchner, Egoismus und Gemeinwohl, S. 74ff.

wo wird denn die Tugend bleiben, wenn diese schwache Grundsäule über den Hau-
fen geworfen ist. (K 326)

Demgegenüber zieht Hutcheson in seiner (1755 publizierten, 1756 bereits auf
deutsch erschienenen) *Sittenlehre der Vernunft* unermüdlich gegen die Annahme
zu Felde, dass »der Eigennutz der einzige lezte Endzweck eines jeden ruhigen
Verlangens seyn sollte.« Vielmehr wird betont, es gebe »ein Verlangen, andre
glücklich zu machen, eine lezte Wohlgewogenheit, welche auf keinen eigenen Vortheil sich bezieht«.[54] Die Behauptung der Fundierung aller Handlungen im Egoismus bedroht das Basispostulat einer generellen Möglichkeit der
»Verknüpfung unsers eigenen höchsten Vortheils mit der Befriedigung unsrer
grosmüthigen Neigungen«,[55] d.h. es stellt in letzter Instanz die Bemühungen um eine Vermittlung und Kompatibilisierung von Selbstentfaltung und
Tugend, von Natur und Norm grundlegend in Frage.

Nihilistische Positionen im engeren Sinne finden sich allerdings erst nach
1755 im (heroischen wie bürgerlichen) Trauerspiel bei einem Figurentyp, in
dem der Intrigant und der Freigeist die engste Verbindung eingehen, Verbrecherfiguren also, die ihre eigene Philosophie als theoretische Legitimation ihres Handelns wortreich formulieren. Als Beispiele zu nennen sind vor allem
Martinis prosaisches Trauerspiel *Rhynsolt und Sapphira*, Weißes *Richard der
Dritte* sowie die frühen bürgerlichen Trauerspiele: Pfeils *Lucie Woodvil*, Brawes
Der Freygeist und Breithaupts *Der Renegat*. Rhynsolt, Richard, Betty, Henley
und Orchan sind sämtlich auch Tugendhasser, wie sie in dieser Radikalität
bislang noch nicht auftraten. Die dominante ideologische Zielsetzung dieser
Bösewichte impliziert eine tendenzielle Abkoppelung von konkreten lasterhaften Zielen wie politischer Macht, materiellem Besitz, sexueller Wollust etc.
Wenn Rhynsolt[56] etwa zu Beginn des Textes die »Entzückungen« beschwört,
die ihm Sapphiras »besiegte Treue verursachen wird« (DLE VIII, 91), dann
beinhalten diese Entzückungen nicht nur die sexuelle Lust, sondern auch
den Triumph, den der Sieg über die Tugend beschert und der dergestalt zum
Selbstzweck tendiert. Während sein tugendhafter Diener für den Menschen
eine »angeborne Empfindung des Unrechts unsrer Handlungen« postuliert
und damit empfindsame *moral-sense*-Annahmen zitiert,[57] verspottet Rhynsolt

---

54 Hutcheson, Sittenlehre, Bd. I, S. 143f.
55 Ebd., S. 142.
56 Zu Rhynsolt als Inkarnation eines höfischen Verhaltenscodes s. Pikulik, Bürgerliches
    Trauerspiel und Empfindsamkeit, S. 147ff.; Komfort-Hein, Das bürgerliche Trauerspiel um
    Individualität, S. 91ff.
57 Vgl. Gellerts Definition des *moral sense* als »eine angebohrne Empfindung von dem, was gut
    oder böse ist« (*Moralische Vorlesungen*, 2. Vorlesung: »Von der natürlichen Empfindung des
    Guten und Bösen, des Löblichen und Schändlichen«, G VI, 24ff., hier 24).

Moralbegriffe und -normen als »närrische[ ] Vorurteile« und »Märchen, welche uns von dummen Leuten, denen man unsre ersten Jahre anvertrauet, beigebracht sind.« (DLE VIII, 91) Sapphiras Tugend, so seine psychologisierende Behauptung, sei nur »eingebildete Reinigkeit«, sexuelle Wollust sei vielmehr ihr eigenstes »größtes Bedürfnis« und ihre Bestimmung (DLE VIII, 95). Die Rechtfertigung des Lasters erfolgt aus einer expliziten Anti-Theodizee-Position, die die leidende Tugend und das belohnte Laster evoziert:

> RHYNSOLT. So gelangt man durch ein Laster, wobei man sich ein wenig Zwang antut, immer zu einem andern, das uns Vergnügen bringt. Unsre Tage gehen unter der Sklaverei der Sinne dahin, unsre Ketten sind Wollüste und Ergötzlichkeiten. *Die Tugenden, diese Schimären, geben uns keinen Preis. Der Meineid wird belohnt*, und für die Treue bleibt Verzweiflung und Verachtung. (DLE VIII, 95)

Immerhin bedarf es bezeichnenderweise für das erste Verbrechen noch eines »Zwangs«, und das durch einen Effekt der Gewöhnung habitualisierte Laster bedeutet ihm »Sklaverei« und Unfreiheit, einen, wenn auch lustvollen Zustand der Heteronomie durch die eigene Triebnatur – polemische Umkehrung von Tugendpositionen, die hier ex negativo indes noch durchscheinen.

Nicht minder radikal präsentiert sich Brawes Intrigant Henley in *Der Freygeist*,[58] dessen Hauptziel in der Verführung seines (u.a. erotischen) Rivalen Clerdon zum Freigeist besteht. Freigeisterei erscheint hier zum einen wiederum als elitäre Selbstüberhebung über den »Pöbel« der Tugendhaften, wenn Henley sich der gelungenen Verführung seines Opfers folgendermaßen rühmt: »Mit dem Pöbel einerlei zu denken, stellte ich ihm als schimpflich vor. Er ward ein Freigeist.« (DLE VIII, 275) Freigeisterei erscheint zum anderen auch als notwendiges Resultat eines Prozesses der Aufklärung sowohl des Individuums als auch (auf einer implizit geschichtsphilosophischen Ebene) der Gattung der Menschheit: Erwachsenwerden wird als Emanzipation von den »Vorurteile[n] der Kindheit« und den »Vorurteile[n] unsrer *tierischen* Jahre« definiert (DLE VIII, 276, 289). Nicht anders verspottet in Pfeils *Lucie Woodvil* das Kammermädchen Betty, die als die große Verführerin der Titelheldin agiert, »diese kindische Begriffe von Laster und Tugend«, die lediglich »Erfindungen des Eigennutzes und des Aberglaubens« seien, und stellt die »kleinen Seelen, die sich noch nicht von den eingepflanzten Vorurteilen der Kindheit losgerissen haben«, den »großen Geister[n]« gegenüber, »die [...] über alle diese engen Begriffe weg sind« und hemmungslos ihre Laster ausüben (DLE VIII, 259, 238f.). Die radikal aufgeklärte Position erscheint hier ebenfalls als quasi-höfisches Wertsystem der ›großen Welt‹, insofern die »großen

---

58 Vgl. auch Memmolo, Strategen der Subjektivität, S. 139ff.

Geister« mit »Leute[n] von Stande« identifiziert werden.[59] So entgegnet Betty etwa auf Lucies Klage über ihre verlorene Ehre im I. Akt:

BETTY. Sie dauern mich, Fräulein. Wie glücklich würden Sie sein, wenn Sie einige elende Grundsätze, die Ihnen eine abgeschmackte Auferziehung eingepräget hat, ausrotten könnten! Was für lächerliche Begriffe verstehen Sie unter der Aufopferung Ihrer
Ehre! Leute von Stande würden über Ihre Klagen lachen. (DLE VIII, 199)

Die Freigeister zitieren hiermit Argumente, wie sie u.a. bei La Mettrie entwickelt werden. In seiner Schrift *Anti-Sénèque ou le souverain bien* (1750) wird
eine antistoizistische Lehre des Glücks entwickelt.[60] Die Quelle des Glücks
wird materialistisch bestimmt als »tout ce qui produit, entretient, nourrit, ou
excite le sentiment inné du bien-être«[61] – ein Glück nach dem Tode, wie es
die stoischen ›Märtyrerfiguren‹ postulieren, ist damit ausgeschlossen.[62] Natur
und Norm fallen nicht zusammen, sondern werden radikal getrennt; konzipiert
wird eine menschliche Natur, der jegliche Wertorientierung und Normativität
abgesprochen wird: »la nature réduite à elle-même«.[63] Die logische Konsequenz
dieser extremen Rehabilitation der (biopsychischen) Sinnlichkeit führt hier zu
einem antiasketischen Determinismus und zur Leugnung der Willensfreiheit:
»Une détermination absolument nécessaire nous entraîne [...]«;[64] die Suche
nach Glück und Wohlbefinden ist das einzige Motiv, das Laster wie Tugend
gleichermaßen zugrundeliegt, der Mensch ist diesbezüglich seinen Sinnen
völlig unterworfen: »nous ne commanderons point à nos sensations: avouant
leur empire, et notre esclavage, nous tâcherons de nous les rendre agréables«.[65]
Einen zentralen Raum nimmt bei La Mettrie die Diskussion über die *Gewissensangst* ein – bezeichnenderweise nicht anders als auch bei den bekämpften
Gegnern der *moral-sense*-Schule, nur eben unter umgekehrten Vorzeichen.[66]
Hutcheson etwa beschwört die Gewissensangst als »die höchste Quaal«, die
»das Leben und alle seine Vergnügungen verhasst [macht]«.[67] In dieser Ein-
schätzung stimmt er mit La Mettrie völlig überein, dem die Gewissensangst

---

59 Vgl. auch Willenberg, Tat und Reflexion, S. 72. Zur Kritik an Willenbergs ontologisierendem
    Konstrukt der ›bürgerlichen Figur‹ s.o. Kap. 2.5.2, Anm. 45.
60 Siehe Mauzi, L'idée du bonheur, S. 249ff.; Baasner, Sensibilité, S. 175 und 241ff.
61 La Mettrie, Anti-Sénèque, S. 29f.
62 »La première condition du bonheur est de sentir, et la mort nous ôte tout sentiment.« Ebd.,
    S. 41.
63 Ebd., S. 58
64 Ebd., S. 61f. Hierzu auch Kondylis, Die Aufklärung, S. 366 und 503ff.; Ehrard, L'idée de
    nature, S. 390ff., 661ff.; Lukas, Les tentations de la raison, S. 246ff.
65 La Mettrie, Anti-Sénèque, S. 28.
66 Zur Genese von Gewissen und Gewissensangst in der zeitgenössischen Pädagogik s. Bege-
    mann, Furcht und Angst, S. 229ff.
67 Hutcheson, Sittenlehre, Bd. I, S. 237.

als der zentrale Hinderungsgrund für ein wahres Glück gilt – nur fordert er, anstatt zur *Vermeidung* von Gewissensangst durch tugendhaftes Handeln, zur *Überwindung* der Gewissensangst selbst auf. Auf den fiktiven Einwand der ›theologischen‹ Gegner:

Si tout est arbitraire et fait de main d'hommes, pourqui ces remords dont on est déchiré à la suite d'une mauvaise action? Otera-t-on la seule vertu qui reste aux criminels?[68]

erfolgt die ›philosophische‹ Antwort, derzufolge Gewissensangst und Reue nicht Manifestation eines angeborenen ›moralischen Gefühls‹, sondern Produkt einer falschen Erziehung und der Gewohnheit seien, ein »vieux préjugé« und Relikt aus der Kindheit als einer »époque des remords«, wovon sich das aufgeklärte und mündige erwachsene Subjekt emanzipieren müsse.[69] Wir treffen auf exakt dieselbe Argumentation in Brawes *Freygeist*, hier im Dialog zwischen dem Opfer und seinem Verführer:

CLERDON. Sollte denn *aber dieser innre Zwang, dieses unüberwindliche Gefühl,* dieses Schwert, das [...] meine Brust oft mitten unter den Spöttereien durchbohrte, mit denen ich die Religion angriff, sollte dies alles nur Gewohnheit, nur Vorurteil sein?
HENLEY. Nicht anders, Gewohnheit, Vorurteil, Milzbeschwerung, wie Sie es nennen wollen. (DLE VIII, 278)

Jede moralische Anwandlung des Protagonisten wird vom Verführer Henley als Verharren in einem Zustand der Unaufgeklärtheit bzw. als drohender Rückfall in überwundene Positionen gebrandmarkt. Die Normnegation kulminiert auch hier in der ausdrücklichen Leugnung eines *moral sense.*

Der nihilistische Blick, der die moralischen Normen polemisch ›entnaturalisiert‹ und relativiert zu einem puren kontingenten Produkt sozialer Setzung, disponiert auch zu einer ebensolchen Sicht auf die von der Gegenseite propagierte empfindsame Interaktion. Spezifisch empfindsame Emotionalität wird dergestalt auch als verbaler und vor allem nonverbaler *Code* thematisierbar. Und damit taucht zugleich die Möglichkeit der *künstlichen Herstellung des scheinbar Authentischen* auf. Die bereits im Drama der Frühaufklärung gegebene Kunst der Bösewichter zu Verstellung, List und Heuchelei nimmt nun in der empfindsamen Phase eine ganz neue Form und Bedeutung an. Ein herausragendes Merkmal der freigeisterischen Bösewichter ist ihre Fähigkeit zur perfekten Simulation von empfindsamer Tugend.[70] Das Skandalon, dass just die empfindsamen Regungen, Inbegriff des Natürlichen und Au-

---

68 La Mettrie, Anti-Sénèque, S. 53.
69 Ebd., S. 53f.
70 Siehe auch Alt, Dramaturgie des Störfalls, S. 24ff.

thentischen,[71] künstlich hervorgebracht sein können, wird den Zeitgenossen zur Quelle heimlicher Faszination. Mit unverkennbar maliziösem Vergnügen wird z.B. in *Lucie Woodvil* die Tugendheuchelei der Intrigantin vorgeführt, etwa in IV/3, wenn der alte Sir Willhelm Southwell Betty auffordert, Lucies »wankende Tugend durch deine Lehren und dein Beispiel [zu unterstützen]« (DLE VIII, 240). Der Zuschauer, der am Ende der vorhergehenden Szene den lasterhaften Monolog der Intrigantin gehört und ihre gezielte heuchlerische Verwandlung beim Nahen Southwells mitbekommen hat – »Weg, Betty, mit deiner verwegenen Miene. Zurück unter das Joch der glücklichen Heuchelei, [...]. Zieh dein Gesicht in seine gewöhnlichen Falten. Er ist da, seufze.« (DLE VIII, 239) –, darf nun die folgende Antwort Bettys auf Southwells Lob ihrer Tugend genießen:

BETTY. Wäre ich wert, in Ihren Diensten zu sein, wenn ich es nicht täte? Ist es nicht meine Pflicht? Hundert kleine Listen erfinde ich täglich, ihr [Lucie, WL] die Reizungen der Tugend zu zeigen. Jetzt lese ich ihr etwas aus einem geistlichen, jetzt aus einem moralischen Schriftsteller vor. Bald erzähle ich ihr eine Geschichte, in der sie die Tugend in ihrer erhabensten Glückseligkeit und das Laster in seinem niedrigsten Elende erblicken kann; und jederzeit habe ich das Vergnügen, daß sie meine Bemühung mit einem Seufzer für die Tugend vergilt.
WILLHELM. Fahre fort, gute Betty, und erwarte die Belohnung des Himmels, [...].
(DLE VIII, 240)

Der Diskurs der Empfindsamkeit, der sich, wie Nikolaus Wegmann gezeigt hat, als »polemische Umkehrung höfisch-politischer Interaktionsrationalität« konstituiert,[72] wird hier zum Objekt raffinierter Vereinnahmung und Instrumentalisierung just durch eine nach den Prinzipien dieser Interaktionsrationalität handelnden Intrigantin. Genau damit freilich scheinen die Texte nicht zuletzt das implizite Eingeständnis zu formulieren, dass die im Zeichen absoluter Authentizität und Wahrheit stehende empfindsame Rede ihrerseits mit einer »Rhetorik des Authentischen« operiert.[73]

Noch ein letzter Aspekt sei in diesem Zusammenhang erwähnt. Wenn die Freigeister die moralisch-empfindsamen Argumente ihrer Gegner höchst rekurrent als Tugend-Gewäsch: »törichte[s] Geschwätz«, »Sittensprüche« etc. (so Betty in *Lucie Woodvil* DLE VIII, 257f., 199) verspotten, dann ist diese Polemik nicht frei von einer gewissen Ambivalenz. Tatsächlich sind die moralischen Ergießungen der empfindsamen Tugendhaften in den Dramen von unverkennbarer Penetranz. Auch wenn man die Differenz des heutigen modernen

---

71 Siehe Stanitzek, Blödigkeit, S. 92ff.; Wegmann, Diskurse der Empfindsamkeit, S. 81ff.
72 Wegmann, Diskurse der Empfindsamkeit, S. 56ff., hier 64f.
73 Ebd., S. 81ff., hier 82.

und des damaligen zeitgenössischen Lesers in Rechnung stellt, um eine etwaige ahistorische Vereinnahmung der Texte zu vermeiden, bleibt die Tatsache bestehen, dass die Texte in der Figur des freigeisterischen Bösewichts selbst eine Instanz der impliziten Relativierung der eigenen Positionen installieren und somit die Kritik an der offiziell vertretenen empfindsamen Moral gleich mitliefern. Insofern ist z.B. die Kritik, die Pastor Johan Melchior Goeze an Gellerts *Das Loos in der Lotterie* geübt hat, für die ganze Epoche paradigmatisch. Die Komödie sei zwar, so Goeze, »eines von den besten deutschen Originalstücken«, aber:

Die heilsamen Regeln, welche die Frau Damon der Carolina giebt, werden iungen und nur nach Ergötzungen durstenden Gemüthern zu langweilig: aber die Scene, da sich der Herr Simon mit der Frau Orgon allein befindet, wird ihre ganze Aufmerksamkeit an sich ziehen.[74]

Goeze hat völlig recht: Die Verführungsszenen zwischen Simon und Frau Orgon (III/3, IV/2) gehören zweifellos zum Besten, was die frühempfindsame deutsche Komödie hervorgebracht hat. Das Aufklärungsdrama ist nie so gut, als wenn es die Negativfolie des Lasters beschwörend darstellt.

Deutlich wird an dieser Kritik nicht zuletzt auch das enorme Potenzial an *Verführung*, das dem Laster von den Zeitgenossen zugesprochen wird – sei es textintern in der dargestellten Wirkung auf Figuren oder textextern in der präsupponierten Wirkung auf den Zuschauer. Dies gilt *a fortiori* für das Laster der Freigeisterei. Die Dramentexte nach 1750 stimmen überein in der Annahme einer generellen Verführbarkeit des menschlichen Subjekts durch *freigeisterische* Positionen, die nicht anders konzipiert wird als die *erotische* Verführbarkeit. Waren bereits die Bösewichter des frühaufklärerischen Dramas als Verführergestalten angelegt, so gilt dies in gesteigertem Maße für alle Freigeister[75] – in Kap. 8 wird dies an Beispieltexten näher zu untersuchen sein. Reflex dieser grundlegenden anthropologischen Annahme eines Verführungspotenzials in *jedem* Subjekt ist nicht zuletzt die Dämonisierung der Freigeisterei, die die Aufklärung in Literatur und in der Moralphilosophie betreibt. Die Beschwörung der »Schrecklichkeit der freygeisterischen Moral«, zu der z.B. Gellert in seinen *Moralischen Vorlesungen* ansetzt, mag wiederum ein im-

---

74 *Theologische Untersuchung der Sittlichkeit der heutigen deutschen Schaubühne*, [...]. Hamburg 1770, dokumentiert im Kommentar der Krit. Gellert-Ausgabe (G III, 399f., Hervorh. i. O.)

75 Vgl. auch Schulz, Die Überwindung der Barbarei, zu Ulfo als einem Zitat des Satan aus Miltons *Paradise Lost* (S. 106ff.). Auch Lessings Dücret ist expliziter Verführer. Vgl. die Frage des Bürgers Fuetter in II/1: »Hat Dücret doch gesiegt? *Und werdet ihr ihm gleich? / Pflanzt er durch grobe List auch seine Wut in euch?*« (L II, 384).

plizites Eingeständnis für die eigene Bedrohung und das daraus resultierende
Abwehrbedürfnis sein:[76]

Bewahren Sie also, meine Herrren, Ihre noch zarten Seelen vor den Grundsätzen der
Freygeisterey, die, so schrecklich sie überhaupt sind, dennoch einzeln *in einem uns natürlichen Hange zum Laster* oft ihren Schutz finden; […]. […]
Ich bitte Sie, meine Herren; denn was kann ich anders thun, als bitten? Ich bitte Sie,
als Ihr Freund, bey allem was Ihnen schätzbar ist, auf Erden und im Himmel; bey der
Liebe des Blutes, aus dem Sie entsprossen sind; bey der Ruhe des Herzens, die Sie alle
suchen; bey dem Glücke der Nachwelt, die von Ihnen entspringen soll: und bey wem
soll ich mehr bitten? Bey Gott, dem Allmächtigen! – widerstehen Sie den Verführungen der Freygeisterey und des Lasters.[77]

Die bereits erwähnte pessimistische Dimension der Anthropologie, die sich
auch bei den Optimisten findet, wird in der Annahme eines »uns natürlichen
Hange[s] zum Laster« greifbar. Die Inszenierungen und zugleich Bewälti-
gungsversuche dieses anthropologischen Problems, die das Trauerspiel der
1750er Jahre unternimmt, werden in Kap. 8 zu untersuchen sein.

7.3 Rache und Sadismus: Der Triumph der Anti-Empfindsamkeit

Die Freigeistposition besteht auch, wie bereits am Beispiel des Adrast zitiert,
in einer Radikalisierung des aufklärerischen Glücksanspruches. Es bleibt der
Tragödie vorbehalten, anhand der extremen Bösewichter das Verbrechen als
Quelle für maximale Lust und Glück vorzuführen und damit eine Kontra-
faktur zum frühaufklärerischen Postulat des gegenseitigen Bedingungsverhältnisses von Glück und Tugend zu entwerfen. Gemäß den optimistischen
wolffianisch-gottschedianischen Konzeptionen ist eine Lust am Bösen als
solchem im Prinzip nicht vorstellbar; die Verführung zum Laster ist nur dadurch möglich, dass dieses »einen *Schein* des Guten«[78] für das Subjekt besitzt: »Denn daß der Mensch Böses thut, das kömmt daher, weil er es für gut

---

76 Vgl. auch Begemann, Furcht und Angst, zum »mitunter panische[n] Tonfall« im zeitgenössi-
     schen pädagogischen Schrifttum, den der Verfasser interpretiert als implizites Eingeständnis
     der »Verlockung«, die vom Objekt der pädagogischen Bemühungen, in diesem Fall den
     kindlichen, noch »undomestizierten Wünschen und Leidenschaften«, ausgeht (S. 229ff.,
     hier 235). Dieser Mechanismus lässt sich zweifellos auch auf die Literatur übertragen.

77 *Moralische Vorlesungen*, 3. Vorlesung: »Von dem Vorzuge der heutigen Moral vor der Moral
     der alten Philosophen, und von der Schrecklichkeit der freygeisterischen Moral« (G VI,
     46f.).

78 Gottsched, Weltweisheit. Praktischer Theil. Erster Theil: Die Allgemeine Sittenlehre,
     III. Hauptstück: »Von der Tugend, und von dem Laster«, § 57 (= AW V/2, S. 99)

ansieht [...].«[79] Das Vergnügen des Lasterhaften muss also notwendig zum Schein-Vergnügen erklärt werden.[80]

In der möglichen Dissoziation von Tugend und Glück, wie sie die empfindsamen Dramen inszenieren und diskutieren, manifestiert sich somit eine Krise des frühaufklärerischen Optimismus, die, insofern Glück den (immanenten) Lohn für Tugend repräsentiert, auch eine Krise der Theodizee ist.[81] Die verbale Artikulation eines genossenen bzw. zu erwartenden maximalen Glücks durch die lasterhaften Figuren fungiert in den Texten als zentrale Provokation. So lässt bereits Schlegel in *Lucretia* den Tyrannen Sextus Tarquinius am Tag nach der Vergewaltigung gegenüber seinem Bruder bekennen:

TARQUIN. Ja wiß; ich bin beglückt! Das Glück, das ich genossen,
Hat tausend schon gereizt, blieb tausenden verschlossen.
Du hast, Collatien, du hast, gepriesne Nacht,
Du hast, an Lust und Sieg, mich Göttern gleich gemacht!
Und sollte mich der Sturm in Tod und Gräber senken;
So werd ich an mein Glück noch bey den Schatten denken. (S II, 14)

Nach 1750 häufen sich die Beispiele für ein solches Glück, das sich hedonistisch-materialistisch über ein Lusterleben definiert. Die Lust ist einerseits sexuelle Lust. So verknüpft in Martinis *Rhynsolt und Sapphira* der Titelheld Rhynsolt seine Selbsterhebung über die Normalsterblichen und Tugendhaften mit dem Anspruch auf ein privilegiertes und elitäres Recht auf Lust: Er phantasiert eine exzessive Lust – »Rhynsolt! in welchen Wollüsten wirst du künftig weiden!« – und rühmt sich als den »einzige[n] Sterbliche[n] [...], für den so viele Reizungen erschaffen wurden.« (DLE VIII, 94f., 101) Ähnlich formuliert die Titelheldin in Weißes *Rosemunde* in Erwartung der Erfüllung ihres illegitimen Liebesbegehrens durch einen Mord ein exzessives Glück- und Lusterleben:

ROSEMUNDE.   Heil mir! ström über volles Herz!
In Freuden aufgelöst! umringt von Lieb' und Scherz!
Elysium umher! – [...]. (DLE XII, 139)

Bereits diese ekstatischen Formulierungen weisen die Sprecher im Übrigen als lasterhafte und antiempfindsame Figur aus; denn nur für diese ist in den

---

79 Gottsched, Weltweisheit. Theoretischer Theil, Der Geisterlehre II. Abschnitt, IV. Hauptstück: »Von den Werken Gottes«, § 1158 (= AW V/1, S. 579). Siehe hierzu auch Wetterer, Publikumsbezug, S. 49ff.

80 Zu dieser Argumentationsstruktur vgl. auch Kondylis, Die Aufklärung, S. 342ff.

81 Glück kann nun auch nicht mehr, wie noch bei Wolff und Gottsched, als universalistische Basis für die Ableitung von Normen dienen. Hiermit ist auch eine Subjektivierung von Glück korreliert; beides, Dissoziation und Subjektivierung, wird Kant in der Spätaufklärung dann explizit vollziehen. Siehe hierzu Grunert, Die Objektivität des Glücks. Zur Eudämonismus-Debatte im 18. Jahrhundert s. vor allem Mauzi, L'idée du bonheur, hier S. 580ff., sowie Ehrard, L'idée de nature, S. 390ff.

Dramen – zumindest sprachlich – ein derartiges Maximum an Glück und Lust reserviert.[82] Typisch ist hierbei das Lust-*Postulat*, d.h. die *sprachlich-performative Setzung* solcher Lust, die mithilfe eines exzeptionellen Verbrechens erzielt werden soll und verbal antizipiert wird.

Die exzessive Lust wird von den Verbrechern selbst wie von ihrer Umgebung als Resultat eines entfesselten Naturtriebs beschrieben. So erscheint Rosemunde in den Worten ihres einstigen Geliebten als wildes Tier: »Es schmeichle noch so sehr uns ihr gezähmter Blick, / Lös' ihre Fessel! schnell kehrt die Natur zurück.« (DLE XII, 133) Fausta in *Krispus* legitimiert ihr inzestuöses Begehren ausdrücklich über einen völlig normfreien Naturtrieb und einen daraus abgeleiteten radikalisierten Glücksanspruch:

> FAUSTA.   Mein Feuer strafbar? nein,
> [...].
> Was Tugend! was Gesetz! wer hat es vorgeschrieben?
> Selbst die Natur gebeut, was uns zufällt, zu lieben;
> *Der Trieb, der innre Zug ist ihr Gesetz allein,*
> *Sonst würd' ein Tier vor uns im Walde glücklich sein.* (DLE XII, 81)

Lust beschert aber nicht nur die normverletzende Sexualität. Auch das Gewaltverbrechen, in der Regel ein Mord, kann, unabhängig von seiner eventuellen Instrumentalisierung für eine andere (z.B. sexuelle) Lust, selbst zur Quelle von Lust werden. Lust bereitet somit auch die Unlust des Opfers. Generell zeigen die Bösewichter der empfindsamen Phase eine unverkennbare Tendenz zum Sadismus, zur Lust an psychischer und/oder physischer Qual des Gegners, womit sie die extreme Gegenposition einnehmen zum tendenziellen Masochismus der empfindsamen Tugendhaften (hierfür exemplarisch etwa Granville, die Oppositionsfigur zu Henley in Brawes *Freygeist*). Insbesondere Weiße hat seine Bösewichter mit sadistischen Zügen ausgestattet. Einschlägig ist sein Richard, der den Zeitgenossen über mehr als zwei Jahrzehnte hinweg als Inbegriff des Ungeheuers und Monsters galt.[83] Was seine Schwägerin Elisabeth ihm vorwirft – »Tod ist Dein Liebling Wort und Quälen Dein Vergnügen« (WR 65) –, bestätigt er, wenn er z.B. im Monolog die geplante Ermordung seiner beiden Neffen lustvoll vorphantasiert:

---

82 Vgl. auch die Überlegungen von Mog, Ratio und Gefühlskultur, der anhand von stilistischen Untersuchungen den Weg des ›zu sich selbst kommenden Ichs‹ in der 2. Hälfte des 18. Jahrhunderts nachzeichnet (S. 4ff.).

83 Siehe Brüggemann, Das Drama des Gegeneinander, S. 25ff. Seine Deutung des Richard als »Renaissancemensch« und »ungebrochener Tatmensch« (S. 25) ist allerdings eine unverkennbare Projektion eines Denkmodells der Frühen Moderne auf die Aufklärung! Zu diesem Drama s. auch Schulz, Tugend, Gewalt und Tod, S. 263ff.; Memmolo, Strategen der Subjektivität, S. 145ff.; Heitner, German Tragedy, S. 232ff., hier 236ff. Zum enormen zeitgenössischen Erfolg des Stücks s. Minor, Christian Felix Weiße, S. 210.

RICHARD. Zwey Kinder! – weiter nichts, als zween herzhafte Stöße –
Und doch – (höhnisch) Ja, dieses wird vielleicht mir furchtbar seyn,
Wenn sie voll Todesangst durchdringend »Oheim!« schreyn?
Wenn sich der kleine York an meinem Busen windet,
Und mich zu küssen glaubt, und sich durchstochen findet? (WR 68)

Auch die erotische Lust, die ihm die Zwangsheirat mit Elisabeth bescheren soll, erscheint in seiner Phantasie gesteigert durch das Leiden des Opfers:

RICHARD. Du machst den Sieg mir schwer?
Um desto herrlicher, der Sieg reizt desto mehr!
[…]
Die kleine Frevlerinn, wie schön sie sich empörte!
Die Wangen glüheten, ihr stolzer Busen stieg,
Die Thränen rieselten, beweinten meinen Sieg,
Um hier bald heftiger auch Blut darin zu weinen! –
Wie herrlich werden nicht die Lorbeerkränz erscheinen
Von diesem Thau benezt – […]. (WR 52f.)

Weiße besondere Vorliebe gilt Stoffen mit besonderer Grausamkeit, wie z. B. auch das Pelopidendrama *Atreus und Thyest* belegt, dessen Titelheld Atreus ebenfalls eine exzessive Mordlust entfalten darf. Der Sadismus ist in dieser Phase allerdings weitgehend geschlechtsunspezifisch. Die Titelheldin von Weiße *Rosemunde* etwa steht Richard und Atreus diesbezüglich kaum nach. Auch sie versetzt sich in einen regelrechten Tötungsrausch und phantasiert sadistisch-lustvoll die geplante Ermordung ihres Liebhabers vor, dem sie seinerseits Masochismus zuschreibt:[84]

ROSEMUNDE. […]
Es harrt das Opfertier, bis es sein Würger schlägt,
Und lebte, hätt' es ihn beherzt zuvor erlegt.
[…]
Gehorchen ist sein Werk, und Kriechen seine Freude:
Ich will – und er vollzieht mit Zittern mein Gebot,
Flieht, wo er kann entfliehn und scheut verzagt den Tod:
Wie wird er blutend hier zu unsern Füßen beben!
[…]

---

84 Weiße lässt sich auch die Ausgestaltung jenes (in der mittelalterlichen Stofftradition bei Paulus Diaconus vorgegebenen, s. Frenzel, Stoffe der Weltliteratur, S. 25ff.) blutrünstigen Traumes der Titelheldin nicht entgehen, da der in der Vergangenheit bereits von ihr getötete Gatte sie zwingen will, das Blut seiner Wunde aus jener Trinkschale zu trinken, die er selbst einst vom Schädelknochen ihres von ihm ermordeten Vaters angefertigt hatte (IV/2). Auch Isabelle in *Eduard der Dritte* artikuliert eine entfesselte Lust am Töten: »Die Wollust war mein Gott, und Tödten meine Lust!« (WT I, 108).

Ihr Todesengel auf! ich brenne voll Verlangen
[...]. (DLE XII, 152, 155)

Privilegiert tritt Sadismus im Zusammenhang mit *Rache* auf. Rache, vom
voraufklärerischen heroischen Wertsystem ebenso legitimiert wie vom empfindsamen geächtet, kann als die Zentralleidenschaft der aufklärerischen Bösewichter schlechthin gelten. Es ist Schlegel, der mit *Dido* in den 40er Jahren
dieses Thema in die deutschsprachige Tragödie einführt, das bekanntlich bis
in die Spätaufklärung hinein von außerordentlicher Relevanz sein wird. Auf-
fallend ist dabei wiederum die große Anzahl weiblicher Figuren:[85] Schlegels
Dido ist die erste große Rächerin in der langen Serie ihrer Nachfolgerinnen,
von Lessings Marwood und Pfeils Lucie Woodvil über Cronegks Clorinde
(*Olint und Sophronia*), Weißes Rosemunde bis hin zu Schikaneders Königin
der Nacht in der *Zauberflöte* und Friedrich Maximilian Klingers Medea. Rache repräsentiert die Antiposition zu empfindsamer Menschenliebe, die sich
über den Verzicht auf Vergeltung definiert, und avanciert dergestalt im Drama
der Aufklärung zum exemplarischen Mittel jener Autonomie und Selbststeigerung des Subjekts, die von der empfindsamen Moral geächtet wird. Rache
ist, mit anderen Worten, *eine Form der Ich-Setzung.* Nach 1745 werden die Intrigen der Bösewichter bereits typischerweise immer auch über Rache an ihren Gegnern motiviert, so z.B. bei Ulfo in Schlegels *Canut* oder Sigestes in
Mösers *Arminius.* In den 50er Jahren wird Henley in Brawes *Freygeist* ein geradezu hymnisches Rachebekenntnis ablegen – »Meine Rache, eine Rache,
nach der meine ganze Seele lechzet« (DLE VIII, 273) – und davon sogar seine Freigeisterei ableiten:

HENLEY. [...] rede ich gleich die Sprache des Freigeists, so fällt es mir doch schwer, so
    zu denken – wie sehr wünschte ich das Gegenteil! *Vielleicht würde ich selbst ein eif-
    riger Verehrer der Religion sein, besäße ich nicht das, was große Geister Ehre, der gemeine
    Haufe Rachgier nennt.* Die Religion verbeut es, ich kann sie nicht lieben. Diese Lei-
    denschaft ist mir so teuer geworden und hat sich meine ganze Seele so unterwürfig
    gemacht, daß ich eines Feindes Verderben selbst mit meinem eignen erkaufen woll-
    te. (DLE VIII, 280)

Zumal im bürgerlichen Trauerspiel wird die Rache zunehmend sadistische
Züge annehmen, wie wiederum Henley belegt, dessen Rache einzig darauf
abzielt, den um seine Tugend, sein erotisches Glück und sein Vermögen be-
neideten Clerdon ins Elend zu stürzen, und zwar ›durch sich selbst‹, durch die
Verführung zur Freigeisterei. Allein der Sieg über die verhasste Tugend soll

---

85 Vgl. auch Staiger, Rasende Weiber.

maximale »Wollust« verschaffen (DLE VIII, 311).[86] In der logischen Konsequenz der Irrelevantsetzung jedes äußerlichen Gewinns liegt es, dass Henley diesen Lustgewinn auch mit dem eigenen Leben »erkaufen« will (DLE VIII, 280). Damit repräsentiert Henley jenes Maximum an vorstellbarer Lasterhaftigkeit, dessen schiere Möglichkeit von der empfindsamen Moralphilosophie z.B. eines Hutcheson explizit ausgeschlossen wird:

Eine abscheulichere Gemüthsart, die sich zwar überhaupt denken lässt, die aber bey dem menschlichen Geschlechte oder bey Geschöpfen einer gütigen Gottheit kaum anzutreffen seyn wird, ist eine beständige, ursprüngliche Bosheit, oder ein Verlangen, andere elend zu sehen, ohne von der Betrachtung des Eigennutzes dazu bewogen zu werden.[87]

Am Ende artikuliert Henley ein geradezu ekstatisches Glückserleben angesichts der Vernichtung seines Feindes Clerdon:

HENLEY. Wie triumphiere ich! wie genieße ich Ihr Unglück? Unaussprechliche Wollust bemächtigt sich meiner, da ich Ihrer Verzweiflung Hohn sprechen kann. Dies ist der schönste Tag meines Lebens – (DLE VIII, 331)

Nicht anders lässt auch Johann Gottfried Christian Nonne in seinem bürgerlichen Trauerspiel *Don Pedro und Anton* Don Pedro über die gelungene Vernichtung des Feindes triumphieren:

DON PEDRO. Nichts drückt das Entzücken aus, welches meine Seele über den glücklichen Fortgang meiner Anschläge empfindet. […] Der herrlichste Ausgang müsse meine Unternehmungen krönen, und mein Herz mit Strömen von Vergnügen überschütten, welches ganz Rache ist. […]
Welche mächtige Regungen der Freude durchströmen nun meine Seele, die sich kaum von ihrer Trunkenheit erholen kann! (N 216, 226)

Der Sadismus der Rächenden kann schließlich auch – zumindest verbal – extreme Formen physischer Qual evozieren. In Karl Theodor Breithaupts heroischer Tragödie *Barbarussa und Zaphire* z.B. kündigt der Tyrann Barbarussa, nachdem alle seine Versuche gescheitert sind, die Witwe des von ihm getöteten Königs, Zaphire, zur Ehe zu bewegen, folgende Rache an:

BARBARUSSA. Komm, Rache, mach allein mein siedend Herze voll,
Ich räche mich, daß selbst die Hölle zittern soll.
Es soll, es muß geschehn. *Itzt kann ich nichts als quälen,*
Das will ich! (BZ 75)

---

86 Der Hass auf die Tugend entspringt also auch aus Neid. Vgl. auch Fausta in *Krispus* (DLE VIII, 83). Bereits Wolff kennt dieses Problem, s. »Von dem Vergnügen welches man von der Tugend zu gewarten hat«, in: Wolff, Gesammelte kleine philosophische Schrifften, S. 544f.
87 Hutcheson, Sittenlehre, Bd. I, S. 140; vgl. auch S. 365.

Die sadistische Folter, die er ihr ankündigt – die Schändung ihres Körpers nach dem Tod (»Ich will den Körper noch entstellen und zerfetzen.«) und die Folterung ihres Sohnes vor ihren Augen (»Ich will vor ihren Blicken / Empfindlich nach und nach jedwedes Glied zerstücken« BZ 88f.) –, wird gleichsam verbal performativ über den Sprechakt vollzogen und zeitigt augenblickliche Wirkung, da Zaphire nun tatsächlich zu seinen Füßen sinkt und ihre Einwilligung in die verlangte Ehe erklärt. Hierher gehört schließlich auch die Rachephantasie der Marwood in *Miß Sara Sampson*, die in II/7 Mellefont die qualvolle Tötung des gemeinsamen Kindes androht:

> MARWOOD. Ich will es nicht gestorben sehen; sterben will ich es sehen! Durch langsame Martern will ich in seinem Gesichte jeden ähnlichen Zug, den es von dir hat, sich verstellen, verzerren und verschwinden sehen. Ich will mit begieriger Hand Glied von Glied, Ader von Ader, Nerve von Nerve lösen und das Kleinste derselben auch da noch nicht aufhören zu schneiden und zu brennen, wenn es schon nichts mehr sein wird als ein empfindungsloses Aas. *Ich – ich* werde wenigstens dabei empfinden, wie süß die Rache sei! (L II, 41)

An allen zitierten Beispielen wird deutlich, dass es sich hier weniger um faktische Taten als vielmehr um das *verbale Herbeireden* des Lasters und um ein Sich-Hineinversetzen in erhebende Rache*phantasien* geht, die aber, dem Gegenüber vorgetragen, den Status von *performativen ›sadistischen‹ Sprechakten* besitzen.[88] Bezeichnenderweise wenden die Bösewichter ihren Sadismus am Ende gegen sich selbst und zelebrieren regelrecht, in großen Monologen, eine lustvolle – wiederum verbale – Selbstvernichtung.[89] Als Beispiel für dieses Phänomen, das bei zahlreichen Bösewichtern belegbar ist, mag wiederum Richard dienen:

> RICHARD. Ja, wie ich hier gequält, will ich gequälet seyn.
> Ein ewigs Feuer tob in meinem Eingeweide,
> Und meiner Henker Schwerd ruh nie in seiner Scheide!
> Es wüt in meinem Fleisch, zerschneide iedes Glied!
> Bis den verdammten Leib die schwarze Seel entflieht –
> Noch einmal will ich mich mit allen Schrecken rüsten,
> Wo ich verwüsten kann, da will ich auch verwüsten,
> [...]. (WR 76f.)

---

88 Im Unterschied zum Barockdrama, das Folterungen noch auf Handlungsebene stattfinden lässt. Vgl. auch die Arbeit von Sexau, Der Tod im deutschen Drama, die allerdings nur eine Aufzählung und Paraphrase bietet.

89 Die sterbenden Bösewichter erweisen sich diesbezüglich als kaum weniger sprachmächtig als die sterbenden Tugendhaften. Vgl. Müller Nielaba, Schlafes Bruder, zur signifikanten Sprachmächtigkeit der Lessingschen Protagonisten just in ihren Sterbeszenen (S. 270). Ein ästhetisches Moment kann hierin allemal erblickt werden; wie die hier vorgestellten Beispiele belegen, gilt dies allerdings nicht nur für das ›sanfte‹ Sterben, wie es Lessing bevorzugt.

Der *Triumph der Rache* repräsentiert das Gegenstück zum *Triumph der Emp-findsamkeit,* und genau aus dieser Gegenposition bezieht das Verbrechen der exzessiven Rache letztlich seine Bedeutung und Faszination in der Tragö-die der Aufklärung. Die konstitutive Aufeinanderbezogenheit von Verzei-hung und Rache manifestiert sich nicht zuletzt darin, dass die empfindsame Verzeihung sich ihrerseits – explizit oder implizit – als eine Form der Rache ausgeben kann, als »Rache des Weisen« (vgl. etwa Christian August Clodius' Komödie *Medon, oder die Rache des Weisen* 1768, aber auch Lessings *Miß Sara Sampson* und Brawes *Der Freygeist*; s. Kap. 8.3.1). Was zunächst reine Metapho-rik scheint, benennt freilich sehr präzise einen psychologischen Mechanismus innerhalb der empfindsamen Interaktion – *auf dieser Ebene* verschwindet der Gegensatz zwischen Tugend und Laster. Diese moralische Relativität ange-sichts übergeordneter emotionalistischer Interaktionsgesetze lässt sich in den Dramen selbst, wie auch in den folgenden Kapiteln zu zeigen sein wird, über-deutlich greifen.

8. Die manifeste Krise des normativistischen Naturbegriffs im Trauerspiel der 50er Jahre

Die aufklärerische Moraldiskussion findet im Drama nach 1750 zusehends im Zeichen einer offenen Krise statt, wie bereits das vorangehende Kapitel deutlich gemacht hat. Mit der um die Jahrhundertmitte explizit einsetzenden ›Anthropologisierung‹ und der von ihr herbeigeführten »Wende zum Subjekt«[1] zerbricht zugleich der frühaufklärerische Optimismus. All jene Tendenzen, die sich ab 1745 andeuteten, sei es die Krise des heroischen Wertsystems oder die Bedrohung durch nihilistisch-materialistische Strömungen, die einem Determinismus der menschlichen Natur das Wort reden, treten nun offen und radikalisiert auf. Privilegierter Ort dieser Normendiskussion ist, zumindest in den 50er Jahren, die Tragödie. Der gemeinsame übergeordnete Nenner dieser Krisenerscheinungen ist eine fundamentale Relativierung der Normen, die, auch wenn sie sehr viel offener zu Tage tritt als zuvor, gleichwohl stets uneingestehbar bleibt.

Dass es nach 1750 unter dem Einfluss des Emotionalismus zu einer Aufweichung der frühaufklärerischen Dichotomie von Tugend *vs.* Laster kommt, ist bekannt.[2] Man hat dies aber bislang meist nur unter dem Stichwort des ›gemischten Charakters‹ abgehandelt, den die neue emotionalistische Ästhetik[3] und speziell die Lessingsche Poetologie für das bürgerliche Trauerspiel fordern,[4] der freilich auch in der heroischen Tragödie relevant wird.[5] Jenseits der Relativierung, die in den Texten im Rahmen einer neuen Figurenpsychologie offizieller Redegegenstand ist, existieren aber – sowohl im heroischen als auch im bürgerlichen Trauerspiel – Strukturen einer grundsätzlichen Ambivalenz, die den Normbegriff als solchen betreffen und bislang noch ungenügend untersucht worden sind. Ihnen soll im Folgenden das Hauptaugenmerk gelten.

---

1 Grimminger, Aufklärung, S. 52. Siehe hierzu auch Marquard, Anthropologie; Zur Theorie des indirekten Glücks; Der angeklagte und entlastete Mensch.

2 Vgl. etwa Meier, Dramaturgie der Bewunderung, zum Paradigmenwechsel vom rationalistischen zum emotionalistischen Trauerspielmodell und der damit verknüpften Auflösung des Dualismus von ›gut *vs.* böse‹ (S. 207ff.).

3 Siehe hierzu den grundlegenden Aufsatz von Martino, Emotionalismus und Empathie, besonders S. 127ff.

4 Siehe Alt, Tragödie der Aufklärung, S. 149ff.; Guthke, Das bürgerliche Trauerspiel, S. 46ff.; Luserke, Die Bändigung der wilden Seele, S. 151ff.; Rochow, Das bürgerliche Trauerspiel, S. 49ff.; Zeller, Struktur und Wirkung, S. 93f.

5 Siehe Meier, Dramaturgie der Bewunderung, S. 210ff.

8.1 Moralische Relativierung im Zeichen des ›Allgemeinmenschlichen‹

Wie es im Zuge der Problematisierung des heroischen Wertsystems in der Tragödie der zweiten Hälfte der 40er Jahre zur ansatzweisen Gleichsetzung des tugendhaften Helden mit dem lasterhaften Gegner kam, wurde am Beispiel von B. E. Krügers *Vitichab und Dankwart* gezeigt. Die Tragödie der 50er Jahre entwickelt dies weiter und zeitigt, nun unter eindeutig emotionalistischen Prämissen, neue, ungleich radikalere Formen der Gleichsetzung. Dies sei anhand zweier Beispiele demonstriert: der Hermann-Dramatisierung *Thußnelde und Hermann* (1754) von Otto von Schönaich, der zweifellos zu den wichtigen Dramatikern der 50er Jahre gehört,[6] und dessen Tragödien, neben denen Brawes und Lessings, die bedeutendsten Beispiele der emotionalistischen heroischen Tragödie in diesem Jahrzehnt darstellen, sowie anhand von Karl Theodor Breithaupts *Barbarussa und Zaphire* (1758).

8.1.1 Implizite Geschichtsphilosophie und primitivistischer Diskurs in Otto v. Schönaichs *Thußnelde und Hermann*

Die Dramatisierungen des Hermann-Stoffes der frühen und mittleren Aufklärung wählen unterschiedliche Ausschnitte und setzen je eigene Akzente, woraus ganz verschiedene Geschichten resultieren. Schlegel baut Flavius zur zentralen Oppositionsfigur des Titelhelden auf, Möser hingegen den Sigest – diese beiden sind bei Schönaich eher Nebenfiguren, dafür übernimmt Germanicus die Rolle des Hauptopponenten von Hermann. Schönaich hat einen erotischen Rivalitätskonflikt um Thußnelde zwischen beiden Gegnern hinzugedichtet[7] und damit politisch-öffentliche und privat-erotische Ebene unmittelbar miteinander korreliert. Germanicus hat, mit Hilfe des Verrats des Segest, in der Vorgeschichte die schwangere Thußnelde geraubt; Segest will sie nun mit Germanicus verbinden; noch am selben Tag, so kündigt Thußnelde dem Gatten in einem Brief im I. Akt an, solle die Verbindung zwangsweise vollzogen werden. Das ist im Prinzip ein Komödienschema, das in dem Maße Einzug in die Tragödie hält, wie der privat-erotische Konflikt sich als autonomer und dominanter Tragödienkonflikt etabliert.

Der außenpolitische Konflikt ist wie üblich überlagert durch einen innenpolitischen – Segest und Flavius stehen Hermann als innere Feinde gegenüber –,

---

6 Außer einigen knappen Bemerkungen bei Heitner, German Tragedy (S. 153ff.), und Pikulik, Bürgerliches Trauerspiel und Empfindsamkeit, (S. 140ff., bes. 145ff.), hat Schönaich in der Forschung, so weit ich sehe, praktisch keine Beachtung gefunden.

7 Siehe die »Vorerinnerung über das Trauerspiel Thußnelde« (SV [unpag.]).

der zugleich ein innerfamiliärer ist: Die Uneinigkeit der beiden Brüder steht
zeichenhaft für die Uneinigkeit des ganzen Volkes der Germanen. Hermanns
Kampf gegen die Römer wird modelliert als »der Bürger Rache«, als Rebellion der Untertanen gegen den herrschenden »Tyrannen« (SV 153). Der Gegensatz zwischen Germanen und Römern ist zunächst nach dem bereits Schlegels
Herrmann zugrundeliegenden ›primitivistischen‹ Schema gestaltet:[8] Die Römer
wie die germanischen Überläufer repräsentieren das Laster, das mit äußerlichen Werten wie Reichtum, Macht, Zivilisation und wiederholt mit »Kunst«,
»Künsten« korreliert wird, während die Germanen demgegenüber die Tugend
repräsentieren, die mit Natürlichkeit und der Verachtung aller äußerlichen Werte (»Uns ist der Gott der Welt, das Gold, nur Staub und Graus«) verbunden
wird (SV 126, 134, 142, 164). Gegenüber Schlegel ist die ›prärousseauistische‹
bzw. ›primitivistische‹ Dimension hier nun sehr viel expliziter, und zwar durch
eine neue *Temporalisierung*, die die Tugend einem alten, vergangenen Systemzustand zuschreibt, während der gegenwärtige mit Lasterhaftigkeit korreliert
wird. Hermanns politische Ziele der Befreiung der Germanen von den Römern
werden durch eine rückwärtsgewandte Utopie gespeist:

> HERMANN. Die Götter, Vaterland, *die Vorwelt* sind mein Ziel;
>   Die nicht, wie *unsre Welt*, vor Stolzen niederfiel;
>   Nicht Laster gut genannt; Verbrecher nicht vergöttert:
>   In ihren Hütten frey, der Räuber Wuth zerschmettert:
>   […]
>   *Die Zeiten sind nicht mehr!* […]. (SV 152f.)

Der Gegensatz zwischen Germanen und Römern wird also überlagert durch
den hierarchisch höheren zwischen Gegenwart und Vergangenheit. Denn auch
bei den Germanen der Gegenwart herrscht das Laster, so wie umgekehrt die
Römer der Vergangenheit ihrerseits tugendhaft waren. So stimmt Germanicus exakt dieselbe Klage an wie Hermann, wenn er diesen folgendermaßen
bewundern muss: »O! Rom! *so war dein Geist!* Ein nackter Mann ist Held; /
Er tritt das in den Staub, was doch der Welt gefällt.« (SV 164) Sogar der Ver-
räter Segest, jetzt durch das Laster verführt, hat einst einen positiven Zustand
der Tugend und Heldenhaftigkeit gekannt. Er erscheint in den Worten seiner anklagenden Tochter als durch den negativen zivilisatorischen Einfluss
der Römer korrumpiert:

> THUßNELDE. Das hast du nicht gesagt, da wir noch als Barbaren,
>   Weit *ungesitteter*, doch *tugendhafter* waren.
>   […]
>   Mein Vater *war* ein Held; und schämt sich, es zu bleiben. (SV 135)

---

8   Siehe Kap. 2.4. Zum Primitivismus s. Ehrard, L'idée de nature, S. 349ff., 742ff.

Tugend und *Sitte* (in der Bedeutung von Zivilisation) werden hier also in einen expliziten Gegensatz gebracht. Hier wird jene neue *geschichtsphilosophische Dimension* greifbar, deren Genese um 1750 bekanntlich zeitgleich mit der epochalen Wende zur Anthropologie erfolgt und die als *Symptom* und *Lösung* jener Krise deutbar ist, in die die frühaufklärerische optimistische Theodizee um die Jahrhundertmitte gerät.[9] Wie im Folgenden zu zeigen ist, wird die textinterne Relativierung der Parteien, die im Zeichen einer geschichtsphilosophischen Prämisse vorgenommen wird, zugleich und parallel im Zeichen von neuen anthropologischen Annahmen geleistet.

Werden Deutschland und Rom also implizit gleichgesetzt, insofern sie beide als Objekt desselben negativen Wandelprozesses erscheinen, so werden nun noch deutlicher deren Exponenten, Hermann und Germanicus gleichgesetzt. Beide erleiden jeweils eine Krise, wodurch sie das Merkmal des ›Helden‹ zumindest partiell und vorübergehend verlieren. Gleich zu Beginn gesteht Hermann, vom Vertrauten Inguiomar nach der Ursache seines Kummers befragt, eine Schwächung seiner Stärke, verursacht durch den Verlust der Geliebten Thußnelde: »Mein Kleinod ist geraubt; ich kann es nicht befreyn; / Das, das betäubt den Geist; und das ist meine Pein.« (SV 129). Die Inkompatibilität von ›Held‹ und ›Mensch‹ wird von Hermann als krisenhaftes Auseinanderfallen von Außen und Innen, von Schein und Sein beschrieben:

> HERMANN.   Wie leicht ists, daß man *spricht*,
> Was man doch nicht *empfindt*! Hier, Freund! in diesem Herzen
> Herrscht ein erhitzter Zug von nie empfundnen Schmerzen.
> Mein *Mund* haucht Schlacht und Krieg; die Stirne drohet Tod:
> Das *Herz* im Busen macht die frechen Wangen roth;
> Dieß widerspricht dem Mund', und schwimmet recht in Thränen;
> Das Auge hemmet sie; und ich vergeh' in Sehnen.
> *Ach! es ist gar zu schwer, ein Held und Mensch zu seyn!*
> Muß denn ein Heldenmuth der Menschen Proben scheun? (SV 129)

Eine analoge, graduell gar noch heftigere Krise der Dissoziation von Schein *vs.* Sein lässt Schönaich bei Herodes in *Mariamne und Herodes* ausbrechen.[10]

Hermann schließt zwar eine ungezügelte erotische Leidenschaft bei sich ausdrücklich aus, dennoch ist die Überwindung der Leidenschaften nicht geglückt: »Ich kenne nicht der Lust verführerisches Rasen: / Doch hat die Lieb' in mir ein Feuer angeblasen.« (SV 129). Thußnelde und die rein privaten erotischen Belange drohen zum eigentlichen Grund des Kampfes zu werden, geradezu in Umkehrung jener Hierarchie, wie sie Schlegels Herrmann noch

---

9 Siehe Marquard, Der angeklagte und der entlastete Mensch, S. 47ff; Titzmann, Friedrich Maximilian Klingers Romane, S. 246f.
10 Siehe II/3.6, II/4.8.

ganz selbstverständlich verkündete. Freund Inguiomar hält das Lasterhafte
dieser Position augenblicklich fest: »So, hör' ich, wird ein Weib, so viel, als
Deutschland, gelten? / Das würde sie auch selbst, wenn sie es wüßte, schel-
ten.« (SV 129) Nicht die Römer, sondern das eigene Ich erscheint als der eigentliche – innere – Feind des Protagonisten:

> INGUIOMAR. Und noch bist du nicht froh? und noch betrübst du dich?
>   Wer ist doch so sein Feind? Kein Mensch!
> HERMANN.   *Ich selber! ich!*
>   *Ich*, der so manchen Sieg für meinen Ruhm erkämpfet:
>   *Ich* habe mich bekämpfet, und dennoch nicht gedämpfet. (SV 129)

Die Interiorisierung des Konflikts ist nun in Form einer expliziten Psychologisierung gegeben, die die drohende äußere, politische Unterjochung durch die
Römer vollständig substituiert durch die drohende eigene innere, moralisch-psychische Unterjochung durch das Herz bzw. die Leidenschaften. In erstaunlichen
Versen gesteht Hermann dem Freund den Verlust seiner heroischen Größe:

> HERMANN. So wankend ist das Herz! Ich brach der Deutschen Joch:
>   Und ich bin selber nun in schweren Banden noch.
>   [...]
>   Ich schäme mich vor mir. Nun wohl! du hasts versprochen:
>   *Verhilf mir zu mir selbst!* dann ist die Pein gebrochen;
>   Und Hermann wieder groß! (SV 130f.)

Ist im frühaufklärerisch-rationalistischen Corpus die krisenhafte Erfahrung der
eigenen Emotionalität ausschließlich negativen Figuren wie Flavius, Araspes etc.
vorbehalten, so wird sie nun ganz selbstverständlich auch und gerade von der
tugendhaften Figur gemacht. Im weiteren Verlauf des Dramas steht dieser Konflikt zwar nicht mehr im Vordergrund, doch erst in den Schlussversen, nachdem
der Versuch der kriegerischen Wiedereroberung Thußneldens vorerst gescheitert
ist – und es somit zwischen den beiden Titelhelden Hermann und Thußnelde
bemerkenswerterweise im ganzen Text zu keiner einzigen direkten Begegnung
kommt! –, findet Hermann wieder zurück zu alter Heldenhaftigkeit und mit ihr
zur Restitution der Hierarchie der öffentlichen Belange über die privaten:

> HERMANN. Dann, dann erscheint der Tag, da wir den Völkern zeigen:
>   Daß um das Vaterland, Natur und Liebe schweigen.
>   [...]
>   Kommt, tapfre Deutschen! kommt! Es ist der Völker Sache! (SV 178)

Dies kann freilich über den primär postulativen Charakter dieses Wandels
nicht hinwegtäuschen: Er wird am Ende gerade noch verbal gesetzt, aber nicht
mehr gezeigt.

Der partiellen Negativierung des positiven Helden korrespondiert komplementär die partielle Positivierung des Feindes Germanicus. Trat ersteres in

Ansätzen bereits nach 1745 auf, so ist letzteres neu; hier nun tritt beides zusammen auf und wird jeweils über die nämliche Dimension des Anthropologischen geleistet. Germanicus unterscheidet sich u. a. positiv von (dem nur sprachlich präsenten) Kaiser Tiberius, zu dem ein innerrömischer politischer Rivalitätskonflikt in analoger Weise besteht wie zwischen Segest und Hermann. Begründet Segest seine Feindschaft zu Hermann über dessen Größe (»Ach! aber ach! sein Stolz! er ward zu groß vor mir!« SV 136), so gilt Germanicus seinerseits seinem Bruder[11] als »Feind«, dessen »Größe Wuchs« er um jeden Preis »stören« wolle (SV 144). Seine Tugendhaftigkeit hat Germanicus in der Vergangenheit auch dadurch bewiesen, dass er das Angebot des solidarischen Heers, Tiberius zu stürzen und ihm den Thron zu sichern, abgelehnt hat: »Ich mocht' ein Zepter nicht, das mir ein Laster both.« (SV 143) Beide, Hermann und Germanicus, streben jeweils den Sieg auf einer doppelten, sowohl politischen wie erotischen Ebene an: Germanicus strebt nach »zween Triumph' im Lieben und im Kriege«, so wie Hermann nach »beyden Siegen« (SV 143, 170). Auch des ersteren Liebe zu Thußnelde ist schließlich keineswegs als das übliche lasterhafte Begehren des Tyrannen oder Intriganten modelliert. Germanicus will ausdrücklich keine »Buhlerinnen« und kann Thußnelde am Ende des Stücks, ungeachtet der Tatsache, dass es sich bei dieser Verbindung um Ehebruch handeln würde, unwidersprochen der Ernsthaftigkeit seiner Liebe versichern: »Ich hätte dich geliebt: hättst du es nur gewollt;« (ebd.). Er gerät im V. Akt in eine analoge Krise des Heroismus wie sein Rivale und erscheint nicht anders als dieser als Besiegter Thußneldens bzw. seiner eigenen Empfindung:

GERMANICUS. Mich, der ich voller Trotz der Liebe widerstand;
   Der ihrer Ketten Last bis jetzt verächtlich fand;
   [...]
   Mich beuget itzt *die Kraft der allgemeinen Macht,*
   Ich hasse nicht den Sturm, der mich aus mir gebracht.
   Die Heldentriebe hat ein fremdes Weib besieget;
   Die wilde Feindinn siegt; und dieß mein Herz erlieget. (SV 171)

Die Ebene der *politischen Opposition* wird in diesem Text nahezu gänzlich überlagert und neutralisiert durch eine Ebene der *anthropologischen Äquivalenz.* Als »Kraft der *allgemeinen* Macht« wird nun die Emotionalität und erotische Leidenschaftlichkeit beschworen, gleichsam als ein allgemeinmenschliches Gesetz, dessen Gültigkeit im Übrigen speziell für die *Jugend* behauptet wird. So antwortet Germanicus auf die Vorhaltungen seines greisen Vertrauten Stertin: »Hast du niemals geliebt vor jenen zwanzig Jahren, / Die voller Hitz und Glut, und voll Empfindung waren?« (SV 142) Neben der *kollektiven* und *phylogeneti-*

---

11 Hier liegt offensichtlich – bedingt durch das Bedürfnis nach einem Bruderkonflikt – eine Verwechslung von Germanicus mit Drusus Germanicus vor.

schen Zeitachse wird somit auch eine *individuelle* und *ontogenetische* Zeitachse relevant. Hermann stilisiert seinerseits den Kampf gegen die Römer und speziell gegen Segest als Generationenkonflikt, als Kampf der Jugend gegen das Greisenalter: »Der Jüngling wird auch sie [die germanischen Fürsten, WL], wie sich, am Greise rächen; / Am Greise, der ganz grau, von Tück' und Lastern ist; / Am Greise, dem der Neid den Rest des Muthes frißt.« (SV 158, vgl. auch 162) Das sind neue Töne, die das aufklärerische Drama bislang nicht kannte![12]

Keiner der Gegner erhält am Ende Thußnelde, auch diesbezüglich wird beider Opposition also neutralisiert. Da Germanicus Thußnelde nicht für sich gewinnen kann, will er sie seinem Gegner zumindest vorenthalten: Er nimmt sie bei ihrem Fluchtversuch gefangen und will sie, so sein Plan, nach Ravenna schaffen. Preis hierfür ist allerdings der Verzicht auf die eigene Liebe, der nun – parallel zu jener Überwindung, die auch Hermann für sich postuliert – als Sieg ausgegeben wird: »Ich habe mich besiegt; das, das war mir nur schwer.« (SV 172).

Festzuhalten bleibt, dass die dargestellten emotionalen Krisen in dem Maße, wie sie in ihrer allgemein anthropologischen Dimension lasterhafte wie tugendhafte Figuren erfassen, eine diesbezügliche Relativierung in doppelter Hinsicht implizieren. Zum einen wird der Unterschied zwischen der legitimen, ehelichen Liebe (Hermann/Thußnelde) und der illegitimen, ehebrecherischen (Germanicus/Thußnelde) neutralisiert. Zum anderen werden auch die jeweiligen öffentlich-politischen Belange, um derentwegen beide Gegner ihre Leidenschaft schließlich besiegen müssen, relativiert: Die Sache des deutschen Vaterlandes und die des römischen werden letztlich gleichgestellt, eine höhere ideologisch-moralische Wertigkeit des einen, d.h. des deutschen Vaterlandes bzw. Systems über das fremde römische, kann somit letztlich nicht mehr begründet werden. Diese doppelte Relativierung stellt das verbindende gemeinsame Thema aller vier Tragödien dieser Sammlung[13] dar. Die Krise des Heroismus, die in *Thußnelde und Hermann* beide Antagonisten befällt, kann auf Corpusebene analog und unterschiedslos sowohl den positiven Helden – so in *Zarine, Königinn der Sacen, und Stryangäus, der Meder* – als auch den negativen – so in *Mariamne und Herodes* – betreffen. Die Neutralisierung der Wertsysteme wird schließlich in *Zayde, oder die Afrikanerinn* – im deutschen Drama wohl erstmalig – anhand der Entgegensetzung des (negativierten) europäisch-christlichen und zivilisierten Systems *vs.* des (positivierten) afrikanisch-muslimischen als ›edlem wilden‹ System durchgeführt.[14]

---

12 Hier tritt auch erstmalig der »Jüngling« in Erscheinung, der in der Literatur der Goethezeit bekanntlich zur ›anthropologischen Leitfigur‹ avancieren wird.
13 Schönaich, *Versuch in der Tragischen Dichtkunst, bestehend aus vier Trauerspielen [...].* Breßlau 1754.
14 Schönaich wird dieses Thema in den 6oer Jahren mit *Montezum* (1763) nochmals aufgreifen.

8.1.2 Die Äquivalenz von Täter und Opfer in K. T. Breithaupts *Barbarussa und Zaphire*

Karl Theodor Breithaupts Tragödie errang 1758 noch als beste aller eingesandten schlechten Tragödien den von Nicolais *Bibliothek der schönen Wissenschaften und freyen Künste* ausgeschriebenen Preis;[15] sie dokumentiert gleichwohl exemplarisch die hier zur Diskussion stehenden Tendenzen der Relativierung.

Breithaupt verknüpft den historischen Stoff um den Begründer der Osmanenherrschaft in Nordafrika, Aruch Barbarussa (ca. 1473–1518), mit einer fiktiven Liebeshandlung. Barbarussa hat in der Vorgeschichte den König von Algier, Selim, der ihn gegen die Christen zu Hilfe gerufen hatte, getötet, den Thron usurpiert und begehrt nun Selims Witwe Zaphire. Zunächst stehen sich in den beiden Titelhelden wiederum extreme Antagonisten gegenüber: der durch Intrigen und Mord an die Macht gekommene Aruch Barbarussa – ein »Tyrann«, »Wütrich«, »Unmensch« und »Barbar« (BZ 3, 7, 30 u. passim) – als der Täter auf der einen Seite, und als sein Opfer auf der anderen Seite Zaphire. Diese tritt von Anfang an als passiv-leidende Tugend auf, die gegen den Feind wie üblich nur ihre Tränen, nur »Mich, / Und meine Tugend« als Waffe einsetzen kann (BZ 83). Zaphire soll dem Tyrannen die Hand geben und zusammen mit ihm den Thron besteigen mit dem üblichen Ultimatum einer Entscheidung in wenigen Stunden. Nachdem zu Beginn des III. Aktes ein Anschlag ihres Sohns Selim gescheitert ist und dieser im Kerker sitzt, muss sie wählen zwischen der Einwilligung in die Ehe und dem Tod des Sohns. Damit ist der aus der frühaufklärerischen Tragödie bekannte Konflikt verschärft, denn im Unterschied etwa zu Banise, die mit ihrer Hingabe an den Tyrannen Chaumigrem laut diesem das Volk retten würde – das freilich ohnehin schon vom Tyrannen beherrscht wird –, geht es hier um das Leben des eigenen Sohnes. In Grimms *Banise* wird am Ende die Verweigerung der sexuellen Hingabe geradezu als Rettung des Volkes behauptet – eine, wie gezeigt werden konnte, in sich latent brüchige Position. Erst hier aber ist der Konflikt für die Heldin tatsächlich dilemmatisch, weil sie praktisch zwischen zwei Lastern wählen muss. Der Entschluss zum Selbstmord, den sie im V. Akt zur Rettung ihrer Tugend fasst, nachdem sie den Sohn fälschlich bereits tot wähnt, muss widerrufen werden, nachdem sie erfährt, dass dieser noch lebt: Denn Selbstmord wäre nun alles andere als Tugend, vielmehr »Sünde« (BZ 80). Der Weg

---

15 Nicolai merkt in seiner »Vorrede« an: »Bloß eins von den eingesandten Trauerspielen war mittelmäßig, worinn sich einige poetische Sprache, und hin und wieder ein schwacher Funken einer Gabe zur tragischen Dichtkunst spüren ließ. Die übrigen waren wirklich unter der Kritik.« (*Anhang zu dem dritten und vierten Bande der Bibliothek der schönen Wissenschaften und der freyen Künste*, […]. Leipzig 1760 [BZ, unpag.], Hervorh. i. Orig.) Vgl. auch Heitner, German Tragedy, S. 215ff.

zum heroischen Selbstopfer ist durch diese Konstellation somit blockiert, der Wunsch, »mindstens [...] ein unstrafbares Grab!« (BZ 81) zu erhalten, wird ihr, im Gegensatz zu einem Cato etwa, verwehrt.

Zwar ist die Wertehierarchie offiziell nicht zweifelhaft: Die sexuelle Unschuld und damit die Tugend ist ranghöher als das Leben des Sohns. Doch gelingt diese Hierarchisierung nicht mehr so selbstverständlich. Nachdem in III/6 Zaphire dem Antrag Barbarussas erneut eine Absage erteilt hat und dieser wieder einmal definitiv die Hinrichtung Selims veranlassen will, gerät sie in eine schwere Krise. Sie erliegt beinahe der Versuchung, ihre Vertraute Balsora dem Tyrannen nachzuschicken, um seine Forderung zu erfüllen:

> ZAPHIRE. Lauf, eile, flieg ihm nach, sag, schwör ihm, daß ich mich
> Ihm – daß ich *kniend* hier Treu und Gehorsam schwören,
> Elende, was will ich? Hier den Gemahl entehren?
> Nein, bleib. – [...]
> Natur und Pflicht zugleich zerreißen dieses Herz! (BZ 57f.)

Dieser Verführung durch die ›Natur‹ kann nur mit größter Kraftanstrengung widerstanden werden, wobei die im folgenden Zitat beschworene »Stimme der Natur« freilich primär nicht ein eventuelles eigenes sexuelles Begehren, sondern die Mutterliebe meint:

> ZAPHIRE. Ich zittre! – für den Sohn dem Wütrich mich zu geben!
> Gedanke, der mein Herz mit Schrecken übernimmt,
> Wovor sich jedes Haar auf meinem Haupte krümmt.
> [...]
> [...] – Und doch, o Sohn! o Gott, *ersticke nur*
> *Die mich verführen will, die Stimme der Natur,*
> Erhalte meinen Muth, daß ich kein Fluch der Erde,
> O stärk mich, daß ich nicht mir selbst ein Abscheu werde. (BZ 58)

Barbarussa ist seinerseits ebenfalls Opfer eines krisenhaften Konflikts, der ganz analog modelliert wird. Herausragendes Merkmal seiner Unmenschlichkeit ist im Text die völlige Absenz von Mitleid, das innerhalb seines heroischen Wertsystems als Schwäche gilt: »Mitleid«, so lobt sein ihm ergebener Feldherr Chereddin, sei »[e]in niedrer Zug, der dich noch nie entehret hat« (BZ 47). Just in der Auseinandersetzung mit der widerstrebenden Zaphire demonstriert Barbarussa jedoch seine heimliche Anfälligkeit für Mitleid. Gleich zu Beginn bestätigt er gegenüber dem Vertrauten Ramadan seine Rührbarkeit und damit seine Verwundbarkeit durch Zaphires Tränen:

> BARBARUSSA. [...]   Sie siegt mit ihren Zähren
> Gewaltger, als mein Arm, der Könige besiegt.
> Wenn sie einmal bethränt zu meinen Füssen liegt,
> Unwiderstehbar fleht, so bin ich überwunden,

> So ist die Rache schwach, und meine Wuth gebunden.
> Dieß Weib ist es allein, vor der mein Muth entfällt. (BZ 12)

In der zentralen Szene III/5 geschieht schließlich genau das, was hier verbal vorweggenommen wurde: Zaphire ruft durch ihre Tränen und ihr Flehen Mitleiden hervor, das sich als typischer empfindsamer Selbstgenuss des Gefühls artikuliert, zugleich jedoch eine Krise auslöst:

> BARBARUSSA. (für sich.) Was fühl ich? *welch ein Reiz der traurigen Geberden!*
> Dieß seltsame Gefühl wird doch kein Mitleid werden!
> [...]
> Bin ich denn stets verdammt, vor ihr ein Kind zu seyn!
> Huld und Erbarmen nimmt mich wider Willen ein. (BZ 53)

Mitleid erfasst ihn auch gegenüber dem jungen Selim, der (ähnlich Lessings zeitgleich auftretendem Philotas!) »Held« ist, obwohl er noch »ein Kind« ist: »Gewiß, ein Held! Mich nimmt für ihn Bewundrung ein. / Und – wie? ich könnte gar des Mitleids fähig seyn?« (BZ 43f.)

Die Rührbarkeit des Tyrannen impliziert eine zumindest partielle Aufwertung der Person und somit insgesamt eine ambivalente Semantisierung. Denn einerseits zeigt Barbarussa ein ungezügeltes sexuelles Begehren, das, wie er eingangs seinem Vertrauten gesteht (vgl. BZ 10f.), skrupellos erfüllt werden soll: Insofern steht er in einer Reihe mit den Tyrannen bzw. Intriganten Chaumigrem (*Banise*), Sextus Tarquinius (*Lucretia*), Appius Claudius (*Virginia*), Rhynsolt (*Rhynsolt und Sapphira*) und Richard (*Richard der Dritte*). Andererseits deklariert er sich als Opfer von Zaphires – unfreiwilliger – Verführung, wobei diese ›Verführung‹ nicht etwa eine rein sinnliche ist, sondern primär von ihrer Tugend ausgeht und eine *Verführung zu empfindsamer Menschlichkeit* darstellt: Insofern steht er in einer Reihe mit positiven bzw. positivierten Figuren wie Schönaichs Germanicus (*Thußnelde und Hermann*) oder Stryangäus (*Zarine, die Königin der Sacen und Stryangäus, der Meder*):

> BARBARUSSA. O Schönheit! was hast du, was, Tugend, du für Macht?
> Die wider Willen uns zu euren Sklaven macht,
> Die selbst die Könige nicht überwält'gen können. (BZ 70)

Barbarussa bestätigt damit bei sich die Existenz eines unwillkürlichen ›moralischen Gefühls‹, das ihn die sinnliche Qualität der Tugend empfinden lässt. Wenn er durch Zaphires Tränen rührbar ist, dann manifestiert sich hierin die spezielle ästhetische – und somit ›verführerische‹ – Qualität, die der traurigen Emotion als solcher zugesprochen wird. Eine derartige Positivierung eines Tyrannen gab es in den 40er Jahren noch nicht.

Das Entstehen von Mitleiden und Rührung wird von Barbarussa nun aber als Schwäche und Verlust von männlich-heroischer Größe bekämpft. Er schwankt zwischen dem Vorsatz, sich Zaphire gegenüber unempfindlich zu zeigen und den verlorenen Heldenstatus zu restituieren – » So bin ich denn nunmehr der unbesiegte Held, [...]« (BZ 47) –, und dem Bedürfnis, dem Mitleid und seiner Rührung nachzugeben:

BARBARUSSA. [...] Geh nur und *knie noch schändlich nieder,*
  Und winsl' im Staub gekrümmt um ihre Gnade wieder.
  Nein, tödte! sey kein Weib, und keines Weibes Spiel! (BZ 75)

Die Evokation eines Kniefalls vor Zaphire korrespondiert dem Kniefall vor Barbarussa, den Zaphire erwägt (BZ 57f.); und der augenblickliche Widerruf dieser Regung entspricht erkennbar Zaphires oben zitiertem Widerruf ihrer Regung, Barbarussa zu willfahren. Sein Schwanken, das wiederholte Anordnen und Widerrufen des Tötungsbefehls, ist Ausdruck eines extremen emotionalen Ambivalenzkonflikts, der im großen Monolog Ende des IV. Aktes folgendermaßen artikuliert wird:

BARBARUSSA. Ha! Alles ist um mich Verrath, Wut und Verderben,
  Und alles ringt darnach, sie soll, nein, ich soll sterben.
  Gut! wenn ich sterben soll, so geh erst eine Welt
  Von Leichen in mein Grab, dann sterb ich als ein Held.
  Dann sprütz' ich schwarzes Blut hochdrohend bis zum Himmel,
  Und sink und siege noch im wütenden Getümmel!
  Elender! rasest du? Nimmt dich Verzweiflung ein?
  Ich will auch rasen! Ja, ich will verzweifelnd seyn.
  Ich will für sie allein nur leben und erblassen,
  Ich will ihr Sieger seyn, sie lieben, will sie hassen,
  Will sie geniessen, will ganz durch sie glücklich seyn,
  Will sie beruhigen, sie tödten, sie befreyn.
  Sie herrsche über mich und die besiegten Erden,
  Ich will ihr Herr, Tyrann, ihr Sklav, ihr Mörder werden.
  Nein, ich will glücklich seyn. Unnennbares Gefühl,
  Verlaß mein Herz! – Ich will – ich weiß nicht, was ich will! (BZ 76f.)

Hier ist der Tyrann also unübersehbar zum Träger eines gleichwertigen emotionalistischen Konflikts geworden – der Doppeltitel »Barbarussa und Zaphire« bringt nicht zuletzt auch diese Gleichwertigkeit zum Ausdruck.

Die sich überstürzende, immer erneute Volten schlagende Handlung, die das Stück in den letzten beiden Akten kennzeichnet – Flucht Selims aus dem Kerker, gemeinsamer scheiternder Fluchtversuch mit der Mutter, Gefangennahme und drohende Hinrichtung beider, scheiternder Mordversuch Zaphires an Barbarussa und scheiternder Selbstmordversuch, schließlich Doppelselbstmord von Mutter und Sohn – muss hier im Einzelnen nicht näher betrachtet werden, wenngleich sie freilich im signifikanten Kontrast zur Handlungsarmut der Stücke der *Schaubühne* zu sehen ist. Im vorliegenden Zusammenhang interessiert nur das Fazit: Wie Barbarussa im letzten Augenblick die angekündigte grausame Hinrichtung Selims nicht gelingt, so gelingt Zaphire ihrerseits in V/7 die – vor dem Doppelselbstmord zunächst vereinbarte – Tötung des Sohnes nicht, wenn sie mit den folgenden Worten den Dolch wegwirft: »ich kann nicht grausam seyn, / Und sollt auch meine Schmach gleich unvermeidlich seyn.« (BZ 97)

Das bedeutet aber, dass der Text nicht nur den Tyrannen als empfindenden ›Menschen‹ zeigt, sondern darüber hinaus beide Antagonisten, den Tyrannen und sein Opfer, im Zeichen eines Allgemeinmenschlichen kurzerhand gleichsetzt; tut er ersteres ganz offen, so letzteres nur latent und indirekt über die identische Modellierung der beiden Entscheidungskrisen. Denn diese Äquivalentsetzung beinhaltet tatsächlich eine massive ideologische Provokation. Der Täter und das Opfer, der Lasterhafte und die Tugendhafte, erleiden, so antagonistisch sie sich auch auf der Oberfläche gegenüberstehen mögen, *strukturell denselben empfindsamen Konflikt.*[16] Für beide existiert eine Versuchung, die jeweils in der potenziellen Verführbarkeit durch die menschliche Natur besteht: Wie der Tyrann anfällig ist für Rührung und Mitleiden für das Leiden und Flehen Zaphirens, so ist diese ihrerseits auch anfällig für den Impuls, das Leben des Sohnes zu erhalten. In identischer Weise schwanken Barbarussa und Zaphire zwischen den Positionen und bemühen sich, dieser Versuchung Herr zu werden und sie zu ersticken bzw. zu bekämpfen. Bei beiden geht es dabei um den Erhalt der moralischen Selbstachtung und die Abwendung von drohender Schmach: Für Zaphire ist die Ehre gefährdet, wenn sie Barbarussa nachgibt, für diesen, wenn er ihrem Flehen nachgibt. Die bereits aus dem frühaufklärerisch-rationalistischen Tragödiencorpus bekannte Aufforderung zur »Empfindlichkeit«, die auch hier in III/6 an Zaphire, die »Unmenschliche«, ergeht – »Laß noch Empfindlichkeit in deiner Brust erwachen« (BZ 56) –, wobei »Empfindlichkeit« hier aber doppeldeutig ist und das erotische Entgegenkommen gegenüber dem Tyrannen mit der Rettung des Sohns koppelt, ist nun ›emotionalistisch aufgefüllt‹ und macht jene Implikationen explizit, die in der frühen Tragödie allenfalls angelegt waren. Beide Figuren fechten somit einen Konflikt zwischen einem heroisch-nichtempfindsamen und einem menschlich-empfindsamen Wertsystem aus, mit je unterschiedlicher inhaltlicher und moralischer Besetzung, die aber, und das ist entscheidend, als völlig sekundär resultiert: Der heroischen Ostentation bzw. Restitution einer unempfindlichen, grausamen und als ›männlich‹ klassifizierten Haltung gegenüber Zaphire entspricht bei dieser die heroische, aber

---

16 Beide Konflikte folgen im Übrigen auch der oben, Kap. 4. beschriebenen Logik der Konfliktverdoppelung mit gleichzeitigem Perspektiventausch: Barbarussa muss den Konflikt, den er – als Subjekt/Agens – Zaphire auferlegt, schließlich an sich selbst – als Objekt/ Patiens – erleben und erleiden.

letztlich nicht minder grausame Opferung des Sohnes um der Tugend willen – das Leben dieses Sohnes ist auf beiden Seiten der Einsatz. Zwischen beiden ›Heroismen‹ kann, so führt der Text vor, eigentlich nicht mehr unterschieden werden. Die Legitimation für die Position der Tugend ist damit aufgehoben und kann, wie schon in früheren Texten, nur mehr an die Tat delegiert werden. Das tugendhafte Selbstopfer von Mutter und Sohn im Doppelselbstmord und die gleichzeitig von Barbarussa ausgesprochenen, bereits oben (Kap. 7.2.3) zitierten sadistischen Tötungsphantasien restituieren in den letzten Szenen die offizielle ideologische Grenzziehung zwischen Tugend und Laster, die der Text zuvor aufgehoben hatte.

8.2. Die anthropologische Wende als ›Wendung gegen sich selbst‹

Im Modell der Konfliktsubstitution bilden die Dramentexte auch eine *anthropologische Wende* ab, die, wie am Beispiel der Krise des Heroismus in den vorangehenden Kapiteln gezeigt, die Form einer dezidierten Psychologisierung annimmt. Die Ebene des zunächst aufgebauten ideologischen und/oder politischen Gegensatzes zwischen den Protagonisten erwies sich als überlagert durch eine moralindifferente Ebene des Allgemeinmenschlichen. Weder der außenpolitische noch der innenpolitische Gegner, sondern das Subjekt und seine Empfindung avancieren zum eigentlichen ›inneren Feind‹, der Schauplatz ist ganz ins Ich verlagert. Diese anthropologische Wende kann auch in paradoxer Gestalt einer *Wendung gegen sich selbst* auftreten, die in den Dramen als narratives Modell greifbar wird. Dies ist speziell beim Scheitern der Erotik eines jugendlichen Liebespaars der Fall – eine Thematik, die mit dem bürgerlichen Trauerspiel aufkommt, die aber gleichzeitig auch in die heroische Tragödie Eingang findet.[17] Anhand von je einem Beispiel, Johann Samuel Patzkes heroischer Tragödie *Virginia* (1755) und Christian Gottlieb Lieberkühns bürgerlichem Trauerspiel *Die Lissabonner* (1758), sei dies illustriert.

---

17 Vgl. Krebs, Hermannstoff, zur programmatischen Abkehr von der *tragédie amoureuse* durch
    Gottsched (S. 195f.). Eine der ersten Tragödien, die ein Liebespaar in den Mittelpunkt der
    Handlung stellen, ist in der zweiten Hälfte der 40er Jahre Derschaus *Pylades und Orestes* – die
    Verbindung der zwei Liebenden gelingt aber am Ende nach Überwindung der feindlichen
    Hindernisse, die Liebe selbst ist hier also noch nicht Konstituens der Tragik. Letzteres ist
    dann nach 1750 der Fall, wobei sich, parallel zum bürgerlichen Trauerspiel, ein vermehrtes
    Auftreten von scheiternden Liebespaaren auch in der heroischen Tragödie verzeichnen lässt,
    so in den Tragödien v. Schönaichs, Patzkes oder v. Cronegks.

8.2.1 Sexualisierung und Reinterpretation des ›inneren Feindes‹ in J. S. Patzkes *Virginia*

Patzkes Tragödie ist zunächst Beleg, dass die grundlegende Tendenz zur Moralisierung des Politischen um die Mitte der 50er Jahre eine neue Etappe erreicht hat. In der frühen rationalistischen Phase sind, wie gezeigt, das Politische und das Moralische noch weitgehend ungeschieden: Ob politische Alleinherrschaft oder Wollust – beides tritt nicht nur korreliert auf, sondern wird unterschiedslos mit denselben moralischen Kategorien bedacht. Nun hingegen deutet sich eine zunehmende Dissoziation von Politik und Moral an, in dem Sinne, dass beide als je verschiedene und autonome Sachverhalte behandelt werden. Nach wie vor findet sich eine Moralisierung des Politischen, sie wird jetzt nur auf qualitativ andere Art bewerkstelligt.

In seiner Dramatisierung des Virginia-Stoffs greift Patzke zunächst auf traditionelle Schemata zurück. So vereinigt der ideologische Gegner Appius in sich sowohl das politische Laster der ›Tyrannei‹ als auch das moralische Laster der ›Wollust‹. Appius strebt neben der illegitimen politischen Macht, die er bereits inne hat, auch illegitime Sexualität an, in den Worten des Intriganten Claudius: »Die Herrschaft und die Liebe / Dieß sey ein Zweck bey dir; sey Herr von Rom und Liebe.« (PV 25) Politisch-öffentlicher und privat-erotischer Handlungsstrang sind hier zwar korreliert, als solche aber neu explizit unterschieden und hierarchisiert; die Moralisierung wird nun durch eine dominante Fokalisierung auf den privat-erotischen Handlungsstrang geleistet.[18] In seinem »Vorbericht« erläutert Patzke seine Entscheidung für die Dominanz der privat-erotischen Dimension des Virginiastoffs folgendermaßen:

> Man sieht gleich, daß in dieser Erzählung zwo Handlungen liegen: Der Tod der Virginia, oder die durch das Laster unterdrückte Unschuld, und der Tod des Appius, oder das von der Tyranney befreyte Rom. [...] *Da ich aber eigentlich die rührende Begebenheit der Virginia zum Inhalte meines Trauerspieles machen wollte*, so habe ich diese beyden Handlungen getrennet. Ich habe nur so viel von der Unterdrückung Roms gesagt, als nothwendig zum Charakter des Appius gehörte. (PV 8f.)

Mit der Fokalisierung auf die »rührende Begebenheit« trägt die Tragödie den zeitgenössischen empfindsamen Tendenzen der Privatisierung und Emotionalisierung Rechnung. Diese Hierarchisierung wird im Text selbst gleich eingangs zum Thema gemacht, wenn Virginias Oheim Numitorius das Drama mit der Klage über eine neue Gefahr eröffnet, die vom Tyrannen Appius drohe: »Die *Freyheit* weint nicht nur, nein auch die *Keuschheit* weint.« (PV 15) Virginias Bräutigam Icilius bestätigt, die Tyrannen strebten danach, »Selbst

---

18 Siehe hierzu auch Meier, Dramaturgie der Bewunderung, S. 210ff.

über Tugenden und Unschuld Herr zu seyn; / Und nicht den Leib allein, auch Seelen zu entweihn.« (PV 48) Bereits Cato warf Cäsar einen Angriff auf die Tugend vor, und bereits in der frühaufklärerischen Tragödie verbirgt sich, wie gezeigt, hinter der äußeren politischen die innere moralische (Un)Freiheit als eigentlicher Redegegenstand – aber es wird nun etwas anderes, Spezifischeres darunter verstanden. Nicht mehr die Verführung zu allgemeiner Lasterhaftigkeit wie Ausschweifungen, Luxus und dergleichen drohen, sondern der Verlust der sexuellen Unschuld. Damit einher geht eine Fokalisierung auf die weibliche Figur: Patzkes *Virginia* steht am Anfang einer ganzen Serie von empfindsamen Dramen – primär bürgerlichen Trauerspielen – in deren Zentrum das neue Problem der sexuellen (Un)Schuld der Töchter der Untertanen bzw. ›Bürger‹ stehen wird.[19] Icilius formuliert die Hierarchie deutlich: Die Unschuld repräsentiert gegenüber der politischen Freiheit das höhere Gut:

> ICIL. Kommt, nehmt uns unser Gut und nehmt uns unser Leben;
>   Nur macht die Unschuld nicht, und nicht die Keuschheit beben.
>   [...]
>   Was ist Rom, wenn nicht mehr die Töchter sicher sind? (PV 48f.)

Wie im Folgenden gezeigt werden soll, avanciert Sexualität als solche, d.h. als *anthropologisches* Phänomen, nun zu einem (heimlichen) Thema. Nur sehr partiell kann insofern Schlegels Trauerspielfragment *Lucretia* als eine Vorform angesehen werden, da dort Sexualität als solche eben noch kein Thema ist.

Im ganzen I. Akt geht es einzig darum, dass Virginias Umwelt es nicht wagt, ihr das wahre, nämlich erotische Motiv von Appius' Intrige – die falsche Behauptung, sie sei eigentlich eine Sklavin seines Verbündeten Claudius und gehöre daher diesem – mitzuteilen, und sie lieber im Glauben lässt, ihr drohe tatsächlich nur Sklaverei:

> VALERIA. Sie weis nicht was der Grund der falschen Klage sey.
>   Sie zittert immer nur noch vor der Sclaverey.
>   [...]
> ICIL. Wie göttlich ist dieß Herz der Unschuld nicht zu nennen!
>   Sie wird sich nicht einmal dieß Laster denken können.
>   [...]
> NUMITOR. Die Sclaverey erregt ihr nicht den hohen Schmerz,
>   Als was der Tugend droht. Dieß Weh trifft auf ihr Herz. (PV 34, 36)

Die schließlich in II/5 erfolgende Mitteilung des Anschlags auf ihre Tugend wird denn auch als maximal ereignishafter und hochdramatischer Akt insze-

---

19 Zur Sexualisierung der Tugend um die Jahrhundertmitte s. Koschorke, Körperströme, S. 437ff.

niert. Die extreme Moralisierung im Sinne einer Fokalisierung auf die sexuelle Unschuld innerhalb der *histoire* manifestiert sich dabei auch unmittelbar auf der *discours*-Ebene. Die Rede der Figuren ist in auffälliger Weise rhetorisch uneigentlich, »das Laster« und »die Tugend« agieren als quasi-personifizierte Handlungsträger und substituieren metonymisch die Figur. So berichtet etwa Numitorius von der ersten öffentlichen Begegnung zwischen Virginia und Claudius mit den Worten: »Die Tugend sah ich hier vorm Laster weinend stehen.« Icilius fordert bei der ersten Gerichtsverhandlung im III. Akt folgendermaßen die Römer auf: »Ihr edlen Freunde seht die Unschuld vor euch stehen, / Aus jedem Blicke seht um Schutz die Tugend flehen«; Virginia bestätigt: »Schon itzt stürmt unser Feind auf meine Tugend ein«, etc. (PV 18, 49, 56).

Nicht um die Relation des privaten und des öffentlichen-politischen Konflikts soll es im Folgenden gehen,[20] sondern um die Relation zweier anderer Konflikte. Wir finden wieder die typische, seit 1745 nachweisbare Sukzession zweier Konflikte, die der Text im narrativen Prozess entfaltet. Ein erster, weitgehend traditioneller frühaufklärerischer Konflikt dominiert die erste Texthälfte und besteht in der Opposition der Tugendhaften – Virginias Familie und ihres Geliebten Icilius – zum Tyrannen Appius und seinem intriganten Ratgeber Claudius, einem Marinelli-Vorläufer. Ein zweiter, ›neuer Konflikt‹ dominiert die zweite Texthälfte und spaltet das Lager der Tugendhaften in Virginia, ihren Vater und Oheim Numitorius auf der einen Seite, und den Geliebten Icilius auf der anderen Seite. Dieser zweite Konflikt ist hier nun deutlich als empfindsamer Konflikt gestaltet und besteht vor allem in einer Auseinandersetzung zwischen den beiden Liebenden, die als paarinterner »Streit der Zärtlichkeit« (PV 61) die letzten beiden Akte dominiert. Dieser Konflikt erweist sich wiederum als der ranghöhere.

Der Dissens zwischen den beiden genannten Tugendparteien entzündet sich an der Art, wie der Widerstand gegen den Tyrannen geführt werden soll: als aktiver Widerstand und Volkserhebung, wie es Icilius vorschlägt, oder als passiver Widerstand in Form des Selbstopfers, wie es Virginia und ihr Vater in Anschlag bringen. Diese Alternative ist bereits aus der frühen Tragödie bekannt, nur erhält die Option der Passivität und der Märtyrerposition hier eine neue Bedeutung. Die paradoxe Logik des Selbstopfers wird nun explizit benannt. So lautet die Reaktion des Icilius, als er in IV/3 erstmalig von Virginias Plan erfährt: »Wie? [...] / *Die Tugend könne sich nur durch den Tod befreyn?*«; und als er schließlich in der letzten Szene ihren Tod erfährt: »Gerechten Götter! dieß – – dieß ist der Tugend Glücke?« (PV 59, 80). Wird Icilius hier einerseits zum Sprachrohr einer Theodizeekrise, die das Postulat des immateriellen, tugendhaftem Handeln selbst bereits immanenten Lohns infragestellt, so liegt

---

20 Hierzu Meier, Dramaturgie der Bewunderung, S. 210ff.

andererseits die von Virginia und ihrem Vater gewählte Konfliktlösung vollständig in der Logik der Moralisierung. Wenn die Frage der inneren (Un)Freiheit in Gestalt der (bewahrten/verlorenen) Unschuld und nicht die Frage der äusseren (Un)Freiheit das eigentliche Problem darstellt, dann bedarf es nicht der von Icilius vorgeschlagenen Tat der äußeren Befreiung. Dann ist die Tugend, wie Virginia gegenüber Icilius behauptet, tatsächlich »sich selber Schutz genug«, und der Tod kann konsequenterweise als optimale Lösung fungieren:

> VIRGINIA. Ihr tadelt mich, und wißt, wie Rom die Tugend ehrt
> Beschimpft mich denn der Dolch, den ich auf mich gekehrt,
> Dem Laster zu entfliehn? (PV 59f.)

Darüber hinaus wird Icilius unübersehbar negativiert. Der Wunsch nach aktiver Rettung der Geliebten erscheint geradezu als Laster. Bereits in der *Schaubühne* und ihrem Umkreis wurde, wie gezeigt, jede aktive Rettung verworfen. Neu ist jedoch die *emotionalistische und psychologische Auffüllung*, die nun vorgenommen wird: Was im frühen Trauerspiel primär als problematische ›politische Klugheit‹ figurierte, erscheint jetzt als problematische Empfindung des Subjekts! Von Beginn an wird dies im Text als ein Nebenthema eingeführt, um dann in den letzten beiden Akten als Problem voll entfaltet zu werden. Numitorius wirft Icilius bereits in I/1 »Gluth«, »Wuth« und »Leidenschaft« vor, in II/7 und IV/1 abermals »zügellose Wuth«, »blinde Wuth«, »[u]nüberlegte Wuth« etc., und beschwört ihn, »dem wilden Feuer Gränzen [zu setzen]« (PV 16, 41, 54f.). Icilius' ungezähmte Leidenschaftlichkeit führt bei ihm (wie schon in Schönaichs *Thußnelde und Hermann*) zu einem Konflikt zwischen Privatinteresse und Staatsinteresse: »was bekämpfen sich für Triebe / In meiner Brust? – – Hier Rom, dort Zärtlichkeit und Liebe. – – / Wohin neigt sich mein Herz?« (PV 55f.) Dieser Konflikt wird von ihm aber bereits zu einem frühen Zeitpunkt zu Gunsten der Geliebten entschieden:

> ICIL. [...]   Nichts hält den schnellen Lauf
> Des Zornes und der Wuth, die in mir toben, auf.
> *Virginia, nur sie, nur sie soll mich beleben.*
> *Der Liebe will ich itzt vor Rom den Vorzug geben.* (PV 39)

Damit nimmt er allerdings eine lasterhafte Hierarchisierung vor:

> NUMITOR. Wenn deine Leidenschaft sie [Virginia, WL], und Roms Wohlfahrt
>   trennt,
> Dann = = sag ich, daß dein Herz der Ahnen Muth verkennt.
> Ein Brutus, mein Icil, weis Mittel zu erfinden,
> Der Tugend Rache, und Roms Rettung zu verbinden.
> [...]
> Wenn einst die Nachwelt sagt: er hat zu Roms Verlust
> Für eine Frau gekämpft; = = erträgt dieß deine Brust? (PV 54f.)

Inwieweit Icilius' Befreiungsplan zum Nachteil des Gemeinwohls – »zu Roms Verlust« – gereichen sollte, wenn ohnehin, wie es der Fall ist, der Sturz des Tyrannen vom Senat bereits geplant ist, wird nicht weiter begründet, es wird einfach gesetzt. Ganz im Gegenteil, Icilius' Vorhaben erscheint im Text eigentlich umso mehr geboten, als die – nur sprachlich präsenten – Senatoren Horaz und Valer, die man um Hilfe angeht, nicht intervenieren wollen: Sie wollten, so konstatiert Virginius resignativ in V/1, »Rom, und nicht die Unschuld, retten« und trachteten egoistisch vor allem nach der eigenen »Consulwürde« (PV 68). Entgegen seiner offiziellen Verurteilung macht der Text Icilius' Verhalten also durchaus plausibel. Dieser latente Widerspruch provoziert die Frage, wie die kompromisslose Ächtung von »Gewalt und Aufruhr« als Mittel der Konfliktlösung im Falle des Icilius eigentlich motiviert wird, wenn theoretisch die Gewaltanwendung für den Notfall sogar zugestanden wird: »und wenn uns nichts mehr schützet, / Dann sey Aufruhr und Schwerdt das letzte was uns stützet.« (PV 35). Die Antwort liegt in der problematischen erotischen Leidenschaft des Protagonisten begründet. Über diese wird Icilius mit seinem Gegenspieler und erotischen Rivalen Appius gleichgesetzt. Denn diesen kennzeichnet die gleiche ungezügelte Leidenschaft, die mit den identischen Lexemen »Gluth« und »Wuth« beschrieben wird (vgl. PV 28, 50) und ebenfalls zur unheroischen Prädominanz des privaten Begehrens über die öffentlichen Angelegenheiten führt, was in ganz ähnlich lautenden Formulierungen ausgesprochen wird: »Ich liebe; = = nur von ihr ist ganz mein Herz erfüllt«, »Itzt ist Virginia nur meines Herzens Lust«, etc. (PV 51, 53). Icilius und Appius geraten gleichermaßen in eine heftige emotionale Krise, als die Realisierung des Wunsches nach Vereinigung mit Virginia gefährdet ist. So beklagt Appius, nachdem Icilius im III. Akt Virginia vor seinem Zugriff gerettet hat, seine Not und führt sie auf seine ›Empfindung‹ als letztlich verursachende Größe zurück: »Freund, welche Triebe wüthen / Durch die empörte Brust! = = [...] / *Ach! warum mußt ich doch für sie empfindlich seyn?*« (PV 51). Der Täter erscheint hier, nicht anders als Breithaupts Barbarussa oder Schönaichs Herodes, geradezu als Opfer seiner Emotionen. Umgekehrt wird Icilius über kleine Details der *discours*-Gestaltung noch weiterhin negativiert. So findet z. B. in II/7 folgende Wechselrede statt zwischen Numitorius, der dem aktiven Schutz Virginias widerrät, und Icilius:

NUMITOR. Doch wenn der Frevler droht und Volk und Freund flieht dich,
     Und du stehst dann allein, wer wird sie schützen?
ICIL.   *Ich.* (PV 41)

Das in betonter Versendposition stehende »Ich« ordnet Icilius ein in die beschriebene Serie der Bösewichte (Kap. 7.1.1), die eine stolze autonome Selbstsetzung betreiben. In der letzten Szene, nach der Tötung Virginias durch den Vater, bestätigt Icilius dies nochmals, wenn er seine Rache herbeibeschwört und zu einem verbalen (Selbst)Vernichtungsrausch ansetzt, graduell nur wenig verschieden von dem eines Richard III. – dass hier eigentlich eine positive Sache gerächt werden soll, ist nicht (mehr) relevant:

> ICIL. Verzweiflungsvoll = = *in Rom will ich ohn Mitleid wüthen.* = =
> O Jupiter, laß mich, laß mich dem Blitz gebiethen,
> Daß er auf meinen Wink gewaltig niederfährt,
> *Und Rom, u. Freund u. Feind,* = = *u. mich* = = *mich selbst verzehrt.* = =
> Welch niegefühlter Schmerz ergreift mein Herze wieder. = =
> Welch Schmerz = = und komm o Wuth! belebe meine Glieder,
> Belebe meinen Arm, = = ich will sie rächen gehn! = = (PV 80)

Die moralische und politische Opposition zwischen beiden Rivalen wird bezüglich ihrer *Emotionalität/Affektivität* völlig neutralisiert.[21] Die Ebene der menschlichen Empfindung erweist sich genau insofern als eine autonome, als sie radikal abgekoppelt wird von der primären Ebene der moralischen Setzungen. Ob also mit brutalen, tyrannischen Methoden illegitime Sexualität erzwungen werden soll, oder ob eine legitime Sexualität gerettet werden soll, *spielt auf dieser Ebene keine Rolle.*

An dieser Stelle bietet sich ein kurzer Rückblick auf die Wandlungen an, die der ›innere Feind‹ von den frühaufklärerischen Anfängen an, etwa von Schlegels Flavius über Mösers Arminius und Lessings Dücret bis zu Patzkes Icilius, durchlaufen hat. War bei Schlegel der innere Feind noch als politischer Feind gedacht, der direkt mit dem äußeren (außenpolitischen) Feind kooperierte, so tritt er nach 1745 in neuer Gestalt auf: Bereits Mösers Sigestes war ein innerer Feind qualitativ anderer Art, insofern er in den außenpolitischen Zielen mit dem tugendhaften Helden übereinstimmte, aber er war immerhin noch ein innenpolitischer Gegner. Dücret in Lessings *Samuel Henzi* ist nicht einmal mehr dies, sondern ein rein moralischer Gegner, dem aber ausgerechnet die wesentlichen Erfolge gegen den Tyrannen verdankt werden (vgl. II/1). Damit tritt also erstmalig eine krisenhafte Entzweiung auf, insofern man im Prinzip bereits auf die Erfüllung des politischen Werts der Freiheit verzichten muss, wenn man vorrangig das moralische Laster in den eigenen Reihen als den größeren Feind bekämpfen will. Wie in 2.4.2 gezeigt, wird hiermit aber nur eine paradoxe Konfliktkonstellation explizit, die das frühaufklärerisch-rationalistische Trauerspiel selbst bereits angelegt hat. Derartige Widersprüchlichkeiten sind also keineswegs singulär, sondern die logische Konsequenz des

---

21 Die Behauptung von Meier, Dramaturgie der Bewunderung, es komme hier trotz des nicht mehr selbstverständlichen Heroismus letztlich zu »keine[r] Durchbrechung des aufklärerischen Tugend/Laster-Dualismus« (S. 220), bezieht sich allenfalls auf die auf der Textoberfläche herrschende offizielle Wertung, übersieht indes die vom Text systematisch aufgebaute latente Gegenstrebigkeit.

Mechanismus der Konfliktüberlagerung und der dadurch implizierten Werthierarchie.[22] Bereits Dücret wird auch über das Merkmal der Fremdheit, wie bereits angemerkt (s. Kap. 1.2.4), mit dem Tyrannen gleichgesetzt und als ideologisches Fremdelement innerhalb des eigenen Systems semantisiert. Icilius markiert demgegenüber nochmals eine weitere Etappe der Transformation. Er vertritt nun nicht nur die gleiche politische Gegnerschaft gegen den äußeren Feind, sondern ist – zunächst – auch moralisch absolut positiv und tugendhaft, im Gegensatz zu dem *a priori* als lasterhaft geltenden Dücret. Die Negativierung des Icilius erfolgt erst im Laufe des Textes und sehr viel impliziter, desgleichen wird auch die Äquivalentsetzung mit dem äußeren Feind nicht mehr so direkt wie etwa noch bei Flavius, der einen römischen Namen trägt, vorgenommen, sondern in bereits sehr viel ›psychologisierterer‹ Form.

Wenn am Ende von Patzkes Tragödie keiner der beiden Rivalen die begehrte Frau erhält (wie auch in Schönaichs *Thußnelde und Hermann*), dann werden beide hierin nochmals gleichgesetzt, und die eigentliche Stoßrichtung des Textes offenbart sich: Sie zielt in letzter Instanz auf die Verhinderung von leidenschaftlicher Sexualität. Der Text führt an seiner zweiten, anthropologisch-psychologischen Front einen Kampf gegen die problematische Empfindung im Allgemeinen und speziell gegen leidenschaftliche Sexualität, bei der die Frage nach ihrer (Il)Legitimität sekundär wird. Virginia selbst ist zwar offiziell absolut tugendhaft und unverführbar, mit der zweifelnden Frage, die Icilius in IV/3 an sie richtet und mit der er auf eine aktive Verteidigung drängt, wird sie jedoch im Ansatz als Vorläuferin der Emilia Galotti greifbar: »Kennst du noch keine Brust, durch die das Laster drang? / Nicht Tugend, die sich oft Gefahren nicht entschwang? / Die Ruh ist innre Qual.« (PV 58) Wenn Vater Virginius in V/3 schließlich öffentlich seine Rechte über Virginia reklamiert: »Virginia = = *ist mein.*« (PV 74), dann ist dieser Satz doppeldeutig, da er auf der Folie beider Konflikte lesbar ist: Er ist explizit und vordergründig an Appius adressiert (= 1. Konflikt), implizit und eigentlich aber an Icilius (= 2. Konflikt). Bereits zuvor nämlich wird eine regelrechte Übergabe Virginias an den Vater inszeniert, der sie zeichenhaft aus den Händen des Bräutigams zurückerhalten soll (IV/4, V/2). Der Text legt damit eine implizite präpsychoanalytische ›ödipale‹ Ebene an, die dann in *Emilia Galotti* bekanntlich sehr viel deutlicher ausgeprägt sein wird.[23]

Die emotionalistischen Transformationen führen also bei Patzke (und anderen) ab ca. Mitte der 50er Jahre zu einer (zunehmenden) *Psychologisierung* und *Sexualisierung* des Lasters. Dies lässt sich im übrigen sehr schön auch an

---

22 Es besteht somit kaum Anlass, sie als »wesentliche Schwäche« zu werten, wie Meier dies tut (zu *Samuel Henzi*, ebd., S. 179).
23 Siehe hierzu Kittler, Erziehung ist Offenbarung.

anderen Texten dieser Dekade bestätigen, etwa den christlichen ›Märtyrer-dramen‹ wie u.a. Johann Friedrich von Cronegks *Olint und Sophronia* oder an der anonymen Bearbeitung von David Augustin de Brueys' *Die standhafte Christinn Gabinie* (beide 1757). Jene motivationale Leerstelle für das Beharren der Protagonistin auf dem Märtyrertod, die im frühaufklärerischen Trauer-spiel gegeben war,[24] ist nun psychologisch aufgefüllt: Der Tod dient in letzter Instanz der Vermeidung von Sexualität. So gibt etwa Gabinie, die Protago-nistin der anonymen Tragödienbearbeitung, auf das Flehen ihres Geliebten Galerius, doch nicht auf dem Märtyrertod zu beharren, folgende Antwort:

GALERIUS. Ach! wollt ihr eure Lust zu sterben noch nicht lassen?
GABINIE. Kann ich nicht eure seyn, muß ich mein Leben hassen.
    Der Tod macht mich beglückt; *so löschet durch mein Blut*
    Die in uns lodernde betrübte Liebes-Gluth.
    Sie würde mir und euch das Leben doch vergiften.
    So aber kann mein Tod uns beyden Ruhe stiften. (DSW II, 56f.)

Auch in *Olint und Sophronia* fungiert der Märtyrertod als Mittel, um »den Reizungen, die zügelloser Jugend / Nur zu gefährlich sind«, zu widerstehen (CS 156) – wobei die beschworene Gefahr pures Postulat ist, da hier keiner der beiden Liebenden auch nur im Entferntesten ein Beispiel von ›Zügellosigkeit‹ abgibt. Auch hier geht man also bereits ›prophylaktisch‹ in den Tod, was ei-nem *Eingeständnis der eigenen Verführbarkeit* äquivalent ist – die Bedeutung des Martyriums ist damit freilich vollends auf den Kopf gestellt.[25] Der gewaltsame Tod, dem die jugendliche Protagonistin zum Opfer fallen muss, erscheint im Kontext des historischen Prozesses der Internalisierung bürgerlicher Sexual-normen zugleich als ›Abwehr‹ und aggressive (Selbst)Bestrafung. Christian Begemann hat im Rahmen seiner diskursgeschichtlichen Studie zur Pädago-gik der Aufklärung am Beispiel von *Emilia Galotti* den Quasi-Selbstmord der Protagonistin als »Umschlag von bürgerlicher Moral in äußere Gewalt«, im

---

24 Signifikanterweise wird freilich z.B. in Grimms *Banise* wiederholt die sexuelle Unschuld der Märtyrerin betont (»ein keusches Blut«, »Die Unschuld ist ihr Kleid« SB IV, 439), was offiziell durch den vom Gott Karkovit verlangten Ritus motiviert wird: »unser Gott ver-langt ein keusches Blut« (SB IV, 440). Nichts erlaubt dort aber bereits die Annahme einer impliziten individualpsychologischen Bedeutungsebene, wie sie die hier verhandelten Texte erzwingen. Johann Friedrich Camerers Trauerspiel *Octavia* von 1748 würde diesbezüglich ein Zwischenglied markieren, insofern hier bereits sehr viel deutlicher statt des Todes durch den Tyrannen die Gefahr besorgt wird, dass die Titelheldin der Versuchung des Rettungs-angebotes durch den tugendhaften und mit ihr solidarischen, sie aber zugleich begehrenden Partherkönig Tyridat erliegen könnte.

25 Womit für diese beiden scheinbar traditionellen Märtyrerdramen gelten würde, was Neuss 1989 erst für *Emilia Galotti* konstatieren will: dass es sich um ›Anti-Märtyrerdramen‹ handelt (S. 189ff., bes. 233ff.).

Sinne einer »Rückübersetzung der verinnerlichten, im psychischen Innenraum operierenden Gewalt in manifeste äußere« gedeutet;[26] diese Bedeutung lässt sich unzweifelhaft auch für die hier interpretierten Texte bereits ansetzen.

Resümierend lässt sich die logische Bewegung, die der Text im narrativen Prozess vollzieht, wiederum als ›rekursive Anwendung von Aufklärung auf sich selbst‹ begreifen. In einem ersten Schritt steht die von Virginias Familie und dem Schwiegersohn in spe – also von Untertanen bzw. ›Bürgern‹ – gebildete Partei der Tugend dem höfischen Laster und der Unvernunft gegenüber. Insofern diese eine empfindsame Liebe bedrohen, geht es hier auch um den Kampf gegen die anti-empfindsame Position (= 1. Konflikt). In einem zweiten Schritt werden Laster und Unvernunft innerhalb der Tugendpartei in der zu großen Leidenschaft der bzw. des Liebenden entdeckt (= 2. Konflikt). Die Front hat gewechselt und eine Wendung ›von außen nach innen‹ vollzogen; der alte Feind – Appius – schwindet aus dem Blick und macht einem neuen Feind – Icilius – Platz. In einem ersten Schritt wird die empfindsame Liebe gegen ihre Bedrohung von außen, hier repräsentiert durch den Tyrannen und seinen Intriganten, verteidigt; in einem zweiten Schritt wird diese empfindsame Liebe ›sich selbst zum Feind‹, und es geht nun um die Ausdifferenzierung von vernünftiger – temperierter und maßvoller – *vs.* unvernünftiger und verbotener – (zu) leidenschaftlicher – Emotionalität. Die für die empfindsame Literatur so konstitutive Ausgrenzung und Ächtung von gefährlicher Liebesleidenschaft[27] wird in der Tragödie der 5oer (und 6oer) Jahre also im narrativen Schema des doppelten Konflikts realisiert, das seinerseits, wie gezeigt, eine emotionalistische Transformation des frühaufklärerischen Modells der Konfliktsubstitution bzw. -überlagerung darstellt. Dieses narrative Schema, das in ersten Ansätzen ab 1745 nachgewiesen werden konnte, ist in seiner ausgeprägten Gestalt für den Zeitraum von ca. 1755–1770 gattungsübergreifend charakteristisch und begegnet in der heroischen Tragödie wie im bürgerlichen Trauerspiel, im Diderotschen *drame*[28] wie in der Komödie (s. Kap. 10).

Was ich hier als ›Wendung gegen sich selbst‹ bezeichnen möchte, ist also genau jene Hinwendung zur anthropologisch-psychologischen Problematik als der eigentlichen ideologischen Front, die die Texte in so sinnfälliger Weise im narrativen Prozess vollziehen. Denn die Sukzession der beiden Konflikte auf

---

26 Begemann, Furcht und Angst, S. 241ff., hier 241.

27 Zur Ausgrenzung von Leidenschaft und Sexualität im System der Empfindsamkeit allgemein s. Jäger, Empfindsamkeit und Roman, S. 44ff.; Wegmann, Diskurse der Empfindsamkeit, S. 42ff.; Titzmann, Empfindung und Leidenschaft, S. 145ff.; Koschorke, Körperströme, S. 95ff.; Luserke, Die Bändigung der wilden Seele; Sauder, Empfindsamkeit – Sublimierte Sexualität.

28 Vgl. *Le Père de famille* bezüglich der zwei Hauptantagonisten St. Albin und seinem Onkel d'Aulnoy.

Handlungsebene impliziert eine deutliche Hierarchisierung, die in der problematischen Empfindung den eigentlich und daher primär zu bekämpfenden Feind entdeckt und zugleich die im ersten Konflikt aufgebauten Grenzziehungen überlagert bzw. neutralisiert. Die Wendung gegen sich selbst, wie sie wörtlich Virginia im Selbstmord bzw. mit ihrem Selbstopfer vollzieht, ist also Korrelat und konkrete Umsetzung jenes *Strukturprinzips* der ideologischen ›Wendung gegen sich selbst‹; das finale Ereignis ist, so verstanden, letztlich auch Ausdruck der grundlegenden ›Wende zur Anthropologie‹ und ihrer Ambivalenz. Diese Wende bzw. Wendung, die zwanghaft-notwendig den Feind in sich selbst entdecken und eliminieren muss, ist nicht nur tragikkonstitutiv, sondern ihr haftet auch eine gewisse Paradoxie, ja, in einer etwas psychologisierenden Diktion formuliert, etwas ›Selbstquälerisches‹ bzw. ›Autoaggressives‹ an.[29] Diese Paradoxie folgt freilich konsequent einer Logik, die in letzter Instanz erst im Zusammenhang mit der Theodizeeproblematik ganz deutlich zu werden vermag. Warum die Tugendpartei den wahren Feind tatsächlich nicht im Außenraum, sondern in sich selbst entdecken *muss*, wird anhand des folgenden Textbeispiels zu illustrieren sein.

8.2.2   Konfliktsubstitution als Theodizee: ›Selbsttribunalisierung‹ in C. G. Lieberkühns *Die Lissabonner*

Christian Gottlieb Lieberkühns einaktiges bürgerliches Trauerspiel gehört zu den zahlreichen literarischen Texten, die auf das epochale Ereignis des Lissabonner Erdbebens 1755 reagieren.[30] Das gewaltige Echo, welches dieses unter den europäischen Intellektuellen auslöste, insbesondere in Bezug auf die Theodizeeproblematik, die es aufzuwerfen schien, lässt sich, wie Odo Marquard plausibel gemacht hat, nur dadurch interpretieren, dass bereits vorher und unabhängig davon die optimistische Leibniz-Theodizee in die Krise geraten war.[31] Lieberkühns Trauerspiel, das man kaum zu den bedeutenden Texten dieser Epoche rechnen wird, bietet sich für eine nähere Untersuchung an, weil es die Theodizee-Implikationen, die das Modell der ›Wendung gegen sich selbst‹ enthält, exemplarisch verdeutlicht. Das – dem Text vorausliegende – *physische*

---

29 Im Sinne Begemanns wäre dies auch als Ausdruck eines ›grausamen Über-Ichs‹ zu lesen, das – zivilisationshistorisch gesehen – im Zuge der Wandlung vom Fremd- zum Selbstzwang installiert wird (Furcht und Angst, S. 229ff.).

30 Siehe Mönch, Abschrecken oder Mitleiden, S. 145ff.; Breidert, Die Erschütterung der vollkommenen Welt; Weinrich, Literaturgeschichte eines Weltereignisses. Vgl. auch die kritischen Bemerkungen Lieberkühns selbst zur Mode der Lissabon-Dramen in der »Vorerinnerung« (Li, [unpag.]).

31 Marquard, Der angeklagte und entlastete Mensch, S. 48.

Ereignis der Naturkatastrophe wird dabei auf spezifische Weise mit Problemen der *moralischen* Zurechenbarkeit verknüpft.

Der Grundkonflikt ist zunächst nach einem äußerst einfachen, primär aus der Komödie bekannten Schema gebaut. Der junge portugiesische Edelmann Don Pedro und Isabelle, Tochter von Don Diego und Elvire, lieben einander und haben sich in der Vergangenheit bereits versprochen. Ihre Verbindung findet die Zustimmung des positiven Vaters, nicht aber die der negativen Mutter, die, verführt durch äußeren Glanz und Reichtum, dem armen Don Pedro den reichen Schotten Sir Carl als Schwiegersohn vorzieht, welcher sich jedoch im Laufe des Textes als Betrüger erweist. Der Text setzt unmittelbar nach dem Erdbeben ein mit Pedros Suche nach der Geliebten. Gleich zu Beginn wird eine erste Funktionalisierung des Erdbebens vorgenommen: Denn nicht das Erdbeben bedroht die Verbindung, wie Pedro fürchtet, sondern der erotische Rivale. Das Erdbeben als *äußeres, physisches Übel* wird substituiert durch die menschlichen Leidenschaften als *innerem, moralischem Übel*. Letzteres ist zum einen in Gestalt des Rivalen gegeben, der als klassischer Bösewicht und Verführer eingeführt wird, zum anderen aber auch in Gestalt der Mutter und der Geliebten, die *beide* dieser Verführung vorübergehend erliegen. Insofern ist auch ein paarinternes Liebeshindernis angelegt. Wenn Pedro beim Vernehmen der Nachricht, die Geliebte lebe, solle aber einen Rivalen heiraten, in die Klage ausbricht: »Gott! Welcher grausame Zufall.« (Li 20), dann ist dies doppeldeutig, indem »Zufall« scheinbar das Erdbeben meint, faktisch aber das Auftauchen des Rivalen und dessen Verführungswerk, somit dem Menschen zurechenbare schuldhafte Begebenheiten.

Das Erdbeben, dies ist eine weitere Funktionalisierung, löst in der Geliebten einen Bewusstwerdungsprozess aus. Isabelle erwacht nun in ihren eigenen Worten:

ISABELLE. [...] aus einem Traume, in den ich mich durch meine Mutter zu schmählich hatte wiegen lassen, und aus welchem ich zu nachdrücklich erweckt worden bin, als daß ich wieder in denselben versinken könnte. (Li 27f.)

Sie beklagt und bereut ihre »Leichtgläubigkeit« und »niedre Gefälligkeit« gegenüber der Mutter und gesteht dem Geliebten, dass »ich eine Zeitlang so verblendet war, daß ich nicht mit Ihnen leben wollte = = « (Li 46, 49).

Dieser ersten positiven Wendung folgt sogleich eine zweite, denn Sir Carl hat seinerseits durch das Erdbeben sein ganzes Vermögen, das sich auf einem Schiff vor der Stadt befand, verloren. Damit entfällt für die Mutter das eigentliche Motiv, um dessentwillen sie die Heirat betrieben hatte, so dass sie ihm ihre Tochter augenblicklich verweigert. In der 7. Szene besteht somit die Aussicht auf die Lösung des ersten Konflikts und die glückliche Restitution der Beziehung; die von Sir Carl gleichzeitig beschlossene Rache in Gestalt eines Mordanschlags gegen das Paar kündigt jedoch einen weiteren Konflikt und das tragische Ende an.

Der Rivale erweist sich dabei auch als Psycho-Stratege, der die empfindsame Disposition seines Gegners, Pedros Mitleidsfähigkeit und Menschenliebe, geschickt für seine eigenen Zwecke auszunutzen weiß. Er spielt ihm
die falsche Nachricht von einem angeblich durch das Erdbeben im Sterben
befindlichen Freund zu, um ihn an jenem Ort umbringen zu lassen. Pedro
folgt selbstverständlich der empfindsamen Werthierarchie – »Aber ich will
die Freundschaft auch der Liebe nicht so sehr nachsetzen, ohne welche die
Liebe bald in einen eklen Schlummer ausartet.« (Li 40) – und wird dergestalt
Opfer seiner eigenen Tugend. Am Ende nennt er, sterbend, folgerichtig als
Ursache seine »Brust [...], die zu redlich war, um nicht hintergangen zu werden.« (Li 53) Von Bedeutung sind auch die Umstände des Mordes. Indem der
Rivale ihn durch einen Stein eines durch das Erdbeben in Ruinen gefallenen
Hauses zerschmettern lässt, um so einen Tod durch das Erdbeben selbst vor-
zutäuschen, wählt er, wie er am Ende in einem Brief an die Familie gesteht,
das Erdbeben »zum Gehülfen« seines Anschlags (Li 61), um das moralische
Übel unter dem physischen zu verbergen. Das Erdbeben selbst ist damit von
ambivalenter Funktion, insofern es Isabelle einerseits von Sir Carl befreit, diesem aber zugleich das Mittel zur Elimination des Geliebten liefert. Bei Isabelle löst dies eine Theodizee-Krise aus:

ISABELLE. O Pedro, eben das Schicksal, das dem Sir Carl heute die Macht geraubt hat,
    mich ins größte Elend zu stürzen, eben dieses hat ihm die Mittel an die Hand ge-
    geben, Sie mir zu entreißen. [...] Unerforschlicher Wille der Allmacht, wie theu-
    er muß ich meine Rettung erkaufen! Mußte es entweder Don Pedros Leben, oder
    meine Ruhe auf zeitlebens seyn, wodurch seine Wuth befriedigt werden konnte?
    (Li 49f.)

Isabelle wird ihrereits *versehentliches* Opfer des Giftanschlags, den Sir Carl auf
ihre Mutter plant, indem sie den für diese bestimmten vergifteten Tee zu sich
nimmt. Die Tötung aus Irrtum – sei es durch Dritte oder durch sich selbst – ist
eine beliebte Handlungskonstellation im bürgerlichen Trauerspiel, die die neue
Relevanz des tragischen Zufalls demonstriert und somit immer auch einer Krise
der Theodizee äquivalent ist.[32] Die Ursache des Scheiterns der beiden Liebenden
ist damit insgesamt eine doppelte. Sie scheitern erstens nicht durch die physische »unterirdische Gewalt«, die das Erdbeben repräsentiert, sondern durch
das Laster, »die triumphirende Bosheit« in Gestalt des Verführers Carl (Li 44,
60). Sie scheitern zweitens aber zugleich *an sich selbst*. Daher setzt sich Isabelle
auch augenblicklich selbst als Sterbende, kaum, dass sie von Pedros tödlicher

---

32 Vgl. Weißes *Romeo und Julie* oder sein spätes Stück *Die Flucht*. Zu den offenkundigen
    Analogien der *Lissabonner* zu *Miß Sara Sampson* s. Mönch, Abschrecken oder Mitleiden,
    S. 143ff.

Wunde weiß und *noch bevor* sie erfährt, dass sie selbst Opfer des Giftanschlags geworden ist (Li 50)! Nur vordergründig stirbt sie an einer Ursache, die sich in der *physi(kali)schen Welt* situiert (Gift), in Wahrheit aber primär an einer, die in der *moralischen Welt* ihren Ort hat.[33] Die Wirkungen des *Herzens*, die Isabelle im folgenden Zitat im Dialog mit dem Geliebten beschreibt, beziehen sich sowohl auf das physische Phänomen der Vergiftung, die allmählich zu wirken beginnt, als auch auf das ›moralische‹ Phänomen der Empfindungen:

> ISABELLE. Ach, seitdem ich mit Ihnen rede, heben die schrecklichsten Schläge mein Herz in dieser von Jammer gespannten Brust grausam empor, und *mein sonst ruhig fließendes Blut wird mit einer feurigen Wuth umhergetrieben.* (Li 51)

Die wörtlichen *Flammen des Erdbebens* als kausaler Faktor werden schließlich explizit substituiert duch die metaphorischen *»Flammen« des eigenen Herzens*, deren Gewalt sich als mächtiger erweist:

> ISABELLE. Ihr Flammen, die ihr die Tiefen wütend durchliefet, werdet ihr nicht stark genug seyn, eine Unglückliche zu verzehren, deren Herz sonst von *weit heftigern Flammen* verzehrt wird, die es schon zu zersprengen drohn! (Li 59)

Pedro antizipiert seinerseits von Anfang an das Schicksal des tragischen Scheiterns. Der junge Protagonist hat im 1. Auftritt nach eigener Aussage zwar *»keine gegründete Ursache* ihren [Isabelles, WL] Tod zu vermuthen, und dennoch dünkt sie mir unwiederbringlich verloren.« (Li 13) Auch nachdem Isabelle vom Erdbeben definitiv verschont geblieben ist und der Rivale ausgeschaltet zu sein scheint, artikuliert Pedro seine düsteren Schicksalsahnungen, »eine geheime Phantasie, die mir den Verlust meiner Isabelle so tief und so lebhaft vormahlet« (Li 38). Diese Ahnungen, von der Umwelt als »Wahn« und »Einbildungen« klassifiziert (Li 11, 15), bestätigen sich indes am Ende des Textes. Sie können ebenfalls als Zeichen der Selbstverantwortlichkeit des Subjekts für sein Schicksal interpretiert werden. Die eigentliche Ursache der Katstrophe liegt durchweg statt im physischen im moralischen Übel als einem von Menschen bedingten Übel. Damit wird insgesamt die *physische kontingente Welt* substituiert durch eine *moralische sinnvolle Welt*, in der die Schicksalsschläge Beleg sind für eine Weltordnung gemäß einer Theodizee.[34] Nicht zufällig

---

33 Zur Bedeutung dieser epochalen Opposition siehe u.a. Saine, Von der Kopernikanischen bis zur Französischen Revolution, S. 98ff.; Ehrard, L'idée de nature, S. 331f.; Vollhardt, Zwischen pragmatischer Alltagsethik und ästhetischer Erziehung, S. 112f., 117; Heinz, Anthropologie im Essay, S. 151.

34 Diese Dimension entgeht Mönch, Abschrecken oder Mitleiden, völlig: Es trifft eben nicht zu, dass Isabelles Tod ausschließlich durch »tragischen Irrtum« motiviert würde (S. 143ff., hier 144). Eine analoge Transformation von der ›physikalischen‹ in eine ›moralische‹ Welt analysiert Wellbery, Aufklärung als sprachpolitisches Programm, anhand einer Lessingschen Fabel.

sterben denn auch die beiden Frauen, die größere Schuld trifft als Pedro, als
erste. Isabelles Tod ist zugleich Strafe für die verblendete Mutter, die ihrerseits
Selbstmord verübt. Sogar der faktisch schuldlose Pedro interpretiert seinen
Tod als Strafe, mit einer Begründung, die freilich ihren Charakter der puren
ideologischen Setzung verrät:

> Don Pedro. Vielleicht sahe die Vorsicht, daß ich hier auf Isabellens Besitz würde zu
> stolz gethan haben, als daß ich mich ihrer in jener Welt vollkommen hätte freuen
> können [...]. Eine Ursache, warum sie schon oft die redlichste Liebe aufs grausams-
> te getrennet hat. (Li 64)

Auch hier findet sich schließlich – sehr implizit – die Dimension der (zu ver-
hindernden) Sexualität. Die geplante eheliche Verbindung des Liebespaars
wird substituiert durch eine postulierte nichtsexuelle Verbindung im Jenseits
als einer Welt, die vom irdischen Übel unerreichbar ist. Beide Liebenden gehen
einem »freudigen Tod« entgegen und entwerfen den zukünftigen Austausch
von gegenseitiger »Zärtlichkeit« im Jenseits; wie Pedro für sich den baldigen
»Genuß überirdischer Vergnügen« behauptet, so fordert Isabelle den Geliebten auf: »Nein, Pedro, bin ich Ihrer Wünsche werth, *so thun Sie keine für mich,
als auf jene Welt*« und artikuliert unmittelbar vor ihrem Tod noch ihre »Vorstellungen der schönsten, der letzten Nacht = = «, die aber eben völlig asexuell
ist! (Li 65, 56, 51, 66) Pedro und Isabelle erleiden bzw. ›wählen‹ also exakt das
gleiche Schicksal wie beispielsweise Cronegks christliches Märtyrerpaar Olint
und Sophronia. An die Stelle von Erotik/Sexualität tritt ferner die akzepta-
ble, gemäßigte Liebe in Form einer Intensivierung der familiären Bande. Der
Tod erhält damit insgesamt eine ambivalente Funktion: Zwar wird die Familie bis auf den Vater Don Diego, der, analog dem alten Sampson bei Lessing,
als einziger Überlebender zurückbleibt, ausgelöscht; doch zugleich fungiert
der Tod auch als Stifter exemplarisch empfindsamer Familialität. Der Vater
hebt am Ende gegenüber beiden sterbenden Liebenden an zur Beschwörung
seiner »väterlichen Zärtlichkeit, der edelsten und süssesten aller Empfindungen« – in deutlichem Kontrast zur verurteilten Liebesleidenschaft! – und begründet nach dem Tod der beiden Frauen und vor dem Diegos mit letzterem
eine innige Vater-Sohn-Beziehung, die Diego selbst als »das kostbarste« seines Lebens gilt (Li 66, 69f.).

Insgesamt liegt damit strukturell die analoge ›Wendung gegen sich
selbst‹ vor wie in *Virginia*, freilich in ganz anderer Gestaltung. Eine erste
Front gegen einen äußeren Feind, der jeweils auch ein erotischer Rivale ist –
regierender Tyrann im heroischen, privater Bösewicht im bürgerlichen Trauerspiel –, wird überlagert und substituiert durch eine zweite Front, die gegen
das Paar – hier nun beide Liebenden – selbst gerichtet ist und in ihm das
eigentliche Problem und die eigentliche Ursache des tragischen Scheiterns
ausfindig macht. Die moralische Belastung der tugendhaften Figuren –

Icilius und Pedro bzw. Isabelle – erfolgt auf verschiedene Weise, jeweils aber im Zeichen von problematischer Emotionalität/Affektivität. Wenn die eigentliche Schuld also in den tugendhaften Figuren selbst begründet liegt, dann ist es nur konsequent, dass diese an erster Stelle bestraft werden. Anders formuliert, das eigene Schuldpostulat ist nötig, um die hier angelegte Theodizee-Krise nicht ausbrechen zu lassen, die darin besteht, dass Sir Carl, analog der Marwood in *Miß Sara Sampson*, ungestraft davonkommt. Der Text blendet am Ende den Verführer völlig aus und fokalisiert statt dessen auf die Todesfälle in den eigenen Reihen der Tugend, die, wenn auch gewaltsam, als Beleg für eine Theodizee interpretiert werden. Wenn die Existenz des Übels gleichwohl nicht geleugnet werden kann, so kann zumindest ein quantitatives Übergewicht des Guten postuliert werden, wie die sterbende Isabelle formuliert: »Und du gerechte Hand, die du heute den Erdkreis so furchtbar umspanntest, du trägst Verderben, aber weit mehr Güte.« (Li 65) Derartige kompensatorische Argumentationen zur Minimalisierung bzw. Relativierung des Übels finden sich bereits bei Leibniz,[35] sowie Gottsched[36] oder Hutcheson.[37] Neu und signifikant im vorliegenden Zusammenhang ist die Instrumentalisierung der Anthropologie. An die Stelle der *Belastung Gottes* tritt – mithilfe der Anthropologie – die *Belastung des Menschen*. Daher die doppelte Substitution, die erstens das *physische* Übel durch das *moralische*, und zweitens das *subjektexterne* moralische Übel – denn dies wäre der Bösewicht Sir Carl – durch das *subjektinterne* moralische Übel ersetzen muss. In dem Maße, wie das Subjekt ganz in sich allein, in der eigenen Verführbarkeit und in problematischer Emotionalität, die letztlichen Ursachen des Scheiterns entdecken muss, erledigt sich eine Anklage gegen äußere Instanzen. Mit anderen Worten, *die Anthropologisierung bzw. Psychologisierung steht also im Dienste der Theodizee*, mithilfe ihrer gelingt die Rettung der um 1750 in die Krise geratenen optimistischen frühaufklärerischen Theodizee.

Odo Marquard hat bekanntlich die These aufgestellt, dass die Wende zur Anthropologie um und nach 1750 eine »Wende zur Natur zwecks Ausbruchs in die Unbelangbarkeit« bedeute und ein kompensatorisches Gegengewicht zu jener »Übertribunalisierung« des Menschen darstelle, die durch die gleichzeitige Geschichtsphilosophie entstanden sei. Indem diese den Menschen zum Subjekt der Geschichte ermächtige, belaste sie ihn statt Gott

---

35 Siehe Marquard, Zur Theorie des indirekten Glücks, S. 99ff. u. 107, Anm. 27; Der angeklagte und der entlastete Mensch, S. 42ff.

36 Siehe etwa Weltweisheit. Theoretischer Theil. Der Geisterlehre III. Abschnitt: »Von dem unendlichen Geiste, oder von Gott«, V. Hauptstück: »Von der Stadt Gottes, oder der Republik der Geister«, §§ 1181f. (= AW V/1, S. 632).

37 Vgl. Hutcheson, Sittenlehre, I. Bd., S. 301ff., zum »Uebergewicht des Guten im menschlichen Leben«.

und sei dergestalt als »radikalisierte Theodizee« interpretierbar.[38] Kann der
These zur Geschichtsphilosophie zugestimmt werden, so lässt sich die These
zur Anthropologie am Dramenmaterial nicht ohne weiteres bestätigen. Die
textinterne Diskussion über die Emotionalität als allgemeinmenschlichem
Phänomen, also der anthropologische Diskurs, den das Drama führt, eröffnet keinen Weg in die »Unbelangbarkeit« des Menschen, im Gegenteil, sie
leistet zunächst einmal dessen Belastung. Die ereignishafte Entdeckung der
problematischen Leidenschaft wird nicht deterministisch-materialistisch zu
einem Freispruch des Subjekts umgemünzt. Die philosophische Anthropologie fungiert hier somit nicht als Kompensation und Gegenbewegung zur
gleichzeitig entstehenden Geschichtsphilosophie, sondern wie diese und parallel zu ihr als »Agens der Übertribunalisierung selber«.[39] Beide sprechen
dem menschlichen Subjekt eine neue, wenngleich ambivalente Autonomie
zu und tragen somit zur »entscheidenden Neubestimmung des Menschen«[40]
nach der Jahrhundertmitte bei. Diese Konstellation wird sich noch an weite-
rem Material bestätigen lassen und ist zumindest für das empfindsame Drama
zwischen 1750–1770 vorherrschend. Erst nach 1770 wird sich dies ändern.

8.3 ›Verführung‹ als moralindifferente Strategie

Um und nach 1755 erlangt das Problem der Verführbarkeit des Subjekts eine
neue, gesteigerte Virulenz. Verführung, sei es zur *erotischen* oder zur *ideologischen*, meist religiösen Abweichung, wird zum zentralen Thema schlechthin.
Das schon im frühaufklärerischen Trauerspiel angelegte Konfliktpotenzial
(Kap. 1.3) wird nun in ungleich radikalerer Weise entfaltet. Dem Subjekt wird
seine Empfindung bzw. Empfindungsfähigkeit zum – tragischen – Schicksal.
Es geht in der zweiten Hälfte der 50er Jahre nicht mehr nur um die Krise des
Heroismus, wie sie noch Schönaich und Patzke darstellten, sondern nun auch
um Verbrechen wie Inzest und Vatermord, die beiden zeitgenössischen Varianten des maximal denkbaren Lasters. Die Familie ist dementsprechend der
privilegierte Schauplatz dieser Krise, die typischerweise in die Familienkatastrophe mündet. Die tugendhaften Protagonisten erliegen einer Verführung,
die sie zu »der Natur Entsetzen« (*Brutus* B 51), zum »Abscheu der Natur« (*Der
Freygeist* DLE VIII, 318), zu einem der »abscheulichsten Ungeheuer« (*Lucie
Woodvil* DLE VIII, 267) etc. machen. Der Austritt aus der sozialen Gemeinschaft der Empfindsamen ist total und irreversibel, eine Reintegration trotz

---

38 Marquard, Der angeklagte und der entlastete Mensch, S. 50, 52.
39 Ebd., S. 56.
40 Ebd., S. 49.

Reue nicht möglich. Einige Varianten dieser Extremkrise seien im Folgenden präsentiert. Es ist in den 50er Jahren bevorzugt, aber nicht ausschließlich das bürgerliche Trauerspiel, das derartige Krisen inszeniert. Die Diskussion wird auch hier den Akzent auf die *verborgenen* ideologischen Sprengsätze legen und sich dergestalt um den Nachweis bemühen, dass diese Texte keineswegs auf die Funktion eines bloßen ›Theaters der Abschreckung‹ reduziert werden dürfen.[41]

8.3.1 Verführung und Gegenverführung:
G. E. Lessings *Miß Sara Sampson* und J. W. v. Brawes *Der Freygeist*

Das Modell der Doppelverführung
Das erste deutsche bürgerliche Trauerspiel, Lessings *Miß Sara Sampson* (1755), steht nicht isoliert in seiner Zeit, so sehr es auch in Bezug auf Komplexität und sprachliche Subtilität ohne jeden Zweifel eine singuläre Position in den 50er Jahren einnimmt. Es steht vielmehr in einem Netz vielfältiger intertextueller Bezüge, die nur zum Teil auf direkte Rezeption zurückzuführen sind. Einige Aspekte dieser transtextuellen Relationen sollen hier rekonstruiert werden. Mit dem Versuch einer synoptischen Lektüre soll nicht zuletzt auch ein neuer Blick auf Lessings Stück gewonnen werden.

Die drei bürgerlichen Trauerspiele – Lessings *Miß Sara Sampson*, Joachim Wilhelm v. Brawes *Der Freygeist* (1758) und Karl Theodor Breithaupts *Der Renegat* (1759) – sowie Brawes (1758 entstandene und erst 1768 posthum veröffentlichte) heroische Tragödie *Brutus* verbindet nicht nur das Thema der Verführung einer jugendlichen Figur. Sie kennzeichnet darüber hinaus die spezifische Form der geübten Verführung als *Doppelverführung* bzw. als *Verführung und Gegenverführung.* D.h., das jugendliche Individuum (bzw. Paar) steht zwischen den zwei oppositionellen Parteien der Tugend und des Lasters, die *beide* als Verführer agieren und den bzw. die Protagonisten auf ihre Seite zu ziehen trachten. Dieses Modell ist erkennbar vorgebildet in frühaufklärerischen Tragödien wie *Cato* oder *Herrmann*, wo Portia/Arsene und Flavius jeweils zwischen zwei Vätern, dem biologischen und dem sozialen Vater Cato *vs.* Arsaces und Sigmar *vs.* Segest stehen, die Repräsentanten oppositioneller Wertsysteme sind. Auch jetzt spielen die – wörtlichen oder metaphorischen – Väter eine gewichtige Rolle: So steht der »Renegat« Edward/Zapor zwischen seinem Vater Grandlove und dem muslimischen ›Gegenvater‹ Orchan, der ihn

---

41 Dies die Grundthese bei Mönch, Abschrecken oder Mitleiden, und Rochow, Das bürgerliche Trauerspiel, S. 77ff.

zum Islam verführt; Marcius steht zwischen seinem Vater Brutus und dem vermeintlichen, faktisch nur sozialen Vater Publius (*Brutus*); Clerdon steht zwischen dem Freigeist Henley und dem Bruder seiner Braut Amalia, Granville, der als metaphorischer ›Vater‹ modelliert wird (*Der Freygeist*); Sara und Mellefont stehen schließlich als Paar zwischen Vater Sampson und Marwood.[42] Im Unterschied zur Frühaufklärung, wo ausschließlich das Laster verführt, verführt nun auch die Tugend. Über das Modell der Doppelverführung lassen sich die genannten vier Texte zu einer Gruppe zusammenstellen. Sara und Mellefont, Clerdon, Edward/Zapor und Marcius bilden dergestalt ein Paradigma von jugendlichen Protagonisten, die jeweils Objekt einer doppelten Verführung von zwei oppositionellen Figuren bzw. Parteien werden, die sich ihrerseits in paradigmatischen Serien anordnen lassen:[43]

	TUGEND		LASTER
Miß Sara Sampson	Sampson	Sara – Mellefont	Marwood
Der Freygeist	Granville (+ Amalia)	Clerdon	Henley
Der Renegat	Grandlove (+ Therise)	Edward/Zapor	Orchan
Brutus	Brutus	Marcius	Publius Marcius

Typischerweise finden in der Vorgeschichte bereits eine erste Verführung und das anschließende Verlassen der Herkunftsfamilie durch den bzw. die Verführte(n) statt: Sara ist von Mellefont verführt worden und nun mit diesem geflohen; Clerdon, der Held des *Freygeist*, hat sich von Henley zu diversen Ausschweifungen verführen lassen und hat ebenfalls einen Ortswechsel vollzogen; Edward, der Held des *Renegaten*, hat Vater und Vaterland verlassen

---

42 Bei Lessing muss zwischen zwei verschiedenen Verführungen unterschieden werden: zwischen der vergangenen erotischen Verführung Saras durch Mellefont und der aktuellen Verführung des Paars durch Marwood einerseits und Saras Vater andererseits. Nur die letztere, in der Gegenwart inszenierte, ist als Doppelverführung gestaltet, und nur um sie soll es hier gehen. Denn bei Saras Liebe handelt es sich um ein entschuldbares Laster, das nicht mit Clerdons oder Edwards Lastern vergleichbar ist, ebensowenig wie Mellefont dem diabolischen Henley oder Orchan analog ist, da er zwar ein Verführer ist, aber bereits zu Beginn des Textes sich für Reue empfänglich zeigt.

43 Transformiert findet sich diese Konstellation wieder in Goethes *Götz von Berlichingen* (Weislingen!) und vor allem in *Clavigo*.

und im Osmanischen Reich zum Islam konvertiert, wobei er den neuen Namen Zapor angenommen hat. In der dargestellten Gegenwart reisen die Verlassenen den Protagonisten nach und versuchen, sie zurückzuholen: so Vater Sampson und Marwood bei Lessing, so die Braut Amalia und ihr Bruder Granville bei Brawe, so Vater Grandlove und Schwester Therise bei Breithaupt.

Die Provokation dieser Texte besteht nun darin, dass jenseits der offiziellen maximalen Differenz zwischen Tugend- und Lasterpartei über das Thema der Verführung eine Ebene der Äquivalenz aufgebaut wird, aus der eine letztliche Ununterscheidbarkeit resultiert. Zumal in den drei bürgerlichen Trauerspielen gehen beide Parteien jeweils mit exakt denselben Strategien der Verführung vor. Bereits formal über das Auftrittsverhalten werden die Antagonisten deutlich in einen paradigmatischen Bezug zueinander gesetzt. Henley und Granville, Marwood und Sampson, Grandlove und Orchan haben jeweils keinen bzw. so gut wie keinen gemeinsamen Auftritt, sondern verteilen sich komplementär auf die Szenen (bzw. Akte).

Lessings und Brawes bürgerliche Trauerspiele, *Miß Sara Sampson* und *Der Freygeist*, sind in Bezug auf das hier zu erläuternde Problem außerordentlich ähnlich strukturiert, weshalb ich mich im Folgenden auf diese beiden Texte konzentriere.

Granville vs. *Henley: Verführung als ›nihilistische Erziehung‹*

Die Grundkonstellation der Racheintrige Henleys gegen Clerdon wurde bereits in Kap. 7.2 und 7.3 skizziert. Ich beschränke mich auf die Strategie der Verführung im Einzelnen.

Beide Parteien streben nach der Herrschaft über das »Herz« des Protagonisten, sei es in der erotischen oder in der ideologischen Bedeutung. »Ich herrsche über sein Herz« verkündet stolz Henley (DLE VIII, 296), ganz analog zu der von Marwood behaupteten – und sich zumindest kurzfristig auch bestätigenden – erotischen Herrschaft über Mellefonts Herz (II/3). Henleys Gegenspieler Granville will seinerseits »das Herz meines Clerdons wieder erobern« (DLE VIII, 309); ihn kennzeichnet nicht minder »Begierde, über die Gemüter zu herrschen«, wie Henley unwidersprochen behaupten kann (DLE VIII, 289). Beide Verführer bearbeiten im II. und III. Akt alternierend den Protagonisten, der dergestalt als Opfer von beiden erscheint. Wird Henley in Clerdons Traum zu Textbeginn, in dem er – analog Saras Traum[44] – das eigene Schicksal antizipiert, als »lockendes Ungeheuer«, als Verführer mit einer *schmeichelnde[n]* Stimme« beschrieben, so warnt ihn dieser umgekehrt vor den »überredenden Lockungen« Granvilles. Clerdon selbst bestätigt die verführerische Qualität der Rede Granvilles, wenn er sich diesem gegenüber als zu »schwach, Ihren

---

44 Vgl. auch Alt, Tragödie der Aufklärung, S. 232ff.

schmeichelnden Künsten zu widerstehn«, bekennt (DLE VIII, 277, 291, 307).
Beide Verführer fordern ihr Opfer Clerdon in beinahe gleichlautenden Formulierungen zu jeweils Konträrem auf: Ermahnt z.B. Granville in II/3 Clerdon,
der nach der Nachricht vom Tode seines Vaters verzweifelt sich abwenden will,
mit den Worten: »*Unmännliche Verzweiflung! Rufen Sie jenen Mut zurück, der
Sie sonst über andre erhob*«, so fordert zwei Szenen später Henley Clerdon, der
nun Rührung und moralische Bedenken äußert, auf: »Fassen Sie sich, Clerdon, *zeigen Sie den Mann*, der wie in allem, so auch in dem, *was den Pöbel nie-
derzuschlagen pflegt, über ihn erhaben ist.*« (DLE VIII, 286, 289).

Auch bezüglich ihres eigenen Schicksals zeigen sich die beiden Kontrahenten als komplementäre Varianten eines gemeinsamen Paradigmas. Der
Sakralisierung des »göttliche[n]« Granville, der noch im Tode seinem Mörder
verzeiht (vgl. DLE VIII, 277, 318f., 324f., 328),[45] korrespondiert die *Dämonisierung* des teuflischen Henley. Der Wollust des Verzeihenden, der durch eben
diese Verzeihung und Großmut einen empfindsamen »glorreichen *Triumph*[ ]«
über sein »überwunden[es]« Opfer feiern will (DLE VIII, 300), korrespondiert
die Wollust des Bösewichts, der durch sein Rachewerk den komplementären
anti-empfindsamen »*Triumph*« über sein Opfer anstrebt (DLE VIII, 332). Beide artikulieren im Augenblick des Sterbens maximale »Wollust«: Granville
stirbt mit Verzeihung auf den Lippen und in der Pose des freudig in den Tod
gehenden ›Märtyrers‹:

GRANVILLE. *Unaussprechliche Wollust* ergießt sich durch meine Seele – Große – ein na-
hes Glück weissagende Empfindungen bemeistern sich meiner; mein entzücktes Ohr
höret die Harmonien der Unsterblichen! – (DLE VIII, 320)

Henleys Tod stellt das Gegenmodell dazu dar: Er stirbt mit einer Hasstirade
auf Clerdon, nichtsdestoweniger mit derselben Wollust:

HENLEY. *Unaussprechliche Wollust* bemächtigt sich meiner, da ich Ihrer Verzweiflung
Hohn sprechen kann. Dies ist der schönste Tag meines Lebens – […]. (DLE VIII,
331)

Dass die Parallelisierung der zwei Gegenpole auf eine *emotionalistische* Äquivalenz des moralisch Inkommensurablen hinausläuft, wird nun vor allem am
Objekt der Verführung, dem Helden, deutlich. Wir stoßen hier wieder auf
das Thema des Widerstands gegen die empfindsame Liebe und der verweigerten Erwiderung. Granville will Clerdon über die Geschichte des von ihm

---

45 Daraus folgt aber nicht, wie Mönch, Abschrecken oder Mitleiden, behauptet, dass das Stück
primär »[im] Dienst antideistischer Apologetik des christlichen Glaubens« stehe (S. 99f., hier
110). Das von Granville beschworene christliche Wertsystem hat hier lediglich den Status
eines äußeren ›Gewandes‹ des zugrundeliegenden emotionalistischen Wertsystems.

verschuldeten Todes seines Vaters rühren, durch sein eigenes Verzeihen ihn beschämen und ihn dadurch zur Tugend zurückführen:[46]

GRANVILLE. Ich werde ihn rühren. [...] Doch selbst gegen seine Härte soll meine Freundschaft gegen ihn *unüberwindlich* sein – [...] ich will ihn beschämen und glücklich
machen – [...]. [...] so will ich bald das Herz meines Clerdons wieder erobern, aller
Argwohn soll sogleich verschwinden, und dann *bestrafe ich ihn durch die zärtlichsten
Liebkosungen*, daß er so ungerecht von mir dachte. (DLE VIII, 285, 309)

Genau dieser Versuch zur Rührung, d.h. der Versuch, Clerdon zur Erwiderung der bislang verweigerten Emotion zu bringen, wird von diesem als Un-
terwerfungsversuch erfahren, gegen den er sich wiederholt und wortreich zur
Wehr setzt:

HENLEY. Zu großmütiger Freund [...], wie durchbohren Sie mein Herz! [...] Grausamer Granville! nehmen Sie mein Leben, nehmen Sie es, nur hören Sie auf, mich
so zu peinigen. [...] Sie sind unwiderstehlich, Granville. [...] Warum zerreißen Sie
mein Herz, Unglücklicher? Es ist zu schwach, Ihren schmeichelnden Künsten zu
widerstehn. [...] Nicht diese Blicke, nicht diese Güte, großmütiger, göttlicher Mann;
nennen Sie mich ein Ungeheuer – den Abscheu der Natur – ihren Mörder. [...] Er-
habner, [...] o so töte mich nicht mehr durch diese mehr als menschliche Güte! Sie
ist Marter, unerträgliche Marter für mich. (DLE VIII, 286, 294, 307, 318f.)

Wird empfindsame Liebe in Form von Verzeihung bereits vom ›Emotionsge-
ber‹ als Rache und Bestrafung definiert, so erfährt der ›Emotionsempfänger‹
seinerseits auch bei sich selbst die konträren Empfindungen der Reue und der
Rache jeweils identisch: Erlebt der Held in II/4 das Auftauchen des Gewissens und den noch möglichen Übergang zur Tugend folgendermaßen: »Welche *unbekannte Regungen* bemeistern sich meiner?«, so beschreibt er in IV/1
den definitiven Übergang zum Laster ganz ähnlich: »ich fühle es, *nie emp-
fundne Bewegungen* ergreifen mich. Ich höre dich, Stimme der Rache, [...]«
(DLE VIII, 288, 310). Bereits zuvor machen sich die konträren Positionen in
ihm in ähnlicher Weise als innere Natur bemerkbar: Nachdem ihn in II/3 Granville mit der Schilderung der Umstände des Todes seines Vaters gerührt hat,
meldet sich in der darauffolgenden Monologszene sein Gewissen als »geheime
Stimme«: »Es ist mir, als rufte eine *geheime Stimme* mir zu, ich sei strafbar – «
(DLE VIII, 288). Zugleich regt sich aber auch die ideologische Gegenposition in ihm, und zwar ebenfalls als eine gleichsam einen moralischen Vorwurf
formulierende innere ›geheime Stimme‹: »Doch fühle ich nicht noch etwas,
noch einen *geheimen Vorwurf*!«. Und dieser spitzt sich in folgender, scheinbar
rhetorischer Frage dilemmatisch zu: »Sollte auch wohl die Verlassung eines

---

46 Zur Strategie der Rührung in diesem Text s. Mönch, Abschrecken oder Mitleiden,
S. 99ff.

Aberglaubens ein Verbrechen sein?« (DLE VIII, 288). Die Nicht-Befolgung der Tugendaufforderungen Granvilles und der Widerstand gegen seine zärtliche Liebe erscheinen hier als aufklärerisches Gebot. Die ›anerzogene‹ Freigeisterei ist darüber hinaus zur innersten eigenen Natur geworden und hebt jede ontologische Differenz zum angeborenen ›moralischen Gefühl‹ auf.

Ungeachtet der offiziell gültigen Wertung, wie sie Granville vertritt, geht die Perspektive des Textes jedoch nicht restlos in der Granvilles auf.[47] In der provokativen Gleichsetzung und Relativierung von Tugend und Laster manifestiert sich eine Krise, die freilich an keiner Stelle im Text explizit gemacht wird. Die Äquivalenzstruktur wird nur indirekt, über die identische Modellierung der beiden Parteien und ihrer Verführungsstrategie hergestellt. Wie bereits im frühaufklärerischen Trauerspiel handelt es sich um ein offiziell nicht eingestehbares und innerhalb des vorgegebenen Rahmens nicht lösbares ideologisches Problem. Der Text, so meine These, zitiert nicht nur nihilistisch-materialistische Positionen in der Figurenrede des Verführers, wie oben bereits gezeigt – er spielt selbst mit solchen Positionen, indem er sie, über die geschilderte Äquivalenzstruktur, gewissermaßen *narrativ in Szene setzt*. In seinem bereits erwähnten Traktat *Anti-Sénèque ou le souverain bien* entwirft La Mettrie als maximales – und zugleich elitäres – Glück das des Philosophen, dem es gelingt, die durch die primäre Erziehung in der Kindheit anerzogenen und gleichsam zur Natur geworden Vorurteile der Moral durch eine sekundäre Erziehung zu überwinden:[48]

Le bonheur de l'éducation consiste à suivre les sentiments qu'elle nous a imprimés, et qui s'effacent à peine. L'âme s'y laisse entraîner avec plaisir, la pente est douce et le chemin bien frayé, il lui est violent d'y résister. Cependant son chef-d'œuvre est de vaincre cette pente, de dissiper les préjugés de l'enfance, et d'épurer l'âme au flambeau de la raison: tel est le bonheur réservé aux philosophes.[49]

Das »Meisterwerk« der Erziehung ist die völlige Überwindung der ursprünglichen Natur durch den Prozess der (Selbst)Aufklärung des Subjekts, das sich genau damit als erwachsenes und mündiges konstituiert. Die Verführung, die Henley mit Clerdon beabsichtigt, ist nichts anderes als eine solche *sekundäre Gegenerziehung*. Bezeichnenderweise muss aber auch die Tugendpartei zu einer solchen Gegenerziehung und -verführung ansetzen, um den bereits Verführten wieder zurückzuholen. Die Gefühle des Protagonisten erweisen sich selbst, wie

---

47 Dies behauptet letztlich Mönch, Abschrecken oder Mitleiden, wenn sie ausschließlich eine »Rezeptionslenkung in Richtung auf Abscheu und Abschreckung« erkennen will (S. 105).

48 Zum Konzept der ›zweiten Natur‹ im pädagogischen Diskurs s. Begemann, Furcht und Angst, S. 230ff., und Koschorke, Körperströme, S. 444ff.

49 La Mettrie, Anti-Sénèque, S. 30. Zum »bonheur philosophique« s. Mauzi, L'idée du bonheur, S. 216ff., besonders 249ff.

gezeigt, als jeweiliges Produkt der spezifischen Erziehung/Verführung, ganz nach La Mettrie: »Autre éducation, autre cours des esprits, autres traces dominantes, autres sentiments enfin [...]«.[50] Das Hin und Her der wechselnden Positionen Clerdons in Abhängigkeit der jeweiligen Verführung/Erziehung, das der Text in der Szenenabfolge abbildet, liest sich wie eine Illustration zur These La Mettries:

Eclairée par mille sensations nouvelles, elle [l'âme, WL] trouve mauvais ce qu'elle trouvait bon, elle loue en autrui ce qu'elle y blâmait. Vraies girouettes, nous tournons donc sans cesse, comme au vent de l'éducation [...].[51]

Brawe treibt ein maliziöses Spiel mit materialistischen Positionen; erst ganz am Ende setzt er dem Relativismus eine Grenze, indem nun erst, im letztmöglichen Augenblick, das ›moralische Gefühl‹ bei Clerdon sich durchsetzt und Natur und Norm wieder zusammengeführt werden.

Sampson vs. *Marwood: Die Homologie der ›Verlassenen‹*
und die implizite ödipale Dimension
Der Äquivalenz der Verführungsstrategien von Henley und Granville findet sich homolog zwischen Vater Sampson und Marwood bei Lessing, mit dem Unterschied, dass deren Verführungsoperation an zwei verschiedenen Personen – Sara und Mellefont – angreift. Sampson praktiziert dieselbe zärtliche Großmut wie Clerdons Freund und Quasi-Vater Granville und erscheint in seiner Verzeihung für den im zeitgenössischen Kontext durchaus gravierenden Normverstoß der Tochter ebenso als »göttliche[r] Mann« wie dieser (L II, 58). Sara entfaltet gegen die erdrückende Großmut und die Verführungsgewalt der zärtlichen Liebe des Vaters zunächst einen ebenso heftigen Widerstand wie Clerdon, so vor allem in der berühmten Briefszene III/3,[52] die zweifellos ein Meisterwerk an komplex gestalteter emotionalistischer Beziehungspsychologie darstellt. Das Problem der Annahme *vs.* Verweigerung der Verzeihung ist dabei keineswegs nur eine »Gewissensfrage«, wie behauptet wurde.[53] Indem

---

50 Ebd., S. 54. Siehe auch Lukas, Les tentations de la raison.

51 Ebd., S. 63.

52 Zur unterschiedlichen Bewertung dieser Szene in der Forschung vgl. vor allem Saße, Die aufgeklärte Familie, S. 159ff., Ter-Nedden, Lessings Trauerspiele, S. 79ff., Eibl, Miss Sara Sampson, S. 163f.

53 Ter-Nedden, Lessings Trauerspiele, S. 84ff., hier 86. Ter-Nedden erkennt die zentrale Bedeutung dieser Briefszene zwar an, interpretiert sie aber unter der Prämisse der wesenhaften Differenz von Vergebung (wie sie Sampson gegenüber Sara anstrebt) *vs.* Unterwerfung (wie sie Marwood gegenüber Mellefont anstrebt), während meine Interpretation gerade auf deren

sie die Lektüre des von Waitwell überbrachten Briefs verweigert, führt sie
mit dem Vater, vertreten durch den Diener, ebenso einen impliziten Machtkampf wie Clerdon mit Granville und Amalia[54] – und reiht sich damit ein in
die Serie der zahlreichen Widerspenstigen, die seit 1745 sei es im privat-familiären oder im öffentlich-politischen Bereich zunehmend heftigen Widerstand
leisten gegen die ambivalent erlebte empfindsame Liebe, und zwar speziell in
ihrer Form der Vergebung von Schuld. Erst auf dem Hintergrund dieses historischen Paradigmas kann das Spezifikum der hier dargestellten Interaktion überhaupt angemessen bestimmt werden. Die in diesem Zusammenhang
entscheidende Frage stellt Waitwell, der nicht versteht, warum Sara die väterliche Verzeihung verweigere, wenn sie sich doch selbst als schuldig bekenne:
»Woran liegt es denn nun also noch?« (L II, 53)[55] Saras Argumente dürfen
nicht von vornherein als pure Rhetorik abgetan werden. Es ist just die darin
enthaltene »Liebe und Vergebung« des Vaters, die den Brief zu einem »grausamen« macht; Sara will »lieber zittern als weinen«, denn sie »*würde gegen sei-*

---

latente Neutralisierung durch den Text abhebt. Dergestalt erscheint Saras Weigern nötig
zur Aufrechterhaltung dieser konstitutiven Differenz, denn mit der sofortigen Annahme
der angebotenen Vergebung, so der Verf., »gelänge [Sara] das, was Marwood trotz aller
Mühe mißlingt: den anderen dem eigenen Willen gefügig zu machen.« (S. 86) Nicht der
Vater, sondern Sara erscheint in dieser Perspektive als die potenzielle Gewalttätige. Unter-
derhand hat Sara in Ter-Neddens Argumentation also die Position gewechselt! Sie ist nicht
mehr Objekt der Verführung durch den Vater, sondern dieser ihr Opfer. Die konsequente
Interpretation der zu Recht konstatierten Äquivalenz Marwood ≈ Sampson hatte den Verf.
zwangsläufig auf die im Text angelegte Relativierung führen müssen.

54 Vgl. Titzmann, Empfindung und Leidenschaft, S. 149ff. Jacobsen, Ordnung und individuelle
Selbstbestimmung, deutet die Szene III/3 ebenfalls als »Akt versuchter Selbstbehauptung«,
erblickt in der Ambivalenz der väterlichen Verzeihung jedoch abwegigerweise »das Prinzip
der christlichen Gnade« (S. 87). Demgegenüber wird diese Ambivalenz hier, wie mittlerweile
hinreichend deutlich wurde, in ihrer historisch spezifischen Bedeutung innerhalb der emotionalistischen Interaktionslogik zu verorten versucht. Die Arbeit von Horstenkamp-Strake,
Autorität und Familie, handelt trotz ihres (etwas irreführenden) Titels das Problem sehr
pauschal ab und vermag in Saras Weigerung lediglich »selbstmitleidige[ ] Ichbezogenheit«
zu erkennen (S. 56). Wurst, Familiale Liebe, sieht die Ambivalenz der Verzeihung nur im
Egoismus des Vaters, der seine Tochter als Stütze im Alter benötige (S. 102ff., hier 111ff.).
Überzeugend – und, wie mir scheint, mit meiner Interpretation durchaus kompatibel – ist der
Deutungsvorschlag von Saße, Die aufgeklärte Familie. Er führt Saras Weigerung wie Eibl,
Identitätskrise und Diskurs, auf eine »Identitätskrise« zurück, sieht diese aber spezifisch in
ihrer Zwischenposition zwischen verlassener Herkunftsfamilie und – aufgrund von Melle-
fonts Heiratsweigerung – nicht erreichbarer Zeugungsfamilie begründet; die Annahme der
Verzeihung könnte die alte familiale Ordnung, aufgrund des Geschehens, nicht restituieren,
nur als Bestrafte könne sie sich wieder als Teil dieser Ordnung fühlen (S. 161ff.).

55 Auch von den Zeitgenossen wurde dies zum Teil nicht verstanden, s. hierzu Saße, Die
aufgeklärte Familie, S. 159ff.

nen Zorn noch einen Schatten von Verteidigung aufzubringen wissen«, während die Verzeihung nur mehr Reue ermöglicht und damit die Schuldige in die völlige Unterwerfung zwingt (L II, 49, 51). Der Überbringer des Briefes wird von Sara daher begrüßt als:

> SARA. […] Bote des Unglücks, des schrecklichsten Unglücks unter allen, die mir meine feindselige Einbildung jemals vorgestellet hat! Er ist noch der zärtliche Vater? So liebt er mich ja noch? So muß er mich ja beklagen? […] Siehst du denn nicht, wie unendlich jeder Seufzer, den er um mich verlöre, meine Verbrechen vergrößern würde? Müßte mir nicht die Gerechtigkeit des Himmels jede seiner Tränen, die ich ihm auspreßte, so anrechnen, als ob ich bei jeder derselben mein Laster und meinen Undank wiederholte? Ich erstarre über diesen Gedanken. (L II, 48)

Wie Clerdon von Amalia statt der Verzeihung für den Mord am Bruder verlangt: »Zorn, Wut, Abscheu, Verwünschungen, diese fodre ich, diese verdiene ich.« (DLE VIII, 325), so fordert auch Sara die Verurteilung des Vaters, und zwar nicht nur um des Vaters willen, wie sie selbst vorgibt – und was man etwas voreilig als alleiniges Motiv übernommen hat[56] –, sondern auch und gerade *um ihrer selbst willen*. Die von Clerdon und Sara geforderte Verurteilung differiert nur im Grad, entsprechend der unterschiedlichen Schwere ihres Vergehens, der ›emotionalistische Mechanismus‹ ist indes derselbe.

Saras Fall ist demgegenüber noch um einiges komplexer, denn es geht nicht darum, dass sie die väterliche Verzeihung prinzipiell nicht annehmen will. Sie könnte sie durchaus annehmen,[57] allerdings unter der Bedingung ihres Verzichts auf Mellefont und ihrer Rückkehr in die alte familiäre Ordnung: »wenn in dem Augenblicke, da er mir *alles erlauben* wollte, ich ihm *alles aufopfern* könnte: so wäre es ganz etwas anders.« (L II, 50) Die Logik dieser Argumentation kann nur darin liegen, dass dann nämlich, von der emotionalistischen Beziehungsdynamik her gesehen, ein *Gleichgewicht* herrschte. Das Moment der Verführung des väterlichen Angebots besteht also, wie hier deutlich sichtbar wird, in der Versuchung für die Schuldige, mit der Verzeihung ein *Ungleichgewicht* zu akzeptieren, das dem Verzeihenden eine Superiorität verschafft. Daher streben denn auch die Verzeihenden, Sampson nicht anders als Granville, nach einer Verzeihung, die jeweils übertrieben, in Bezug auf das Objekt unverdient erscheint, ihnen aber genau dadurch jenen übermenschlichen, gottgleichen Status verleiht.

Die Wiederbegegnung zwischen Marwood und Mellefont in II/3 ist in unübersehbarer Äquivalenz und Parallelität gestaltet wie die zwischen Sara und

---

56 So Ter-Nedden, Lessings Trauerspiele, S. 84ff.
57 Wurst, Familiale Gewalt, nimmt hier hingegen irrtümlich an, Sara müsse als Vorbedingung für die Verzeihung ihre Liebe opfern (S. 120ff.) – genau darum geht es eben nicht.

ihrem Vater bzw. Waitwell in III/3.[58] Wie Sara sich eine andere Reaktion des
Vaters erwartet und erhofft hatte, so »vermutete« auch Mellefont, »daß Sie
mich anders empfangen würden« (L II, 28). Wie Southwell hat aber auch sie
keinerlei »Vorwürfe« an ihn (L II, 29), sondern sie vergibt ihm seine Untreue
und empfängt ihn mit offenen Armen und Tränen, ihn ihrer Liebe versichernd.
Offiziell besteht zwischen Southwell und Marwood eine maximale Differenz.
Den echten empfindsamen Tränen des verzeihenden Vaters, der keiner Falsch-
heit fähig ist und dessen »zärtliche Sprache« als absolut authentisch gilt (L II,
58), stehen die künstlichen, als Intrige eingesetzten Tränen der rachsüchtigen
Geliebten gegenüber;[59] der *Sakralisierung* Sampsons als gottgleicher gütiger
Vater korrespondiert die *Dämonisierung* der Marwood als »böse[ ] Marwood«,
»Schlange«, als »der weiblichen Ungeheuer größtes« etc. (L II, 15, 29, 90).
Doch auf der Ebene der empfindsamen Interaktion herrscht absolute Äqui-
valenz: *Beide sind bzgl. der Verführung, die von ihnen ausgeübt wird, gleicherma-
ßen gefährlich.* In ihrem Traum, den Sara in I/7 berichtet, ist es denn auch die
verführerische Stimme des *Vaters*, die sie auf ihrem gemeinsamen Weg mit
Mellefont umblicken und beinahe in den drohenden Felsabgrund stürzen lässt,
wovor sie Marwood rettet, um sie anschließend zu töten – bereits hier werden
Vater und Rivalin gleichgesetzt, beide sind ›tödliche Retter‹ vor Mellefont.[60]
Gegenüber Mellefont wendet Marwood analoge Strategien an, die auf sein
Herz zielen, das sie behauptet, noch zu besitzen und besser zu kennen als er
selbst – letzteres eine bereits aus der frühempfindsamen Komödie bekannte
Argumentation. Die »ganze Hölle von Verführung«, die Mellefont in ihr fürchtet (L II, 30), besteht nicht zuletzt auch in ihrer Großmut, in der Verzeihung,
auch in der scheinbar uneigennützigen Wiedererstattung seiner einstigen Lie-
besgeschenke, ein Akt, den Mellefont augenblicklich als gefährlich erkennt:
»Welcher Geist, der mein Verderben geschworen hat, redet itzt aus Ihnen!

---

58 Dies hat Ter-Nedden, Lessings Trauerspiele, bzgl. wichtiger Aspekte bereits sehr schön
gezeigt (S. 62ff.) – meine Ausführungen hierzu legen den Akzent auf den bei Ter-Nedden
nicht thematischen Aspekt der Verführung und auf das damit korrelierte Problem der fundamentalen Neutralisierung von Tugend und Laster. Ter-Neddens Interpretation dieser
Parallelität hingegen verbleibt im Rahmen der Prämisse einer wesenhaften Differenz von
»Wollust der Rache« und »Wollust« der »Vergebung« (zit. S. 63), wie sie jedoch nur auf der
Textoberfläche gilt.

59 Zu Marwood als Vertreterin eines galant-höfischen Liebescodes in Opposition zu dem von
Sara repräsentierten empfindsamen Liebescode vgl. Greis, Drama Liebe, S. 52ff., bes. 55f.
Zu Marwood als Verführerin unter dem Aspekt der »Repräsentantin der ›großen Welt‹«
s. Frieß, Verführung ist die wahre Gewalt, S. 105ff., hier 111, und Frieß, Buhlerin und Zauberin, S. 31ff., bes. 40ff.

60 Zur Interpretation des Traums vgl. Ter-Nedden, Lessings Trauerspiele, S. 43ff.; Alt, Tragödie
der Aufklärung, S. 203ff.; Eibl, Identitätskrise und Diskurs, S. 165f., Durzak, Äußere und
innere Handlung, S. 52ff., 60; Saße, Die aufgeklärte Familie, S. 155ff.

Eine wollüstige Marwood denkt so edel nicht.« (L II, 32). Wie Sara gegenüber ihrem Vater, so versucht auch er vergebens, sich »gegen Ihre Zärtlichkeit
[zu sichern]« und vor ihr zu fliehen, um nicht in einem »Streit der Großmut«
zu »unterliegen« (L II, 31f.). Mithilfe des gemeinsamen Kindes, das sie als
Waffe einsetzt, gelingt es ihr schließlich, Mellefont kurzfristig wankend zu
machen. Gefährlich ist Marwood nicht zuletzt aber auch deshalb, weil ihre
Argumente nicht eigentlich rational widerlegt werden können:[61] Weder ihre
Behauptung, sie habe »die ersten und stärksten [Ansprüche]« auf Mellefont,
noch ihr Vorwurf, er habe sie verführt und ihre sexuelle »Bereitwilligkeit«,
um derentwillen er sie jetzt verurteilt, seinen »nichtswürdigen Kunstgriffen«
zu verdanken gehabt, werden widerlegt (L II, 81, 40). Ebensowenig wird ihr
Vorwurf, er habe sich seine »Überlegenheit an Verstellung und Erfahrung«
gegenüber Sara zunutze gemacht und dem Vater die Tochter geraubt, durch
den von Mellefont geltend gemachten Unterschied von »Liebe« *vs.* »Wollust«
dementiert (L II, 35f., 30). Zumal ihre Prophezeiung, er werde auch Saras
überdrüssig werden, wird vom Text als durchaus möglich gesetzt: so, wenn
Mellefont seinen Abscheu vor dem Joch der Ehe selbst bekennt (IV/2.3), und
wenn im Dialog mit seinem Diener Norton offenbar wird, dass er diese seine
»alten Vorurteile[ ]« noch keineswegs überwunden hat (L II, 67).[62] Die von
Mellefont betriebene Negativierung und Dämonisierung der Marwood belegt somit nicht zuletzt auch seine tatsächliche Verführbarkeit und die daraus entspringende Notwendigkeit der Abwehr.[63] Seine Position der Tugend
offenbart damit auch ihre latente Begründungsnot.

Verführung wird also insgesamt, wie bei Brawe, in einer positiven wie in
einer negativen Version vorgeführt. Jenseits der Ebene der moralischen Bewertung wird aber eine übergeordnete Ebene der Emotionalität und der empfindsamen Interaktionslogik etabliert, die jeweils, d.h. bezüglich des Problems
von ›Geben *vs.* Empfangen‹ empfindsamer Emotion, nach identischen Regu-
laritäten funktioniert. Die Etablierung einer solchen übergeordneten Ebene
der moralindifferenten Anthropologie führt in *Miß Sara Sampson* nun zu einer
weiteren Gleichsetzung: nämlich der zwischen *erotischer* und *familiärer* Liebe. In dem Maße, wie die Interaktion zwischen Sampson/Sara und zwischen
Marwood/Mellefont identisch modelliert wird, werden der Vater und die ehemalige Geliebte gleichgesetzt: Beide sind Verlassene, die zur selben Zeit am
selben Ort ankommen und sich ihren untreu gewordenen ›Partner‹ zurück-

---

61 Siehe hierzu Titzmann, Empfindung und Leidenschaft, S. 151f.
62 Vgl. Durzak, Äußere und innere Handlung, S. 57ff.
63 Vgl. auch Jacobsen, Ordnung und individuelle Selbstbestimmung, S. 82; Ter-Nedden, Les-
    sings Trauerspiele, S. 95ff. und Stephan, So ist die Tugend ein Gespenst – letztere allerdings
    mit einer wohl etwas problematischen Psychologisierung, die hier bereits die Angst vor der
    verschlingenden Frau erblicken will (vgl. S. 3).

holen möchten. Der Vater als zur Marwood homologe Figur findet sich damit strukturell in der Position des ›Ex-Geliebten‹ der Tochter. Diese *strukturelle Äquivalenz* wird durch eine emotionale Äquivalenz aufgefüllt, und zwar nicht nur bezüglich der Strategie der Verführung qua Verzeihung. Der erotischen Konkurrenz Marwood/Sara um Mellefont korrespondiert die – manifest nicht-erotische, latent aber sehr wohl erotisierte – Konkurrenz Sampson/Mellefont um Sara. Der Text legt damit eine implizite psychologische Dimension an, die die Vater-Tochter-Beziehung im präpsychoanalytischen ödipal-inzestu-ösen Sinn deutet.[64] Wie in Patzkes *Virginia* fällt auch hier die Wiederverei-nigung der Tochter mit dem Vater im V. Akt mit dem Tod der Tochter und damit mit der Zerstörung der Liebesbeziehung zusammen. Letztere steht damit in unaufhebbarer Konkurrenz zur emotionalisierten Familie, was auch immer an Gegenteiligem von den Figuren geäußert werden mag. Friedrich Kittler hat den Tod der Emilia Galotti überzeugend als symbolische Rück-kehr in die Familie gedeutet;[65] diese Deutung lässt sich bereits für beide hier genannten Texte, *Virginia* und *Miß Sara Sampson*, ansetzen.[66] In beiden Tex-ten geht die Ödipalisierung der Vater-Tochter-Relation schließlich auch mit einer Negativierung des Geliebten einher: Mellefont und Icilius sind – auf je verschiedene Weise – ambivalent und gefährlich. Genau insofern kann die Er-mordung durch die Marwood eine Rettung sein für Sara, wie sie es im Traum antizipiert.[67] Im Bestreben nach Abwehr und Nichtzulassung dieser proble-matischen, weil die empfindsame Liebe sprengenden Leidenschaft lassen die

---

64 Vgl. hierzu Greis, Drama Liebe, S. 57f. Vgl. auch Späth, Väter und Töchter, S. 62ff., die jedoch den gewichtigen qualitativen Unterschied zwischen Lessings Text und Gellerts Komödien, allen voran *Die zärtlichen Schwestern*, einebnet. Denn nicht schon die Emotionalisierung der Vater-Tochter-Relation legt eine ödipale Ebene an, sondern erst die spezifische *strukturelle Identität* des Vaters mit dem Sexualpartner, wie sie erstmalig *Miß Sara Sampson* konstru-iert.

65 Kittler, Erziehung ist Offenbarung, S. 130ff.

66 Einzubeziehen wäre auch O. v. Schönaichs *Zayde, oder die Afrikanerinn* (1754), wo erstma-lig im Drama der Aufklärung eine – hier noch scheinbar ›zufällige‹ – Tötung der Tochter durch den Vater als Konfliktlösung fungiert. Vgl. auch Saße, Die aufgeklärte Familie, zur Paradoxie der Restitution der Familie durch den Tod, der ihm zufolge »notwendiger Aus-druck des ungelösten Konflikts der ›neuen‹ Familienkonzeption [ist], die das Gefühl zum beziehungsstiftenden Motiv erhebt, es zugleich aber als ordnungssprengende Bedrohung erfährt.« (S. 173) Zur Vater-Tochter-Problematik bei Lessing allgemein s. auch Neumann, Der Preis der Mündigkeit.

67 Siehe hierzu Saße, Die aufgeklärte Familie, der ihre Ermordung deutet als »›Rettung‹ vor einem Leben, das sie aufgrund der Heiratsscheu Mellefonts nicht tugendhaft zu führen vermag« (S. 164). Die Parallelität des Falls zu dem von Patzkes *Virginia* belegt freilich, dass die letztendliche Motivation für die Notwendigkeit des Todes nicht in der evtl. Heiratsscheu des Partners, sondern in der problematischen, weil in den empfindsamen Liebescode nicht integrierbaren Sexualität zu suchen sein muss. Hierzu auch Greis, Drama Liebe, S. 58.

Texte den Emanzipationsversuch der Töchter vom Vater, wie ihn zumindest ganz deutlich Sara unternimmt, scheitern. *Miß Sara Sampson* erzählt somit auch die Geschichte eines doppelt gescheiterten Emanzipationsversuchs der Jugendgeneration von beiden ›Verführern‹.[68]

8.3.2 Das ›empfindsame Dilemma‹: J. G. B. Pfeils *Lucie Woodvil*

Das zweite deutsche bürgerliche Trauerspiel nimmt eine Sonderposition ein, insofern es das Problem der doppelten Front zu einem Dilemma zuspitzt und wie kaum ein anderes Drama der 50er Jahre, *Miß Sara Sampson* eingeschlossen, die Krise des empfindsamen Wertsystems als unlösbar setzt.

Der Text demonstriert zum einen das Theodizee-Theorem der notwendigen *Verkettung der Laster*[69] und kombiniert es mit dem Modell der *Determination der Kindergeneration durch die Elterngeneration*, das zeitgleich, ca. ab der zweiten Hälfte der 50er Jahre, sowohl in der Komödie als auch der Tragödie auftaucht.[70] Doppeltes väterliches Verschulden – in der Vergangenheit eine illegitime Liebesbeziehung Sir Southwells, deren Frucht die Titelheldin ist; in der Gegenwart das Verschweigen dieses Fehltritts den Kindern gegenüber aus Scham – führt zu einer Familienkatastrophe, in der das der Epoche vorstellbare Maximum an Verirrungen aufgeboten wird: Inzest, Vatermord, Selbstmord und Wahnsinn. Der zentrale Aspekt dieser Tragödie, um den es im Folgenden ausschließlich gehen soll, besteht aber in einem Normdilemma: nämlich darin, dass just das, was maximal gegen die Natur verstößt, *mit eben den Kategorien der Natur legitimiert wird*, ja diesen zufolge geradezu geboten erscheint. Genau hierin liegt der ideologische ›Sprengsatz‹ dieser Tragödie, den sie kunstvoll und maliziös anlegt.

Die beiden Konflikte
Das Stück präsentiert wiederum zwei deutlich unterschiedene Konflikte. Die eine ideologische Front situiert sich ausschließlich innerhalb der Kindergeneration und konfrontiert die Titelheldin, ›natürliche‹ Tochter Sir Southwells, sowie

---

68 In diesem Sinne bzgl. Sara auch Jacobsen, Ordnung und individuelle Selbstbestimmung, S. 86.

69 Vgl. in diesem Zusammenhang das von Gellert in den *Moralischen Vorlesungen* angeführte Beispiel des Damon (2. Vorlesung: »Von der natürlichen Empfindung des Guten und Bösen, des Löblichen und Schändlichen« G VI, 24f.).

70 Vgl. z. B. C. L. Martinis *Die ausgekaufte Lotterie, oder: Der Ehemann durchs Loos*, Brawes *Brutus* oder auch Diderots ›Dramen‹ *Le Fils naturel* und *Le Père de famille*. Nach 1770 tritt diese Konstellation dann vermehrt auf: vgl. u. a. F. S. Hensels *Die Entführung oder: die zärtliche Mutter* (1772), T. P. v. Geblers *Klementine* (1772), G. F. W. Großmanns *Wilhelmine von Blondheim* (1775) etc.

die mit ihr solidarische Amalie, Tochter des Freundes des Vaters, mit Lucies Halbbruder Karl, den legitimen Sohn Southwells. Die andere Front konfrontiert die Elterngeneration, bestehend aus dem alten Southwell und seinem Freund Robert, mit der genannten Kindergeneration. Der Text zerfällt annähernd in zwei Teile. Im ersten Teil, der bis in den III. Akt hineinreicht, steht der paar-interne Konflikt zwischen den beiden jugendlichen Protagonisten im Vordergrund. Karl ist mehr als ein Mellefont, nämlich ein skrupelloser Verführer, der den »höchsten Grad in der Geschicklichkeit, zu lieben, zugleich zärtlich zu scheinen und doch untreu zu sein, so vollkommen erreichet [hat].« (DLE VIII, 208) Nachdem er Lucie verführt hat, verachtet er sie um eben ihrer Hingabe willen. Ziel der empfindsamen Tugendpartei ist es also, ihn zu Lucie zurückzuführen. Die für Karl als Braut vorgesehene Amalia, die um Lucies Leiden weiß, ist zur großmütigen Entsagung bereit. Sie nimmt sich Lucies an, setzt Karl unter Druck und schafft es, den Reuigen in III/4 wieder zu Lucie zurückzuführen, womit dieser generationsinterne Konflikt vorerst gelöst ist. Die Aussichten auf eine Verbindung mit Amalia sind definitiv aufgehoben, Karl scheint (wieder) von leidenschaftlicher Liebe zu Lucie ergriffen. Zwar wird dieser plötzliche Wandel von der Intrigantin Betty, Lucies Bedienter, als potenziell fragwürdig thematisiert – »Närrische Liebe, die nicht ebenso geschwind wieder vergessen werden kann, als sie empfunden wurde!« (DLE VIII, 228) –, doch dies ist im weiteren Verlauf des Textes kein Thema mehr. Scheinbar haben der Verführer und die Verführte lediglich ›einfache‹, d.h. verzeihbare Normverletzungen begangen; scheinbar geht es nur um das Problem der Verführbarkeit, das die Protagonistin in eine Reihe mit Sara Sampson stellt und ihr das Mitleid und die Entschuldigung der Empfindsamen sichert:[71]

AMALIE. Meine ganze Seele zerfließt in Mitleiden gegen sie! Ihr Herz war edel. Stolz, Hitze der Leidenschaften, Nachsicht gegen diese Hitze beförderten ihren Fall. – Tadelsüchtiges Herz! würdest du nicht gefallen sein, wenn du Lucie gewesen wärest? (DLE VIII, 207)

Nach der Lösung dieses Problems schiebt sich im III. Akt ein anderer Konflikt in den Vordergrund, der die zweite Hälfte des Textes dominiert, nämlich der zwischen Kinder- und Elterngeneration.[72] Gegenüber dem ersten ›einfachen‹

---

71 Lucie ist denn auch zu Recht als Fusion von Sara und Marwood interpretiert worden, vgl. zur Relation der beiden Trauerspiele Frieß, Buhlerin und Zauberin, S. 53ff.; Metwally, Lucie Woodvil – eine Schwester der Sara?; Mönch, Abschrecken oder Mitleiden, S. 18ff.; Alt, Tragödie der Aufklärung, S. 215ff.

72 Das bürgerliche Trauerspiel restituiert also (und transformiert) den Generationenkonflikt, den das frühempfindsame Lustspiel zwischen 1745–1750 zu Gunsten eines generations-internen Konflikts tendenziell suspendierte, behält aber die jugendlichen Figuren als (Haupt)Problemfiguren bei.

Konflikt, der eine empfindsame und eine anti-empfindsame Partei einander konfrontierte, handelt es sich beim zweiten Konflikt um einen solchen höherer Ordnung, der nur scheinbar einen Gegner der Empfindsamkeit aufbaut, faktisch aber ein ›empfindsamkeitsinterner‹ Konflikt ist. Indem die Kinder, nun vereint, *scheinbar* den ersten Konflikt wiederholen und gegen einen vermeintlich grausamen Vater kämpfen, der die Verbindung von Lucie mit Karl verbietet, geraten sie selbst in ein maximales Verbrechen.[73]

Bereits der Verheiratungswille der Väter, der auf eine Verbindung Karls mit Amalia abzielt und Ausdruck von Vernunft und Tugend ist, erfordert zu seiner Realisierung aus der Perspektive des Sohnes notwendig ein Laster, nämlich die Verletzung seiner Pflichten gegenüber der verführten Lucie. Oder anders formuliert, das Verlassen Lucies wäre doppelt motiviert, die tugendhafte Motivation auf Seiten der Väter würde mit der lasterhaften auf Seiten Karls koinzidieren. Die Perfidie des Textes besteht darin, dass just der Weg zur Tugend geradewegs und unausweichlich in das maximale Laster führt. Bereits nachdem das inzestuöse Paar bei den Vätern mit seinem Heiratswunsch auf Widerstand gestoßen ist und somit als Opfer offensichtlicher Grausamkeit erscheint, klagt Karl: »Unnütze Tugend, ich war glücklich, solange ich lasterhaft war; und jetzt, da ich für dich zu empfinden anfange, bin ich elend.« (DLE VIII, 233) Eigenwunsch der Kindergeneration und Fremdwunsch der Elterngeneration sind hier inkompatibel, in diametraler Opposition zu der in der Komödie so beliebten Kongruenz; Natur und Norm erweisen sich als nicht vermittelbar. Zwischen beiden Generationen besteht hier auch insofern ein extremer Gegensatz, als *sämtliche* Vertreter der Elterngeneration, also beide Väter, das wissen, was *keine* Figur der Kindergeneration weiß. Die Eltern haben somit nicht etwa nur die beiden Normverletzer zum Gegner, sondern auch und vor allem – und dies ist ganz entscheidend – Amalia, die absolut Tugendhafte. Mit geradezu maliziöser Lust lässt der Text in den zentralen Szenen IV/5 und IV/6 die inzestuöse Verbindung gemäß einer aufklärerisch-empfindsamen Werthierarchie einklagen. Das Ehehindernis, das die Elterngeneration vorschiebt – die Mesalliance zwischen Karl und einer (angeblichen) Waisen –, kann der neuen empfindsamen Moral selbstverständlich nicht Stand halten und bedeutet ihr zufolge nichts Geringeres als ein Verbrechen gegen die Menschlichkeit. Hatte Amalia zu Beginn angesichts der klagenden Lucie den Verführer Karl aufgefordert: »*Können Sie ein Mensch und gegen dies alles unempfindlich sein?*«, so argumentiert sie nun gegenüber dem Vater nicht anders: »Ein niedriger Stand kann Sie von dieser Verbindung nicht abhalten, *wenn Sie nicht selbst ein*

---

73 Greis, Drama Liebe, deutet den Konflikt wiederum als einen zwischen Liebes-, Empfindsamkeits- und Allianzdiskurs (S. 6off.), womit der Kern des Problems, seine dilemmatische Dimension, aber nicht erfasst wird.

Verbrechen begehen wollen.« (DLE VIII, 224, 243) Lucie fühlt sich ihrerseits bestätigt im Kampf gegen einen grausamen Vater und klagt, sie habe vergeblich »das Herz des Barbaren von seiner empfindlichsten Seite, durch die Tränen und Bitten einer reuigen Tugend, zu rühren gesuchet« (DLE VIII, 250). Der Sohn schließlich beruft sich explizit auf die »Natur«:

KARL. *Können Sie die Natur selbst verleugnen?* Sollen, vergeben Sie, meine Seele selbst zittert vor dem Gedanken, sollen Lucie und Ihr Sohn die einzigen sein, die den Mann verfluchen müssen, den alle die übrigen Menschen segnen? (DLE VIII, 243)

Das empfindsame Normsystem gerät hier also tückischerweise ›durch sich selbst‹ und aufgrund seiner eigenen Prämissen in ein Dilemma; es handelt sich somit um eine *systemimmanente Krise*, die das Problem nicht außerhalb, sondern innerhalb ihres eigenen Wertsystems entdecken muss.

Die Krise der ›natürlichen Zeichen‹
Die qualitativ neuartige Problematisierung von Emotionalität manifestiert sich nicht zuletzt auch in einer Problematisierung sowohl ihrer *sprachlichen Benennung* als auch ihrer *Dekodierung*. Diese erlangen hier nun, anders als noch in der frühempfindsamen Komödie, wo diese Phänomene erstmalig auftreten,[74] ebenfalls krisenhafte Virulenz. Höchst bedeutsam ist das Ausmaß an *Fehldeutungen* und *Missverständnissen* auf praktisch allen Seiten. Sie lassen sich vor allem am Spiel mit der Doppeldeutigkeit des Lexems »Liebe/lieben« in seiner erotischen *vs.* nicht-erotischen (freundschaftlichen und/oder familiären) Bedeutung festmachen. In III/8 kommt es zu einem beinahe komödienhaften Qui pro quo, wenn Southwell, erfreut über die Nachricht eines freundschaftlichen Umgangs zwischen beiden Kindern, seinen Sohn auffordert, Lucie zu lieben. Was dem Vater eine brüderliche Liebe und Mitleid für die angebliche Waise bedeutet – unter der Annahme, Lucie werde von Karl nicht wieder geliebt und dieser liebe Amalie –, das bedeutet seinem Sohn erotische Liebe:

WILLHELM. Tue noch mehr! Liebe Lucien. Dein Vater würde sich kränken, wenn du sie nicht lieben solltest.
KARL. Mein Vater würde sich kränken, wenn ich sie nicht lieben sollte? Gütigster Sir! Ich liebe sie. Sollte ich sie nicht bloß deswegen lieben, den besten Vater, den die Natur jemals gegeben hat, nicht zu kränken?
WILLHELM. Vollkommen edel! Ich erkenne und umarme meinen Sohn.
KARL. Und Sie wollen es also, daß ich sie liebe?
WILLHELM. Wer kann es nicht wollen, ohne ein Feind der Tugend zu sein? Selbst Amalie wird deinem Herzen ihren Beifall –

---

74 Vgl. Titzmann, Empfindung und Leidenschaft, zum Entwurf einer emotionalistischen »Semiotik des Gefühls« (S. 154).

KARL. Amalie, die erhabene Amalie hat mir diesen Beifall bereits erteilet. Sir, sie allein ist es, durch die ich glücklich bin.

WILLHELM. Ja, ich weiß, du bist glücklich, und du bist es durch Amalien. Heute noch sollen alle deine Wünsche gekrönet werden. (DLE VIII, 231)

Das hierzu komplementäre Missverständnis ereignet sich im IV. Akt, wenn die Demonstration väterlicher Liebe, die Southwell mit seinem kläglichen Versuch gibt, den vergangenen Fehltritt zu gestehen und sich Lucie als leiblicher Vater zu präsentieren, von dieser verstanden wird als erotische Annäherung:

LUCIE. Sein Gesicht glühete vor einer errötenden Scham, die ein ihm unanständiges Geheimnis zu verraten schien. Seine Reden lauter Dunkelheit, unzusammenhängend, stockend und von Seufzern unterbrochen. Er umarmte mich, seine Küsse waren voll von einem gewissen Feuer, sein Herz klopfete, und jedes seiner Glieder zitterte. Er sprach mit einer Art von Enthusiasterei von seiner Liebe gegen mich. [...] Sollte Torheit und Laster über sein Alter triumphieret haben. Sollte seine Liebe gegen mich mit seines Sohnes Liebe aus einerlei Quelle fließen? (DLE VIII, 250)

Die deviante Position des jugendlichen Paars manifestiert sich hier also auch darin, dass sie die empfindsamen Zeichen des zärtlichen Vaters fehldeutet, dass sie das erotisch auflädt, was nur als altruistisch-empfindsame Liebe gemeint ist. Das krisenhafte Auseinanderfallen von Natur und Norm korreliert also mit einer Art ›Krise der Semiotik der Emotionalität‹, die Zeichen der empfindsamen Liebe haben ihre ›Natürlichkeit‹ im Sinne der Eineindeutigkeit und Selbstverständlichkeit verloren.[75] Damit wird empfindsame Emotionalität überhaupt erst als *semiotischer Code*, als ein System von (non)verbalen Zeichen bewusst, und diese Bewusstmachung ist einer Krise äquivalent. Die Möglichkeit zu derartigen Doppeldeutigkeiten hat die Empfindsamkeit freilich zuallererst selbst angelegt; Pfeil zieht nur die Konsequenz daraus, indem er die jugendlichen Protagonisten *auch* aufgrund solcher sprachlicher Missverständnisse tragisch scheitern lässt.

Die krisenhafte Inkongruenz von Natur und Norm wird nun allerdings durch eine spezifische Struktur gleichsam ›kompensiert‹. Denn das Verbrechen des Inzests wird von der Titelheldin bereits zu Beginn des Dramas und noch *vor* ihrem Wissen um den Inzest *rhetorisch-sprachlich* maximalisiert und so beschrieben, als wüsste sie um das wahre Ausmaß ihrer Tat, d.h. *als wäre das (scheinbar) einfache Verbrechen gegen eine kulturelle Norm ein nicht mehr stei-*

---

75 Siehe Wegmann, Diskurse der Empfindsamkeit, zur Konzeption der empfindsamen Sprache als »pure Aufrichtigkeit, in der die Utopie einer unmittelbaren Übereinstimmung von Gefühl und sprachlichem Ausdruck, von Bezeichnetem und Zeichen Realität geworden ist« (S. 81ff., hier 82). Vgl. zum ›Anti-Semiotizismus‹ der Aufklärung grundlegend Lotman, Problèmes de la typologie des cultures, S. 54ff.; Lotman, Das Problem des Zeichens, S. 395ff.; Todorov, Ästhetik und Semiotik; Wellbery, Lessings's Laocoon, Kap. 1, S. 9–42, bes. 35ff.

gerbares Verbrechen wider die Natur.[76] Ein Jahr später, 1757, wird Diderot in *Le Fils naturel* ganz dieselbe Strategie einsetzen, wenn der junge Protagonist seines Dramas, Dorval, seine (sexuell noch nicht vollzogene) Liebesbeziehung zu Rosalia, die zunächst nur einen einfachen Treubruch gegenüber dem Freund und Rosalias Quasi-Verlobten Clairville darstellt, so behandelt, als wäre sie ein Maximalverbrechen – *um erst am Ende*, also *nach* der tugendhaften Entsagung, zu erfahren, dass es sich bei Vollzug dieser Beziehung tatsächlich um einen Geschwisterinzest gehandelt hätte. Erkennbar handelt es sich hierbei um eine Weiterentwicklung des aus der frühempfindsamen Komödie bekannten Schemas der Kongruenz von Sollen und Wollen, von Heteronomie und Autonomie: Das Individuum findet *von selbst und freiwillig* zu jener normativen Position, zu der es auch gelangen soll. Das Sollen ist freilich unterschiedlich besetzt: Geht es in den Komödien um die (Wieder)Herstellung einer als vernünftig und tugendhaft klassifizierten Liebe, so nun um die Verhinderung eines Maximalverbrechens. Jeweils gelingt aber die harmonische Verschmelzung von Natur und Norm als höchstrangiges Textereignis. Wenn Lucie also gegenüber Karl den Fall ihrer Tugend schon in I/5 als »das schrecklichste Verbrechen« qualifiziert, das ihren ganzen Abscheu hervorrufe (»Ich verabscheue mich, so oft ich daran gedenke.« DLE VIII, 201ff.), dann manifestiert sich hierin dasselbe Bedürfnis nach Maximalisierung und Aufwertung des scheinbar normalen Verbrechens zum widernatürlichen Verbrechen. Der Unterschied zwischen Diderots *comédie* und dem bürgerlichen Trauerspiel besteht also hier einzig darin, dass dort gerade noch verhindert werden kann, was hier bereits vollzogen ist. Die Maximalisierung des Lasters in der Figurenrede erscheint bei Pfeil gewissermaßen als ›sprachliche Rettungsstrategie‹, als *diskursive* Gegensteuerung zu dem, was auf der Ebene der *histoire* nicht mehr gelingt.

Die sprachliche Maximalisierung des (geringen) Lasters ist zum zweiten mit dem Theorem der Verkettung der Laster korreliert und dient auch einer Realitätsmodellierung im Sinne der Theodizee, insofern nämlich das Postulat der Ableitbarkeit aller weiteren Laster von einem einzigen ursprünglichen Laster zugleich die Minimalisierung des Übels leistet.[77] Wenn ein Laster notwendig ein nächstes nach sich zieht, dann kann logischerweise das geringste

---

76 Zum Inzest als Verletzung einer gleichsam biologischen Norm s. Titzmann, Inzestuöse Situationen. Siehe auch Hutcheson, Sittenlehre, der einerseits einen natürlichen und universellen »Abscheu« vor dem Inzest postuliert, andererseits aber auch eine soziale Interpretation des Inzesttabus anbietet: Inzest gilt als Verstoß gegen ein empfindsames Kommunikations- und Sozialitätsgebot, da jede Familie in diesem Falle ein »abgesondertes System« bildete (Bd. II, S. 75of.). Eine interessante (scheinbare) Inzestproblematik entwirft bereits C. Mylius in seinem Schäferspiel *Die Schäfer-Insel* (1749).

77 Siehe hierzu Titzmann, Empfindung und Leidenschaft, S. 151. Zur Bedeutung dieses Denkmusters in der zeitgenössischen Pädagogik s. Begemann, Furcht und Angst, S. 42ff., 194ff.

Laster – eine ›normale‹ illegitime Liebesbeziehung – gleichbehandelt werden mit dem größten Laster, da es dieses bereits in sich enthält. Dementsprechend fragt sich Lucie bereits im II. Akt in Antizipation ihrer künftigen Verbrechen: »Habe ich nicht bereits ein Verbrechen begangen, und bin ich nicht daher zu dem schrecklichsten fähig genug?« (DLE VIII, 222) Auch insofern erscheint die Selbsterkenntnis der Titelheldin als Blutschänderin und Vatermörderin am Ende fast nicht mehr als ereignishaft, sondern wie etwas Selbstverständliches. Der moraldidaktische Schlusskommentar des Stücks durch Sir Robert lautet denn auch:

ROBERT. Laß uns aus Karls und Luciens unglücklichem Beispiele lernen, daß demjenigen das größte Laster nicht weiter zu abscheulich ist, der sich nicht scheut, das allergeringste auszuüben. (DLE VIII, 271)

Die Täter ihrerseits setzen am Ende zur typischen verbalen und faktischen Selbstelimination an, in der selbstquälerisch und lustvoll zugleich die eigenen Verbrechen noch einmal *ausgesprochen* werden. Bei Karl mündet die Selbsttilgung in geistige Umnachtung (ähnlich der des Herodes in Schönaichs *Mariamne und Herodes*), bei Lucie direkt in den faktischen Selbstmord, hier in der Schilderung der Amalie:

AMALIE. Mit einem Gesichte, auf welchem alle ihre Wut und Verzweiflung abgeschildert war, trat sie in mein Zimmer! Ich wollte sie an meine Brust drücken und trösten. Sie stieß mich mit Grimm von sich. *Sie wiederholte mir kurz ihre Verbrechen, Verbrechen, die mein Mund auszusprechen unvermögend ist.* […] Sie starb unter den bittersten Verwünschungen der Betty, die sie als die Urheberin ihres Unglücks anklagete, des Sir Karls, ihres eigenen Vaters und des Himmels selbst. (DLE VIII, 269)

Die Problematik, die der Text in Szene setzt, liegt nicht nur in der faktischen Unvermeidbarkeit des Inzests aufgrund einer determinierenden, kausal wirkenden menschlichen Natur, sondern auch und vor allem in der normativen Unbegründbarkeit des Inzestverbots durch die Elterngeneration. Der Inzest als Verbindung, die den maximalen Verstoß gegen die Natur darstellt, aber zugleich als Gebot der Natur legitimiert erscheint – eine derartige Konfliktkonstellation wird überhaupt erst bedeutungshaft auf dem Hintergrund des normativistischen Naturbegriffs und der zeitgenössischen Bemühungen, in der Natur Sein und Sollen zu verschmelzen.[78] Im krisenhaften Auseinanderfallen von Natur und Norm erhält die menschliche Natur hier auch deutlicher als in anderen zeitgenössischen Trauerspielen eine potenziell tragische Dimension.

---

78 Siehe Kondylis, Die Aufklärung, zur »Struktur des normativistischen Naturbegriffes«, S. 342ff.

8.3.3 Theodizeekrise und ihre Lösung in J. W. v. Brawes *Brutus*

Joachim Wilhelm von Brawes bemerkenswerte und bereits von den Zeitgenossen geschätzte Tragödie[79] nimmt nicht nur in ihrer Eigenschaft als erste deutsche Blankverstragödie eine herausragende Stellung in der deutschen
Aufklärungstragödie ein. Brawes *Brutus* ist ein Extremtext, der das Problem
der Verführung in beispielloser Radikalität inszeniert und dies zugleich funktionalisiert für eine Verabschiedung des Heroismus; er ist somit auch als Pa-
ralleltext zu Lessings gleichzeitigem *Philotas* zu betrachten.

Brutus vs. *Publius: Verführung durch den ›falschen‹ Vater*
Der Text entwirft ein komplexes System von Konfliktverdoppelungen und
-substitutionen, die sich jeweils als Überlagerung und/oder Ablösung eines
äußeren durch einen inneren Konflikt darstellen. Zunächst wird ein außen-
politischer Konflikt in Gestalt von verschiedenen aktuellen bzw. vergangenen Kriegen Roms gegen äußere Feinde (wie u.a. gegen die Parther) lediglich
verbal gesetzt; ihm wird der als »Brüdermord« beschworene (B 25, 67) innenpolitische Konflikt zwischen den Republikanern, vertreten vom Cäsarmörder
Brutus, und den als »Tyrannen« klassifizierten Triumvirn, vertreten durch Anton und (dem nur sprachlich präsenten) Octav, gegenübergestellt. Im Zentrum
steht ein doppelter innerer – politischer wie privater – Konflikt zwischen dem
Titelhelden und dem unter Antonius kämpfenden Publius Marcius, der eine
weitere Variante des diabolischen Verführers darstellt. Sein Hass auf Brutus
ist doppelt motiviert: Er hasst in ihm zum einen den Repräsentanten Roms,
das ihn, den Samnier und eigentlich Nicht-Römer, blutig unterworfen hat,
wobei in einer entscheidenden Schlacht sein eigener Vater getötet wurde; sein
Hass gilt somit dem »Rom, das von Blut, / Das die Natur zu lieben mir gebot, / Noch trunken ist.« (B 20) Publius hasst in Brutus zum anderen speziell
den Sohn des Mörders seines Vaters in dieser Schlacht.[80]
    Seine Rache besteht darin, den Feind – gleich Henley in *Der Freygeist* –
durch eine ausgeklügelte Psycho-Strategie ›durch sich selbst‹ zu Fall zu bringen. Er will nicht selbst Hand anlegen, sondern Brutus durch seinen eigenen
Sohn Marcius umbringen lassen. Diesen, den Brutus als Zweijährigen einst
in einer Schlacht verloren hat und seitdem tot glaubt, hat Publius als eigenen
Sohn aufgezogen und verführt ihn nun zum Vatermord. Marcius, der mittlerweile Brutus' Freund geworden ist, soll in der entscheidenden bevorstehenden

---

79 Vgl. Schmid, Chronologie des deutschen Theaters, S. 176; J. F. Löwen, *Geschichte des deutschen
    Theaters*, in: Löwen, Schriften, 4. Teil, S. 47.
80 Vgl. dieselbe Konstruktion in Nonnes bürgerlichem Trauerspiel *Don Pedro und Anton*.

Schlacht gegen Anton[81] zum Schein in den Reihen der Republikaner kämpfen, jedoch Brutus verraten und töten. Opfer der unmittelbaren Verführung
wird somit auch hier ein *jugendlicher* Protagonist, der allerdings, ohne es zu
wissen, instrumentalisiert wird für die Rache an seinem Vater.

Marcius seinerseits steht damit auch in der Nachfolge von Schlegels Flavius als innerer (politischer wie familiärer) Feind, freilich in ganz anderer und
neuer Gestalt. Wie schon bei Flavius in *Herrmann* fallen der Kampf gegen das
Vaterland – ›Deutschland‹ bzw. das republikanische Rom – und der Kampf gegen den eigenen *Vater* – Sigmar bzw. Brutus – zusammen, wie denn im Aufklärungsdrama generell, sowohl in der Tragödie wie in der Komödie, jede
Abweichung des jugendlichen (männlichen) Protagonisten vom (politischen,
moralischen oder religiösen) *Gesetz* als Dissens mit dem *Vater* abgebildet wird.
Auch die Verführung durch eine böse Vaterfigur und das Problem der emotionalen Bindung des jugendlichen Subjekts an ein lasterhaftes Wertsystem
ist ein bereits aus dem frühaufklärerischen Corpus bekanntes Modell, wobei
dieser Verführer der eigene biologische Vater sein kann wie in Mösers *Arminius* (Sigmar → Siegmund), oder ein ›zweiter‹ selbstgewählter (Ersatz)Vater
wie in Schlegels *Herrmann* (Segest → Flavius) oder Breithaupts *Renegat*
(Orchan → Edward); der Verführer kann ferner der vermeintliche eigene Vater sein, was entweder beide nicht wissen – wie in Krügers *Vitichab und Dankwart* (Sigmar → Radogast), Weißes *Atreus und Thyest* (Atreus → Aegisth) –,
oder was der ›Vater‹ wie in *Brutus* sehr wohl weiß, aber verheimlicht. Brawe
wählt damit eine Konstellation, die das Problem in mehrerlei Hinsicht radikalisiert. Die Qualität der »*mächtigen Verführung*« (B 97), deren Opfer Marcius nun wird, ist gegenüber der in Schlegels *Herrmann* entworfenen qualitativ
deutlich anders. Wo Flavius sich bewusst gegen den Vater und das von ihm
repräsentierte Wertsystem entscheidet, wird Publius nichtbewusst zum Ver-
räter am eigenen Vater. Publius simuliert den biologischen Vater und erpresst
Marcius zum Anschlag gegen den Feind Brutus, indem er tückisch eine Bluts-
pflicht reklamiert – »Ruft nicht das Blut, / Das in dir glüht, zur Rache dich?«
(B 16) – und fälschlich behauptet, er habe sich Anton mit seinem Leben für
die Tötung des Brutus verpflichtet, eine Weigerung bedeute ihm somit selbst
den Tod. Damit konstruiert Brawe das homologe Normdilemma wie in Pfeils
Lucie Woodvil: Führt dort empfindsam normkonformes Verhalten notwendig,
jedoch unwissentlich in den Inzest, so führt hier die bewusste Vermeidung von
anti-empfindsamem Verhalten – was der (vermeintliche) Vatermord in extremer
Weise wäre – ebenfalls unwissentlich in den faktischen Vatermord. Der Versuch, gemäß der ›Natur‹ zu handeln, mündet also geradewegs und notwendig
in die maximal denkbare Abweichung von ihr. In der zentralen Szene III/1

---

81 Die Schlacht bei Philippi 42 v. Chr.

fleht Marcius vergeblich Publius an, »[d]ie Stimme der Natur« zu hören und
ihm den grausamen Auftrag zu erlassen, Brutus, in dem er mittlerweile den
Freund liebt, umzubringen (B 48). Bereits das frühaufklärerische Trauerspiel
wusste diesen Konflikt ansatzweise als einen zwischen ›Natur vs. Natur‹ zu
inszenieren, denn ›Natur‹ war latent bereits beides, das väterliche Gebot ebenso wie die Bindung an das fremde Wertsystem. Die Positionen sind hier aber
tückischerweise invertiert: Hinter dem eigenen Wertsystem verbirgt sich der
falsche Vater, hinter dem fremden der wahre.

Die »trügerische Kunst des Publius« (B 23) besteht nicht nur in der Simulation empfindsamer väterlicher Liebe und somit in der künstlichen Herstellung
›authentischer‹ Gefühle, sondern vor allem darin, dass sie es vermag, bei Marcius selbst tödlichen Hass, also anti-empfindsames unmenschliches Verhalten
zu *erzeugen*. Denn anders als bei Flavius in *Herrmann* besteht die Verführung
nicht mehr in der Verlockung eines äußerlichen quasi-höfischen Wertsystems,
gekoppelt mit einer erotischen Verlockung, sondern in der *Verlockung zum
Hass* und zur Zerstörung aller empfindsamen familiären und freundschaftlichen Werte. Das Subjekt kann, das ist die Gefahr, die der Text vorführt, zur
Elimination der ›guten Natur‹ in sich verführt werden. Bevor das Laster, der
tödliche Verrat an Brutus, *faktisch* vollzogen wird, vollführt der Protagonist
psychisch-ideologisch eine Grenzüberschreitung in den ›semantischen Raum‹
des Verbrechens, die das zentrale Ereignis darstellt:

MARCIUS. [...]   Dein Wunsch
  Ist nun gestillt: ich werd ein Frevler! – *Ganz
  Durchfühle sie, die mörderische Lust:
  Ich werd ein Frevler!* – [...]. (B 50)

Bevor Marcius durch die äußere Tat »der Natur Entsetzen« wird, wird er es
innerlich, in einem Akt der Zerstörung der eigenen Natur: »hinweg, Natur!
warum empört sich dein Gefühl in mir?« (B 51, 86). Unmittelbar vor der Tat
wird die Elimination von Natur und Menschlichkeit nochmals beschworen
und performativ regelrecht ›herbeigeredet‹:

MARCIUS. Unseliges Geschick! Du sollst erfüllt
  Dich sehn! – *Weg, Freundschaft! weg, Natur! Euch hört
  Nicht mehr, euch haßt ein Geist!* – Ich geh zum Kampf –
  Welch schreckliches Gefühl stürzt sich in mich?
  Der Mensch ist weg, die ganze Hölle ist
  In mir. Gottheiten! die die Nacht erschuf,
  *Ich fühl, ich fühl mich, ihr begeistert mich.
  Wie dürst' ich nach Verderben!* [...] (B 65f.)

Der Status dieser Selbstsetzung als Verbrecher ist ersichtlich ambivalent, von
Lust und gleichzeitiger Abscheu geprägt. Beide bedingen einander, es ist die
›Lust an der Negation‹, die hier Voraussetzung für das Verbrechen ist. Die-

se Lust ist also auch im Tugendhaften potenziell hervorrufbar und verschafft dem Subjekt ein gesteigertes emphatisches Selbstgefühl. Diesbezüglich gibt es zwischen Marcius und Weißes Richard III. keinen wesentlichen Unterschied. Noch bevor Marcius weiß, daß es sich um einen Vatermord handelt, behandelt er die verlangte Tat so, *als wäre es einer*, indem er sie rhetorisch zum maximal denkbaren Verbrechen stilisiert:

MARCIUS. [...] Die heiligsten Gesetze will
    Ich frech entweihn. – Zur kühnsten Höh, die nur
    Ein Frevlender erstieg, dring ich empor,
    Und alle Donner, die dich, rächende
    Gerechtigkeit, verkündigen, will ich
    Allein verdienen. – [...] (B 50)

Brawe wendet hier exakt dieselbe Strategie an, wie sie oben am Beispiel des Inzests in *Lucie Woodvil* beschrieben wurde. Scheinbar unwillkürlich ›erkennt‹ das Subjekt in seiner Tat den Status eines Maximalverbrechens gegen die Natur, den es faktisch noch gar nicht wissen kann. Wird darin einerseits wieder ein Versuch der ontologisierenden Rückbindung der Normen an die Natur greifbar, so ist diese verbale Setzung und Beschwörung des Lasters hier, deutlicher als in *Lucie Woodvil*, zugleich unmittelbar konstitutiv für die Selbststeigerung des Subjekts, das sich mittels eines solchen Maximalverbrechens zu den »kühnsten Höhen« emporschwingt und sich dergestalt das elitäre Bewusstsein eines exzeptionellen Individuums schafft.

Der Intrigant als ›Agent des Textes‹
Bislang wurde nur die Verführungsarbeit des Publius an Marcius beschrieben. Auch gegenüber Brutus selbst ist Publius, wenn auch auf andere Weise, ein diabolischer Verführer. Hier kommt nun das Problem des Heroismus mit ins Spiel. Mit Brutus wird nicht eine beliebige Figur zum Opfer eines teuflischen Anschlags, sondern just die Inkarnation eines – vom Text selbst nicht mehr geteilten – heroisch-stoischen Wertsystems, das die selbstverständliche Unterordnung des Privaten unter das Öffentliche, des »Vater[s]« unter den »Patriot[en]« verlangt: »Ein Brutus opfert selbst der Söhne Blut / Der Freyheit auf.« (B 44f., 35).[82] Publius macht Brutus in I/5 ein politisch-militärisches Friedensangebot, das er in II/5 mit Nachdruck wiederholt, indem er ihm mitteilt, sein verloren geglaubter Sohn lebe im feindlichen Lager, ein Frieden würde die Wiedervereinigung ermöglichen. Das ist erkennbar, in transformierter Gestalt, das Angebot von Frieden und die Verführung zu Menschlichkeit, die bereits die Tyrannen und Intriganten des frühaufklärerischen Trauerspiels zu machen

---

82 Siehe hierzu auch Schulz, Tugend, Gewalt und Tod, S. 220ff., bes. 224ff.

wussten (Kap. 2.1). Wie dessen tugendhaft-stoische Helden lehnt auch Brutus dieses Angebot, wenngleich nach einer kurzen Krise, schließlich ab. War das Angebot dort, wie gezeigt, bereits latent ambivalent, so gilt dies nun in extremer Weise. Wenn Publius seinem Feind Unmenschlichkeit und Unempfindlichkeit vorwirft und zugleich an ihm den »schwärmerischen Stolz des Stoikers« geißelt (B 42), dann ist diese Behauptung des Bösewichts zugleich wahr; sogar innerhalb des eigenen republikanischen Lagers ist das heroische Wertsystem nicht mehr unangefochten, wird Brutus in Gestalt des greisen Senators Servilius (und des Marcius) mit einem Alternativmodell konfrontiert, das Menschlichkeit höher stellt als die republikanische Freiheit.[83] Die Tücke des Bösewichts ist letztlich also die Perfidie des Textes, der just den größten Zerstörer empfindsam-familiärer Werte zum Sprachrohr derselben macht.

Erst ganz am Ende, wenn er bereits im Sterben liegt, wird Brutus die Umwertung vollziehen und, »erweicht, bezwungen, schwach«, nicht mehr »Römer«, sondern nur mehr zärtlicher Vater sein und Tränen des Mitleids für seinen Sohn vergießen (B 100). Die Intrige des Publius lässt sich somit auch auf der Folie der Komödienintrigen lesen: Wie wird der Wandel der Figur von der heroisch-antiempfindsamen zur empfindsamen Position bewirkt? Antwort: durch eine Intrige, die dergestalt angelegt ist, dass die betreffende Figur ›von selbst‹ zur gewünschten Position gelangt und ihr System sich von selbst erledigt. Genau das bewirkt Publius' Intrige, den heroischen Vater durch den eigenen Sohn töten zu lassen: Just an demjenigen also, der »der Natur Gefühl in [sich ertödtet]« (B 43), soll die ganze Macht dieser Natur demonstriert werden. Dies kann wiederum nicht durch verbale Argumentation, sondern nur durch eine spezifische Handlungskonstellation geschehen, die die Figur (Brutus) das, was sie bewusst verweigert, nichtbewusst und sinnlich-konkret erleben lässt. Der Tragödienintrigant erweist sich hier somit als *negative Komplementärfigur* zu den positiven ›Intriganten‹ in der Komödie. Er handelt wie diese in letzter Instanz als Agent des Textes und als ›Instrument‹ von dessen anthropologisch-ästhetischer Strategie der antiintellektualistischen Versinnlichung. Die bereits erwähnte (Kap. 7.2) Metaphorik des ›Kunstwerks‹, die für diese Intrige abgerufen wird, lässt sich in diesem Zusammenhang wohl auch als implizite Selbstreferentialität des Textes (in diesem ganz spezifischen Sinne) deuten.

Der Text weist wiederum eine ungefähre Zweiteilung auf: In den ersten drei Akten dominiert der Konflikt zwischen Publius und Brutus; ab Ende des III. Aktes schiebt sich der Konflikt zwischen Brutus und Marcius in den Vordergrund. Die Begegnung von Vater und Sohn – letzterer soll sich gemäß Pu-

---

83 Das nichtheroische Wertsystem wird damit signifikanterweise von der Greisen- und der Jünglingsgeneration vertreten, die im Text beide nicht die Träger der politischen Entscheidungen sind.

blius' Plan Brutus gewogen machen – führt zu einer intensiven Freundschaft zwischen beiden. Als empfindsamer Höhepunkt wird in III/5 die Annahme des eigenen Sohnes als eines »zweyten Sohn[es]« (B 63) inszeniert, gemäß dem bekannten Schema (vgl. *Placidus oder Eustach*, Kap. 4.4): Die biologisch vorgegebene Sohn- und Vaterschaft wird qua Emotion nochmals bewusst ›hergestellt‹ und empfindsam *neulegitimiert*, womit zugleich eine exemplarische *Transformation einer kontingenten physischen Realität in eine moralische Realität* vollzogen wird:

> BRUTUS. Unwiderstehbar reißt ein mächtger Zug
>   Mich zu dir hin; und dich zu lieben, ist
>   Mein freudigstes Gefühl.
>   [...]
>   Sey du nun ganz mein Sohn. – In dir vereint
>   Sich alle Zärtlichkeit, die in mir glüht.
>   Du nur kanst mir den kostbarsten Verlust
>   Ersetzen; und dir ähnlich bildet sich
>   Mein Geist den mir geraubten Sohn. Von dir
>   Erfüllt, liebt er das schmeichelnde Phantom. (B 59, 62)

Dieser ›zweite Gewinn‹ des Sohnes steht in diametralem Kontrast zum ›zweiten Verlust‹ des Sohnes, der genau einen Akt zuvor, in II/5, vor sich geht, wenn Brutus das Angebot zur Wiedervereinigung mit dem Sohn ausschlägt. Der Sohn, der in der Vergangenheit durch ein *kontingentes* Ereignis (Schlacht) verloren wurde, wird nun gewissermaßen ein zweites Mal, aber bewusst und *selbstverantwortet*, aufgrund eines anti-empfindsamen Wertsystems verloren. Dieser Verlust wird bestraft werden – und zwar, so die Konstruktion, genau *über und mithilfe* dieses empfindsamen Neugewinns. Denn damit ist der Grund für seine emotionale Verwundbarkeit gelegt. Gerade der am meisten Geliebte wird ihm schließlich zum größten Feind. Nach Marcius' Verrat begeht Brutus Selbstmord, um der Tötung durch Marcius zuvorzukommen. Der sterbende Brutus, der nun in Marcius seinen biologischen Sohn weiß, beklagt seine emotionale Verführbarkeit durch die Liebe zu Marcius und verdammt sein »Herz« (B 74) als die eigentliche Ursache für die militärische Niederlage Roms. Die positive Empfindung wird dem Subjekt zum Schicksal und offenbart darin ihre potenziell tragische Dimension: »Ach! warum ward ich Vater?« (B 82). Der im Text vielbeschworene »Abgrund« (u.a. B 36) bezeichnet nur vordergründig den politisch-militärischen Niedergang des republikanischen Roms, eigentlich und primär aber diese Familienkatastrophe. Wie bereits die anderen tragischen Helden der Trauerspiele der 50er Jahre geht auch Brutus nur vordergründig an einem anderen – sei es dem politischen (Anton) oder dem privaten (Publius) Feind – zugrunde, eigentlich aber *an sich selbst* und an seinem *Herzen*. Hierfür stehen zeichenhaft sowohl der Selbstmord als auch die anschließend vorgenommene verbale Substitution der äußeren, physischen Wunde durch die innere, psychische: »Hier blutet sie, / Die Wunde, Freund!« (B 73).

Marcius seinerseits setzt sich in einem großen Schlußmonolog direkt mit Anton gleich – »mich den einzgen Frevler, der / Dir gleich ist« (B 107) –, dergestalt noch einmal den Tyrannen durch den Sohn als den eigentlichen Feind des Vaters substituierend, und hebt – nicht anders als die großen Tyrannenfiguren Richard III. (Weiße), Herodes (Schönaich) oder Barbarussa (Breithaupt) in der heroischen Tragödie, aber auch wie Karl Southwell (Pfeil) im bürgerlichen Trauerspiel – zur großartigen verbalen Selbstvernichtung an, die hier unmittelbar in den faktischen Selbstmord mündet:

MARCIUS. Was stürmt in mir empor? – Welch fremd Gefühl? –
   Ergreift mich schon die Hölle? – Donnern schon
   Des Todes Ström' um mich herum? – Ihr seyds!
   Begeisternd stürzt ihr euch, ihr Furien,
   In mich! –
   [...]
   [...]   Stärkt euren Zorn,
   Ihr Flammen! und vernichtet mich! – Du denkst
   Noch, Seele? dir, Gedank! *Empfindung, dir*
   Fluch ich: vergeh! – Weg sträubend Leben! nimmm [!]
   Mich, Abgrund! Erde! sey von mir befreyt!
   (Er tödtet sich.) (B 105ff.)

Indem auch Marcius in der »Empfindung« die Hauptursache der Katstrophe ausmacht – wobei die Formulierungen wieder die typische Ambivalenz von Abscheu und Lust zeigen – wird auch hier die Möglichkeit einer extremen Inkongruenz von Natur und Norm gesetzt, die die eigentliche Provokation und das zentrale Krisenmoment dieses Textes konstituiert.

Gegenseitige Auslöschung: Zur Logik der
Reziprozität ›negativer Emotionen‹
Es finden sich zugleich jedoch auch Elemente einer Gegensteuerung im Text, die die Krise in höhere Sinnstrukturen zu integrieren versuchen. Hier wird nun die Vorgeschichte des Dramas relevant. Der Untergang des Brutus durch sich selbst ist nämlich mit einer signifikanten Wiederholungsstruktur korreliert, die Vergangenheit und Gegenwart zueinander in Bezug setzt. Mit dem von Marcius begangenen (Beinahe-)Vatermord an Brutus wiederholt sich exakt die von Brutus einst begangene Ermordung Cäsars, die ihrerseits ein ›Vatermord‹ war (vgl. B 17) und ebenfalls als maximales Verbrechen wider die Natur semantisiert wird, so in den Worten des Publius: »Mit Schaudern sahe dieß / Die trauernde Natur.« (B 18). Wenn bei der Abstimmung über die Annahme von Publius' Friedensangebot in II/3 Marcius als einziger zusammen mit dem greisen Servilius dafür stimmt, fällt Brutus sogar in das bekannte Cäsarzitat ein:

»Wie? Marcius ist wider mich? – Auch du, / Mein Sohn! willst unsre Schmach?«
(B 33) Wenn Marcius somit ein ›zweiter Brutus‹ ist, dann fällt Brutus auch
insofern sinnfällig ›durch sich selbst‹. Zum anderen wiederholt sich damit die
Vergangenheit in der dargestellten Gegenwart, allerdings mit vertauschten
Rollen. Brutus muss den bereits bekannten Positionstausch von der Subjekt-/
Agens- in die Objekt-/Patiens-Position und damit einen Perspektivenwechsel
vollziehen, der ihn das, was er einst einem *anderen Vater* als ›Sohn‹ zugefügt
hat, an *sich selbst als Vater* erleben lässt. Die narrative Wiederholungsstruktur
folgt also wiederum der Logik der antiintellektualistischen-versinnlichenden
Abbildung und Konkretisierung zentraler moralischer Wahrheiten.

Mithilfe des narrativen Modells des Positionstauschs und des Perspektivenwechsels wird somit auch das Walten einer Gerechtigkeit abgebildet. Das
bedeutet aber, dass in letzter Instanz hinter der Intrige des Bösewichts, die all
dies in Szene setzt und bewirkt, eine Logik der Theodizee sich verbirgt – der
Text macht den Intriganten nicht nur zum Auslöser einer radikalen Theodizeekrise, sondern zugleich auch zum Agenten ihrer Lösung. Die Ermordung
des Vatermörders Brutus durch seinen eigenen Sohn ist allerdings nicht die
einzige Gerechtigkeit, die im Text vollzogen wird. Bereits in der Vergangenheit hat nämlich Publius Brutus' Vater, der wiederum seinen Vater gemordet
hatte, (indirekt) getötet. Die im Prozess der Zeit sich ereignende homologe
Wiederholung: ›Brutus : Cäsar :: Marcius : Brutus‹ ist somit ihrerseits Teil eines umfassenden Systems von Vergeltungsakten, das die sechs Männer – drei
real und drei nur sprachlich präsente – in Bezug zueinander setzt:

Figurenschema (selektiv):

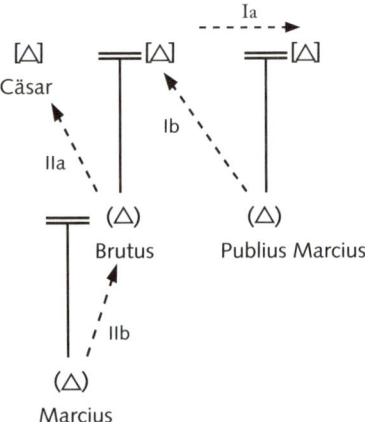

Es herrscht offensichtlich eine Regularität der Symmetrie von Tötungsakten, eine *Reziprozität der negativen Emotionen*. Zwei auf den ersten Blick verschiedene Kompensationen werden also miteinander korreliert: der als ›anti-intellektualistische Versinnlichung‹ begriffene Positions- und Perspektivenwechsel von der Subjekt-/Agens- in die Objekt-/Patiens-Position zum einen; die Vergeltung von Tötungsakten zum anderen. Letztere ist gewissermaßen eine Form der handlungsmäßigen Umsetzung der ersteren. Im folgenden Kapitel wird zu zeigen sein, dass sich dieses Kompensationsprinzip keineswegs auf negative, feindliche Regungen beschränkt, sondern ebenso positive, empfindsam-altruistische Gefühle und Handlungen erfasst und diese innerhalb eines Systems der reziproken ›Vergeltung‹ verortet. Es handelt sich somit um einen fundamentalen gattungsübergreifenden emotionalistischen Mechanismus, der in den Dramen die Handlungslogik steuert.

9. Das Gesetz der Reziprozität: Emotionalistische Kompensationsregularitäten in Komödie und Tragödie der 50er und 60er Jahre

Beginnend in den 50er und dann deutlich in den 60er Jahren tritt das Problem der (Verweigerung der) Erwiderung empfindsamer Emotion in eine neue Phase der Diskussion ein. In deren Mittelpunkt steht die bereits mehrfach thematisierte Opposition zwischen der aktiven Subjekt- bzw. Agens-Position dessen, der eine empfindsam-menschliche Emotion gibt, indem er oder sie liebt, Mitleid(en) zeigt, verzeiht, rettet etc., und der passiven Objekt- bzw. Patiens-Position dessen, der diese Emotion empfängt. Für das Projekt der (Neu)Normierung der dargestellten sozialen Interaktionen, das der Moraldiskurs der Dramen verfolgt, erlangt diese Opposition nach 1750 eine gesteigerte Relevanz und Brisanz. Probleme der emotionalistischen Asymmetrie bzw. der (Wieder)Herstellung von Symmetrie, der Kompensation etc. bilden typische narrative Modelle aus.[1] Einige diesbezüglich charakteristische Problemstellungen der 50er und 60er Jahre seien im Folgenden vorgestellt. Der Schwerpunkt wird dabei auf der Komödie liegen, da sie die Gattung ist, in der diese Diskussion privilegiert geführt wird.

9.1 Entsagung und Selbstopfer: Die paradoxe Logik des Verzichts

Die erotische Entsagung im Sinne des freiwilligen Verzichts auf einen geliebten Partner taucht als Handlungsmodell ab 1745 in der frühempfindsamen Komödie auf und erlangt im Laufe der 50er und 60er Jahre zunehmende Bedeutung. Parallel hierzu existiert in der heroischen Tragödie nach wie vor das Modell des (heroischen) Selbstopfers, über das sich die betreffende Figur als Quasi-Märtyrer profiliert; es wird aber einer emotionalistischen Transformation unterworfen. Beide Modelle, die Entsagung in der Komödie und das Selbstopfer in der Tragödie in seiner emotionalisierten Form, so soll hier gezeigt werden, lassen sich rekonstruieren als zwei homologe Varianten eines übergeordneten gemeinsamen empfindsamen Problems. Exemplarisch lässt

---

1   Vgl. hierzu auch die knappen, aber interessanten Bemerkungen von Schneider, Schenken und Tauschen, der auf das Problem der Reziprozität von Akten des Schenkens bei Lessing hingewiesen hat.

sich dies zeigen anhand einer vergleichenden Lektüre zweier Stücke von Johann Friedrich von Cronegk, seiner Komödie *Der Mistrauische* (1760)[2] und seiner Tragödie *Codrus* (1757). Wiederum wird sich daran die diesbezügliche Isomorphie der Gattungen erweisen.

9.1.1 Satire und Empfindsamkeit in J. F. v. Cronegks *Der Mistrauische*

Die erotische Entsagung als empfindsames Komödienmodell
Auf dem Hintergrund der Theodizeeproblematik betrachtet, stellt die erotische Entsagung gewissermaßen einen Reflex und eine Antwort dar auf den durch die Empfindsamkeit eingeleiteten Prozess der Intensivierung und Aufwertung der Liebesbeziehung. Entsagung fungiert, wie Michael Titzmann gezeigt hat, nun als *notwendige Problemlösung* innerhalb des emotionalistischen Systems, insofern die Bereitschaft zum Verzicht und zum Ertragen des Verlusts des Liebespartners jene potenziell gesteigerte Krise der gerechten Weltordnung und der Theodizee auffangen muss, die durch den Verlust einer nun hochbewerteten Liebe droht.[3] Die Verzichtbereitschaft leistet damit zugleich die geforderte Moralisierung des Gefühls im Sinne seiner Domestizierung.

Erotische Entsagung tritt in der Komödie zunächst nur bei Partnern auf, die auf Textebene als nicht zusammengehörig gelten. Die verzichtende Figur macht den Weg frei für diejenige Alternativbeziehung, die sich gemäß dem vom Text (implizit oder explizit) vertretenen Wertsystem konstituieren soll: exemplarisch etwa Lorchen in Gellerts *Betschwester*. Der davon zu unterscheidende Fall, dass zwei Liebende, die zusammengehören, einander freiwillig entsagen wollen, auf einseitige oder beidseitige Initiative hin, um den Weg freizumachen für eine Alternativbeziehung, die *nicht* als die richtige gilt, tritt erst nach 1750 auf. Er fungiert nur als scheinbare Konfliktlösung, impliziert logischerweise aber eine Krise, die ihrerseits im Text zu lösen ist.

Der erstgenannte Fall, die Entsagung des ›falschen Partners‹, ist für zwei typische Figurengruppen vorgesehen: Im Falle der Konkurrenz zweier Frauen um einen Partner gilt sie für Frauen, die fakultativ etwas älter sind als ihre Rivalinnen und zum Teil Mutterfunktion für die Rivalin und/oder den jugendlichen Partner ausüben – so bereits Lorchen in Gellerts *Die Betschwester*, ferner die Titelheldin in Christian Felix Weißes *Amalia* und Konstantia in Weißes *Großmuth für Großmuth*, Hortense in Christian Leberecht Martinis

---

2 Der Text ist in den 50er Jahren entstanden. Roth, Die Dramen Johann Friedrich von Cronegks, gibt 1752 als Entstehungszeit an (S. 78).

3 Titzmann, Empfindung und Leidenschaft, S. 147. Siehe auch Mauzi, L'idée du bonheur, S. 624ff. zur »vertu-sacrifice«.

Die ausgekaufte Lotterie, oder: Der Ehemann durchs Loos. Im Falle der Rivalität zweier Männer um eine Frau gilt sie für Männer, die faktisch oder tendenziell soziale ›Väter‹ für die junge Frau darstellen, sei es, dass sie eindeutig der Elterngeneration angehören oder gar bereits Vormund sind – so in Weißes *Der Naturaliensammler,* Martinis *Der Vormund* und *Der Ehemann durchs Loos* –, sei es, dass sie in der Rolle des etwas älteren und somit ›väterlichen‹ Freundes sind – so in Weißes *Die Freundschaft auf der Probe* oder in Franz von Heufelds Rousseau-Adaption *Julie, oder Wettstreit der Pflicht und Liebe.* Eine homologe Erscheinung hierzu sind Fürsten in der heroischen Tragödie, die ein Vateräquivalent darstellen und in dieser Funktion ebenfalls Entsagung üben: so der Titelheld in Cronegks *Codrus* oder König Alfonsus in Friedrich Rudolph Beckers *Polybia oder die unbelohnte Treue.* Die deutliche Differenzierung der Altersklassen bzw. der Generationen ist ein Merkmal, das im Übrigen erst ab der zweiten Hälfte der 50er Jahre auftritt.

Während es sich bei diesem Fall von erotischer Entsagung des ›falschen‹, nicht-geliebten Partners ausnahmslos um einen definitiven und irreversiblen Verzicht handelt, geht es beim genannten zweiten Fall, der ein echtes Liebespaar trennt, in aller Regel[4] um vorläufige bzw. ›Pseudo-Entsagungen‹, die am Ende wieder rückgängig gemacht werden und zur Restitution des Liebespaars führen. Besonders deutliche Beispiele hierfür sind neben Cronegks *Der Mistrauische* Weißes *Die Freundschaft auf der Probe* und sein Einakter *Großmuth für Großmuth.* Zu diesem Fall der Pseudo-Entsagung gehören ferner auch alle jene Beispiele, in denen der männliche Partner einen moralischen Läuterungsprozess durchmachen muss, der mit der explizit verbalisierten Entsagungs-*bereitschaft* als abgeschlossen gilt: so u. a. Martinis hübscher Einakter *Die umgekehrte Comödie, oder: Der rückwärts gespielte Roman,* Theodor Gottlieb von Hippels *Die ungewöhnliche Nebenbuhler,* Weißes *Weibergeklatsche oder Ein qui pro quo* oder Karl Gotthelf Lessings *Der Wildfang.* Die Pseudo-Entsagung ist eine mögliche und zwischen ca. 1755 und 1770 zumal in der Komödie besonders beliebte Variante des narrativen Modells der erotischen Paarkonstitution als Restitution. Die – zum Teil paradoxe – Logik der erotischen Pseudo-Entsagung sei im Folgenden am Beispiel von Cronegks Komödie *Der Mistrauische* rekonstruiert, die als eine der ersten dieses Modell in exemplarischer Weise durchspielt und zugleich zu den bedeutendsten empfindsamen Lustspielen der deutschen mittleren Aufklärung zu zählen ist.[5]

---

4 Vgl. als bemerkenswerte Ausnahme Wielands Grandison-Bearbeitung *Clementina von Porretta* (1760).

5 Vgl. hingegen die ungerechtfertigte Abwertung des Textes durch Steinmetz, Komödie (S. 60).

Der frühaufklärerische Konflikt in empfindsamer Überformung
Der Text lässt sich wiederum beschreiben als Kombination zweier verschiedener Geschichten/Konflikte, die in der narrativen Sukzession aufeinander folgen und dabei jeweils einen verschiedenen Helden haben. Auf einen noch weitgehend traditionellen, frühaufklärerisch-satirischen, zum Teil allerdings bereits unverkennbar empfindsam transformierten Konflikt mit dem Titelhelden Timant als lächerlicher Zentralfigur folgt ein rein empfindsamer ernsthafter Konflikt mit einer Kontrastfigur, dem Freund Damon als Helden.[6]

Der erste Konflikt setzt den unvernünftigen jungen Timant in Opposition zur vernünftigen Umwelt, vor allem seinem Vater, und entspricht in dieser Grundstruktur noch dem Konfliktschema, wie es auch Quistorp in *Der Hypochondrist* entwirft. Timants Fehler besteht in einem Misstrauen, das über das als akzeptabel bzw. notwendig gesetzte vernünftige Misstrauen – »Die Welt ist heut zu Tage so böse, so listig, daß man nicht mistrauisch genug seyn kann;« (CM II, 23) – weit hinaus geht und darin explizit als Laster gilt. Es äußert sich in paranoidem Beziehungswahn (»Wenn zwo Personen auf der Straße miteinander reden, so glaubet er, sie reden von ihm.« CM II), speziell aber in einem Misstrauen dem Vater gegenüber und führt zum Widerstand gegen dessen zärtliche Liebe – das Misstrauen erhält somit eine neue Bedeutung und Funktion im Kontext des Emotionalismus.[7] Virulent wird dieser Konflikt, als der Vater nach Jahren der Trennung und Absenz seinen alten Freund Geronte, in dessen Hause Timant wohnt, besucht, um die Verbindung von dessen Tochter mit seinem Sohn zu bewerkstelligen. Der Vater nähert sich dem Sohn zärtlich und fordert ihn wiederholt zur Offenlegung seines Herzens auf:

HERR ORGON. Ich habe dich lange nicht gesehen. O wie viel habe ich dir nicht zu sagen! Ich muß mein ganzes Herz vor dir ausschütten. […] Entdecke mir dein Herz; sey gegen mich nicht mistrauisch; ich bin dein Vater; niemand kann dich mehr lieben, als ich. Sage mir, wen du liebest? […] sey nur einmal offenherzig gegen mich! […] Entdecke mir dein Herz nur! (CM 35f.)

Timant verweigert sich dem Emotionsangebot des Vaters, womit er zugleich die eigene Rührung abwehrt:

TIMANT. Die zärtliche Art, mit der mein Vater sprach, *hatte mich fast gerühret;* ich hätte mich fast verrathen. Aber die *Klugheit* kam mir zu rechter Zeit zu Hülfe. (CM 38)

Misstrauen und Emotionsverweigerung gegenüber einem zärtlichen Vater zählt freilich in der Epoche zu den absoluten Kapitalvergehen. Es taucht in der Ko-

---

6 Zur »Verbindung von Satire und Empfindsamkeit« vgl. auch Roth, Materialien zum Verständnis des Textes, S. 97ff., hier 97.

7 Vgl. dagegen das Missverständnis bei Steinmetz, Komödie, S. 60.

mödie[8] nicht zufällig zur selben Zeit auf wie das Thema des Vatermords im bürgerlichen Trauerspiel, der gleichsam die gattungsspezifische Extremisierung dieser feindseligen Haltung darstellt. Timants zu große »Vorsichtigkeit und Klugheit« (CM 10) erscheint darüber hinaus als quasi-höfisches Verhaltensmodell gemäß dem System der ›politischen Klugheit‹ und damit als ein die private empfindsame Interaktion störendes und gegen die zentrale Norm der Aufrichtigkeit[9] verstoßendes Verhalten – so, wenn z.B. Geronte ihm scherzhaft vorwirft, er »[sähe] wieder politisch aus, wie ein Staatsminister« (CM 21f.). Hier manifestiert sich im Übrigen auch die von Georg Stanitzek rekonstruierte Neusemantisierung von »Blödigkeit« unter emotionalistischen Prämissen: In dem Maße, wie Mangel an Aufrichtigkeit als emotionalistischer Normverstoß Blödigkeit entspringen kann, kann der Blöde, bislang Gegenfigur des ›Politicus‹, auch als ein solcher erscheinen.[10] Gemäß dieser Logik kann denn Timant am Ende auch scheinbar paradoxerweise »[s]eine allzugroße Zärtlichkeit« als Ursache seines Misstrauens angeben (CM 82). Dasselbe Phänomen der paradoxen Codierung eines ›Misstrauens aus Zärtlichkeit‹, das just dadurch gegen die Normen der zärtlich-empfindsamen Interaktion verstößt, begegnet in der Komödie der 50er und vor allem 60er Jahre öfters.[11]

Gegenüber dem primär rationalistisch definierten Fehler des Quistorpschen »Hypochondristen« wird Timants Fehler jedenfalls primär emotionalistisch definiert. Aus dem »Fehler [des] Verstandes« ist hier nun ein »Fehler des Herzens« geworden:[12]

HERR ORGON. Ist es möglich, daß seine Thorheit so weit gehen kann? Bisher habe ich sein Mistrauen für einen Fehler seines Verstandes gehalten: aber ich fürchte, ich fürchte, es möchte ein Fehler des Herzens seyn. (CM 65)

Als zentrale Ursache dieser »Krankheit [des] Gemüths« (CM 23) gilt das Misstrauen in sich selbst, d.h. die mangelnde Eigenliebe, deren notwendi-

---

8 Vgl. u.a. Martinis *Der Vormund*, Karl Franz Romanus' *Die Brüder*.
9 Siehe auch Hutcheson zum »allgemeine[n] Gesetz der Aufrichtigkeit« in der sozialen Interaktion und zur Bereitschaft zur Aufrichtigkeit als »stillschweigende[m] Contract« zwischen den Interagierenden (Sittenlehre, Bd. II, S. 564ff., hier 569). Hierzu insbesondere Wegmann, Diskurse der Empfindsamkeit, S. 48f., und Sasse, Die Ordnung der Gefühle, S. 105f., sowie Mauser, Geselligkeit, zum Stellenwert des Vertrauens als Grundlage der aufklärerischen Norm der Geselligkeit (S. 16ff.).
10 Blödigkeit avanciert von einem der Person äußerlichen Laster wie noch in Quistorps *Der Hypochondrist* allmählich zum Charakter, s. Stanitzek, Blödigkeit, S. 117ff., 164f., 167. Siehe auch Wegmann, Diskurse der Empfindsamkeit, S. 49.
11 So etwa J. F. Löwens *Das Mistrauen aus Zärtlichkeit* oder Weißes *Der Misstrauische gegen sich selbst*.
12 Zu dieser Unterscheidung s. auch Gellerts *Moralische Vorlesungen*, 23. Vorlesung »Von den Pflichten der Erziehung in den zunehmenden Jahren der Kinder« (G VI, 244ff., hier 251).

ges Korrelat gemäß den zeitgenössischen Konzeptionen der Verstoß gegen die
Gesetze der Sozialität ist.[13] In dem Maße, wie er sich selbst als *Objekt* empfindsamer väterlicher Liebe nicht würdig hält – »Ich verdiene nicht, daß er
mich so sehr lieben sollte!« (CM 22) –, verurteilt er sich auch als *Subjekt* von
Liebe. In seiner Liebe zu Climene erblickt er somit ein Verbrechen, zu dessen
Bestrafung sein Vater angereist sei: »Sollte er etwan seine Grausamkeit noch
weiter treiben, und mir gar ein Gefängniß zur Strafe meiner allzu heftigen
Liebe zugedacht haben?« (CM 17) Seine Befürchtungen, der Vater wolle ihn
mit einer anderen Frau verheiraten, münden schließlich in die Angst, der Vater sei selbst sein Nebenbuhler bei Climene, was ihm zur Gewissheit wird, als
er den Vater schließlich bei der freudigen Umarmung seiner Schwiegertoch-
ter in spe sieht.[14]

Im III. Akt kommt es zur krisenhaften Zuspitzung seines Wahns. Timant
verweigert die Teilnahme am gemeinsamen Verlobungsmahl, in der Annahme, es solle die Verlobung seines Vaters mit Climene geschlossen werden und
überdies in der Angst, er könnte vergiftet werden. In höchster Not, sich vor
den »Nachstellungen der Hinterlist« retten zu müssen, flieht er, um in der
Einsamkeit, »von dem Umgange der Menschen getrennet«, sein Leben zu beschließen, nicht ohne zuvor Abschiedsbriefe an den Vater, an seine angebliche
Stiefmutter Climene und deren Vater zu hinterlassen (CM 53, 56). Damit ist
ein nicht mehr tolerierbares Maß an Unvernunft erreicht, Timant wird über-
einstimmend als »krank«, »unsinnig«, »rasend« erkannt, Geronte will ihn ins
»Tollhaus« sperren lassen, Orgon will ihn zumindest enterben (CM 64ff.). Im
IV. Akt wird nach Lektüre der Abschiedsbriefe Timants die geplante Verbindung mit Climene aufgehoben, er selbst wird offiziell aus der Familie ausgeschlossen – Timant seinerseits interpretiert dies alles als Rechtfertigung seines
Misstrauens und als Beweis für die Richtigkeit seiner Annahmen.

Damit ist die erste Handlungssequenz abgeschlossen. Sie ist, ungeachtet
deutlicher emotionalistischer Transformationen, in ihrer Grundanlage ein
frühaufklärerischer Komödienkonflikt.

Der empfindsame Konflikt und die Logik der Handlungsverdopplung
Nachdem in den ersten drei Akten der Titelheld und sein Problem im Mittel-
punkt gestanden haben, rückt nun ein ganz neues Problem, das des Liebespaars
Damon/Climene, in den Mittelpunkt und mit ihm Damon gewissermaßen

---

13 Zur naturrechtlichen Dimension dieser Vorstellungen s. Vollhardt, Freundschaft und Pflicht,
    und Vollhardt, Naturrecht und schöne Literatur im 18. Jahrhundert.
14 Das Problem des Vaters als Nebenbuhler seines Sohnes taucht im frühempfindsamen Lustspiel
    erstmalig auf, so in spielerischer Andeutung in Schlegels *Der Geheimnißvolle*. Es findet sich nun
    gehäuft und deutlicher, sei es als faktische oder als bloß befürchtete Rivalität, vgl. neben Cronegk
    Weißes *Der Naturaliensammler*, Martinis *Der Ehemann durchs Loos* und *Der Vormund*.

als zweiter Held. Timants Auftritte sind zahlenmäßig in den letzten beiden Akten deutlich reduziert, während komplementär hierzu das nämliche für Damon in den ersten drei Akten gilt. Es beginnt nun eine ernsthafte Liebeskomödie, die sich primär innerhalb der Kindergeneration abspielt, während der erste Konflikt noch weitgehend über die Opposition zwischen Kinder- und Elterngeneration organisiert war.

Die beiden Liebenden Damon und Climene haben sich in den ersten drei Akten ihre Liebe noch nicht gestanden, aber ihr Herz gemäß dem typischen nonverbalen Code der empfindsamen Liebe bereits durch Seufzen, Unruhe, Zerstreutheit, durch abwechselndes Erröten oder Erblassen sowie durch Traurigkeit offenbart (vgl. CM 15, 24f.).[15] In der zentralen Rührszene IV/2 kommt es zur ersten Direktbegegnung zwischen Damon und Climene, bei der das gegenseitige Liebesgeständnis in einen gemeinsamen Entsagungsentschluss (= 1. Entsagung) mündet, da zu diesem Zeitpunkt Climene noch als Braut Timants gilt. Zwei Szenen später kommt es zur Aufhebung dieser geplanten Verbindung durch die entrüsteten Väter; auf Betreiben Orgons, der die empfindsame Liebeserklärung des Paares belauscht hat, tritt an die Stelle Timants Damon, der auch Orgons väterliches Vermögen einst erben soll. Mit der Eliminierung des Unvernünftigen und Kranken wäre das *paarexterne* Liebeshindernis und damit zugleich die Komödienhandlung gemäß dem frühaufklärerischen Modell zu Ende – ganz ähnlich, wie dies z.B. in Lessings *Der junge Gelehrte* der Fall ist.

Doch auf der Basis der emotionalistischen Prämissen kann dies nicht als Lösung fungieren. Es ist nun noch eine weitere Handlungssequenz vonnöten. Im V. Akt kommt es mit Damons Entschluss, auf die Geliebte um des Freundes willen zu verzichten, zur plötzlichen Wende. Der großmütige Verzichtsakt (= 2. Entsagung) wird im Text als maximal ereignishaft, als ganz und gar nicht selbstverständlich gesetzt und ruft Zweifel und Verwunderung hervor, so bei Orgon: »Ist es möglich, daß die Großmuth so weit gehen kann?«, so bei Geronte, der sich fragt, »ob diese Großmuth nicht übertrieben und übel angewendet ist […]«, so bei der Domestikin Lisette: »Was das nun wieder für ein Einfall ist!« und schließlich vor allem bei der Geliebten selbst (CM 74, 78f.). Das Motiv für diese Tat konstituiert für die Umwelt zunächst ein Rätsel, da sich ihr die empfindsame Logik entzieht; Climene nimmt automatisch Untreue und materielle Motive an: »er muß eine reichere Partie gefunden haben« (CM 79). In einer Serie von Dialogen muss Damon die Familie von der Richtigkeit dieser Entscheidung überzeugen, womit der Text das empfindsame Wertsystem zugleich als ein *neues* thematisiert.

---

15 Siehe hierzu Wegmann, Diskurse der Empfindsamkeit, S. 46ff.; Titzmann, Empfindung und Leidenschaft, S. 154, sowie Lotman, Das Problem des Zeichens, S. 397f.

Zuerst muss der Widerstand von Timants Vater überwunden werden. Damon appelliert an »die Empfindungen eines zärtlichen Vaters« (CM 73). An die Stelle der Bestrafung soll die Besserung treten, bewirkt durch großmütige Verzeihung, die Damon als empfindsame Pflicht im Namen der »Menschenliebe« reklamiert:

DAMON. Sie sind kein Richter, Sie sind ein Vater; und Sie wollen lieber Ihren Sohn bestrafen, als ihn bessern? [...] Ergreifen Sie die Gelegenheit, einen Menschen, der es vielleicht verdienet, von einem schädlichen Vorurtheile zu befreyen. Sie sind schuldig, es zu thun; die Menschenliebe befiehlt es. (CM 73f.)

Zentrale Prämisse hierfür ist die Umdefinition des abweichenden Verhaltens, das von den Vätern als »Fehler des Herzens« eingeschätzt worden war: Es handle sich vielmehr um einen »Fehler, an dem sein Herz bey allem dem keinen Theil hat.« (CM 73). Die Positivierung des Herzens fungiert als Voraussetzung für die Möglichkeit empfindsamer Interaktion und Intervention, nicht anders wie bereits in Schlegels *Der Triumph der guten Frauen* (Hilaria über Nikander) oder in Lessings *Der Freygeist* (Theophan über Adrast).

Auf dieser Basis begründet Damon auch seine Entsagung. Bereits im I. Akt hatte Damon dem Freund Timant versichert, »daß ich mein Leben aufopfern werde, um meinen Freund glücklich zu machen!« und sich bereit erklärt, »*ein Opfer der Tugend*« zu werden (CM 20, 23). Damon stellt nun die typische Hierarchie ›Freund > Geliebte > eigenes Leben‹ auf, wie sie gleichzeitig (und bereits früher) in der Tragödie statuiert wird:[16] »ja, ich liebe Climenen mehr, als mein Leben, aber nicht mehr, als meine Pflicht und meine Tugend.« (CM 75) Entscheidend ist, dass es sich bei der geltend gemachten Freundschaftspflicht um rein *emotionale* »*Verbindlichkeiten*« handelt: »Ich habe Timanten viele Verbindlichkeiten; soll ich ihn unglücklich machen?« (CM 86). Darüber hinaus gibt Damon seinem Verzicht die Bedeutung einer *Selbstbestrafung*:

DAMON. Timant hat sie eher, als ich, geliebet; denn er hat sie eher gesehen. Ich wußte seine Liebe, als ich sie sah, und doch konnte mein schwaches Herz ihren Reizungen nicht widerstehen; *es soll dafür bestrafet werden*. (CM 75)

Die Tatsache, dass er Climene im IV. Akt als Braut angenommen habe, belege, so Damons Selbstanklage, dass er »der Macht [s]einer Leidenschaft nicht genug widerstehen [konnte]«, weshalb er nun den Entschluss zur räumlichen Entfernung fasst: »Ich werde nicht eher zurückkehren, *als bis mein Herz vollkommen frey von seiner Leidenschaft*, und so ruhig seyn wird, als es jetzo unruhig ist.« (CM 76) Dass dies maximale Selbstüberwindung vom Protagonisten

---

16 Vgl. etwa C. F. v. Derschaus *Pylades und Orestes oder Denckmaal der Freundschaft* (1747). Vgl. auch Lessings *Damon, oder die wahre Freundschaft*.

erfordert, wird deutlich genug zum Ausdruck gebracht: so nach dem »erste[n] Kampf« mit Orgon: »Erhole dich, gequältes Herz! Der erste Kampf ist vorbey, wie viel hast du nicht gelitten! Wie viel ist dir noch zu leiden übrig!«, wie vor dem »letzten Kampf« mit Climene: »Wie viel verliere ich nicht! Wie schön ist sie! Ich muß fliehen! – – Doch nein, ich will den letzten Kampf aushalten.« (CM 76, 78)

Deutlich wird hieran die »Abwehrfunktion«, die Freundschaft in Bezug auf sinnliche und leidenschaftliche Erotik im empfindsamen System zu erfüllen hat.[17] Der vernünftige Damon wiederholt damit aber das Verhalten des unvernünftigen Timant und unterwirft es zugleich einer *emotionalistischen Umsemantisierung*: Beide kündigen den Rückzug aus dem sozialen Raum und in die Einsamkeit an – was jedoch beim einen Misanthropie und Unvernunft ist, ist beim anderen Ausdruck höchster empfindsamer Tugend. Dabei stilisiert sich Damon zugleich als Quasi-Märtyrer, in Formulierungen, wie sie beinah wortgleich aus der Tragödie bekannt sind:

DAMON. […] ich gehe, vergnügt zu sterben, oder ein Leben zu führen, das den Tod an Schmerzen übertreffen wird. Ich habe genug in der Welt gethan; […] ich habe meine Pflicht erfüllt; und dieses wird mein einziger und letzter Trost bleiben. (CM 85)

Auf den ersten Entsagungsakt in IV/2 muss also ein zweiter folgen. Die Logik dieser Wiederholungsstruktur ist die einer *emotionalistischen Neumotivierung* in doppelter Hinsicht. Zum einen für das Liebespaar selbst: Nicht der durch äußere Gegebenheiten – die von den Vätern vereinbarte Verbindung Timant/ Climene – praktisch aufgezwungene Verzicht (= 1. Entsagung), sondern nur der wirklich freiwillige Verzicht, der eine Selbstüberwindung bedeutet (= 2. Entsagung), zählt, weil nur er ein emotionalistischer Akt im eigentlichen emphatischen Sinne ist. Erst die zweite, ungleich schmerzhaftere Entsagung führt zur Genese von ernsten empfindsamen Gefühlen – ein Ereignis, das Selbstwertcharakter besitzt. Weniger die tatsächliche Trennung der Liebenden scheint das Ziel, als vielmehr die Schaffung einer Gelegenheit zur Hervorbringung und Verbalisierung von »[s]chmerzhafte[r] Entzückung« und »[v]erzweiflungsvolle[r] Zärtlichkeit«, wie es die Abschiedsszene V/6 vorführt:

DAMON. Erlauben Sie mir, daß ich diese Hand zum letztenmale küsse, und mit meinen Thränen benetze. Schmerzhafte Entzückung! Verzweiflungsvolle Zärtlichkeit! Climene, liebste Climene, leben Sie – – ach Himmel, ich kann es nicht sagen! Leben Sie wohl!

---

17 Mauser, Freundschaft und Verführung, S. 225. Mauser weist auf das gleichzeitige Auftauchen von Freundschaft und Verführung als zweier »komplementäre[r] Erscheinungen« in der Literatur hin (S. 214f.). Zur um die Jahrhundertmitte entstehenden »familiale[n] Freundschaftsideologie« s. auch Sørensen, Freundschaft und Patriarchat, hier S. 284.

CLIMENE. Leben Sie wohl, Damon! Ich sterbe – – Die Tugend tröste Sie! Der Himmel begleite Sie! Denken Sie an mich, wenn ich nicht mehr lebe – – (Sie fällt auf den Lehnstuhl) (CM 86)

Eine emotionalistische Neumotivierung stellt die zweite Entsagung aber auch in einer weiteren Hinsicht dar. Es genügt offenbar nicht, Timants paranoide Vorwürfe *rational* zu entkräften, was in den ersten drei Akten versucht wird – sie müssen gewissermaßen auch noch *emotional* entkräftet werden. Dieser seltsamen Logik nach würde Timant im nachhinein in seinem Misstrauen bestätigt, wenn Damon nun Climene nähme. Tatsächlich zeiht Timant bei seinem Wiederauftritt Ende des V. Aktes Damon der Falschheit und wirft ihm vor, er habe Climene »mit Verletzung der Freundschaft und Tugend erobert« (CM 81). Diese Behauptung wird, obwohl sie von Timants Paranoia gespeist wird, von Damon paradoxerweise zugleich bestätigt, wenn er seine Entscheidung damit begründet, genau diesem Vorwurf vorbeugen zu müssen:

DAMON. Ich verliere viel. Ich weiß es. Aber ich kann nicht ruhig seyn, wenn Timant Climenen nicht erhält. *Dann hätte er Recht gehabt*, auf meine Freundschaft Mistrauen zu setzen; dann wäre ich aller seiner Vorwürfe werth. (CM 74)

Wie ist es möglich, dieser Vorwürfe »werth« zu sein, die objektiv und von allen anerkannt irrational sind? Timants Geschichte blockiert gewissermaßen Damons Liebesbeziehung, und zwar genau so lange, wie er als *Opfer* erscheinen kann. Das eigene Glück und der eigene Vorteil dürfen prinzipiell nicht fremdem Unglück bzw. der Schwäche des Rivalen verdankt werden, wie Damon beim Abschied der Geliebten erläutert: »Da ihn seine Schwachheit um Ihre Hand bringt; konnte ich ohne Niederträchtigkeit mir sein Unglück zu Nutze machen?« (CM 86) Dass Timant sich als Ehepartner völlig disqualifiziert hat und vor allem, dass Climene ihn nicht liebt und eine unglückliche Beziehung prophezeit (vgl. CM 84), spielt hierbei erstaunlicherweise keine Rolle. Die Geliebte wird von Damon mehr oder weniger instrumentalisiert, sowohl für das eigene Gewissen als auch für die Besserung des Freundes. Gemäß der neuen und höheren Moral, die Damon vertritt, wäre die Verbindung mit Climene unter den im IV. Akt gegebenen Umständen tatsächlich ein »Fehltritt« (CM 76) und somit lasterhaft:

DAMON. Sie lieben die Tugend zu sehr, um mir nicht zu verzeihen. Wäre ein treuloser Freund Ihrer Liebe werth gewesen? Hätte ein niederträchtiges Herz Ihre Zärtlichkeit verdienet? *Nein, Climene, ich verlasse Sie, um Ihrer werth zu werden.* (CM 86)

Der letzte Satz darf ganz wörtlich verstanden werden im Sinne der Vorbedingung für die finale Paarkonstitution. Dieser paradoxen Logik nach muss zuerst entsagt werden, *um* dann für dieses Verdienst mit dem Gewinn des Partners belohnt zu werden.[18]

Die Entsagung besitzt gewissermaßen eine doppelte ›therapeutische‹ Funktion, nicht nur für Damon, sondern auch für Timant. Was der rationalen und rein verbalen Strategie nicht gelingt, das gelingt der emotionalen Strategie, die die vertretenen Werte und Normen *unmittelbar in Handlung umsetzt* und in der praktizierten Entsagung, unter Einsatz von Tränen, sozusagen ›vorlebt‹. Die Wiederholungsstruktur folgt also damit der bekannten Logik der antiintellektualistischen Versinnlichung. Damons Strategie, durch sein Handeln auf Timant zu wirken – »Dadurch, daß ich Climenen meinem Freunde abtrete, bessere ich ihn; ich mache ihn tugendhaft; ich mache ihn glücklich.« (CM 74) – geht auf, der mittlerweile zurückgekehrte Timant bestätigt den Erfolg: »Ihre *Handlungen* haben mich überzeugt, daß noch eine wahre Tugend in der Welt ist, [...].« (CM 88) Die Hervorrufung von Rührung bei Timant und mit ihr zugleich von Reue und Scham stellt das zentrale Ereignis des Textes dar und bezeichnet den üblichen Triumph der Empfindsamen:

> TIMANT. Ich erkenne meinen Irrthum, und schäme mich selbst. Ich bin überzeugt, ich bin überwunden, und bitte Sie alle schamroth um Verzeihung. [...] Der Schleyer des Vorurtheiles, der mich verblendet hatte, fällt auf einmal von meinen Augen. [...] Ich sehe meine vorigen Thorheiten ein, und schäme mich meiner selbsten. (CM 82f.)

Die großmütige Entsagung Damons ruft nun bei Timant seinerseits *als Gegenleistung* eine großmütige Entsagung hervor. In der Erkenntnis, dass es sich bei seinen Fehlern um »lange eingewurzelte Thorheiten« handele, die »ihren Grund zum Theil aus dem Temperamente haben« und somit nicht sofort tilgbar sind, vielmehr einen »Rückfall« wahrscheinlich machen, verzichtet er seinerseits auf Climene zugunsten Damons und belegt *genau damit* den ersten Schritt zur »Besserung« (CM 88f.). Zugleich erfolgt dadurch die Reintegration Timants in die Gesellschaft der Empfindsamen. Das Liebespaar konstituiert sich somit zum zweiten Mal, und zwar auf der Basis einer völlig neuen, emotionalistischen Legitimation, sowohl in Bezug auf die eigenen, nunmehr geläuterten Leidenschaften Damons, als auch in Bezug auf den Rivalen, der dazu gebracht worden ist, *von selbst* und *freiwillig* den Weg frei zu machen für die Realisierung jener Paarverbindung, die als die optimale gilt. Hier muss also alles, d.h. alle entscheidenden Ereignisse, die im ersten Durchgang bereits stattgefunden haben – die geplante Verbindung Timant/Climene, Damons Entsagung, Timants Elimination und schließ-

---

18 Vgl. die simplifizierte Version einer solchen Entsagung in Franz v. Heufelds *Die Liebhaber nach der Mode. Oder: Was soll man für einen Mann nehmen?*

lich die Verbindung Damon/Climene – in einem zweiten Durchgang noch einmal neu und anders wiederholt werden mit dem Ziel der emotionalistischen Neufundierung:

1. KONFLIKT (frühaufklär., empfindsam überformt)		2. KONFLIKT (genuin empfindsam)	
Verbindung Timant/Climene geplant (= Beschluss der Väter)	I/1		
⇩			
Elimination Timants + 1. Verzicht (›erzwungen‹)	III/8	2. Entsagung Damon/Climene	V/1-6
⇩		⇩	
1. Entsagung Damon/Climene	IV/2	Reintegration Timants + 2. Verzicht (›von selbst‹)	V/4 V/8
⇩		⇩	
1. Verbindung Damon/Climene (= Angebot der Väter)	IV/3	2. Verbindung Damon/Climene (= Leistung der Kindergeneration)	V/8

emotionalistische Neumotivierung

Die Restitution der Liebesbeziehung ist schließlich auch lesbar als Theodizee, die durch diesen emotionalistischen Mechanismus gezielt hergestellt wird. Ein Blick auf frühere Texte vermag den Wandel zu illustrieren. Bereits in Schlegels *Herrmann* etwa erhält der Titelheld die Braut Thusnelde indirekt als Lohn für seine Tugend. Dies wird dadurch erzielt, dass Thusnelde nach der siegreichen Schlacht zunächst irrtümlich als gefallen gilt und Herrmann somit nochmals Gelegenheit erhält zur Affirmation der heroischen Werthierarchie ›Vaterland > Geliebte‹, bevor er in der letzten Szene die unerwartet Wiederkehrende quasi als Lohn empfangen kann (vgl. V/4.5). Der Vergleich zeigt nicht nur, *dass die empfindsame Entsagung das Erbe des heroischen Verzichts antritt.* Er zeigt auch den Wandel des narrativen Modells der Paarkonstitution als Lohn der Tugend. Handelt es sich bei Schlegel gewissermaßen um eine *akzidentelle* Ereignisverknüpfung, so nun um eine *notwendige*: Denn nicht nur *nach* dem Verzicht, sondern zugleich nur *durch ihn* erhält Damon die Geliebte. Die Logik der Theodizee wird also viel ›unmittelbarer‹ auf Geschichtsebene abgebildet, indem sie nun den Handlungsablauf selbst regiert und mit ihm gleichsam untrennbar verschmolzen ist; der ›Sinn‹ ist der ›Realität‹ auf qualitativ neuartige Weise immanent.

Wenn Cronegk seinen Helden im Schlusskommentar plötzlich wieder sein altes Misstrauen artikulieren und argwöhnen lässt, »sie hatten meinen Entschluß zum Voraus gesehen, und sie haben mich mit allen ihren Lobeserhebungen zum Besten« (CM 91), dann manifestiert sich damit zum einen noch einmal rudimentär, hier nun freilich als ironische Schlusswendung, das früh-aufklärerische Komödienschlussmodell, demzufolge eben keinerlei innere Besserung eintritt. Die empfindsame Entsagungslogik entzieht sich letztlich dem *Kranken* wie im Übrigen auch den *Domestiken*, die gegenüber der Ent-sagungshandlung wiederholt ihr bares Unverständnis artikulieren.[19] Zum anderen aber benennt das Misstrauen – »sie hatten meinen Entschluß zum Voraus gesehen« –, so falsch es ist in Bezug auf die *bewussten Intentionen* der handelnden Figuren, zugleich und wie in einem ironischen Selbstkommentar die implizite *höhere Logik des Textes*, die die Reziprozität empfindsam-altruis-tischer Verzichtshandlungen als Gesetz festschreibt: nämlich dass man Ent-sagung praktizieren muss, *um* auf diesem Wege die unveränderten eigenen Ziele durchzusetzen.

9.1.2 Verabschiedung und Neulegitimation des Heroismus in J. F. v. Cronegks *Codrus*

In seinem 1757 von Nicolais *Bibliothek der schönen Wissenschaften und der freyen Künste* preisgekrönten Trauerspiel entwirft Cronegk das gleiche Modell einer emotionalistischen Neulegitimation, hier nun gattungsspezifisch variiert. In seinen »Gedanken über das Trauerspiel Codrus«[20] nennt Cronegk als eventu-ellen Fehler seines Stücks eine Verletzung der Einheit der Handlung dadurch, dass er zwei Geschichten kombiniere, eine öffentlich-politische Geschichte: die Bedrohung Athens durch den Tyrannen Artander und seine Befreiung durch das Selbstopfer Königs Codrus – und eine privat-erotische: die Rivali-tät zwischen Codrus und dem jungen Medon, Sohn des Theseus, um Philaïde. Damit benennt er genau jene Unterscheidung, wie sie auch Patzke zu *Virginia* getroffen hat, der dort allerdings – den aristotelischen Regeln gemäßer – nur auf eine der beiden Geschichten fokalisiert. Die Lektüre, die hier vorgeschla-gen werden soll, zielt jedoch auf eine andere – die nunmehr bekannte, über die narrative Sukzession greifbare – ›Zweiteilung‹ des Textes bzw. Doppelung des Konflikts, die sich *nicht* mit der erstgenannten deckt, sondern zu ihr quer verläuft. Sie isoliert zwei Handlungssequenzen innerhalb der Paargeschichte

---

19 Vgl. Philippe (CM 47) und Lisette (CM 85). Die Domestikenschaft ist in der Komödie be-zeichnenderweise grundsätzlich unfähig zum Verständnis der höheren empfindsamen Logik der neuen erotischen Spielregeln. Vgl. u. a. Lessings *Damon, oder die wahre Freundschaft*, Weißes *Großmuth für Großmuth*, oder auch Franziska in *Minna von Barnhelm* (V/9).

20 CS 132–136. Die von Werner Gundel besorgte (und hier zitierte) Neuausgabe bietet den Erstdruck des *Codrus* aus der *Bibliothek der Schönen Wissenschaften*, Leipzig 1758. Zu den einzelnen Werkausgaben s. CS 464ff.

Philaïde/Medon, die *jeweils auch* (in unterschiedlichem Ausmaß) mit der politischen Geschichte verflochten sind.

Der frühaufklärerische Konflikt in empfindsamer Überformung

Der erste Konflikt ist von seiner Anlage her weitgehend traditionell-frühaufklärerisch, insofern er über den Gegensatz zwischen privaten und öffentlichen Belangen aufgespannt ist. Wie in *Der Mistrauische* ist er jedoch deutlich emotionalisiert.[21] Das Liebespaar Medon und Philaïde hat sich in der Vergangenheit bereits gefunden; nach längerer kriegsbedingter Absenz gilt Medon als tot. Nun begehrt Codrus Philaïde zur Frau, noch am selben Abend soll die Vermählung stattfinden. Das aus der satirischen Typenkomödie her bekannte Schema tritt hier allerdings mit einer bezeichnenden Variation auf: War der erotische Rivale in der frühen Komödie durch eine beliebige, in jedem Fall freilich lasterhafte Figur besetzt (etwa Quistorps *Der Bock im Processe*), so handelt es sich nun um eine tugendhafte Figur, die zudem eine ›Vaterfigur‹ ist, wodurch die erotische Rivalität eine neue Nuance und Konfliktdimension erhält. Martinis Komödie *Der Vormund* etwa weist dasselbe Schema auf und besetzt die Position des Königs mit dem Vormund.

Der totgeglaubte Medon kehrt jedoch in I/4 zurück. Seine Mutter Elisinde, die in das Paradigma der heroischen Mütter wie Adelheid (*Herrmann* und *Vitichab und Dankwart*) oder Secienia (*Die Horazier*) gehört, verlangt von ihrem Sohn die Überwindung seiner Liebe und den Verzicht zu Gunsten des Codrus. Vor dem Hintergrund des äußeren Krieges Athens gegen die Dorier wird nun an den Liebenden, und vor allem an Medon »der Leidenschaften Krieg« als innerer – innerathenischer, innerfamiliärer sowie intrapersonaler – Konflikt inszeniert (CS 95). Die politische Dimension dieses heroischen Wertkonflikts ist dabei maximal reduziert, denn die von Medon verlangte Entsagung hat nicht mehr die Bedeutung einer Verzichtleistung um des Vaterlandes willen, auch wenn sie offiziell noch so postuliert wird: »Wir leben nicht für uns, nein, für das Vaterland« (CS 86). Die Verbindung Codrus/Philaïde wird von Medons Mutter vielmehr aus rein familienpolitischen Gründen legitimiert und favorisiert: Mit der entfernt verwandten Philaïde, so die Mutter, gelange eine aus Theseus' Stamm auf den Thron. Es geht somit primär um das – neue – Thema einer erotischen Rivalität zwischen Souverän und Untertan (vgl. Kap. 10.2).

Die heroische Entsagung wird zwar schließlich vollzogen, gelingt hier allerdings nicht mehr so selbstverständlich. Die Liebenden nehmen in einer

---

21 Zu Tendenzen der Emotionalisierung in der heroischen Tragödie der 50er Jahre allgemein s. Meier, Dramaturgie der Bewunderung, S. 207ff; Schulz, Tugend, Gewalt und Tod, S. 208ff.; Steinmetz, Das deutsche Drama, S. 88ff.

Rührszene (II/2) Abschied voneinander, nicht ohne der Mutter »Unempfindlichkeit«, »wilde Großmuth« und ein »[g]rausames hartes Herz« vorzuwerfen
(CS 85, 100). Medon bekennt, ungleich stärker als die Schönaichschen Helden,
seine unheroische Schwäche – »Mein Herz ist allzu schwach für deine strengen
Lehren.« (CS 95) – und verfällt schließlich gar in suizidale Melancholie. Erst
nach langem Kampf ist er zur Entsagung bereit und formuliert gegenüber der
Geliebten dieselbe Werthierarchie wie Damon, wobei den Platz des Freundes hier das Vaterland bzw. der König einnehmen: »Nicht höher schätz' ich
dich, als Tugend, Ehr und Pflicht; / Jedoch so hoch, als dich, schätz ich mein
Leben nicht.« (CS 98) Die Dreieckskonstellation Timant/Climene/Damon
aus der Komödie wird hier somit homolog wiederholt in der Konstellation
Codrus/Philaïde/Medon.

Nach dem rührenden Abschied der beiden Liebenden im II. Akt kommt es
im darauffolgenden Akt jedoch zum Verzicht des Titelhelden, als dieser von
der Liebe zwischen beiden erfährt. Codrus, ein nochmals gesteigerter Canut,
verknüpft eine aufgeklärt-absolutistische Herrschaftskonzeption mit einer aufgeklärten Liebeskonzeption, die analog auf jeden äußeren Zwang verzichtet
und nur die freiwillige Unterwerfung bzw. Hingabe verlangt: »da, wo Codrus herrscht, sind alle Herzen frey.« (CS 88) Das alte heroische System, wie
es die Mutter vertreten hat, wird nicht mehr bestätigt, sondern von Codrus
selbst als übertriebene Tugend und »Strengigkeit« getadelt (CS 104). Mit der
Beseitigung des paarexternen Liebeshindernisses ist dieser erste Konflikt im
Prinzip erledigt[22] – alles, was nun in den beiden letzten Akten noch folgt, situiert sich auf einer völlig neuen Ebene.

Festzuhalten bleibt, dass die unzweifelhaft empfindsame Überformung dieses ersten Konflikts, etwa die Rührung, mit der er von den Figuren ausgetragen wird, nicht darüber hinwegtäuschen darf, dass es sich von der *Anlage* her
um einen traditionellen, frühaufklärerischen Konflikt handelt.

Der empfindsame Konflikt: Entsagung und Selbstopfer im zweiten Durchgang
Mit der Ankunft des dorischen Königs Artander im III. Akt wird ein neuer
Handlungsstrang eingeleitet. Artander täuscht Friedensabsichten vor, besetzt
jedoch Athen und nimmt Codrus sowie beide Frauen gefangen. Beide Bünd-
nisse, die Codrus parallel und am selben Tag zu schließen beabsichtigte – das
private erotische wie das politische – sind damit gescheitert. Im IV. Akt wird
Medon als Gefangener herbeigebracht, von Artander aber sofort freigelassen,
weil er in ihm jenen Krieger erkennt, der ihm in der Vorgeschichte in der
letzten Schlacht das Leben geschenkt hat, nicht wissend, dass er in Medon

---

22 Vgl. auch Greis, Drama Liebe, die den Konflikt deutet als »Konfrontation von Allianz,
Empfindsamkeit und Liebe« (S. 70ff., hier 72).

den von ihm gesuchten und gehassten letzten Spross aus Theseus' Stamm vor sich hat. Angesichts des Todes, der den anderen droht, verzichtet Medon auf die Freiheit, woraufhin ihm Artander eines dieser drei Leben schenkt – und damit beginnt exakt derselbe Entscheidungskonflikt von neuem, nur auf höherer Ebene.

Denn Elisinde fordert den Sohn nun zur Rettung des Codrus und damit erneut zum Verzicht auf die Geliebte und seine Liebe auf. Dies wird von ihr aber nicht mehr über die alte heroische Werthierarchie der Unterordnung des Privatinteresses unter das öffentliche, sondern ganz neu emotionalistisch begründet: Medons Entsagung und Selbstopfer soll eine Gegenleistung für die von Codrus in Teil I zugunsten des Liebespaares erbrachte Großmutstat sein. Der Entscheidungskonflikt als solcher ist gegenüber dem ersten krisenhaft verschärft und zugleich qualitativ verändert. Denn es gibt jetzt nur mehr die Wahl zwischen zwei negativen Alternativen:

> MEDON. Ich wählen? iede Wahl muß ein Verbrechen seyn.
> Ich habe nur die Wahl der Laster und der Pein.
> Es wird Natur und Pflicht bei jeder Wahl beleidigt.
> Ihr Götter! wird von euch die Tugend so vertheidigt? (CS 114)

Medon ringt sich schließlich zur Rettung des Codrus durch und will selbst anstelle der Mutter sterben, so dass es also nun, die Liebenden betreffend, in der letzten Szene des IV. Aktes zur zweiten Entsagung und zum zweiten Abschied des Paars kommt, das gemeinsam in den Tod gehen will. Auf der Oberfläche wird damit erneut eine heroische Wertehierarchie getroffen – aber es handelt sich nicht mehr um eine solche im alten Sinn, denn das Selbstopfer und die erotische Entsagung erhalten eine völlig neue Motivation und Legitimation. Sie erfolgen nicht mehr nach einer selbstverständlichen Hierarchie ›Tugend > Natur bzw. Trieb‹, sondern sie erhalten die neue Bedeutung einer genuin empfindsamen Handlung, nämlich als Gegenleistung im Rahmen des emotionalistischen Gesetzes der Reziprozität menschlich-empfindsamer sozialer Akte. Dieses ›Gesetz‹ bestimmt nun auch die Logik sämtlicher weiterer, auf den ersten Blick eher wirr und kraus anmutenden Handlungen.

Denn im V. Akt kommt es zu einer erneuten Wende. Medon gibt sich als Theseus' Sohn zu erkennen, woraufhin Artander sein gegebenes Wort bricht und Codrus nicht freilässt. Elisinde unternimmt nun einen Mordversuch an Artander, den Codrus im letzten Augenblick verhindert, da er seinerseits zum Selbstopfer bereit ist, was er bereits Ende des III. Akts angekündigt und von Anfang an in düsteren Schicksalsahnungen antizipiert hatte. *Erst daraufhin* lässt Artander Codrus frei, zum Dank für die Lebensrettung, und somit auch *wiederum als empfindsam-menschliche Gegenleistung*. Codrus selbst greift nach seiner Befreiung die dorische Wache an und tötet zwei Wachleute, um dergestalt das geplante Selbstopfer zu provozieren. Er wird getötet, und auch diese Tötung, gewissermaßen als ›anti-empfindsames Gegenstück‹ zur Lebensrettung, erfolgt somit nach dem Gesetz der Reziprozität. Zeitgleich mit seinem Tod dringt ein thebanisches Heer ein, rettet Medon vor der Enthauptung und befreit Athen. Der sterbende Codrus macht Medon zu seinem Nachfolger auf dem Thron (auf den dieser verzichten will), die Paarverbindung zwischen beiden Liebenden wird besiegelt.

Die offizielle Leseebene im Text lautet: Codrus hat damit eine maximale Großmutstat begangen und durch sein Selbstopfer eine doppelte, politische (Athen) wie private (Medon/Philaïde) Rettungstat vollbracht. Die bereits aus dem frühaufklärerischen Trauerspiel bekannte Pseudolegitimation des Opfertodes als angebliche politische Befreiung des vom Tyrannen bedrohten Volks ist hier allerdings auf die Spitze getrieben, denn eigentlich ist Codrus' Selbstopfer auf Handlungsebene doppelt sinnlos. Zum einen rettet faktisch nicht Codrus' lächerlicher Angriff gegen zwei Wachleute Athen und das Paar, sondern das *zufällig* eindringende thebanische Heer. Die scheinbare Paradoxie bzw. gar Absurdität von Codrus' Selbstopfer wird vollends offenbar, wenn er seine Tat zudem als Erfüllung eines Orakelspruchs ausgibt, welches die Rettung Athens prophezeit, falls »*eines* Königs Blut vergossen« würde (CS 127); damit genau dieses eintreten könne, habe er, so seine Argumentation, auch Artander zuvor retten müssen. Wenn also Elisinde in V/4 zur Erdolchung des dorischen Königs Artander ansetzt, dann wäre mit dessen Tod eigentlich bereits alles optimal gelöst, da auch damit das Orakel *dem Wortlaut nach* erfüllt wäre – jedoch nicht nach dem (emotionalistischen) *Sinn*, den Codrus ihm gibt. Mit der gezielten lexikalischen Identität, die der Text herstellt zwischen der vom Orakel verlangten tötenden »zornen Hand« und Elisindes gegen Artander gerichteten »zornen Dolch« (CS 127) stößt der Text den Leser auf den Widerspruch regelrecht hin, wie üblich freilich ohne jeden weiteren Kommentar. Nichts anderes ist auch die Funktion dieser Szene von Elisindes Anschlag.

Hinter der vorgeblichen Notwendigkeit von Codrus' Opfer verbirgt sich faktisch die pure Arbitrarität, bzw. anders formuliert, seine ›Notwendigkeit‹ ergibt sich auf einer ganz anderen, nämlich emotionalistischen Bedeutungsebene. *Faktisch* wird Medon zwar durch die Thebaner gerettet, *ideologisch* aber nur durch Codrus' Selbstopfer in der Bedeutung einer empfindsamen Gegenleistung für das zuvor erbrachte Selbstopfer Medons. Wenn in der vorletzten Szene Philaïde, die vom Eindringen der Thebaner hört, Medon jedoch hingerichtet glauben muss – und ihn damit zum zweiten Mal, wie bereits ganz am Anfang, fälschlich tot wähnt –, in einem Moment der Krise ausruft: »O Medon, welch Geschick / Trieb dich so schnell zum Tod? In einem Augenblick / Wärst du vielleicht befreyt.« (CS 129), dann thematisiert auch sie nochmals die Paradoxie dieser Rettung.

Die Isomorphie der Gattungen und das System der reziproken Rettungen
Die ganze Logik und Bedeutung des krausen Handlungsgeflechts, das hier
geboten wird, erweist sich voll und ganz erst, wenn man dieses Trauerspiel auf
der Folie des *Mistrauischen* liest und beide Gattungen als zueinander isomorph
begreift. Dabei muss zwischen einer *Struktur* einerseits und deren *inhaltlicher
Besetzung* andererseits unterschieden werden. In beiden Texten erfolgt somit
die Paarkonstitution erst als Restitution, hier nun sogar als doppelte Restitution, da sich Medon und Philaïde bereits in der Vorgeschichte einander versprochen haben. Titelheld Codrus ist strukturell gesehen die homologe Figur
zu Titelheld Timant: Ihrer beider Funktion ist die einer hinderlichen Größe
für die Realisierung der angestrebten Liebesbeziehung, und dieses Hindernis
kann jeweils erst in einem Doppelschritt wirksam ›eliminiert‹ bzw. überwunden
werden. Auf die erste Entsagung folgt zunächst jeweils die Ermöglichung der
Paarverbindung: durch Elimination Timants bzw. durch Verzicht des Codrus.
Gemeinsam ist diesen beiden Handlungen, dass die Paarverbindung jeweils
von außen – durch den Willen der Väter bzw. des Königs – ermöglicht wird.
Dies gilt nach dem emotionalistischen Wertsystem nicht als hinreichende
Fundierung und Legitimation. So muss auf die erste eine zweite Entsagung
der Liebenden folgen, die im Unterschied zur ersten nicht mehr auf eine *normative paarexterne Vorgabe* – Heiratsplan der Väter bzw. des Königs und der
Mutter – reagiert, sondern eine freiwillige Entscheidung darstellt und somit
Produkt einer Wahl ist: so eben der Verzicht Damons auf die ihm von den Vätern zugesagte Climene bzw. der Verzicht Medons auf die ihm von Artander
gewährte Freigabe Philaïdes. Erst dieser zweite Entsagungsakt, der eine echt
›empfindsame‹ Handlung darstellt, ist entscheidend, insofern er den Rivalen
zum definitiven Verzicht als emotionalistische Gegenleistung bewegt, der in
der Tragödie gattungsspezifisch als Selbstopfer realisiert ist. Damit wird zugleich auch ein Positionstausch realisiert: Das Paar (bzw. Damon) als *Subjekt*
und *Geber* der empfindsamen Handlung wird zum *Objekt* und *Empfänger* einer ebensolchen. Die Logik der Entsagung ist, vom Liebespaar aus gesehen,
wiederum eine heimlich finalistische.
   Das Handlungssschema kann somit für die Tragödie in exakter Homologie
zur Komödie rekonstruiert werden; die narrative Sukzession der zwei Konflikte folgt auch hier der übergeordneten Logik einer Wiederholung als emotionalistische Auffüllung bzw. Neufundierung eines bereits Vorgegebenen:

1. KONFLIKT (frühaufkl., empfindsam überformt)	2. KONFLIKT (genuin empfindsam)
Paarverbindung Codrus/Philaïde I/1 (= Beschluss von Codrus und Elisinde) ⇩	Paarverbindung Medon/Philaïde IV/4 möglich (durch Artander) ⇩
1. Entsagung Medon/Philaïde II/2 ⇩	2. Entsagung Medon/Philaïde IV/8 ⇩
1. Verzicht des Codrus III/2 ⇩	2. Verzicht des Codrus (Selbstopfer) V/8 ⇩
1. Paarverbindung Medon/Philaïde damit möglich	2. Paarverbindung Medon/Philaïde V/12

━━━━━━━━━━▶

emotionalistische Neumotivierung

Bei näherer Betrachtung wird noch ein weiteres, auf den ersten Blick nicht ganz selbstverständliches Detail dieser dargestellten Interaktion deutlich. Das gemeinsame Merkmal des Selbstopfers des Codrus in der Tragödie und des finalen Verzichts Timants in der Komödie ist nicht zuletzt auch sein definitiver Charakter: Der Selbsttilgung des Codrus korrespondiert insofern jene Erklärung, mit der Timant sich gewissermaßen selbst ›aus dem Verkehr zieht‹, d.h. als potenzielle Partner kommen beide nicht mehr in Frage. Und erst jetzt ist der Weg frei für das Liebespaar. Die Logik dieser Konstellation liegt zum einen in der offensichtlichen Vermeidung jeglicher erotischer Rivalität.[23] Sie ist zum anderen auch wieder in der verletzten bzw. herzustellenden emotionalistischen Symmetrie begründet. Der erste Verzicht jeweils in Teil I erfolgt zwar sowohl von Codrus als auch von Timant aus bereits ›freiwillig‹, ist aber offensichtlich noch nicht hinreichend. So inkommensurabel auf der Textoberfläche diese beiden Handlungen erscheinen mögen, teilen sie doch ein zentrales Merkmal: Denn beide Titelhelden verzichten damit auf eine Beziehung, die ihnen eigentlich *zusteht*, sie verzichten in diesem Sinne auf eine *garantierte Emotion*. Daher denn die Annahme dieses Verzichts durch den Liebenden Medon bzw. Damon für diesen die Bedeutung erhielte, dem Rivalen eine diesem zustehende Emotion zu ›rauben‹.[24] Genau damit entsteht ein emotionalistisches Ungleichgewicht, eine Asymmetrie, die durch die darauf folgende zweite Entsagung korrigiert

---

24 Vgl. diesbezüglich bereits die Argumentation Lorchens in Gellerts *Die Betschwester* (Kap. 4.2).
23 Zu dieser Regularität in Texten der empfindsamen Aufklärung s. Titzmann, Empfindung und Leidenschaft, S. 141, 144f.

werden muss. In jedem Fall wird hier wie da deutlich, in welchem Ausmaß diese kompensatorischen Entsagungs- und Verzichtsakte ein *emotionalistisches Tauschgeschäft zwischen Männern* darstellen – die Frau ist in beiden Texten Einsatz und Medium, in diesem Sinne ›Tauschobjekt‹, niemals ›Tauschsubjekt‹.

Letzteres erhellt auch bei näherer Betrachtung der altruistischen Rettungsakte, die *Codrus* in Fülle bietet. Denn nicht nur die beiden tugendhaften erotischen Rivalen, Codrus und Medon, sind durch wechselseitige Rettungsakte miteinander verbunden, sondern auch Codrus und Artander (V/4 und V/5), sowie Medon und Artander (Vorgeschichte und IV/4). Das Gesetz der Reziprozität erfasst alle drei männlichen Hauptfiguren, die dergestalt ein regelrechtes Interaktions*system* von gegenseitigen Rettungsakten bilden:

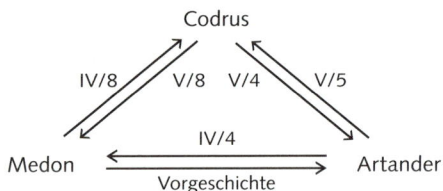

Jeder ist in Bezug auf den anderen zugleich sowohl *Retter* als *Geretteter*, d.h. er nimmt sowohl die aktive Subjekt-/Agens- als auch die passive Objekt-/Patiens-Position ein, und insgesamt stellt sich kompensatorisch eine Art ›emotionalistisches Gleichgewicht‹ ein. Cronegk hat damit den vielleicht konsequentesten Versuch der Transposition tradierter, hier dem heroischen Wertsystem entstammender Normen in ein emotionalistisches Interaktionsmodell im Trauerspiel präsentiert. Mit *Nathan der Weise* wird Lessing ein spätes und prominentes Beispiel schaffen, in dem, freilich in einem anderen inhaltlichen Kontext, die zentralen Handlungen der Hauptfiguren derselben Logik der Reziprozität folgen, womit dieser Text auch seine Zugehörigkeit zu diesem, von der mittleren Aufklärung geschaffenen Paradigma belegt.[25]

---

25 Lessing konstruiert über aktuelle und vergangene Rettungsakte exakt das gleiche ›emotionalistische Beziehungsdreieck‹ zwischen den männlichen Hauptfiguren Nathan, Saladin und dem Tempelherrn. Einzig Recha ist nur – und mehrfach – Gerettete und definiert sich innerhalb des emotionalistischen Systems genau durch diese Asymmetrie nun als ›Frau‹. Vgl. auch *Philotas*, wo die Angst des jungen Titelhelden vor der Rettung durch den Vater auch die Angst vor einer ›Entmännlichung‹ ist. Die geschlechtsspezifische Ausdifferenzierung des emotionalistischen Interaktionsmodells ist ihrerseits eines der Zentralthemen in *Minna von Barnhelm*.

9.2 Das »Verbrechen der Freundschaft«. Normenkrise und kulturanthropologischer Diskurs in C. F. Weißes *Die Freundschaft auf der Probe*

9.2.1 Erotische Liebe im System der emotionalen Tauschakte

Christian Felix Weiße gestaltet in den Komödien der 60er Jahre mehrmals die Problematik der erotischen Entsagung. Als Beispiele zu nennen sind vor allem die ursprünglich als bürgerliches Trauerspiel geplante Komödie *Amalia*[26] sowie der Einakter *Großmuth für Großmuth*, wo der emotionalistische Mechanismus der Reziprozität titelgebend geworden ist. In beiden Komödien handelt es sich um weibliche Entsagung, mittels derer eine erotische Rivalität zweier Frauen um einen Mann gelöst wird. Jeweils reist diejenige Partnerin, mit der bereits früher eine Verbindung bestanden (*Amalia*) bzw. geplant gewesen war (*Großmuth für Großmuth*), in Männerverkleidung an, um den Ex-Partner, der jetzt mit einer anderen Partnerin liiert ist (*Amalia*) bzw. sich zur Heirat anschickt (*Großmuth für Großmuth*), zurückzuholen. Ungeachtet des unterschiedlichen Ausgangs dieses Unternehmens, was mit der je verschiedenen Konstellation in der Vergangenheit wie auch der Gegenwart zu tun hat, muss eine der beiden Partnerinnen entsagen, um die Rivalität zu eliminieren. In *Amalia* hat der Partner eine andere Frau verführt und beide besitzen bereits ein gemeinsames Kind: Dort geht es nun um die Rückführung dieses vom Laster verführten Paares zur Tugend mithilfe des Entsagungsentschlusses der Titelheldin. In *Großmuth für Großmuth* hingegen wurde das Liebespaar völlig unschuldig von einem grausamen Vater getrennt, und der heiratsbereite männliche Partner glaubt die einstige Geliebte tot. Hier entsagt die zweite Partnerin, um die Verbindung der beiden ursprünglichen Partner zu ermöglichen. In jedem Fall geht es um eine emotionalistische Neulegitimation und somit Restitution einer Liebesbeziehung, die bereits in der Vergangenheit geschlossen wurde. Die Handlungskonstellation ist dabei in beiden Fällen derart, dass der entscheidende Entsagungsakt jeweils als emotionale Gegenleistung für eine ebensolche Verzichtsbereitschaft der Rivalin geleistet wird. Hier handelt es sich somit um Tauschakte zwischen weiblichen Figuren (komplementär zu dem männlichen in *Der Mistrauische*)

---

26 Diese Komödie darf als Sonderfall innerhalb des zeitgenössischen Komödiencorpus gelten, insofern sie die maximal mögliche Annäherung an das bürgerliche Trauerspiel darstellt (wie bereits der komödienunübliche Titel, das englische Personal und der englische Schauplatz signalisieren). Allein die Tatsache, dass eine derartige Umarbeitung problemlos möglich ist, ist bezeichnend für die zeitgenössischen Tendenzen zur Gattungsmischung. Siehe Weißes Selbstbiographie, S. 102, sowie Minor, Christian Felix Weiße, S. 108ff.; Steinmetz, Komödie, S. 60f.

In beiden Komödien ist darüber hinaus auch die Erotik in das System der emotionalen Tauschakte einbezogen, und diese Korrelation ist konfliktkonstitutiv:[27] In *Großmuth für Großmuth* hat die neue Partnerin den männlichen Protagonisten beruflich und finanziell gerettet, woraus für ihn extreme »Verbindlichkeiten« (WL 313) ihr gegenüber resultieren; doch auch deren Rivalin besitzt aus der Vergangenheit »Ansprüche auf sein Herz und seine Person« (WL 281). In *Amalia* veranstaltet die Titelheldin, immer noch als Mann verkleidet, eine Tugendprobe mit der Rivalin Sophie, indem sie deren Spielleidenschaft durch großzügige Kredite geschickt nährt, sie in einer finanziellen Notsituation rettet und als Gegenleistung die sexuelle Hingabe verlangt.[28] Erst nachdem Sophie dieser Verführung widersteht, wird sie von Amalia als Partnerin des einstigen Geliebten für würdig gehalten, und sie erklärt ihre Entsagung. Hier ist die Situation zugleich noch um einiges komplexer und interessanter. Denn der einstige Geliebte, der ihre Verkleidung nicht erkennt, vom geplanten erotischen Handel mit seiner Frau aber erfährt, stürzt auf dem empfindsamen Höhepunkt der Schein-Verführungsszene, da Amalia die sich als tugendhaft erweisende Rivalin umarmt, mit dem Dolch auf sie los – dies markiert den Punkt, wo das empfindsame Intrigenmodell potenziell scheitert und in Tragik umschlägt.[29] Amalia wird im letzten Augenblick von einem Freund gerettet, dem sie anschließend als Dank für diese Rettung ihre Hand gibt. Das heißt zum einen: Die Retterin wird ihrerseits zur Geretteten. Und zum anderen: Was sie von ihrer Rivalin zum Schein gefordert hatte – das »Geschenk Ihres Herzens« (WLN II, 114), erotische Liebe als Gegenleistung für eine altruistische Rettung – gibt sie nun selbst. Weiße lässt hier die positive Variante unmittelbar auf die (simulierte) lasterhafte folgen – freilich mit dem Effekt, dass tatsächlich beide nicht mehr unterscheidbar sind, was wiederum auch lexikalisch zum Ausdruck gebracht wird, wenn Amalia zuerst »Erkänntlichkeit fodert«, um sich anschließend mit der identischen Formulierung selbst einer »Erkänntlichkeit schuldig« zu bekennen (WLN II, 112, 114, 124). Vom rein emotionalistischen Standpunkt einer Gegenleistung von Gefühlen besteht auch kein Unterschied, ob dies in einem lasterhaften oder einem tugendhaften Rahmen geschieht. Hierin manifestiert sich wiederum die uneingestandene (und im Text selbstverständlich nicht offen thematisierte) Gefahr der moralischen Relativierung, die diesem Modell immanent ist.

---

27 Vgl. bereits Lessings *Die Juden.*
28 Die Konvertibilität von Spielschulden in erotische Ansprüche folgt auch einem aristokratisch-galanten Interaktionscode, s. Koschorke, Körperströme, S. 27.
29 Vgl. analog in *Minna von Barnhelm* (V/10).

Da, wo als Gegenleistung für einen altruistisch-empfindsamen Akt – sei dieser nun echt oder nur simuliert – erotische Liebe gefordert wird, thematisieren die Texte somit die Grenzen des emotionalistischen Modells der Reziprozität. Der Konflikt einer Figur zwischen zwei potenziellen Erotikpartnern – von denen er/sie einen *liebt* und einem anderem aufgrund einer altruistischen Tat emotional *verpflichtet ist* – avanciert in der ernsten Komödie der 60er Jahre zum neuen und beliebten Thema. Weiße treibt diesen Konflikt auf die Spitze in seiner 1767 erschienenen Komödie *Die Freundschaft auf der Probe*. Die nach der Erzählung Marmontels *L'amitié à l'épreuve* aus den *Contes moraux* gestaltete[30] fünfaktige Komödie – die einzige Komödie Weißes, die den Untertitel »ein rührendes Lustspiel« trägt[31] – entwirft die definitive Verbindung der beiden Liebenden ebenfalls nach dem Modell der Entsagung als Vorbedingung für die finale Restitution. Hier steht nun – in Umkehrung der Konstellation in *Großmuth für Großmuth* – eine weibliche Figur zwischen zwei männlichen Partnern, dem Geliebten und dem sie Liebenden, dem sie sich zugleich verpflichtet weiß.[32] Die emotionalistische Verhaltensnorm der Entsagung gerät hier in genau jene Krise, die in Cronegks *Der Mistrauische* mit der gewaltsamen Trennung der beiden Liebenden um des Freundes willen theoretisch bereits angelegt war, jedoch dort noch nicht ausbrach. Dies war vor allem durch die weitgehende Ausblendung der Figur der Climene möglich, während die Partnerin jetzt zur Zentralfigur avanciert.

9.2.2 Empfindsamkeitskritik aus der Perspektive der ›edlen Wilden‹

Zunächst seien die nötigen Daten der Geschichte referiert. Der reiche englische Offizier Blandford hat in der Vergangenheit von einem Einsatz in Indien ein junges verwaistes Mädchen, die »Indianerinn« Corally, mit nach England gebracht und sie als Pflegetochter angenommen, mit der Absicht einer späteren Heirat. Für eine erneute, dreijährige Absenz hat er die Waise dem Freund Nelson und dessen Schwester Julie zur Obhut übergeben. Julie, die ihrerseits Blandford liebt und zugunsten Corallys entsagungsbereit ist, hat Mutterrolle für Corally übernommen mit dem Auftrag, »sie während seiner Abwesenheit zur Tugend, und zu allen weiblichen Vollkommenheiten zu bilden« (WB 1/V, 166). Während Julie in diesem altruistischen Dienst am Glück des Geliebten »Wollust« (ebd.) und somit Ersatz für den Liebesverzicht findet, ist zwischen ihrem Bruder und Corally in dieser Zeit eine leidenschaftliche Liebe entstan-

---

30 Contes moraux, Bd. III, S. 120–175.
31 Zur Gattungsterminologie s. Kap. 4.2.2., Anm. 26.
32 Vgl. auch K. G. Lessings *Der stumme Plauderer.*

den. Die bevorstehende Rückkehr des Freundes, die im II. Akt erfolgt, führt zu einer heftigen Krise aller beteiligten Figuren. Wie in Cronegks *Der Mistrauische* hat auch hier der Freund das erste Anrecht auf die Geliebte. Nelson steht somit zwischen Liebe und Freundschaftspflicht und muss sich wie Damon für letztere entscheiden. Im Unterschied zu Cronegks Komödie, wo die Entsagungsgeschichte nur eine ›Hälfte‹ des Textes ausmachte, nimmt sie hier den gesamten Text ein; alle fünf Akte handeln von dem bis zur dramatischen Zuspitzung getriebenen Versuch, die emotionalistische Norm der Entsagung durchzusetzen, und vom Widerstand dagegen.

Blandfords Anrecht auf Corally ist im Unterschied zu dem Timants im *Mistrauischen* nicht nur das ›formale‹ Anrecht dessen, der die ersten Ansprüche erheben kann, weil er sie gefunden und nach Europa gebracht hat, sondern es ist ein in doppelter Hinsicht, nämlich *beiden* Liebenden gegenüber, moralisch begründetes Recht. Sowohl Corally als auch Nelson stehen jeweils in Blandfords Schuld, denn dieser hat damals nicht nur Corally vor seinen Soldaten gerettet, sondern einst auch Nelson und seine Schwester Julie nach dem Tode von deren Vater »der Armuth und dem Elende entrissen«, die durch Bankrott und Gläubiger drohten: »O Blandford, Blandford! *was sind wir Dir schuldig!* unser Leben ist das kleinste Opfer.« (WB 1/V, 159f.) Blandford ist für Nelson somit »mehr als Freund«, nämlich »Vater, Versorger, Wohlthäter, alles« (WB 1/V, 257). Blandford hat dergestalt bei beiden Liebenden eine »Verbindlichkeit« (WB 1/V, 159) geschaffen, derzufolge der einstige Akt empfindsamer Menschlichkeit und Liebe eine ebensolche emotionale Gegenleistung erfordert. Weiße nimmt hier eine entscheidende Änderung gegenüber der französischen Vorlage vor, indem er gezielt die moralischen Obligationen verschärft. Denn bei Marmontel hat zwar Blandford Corally gerettet, *nicht* jedoch Nelson, die beiden Freunde sind dort absolut gleichberechtigt, und zwischen ihnen herrscht somit, ›emotionalistisch‹ gesehen, kein Ungleichgewicht. Die Liebe Nelsons zu der seiner Obhut übergebenen Corally ist bei Marmontel problematisch allein deswegen, weil sie eine Verletzung des ihm von Blandford erwiesenen Vertrauens bedeutet. Auch gegenüber den bislang zitierten Texten ist der Konflikt hier also deutlich verschärft. Lag in *Codrus* oder *Der Mistrauische* nur ein mehr oder weniger formales Vorrecht des Fürsten bzw. des Freundes auf die Geliebte vor, so nun zusätzlich ein emotionales, das selbst schon durch Akte altruistisch-empfindsamer Liebesleistungen legitimiert ist.

Es ist Julie, die als Tugendinstanz und gewissermaßen als empfindsame ›Chefideologin‹ auftritt und ihrem Bruder im I. Akt die Pflicht der Selbstüberwindung auferlegt:

> JULIE. Du mußt Deine Liebe bekämpfen, Du mußt sie unterdrücken: die Tugend, der Gedanke, Deinen Freund glücklich zu sehen, wird Dir siegen helfen. (WB 1/V, 163f.)

Nelson muss aber nicht nur sich selbst besiegen, er muss vor allem die Geliebte dazu bringen, dass diese ebenfalls der gemeinsamen Liebe entsagt:

JULIE. Hier ist das Schrecklichste, was ich fürchte, das schwerste Geschäffte, das Dir bevorstehet: Du mußt sie dahin zu bringen suchen, daß sie Deiner Liebe entsaget, und den Blandford –
NELSON. Ich? ich?
JULIE. Wer sonst? die Liebe muß der Liebe dieß Opfer bringen, sonst ists unmöglich! wenn sie sich nicht aus Liebe für Dich überwinden kann, so ist alles umsonst!
NELSON Welche Zumuthung! (WB 1/V, 164)

Nelsons schließlicher Versuch, »ob ich ihre Liebe für mich in Freundschaft, und ihre Freundschaft für den Blandford, in Liebe verwandeln kann« (WB 1/V, 167), erweist sich als undurchführbar[33] und führt zu einem paarinternen Konflikt. Denn Corally, anders als ihre homologen Kolleginnen Climene (*Der Mistrauische*) bzw. Philaïde (*Codrus*) bei Cronegk, verweigert sich der ihr auferlegten Entsagung. Hierfür wird ihre Herkunft aus dem außereuropäischen Raum funktionalisiert. Corally ist ein Exemplar der ›edlen Wilden‹, aus deren Perspektive das eigene kulturelle System – und das ist hier nun allen voran das empfindsame Wertsystem – in seiner Nicht-Selbstverständlichkeit thematisiert wird.[34] Corally besitzt »[d]ie reinsten, die edelsten, die ungezwungendsten [Sitten]« (WB 1/V, 186); die Naturhaftigkeit und Ursprünglichkeit ihrer Empfindung steht im Zeichen maximaler Authentizität, Corally ist unfähig zu jeglicher Verstellung, gleich Rousseaus Mensch im ›Naturzustand‹.[35] Zumal nonverbale Zeichen der Empfindung wie ihre Tränen, Seufzer etc. sprechen eine von Nelson gerühmte »*Sprache der Natur,* wo sich die empfindlichste Seele mit so vieler Aufrichtigkeit abschildert!« (WB 1/V, 166f.) Ist die sprachliche Benennung der neu propagierten empfindsamen Emotion bereits in der frühempfindsamen Komödie ein zentrales Thema (z.B. beim Phänomen der ›nichtbewussten Liebe‹), dann wird dies hier nun in radikalisierter Form anhand des Erlernens der fremden Sprache durch die ›Wilde‹ thematisiert:

---

33 Weiße erreicht nicht zuletzt auch dadurch eine Verschärfung des Konflikts, dass er die bei Marmontel ausgesprochene Negativierung von Nelsons Liebe nicht übernimmt. Dort führt die Liebe bei Nelson zu einem »zèle du bien public affoibli« sowie zu einer (traditionellen) Selbstanklage: »le poison du vice me gagne: mon cœur est déjà corrompu.« (Contes moraux, Bd. III, S. 152)

34 Analog in Schönaichs Tragödie *Montezum* (1763). Beide Dramen reihen sich damit auch in den zeitgenössischen kulturanthropologischen Diskurs ein, s. Godel, Der Wilde als Aufklärer.

35 Der »homme sauvage« kennt noch nicht die Dissoziation von »être« und »paraître«, wie sie den »homme civilisé« kennzeichnet, Rousseau, Discours sur l'origine, S. 104. Siehe auch Wegmann, Diskurse der Empfindsamkeit, 81ff.; Lotman, Das Problem des Zeichens, S. 395ff., bes. S. 396 (zum ›Wilden‹ als »Wahrheitsträger«).

JULIE. [...] die Entdeckung eines Wortes, *zumal eines Wortes, das ein süßes Gefühl der Seele ausdrückte*, war für sie ein Triumph: sie machte davon die naifsten und rührendsten Anwendungen – (WB 1/V, 185f.)[36]

Die kulturelle Integration der »Indianerinn« ist jedoch nur partiell geglückt. Sie verweigert sich dem »Sie« und verwendet für geliebte Personen ausschließlich das »Du«, »[d]ie Sprache des Herzens und der Vertraulichkeit« (WB 1/V, 186). Die Erziehung zu konventionellen Regeln europäischer Höflichkeit und Verbindlichkeit ist gescheitert.[37] »Höflichkeit«, die laut Julie »ein Verlangen anzeigt[ ], sich verbindlich zu machen, und gefällig zu seyn« (WB 1/V, 187), ist ihr fremd. Hier wird bereits deutlich, dass es sich um einen ›empfindsamkeits-internen‹ Konflikt handelt: Denn jene »*Identitätsmoral*«[38] einerseits, wie sie Corally in der Authentizität und Unmittelbarkeit ihrer Empfindungen optimal repräsentiert, und die von Julie vertretene *Moral der reziproken emotionalen Obligation* andererseits konstituieren *beide* zentrale Aspekte der empfindsamen Interaktionsmoral, die hier nun miteinander konfligieren.

Julies Position, die von Nelson als maximale Tugend gepriesen wird – »Ich bewundere Dich, meine liebe Julie, und schäme mich – o wie weit ist Deine Seele über die meinige erhaben« (WB 1/V, 166) –, erfährt durch Corally eine fundamentale Relativierung. Corally thematisiert die Nicht-Selbstverständlichkeit dieses Wertsystems, wenn sie nicht nachvollziehen kann, warum die ersehnte Heirat mit Nelson unmöglich sein soll:

CORALLY. (erschrocken) Unmöglich! und warum?
JULIE. Weil mein Bruder dem Blandford alles schuldig ist?
CORALLY. Seltsam! deswegen soll ich und Dein Bruder uns nicht lieben, uns nicht heyrathen?
JULIE. Ach! wenn dieß mein Bruder thun könnte, so könnte er dem Blandford eben so gut einen Dolch ins Herz stoßen. [...] O bedenke, was für Recht er durch seine Wohlthaten auf Dein Herz hat.
CORALLY. [...] aber wie folgt daraus, dass er auch deswegen ein Recht auf mein Herz, *als Liebhaber* haben müsse? (WB 1/V, 170ff.)

Corally qualifiziert die im Namen empfindsamer Tugend ergehende Forderung der Geschwister vielmehr als Verstoß gegen die elementaren Normen aufklärerisch-empfindsamer Moral und formuliert somit explizit den dilemmatischen, systemimmanenten Konflikt:

---

36 Diesen Satz hat Weiße wörtlich aus Marmontel übernommen, vgl. Marmontel, Contes moraux, Bd. III, S. 132.
37 Weiße weicht hier von der Vorlage Marmontels ab, wieder mit dem Ziel der Radikalisierung. Bei Marmontel übernimmt Corally partiell die europäische Nicht-Authentizität, vgl.: »comme elle avait appris à rougir, & par conséquent à dissimuler« (ebd., S. 148)
38 Stanitzek, Blödigkeit, S. 100 u. passim.

CORALLY. *Giebt es hier wohl Gesetze, die grausam genug sind, mir den Gebrauch meines Herzens, und meiner Vernunft zu untersagen?* das, was liebenswürdig ist, zu lieben, oder wenn ich das lieben darf, mir die freye Wahl zu verbieten? [...] o hat die Liebe nicht auch ihre Rechte? *habt ihr unter euch kein Gesetz für fühlende Seelen?* und ist es bey euch edel und großmüthig, eine zärtliche Liebhaberinn in Verzweiflung zu stürzen, und *ohne Mitleid* ein Herz zu zerreißen, dessen einziges Verbrechen es ist, Dich zu lieben? O Nelson! Nelson! Nelson! (WB 1/V, 174f., 180)

9.2.3 Die Logik der ›entwendeten Emotion‹

Die Ankunft Blandfords im II. Akt verschärft den Konflikt nochmals. Die Geschwister verschweigen ihm den Liebeskonflikt, bestärken ihn vielmehr in der Annahme, eine liebebereite Corally vorzufinden. Blandford will ausdrücklich »nicht als Vater verehret seyn«, sondern »als Jüngling, als Bräutigam, als Mann von ihr geliebet seyn« (WB 1/V, 222), während Corally ihm nur das erstere gewähren will; über weite Strecken geht es um die – bereits im bürgerlichen Trauerspiel (*Lucie Woodvil*) aufgetretene – Doppeldeutigkeit der erotischen *vs.* nicht-erotischen empfindsamen Emotionen:

BLANDFORD. [...] ich fodere Dein Herz als ein freywilliges Geschenk.
CORALLY. Aber das hast Du, als mein Beschützer, und als mein Freund: meinen Gehorsam, meine Ehrerbiethung, meine Erkänntlichkeit – o ich habe Dirs ja schon gesagt!
BLANDFORD. Darunter ist noch nicht die Liebe. *Liebe, Liebe will ich haben* – [...]. (WB 1/V, 204)

Blandford demonstriert im Verlauf des Stücks unablässig seine extreme Güte und Großmut, so vor allem, wenn er Nelson für seine Fürsorge um Corally danken will, wenn er dessen Glück bewerkstelligen will oder wenn er ihn schießlich, ein beinahe sadistischer Akt, im Heiratskontrakt als seinen Nachfolger bei Corally im Falle seines Ablebens einsetzt. Blandfords Güte wird von *allen* Figuren als ambivalent erlebt, sogar Julie spricht von »Angriffen« seiner Güte auf sie (WB 1/V, 166); beim schuldbewussten Nelson erzielt sie freilich ihre maximale Wirkung:

NELSON. Blandford, ängstige mich nicht durch Deine Güte; Du hast ohnedieß der Wohlthaten so viel auf mich gehäufet, daß ich fast drunter erliege! [...] Halt, Blandford! stets willst Du mich durch Deine Güte demüthigen – [...] Halt ein Blandford, mit Deiner Güte! Du legst mir eine Last auf, die mich zu Boden drücket. (WB 1/V, 191, 282, 291)

Gegenüber dieser freundschaftlichen Emotion, die Blandford dem Geschwisterpaar entgegenbringt, erscheint die erotische Emotion, die er Corally entgegenbringt, nur als graduelle Steigerung. Aus deren Perspektive stellt sie ein Übermaß an Wohltat dar, das diese in ihr Gegenteil verkehrt:

BLANDFORD. Corally, hat Dir Nelson nichts von meinen Absichten, von meinen Wün-
schen gesagt?
CORALLY. Ja, er hat mir davon gesagt, aber – aber – ich bitte, ich flehe – *schränke Dei-*
ne Güte ein, Blandford! sie wird mir zu schwer! […] ich müßte nicht den Umfang der
Wohlthaten kennen, die Du schon auf mich gehäufet hast, wenn ich anders denken
könnte: *so lange der Strom in seinen Ufern geht, ist er lieblich, aber wenn er sie übersteigt,*
wird er fürchterlich! (WB 1/V, 200f.)

Corally ist zunehmend massiven Pressionen von beiden Geschwistern ausge-
setzt, die in der Drohung kulminieren, ihre Weigerung bedeute Nelson den
Tod, da er seine »Gewissensqual nicht überleben« würde: »und willst Du, daß
ich leben soll, *so söhne mich mit mir selbst aus,* und rechtfertige mich *gegen meinen*
Freund.« (WB 1/V, 258f.) Corally muss sich, wie Climene, für den Geliebten
und sein Gewissen opfern, ein Egozentrismus, den sie unverzüglich benennt:
»Aber Nelson, Du denkest nur an Dich! niemals an mich!« (WB 1/V, 257). Die
Asymmetrie ist eindeutig: Nicht der Verlust der Geliebten ist die von Nelson so
beschworene »Quelle des langsamen Gifts«, das ihn »verzehret« (WB 1/V, 258),
sondern einzig und allein das Schuldbewusstsein gegenüber dem Freund, das im
IV. Akt bereits zu sichtbaren Zeichen seines körperlichen Verfalls geführt hat.
Die postulierte *Schuld,* die Corally durch dieses Opfer tilgen soll, besteht im
Entzug von Emotionen, auf die der Freund ein Anrecht gehabt hätte. Corallys
Beharren auf ihrer Liebe zu ihm mache ihn zu einem »strafbaren Verbrecher«
und zum »Räuber« von Blandfords Glück, denn Corallys Hand, so die Logik,
»[würde] sich ihm, ohne mich, mit Freuden geben« (WB 1/V, 178f, 258).

Diese Argumentation ist nur möglich auf der Basis einer prinzipiell *reduzier-*
ten Individualisiertheit der Partner, wie sie innerhalb der empfindsamen Liebeskonzeption gilt – genau diese Prämisse wird hier nun aber in Frage gestellt.
Nelsons Behauptung, Corally würde Blandford lieben, hätte sie ihn (Nelson)
nicht kennengelernt, stellt zudem einen Akt der Entmündigung dar, der der
Geliebten die emotionale Autonomie abspricht; seine Schlussfolgerung, aus
diesem Grunde solle sie Blandford auch lieben, wird von der ›Wilden‹ geradewegs als Akt empfindsamer »Gewaltthätigkeit« qualifiziert (WB 1/V, 179).

Nelson muss schließlich bestätigen, dass die im Namen der Menschlichkeit argumentierende Moral sich in ihr Gegenteil verkehrt hat, dass »unsere
Grundsätze unmenschlich [sind]« (WB 1/V, 257). Die von ihm nichtsdestoweniger beschworene Pflicht, den Ungeliebten zu heiraten, läuft auf nichts anderes
als Heuchelei hinaus. Sie, die »noch im Umgange der Welt keine Verstellung
gelernt hat« (WB 1/V, 162), wie zu Beginn gerühmt wird,[39] wird nun ausgerechnet im Namen empfindsamer Tugend zu einer solchen gezwungen:

---

39 Vgl. auch die Mexicaner in Schönaichs *Montezum* und bereits die mohammedanischen
   Afrikaner in *Zayde, oder die Afrikanerinn,* die im Gegensatz zu den Europäern und Christen
   keine Verstellung und List kennen.

CORALLY. [...] doch Nelson, bedenke noch einmal, Du, die Wahrheit, die Redlichkeit
   selbst! Du willst, daß ich mich verstelle, daß ich Deinen Freund betrügen soll?
   Unterrichte mich zuvor in dieser Kunst – (WB I/V, 260)

Die empfindsame Moral der Reziprozität operiert wiederum mit der Verschleierung der Differenz von freundschaftlicher *vs.* erotischer Emotion, so
wenn Nelson behauptet, es ginge lediglich darum, Blandford »Erkänntlichkeit, Hochachtung und süße Freundschaft« (WB I/V, 260) entgegenzubrin-
gen. Als Corally aber auf dem Unterschied von »diesen Empfindungen« zur
»Liebe« beharrt, muss Nelson die versteckte Werthierarchie offenlegen, und
der so Tugendhafte formuliert eine erstaunliche Moral, die im Namen empfindsamer Großmut explizit die Lüge legitimiert:

NELSON. Aber bezeige ihm nur jene [Empfindungen, WL], so wird er sie für Wirkungen der Liebe halten. *Das Opfer davon bist Du ihm schuldig, aber nicht das Geständniß.* Eine Sache, die durch die Bekanntmachung schaden kann, muß man niemals
   bekannt machen, und eine gefährliche Wahrheit findet in der Finsterniß des Stil-
   leschweigens allezeit eine Freystatt. (WB I/V, 261)

Wenn am Ende von IV/5 Nelson von der verzweifelten Corally verlangt, sie
möge seinetwegen die Ehe verweigern, aber um jeden Preis ihrer beider Liebe verleugnen, dann wird noch einmal deutlich, dass es dem empfindsamen
Tugendhaften einzig um das Problem der schuldhaft ›entwendeten Emotion‹
geht. Wenn Corally sich, nachdem sie von den Geschwistern mit vereinten
Kräften bearbeitet worden ist, gegen Ende des IV. Aktes schließlich dazu bereit erklärt, das »Opfer Deiner Pflicht« zu werden (WB I/V, 266), wird sie
damit zugleich zur Retterin von Nelsons Tugend:

JULIE. Englische Corally: ach! Du schenkst uns unsere Ruhe, unsre Glückseeligkeit
   wieder!
NELSON. [...] Ich werde Dir mein Leben danken, und meine Tugend! welche Geschen-
   ke! wie sehr muß ich Dich lieben! (WB I/V, 267)

9.2.4 Die ›Intrigantin‹ der Tugend

Die Zwiespältigkeit des tugendhaften Geschwisterpaars manifestiert sich nicht
nur gegenüber dem Opfer Corally, sondern auch gegenüber demjenigen, zu
dessen Gunsten dies alles geschieht. Blandfords Zweifel, ob Corally ihn wirklich liebe, werden von beiden heruntergespielt. Insbesondere Julie erscheint im
weiteren Verlauf zunehmend als regelrechte Intrigantin, womit Weiße eine
zusätzliche Dimension anlegt, die es bei Marmontel in dieser Form nicht gibt.
Julie garantiert Blandford »mit einer angenommenen Heiterkeit« (so der Nebentext) Corallys Liebe und erklärt deren Widerstand mit ihrer »jungfräuli-

chen Schaamhaftigkeit« (WB 1/V, 224, 227). Sie versteigt sich schließlich zu
ausdrücklichen Lügen, so wenn sie auf Blandfords Forderung, Corally müsse
ihn »mit der äußersten Zärtlichkeit lieben, so, wie ich sie: Sie muß nirgends
ein größer Glück zu finden glauben [...]«, antwortet: »Und glaubten Sie wohl,
daß ich mein Töchterchen ohne diesen Umstand weggeben würde?«; oder
wenn sie, kurz nachdem sie Corally selbst zugestanden hat: »Du hast Recht,
es ist schrecklich, seine Hand ohne sein Herz zu vergeben«, Blandford gegenüber dreist behauptet: »von der Corally werden Sie doch wohl nicht vermuthen,
daß sie Hände ohne Herz vergiebt?«, etc. (WB 1/V, 230, 264, 274).

Angesichts der Heuchelei der Geschwister ist es der – von Weiße hinzu-
erfundene – Intrigant Woodbe, Bettmeister auf Blandfords Gut, dem die
Aufgabe zufällt, den zweifelnd gewordenen Blandford von Corallys wahren
Gefühlen zu unterrichten. Durch ihn wird eine ganz zentrale weitere Relativierung der empfindsamen Tugend geleistet. Woodbe hat zwar seinerseits ein
lasterhaftes Motiv, nämlich die Verleumdung des von ihm gehassten Nelson,
weil er in ihm den erotischen Rivalen um die auch von ihm begehrte Corally
weiß; er, und nur er aber spricht die Wahrheit.

> WOODBE. Das ist doch eine verzweifelte Sache um die liebe Tugend! [...] Tugend, Recht-
> schaffenheit, Freundschaft – o über das hochtrabende Gewäsche! unfehlbar hätte
> sich mein Herr davon den Kopf verrücken lassen, und wer weiß – hätte ihn nicht
> Nelson mit seiner Heucheley übertölpelt – Nein, nein, das Ding mag seinen Gang
> gehen. (WB 1/V, 276)

Der Text delegiert die Kritik an der ambivalenten empfindsamen Moral an den
Tugendhasser. Die Konstruktion ist ersichtlich dieselbe wie in Brawes *Freygeist*
oder Pfeils *Lucie Woodvil*, wo der Intrigant Henley und die Zofe Betty eine
ähnlich lautende Kritik am Tugenddiskurs der Empfindsamen üben. Doch
was dort noch latent war, ist nun manifest geworden. Nicht unwesentlich ist
dabei, dass die Kritik von einem Domestiken geäußert wird, die in der Komödie dem Empfindsamkeitsdiskurs generell und speziell der Entsagungsmo-
ral gegenüber gern ihre völlige Verständnislosigkeit artikulieren dürfen (vgl.
Der Mistrauische, *Großmuth für Großmuth*). Das Drama installiert also in diesen Figuren eine Instanz der Relativierung jenes Wertsystems, das es offiziell
propagiert. Die Krise, in die das emotionalistische Tugendsystem im vorliegenden Text geraten ist, zeigt sich nicht zuletzt darin, dass es nun auch auf
Handlungsebene des Bösewichts für die Konfliktlösung bedarf.

Dabei kommt es zur völligen Gleichsetzung von Tugend und Laster. Denn
nachdem Woodbe merkt, dass den Tugendhaften mit der Enthüllung der
Wahrheit nicht beizukommen ist, da Blandford ihm nicht glaubt, ändert er
seine Strategie. In der festen, vom Text nicht widerlegten Annahme, dass er
mit Förderung der Ehe zwischen Blandford und Corally »Argwohn, Eifersucht, Krieg« stiften kann (WB 1/V, 276), behauptet er nun exakt das Ge-

genteil, nämlich dass Corally Blandford liebe und sich nur aus jungfräulicher Scham vor der Ehe fürchte – d.h. aber, er behauptet exakt dasselbe wie auch Julie! Laster und Tugend wollen, wenngleich aus konträren Motiven, dasselbe und finden zusammen in der identischen lügnerischen Strategie. In der dramatischen Szene V/6, als die Verlobung zwischen Blandford und Corally geschlossen werden soll, wird schließlich die Verzweiflung der letzteren von Julie als *Triumph der Tugend* – vgl. zu Corally: »Du bist dem Siege nahe! überwinde vollends in diesem Kampfe!« – und von Woodbe, der dem Schauspiel mit »boshafte[r] Freude« beiwohnt, als *Triumph des Lasters* bewertet (WB 1/V, 295). Die Regie der Tugend ist damit als völliges Äquivalent zur Intrige des Lasters erwiesen. Ihre Differenz wird nur mehr gerettet über die unterschiedliche Reaktion beider ›Intriganten‹ auf die zentrale Wende in V/8, mit der das Tugend-Projekt scheitert: Während Julie, unter Lobpreisung von Blandfords Großmut, der nun seinerseits entsagen will, der Wiederherstellung der Liebesbeziehung zustimmen kann, bezeugt Woodbe »seinen äußersten Verdruß« (WB 1/V, 301). Hat Weiße bereits den Konflikt um die erdrückende Großmuth Blandfords gegenüber der französischen Vorlage wesentlich verschärft, so legt er mit dieser Struktur eine Dimension der moralischen Relativierung an, die es so bei Marmontel nicht gibt, die freilich eine dominante Strömung im deutschsprachigen empfindsamen Drama aufnimmt und sie bis ins Extrem radikalisiert.

Damit aber die (Selbst)Vergewaltigung der Natur im Namen der Tugend gestoppt werden kann, muss es erst zur dramatisch zugespitzten Krise kommen: zum psychischen und physischen Zusammenbruch Corallys bei der Verlobungszeremonie, womit auch das empfindsame Lügenwerk zusammenbricht. Blandford selbst bestätigt die zerstörerische Gewalt der von Nelson beschworenen »heiligsten Pflichten der Freundschaft«:

BLANDFORD. Die Natur, der Du Gewalt anthun wolltest, hat ihre Rechte behauptet. Betrübe Dich darüber nicht; sie hat Dich einem Verbrechen entrissen. Ja, die Aufopferung der Corally war das Verbrechen der Freundschaft. (WB 1/V, 298)

All jene Ambivalenzen, die dem emotionalistischen Wertsystem seit seiner Etablierung ab 1745 von Anfang an inhärent sind, brechen hier nun als offene Krise aus. Weißes Komödie ist insofern ein Extremtext, der gegen Ende der mittleren Aufklärungsphase die systemimmanenten Widersprüche bilanziert. Nicht zufällig handelt es sich wohl um die Adaptation einer ausländischen Vorlage, die er allerdings, wie gezeigt, an entscheidender Stelle radikalisiert. In Korrelation hiermit zeigt sich in Ansätzen eine neue Individualisierung der Liebespartner, wie sie zeitgleich (und noch viel stärker) auch in Weißes *Romeo und Julie* zu Tage tritt (s. Kap. 10.1).

Ungeachtet dessen bleibt der Text letztlich aber absolut im Rahmen des empfindsamen Systems, er überschreitet es nicht. Wenngleich die systemimmanenten Widersprüche offen thematisiert werden, werden sie als solche doch nicht eigentlich überwunden. Dies wird vor allem in den beiden letzten Szenen deutlich. Indem Blandford zugunsten der Liebenden entsagt, gibt er einen neuen Beweis seiner übermenschlichen Güte:

NELSON. (zu seinen Füssen.) O zu viel! zu viel, edler Blandford, vortrefflichster unter allen Menschen! ich unterliege unter Deiner Großmuth. (WB 1/V, 300)

Damit offenbart sich freilich eine fundamentale und irreduzible Ambivalenz. Denn in Bezug auf Blandford gilt somit, dass die gleiche empfindsame Großmut, die die Liebesbeziehung zu zerstören droht, sie am Ende restituiert. Es ist dieselbe erdrückende und ambivalente Güte, die durch die Erzeugung zu großer Verbindlichkeit Nelsons Liebesglück zunächst bedroht, und die es ihm faktisch am Ende garantiert. Ambivalent bleibt auch die von Nelson praktizierte Entsagung. Denn was Blandford als »Verbrechen der Freundschaft« tadelt, das gilt ihm zugleich doch auch als »höchste[r] Beweis Deiner Freundschaft« (WB 1/V, 299) – die Entsagung bleibt also das einzige Mittel, um diese Freundschaft unter Beweis zu stellen. Am Ende, wenn als Ersatz eine Verbindung Blandfords mit Julie angedeutet wird und zugleich die Hoffnung geäußert wird, die Freundschaft werde seine noch verbleibende Liebe zu Corally »zerstören helfen«, beschwört Blandford hierfür ausgerechnet Nelson als positives Vorbild, der ihm dazu »das Beyspiel [gebe]« (WB 1/V, 304). Auch damit wird Nelsons Entsagung nachträglich doch noch gerechtfertigt; auf der höheren Ebene der emotionalistischen Logik der Paarkonstitution war diese Entsagung ebenso notwendig, um Corally definitiv zu erhalten, wie sie es bei Cronegk ist. Jene generelle Paradoxie einer Entsagung, zu der das Subjekt potenziell bereit sein muss, *damit* sie faktisch überflüssig werden kann, ist hier also zwar in einer Extremform realisiert, aber *als solche* nicht aufgehoben. Auf der Ebene der empfindsamen Interaktionslogik des Austauschs von Emotionen provoziert Nelsons Großmut – die ihrerseits bereits von Blandfords vorangehender Großmut provoziert wurde – die erneute Großmut von Blandford und stellt diesbezüglich die homologe Aktion dar zum (zweiten) Selbstopfer des Medon für Codrus bzw. des Damon für Timant, das deren Selbstopfer zur Folge hat. Die Lösung des dargestellten Konflikts erfolgt mithin jeweils im Rahmen des emotionalistischen Reziprozitätsgesetzes.

10. An der Schwelle zum Sturm und Drang: Die Situation Ende der 60er Jahre

Das – ab 1745 in ersten Ansätzen greifbare – Modell der Konfliktverdoppelung und -substitution im narrativen Prozess konnte nach 1750 im Zusammenhang mit der Liebesthematik – d.h. in denjenigen heroischen oder bürgerlichen Trauerspielen, die die (scheiternde) Konstitution eines Liebespaares in den Mittelpunkt stellen – die Form einer ›Wendung gegen sich selbst‹ annehmen: Der in einem ersten Schritt aufgebaute externe Gegner – der Tyrann oder der adlige Bösewicht – wurde substituiert durch einen höheren internen Gegner, der ›in den eigenen Reihen‹, sprich innerhalb des Paars und des Subjekts selbst entdeckt und schließlich als problematische Emotionalität identifiziert wurde. Das Moment der systemimmanenten und paradoxen Krise bestand darin, dass jene Wendung zum Subjekt, die das aufklärerische Projekt der empfindsamen Liebe zuallererst ermöglichte, sie zugleich scheitern ließ. Diese Konfliktsubstitution und -überlagerung – die, wie gezeigt, nicht mit der parallel stattfindenden Substitution des politisch-öffentlichen durch den erotisch-privaten Konflikt verwechselt werden darf, auch wenn beide Prozesse miteinander korreliert sind – konnte gedeutet werden als Ausdruck einer Anthropologisierung, die ihrerseits funktionalisiert wird für eine grundlegende und genuin aufklärerische Werthierarchisierung, die in der problematischen Emotionalität/ Affektivität allemal den größeren Feind zu bekämpfen hat. Inwiefern sich dahinter eine Logik der Theodizee verbirgt, wurde bereits angedeutet.

Dieses Modell, das als eines der charakteristischsten für das empfindsame Trauerspiel gelten kann, tritt im Laufe der 60er Jahre in zunehmend expliziter Gestalt auf. Dies manifestiert sich u.a. bereits ›formal‹ darin, dass jene Tendenz zur Narrativierung, durch welche die logisch-semantische Konfliktsubstitution auf der Handlungsebene als annähernde Zweiteilung der Texte abgebildet wird, nunmehr die Gestalt der deutlichen Ablösung gleichsam zweier aufeinanderfolgender Geschichten annimmt. Zum zweiten findet sich eine auffällige Radikalisierung der Problematik menschlicher Emotionalität, die in einigen Aspekten unzweideutig auf den kommenden Sturm und Drang vorausweist. Damit einher geht schließlich eine verschärfte Krise der Theodizee, die wiederum spezifische Lösungsstrategien erfordert.

Wenngleich diese radikalisierte anthropologische Wende zum Subjekt vorzugsweise in der Tragödie auftritt, lässt sie sich doch auch in der Komödie nachweisen. Die Gattungen stehen diesbezüglich in Isomorphierelationen, das negative Ende in der Tragödie (Tod und Scheitern des Liebespaars) und das positive Ende in der Komödie (gelingende Restitution des Paars) sind gat-

tungsspezifische inhaltliche Besetzungen eines zugrunde liegenden gemeinsamen Strukturmodells. Dies sei anhand von zwei bürgerlichen Trauerspielen,
einer heroischen Tragödie und einer Komödie (jeweils aus der zweiten Hälfte
der 6oer Jahre) gezeigt.

10.1 Ansätze einer neuen Liebeskonzeption im bürgerlichen
Trauerspiel: H. P. Sturz' *Julie* und C. F. Weißes *Romeo und Julie*

Helferich Peter Sturz' bürgerliches Trauerspiel *Julie* (1767) und Christian Felix
Weißes Shakespeare-Adaption *Romeo und Julie* (1768) als bürgerliches Trauerspiel, letzteres das auf den deutschen Bühnen erfolgreichste Trauerspiel der
6oer Jahre,[1] sind sehr ähnlich gebaut und bieten sich daher zu einer synoptischen Lektüre an. Der Schwerpunkt soll dabei auf der weniger bekannten
Tragödie von Sturz liegen.[2]

10.1.1 Die neue Liebeskonzeption und der neue Generationenkonflikt

Julie eröffnet mit dem aus der frühempfindsamen Komödie (vgl. u. a. Mylius'
Die Aerzte) bekannten Schema: Die jugendlichen Protagonisten, Titelheldin
Julie Wohlau und der junge Wilhelm Belmont, ein verarmter Vetter, den Julies Vater vorübergehend im Hause aufgenommen hatte, haben sich bereits als
Liebespaar gefunden; Belmont ist seit nicht näher konkretisierter Zeit nicht
mehr anwesend, Julie soll nach dem Willen des Vaters mit Woldemar, dem
Sohn seines verstorbenen Freundes verbunden werden, ein Versprechen bzw.
eine Verabredung, die er in der Vergangenheit noch mit dem Sterbenden getroffen hatte. Führte diese Konstellation in der Komödie zu keinen bzw. nur
zu Pseudo-Konflikten, da Wunsch der Elterngeneration und Wunsch der
Kindergeneration ideal und utopisch zusammenfielen (s. Kap. 6.3), so kommt

---

1   Siehe Minor, Christian Felix Weisse, S. 233ff. und Brüggemann, Die Aufnahme Shakespea-
     res, S. 234f. Weiße, der zeitweise als ›deutscher Shakespeare‹ gefeiert wurde, hat mit diesem
     Stück, parallel zu den gleichzeitig erscheinenden Wielandschen Shakespeare-Übersetzungen,
     an der Schwelle zum Sturm-und-Drang, aber *vor* der Shakespeare-Mode der 7oer Jahre,
     einen entscheidenden Beitrag zur Rezeption des englischen Dramatikers in Deutschland
     geleistet. Zur durchaus originellen Umarbeitung und Zurichtung des Shakespeareschen
     Dramas s. auch Weißes eigenen »Vorbericht« (»Der deutsche Verfasser hat [...] ein ganz
     neues Stück daraus zu machen versucht [...]«, DLE XI, S. 235ff., hier 236).
2   Zu *Julie* s. auch Greis, Drama Liebe, S. 62ff. und Mönch, Abschrecken oder Mitleiden,
     S. 139ff. Trotz bzw. wohl aufgrund seiner (scheinbaren) Bekanntheit ist Weißes Trauerspiel
     hingegen in der Forschung so gut wie nicht behandelt (vgl. die knappen Bemerkungen bei
     Mönch, S. 147f.).

es hier nun zu einem gravierenden Konflikt zwischen beiden Generationen, genauer zwischen den Liebenden und dem männlichen Teil der Elterngeneration, d.i. dem Vater (und dessen Halbbruder), während der weibliche Teil der Elterngeneration, die Schwester des Vaters, Frau von Wichmann, und die Gouvernante Dalton, beide Mutteräquivalente, der Tochter wohlwollend gegenüber steht. Die gleiche Konstellation findet sich bei Weiße in *Romeo und Julie*, wo der despotische, unbedingten Gehorsam fordernde Vater Julies, Antonio Cappelletti, mit der »zärtlichen Mutter« (DLE XI, 259) kontrastiert. Mit der Figur des autoritären und tyrannischen Vaters, der an die Stelle des bislang dominierenden zärtlichen Vaters tritt, weist der Text auch auf die 1770er Jahre voraus.[3]

Der erste große Konflikt, den beide Texte aufbauen, besteht also im Kampf der Liebenden gegen dieses paarexterne Hindernis der anti-empfindsamen Vaterfiguren.[4] Hauptgegner bei Sturz ist der Onkel Capitain von Wohlau, ein ehemaliger Offizier, der unverkennbar dem Bruder des zärtlichen Hausvaters in Diderots *Le Père de famille*, dem Komtur d'Aulnoy, nachempfunden ist und als »ein wilder Bösewicht« qualifiziert wird (TD VI, 117). Er will seine Nichte mit Gewalt zur gewünschten Ehe mit Woldemar bringen, droht ihr Gefängnisstrafe und Verstoßung an, schreckt auch vor körperlicher Gewaltanwendung nicht zurück und interveniert wie der Komtur in *Le Père de famille* eigenmächtig, d.h. ohne Wissen seines Bruders, indem er dem gehassten Belmont Drohbriefe schreibt und die Korrespondenz der Liebenden unterbindet. Mit seinen unmenschlich-tyrannischen Methoden vertritt er eine vorempfindsame Erziehungskonzeption, die die Kinderzucht wie Rekrutenzucht, die »Familie« wie eine »Compagnie« behandelt (TD VI, 133). Wie bei Diderot macht er dem leiblichen Vater Vorhaltungen über seine zu weiche, verzärtelnde Erziehung, die die Familienehre gefährde, wobei seine Ausführungen über die nötige Vorgehensweise gegenüber der Tochter von Metaphorik aus dem Militärwesen auf beinahe komisch-parodistische Weise durchsetzt sind. Sein Konflikt mit Julie ist zudem mit einer Geschlechterproblematik korreliert (die es bei Diderot nicht gibt, da dort ja die zentrale Auseinandersetzung mit

---

3   Der tyrannische Vater tritt, wie Vogg, Die bürgerliche Familie, auf der Basis von 40 bürgerlichen Trauerspielen aus der Oettingen-Wallensteinschen Bibliothek belegen kann, erst ab 1770 auf, während bis dahin der zärtliche Vater dominiert (S. 59ff.). Eine tyrannische Vaterfigur tritt allerdings, zumindest als Negativfolie zu einem zärtlichen und zusammen mit diesem, ab Ende der 50er Jahre bereits auf, so eben in Diderots *Le Père de famille*, sowie z.B. in K. F. Romanus' *Die Brüder.*

4   Greis, Drama Liebe, formuliert diesen Konflikt wieder als Opposition zwischen »Liebe« vs. »Allianz« (S. 62ff., hier 62). Die qualitativ unterschiedliche Liebeskonzeption, die *Miß Sara Sampson* und Sturz' *Julie* jeweils entwerfen, wird dabei von ihr aber nur ungenügend beachtet (vgl. S. 64).

dem Sohn des Hauses stattfindet) und latent erotisiert. Die mit »meine schöne Widerspänstige« titulierte Nichte gerät hier gleichsam in die Rolle der zu ›zähmenden Sexualpartnerin‹: so u. a., wenn er ihr einen »zornigen feurigen Blick« attestiert oder wenn er »es versuchen [will], ob ich die gebieterische Schöne nicht bändigen kann« (TD VI, 135f.).

Eine prinzipielle Opposition bzgl. der Liebeskonzeption und den Kriterien der Partnerwahl besteht jedoch in beiden bürgerlichen Trauerspielen typischerweise auch zu den wohlwollenden weiblichen Familienmitgliedern. Die Kindergeneration vertritt bei Sturz wie bei Weiße eine neue, radikal individualisierte Liebeskonzeption, die auf den Sturm-und-Drang vorausweist und die empfindsame Liebeskonzeption tendenziell überschreitet.[5] Nach wie vor ist das Herz die zentrale Legitimationsinstanz; so äußert z. B. Julie Cappelletti zu ihrer Mutter: »Liebste Mama, Sie denken an alles, außer an uns selbst! – Wenn sich aber trotz allem unser Herz widersetzt … mein Herz …« (DLE XI, 261). Doch während die empfindsame Liebeskonzeption das Herz erst auf der Basis der ›Verdienste‹, also nicht nur äußerlicher, sondern durchaus personaler Merkmale des Partners sprechen lässt und dergestalt immer noch rational begründbar sein muss, definiert sich die Liebe jetzt gerade über ihre Nicht-Begründbarkeit.[6] Die von den Vätern vorgesehenen Schwiegersöhne – Woldemar (*Julie*) bzw. Graf von Lodrona (*Romeo und Julie*) – sind nicht etwa lasterhafte Partner wie in der frühaufklärerischen Komödie, sondern geradezu optimale Partner, die alle erforderlichen Positiveigenschaften wie Vermögen, Bildung, Vernunft und Tugend etc. aufweisen können. Für die sich in einem »Rausche von Leidenschaft« befindende Julie Wohlau erscheint die Beziehung mit dem so verdienstvollen Mann jedoch als »Abgrund des Verderbens«, als maximal denkbares existenzielles Elend (TD VI, 113, 128). Daher das gegenüber der Weigerung der Töchter wiederholt geäußerte Unverständnis nicht nur der Väter:

WOHLAU. […] hast du nur eine vernünftige Entschuldigung, findest du nur etwas an ihm zu tadeln – Rede –
JULIE. Nichts – mein Vater – nichts – ich bin seiner nicht werth – Er verdient eine Frau, die Ihn lieben kann, nicht mich armselige, ich habe kein Herz für Ihn – (TD VI, 112),

sondern gerade auch der wohlwollenden Mütter:

---

5   In der Komödie tritt sie zeitgleich erstmalig in Christian Gottlob Klemms *Die seltne Zärtlichkeit* (1767) auf.
6   Zum historischen Wandel der Liebeskonzeption von Empfindsamkeit zu Sturm-und-Drang siehe u. a. Titzmann, Empfindung und Leidenschaft, S. 157ff., und Luhmann, Liebe als Passion, S. 123ff.

FRAU VON CAPELLET. Aber der Graf hat alle die guten Eigenschaften, die ein Gemahl
für unsre Tochter haben muß. Rang, Vermögen, äußres Ansehen, Tugend … […]
Aber mein Kind – dein Bezeigen ist seltsam! soll ich dir die Vorteile dieser Vermählung vorerzählen? was liegt hierinnen Unglückliches? (DLE VI, 254, 260)

Die zunächst aufgebaute *Geschlechteropposition* zwischen den nichtempfindsamen Vätern, die sich durch die Tränen der Töchter nicht rühren lassen – vgl.
Wohlau: »Thränen […] sind keine Vernunftschlüsse« (TD VI, 131) – und den
Müttern, die für die Tränen der Töchter sehr wohl empfänglich sind, wird also
neutralisiert – vgl. Julies Tante: »ich kann dir nicht Recht geben, Kind! denn
du *rührst* mich mehr als du mich *überzeugest* –« (TD VI, 103) – und macht
einer *Generationenopposition* Platz. Für die Protagonistinnen selbst sind die
Argumente der Eltern durchaus rational verstehbar, aber sie besitzen schlicht
und einfach keinerlei Relevanz mehr. Nicht um Unwille, sondern um »Unfähigkeit« zum Gehorsam gegenüber dem Vater geht es, wie Julie bereits in der
ersten Szene gegenüber der Tante festhält:

JULIE. […] sagen Sie mir, woher kommt diese Unfähigkeit, einen [!] Vater zu gehorchen, den ich verehre? *diese Widerstrebung gegen Gründe, die mir gültig vorkommen?*
Ein flüchtiger Gedanke an Ihn [Belmont, WL] macht alles zunichte – Ich bin doch
kein lasterhaftes Mägdchen nicht – […] (TD VI, 100)

Auch der vom Vater gewünschte Partner, der nur bei Sturz als Figur auftritt,
Woldemar, verteidigt Julie zwar gegen die Härte des Vaters und Oheims, ist
aber selbst ebenfalls noch der empfindsamen Liebeskonzeption verpflichtet,
wenn er Julie gegenüber die Hoffnung äußert, er könnte ihrem »Herzen
das Geständniß abzwingen, *daß auch ich deiner werth bin* –« (TD VI, 129) –
eine Falschannahme, wie sich herausstellt, weil es jetzt eben nicht mehr
darum geht, des anderen »werth« zu sein. Für die neue Liebeskonzeption,
die die rationale Nicht-Begründbarkeit der leidenschaftlichen und indivi-
dualisierten Liebe zu einem konstitutiven Merkmal erhebt, ist die Tugend
und das Verdienst nicht mehr das ranghöchste Partnerwahlkriterium. Tatsächlich wäre Woldemar diesbezüglich – und eine derartige Konstellation
kennt das Drama der 50er Jahre noch nicht – sogar eindeutig der bessere
Partner. Julie selbst weiß um den »Leichtsinn« und die »Wildheit« ihres
Geliebten, sie kennt *seine schlimme Seite* (TD VI, 122). Wenn Woldemar
Julies Bitte, er solle ihr entsagen, zunächst ablehnt und auf seine »Leidenschaft« und und die »Macht der Liebe« verweist (TD VI, 127f.), dann
ist dies kein Widerspruch. Es ist eine Leidenschaft, die einseitig ist und als
selbstverständlich überwindbar gilt, wozu er schließlich schon im II. Akt
auch bereit ist: »Nie war eine Leidenschaft heftiger; aber ein Bösewicht
müßte ich seyn – wenn ich sie nicht wie eine Begierde zum Laster unter-
drückte – […].« (TD VI, 130)

10.1.2 Pathologisierung und die neue Relevanz der ›Einbildung‹

In beiden Texten kommt es mit Beginn des IV. Aktes zur entscheidenden Zäsur. Die Töchter haben sich mithilfe von solidarischen Figuren den Pressionen der Väter entzogen, Weißes Julie hat sich vom Arzt Benvoglio in Scheintod versetzen lassen, Sturzens Julie ist mit dem entsagungsbereiten Woldemar geflohen und will bei seiner Mutter Zuflucht suchen. Angesichts der (schein)toten bzw. absenten Tochter kommt es zum plötzlichen Wandel der Väter. Diese brechen nun in Selbstanklage und Reue ob ihrer Härte aus und mutieren zu zärtlichen Vätern. Wohlau distanziert sich von seinem Bruder und beschimpft ihn als »Unmensch«, »Tyrann«, »Wütrich« etc. und erblickt in ihm nun den »Zerstöhrer meines Hauses« (TD VI, 152ff.). Mit diesem Totalwandel der Väter und, bei Sturz, mit der räumlichen Entfernung des Capitain, der bis zum Ende nicht mehr auftritt, ist jeweils das erste, rein paarexterne Liebeshindernis beseitigt, und jener erste Konflikt, bei dem es darum ging, die empfindsame Position der Kindergeneration gegen die anti-empfindsame Position der Elterngeneration durchzusetzen, ist gelöst. Nach der bald darauf erfolgenden Rückkehr der Tochter bei Sturz (IV/4) und ihrer rührenden Aufnahme durch den verzeihenden Vater, der nun, ganz Zärtlichkeit, bedingungslos bereit ist, ihr Belmont zum Mann zu geben, werden einige Szenen lang Visionen eines künftigen Glücks entworfen. Alles, was nun zum tragischen Ende des Liebespaars führt, so wird damit unmissverständlich signalisiert, hat mit der anti-empfindsamen bzw. unaufgeklärten Haltung tyrannischer Eltern unmittelbar nichts mehr zu tun. Der neue Konflikt, den die beiden letzten Akte entfalten, situiert sich allein innerhalb der Kindergeneration, d.h. innerhalb des Liebespaars und konstituiert somit auch einen rein ›empfindsamkeitsinternen‹ Konflikt.

Die neue problematische Größe ist nun jeweils das Liebespaar selbst und seine zu große Leidenschaft. In *Julie* verführt Belmont sein vielfach thematisiertes hitziges Temperament zu Fehlschlüssen und voreiligen Handlungen. Bereits im I. Akt, beim ersten Auftritt Belmonts, wird das tragische Ende antizipiert durch die Warnung des Freundes Werneck: »Sie werden gewiß mit dieser Hitze noch alles verderben – was das für Ausbrüche sind – [...].« (TD VI, 118) In beiden Texten fällt der *Fehlinterpretation unter Affekteinwirkung* eine entscheidende Rolle für die Katastrophe zu; Voraussetzung dafür, dass es auf Seiten des männlichen Partners zu Fehldeutungen kommen kann, ist die räumliche Trennung von der Geliebten und, daraus resultierend, sein Nicht-Wissen über den Stand der Dinge. In *Julie* kommt Belmont zusammen mit seinem Freund als Fremder verkleidet an und beobachtet die Aktionen im Hause zunächst von draußen. Die Unterredung Julies mit Woldemar, in der sie diesen um Entsagung anfleht, dünkt ihm ein Zeichen für ihre Untreue und löst, ungeachtet der vernünftigen Einwände des Freundes, eine Krise aus, in der er ihr »Meyneid – weibische[n] Unbestand – Verrätherey« vorwirft (TD VI, 140). Ihre Flucht mit Woldemar interpretiert er als Entführungsversuch, die Nachricht der bevorstehenden Hochzeit – seine eigene! – gilt ihm als »Bothschaft des Todes« und als endgültiger Beweis für ihre Untreue (TD VI, 160). Zur selben Zeit, da im Hause seine Hochzeit mit Julie besprochen wird, provoziert er schließlich ein Duell mit Woldemar, bei dem er tödlich verwundet wird. Die durch Leidenschaft induzierten Fehlschlüsse sind, wie die Metapher der ›Dunkelheit‹ im großen Monolog Belmonts (IV/11) belegt, einem Zustand der Nicht-Aufgeklärtheit äquivalent:

BELMONT. [...] – wo ist Licht in diesem Abgrunde? – [...] Labyrinth des Elends – wo find ich hindurch [...]. [...] Licht in dieser Nacht – damit ich sehe, was ich thun soll! (TD VI, 160f.)

Es kommt schließlich sogar zur großen verbalen Selbstsetzung als Lasterhafter. Belmont interpretiert sich als »das Werkzeug der Rache des Himmels« (TD VI, 161) und steigert sich, ganz analog den großen Bösewichtern des heroischen und bürgerlichen Trauerspiels, in einen Tugendhass hinein:

BELMONT. Rache – Rache – tief aus der Seele ruft Sie – *was ist die Welt mir?* – *was sind Gesetze* – ich kann nichts verlieren – *Was ist Tugend?* – *verflucht sey die Tugend* – ohne sie hätte ich auch geraubt, auch entführt, und Julie wäre mein – [...] (TD VI, 161)

Der von Belmont in der darauf folgenden Szene Angegriffene schreitet – nun unwidersprochen – mit den folgenden Worten zum Duell: »Ha – das ist zu viel – Elender – *du bist Julie nicht werth* – komm – « (TD VI, 162). Zeichenhaft für die zu große Leidenschaft als letztlich verursachende und schuldige Größe stirbt Belmont an einer tödlichen Wunde »mitten in der Brust« (TD VI, 167).

Die Konstellation der tragischen Fehlinterpretation und des Scheiterns, just nachdem alle äußeren Hindernisse beseitigt sind und Aussicht auf die glückliche Vereinigung besteht, ist also exakt die gleiche wie in Weißes *Romeo und Julie*. Dort ist die Negativierung des Geliebten schwächer ausgeprägt, immerhin wird aber seine voreilige Tat, hier der Selbstmord, auf mangelndes Vertrauen in die Vorsehung zurückgeführt. Der Selbstmord von Weißes Julie ist seinerseits ähnlich modelliert wie der der großen Intrigantinnen Rosemunde oder Fausta (*Krispus*) bei Weiße oder des Marcius (*Brutus*) bei Brawe:

JULIE. Ha! getroffen! getroffen! ... (sie knirscht ein wenig mit den Zähnen) *nieder! widerspenstige Natur!* – *Auf, meine Seele!* – *dem Romeo nach!* [...]. (DLE XI, 302)

Die Substitution und Überlagerung der Konflikte geht in beiden Texten mit der bereits bekannten typischen Äquivalentsetzung der Antagonisten im Zeichen problematischer Empfindung einher. Der Capitain als der erste Hauptgegner und als der »Zerstöhrer [des] Hauses« (TD VI, 153) wird substituiert durch Belmont als den zweiten und eigentlichen Zerstörer, der die finale Katastrophe und die Zerüttung der Familie verantwortet. Eine zu große Leidenschaftlichkeit, »Wildheit« und »Wuth« sind die hervorgehobenen Merkmale, die *beiden* Figuren wiederholt und gleichermaßen zugeschrieben werden.[7] Bei Weiße sind es Vater und Tochter, die gleichgesetzt werden, so bereits im II. Akt im Vorwurf der Mutter an Julie: » und kannst du es wagen, ihn zu verdammen, da du in deinen Leidenschaften ihm ähnlich bist? in Liebe und Abscheu?« (DLE XI, 262)

Gleiches gilt aber auch für Sturzens Julie. Im Bericht, den die Gouvernante von Julies Reaktion auf den Tod des Geliebten gibt, wird ihr die nämliche Ungezähmtheit zugeschrieben: »und so sprang sie auf mit einer Wildheit im Gesichte, die uns alle Zittern [!] machte.« (TD VI, 171) Von Anfang an finden sich Indizien einer grundsätzlichen Ambivalenz der neuen leidenschaftlichen Empfindung. Problematisch ist diese Liebe nicht nur, weil sie die Vater-Tochter-Beziehung zerstört – und damit den zentralen Wert der Familie bedroht –, wie die Heldin anlässlich ihrer Flucht etwa reflektiert:

> JULIE. Wer hätte das denken sollen, daß meine Empfindung Freude seyn würde – da ich meinen Vater verlasse? Siehst du, Dalton, in dieser Liebe muß doch etwas abscheuliches seyn – (TD VI, 149f.)

Die Leidenschaft stellt insbesondere auch für die Protagonistin selbst eine Bedrohung dar, die sowohl *psychisch* als auch *physisch* abgebildet wird. Die Trennung vom Geliebten wird von Julie – in Formulierungen, in denen sich wiederum der Sturm-und-Drang ankündigt – als existenzielle Bedrohung erlebt, als ein regelrechtes metaphorisches ›Nicht-Leben‹: »nun ist alles leer um mich – es ist mir, als wenn ich in einer Wüste lebte«; »mein Leben ist eine Kette von Jammer –!«; »dieses Elend – es kann nicht lange mehr wären [!]« etc. (TD VI, 120, 123, 128). Doch dieses Leiden ist nur zum Teil auf die Tatsache der Trennung und der Ungewissheit über den Geliebten zurückzuführen; es ist zugleich ein Leiden an der Macht und der Unentrinnbarkeit vor der eigenen Empfindung als solcher: »Wie hätte ich wohl dieser Liebe widerstehen sollen, liebste Tante? Sie entstand mit unserer Kraft zu empfinden [...].« (TD VI, 100). Zumal die ständige psychisch-mentale Präsenz des Geliebten in ihr wird von Julie durchaus als ambivalent erlebt:

> JULIE. o wenn ich gehorchen könnte, Dalton, o wenn ich ihn vergessen könnte, so wär ich ein glückliches Mägdchen. [...] Heute will ich nicht an ihn denken, das war oft mein Vorsatz, *wenn ich mich lange gequält hatte*, und wenn der Abend heran kam – so hatte ich an sonst nichts gedacht, oft will ich mich durch Lesen zerstreuen, und ich finde kein Buch, das mich nicht endlich auf ihn lenkt. Ja, kannst du es glauben? So-

---

7 Vgl. TD VI, 134, 155; 122, 159.

gar in der Andacht des Gebeths stöhrt er mich, *sein Bild schwebt mir vor,* auch wenn ich meine Augen nach dem Himmel richte; (TD VI, 122)

Zu Beginn des V. Aktes schließlich befindet sich Julie in einem Zustand der völligen physischen Erschöpfung, die wiederum ein baldiges eventuelles Ende signalisiert – aber nicht etwa aufgrund des Schmerzes über den abwesenden Geliebten, sondern im Gegenteil, nun aufgrund der zu großen emotionalen Bewegung, die die berechtigte Hoffnung auf die Realisierung der Liebe hervorgerufen hat. Der Geliebte bzw. ihre Leidenschaft für ihn besitzt destruktive Wirkung:

JULIE. Diese Stürme, Dalton – dieser schnelle Uebergang vom Jammer zur Freude hat mich erschüttert – ich bin ganz kraftlos (setzt sich) wie mein Vater mir es sagte – o das war eine noch nie gefühlte Empfindung – in dem Herzen entstund sie – und floß durch alle Nerven wie Feuer – [...].
DALTON. [...] Ihr Gemüth hat zu viel gelitten, es ist nicht gut, wenn Sie sich zu sehr mit ihm beschäfftigen – (TD VI, 163)

Hiermit treten erstmalig im Drama auch *körperliche Symptome* von (zu heftiger) Empfindung auf. Nach 1770, im Drama des Sturm und Drang, wird dies bekanntlich verstärkt der Fall sein; parallel dazu wird die ›Empfindung‹ auch im theoretischen anthropologischen Diskurs der Spätaufklärung zunehmend Objekt medizinischer Erörterung.[8]

Eine zentrale Rolle spielt hierbei, wie die zitierten Beispiele belegen, die *Einbildung.* Julie beschäftigt sich mit dem abwesenden Geliebten unablässig in Gedanken, »sein Bild schwebt [ihr] vor«, der real Absente ist psychisch-mental permanent präsent. Die Vergegenwärtigung der abwesenden Geliebten als »Bild« in der Rede des Liebenden tritt in der Lyrik um 1770 u.a. bei Klopstock, Ludwig Christoph Heinrich Hölty, Johann Martin Miller und Goethe als ein neues und äußerst beliebtes Modell auf, wobei im »Bild« – als einem Produkt der Einbildungskraft – psychisch-mentale und sprachlich-metaphorologische bzw. poetologische Bedeutungsdimension miteinander verknüpft werden.[9] Besonders auffällig ist denn auch die blumige und metaphernreiche Sprache der Liebenden in den beiden Dramen, die hierin von einer traditionellen empfindsamen Sprache abweicht.[10] In seinem »Vorbericht« gibt Weiße hierfür die folgende – *anthropologische* – Rechtfertigung:

---

8 Siehe Wegmann, Diskurse der Empfindsamkeit, S. 116ff., bes. 120ff.
9 Siehe Wünsch, Strukturwandel, S. 72ff. und 163ff. Zum anthropologie- und philosophiegeschichtlichen Hintergrund Dürbeck, Einbildungskraft, Kap. 3, S. 256ff., sowie Torra-Mattenklott, Metaphorologie, S. 107ff.
10 Vgl. die Kritik von Bodmer an »den falschen, unnatürlichen und unzeitigen Bildern« in der »Vorrede« zu seinem Gegenstück *Der neue Romeo. Eine Tragicomödie* (BR unpag.).

Vielleicht findet man die Sprache der beiden Liebhaber zu blühend? – Sie ist es. Allein der Verfasser hat sie ihnen mit Fleiß gegeben, weil er einen Grund in der Natur und der Verfassung der jungen Leute zu finden glaubte. Die Leidenschaft der Liebe, wenn sie ein paar zarte Herzen ganz eingenommen, wird meistens schwärmerisch und enthusiastisch: sie steckt die Einbildungskraft an, und diese pflegt alsdann alles zu erhaschen, was ihr vorkömmt, und auf ihren Zustand anzuwenden: sie erzeuget eine süße Schwermut, und diese findet einen Gefallen an Bildern, die ihrer Phantasie schmeicheln. (DLE XI, 236)

Im anthropologischen Diskurs wird die Einbildungskraft bereits seit der Jahrhundertmitte als eine psychophysische Größe diskutiert und problematisiert, letzteres mit Vorliebe im Zusammenhang mit Phänomenen wie Schwärmerei, Wahnsinn oder Raserei.[11] Bei Weiße und Sturz wird die Einbildungskraft in Gestalt von mindestens drei (psychophysischen) Aktivitäten relevant: als Vergegenwärtigung des absenten Geliebten, als falsche (auch wahnhafte) Realitätsdeutung sowie als Träume und Antizipationen einer düsteren Zukunft. Letztere spielen in der heroischen Tragödie der späten 50er Jahre und zumal im bürgerlichen Trauerspiel von dessen Beginn mit Lessings *Miß Sara Sampson* an eine prominente Rolle, wobei die Träume und negativen Vorahnungen durchwegs von denjenigen produziert werden, die am Ende faktisch sterben werden. Von Textanfang an antizipiert Sturz' Julie – in Nachfolge von Lessings Sara, Brawes Clerdon (*Der Freygeist*) oder Lieberkühns Don Pedro (*Die Lissabonner*), aber auch Cronegks Codrus, Brawes Brutus und Wielands Lady Johanna Gray[12] – das tragische Ende durch ihre Einbildung, durch »fürchterliche Träume, Phantasien vom Tode, von Mord« (TD VI, 123).

Ihre Fehldeutungen der Realität, wofür sie sich nicht weniger anfällig zeigt als Belmont (etwa dieselbe Annahme seiner Untreue), werden ebenfalls auf ihr »*einbildisches Herz*« (TD VI, 165, 118) zurückgeführt. Zumal Belmonts Einbildung der Untreue Julies gerät in die Nähe des Wahnhaften. Mit der Vision des toten Geliebten als lebendigen lässt Sturz die Titelheldin in der letzten Szene direkt im Wahnsinn enden. Mit der Definition des Wahnsinns als Verwechslung von Einbildung und Realität greift Sturz zurück auf zeitgenössische Konzeptionen einer potenziellen Gleichwertigkeit jener Erregung, die beim Individuum die Vorstellung des Absenten oder gegenwärtige reale Sinnesreize hervorrufen können.[13] Julies Wahnsinn als Imagination des toten Geliebten ist somit aber nicht mehr *qualitativ* unterschieden von ihrem Normalzustand, in dem sie den absenten Geliebten imaginierte, sondern erscheint als dessen

---

11 Siehe Dürbeck, Einbildungskraft, S. 119ff. und 154f.
12 Siehe *Codrus*, I/3; *Brutus* I/1.2; *Lady Johanna Gray*, I/1.
13 Dürbeck, Einbildungskraft, S. 130ff. (am Beispiel der »philosophischen Pathologie« E. A. Nicolais) und 154.

bloße, *graduelle* Steigerung. Die Liebenden und ihre Liebe werden damit unzweideutig pathologisiert.

Mit all diesem anthropologischen Beschreibungs- und Erklärungsapparat hat der Text die erste Konfliktebene, die noch die Gegner der empfindsamen Liebe, allen voran den Capitain als *externen* Feind für die Zerrüttung der Familie verantwortlich machte – »alles Unglück kömmt von ihm« (TD VI, 153) –, weit hinter sich gelassen. Analoges gilt bei Weiße: Nur scheinbar ist die finale Kastastrophe von Romeo und Julie eine »traurige Folge« der »Unversöhnlichkeit« der Familien Cappellet und Montecchio, wie Benvoglio am Ende klagt (DLE XI, 302). Im Gegensatz zum ersten Konflikt erweist sich der ranghöhere anthropologische Konflikt jeweils als nicht lösbar.

Diejenige anthropologische Größe also, die in der sich ankündigenden neuen Liebeskonzeption eine konstitutive Rolle spielt, wird zugleich zentral für das Scheitern dieser Liebe verantwortlich gemacht.[14] Der Vergleich mit Patzkes *Virginia* mag den erfolgten Wandel belegen. Bereits dort wurde dem männlichen Partner eine gefährliche Leidenschaft zugeordnet, über die er mit dem Tyrannen gleichgesetzt wurde, so wie hier homolog Belmont mit dem Capitain bzw. Julie mit dem Vater gleichgesetzt werden. Der entscheidende Unterschied liegt zum einen in der Intensivierung und Radikalisierung der erotischen Leidenschaft, die hier nun die Dimension einer tendenziellen *Pathologisierung*, und zwar beider Liebender, angenommen hat. Die Differenz liegt zum anderen in der *kausalen Verknüpfung*, die die Dramen zwischen tragischem Schicksal des Liebespaares und der problematischen menschlichen Natur herstellen. In *Virginia* gibt es eine derartige Verknüpfung auf Handlungsebene nicht, sondern ausschließlich auf einer übergeordneten Textebene der impliziten Logik und Semantik. Nur auf dieser Ebene ist die Leidenschaft ›schuld‹ am finalen Scheitern. Dieser rein ›ideologische‹ Zusammenhang wird bei Sturz und Weiße nun auf die Ebene des Figurenhandelns projiziert und als *wirkende Kausalität* abgebildet, so dass das Liebespaar tatsächlich und im wörtlichen Sinne *unmittelbar an sich selbst* scheitert, an seiner problematischen Leidenschaftlichkeit und Einbildungskraft.

---

14 Mönch, Abschrecken oder Mitleiden, übersieht diese Ebene völlig: Weder ist die Titelheldin ausschließlich die »sympathisch gezeichnete, unschuldig leidende tugendhafte Heldin«, noch fällt Belmont ausschließlich durch »eine Verwechslung, ein Mißverständiß« (S. 139ff., hier 141f.). Die Schlussfolgerung der Verf., der Text biete somit eine »totale[ ] Nicht-Erfüllung der poetischen Gerechtigkeit« (S. 143), ist dementsprechend nicht haltbar. Ursache dieser Fehldeutung ist – und dies gilt für diese bzgl. des aufgearbeiteten Materials so verdienstvolle Arbeit leider durchgehend –, dass die Verf. mit rein poetologischen und ahistorischen Kategorien wie der der *hamartia* o. ä. arbeitet, mit denen sich das Problem der poetischen Gerechtigkeit und der Theodizee freilich nicht bewältigen lässt.

Auf der Oberfläche spielt zugleich der Zufall, vornehmlich in *Romeo und Julie*, eine neue, tragische Rolle. Diese Kontingenzerfahrung löst bei den Liebenden eine verstärkte Theodizeekrise aus und führt zur Klage über den »Himmel« und das »tyrannische Geschick« (DLE XI, 299). Gegen die Bedrohung des Sinns arbeitet also die Anthropologisierung an. Indem sie subjektexterne – sei es einen tyrannischen Vater oder das »tyrannische Geschick« – durch subjektinterne Ursachen substituiert, stiftet sie einen neuen Sinn und bietet eine Lösung für die Theodizeekrise an. Die Entlastung von Vater und Gott und im Gegenzug die Selbstbelastung formuliert explizit Romeo:

> ROMEO. Nein, Julie! du mußt leben! Ich sehe *mein Verbrechen!* [...] *Ich hätte der Vorsehung mehr trauen sollen,* so war ich gerettet, so war ich glücklich – so warst du es. (DLE XI, 299)

Mit der Kontingenzerfahrung war auch eine neue tragische Dimension gegeben[15] – mit der Bekräftigung der Theodizee wird auch sie wieder reduziert.

10.2 Neue Formen der erotischen Rivalität in der heroischen Tragödie: F. R. Beckers *Polybia oder die unbelohnte Treue*

In der frühaufklärerischen Tragödie ist erotische Rivalität allenfalls ›formal‹ gegeben, in dem Sinne z.B., dass eine Tyrannen- oder Intrigantenfigur die Protagonistin illegitim begehrt und bedroht: so etwa in L.A.V. Gottscheds *Panthea*, Schlegels *Dido*, Grimms *Banise*, als Nebenhandlung etwa auch in Schlegels *Herrmann*. Ein Eigenwert der erotisch-emotionalen Problematik ist damit aber noch nicht impliziert, denn zum einen steht gemäß der Gottschedschen Ächtung der *tragédie amoureuse*[16] die Liebe im Allgemeinen nicht im Zentrum des Textes; zum anderen wird der lasterhaften Figur »Wollust« mehr oder weniger stereotyp in Kombination mit »Tyrannei« zugeschrieben. Dies ändert sich, wie gezeigt, erst nach 1750, wenn mit der neuen Dominanz der privat-erotischen Ebene über die öffentlich-politische das jugendliche Liebespaar in die heroische Tragödie Einzug hält und im Mittelpunkt der Texte steht: so in den 50er Jahren vor allem bei Schönaich, Patzke oder Cronegk. Erotische Rivalität – faktisch bestehende oder nur gewähnte[17] – und Eifersucht – begründete oder unbegründete – werden nun zu zentral verhandel-

---

15 Gemäß der Klassifikation von Zeller, Struktur und Wirkung, wäre von einer Stärkung des ›pathetischen‹ Pols auf Kosten des ›moralischen‹ zu sprechen, s. S. 94ff., bes. 96f. und 117f.
16 Siehe Krebs, Hermannstoff.
17 Vgl. etwa Schönaichs *Mariamne und Herodes*, Langenaus *Ludewig der strenge*.

ten Themen der Tragödien. In den 6oer Jahren widmet sich vor allem Weiße dieser Thematik, u. a. mit den weiblichen Eifersuchtsdramen *Rosemunde* und *Krispus*. Männliche erotische Rivalität zwischen einem Fürsten und einem Untertan ist eine der neuen Varianten dieses Konflikts, die etwa in Cronegks *Codrus* auftaucht. Sie erfährt in den 6oer Jahren eine charakteristische Transformation, die auf zukünftige Sturm-und-Drang-Konstellationen vorausweist. Als Beispiel hierfür sei Friedrich Rudolph Beckers *Polybia oder die unbelohnte Treue* (1767) vorgestellt. Das jugendliche Liebespaar Polybia/Antor ist hier, im Unterschied zum bürgerlichen Trauerspiel, zwar noch nicht durch leidenschaftliche Unbedingtheit charakterisiert – in zentralen Aspekten der Konfliktkonstellation und -lösung werden sich beide Texte bzw. Gattungen indes als absolut homolog strukturiert erweisen. Somit bietet sich eine Lektüre dieser Tragödie auf der Hintergrundfolie der im vorangehenden Kapitel diskutierten bürgerlichen Trauerspiele an. Sie wird eine präzisere Bestimmung des Verhältnisses von alten und neuen Elementen erlauben.

Beckers Tragödie[18] inszeniert, wie auch andere heroische Tragödien der 6oer Jahre, etwa Weißes *Rosemunde*, ausschließlich ein privates Liebesdrama, das sich am Hof ereignet. Die Titelheldin hält sich mit ihrer Mutter Nerine seit zwei Monaten bei König Alfonsus auf, der ihnen vor Verfolgung Schutz gewährt,[19] und gerät nun zwischen zwei Alternativpartner. Der König selbst begehrt sie zur Frau, während Polybia den abwesenden Graf Antor liebt, dem sie sich bereits in der Vergangenheit versprochen hat.[20] Alfonsus vereinigt in sich die Funktionen des Partners und des ›Vaters‹ (vgl. Polybia: »Laß mich, dich Vater nennen!« BP 21); die in den bürgerlichen Trauerspielen gesetzten zwei Rollen des Vaters und des von diesem favorisierten, aber von der Tochter ungeliebten Partners sind hier gewissermaßen in einer Person fusioniert.

Der erste Konflikt, der die ersten drei Akte beherrscht, betrifft den Widerstand des Königs gegen die Verbindung der beiden Liebenden – ganz analog zum väterlichen Widerstand in den beiden bürgerlichen Trauerspielen. Alfons wird ambivalent gezeichnet: Als die Mutter ihm im I. Akt von Polybias Liebe zu einem Rivalen erzählt, lässt er sie wutentbrannt fortschaffen; kurz darauf sichert er Polybia die Verbindung mit ihrem Geliebten zu (I/5), um im nächsten Akt den Wunsch zu äußern, sie im Falle des Todes Antors selbst zu heiraten (II/3). Die Intrige, die ihm der lasterhafte Höfling Neander – strukturell die homologe Figur zum Capitain bei Sturz und ein Vorläufer von Les-

---

18 Die Tragödie dramatisiert einen Stoff aus der spätmittelalterlichen spanischen Geschichte um Alfons V. von Aragonien (1416–1458), mit dem Beinamen »der Weise, der Großmüthige« (so Zedler, Universal-Lexicon, Bd. I, Sp. 1346f.).

19 Vgl. die analoge Konstellation in *Rosemunde*.

20 Vgl. die analoge Konstellation in *Codrus*.

sings Marinelli – vorschlägt, nämlich dafür zu sorgen, dass der Rivale nicht
mehr zurückkommen könne, weist er entrüstet zurück, schenkt aber der von
Neander kurz darauf überbrachten Falschmeldung vom Tode Antors bereitwillig Glauben. Im III. Akt verlangt die Mutter selbst von Polybia, sie solle
den König heiraten; Polybia betrachtet dies als Treubruch, ist aber, ganz anders als die Heldinnnen der bürgerlichen Trauerspiele, rasch dazu bereit, freilich ausdrücklich ohne Liebe, während Alfons genau dies aber zur Bedingung
macht und sowohl vom Intriganten als auch der Mutter, die ihm dies beide
zusichern, getäuscht wird (III/5).[21]

Auch hier bringt der IV. Akt die Zäsur. Der seit zwei Jahren absente Antor tritt zusammen mit seinem Freund Amyntas auf. Als er von Polybias angeblicher Untreue erfährt, schwankt er zunächst noch zwischen
Freispruch und Verurteilung; bei der Wiederbegegnung der Liebenden
im V. Akt jedoch kommt es zur Paarkrise. Während Antor Polybias Beteuerungen ihrer Treue nicht glaubt und auf Rache am König sinnt, wird
dieser überraschend positiviert: Er ist nun definitiv zum Verzicht auf Polybia bereit und stellt Neander wegen seiner Intrige zur Rede. Diese Wende korrespondiert dem Wandel der Väter beider Julien nach deren Flucht
bzw. Scheintod bei Weiße und Sturz. Antor erteilt einen Mordauftrag und
unternimmt schließlich sogar einen eigenen Mordversuch an Alfons, die
beide scheitern – dies stellt die homologe Leidenschaftshandlung zu Belmonts Angriff auf Woldemar dar, die in beiden Fällen Resultat einer Fehlinterpretation der Realität ist. Aber auch die Titelheldin wird Opfer einer
solchen Fehldeutung: In der Falschannahme, der König werde Antor töten lassen, nimmt Polybia Gift – gleich Romeo bei Weiße –, während der
König ganz im Gegenteil großmütig verzeihen will. In der letzten Szene
fordert die sterbende Heldin den Geliebten auf, Alfons' Großmut zu erkennen, was dieser auch schließlich tut, zusammen mit der Bereitschaft,
nun seinerseits Polybias zu entsagen. Nach ihrem Tod kündigt er seinen
Selbstmord an, womit auch dieses Liebespaar eliminiert wird. Die Tragödie schließt mit einem ideologischen Schlusskommentar des Königs über
den notwendigen Sieg über die »wilde[n] Triebe«, den er, im Gegensatz zu
Antor, errungen hat (BP 92).

So sehr diese Tragödie älteren Modellen verpflichtet ist und in Bezug
auf die Liebeskonzeption weit von den besprochenen bürgerlichen Trauerspielen entfernt ist, so ist doch das *strukturelle Kernproblem* dasselbe, nur
die jeweilige *inhaltliche Auffüllung* differiert. Das erste, paarexterne Hindernis, das in einem potenziellen Tyrannen und dessen Intriganten liegt,
wird beseitigt, indem Alfons – in seiner Eigenschaft als Erotikpartner und

---

21 Vgl. Weißes *Die Freundschaft auf der Probe* (Kap. 9.2).

gemäß dem Modell des Codrus bzw. analog des Woldemar in *Julie* – seine Leidenschaft überwindet und zur Entsagung bereit ist; zugleich setzt er damit – dies in seiner Eigenschaft als König und analog den beiden Vätern im bürgerlichen Trauerspiel – der Vereinigung der beiden Liebenden keinen Widerstand mehr entgegen. Alfons entwirft dabei (wie Codrus) eine Liebeskonzeption, die die absolute Freiwilligkeit der Liebe fordert und auf äußere Zwangsmittel verzichtet. Diese Liebeskonzeption geht mit der aufgeklärt-absolutistischen Konzeption des Fürsten als dem »besten Vater« und »besten Menschenfreund« einher (BP 22, 30), und beide miteinander korrelierten Konzeptionen erscheinen als neue, exemplarisch aufgeklärt-empfindsame, die gegen alte, voraufklärerische durchgesetzt werden. Auf der politisch-öffentlichen Ebene gegenüber dem *Volk* und auf der erotisch-privaten Ebene gegenüber der *Frau* wird eine sanfte zärtliche Herrschaft über das Herz angestrebt; die folgende Selbstbeschreibung des Königs ist also doppelt beziehbar:

> ALFONSUS. Da, wo Alfonsus herrscht, sind alle Herzen frei! –
> Nie suche ich mein Volk, zu ihrer Pflicht zu zwingen;
> Freywillig müssen sie mir ihre Herzen bringen! (BP 59)

Die problematische Leidenschaftlichkeit des Geliebten, auf die das finale Scheitern der Liebesbeziehung zurückgeführt wird, äußert sich zwar auch schon im Misstrauen der Partnerin gegenüber, doch ist dieses hier noch nicht Ausdruck einer außergewöhnlich intensiven und individualisierenden Liebe. An deren Stelle tritt hier als Zentralursache die Verweigerung der Unterwerfung unter den gnädigen Souverän. Nachdem sich das Liebespaar im V. Akt wiedergefunden hat und Polybia Antor ihrer Treue versichert hat, widersetzt sich dieser ihrer Aufforderung, gemeinsam den Fürsten um beider Verbindung zu bitten:

> ANTOR. Was, flehen? – Ich? – denkst du, daß ich mich schmiegen kann?
> POLYBIA. Er seegnet unsre Treu! –
> ANTOR. (heftig)   Es sterbe der Tyrann! – (BP 76)

Nach dem Scheitern seines Mordanschlags zeigt er den typischen »Trotz« und weigert sich, vom Fürsten Gnade und Verzeihung anzunehmen (BP 82). Antor wird also als ein ›Ulfo‹ modelliert. Wie bei diesem erscheint der Widerstand gegen den empfindsamen Fürsten in Gestalt von heftiger Rachsucht, die hier wider Erwarten plötzlich artikuliert wird, nachdem nämlich Antor bei seinem Erstauftritt zu Beginn des IV. Aktes explizit zum Lobpreis auf den König angesetzt hatte; sie wird hier aber zusätzlich motiviert durch eine dem Subjekt vorausliegende vergangene Geschichte innerhalb der Elterngeneration. Denn Antors Vater wurde durch Alfonsus' Vater, der im Gegensatz zu seinem Sohn noch eindeutig ein voraufklärerischer Tyrann war, getötet. Somit besteht im

Prinzip eine doppelte, in der *Gegenwart* und über die *Vergangenheit* motivierte Gegnerschaft zwischen diesen beiden.[22]

Die überraschende Negativierung Antors wird gleichsam als Identitätswechsel beschrieben, wobei ironischerweise jene Lüge des Intriganten Neander, der beim Auftauchen Antors behauptet hatte, dies sei nicht der wahre Antor, nun durch dessen Mordversuch am Fürsten in einer anderen, metaphorischen Bedeutung gleichsam bestätigt wird:

> ALFONSUS. Wie? Kann dis Antor seyn, den man so sehr erhoben?
> [...]
> Nein, dies ist nicht Antor! – Du bist ein Bösewicht! (BP 81)

Was einerseits Lüge und Intrige des lasterhaften Neander ist, ist andererseits doch zugleich wahr bzw. wird von Antors Affektivität gleichsam ›wahr gemacht‹. Ganz augenfällig tritt damit die problematische menschliche Natur an die Stelle der negativen, hier zudem mit einem höfischen Wertsystem korrelierten externen Größe.

Im Unterschied zu den beiden bürgerlichen Trauerspielen, die letztlich beide Liebenden belasten, wird hier nur Antor belastet, während Polybia völlig schuldlos ist und somit das typische Theodizee-Problem der ›Märtyrerin der Tugend‹ aufwirft, wie es bereits der Titel formuliert.[23] Ihr Selbstmord am Ende wird zwar wie bei Weiße durch eine Falschannahme ausgelöst, er wird aber anders als im bürgerlichen Trauerspiel keineswegs als übereilte Tat und somit als Ausdruck von Leidenschaftlichkeit bzw. mangelndes Vertrauen in die Vorsehung gewertet. Polybias Selbstopfer dient, wie bei Patzkes Virginia, dem Beweis der eigenen Tugend und Unschuld:

> POLYBIA. (umarmet ihn)   Ich sterbe gern Antor,
>   Weil ich durch den Betrug, dich und dein Herz verlor!
>   Dein Drohn [!] schreckte mich, ich sahe dich in Ketten,
>   Dein Tod war schon gewiß, ich suchte mich zu retten,
>   *Und nahm ein schnelles Gift, zum Zeugniß meiner Treu!* –
>   Jetzt siehe meine Hand, sieh dieses Herz noch frey!
>   Bereue deine Wuth, und sieh, mich gern erblassen! – (BP 90)

---

22 Eine derartige zusätzliche private und familiengeschichtliche Ableitung des Widerstands gegen empfindsame Bindung findet sich jetzt häufiger. Nonnes *Don Pedro und Anton* z.B. inszeniert das Pendant im privaten Bereich: Don Pedro hasst Anton und will ihn vernichten, sowohl weil dessen Vater den seinigen einst getötet hat, als auch, weil er Antons erdrückende Großmut nicht ertragen kann. Vgl. auch Brawes *Brutus* (Kap. 8.3.3).

23 Sturzens Julie erscheint ihrerseits als Nachfolgerin christlicher Märtyrerinnen, freilich mit einer fundamentalen Transformation (bzw. Pervertierung) des traditionellen Märtyrermodells. Vgl. Woldemar, der in II/6 mit folgender Begründung den Vater zum Einlenken auffordert: »Bedenken Sie, mein Herr – Sie [!] [ihre Leidenschaft, WL] hat die Probe der Verfolgung ausgestanden, *wie der Glaube eines Märtyrers*, und keine Gewalt ist fähig, Sie [!] jemals zu entkräften.« (TD VI, 155)

Im Unterschied zu *Virginia* jedoch erfolgt der Selbstmord nicht in Auseinandersetzung mit dem (hier nun positivierten) Tyrannen, sondern mit dem (negativierten) Geliebten. Polybia wird metaphorisch von Antor ›getötet‹. Was sie selbst bereits bei der Wiederbegegnung mit Antor antizipiert – »Doch, ach ich fühl es schon, / [...] / Dein Blut, Polybia! wird Antors Rache stillen! – « –, wird der König am Ende Antor vorwerfen: »Dein eigner Dolch war es, der ihren Tod verübte! – « (BP 73, 90). Dieselbe Konstellation wird Weiße in seinem späten und letzten bürgerlichen Trauerspiel *Die Flucht* (1780) entwerfen.

An dieser Stelle kann ein vorläufiges Resümee gezogen werden. Der Widerstand gegen den gütigen Fürsten in der heroischen Tragödie und die zu heftige Liebesleidenschaft im bürgerlichen Trauerspiel erscheinen als zwei Varianten innerhalb des *übergeordneten Paradigmas* der (paar- bzw. subjekt)internen Ursache für das Scheitern der Liebesbeziehung. In der erotischen Rivalität der beiden männlichen Alternativpartner Alfonsus/Antor laufen beide Varianten zusammen. Die zusätzliche privat-erotische Motivierung des Widerstands gegen den aufgeklärt-absolutistischen Souverän ist neu: Da, wo die heroische Tragödie bislang von diesem Thema handelte, gab es keinen erotischen Konflikt (*Aurelius, Arminius, Canut*); da, wo sie eine erotische Rivalität zwischen Untertan und Fürst erzählte, handelte es sich bei letzterem entweder um einen Tyrannen (*Virginia*), oder um einen idealisierten aufgeklärten Souverän, der augenblicklich zur Entsagung bereit war und das eventuelle Rivalitätsproblem damit tilgte (*Codrus*). Nun hingegen wird das Problem des Widerstands gegen den gütigen Souverän mit dem der leidenschaftlichen Liebe kombiniert. Es handelt sich dabei um *zwei Varianten von affektiver Nicht-Domestikation*, die den Liebenden, der in einem ersten Schritt als exemplarisch empfindsames Subjekt aufgebaut wird, in einem zweiten Schritt als feindliche, anti-empfindsame Größe ausweisen. Bezogen auf die beiden bürgerlichen Trauerspiele bedeutet dies, dass die Liebe der jugendlichen Protagonisten im einzelnen zwar Merkmale besitzt, die deutlich auf eine neue Liebeskonzeption verweisen, dass der Rahmen des empfindsamen Systems als solcher aber nicht überschritten wird. Leidenschaft bleibt diejenige anthropologische Größe, die instrumentalisiert wird für eine Belastung des Selbst.

10.3 Gelingende Selbstzähmung in der Komödie: C. F. Weißes *Weibergeklatsche oder Ein qui pro qui*

Der abschließende Blick auf eine Komödie soll wiederum auf dem Hintergrund der drei analysierten Trauerspiele erfolgen. Als Beispiel sei Weißes letzte Komödie aus dem mehrbändigen *Beytrag zum Deutschen Theater* gewählt, zugleich eine seiner besten. Wie für die empfindsame Komödie zwischen 1745–1770 im Allgemeinen üblich, vereint auch dieser Text traditionell-satirische und empfindsam-ernsthafte Elemente. Deren Kombination folgt auch hier der spezifischen narrativen Logik der Konfliktverdoppelung und -substitution: Ein frühaufklärerisch-satirischer und ein empfindsam-ernsthafter Konflikt lösen einander gleichsam als zwei verschiedene Geschichten ab.

Die jugendlichen Protagonisten Luise und Ferdinand haben, wie üblich, in der Vergangenheit sich als Liebespaar gefunden und versprochen. Der Geliebte kehrt nun von einer mehrjährigen Reise zurück zu Luise; mit Zustimmung ihres Vaters soll noch am selben Abend die Verlobung vollzogen werden. Der erste Konflikt wird auch hier durch ein paarexternes Liebeshindernis gebildet, in Gestalt von drei Klatschweibern, Jungfer Aelsterinn, Jungfer Bachstelzinn und Mamsell Dohlinn, die sich im Hause Luises einfinden. Anlass ihrer Klatscherei ist die Tatsache, dass Luise seit einiger Zeit über Vermittlung des Pfarrers für einen fünfjährigen Waisenknaben auf dem Land Mutterstelle vertritt. Unter den Frauen, die Luise um ihre Partie beneiden (»eine so herrliche Eroberung« WB 2/IV, 424), entsteht schnell das Gerücht, es handle sich nicht, wie vorgegeben, um ein fremdes, sondern um ein eigenes ›natürliches‹ Kind, Folge eines verheimlichten Fehltritts Luises, vermutlich mit einem ehemaligen Kaufmannsdiener des Vaters. Dem ankommenden Ferdinand wird in der 10. Szene dieses Gerücht sofort von Mamsell Dohlinn erzählt, der größten Neiderin Luises, die sich an Luise zugleich aus verletzter Eitelkeit wegen lächerlicher Rangstreitigkeiten rächen will. Der zunächst ungläubige Ferdinand beginnt an der Treue der Geliebten zu zweifeln – analog Belmont in *Julie* und Antor in *Polybia* – und bringt in der 13. Szene seine Anschuldigung Luise und ihrem Vater gegenüber vor. Eine schwere paarinterne Krise ist die Folge. Die emotionale Dimension der Störung wird in Figurenrede und Nebentext hervorgehoben und hochdramatisch inszeniert. Die Verleumderin, Mamsell Dohlinn, »[stößt]« Ferdinand, der sich »[m]itten in dem größten Rausche [s]eines Glücks« befindet, nach seiner Eigenaussage »einen Dolch ins Herz« und versetzt ihn »in die äußerste Wut« gegen die Geliebte; der Nebentext präsentiert ihn »in der äußersten Verwirrung«, »erbittert« und bei der Begegnung mit Luise schließlich als »ganz betäubt, verwirrt und beschämt«; diese wird ihrerseits aus den »höchsten Entzückungen der Liebe und der Freude« gerissen (WB 2/IV, 439, 449, 441, 445). Luise wehrt sich gegen die Verleumdung, die bei der anschließenden direkten Konfrontation mit den Klatschfrauen, die sich nun gegenseitig beschuldigen, als pures Gerücht entlarvt werden kann. Der erboste Vater wirft sie aus dem Hause, was wiederum den homologen Akt zum Rauswurf des Capitains durch den Vater in Sturz' *Julie* und zur Verurteilung des Intriganten Neander durch den König in *Polybia* darstellt. Somit wäre das paarexterne Ehehindernis in Gestalt der lasterhaften Rivalinnen Luises beseitigt, der Paarverbindung stünde nichts mehr im Wege. Doch der Vater ist gegen Ferdinand erzürnt, will sich »eher die Finger abbeißen, als Ihnen nunmehr meine Tochter geben«; Luise wirft ihm vor, er habe »ein so schlechtes Vertrauen auf meine Tugend« gehabt, Ferdinand selbst »möchte vor Scham in die Erde sinken« (WB 2/IV, 458). Bereits hier also ist das paarexterne Hindernis völlig substituiert durch ein paarinternes. Doch dies ist vorerst nur die Auswirkung des Klatsches und gehört somit noch zum ersten Konflikt bzw. zur ersten Geschichte, die insgesamt und von ihrer Anlage her, ungeachtet ihrer empfindsamen Überformung, ein frühaufklärerischer Konflikt ist.

Der zweite Konflikt beginnt mit Szene 17 und wird durch einen neuen Handlungsstrang, gleichsam eine zweite Geschichte, gebildet. Luise behauptet nun, sie habe tatsächlich eine »Verbindlichkeit« (WB 2/IV, 458) gegenüber jenem Waisenkind und berichtet dessen Geschichte: Seine Mutter hatte mit dem Sohn des Hauses, wo sie als Näherin tätig war, in der Vergangenheit eine illegitime Liebesbeziehung, der Vater ging vor der Niederkunft auf Reisen, und die in der Zwischenzeit durch weitere ›Ausschweifungen‹ und Krankheit ins Elend geratene Mutter stirbt, bevor sie den Vater um Hilfe bitten kann. Ferdinand signalisiert durch sein Erblassen bereits, dass ihn diese Geschichte näher angeht, und als Luise ihm das Kind präsentiert, muss er in ihm seinen eigenen ›natürlichen‹ Sohn anerkennen. Luise hatte die physiognomische Ähnlichkeit mit dem Geliebten bemerkt und wollte es als »mein[en] Brautschatz« (WB 2/IV, 463) mit in die Ehe bringen. Zwischen den Liebenden kommt es damit zum völligen Positionstausch: Luises scheinbarer Fehltritt wird substituiert durch Ferdinands tatsächlichen Fehltritt, nicht er, sondern sie befindet sich nun in der überlegenen Position dessen, der Rechenschaft zu fordern hat. Die ereignishafte Wende beschreibt wiederum auch einen kompensatorischen Wechsel der Subjekt-/Agens- zur Objekt-/Patiens-Position für den männlichen Partner bzw. vice versa für die Partnerin. Der Vater verweigert Ferdinand erneut seine Tochter, dieser selbst bekennt sein »Verbrechen« und ist zur Entsagung bereit:

FERDINAND. Ich erkenne mein Verbrechen. Ich sehe, daß ich unwürdig bin, auf den Besitz einer so vortreflichen Person, als Ihre Mamsell Tochter ist, ferner einen Anspruch zu machen. Lebenslang sollen Sie nichts wieder von mir hören. Eine sorgfältige Erziehung meines Kindes soll der einzige Trost für einen Verlust seyn, den ich mir theils durch mein jugendliches Vergehen, theils durch meinen unartigen Argwohn zugezogen habe und ewig beweinen werde. Vergeben Sie mir nur, theuerste Luise! (WB 2/IV, 463)

Damit ist die Paarverbindung zum zweiten Mal und mehr als zuvor in Frage gestellt, wenn auch aus einem ganz anderen Grund.

Bis hierher entspricht diese Konfliktsubstitution exakt den in den Tragödien vorgestellten: Die feindlichen subjektexternen Größen, die die Realisierung einer empfindsamen Liebe bedrohen – der tyrannische Vater bzw. Oheim im bürgerlichen Trauerspiel, der König und sein Intrigant im heroischen Trauerspiel, die Klatschweiber im Lustspiel –, werden eliminiert bzw. positiviert (die Väter, der König), *um* in der problematischen Empfindung des bzw. beider Liebenden den eigentlichen Gegner und die eigentliche Ursache des Scheiterns zu entdecken. Die problematische Affektivität nimmt gattungsspezifisch natürlich verschiedene Formen an: ungezügelte Leidenschaft, die zu Verzweiflung, Eifersuchtswahn, Mord oder Selbstmord führt, in der Tragödie; ein »jugendliches Vergehen« und Misstrauen in der Komödie. Die textinterne Zäsur teilt die Texte – die fünfaktigen Trauerspiele ebenso wie das einaktige Lustspiel – jeweils in zwei Teile, deren quantitative Relation proportional annähernd gleich ist.

Wo das Trauerspiel die Liebesbeziehung definitiv scheitern lässt, da eröffnet die Komödie jedoch die Möglichkeit zu ihrer Restitution. Der Liebhaber erhält nun die Chance zu Reue und zur Rückkehr in die Gemeinschaft der Empfindsamen. Die von Luise veranstaltete Konfrontation des Geliebten mit seinem ›natürlichen‹ Sohn fungiert zugleich als Tugendprobe. Indem Ferdinand seinen Sohn anerkennt und ihn spontan »mit allen Empfindungen der väterlichen Zärtlichkeit« (WB 2/IV, 463) umarmt und Reue und Scham über seinen Fehltritt artikuliert, hat er die Probe bestanden und die Voraussetzung für die definitive Paarverbindung erfüllt:

> LUISE. Hätten Sie Ihr Blut verkannt, die arme Waise von sich gestoßen, Ihr jugendliches Verbrechen geläugnet: so würde ich Ihnen sicher entsagen. Ihr Bezeigen aber ist mir Bürge für Ihr edles Herz [...]. (WB 2/IV, 464)

Im Gegensatz zu den lasterhaften Protagonisten des ersten Konflikts – die heimtückische Mamsell Dohlinn als die Hauptakteurin wird als »boshafte, stolze Kreatur« qualifiziert, Jungfer Aelsterinn als die Urheberin des Klatsches besitzt »das niederträchtigste und verderbteste Herz« (WB 2/IV, 448, 454) – besitzt Ferdinand ein »edles Herz« und ist lediglich ein Verführter, der sich einen jugendlichen Leichtsinn zu Schulden hat kommen lassen.

Weißes Text folgt damit einem in der Komödie der 60er Jahre äußerst beliebten narrativen Modell, das die Paarverbindung wie üblich als Restitution, aber mittels der ereignishaften Besserung des männlichen Liebhabers inszeniert. Ziel ist nach wie vor die (Re)Integration des nichtempfindsamen Elements in die Gemeinschaft der Empfindsamen und Tugendhaften, als einer Voraussetzung für die finale Paarverbindung. Im Gegensatz zur frühempfindsamen Komödie, wo es um die (Wieder)Herstellung von empfindsamer

Liebe beim Partner gleich welchen Geschlechts ging (*Die Betschwester, Die zärtlichen Schwestern, Der Triumph der guten Frauen*), geht es nun aber primär um die *moralische Domestikation und Erziehung des männlichen Partners*, dessen Liebe selbst außer Frage steht; die Emotion als solche muss nicht mehr ›hergestellt‹ werden, sie muss aber von laster- bzw. fehlerhaften Komponenten gereinigt werden.[24] Bereits Damon in Cronegks *Der Mistrauische* muss erst seine Leidenschaft überwinden und entsagungsbereit sein, bevor er im zweiten Anlauf die Geliebte erhält; er hat aber keinerlei soziale Normverletzung begangen, während genau dies nun der Fall ist. Parallel zur zunehmenden Problematisierung des männlichen Partners in der Tragödie zeichnet sich also auch in der Komödie eine analoge Entwicklung ab, freilich in einer gattungsspezifisch leichteren Version. Hatte Ferdinand in der Vergangenheit jene Geliebte mit Hilfe von Geld »zu einer feyerlichen Lossagung von sich und ihrer Bürde [...] beredet«, so muss er dies nun bereuen und zu den Folgen seines Vergehens stehen (WB 2/IV, 461). Mit der Restitution der Beziehung, die den positiven Wandel Ferdinands zur Voraussetzung hat, wird, wie üblich, eine Neulegitimation entworfen: Weder die äußeren erforderlichen Eigenschaften des Partners wie Vermögen und Schönheit noch Liebe als ein bloß Unwillkürliches und Naturhaftes vermögen die Verbindung zu motivieren und legitimieren, sondern erst die in einer Tugendprobe unmittelbar vorgelebte Moralität des Liebenden und die im Zusammenhang damit erfolgende explizite Verbalisierung der empfindsamen Wertehierarchie. Auf die neugierig-neidische Frage einer der Klatschweiber nach dem Reichtum des Bräutigams gibt Luise in der ersten Szene noch folgende Antwort:

LUISE. Ich weiß, daß er mich ernähren kann: ich weiß, daß er mir gefallen hat, ich weiß, daß er mich haben will, daß mein Vater will, daß ich will, und das ist genug! (WB 2/IV, 410)

Der Gang der Geschichte zeigt, dass dies eben nicht genug ist. Parallel zur Neulegitimation des Geliebten als zärtlicher Vater und tugendhafter Partner erhält das existierende Kind eine neue und ›bessere‹ soziale Mutter, die sich zur ursprünglichen biologischen homolog verhält wie der empfindsam gewandelte Ehepartner zum früheren leichtsinnigen Liebhaber:

---

24 Vgl. neben Weißes *Weibergeklatsche oder Ein qui pro quo* Martinis *Die umgekehrte Comödie, oder: Der rückwärts gespielte Roman*, Hippels *Die ungewöhnliche Nebenbuhler*, Petraschs *Der Tag nach der Hochzeit*, Löwens *Ich habe es beschlossen*, Klemms *Die Heurath wider die Mode*, K. G. Lessings *Der Wildfang*, Lucius' *Die unvermuthete Rettung*, oder auch Mösers parallel zu seiner apologetischen Schrift *Harlekin oder Verteidigung des Groteske-Komischen* entstandene ›Meta-Komödie‹ *Die Tugend auf der Schaubühne, oder: Harlekins Heirat* (wo die moralische Besserung Harlekins funktionalisiert wird für die Neulegitimation der von Gottsched geächteten traditionellen Komik-Elemente).

CHRISTIAN. [...] eine so gute Mutter! wie wohl hat der Himmel gethan, daß er meine vorige weggenommen! (WB 2/IV, 465)

Weißes Lustspiel-Einakter, der auf den ersten Blick nichts mit den oben behandelten Trauerspielen zu tun hat, wurde bewusst in diese gemeinsame Serie gestellt, weil er zur Formulierung der *gattungsunspezifischen* gemeinsamen Merkmale aller hier beschriebenen Konfliktsubsitutionen zwingt. Das tragische Ende ist somit kein notwendiges Merkmal, sondern nur eine mögliche Variante des Modells der anthropologischen ›Wendung gegen sich selbst‹. Die Krise, die die Texte im Augenblick des Scheiterns der Liebesbeziehung inszenieren und die in den behandelten Tragödien durch das Walten von Missverständnissen zwischen den Partnern eine neue tragische Dimension erhält, ist letztlich keine echte Theodizee-Krise. Im Gegenteil, die Krise besteht zumal in den Tragödien gerade in der Erkenntnis, dass die Vorsehung eigentlich alles zum Besten bestimmt hätte: Alle äußeren Umstände sind schließlich optimal, und alle Strategien, wie Benvoglios Plan oder Julies Flucht bei Sturz, würden als solche funktionieren und zum gewünschten Ziel führen, wenn nicht die eigene Leidenschaft als Störgröße dazwischenkäme. Dies ist, wie gezeigt, einer Struktur der Entlastung Gottes und der kompensatorischen Belastung des Menschen äquivalent: Nur dieser ist in letzter Instanz für das Übel verantwortlich. Mit Gott – als impliziter und präsupponierter Größe – werden auch alle expliziten weltlichen Autoritäten entlastet, die Väter im bürgerlichen Trauerspiel, der Fürst im heroischen Trauerspiel. Unter Einbeziehung der Komödie ist genauer zu formulieren: Es werden sämtliche *externen Größen* entlastet, die für eine negative Weltstruktur potenziell verantwortlich zu machen sind. Weißes Klatschweiber gehören diesbezüglich in dieselbe Kategorie wie die tyrannischen Väter oder Fürsten des Trauerspiels. Das nachfolgende Schema versucht dies noch einmal zu verdeutlichen.

Konfliktsubstitution:	TRAGÖDIE	KOMÖDIE
1. KONFLIKT: ≈ potenzielle Theodizeekrise: *Belastung Gottes* *›Anthropologisierung‹* (downward arrow)	Externer Feind des Liebespaars: *tyrannischer Vater/Oheim/Fürst* (vertical dotted arrow) eliminiert (durch Wandel) und substituiert durch:	Externer Feind des Liebespaars: *Klatschweiber* (vertical dotted arrow) eliminiert und substituiert durch:
2. KONFLIKT: ≈ Steigerung + Lösung der Theodizeekrise: *Selbst-Belastung des Menschen*	Interner Feind: *Zu große Leidenschaft + mangelndes Gottvertrauen (des Paars)* (vertical dotted arrow) negatives Ende: Tod	Interner Feind: *»jugendlicher Leichtsinn« + mangelndes Vertrauen (des männl. Partners)* (vertical dotted arrow) positives Ende: Restitution

Zusammenfassung und Ausblick

Ausgangspunkt der vorliegenden Arbeit war zunächst eine eher formale textuelle Gegebenheit: die Beobachtung der systematischen Entgegensetzung eines äußeren – außenpolitischen – und eines inneren – innenpolitischen und innerfamiliären – Konflikts in der heroischen Tragödie. Von Beginn der aufklärerischen Dramenproduktion an zeigt sich somit, dass der Raum der positiven Normen und Werte von einem zweifachen Feind bedroht wird, von *äußeren, fremden*, sowie von *inneren, eigenen* Feinden. Letztere werden als die eigentliche Gefahr gesetzt. Dieser formalen Struktur, die für den Zeitraum von 1730–1770 ein gattungsspezifisches Charakteristikum darstellt, konnte die Bedeutung einer ›Bewegung von außen nach innen‹ zugeordnet werden, die ihrerseits mehrere Aspekte umfasst: eine deutliche Tendenz zur Privatisierung und Familialisierung sowie eine grundsätzliche Moralisierung bzw. ›Psychologisierung‹ in dem Sinne, dass in letzter Instanz das Subjekt und seine Psyche der eigentliche Schauplatz der Handlung sind. Die ›Bewegung von außen nach innen‹ beschreibt somit auf dieser Ebene bereits eine ›Hinwendung zum Menschen‹. Der innere – innerfamiliäre und intrapersonale – Konflikt ließ sich in einer homologen Variante auch in der Komödie nachweisen. Auf diese Weise wird das zentrale epochale Thema der *Verführung* gattungsübergreifend grundgelegt im Modell der emotionalen Bindung an eine ideologische Fremdgröße, die die Texte auch räumlich-topographisch gerne aus dem Außenraum kommen lassen.

Nach 1745 ließ sich eine weitere ›Interiorisierung‹ feststellen, nun aber als *narrative* Struktur dergestalt, dass die Texte innerhalb der von ihnen erzählten Geschichte und somit auf der Ebene der Ereignissukzession in auffälliger Weise zwei qualitativ völlig verschiedene Konflikte aufeinander folgen lassen. Diese spezifische Verdopplung und Substitution ist mit der erstgenannten nicht identisch, da sie sich immer schon auf der Ebene des inneren (innenpolitischen bzw. innerfamiliären) Konflikts abspielt. Aber auch sie beschreibt eine ›Bewegung von außen nach innen‹ in einem mehrfachen Sinne. Zum einen erweist sich der zweite, der eigentliche und ranghöhere Konflikt als ein *systeminterner* Konflikt: Er ist nicht mehr durch externe, anti-aufklärerische bzw. anti-empfindsame Größen verursacht, sondern durch interne; das in einem ersten Schritt als normativ gesetzte Tugendsystem gerät *durch sich selbst* und aufgrund seiner eigenen Prämissen in eine Krise. Zum anderen wird nun im Subjekt und seiner Emotionalität die letztlich entscheidende Instanz für Konstitution wie Lösung der Probleme ausfindig gemacht. Es ist somit diese narrativ in Szene gesetzte Konfliktverdopplung bzw. -substitution, die sich im engeren Sinn als ›anthropologische Wende‹ definieren lässt. In dem Maße, wie bereits die frühaufklärerische Tragödie den eigentlichen Feind ›in den eigenen Reihen‹ entdeckte, stellt diese Struktur also ihrerseits eine – als ›Anthropologisierung‹ bzw. ›Psychologisierung‹ lesbare – Weiterentwicklung dessen dar, was die Frühaufklärung angelegt hat. Mit dem entsprechenden Blick ausgerüstet, den diese Arbeit schärfen wollte, kann man nun unschwer in den zuletzt diskutierten Texten, die sich an der Grenze der mittleren Aufklärung zu einer neuen Epoche situieren, die frühaufklärerisch-rationalistischen Anfänge wahrnehmen und jenen geradezu zwanghaften Substitutionsmechanismus, der dem Aufklärungsdenken von den Anfängen an immanent ist und nach 1750 die Form einer ›Wendung gegen sich selbst‹ annimmt.

Diese textintern inszenierte ›anthropologische Wende‹ ist zugleich der Etablierung einer *Metaebene* äquivalent: Sie lässt sich fassen als *rekursive Anwendung von Aufklärung auf sich selbst*, zweifellos eine der elementarsten aufklärerischen Denkfiguren. Die Rekursion, die zunächst ein rein formales, abstraktes Moment darstellt, wird gewissermaßen anthropologisch-psychologisch aufgefüllt und erscheint nun als ›anthropologische Wende‹. Auch hier gilt wiederum, dass sich das grundlegende Rekursionsmodell bereits in der Frühaufklärung nachweisen lässt. Die Rekursion schafft zugleich eine Dimension der *Selbstreferentialität*: ›Aufklärung‹ reflektiert sich damit selbst in ihrer eigenen Prozessualität und Dynamik. Die für die deutschsprachige Komödie des Zeitraums zwischen 1745 und 1770 so bezeichnende Kombination von satirischen und empfindsamen Elementen, in der typischen Form der (temporalen) Sukzession eines alten und eines neuen Konflikts, konnte in diesem Zusammenhang als eine Strategie interpretiert werden, mit der die Texte sich immer auch selbst thematisieren als das Produkt jener Entwicklung, die sie in sich abbilden.

Die (textinterne) anthropologische Wende ist nun mit weiteren Problemen korreliert, ich nenne deren nur drei. Sie ist erstens unmittelbar verknüpft mit dem Problem der Konstruktion einer *Naturmoral*. Die Hinwendung zum Menschen ist diesbezüglich einerseits Agens dieser Konstruktion, am sichtbarsten in der frühempfindsamen Komödie, wo im finalen Ereignis der harmonischen Konfliktlösung zugleich die Konstitution einer Naturmoral im utopischen Modell der Versöhnung von Sollen und Wollen als abstraktes Textereignis inszeniert wird. Andererseits wird über diese Wende zugleich die systemimmanente Krise angelegt, die ein Moment der Relativierung und Infragestellung bedeutet. Anhand der Tugend/Laster-Dichotomie wurde zu zeigen versucht, wie die Anthropologisierung bereits in den frühaufklärerischen Dramentexten mit einer moralischen Relativierung einhergeht, die zunächst noch ganz verborgen bleibt, sich aber in verschiedenen Stufen, nach 1745 und nach 1750/1755, zunehmend offen und krisenhaft manifestiert, bis hin zur provozierenden, kaum mehr verhüllten Gleichsetzung von Tugend und Laster, von Opfer und Täter. Diese Brüche, Inkonsistenzen und Ambivalenzen, die die epochalen Versuche der ontologisierenden Verschmelzung von ›Natur‹ und ›Norm‹ von Anfang an begleiten, bleiben zwar latent, sind indes in Form von gewissermaßen ›maliziös‹ angelegten ›ideologischen Sprengsätzen‹ deutlich genug greifbar. Die spezifische Leistung der Dramenliteratur besteht hier also nicht zuletzt darin, dass sie diese latente Normenkrise im Medium der fiktionalen Geschichten austrägt und zugleich Lösungsmöglichkeiten entwirft – und damit, wenn auch sehr implizit, eine Dimension sichtbar macht, die in den theoretischen Diskursen ausgespart wird.

Die ›anthropologische Wende‹ ist zum zweiten korreliert mit dem epochalen Projekt der *Neumodellierung der Sozialbindung* im öffentlichen wie privaten Raum im Zeichen einer *Emotionalisierung.* Inwiefern letztere als emotionale Auffüllung bzw. Transformation bestehender vormoderner Strukturen rekonstruierbar ist, wurde gezeigt u.a. am Beispiel der ›ästhetischen Therapie‹ in der Komödie, die ab 1745 die Stelle der ›klugen‹ *dissimulatio* einnimmt und wie diese – aber nun in einem ganz neuen Sinn – die problematische Figur ›durch sich selbst‹ zur normativ gewünschten Position zu bringen versucht; oder, ebenfalls in der Komödie, am Beispiel der materiellen Tauschhandlungen, die in emotionale Tauschhandlungen überführt werden – gerade die für uns so befremdliche Verquickung von Geldleistungen und emotionalen Handlungen ist Hinweis auf die Übergangszeit, in der dieser Paradigmenwechsel stattfindet. Auch die Strategie der Verführung wird einer Emotionalisierung unterworfen und wandelt sich innerhalb des Untersuchungszeitraums in erheblichem Maße: Die Verführung, wie sie im bürgerlichen Trauerspiel geübt wird, unterscheidet sich qualitativ deutlich von jener Verführung, wie sie uns im frühaufklärerischen Drama entgegen tritt; erst in den 50er Jahren scheint von ›Verführung‹ als einem psychologischen Sachverhalt im engeren Sinne überhaupt die Rede sein zu können. Das Textcorpus zeigt jedoch, dass letztere als Transformation jener frühen Verführung zu begreifen ist, welche die Stelle des Subjekts mehr strukturell anlegt als psychologisch auffüllt. Die gleiche Transformation betrifft die irritierende Gleichsetzung von Tugend und Laster bezüglich der von beiden Seiten angewandten Verführung. Sowohl in der frühaufklärerischen Komödie der 40er Jahre als auch im bürgerlichen Trauerspiel der 50er Jahre konnte jeweils eine strukturelle Äquivalenz der tugendhaften und lasterhaften Verführungsoperationen nachgewiesen werden. So inkommensurabel die früheren und die späteren Handlungen auf der Textoberfläche erscheinen mögen, so sind sie doch lesbar als Transformation von einander innerhalb einer übergeordneten anthropologischen Problematik. Anhand dieser Aspekte lässt sich der stattfindende epocheninterne Wandel als eine Art ›Entdeckung‹ bzw. ›Konstitution‹ des menschlichen Subjekts in diesem ganz konkreten Sinn beschreiben.

Als ein zentrales Thema erwies sich in diesem Zusammenhang das des – in vielfältigen, je gattungsspezifischen Varianten auftretenden – *Widerstands* gegen die neue empfindsame Liebe. Die Dramenliteratur bringt ein ganzes Paradigma von Rebellen hervor, die die Erwiderung empfindsamer Emotion verweigern. Dieser Widerstand besitzt ein doppeltes Gesicht: Entspringt er einerseits einem alten, voraufklärerischen bzw. vorempfindsamen Wertsystem, so ist er andererseits zugleich Reaktion auf versteckte Probleme des neuen Wertsystems und wird von diesem selbst hervorgebracht. Daher denn auch die charakteristische Ambivalenz der Tragödien wie Komödien, die das, was sie auf der Textoberfläche offiziell verurteilen, zugleich inoffiziell verstehbar machen und somit heimlich legitimieren. Anhand dieser Rebellenfiguren erweisen die Texte jene grundsätzliche Problematik des neuen emotionalistischen Systems, die darin besteht, dass das, was explizit aufgehoben wird – eine traditionelle normative Autorität und Macht, die mit Strafe und Rache operiert –, als implizite Dimension gleichwohl weitergeführt wird und in Form von ›Psychologie‹ weiterlebt. Das alte Vergeltungssystem wird durch ein neues Vergeltungssystem substituiert, in dem die Reziprozität emotionaler empfindsam-menschlicher Akte festgeschrieben wird und in dem nun, wie die Texte selbst in charakteristischer Weise formulieren, mittels ›Zärtlichkeit‹ und Liebe eine Form der – psychologischen – ›Strafe‹ und ›Rache‹ geübt wird.

Es liegt nahe, diese Thematik mit jenem Prozess der Geburt der modernen Disziplinargesellschaft in Zusammenhang zu bringen, den Foucault exemplarisch rekonstruiert hat und der um die Mitte des 18. Jahrhunderts bekanntlich in seine entscheidende Phase gerät. Am Beispiel des Wandels der Strafprozeduren hat Foucault gezeigt, wie die neue, nicht mehr über das ›Gesetz‹, sondern über die ›Norm‹ funktionierende Gesellschaft mit einem Paradigmenwechsel vom System der Strafe, Sühne und Vergeltung zu einem der Besserung einhergeht und dergestalt nicht mehr auf den Körper, sondern auf die Seele als primären Ansatz- und Angriffspunkt zielt.[1] Die Besserung des Delinquenten bzw. Normverletzers, seine innere Bekehrung und Umerziehung mit dem Ziel der Internalisierung der Normen mittels der Erzeugung von Scham und Reue ist, wie gezeigt, die neue Strategie der ›richtig Empfindenden‹ im Drama nach 1745. Die geradezu obsessive Beschäftigung der Dramenliteratur mit dieser Thematik lässt sich mentalitätsgeschichtlich zweifellos als Symptom und Korrelat dieses Umbruchs auffassen. Wie aber das Beispiel des so beliebten, ja offensichtlich faszinierenden emotionalen Widerstands und der Verweigerung belegt, beschränkt sich die Literatur keineswegs darauf, diese neue Moral lediglich zu propagieren und Applikationsvorlagen bereit zu stellen. Im Medium der von ihr entworfenen fiktionalen Geschichten inszeniert sie vielmehr immer auch die systeminternen Probleme und Widersprüche. In dieser

---

1   Foucault, Surveiller et punir, S. 13ff., 22, 180ff. Siehe auch Begemann, Furcht und Angst, S. 188f.

ihrer Sensibilität für diese Probleme darf wiederum eine spezifische kulturelle Leistung der Literatur in dieser historischen Phase erblickt werden. So sehr die Dramenliteratur einerseits, wie – eher punktuell als systematisch – gezeigt wurde, parallel zum zeitgenössischen moralphilosophischen Diskurs verläuft und diesen positiv – etwa die *moral-sense*-Konzeptionen – oder negativ – den Materialismus bzw. Nihilismus – rezipiert, so sehr ist diese latente Normen- und Wertkrise andererseits ein exklusives und privilegiertes Thema der Literatur.

Als dritter Aspekt der drameninternen ›anthropologischen Wende‹ sei deren Korrelation mit der *Theodizeeproblematik* genannt. Die Wende zum Subjekt nimmt nach 1750 zunehmend radikalere Formen an, und sie besitzt einen paradoxen Status: Führt sie zum einen gegenüber der Frühaufklärung zu einer gesteigerten Theodizeekrise, so fungiert sie zum anderen zugleich als deren Lösung. Letzteres in dem Maße, wie die Wende zum Subjekt die Form einer *Wendung gegen das Subjekt* annimmt, mit dem Ziel, alle externen Größen, die dem Glück des Menschen im Wege stehen und die im ersten Schritt als Hindernis aufgebaut werden, in einem zweiten Schritt als sekundär zu setzen und im Subjekt und seiner problematischen Emotionalität die entscheidende kausale Größe auszumachen. Auch diese Selbsttribunalisierung des Menschen anstelle Gottes ist, wie gezeigt, ein Aspekt der ›Bewegung von außen nach innen‹. Die rekursive Anwendung der Aufklärung auf sich selbst kann hierbei tendenziell die Form einer ›Autoaggression‹ annehmen. Die Anthropologiethematik, die sich Ende der 60er Jahre in Gestalt einer psychophysischen Pathologie der Liebenden manifestiert, ist, das belegen die Texte deutlich, untrennbar mit dieser moralischen Negativierung verknüpft. Die literarische Anthropologie und Psychologie entwickeln sich im Dienste einer übergeordneten Theodizee, die nach der Lösung der Krise durch Belastung des Menschen strebt und ihm so eine neue, ›negative Autonomie‹ verschafft.

Diese zwanghafte und spezifische Verknüpfung von Anthropologie und Theodizee konstituiert nicht zuletzt auch die Einheit des hier betrachteten Zeitraums, auch wenn sie nach 1770 nicht sofort verschwindet. In der Problematisierung und latenten Pathologisierung der männlichen Sturm-und-Drang-Genies (etwa Klingers *Zwillinge*, Leisewitz' *Julius von Tarent*) sowie in der Belastung der Liebenden in Bezug auf ihr tragisches Schicksal (etwa Wagners *Kindermörderin* und *Die Reue nach der Tat*, Schillers *Kabale und Liebe*) lebt sie anscheinend weiter. Doch der Status dieser Korrelation ist nun ein grundsätzlich anderer, die Anthropologie emanzipiert sich aus ihrer Instrumentalisierung für die Lösung der Theodizeefrage. Und das bedeutet u.a., dass die Krise der Theodizee unvermindert bestehen bleibt bzw. erst jetzt voll ausbricht. Das kann an dieser Stelle nur mehr postuliert, aber nicht vorgeführt werden. Gerade im Vergleich mit dem Spätwerk der älteren Generation, etwa den Tragödien Christian Felix Weißes (*Die Flucht* und *Jean Calas*, beide 1780), die lediglich oberflächliche Anleihen an Sturm-und-Drang-Motiven nehmen (u. a. dem der Bruderrivalität), ansonsten aber noch dominant dem empfindsamen Paradigma zugehören, ließe sich der Unterschied exemplarisch demonstrieren.

Generell kann behauptet werden, dass die Dramatik des Sturm und Drang bei aller Originalität in hohem Ausmaß auf die Dramatik des hier betrachteten Zeitraums bezogen ist.[2] Zahlreiche Modelle bzw. Figuren des Sturm-und-Drang-Dramas lassen sich als historischer wie logischer Endpunkt einer Entwicklung interpretieren, die das frühe bzw. mittlere Aufklärungsdrama inauguriert haben. Ich nenne stellvertretend nur einige Beispiele: So stellt etwa nicht nur Schillers Franz Moor aus den *Räubern*, wie bereits angedeutet (Kap. 7.2), eine Extremversion des freigeisterischen Intriganten dar, der als Psycho-Stratege mit anthropologischem Wissen operiert; speziell in Bezug auf die Verführung ließe sich Analoges auch für Goethes Mephisto im *Urfaust* zeigen. Adelheid im *Götz* repräsentiert ihrerseits eine Transformation der Weißeschen Intrigantinnen, wie Götz selbst am Ende jener Serie der alten sterbenden ›Märtyrer‹ steht, die mit Gottscheds Cato beginnt und etwa mit Schönaichs Montezum fortgesetzt wird. Die Titelhelden, die jeweils als Repräsentanten eines untergehenden, mit ›Freiheit‹ korrelierten Systems fungieren, lassen sich als Transformationen des je historisch vorangehenden Modells begreifen, wobei der Wandel vom passiven zum aktiven Helden bei Goethe einhergeht mit einer Reinterpretation der bereits bei Gottsched implizit angelegten geschichtsphilosophischen Dimension. Die provozierende Lösung der erotischen Problematik schließlich, die Goethe in der Erstfassung von *Stella* entwirft, ist nur auf dem Hintergrund der empfindsamen Logik der Entsagung und des Gesetzes der emotionalistischen Reziprozität adäquat zu begreifen, wie sie etwa exemplarisch in Weißes *Großmuth für Großmuth* inszeniert werden: Goethe zitiert diese Modelle, *um* ihnen zugleich eine grundlegend neue Bedeutung zu geben.

Dies führt zu einem letzten Aspekt. Zahlreiche Modelle, die für das Drama des betrachteten Zeitraums isoliert und beschrieben wurden, konnten als gattungsübergreifende rekonstruiert werden. Auch diese erstaunliche Strukturhomologie sowohl der *Einzeltexte* als auch der *Gattungen* ist für den Zeitraum 1730–1770 außerordentlich charakteristisch und wiederum einheitsstiftend. Sie impliziert eine reduzierte Individualität der Texte, die allerdings im Untersuchungszeitraum einem Wandel unterworfen ist: Jene extreme und eine weitgehende Austauschbarkeit der Texte bedingende Isomorphie, wie sie im frühaufklärerischen Dramencorpus herrscht, nimmt nach 1745 und noch einmal nach 1760 deutlich ab. Die Isomorphie muss jetzt auf einer bereits sehr

---

2 Vgl. auch Zeller, Struktur und Wirkung, S. 242ff.

viel abstrakteren Ebene gesucht werden. Gleichwohl besteht eine solche, wie in Kap. 9 und 10 gezeigt werden konnte. Nach 1770 wird sich dieser Isomorphismus im Zeichen des neuen Originalitätsparadigmas auflösen; die *Texte* ›individualisieren‹ sich – parallel zu den *Figuren* – und lassen sich nicht mehr als homologe Varianten rekonstruieren. Das bedeutet nicht, dass nun etwa überhaupt keine textübergreifende Modellbildung mehr möglich wäre – eine solche ist selbstverständlich Voraussetzung der Intelligibilität jeder (Teil)Epoche als solcher, somit auch des Sturm-und-Drang, aber die transtextuellen Gemeinsamkeiten situieren sich nun auf anderen Ebenen.

Anhang

Tabelle 1: Externer *vs.* interner Feind in der heroischen Tragödie[1]

TITEL	JAHR	INTERN [≈ Fokus]		EXTERN
		VERNUNFT/TUGEND	UNVERNUNFT/LASTER	
Cato	1732	Rom — Cato/Untertanen	vs — Cäsar	vs Pontus
Timoleon der Bürgerfreund	1735	Korinth — Timoleon/Untertanen	vs — Timophanes	vs (Argos)
Lucretia	1740	Rom — Lucretia/Untertanen	vs — Tarquinius	vs [Feinde]
Darius	1741	Perser — Darius	vs — Nabarzanes, Bessus	vs Griechen
Alcestes	1742	Cerinthe — Cimon	vs — Emir/Alcestes	vs (afrikanische Völker)
Aurelius	1743	Römer — Trajan	vs — 1. Valerius 2. Aurelius	vs (Parther)
Herrmann	1743	Germanen — Herrmann	vs — Flavius/Segest	vs Römer
Dido	1744	Karthago — Aeneas	vs — Dido	vs Lybien

---

1 ( ) = konkret benannt, aber nicht real präsent; [ ] = nicht näher spezifizierte externe Feinde.

Panthea	1744	Perser		vs	Assyrer
		Cyrus, Panthea vs Araspes			
Die parisische Bluthochzeit	1745	Frankreich		vs	(Niederlande)
		Protestanten/ vs Katholiken/ Bourbonen Valois			
Canut	1746	Dänen		vs	[Feinde der Slawen]
		Canut vs Ulfo			
Vitichab und Dankwart	1746	Germanen		vs	Römer
		Vitichab vs Dankwart/ Siegmund			
Pylades und Orestes	1747	Skythen		vs	[Feinde]
		Pylades/Orestes vs Troas			
Octavia	1748	Römer		vs	Parther
		Octavia/ vs Nero Untertanen			
Placidus oder Eustach	1749	Römer		vs	Cilicier
		Placidus/ vs Hadrian/ Christen Heiden			
Arminius	1749	Germanen		vs	(Römer)
		Arminius vs Sigestes			
Die Horazier	1751	Rom		vs	(Hetrurien)
		Horazier vs Kuriazier (Römer) (Albaner)			
La Pucelle d'Orleans	1752	Franzosen		vs	Engländer
		Johanna vs Flavi			
Mariamne und Herodes	1754	Palästina		vs	[Feinde]
		Mariamne/ vs Herodes Untertanen			
Thußnelde und Hermann	1754	Germanen		vs	Römer
		Hermann vs Sigestes			

Virginia	1755	Römer Virginia/Untertanen vs Appius/Claudius	vs (Nachbarn Roms)
Das Gross-Müthig [...] Solothurn	1755	Schweizer Buchegg/Solothurn vs Kyberg	vs Österreicher
Olint und Sophronia	1757	Jerusalem Olint, Sophronia/Christen vs Hof/Muslime	vs (Kreuzritter)
Gabinie	1757	Römer Gabinie/Christen vs Diocletian/Heiden	vs (Perser/Syrer)
Brutus	1757	Römer Brutus/Republikaner vs Publius/Triumvire	vs (Parther u.a.)
Barbarussa und Zaphire	1760	Türken Zaphire/Untertanen vs Barbarussa	vs (Christen)
Mustapha und Zeangir	1763	Türken Mustapha/Zeangir vs Roxane	vs (Perser)
Krispus	1764	Römer Krispus vs Fausta	vs (Goten u.a.)
Hermanns Tod	1769	Germanen Hermann vs Segest	vs Römer

Tabelle 2: Externer *vs.* interner Feind in der Komödie[1]

TITEL	JAHR	– EXTERN	FAMILIENINTERN		– EXTERN
			VERNUNFT/TUGEND	UNVERNUNFT/LASTER	
Die Pietisterey im Fischbein-Rocke	1736		Familie Glaubeleicht		
		Liebmann	Vater, Tochter, Oheim	Mutter, Schwester	Scheinfromm, Muckersdorff, u.a.
Der Bookesbeutel	1742		Familie Grobian		
		Ehrenwerth, Carolina, Charlotte	Sohn, Gutherz	Vater, Mutter, Schwester	
Die ungleiche Heirath	1743		Familie Ahnenstolz		
		Wilibald	Tante, Cousin	Vater, Mutter, Tochter	Zierfeld
Der geschäfftige Müßiggänger	1743		Familie Sylvester		
		Richardinn, Lieschen, Rennthier	Stiefvater, Oheim	Mutter, Sohn	
Die Geistlichen auf dem Lande	1743		Familie Birkenhayn		
		Wahrmund	Tochter Oheim	Mutter	Tempelstolz, Muffel
Die Hausfranzö-sinn	1744		Familie Germann		
			Tochter, Oheim, Cousin	Sohn, Vater	Mlle la Fleche, Sotenville, La Fleur

---

1 Die Tabelle beschränkt sich auf die Hauptfiguren. Bei Familienmitgliedern wird statt Eigennamen die Verwandtschaftsbezeichnung angegeben; Anverwandte wie Oheim oder Cousin (Perspektive der Kindergeneration) gelten als zur Familie gehörig.

			Familie		
Der Bock im Processe	1744		Familie Zankmann		
		Zierlich	Tochter, Sohn	Vater	Scheinklug, Eigensinn
Das Testament	1745		Familie Tiefenborn (bzw. Kaltenbrunn)		
		Ziegendorf	Tochter, Tante	Tochter, Sohn	Wagehals, Kreuzweg
Herr Witzling	1745		Familie Reinhart		
			Tochter/Mündel, Sohn	Vater/ Vormund	Witzling, Rhomboides, Jambus
Der Unempfind- liche	1745		Familie Friedlieb		
		Schimmer- reich	Tochter	Vater, Mutter, Tochter	Morgenschein, Freyberg, Huldreich
Der Hypochon- drist	1745		Familie Gotthard		
		Fröhlich, Fröhlichinn	Vater	Sohn	Krebsstein, Muscat, Kreuzinn
Die Aerzte	1745		Familie Vielgut		
		Damon	Tochter, Vater	Mutter	Recept, Pillifex
Die Betschwester	1745		Familie Richard		
		Simon	Tochter, Freundin, Cousin	Mutter	
Der Schlendrian oder des berühm- ten Boockesbeu- tels Tod ...	1746		Familie Boockesbeutel		
		Vernunftlieb	Tochter	Vater, Mutter	Bockes- beutelius
Das Loos in der Lotterie	1747		Familie Damon		
		Anton	Tante Nichte	Oheim, Schwager, Schwägerin	Simon
Die Klägliche	1747		Familie Dietrich		
		Leander	Tochter	Mutter, Sohn	Geldlieb, Holzwurm

Stück	Jahr		Familie		
Der junge Gelehrte	1747		**Familie des Chrysander**		
		Valer	Tochter/Mündel	Vater, Sohn	
Der Misogyne	1748		**Familie Wumshäter**		
		Hilaria, Leander	Sohn, Tochter	Vater	
Die Poeten nach der Mode	1756		**Familie des Geronte**		
		Valer	Tochter	Vater, Mutter	Reimreich, Dunkel
Die Brüder	1761		**Familie des Philidor**		
		Orgon, Lucinde	Vater, Sohn	Oheim, Cousin	Citalise
Crispin als Vater	1761		**Familien des Orgon u. Lysimon**		
		Dorante	die Kinde	die Väter	
Die Haushälterinn	1763		**Familie des Geronte**		
			Sohn, Tochter/Mündel, Oheimr	Vater	Fr. Cleonte
Der Misstrauische gegen sich selbst	1764		**Familie Drummer**		
		Gutall	Vater, Tochter	Mutter	Pelfer
Der Naturalien-sammler	1765		**Familie v. Busch**		
		Wahrmund, sein Sohn	Tochter	Vater	
Der Mann nach der Uhr	1765		**Familie Orbil**		
		Valer	Tochter	Vater	Blasius
Der Liebhaber von Ohngefähr, oder ...	1766		**Familie des Hieronymus**		
		Richard jr	Caroline	Hieronymus	Argant jr
Die Liebhaber nach der Mode. Oder: ...	1766		**Familie Rechtlieb**		
		Leumund	Tochter, Vater	Tochter, Mutter	Rosenblühe, Wackerherz, Hirschkopf

	Jahr		Familie		
Der Project-macher	1766	Arist	**Familie Geronte** Tochter, Sohn	Vater	Kleanth
Medon, oder die Rache des Weisen	1768		**Familie des Oront** Neffe, Cousine	Oheim	Philint
Die bürgerliche Heurath	1767	Simon	**Familie Philipp** Tochter, Vater	Mutter	Cleant
List über List	1768	Valer	**Familie Argante** Tochter, Oheim	Mutter	Tulpe
Die ungewöhnliche Nebenbuhler	1768		**Familie Dorton** Tochter, Sohn, Tochter/Mündel	Sohn	
Die Heurath wider die Mode	1768	Sonnthal	**Familie v. Hasenbalg** Tochter	Vater, Mutter, Tochter	Linsenburg
Der Postzug oder die nobeln Passionen	1769	Rheinberg	**Familie v. Forstheim** Tochter, Vater	Mutter	Reitbahn, Blumenkranz
Der Wildfang	1769	Orania, Reinhold	**Familie des Chrysander** Vater, Tochter/Mündel	Sohn	Fredegunde u.a.
Die Parodie (Les défauts copiés)	1772	Celinde	**Familie des Arist** Vater	Mutter, Sohn	Moron

Chronologische Liste der ausgewerteten Dramen[1]

TRAGÖDIEN

1732	Johann Christoph Gottsched	*Sterbender Cato, ein Trauerspiel*
1741	Johann Georg Behrmann	*Timoleon Der Bürgerfreund Ein Trauerspiel* [1735]
	Otto Nathanael Baumgarten	*Der sterbende Socrates. Ein Trauerspiel*
	Friedrich Lebegott Pitschel	*Darius, Ein Trauerspiel in fünf Aufzügen*
1742	Theodor Johann Quistorp	*Alcestes oder Die ungleiche Vaterliebe ein Trauerspiel*
1743	Friedrich Melchior v. Grimm	*Banise ein Trauerspiel*
	Theodor Johann Quistorp	*Aurelius, oder Denkmaal der Zärtlichkeit, ein Trauerspiel*
	Johann Elias Schlegel	*Herrmann, ein Trauerspiel*
1744	Luise Adelgunde Victoria Gottsched	*Panthea, Ein Trauerspiel, in fünf Aufzügen*
	Benjamin Ephraim Krüger	*Mahomed der IV. ein Trauerspiel*
	Johann Elias Schlegel	*Dido, ein Trauerspiel*
1745	Johann Christoph Gottsched	*Die parisische Bluthochzeit König Heinrichs von Navarra, ein Trauerspiel*
	–	*Agis, König zu Sparta. Ein Trauerspiel*
1746	Benjamin Ephraim Krüger	*Vitichab und Dankwart, die Allemannischen Brüder. Ein Trauerspiel*
	Johann Elias Schlegel	*Canut, Ein Trauerspiel*
1747	Christoph Friedrich v. Derschau	*Pylades und Orestes oder Denckmaal der Freundschafft. Ein Trauerspiel*
	Johann Elias Schlegel	*Die Trojanerinnen, Ein Trauerspiel* [frühere Fassung 1737 u. d. T.: *Hekuba. Ein Trauerspiel*]
1748	Johann Friedrich Camerer	*Octavia ein Trauerspiel*
1749	Justus Möser	*Arminius. Ein Trauerspiel*
	Johann Heinrich Steffens	*Placidus oder Eustach ein Trauerspiel in fünf Aufzügen*
1751	Johann Georg Behrmann	*Die Horazier. Ein Trauerspiel* [1733]
1752	Johann Gottfried Bernhold	*Irene oder die von der Herrschsucht erstickte Mutterliebe. Ein Trauerspiel*
	–	*La Pucelle d'Orleans oder Johanna die Heldin von Orleans. Ein Trauerspiel*
1753	Gotthold Ephraim Lessing	*Samuel Henzi. Ein Trauerspiel* [Fragm.]
1754	Friedrich Kasimir Karl v. Creutz	*Seneca. Ein Trauerspiel*
	Christoph Otto v. Schönaich	*Zayde, oder die Afrikanerinn. Ein Trauerspiel*

---

1 Die chronologischen Daten sind die des Erstdrucks. Bei größerem zeitlichen Abstand zur Entstehungszeit wird letztere mit angegeben. Die Titelaufnahme erfolgt bis einschließlich 1765 gemäß Meyer, Bibliographia dramatica. Danach gemäß Meyer, Das deutsche Trauerspiel, bzw. Hollmer/Meier, Dramenlexikon, bzw. nach den Originaldrucken.

	–	*Mariamne und Herodes. Ein Trauerspiel*
	–	*Thußnelde und Hermann. Ein Trauerspiel*
	–	*Zarine, Königinn der Sacen, und Stryangäus, der Meder. Ein Trauerspiel*
1755	Frantz Jacob Hermann	*Das Gross=Müthig Und Befreyte Solothurn, Ein Traur=Spiel In Fünf Abhandlungen*
	Gotthold Ephraim Lessing	*Miß Sara Sampson. Ein bürgerliches Trauerspiel, in fünf Aufzügen*
	Christian Leberecht Martini	*Rhynsolt und Sapphira. Ein prosaisches Trauerspiel in dreyen Handlungen*
	Johann Samuel Patzke	*Virginia ein Trauerspiel*
1756	Johann Gottlob Benjamin Pfeil	*Lucie Woodvil ein bürgerliches Trauerspiel in fünf Handlungen*
1757	[Anonymus: Bearbeiter v. David Augustin de Brueys]	*Die standhafte Christinn Gabinie, welche unter der letztern zehenden schweresten Haupt-Verfolgung Kaisers Diocletiani enthauptet worden. In einem Christlichen Trauerspiel vorgestellet.*
1758	Joachim Wilhelm v. Brawe	*Der Freygeist, ein Trauerspiel in fünf Aufzügen*
	Johann Friedrich v. Cronegk	*Codrus, ein Trauerspiel in fünf Aufzügen*
	Christian Gottlieb Lieberkühn	*Die Lissabonner, ein bürgerliches Trauerspiel in einem Aufzuge*
	Ewald v. Kleist	*Seneka ein Trauerspiel*
	Christoph Martin Wieland	*Lady Johanna Gray. Ein Trauer=Spiel*
1759	Karl Theodor Breithaupt	*Der Renegat ein bürgerliches Trauerspiel in fünf Aufzügen*
	Gotthold Ephraim Lessing	*Philotas. Ein Trauerspiel*
	Christian Felix Weiße	*Eduard der Dritte, ein Trauerspiel in fünf Aufzügen*
		Richard der Dritte, ein Trauerspiel in fünf Aufzügen
1760	Karl Theodor Breithaupt	*Barbarussa und Zaphire ein Trauerspiel in fünf Aufzügen*
	Johann Jakob Bodmer	*Polytimet. Ein Trauerspiel*
	Johann Wilhelm Ludwig Gleim	*Philotas. Ein Trauerspiel*
	Johann Friedrich v. Cronegk	*Olint und Sophronia. Ein Trauerspiel* [Fragm.; 1757]
	Christoph Martin Wieland	*Clementina von Porretta – Ein Trauerspiel*
1761	Johann Elias Schlegel	*Orest und Pylades, ein Trauerspiel* [frühere Fassung 1738 u. d. T.: *Die Geschwister in Taurien. Ein Trauerspiel*]
1762	–	*Lucretia. Ein Trauerspiel* [Fragm., ca. 1740]
1763	Johann Jakob Dusch	*Der Bankerot – ein Bürgerliches Trauerspiel*
	Christoph Otto v. Schönaich	*Montezum. Ein Trauerspiel in fünf Aufzügen*
	Christian Felix Weiße	*Mustapha und Zeangir, ein Trauerspiel in fünf Aufzügen*
	–	*Rosemunde ein Trauerspiel in fünf Aufzügen*
1764	–	*Die Befreyung von Theben, ein Trauerspiel in fünf Akten*
	–	*Crispus ein Trauerspiel in fünf Aufzügen*
1766	Cornelius v. Ayrenhoff	*Aurelius oder Wettstreit der Großmuth. Ein Trauerspiel in fünf Aufzügen*
	Friedrich Wilhelm v. Langenau	*Ludewig, der strenge. Ein prosaisches Trauerspiel in fünf Aufzügen*

	Johann Friedrich Löwen	*Hermes und Nestan, oder das Orakel. Ein prosaisches Trauerspiel in zween Aufzügen*
	Christian Felix Weiße	*Atreus und Thyest. Ein Trauerspiel in fünf Aufzügen*
1767	Friedrich Rudolph Becker	*Polybia, oder die unbelohnte Treue, ein Trauerspiel in fünf Aufzügen, in Versen*
	Helferich Peter Sturz	*Julie, ein Trauerspiel in fünf Aufzügen*
1768	Joachim Wilhelm v. Brawe	*Brutus, ein Trauerspiel in fünf Aufzügen* [1757]
	Christian Felix Weiße	*Romeo und Julie. Ein bürgerliches Trauerspiel in fünf Aufzügen*
1769	Cornelius v. Ayrenhoff	*Hermanns Tod. Trauerspiel in fünf Aufzügen*
1770	Johann Gottfried Christian Nonne	*Don Pedro und Anton, ein Bürgerliches Trauerspiel in Fünf Aufzügen*
1772	Gotthold Ephraim Lessing	*Emilia Galotti. Ein Trauerspiel in fünf Aufzügen*
1775	Gustav Friedrich Wilhelm Großmann	*Wilhelmine von Blondheim. Ein Trauerspiel in drei Aufzügen*
1780	Johann Gabriel Bernhard Büschel	*Canut. Trauerspiel in drey Akten*
	Christian Felix Weiße	*Die Flucht. Ein bürgerliches Trauerspiel in fünf Aufzügen* [ca. 1770?]

KOMÖDIEN (UND SCHÄFERSPIELE)

1736	Luise Adelgunde Victoria Gottsched	*Die Pietisterey im Fischbein=Rocke; Oder die Doctormäßige Frau. In einem Lust=Spiele vorgestellet*
1741	Johann Christoph Gottsched	*Atalanta oder Die bezwungene Sprödigkeit. Ein Schäferspiel. in fünf Aufzügen* [ca. 1730]
1742	Hinrich Borkenstein	*Der Bookesbeutel. Ein Lustspiel von Drey Aufzügen*
1743	Luise Adelgunde Victoria Gottsched	*Die ungleiche Heirath, ein deutsches Lustspiel in fünf Aufzügen*
	Johann Christian Krüger	*Die Geistlichen auf dem Lande. Ein Lustspiel in drey Handlungen*
	Theodor Johann Quistorp	*Die Austern, Ein Nachspiel*
	Johann Elias Schlegel	*Der geschäfftige Müßiggänger ein Lustspiel*
1744	Luise Adelgunde Victoria Gottsched	*Die Hausfranzösinn, oder die Mammsell. Ein deutsches Lustspiel, in fünf Aufzügen*
	Theodor Johann Quistorp	*Der Bock im Processe, ein Lustspiel von fünf Aufzügen*
1745	Christian Fürchtegott Gellert	*Die Betschwester, Ein Lustspiel in drey Aufzügen*
	–	*Sylvia. Ein Schäferspiel in einem Aufzuge*
	Luise Adelgunde Victoria Gottsched	*Das Testament, ein deutsches Lustspiel in fünf Aufzügen*
	–	*Herr Witzling, Ein deutsches Nachspiel in einem Aufzuge*
	Christlob Mylius	*Die Aerzte ein Lustspiel in fünf Aufzügen*
	Theodor Johann Quistorp	*Der Hypochondrist. Ein deutsches Lustspiel. In fünf Aufzügen*
	Adam Gottfried Uhlich	*Der faule Bauer, ein Nachspiel*
	–	*Der Unempfindliche, ein Lustspiel in fünf Aufzügen*

1746	Hinrich Borkenstein	*Der Bockesbeutel auf dem Lande, oder: Der Adeliche Knicker. Ein Lustspiel*
	–	*Der Götterkrieg ein Lustspiel über die itzigen Zeitläufte**
	Christlob Mylius	*Der Unerträgliche ein Lustspiel in fünf Aufzügen*
	Adam Gottfried Uhlich	*Der Schlendrian / oder des berühmten Boockesbeutels Tod und Testament, ein Lustspiel von drey Aufzügen*
	–	*Der Mohr, ein Lustspiel von einem Aufzuge*
1747	Gottlieb Fuchs	*Die Klägliche, ein Lustspiel in fünf Aufzügen*
	Christian Fürchtegott Gellert	*Das Loos in der Lotterie. Ein Lustspiel in fünf Aufzügen*
	–	*Die kranke Frau, ein Nachspiel*
	–	*Die zärtlichen Schwestern, Ein Lustspiel von drey Aufzügen*
	Gotthold Ephraim Lessing	*Damon, oder die wahre Freundschaft. Ein Lustspiel in einem Aufzuge*
	Johann Elias Schlegel	*Der Geheimnißvolle, Ein Lustspiel*
	–	*Die stumme Schönheit. – Ein Lustspiel in einem Aufzuge*
	–	*Die Langeweile. – Ein Vorspiel bey der Eröffnung des Dänischen Theaters*
	–	*Der gute Rath, ein Lustspiel in einem Aufzuge*
1748	Johann Christian Krüger	*Die Candidaten, oder: Die Mittel zu einem Amte zu gelangen. Ein Lustspiel in fünf Handlungen*
	–	*Der Teufel ein Bärenhäuter. Ein Lustspiel in einer Handlung in Versen*
	Johann Elias Schlegel	*Der Triumph der Guten Frauen. – Ein Lustspiel in fünf Aufzügen*
1749	Gotthold Ephraim Lessing	*Die alte Jungfer. Ein Lustspiel in drey Aufzügen*
	Christlob Mylius	*Die Schäfer=Insel / Ein deutsches Lustspiel in drey Aufzügen*
1751	Johann Christian Krüger	*Der blinde Ehemann. Ein Lustspiel von drey Aufzügen*
	–	*Herzog Michel. Ein Lustspiel von einer Handlung, in Versen*
1753	–	*Das Glück der Comödie. Ein Vorspiel*
1754	Gotthold Ephraim Lessing	*Der junge Gelehrte. Ein Lustspiel in drey Aufzügen* [1747?]
	–	*Die Juden. Ein Lustspiel in einem Aufzuge* [1749]
	Christian Leberecht Martini	*Die Prachtsüchtige. Ein Lustspiel in einem Aufzuge*
1755	Gotthold Ephraim Lessing	*Der Misogyne. Ein Lustspiel in einem Aufzuge* [1748]
	–	*Der Freygeist. Ein Lustspiel in fünf Aufzügen* [1749]
	–	*Der Schatz. Ein Lustspiel in einem Aufzuge* [1750]
1756	Christian Felix Weiße	*Die Poeten nach der Mode. Ein Lustspiel in drey Aufzügen* [1751?]

---

*   Parodiestück auf den Leipzig-Zürcher Literaturstreit (o. O.; liegt in: Bayerische Staatsbibliothek München. Signatur: P.o. germ. 498 h)

1760	Johann Friedrich v. Cronegk	*Der Mistrauische. Ein Lustspiel in fünf Aufzügen*
	–	*Die verfolgte Comödie. Ein Vorspiel*
	–	*Les défauts copiés. Comédie en un Acte*
1761	Karl Franz Romanus	*Der Vormund. Ein Lustspiel in einem Aufzuge*
	–	*Die Brüder. Ein Lustspiel in fünf Aufzügen*
	–	*Crispin als Vater. Ein Lustspiel in drey Aufzügen*
1762	Christian Leberecht Martini	*Die umgekehrte Comödie, oder Der rückwärts gespielte Roman.*
1763	Christian Felix Weiße	*Die Haushälterinn, ein Lustspiel in fünf Aufzügen*
1764	Johann Friedrich Löwen	*Das Mistrauen aus Zärtlichkeit. Ein Lustspiel in dreyen Aufzügen*
	Johann Elias Schlegel	*Die Pracht zu Landheim. Ein Lustspiel in fünf Aufzügen* [ca. 1742]
	Christian Felix Weiße	*Die Matrone von Ephesus. Oder Der von den Weibern leicht vergessene Tod der Männer. Ein Nachspiel / in einem Aufzuge* [1748?]
	–	*Der Misstrauische gegen sich selbst, Ein Lustspiel in drey Aufzügen*
1765	Theodor Gottlieb v. Hippel	*Der Mann nach der Uhr, oder der ordentliche Mann. – Ein Lustspiel in einem Aufzuge*
	Christian Leberecht Martini	*Der Vormund. Ein Lustspiel in Fünf Aufzügen*
	–	*Die ausgekaufte Lotterie, oder: Der Ehemann durchs Loos. – Ein Lustspiel in Drey Aufzügen* [Erstfassung 1752 u. d. T.: *Die Heyrath durchs Loos*]
	Joseph v. Petrasch	*Der Tag nach der Hochzeit, Ein Lustspiel in fünf Aufzügen*
	Christian Felix Weiße	*Die unerwartete Zusammenkunft oder der Naturaliensammler. Ein Lustspiel in einem Aufzuge*
1766	Franz v. Heufeld	*Die Liebhaber nach der Mode. Oder: Was soll man für einen Mann nehmen? Ein Lustspiel von drey Aufzügen*
	Johann Friedrich Löwen	*Der Liebhaber von Ohngefähr, oder, die Rückkehr zur Tugend. Ein Lustspiel in einem Aufzuge*
	–	*Ich habe es beschlossen*
	Christian Felix Weiße	*Amalia. Ein Lustspiel in fünf Aufzügen*
	–	*Der Projectmacher. Ein Lustspiel in fünf Aufzügen*
1767	Christian Gottlob Klemm	*Die bürgerliche Heurath. Ein Lustspiel in einem Aufzuge*
	–	*Die seltne Zärtlichkeit. Ein Lustspiel in zween Aufzügen*
	Gotthold Ephraim Lessing	*Minna von Barnhelm, oder das Soldatenglück. Ein Lustspiel in fünf Aufzügen* [1763]
	Christian Felix Weiße	*Die Freundschaft auf der Probe, ein rührendes Lustspiel, in fünf Aufzügen*
1768	Christian August Clodius	*Medon, oder die Rache des Weisen. Ein Lustspiel in drey Aufzügen*

	Theodor Gottlieb v. Hippel	*Die ungewöhnliche Nebenbuhler, ein Lustspiel in drey Aufzügen* [1763]
	Christian Gottlob Klemm	*Die Heurath wider die Mode. Ein Lustspiel von drey Aufzügen*
	Karl Gotthelf Lessing	*Der stumme Plauderer*
	Christian Felix Weiße	*List über List, ein Lustspiel in fünf Aufzügen*
	–	*Großmuth für Großmuth, ein Lustspiel in einem Aufzuge*
1769	Cornelius v. Ayrenhoff	*Der Postzug oder die nobeln Passionen. Ein Lustspiel in zween Aufzügen*
	Karl Gotthelf Lessing	*Der Wildfang. Ein Lustspiel in fünf Aufzügen*
	Christian Felix Weiße	*Weibergeklatsche, oder Ein qui pro quo. Ein Lustspiel in einem Aufzuge*
1770	Tobias Philipp v. Gebler	*Das Prädikat (oder der Adelsbrief). Ein Lustspiel in drey Aufzügen*
	Franz v. Heufeld	*Julie, oder Wettstreit der Pflicht und Liebe. Ein rührendes Lustspiel von drey Aufzügen* [1766]
	Georg Ignaz Lucius	*Die unvermuthete Rettung ein Lustspiel in drey Aufzügen*
1772	Tobias Philipp v. Gebler	*Die Kabala, oder das Lottoglück. Ein Lustspiel in einem Aufzuge*
	Christian Heinrich Schmid	*Die Parodie. Ein Lustpiel in einem Aufzuge* [= Ausarb. von Cronegks Skizze *Les défauts copiés*]
1798	Justus Möser	*Die Tugend auf der Schaubühne oder Harlekins Heirat. – Ein Nachspiel in Einem Aufzuge* [1763]

»SCHAUSPIELE« UND »DRAMEN«

1745	[Anonymus]	*Der Zügel-Lose. Ein Schauspiel, in fünf Abhandlungen*
1753	[Anonymus]	*Die ungezogene Tochter, ein poetisches Schau-Spiel in drey Handlungen*
	Heinrich Gottlieb Koch	*Sancio und Sinilde. Die Stärke der Mütterlichen Liebe. Ein Schauspiel in fünf Aufzügen*
1755	[Anonymus]	*Die Französin. Ein poetisches Schauspiel in dreyen Aufzügen.*
1770	Friederike Sophie Hensel	*Die Familie auf dem Lande. Ein Drama, in fünf Aufzügen* [1772 u. d. T.: *Die Entführung, oder: die zärtliche Mutter. Ein Drama in fünf Aufzügen*]
1772	Tobias Philipp v. Gebler	*Klementine, oder: das Testament. Ein Drama in fünf Aufzügen*
1779	Gotthold Ephraim Lessing	*Nathan der Weise. Ein dramatisches Gedicht in fünf Aufzügen*
1780	Christian Felix Weiße	*Der Fanatismus, oder Jean Calas. Ein historisches Schauspiel*

Literaturverzeichnis

1. Bibliographien

Goedeke, Karl: Grundriß zur Geschichte der deutschen Dichtung. Aus den Quellen. Zweite, ganz neu bearb. Aufl. 3. Bd.: Vom dreißigjährigen bis zum siebenjährigen Kriege. (Unveränd. reprogr. Neudruck der Ausgabe Dresden 1887) Nendeln/Liechtenstein 1975

Meyer, Reinhart (Hg.): Bibliographia dramatica et dramaticorum. Kommentierte Bibliographie der im ehemaligen deutschen Reichsgebiet gedruckten und gespielten Dramen des 18. Jahrhunderts nebst deren Bearbeitungen und Übersetzungen und ihrer Rezeption bis in die Gegenwart. I. Abteilung: Werkausgaben, Sammlungen, Reihen. 3 Bde. Tübingen 1986. II. Abteilung: Einzeltitel. Bde. 1–21 (1700–1766) Tübingen 1993ff. [–2004]

Meyer, Reinhart: Das deutsche Trauerspiel des 18. Jahrhunderts. Eine Bibliographie. München 1977

2. Quellen

2.1 Mehrbändige Dramensammlungen und -reihen

Sigle*

Brüggemann, Fritz (Hg.): Die Aufnahme Shakespeares auf der Bühne der Aufklärung in den sechziger und siebziger Jahren (= Deutsche Literatur. Sammlung literarischer Kunst- und Kulturdenkmäler in Entwicklungsreihen. Reihe Aufklärung 11). Leipzig 1937   DLE

–: Das Drama des Gegeneinander in den sechziger Jahren. Trauerspiele von Christian Felix Weiße, Leipzig (= Deutsche Literatur. Sammlung literarischer Kunst- und Kulturdenkmäler in Entwicklungsreihen. Reihe Aufklärung 12). Leipzig 1938

–: Die Anfänge des bürgerlichen Trauerspiels in den fünziger Jahren (= Deutsche Literatur. Sammlung literarischer Kunst- und Kulturdenkmäler in Entwicklungsreihen. Reihe Aufklärung 8). Faksimilenachdruck der Ausgabe Leipzig 1934. Darmstadt 1964

Die Deutsche Schaubühne zu Wienn, nach Alten und Neuen Mustern. Wien 1749–1764.   DSW

---

*   Bandzahlen werden mit römischer Ziffer nach der Sigle angegeben.

Gottsched, Johann Christoph (Hg.): Die Deutsche Schaubühne, nach den   SB
    Regeln und Exempeln der Alten. 6 Bde. Leipzig 1742–1745
Meyer, Reinhart (Hg.): Das deutsche Drama des 18. Jahrhunderts in Einzel-   DDE
    drucken. I Das Repertoire bis 1755. 7 Bde. (Bde. 1–3: Trauerspiele, Bde.
    4–6: Lustspiele, Bd. 7: Schauspiele). München 1981
Theater der Deutschen. 20 Bde. Leipzig u. a. 1766–1784   TD

2.2 Andere Quellen

Ayrenhoff, Cornelius: Sämmtliche Werke. 4 Bde. Wien und Leipzig 1789   A
Becker, F. Rudolph: Polybia oder die unbelohnte Treue, ein Trauerspiel von   BP
    fünf Aufzügen, in Versen. Berlin 1767
Bodmer, Johann Jakob: Der neue Romeo. Eine Tragicomödie. Frankfurt   BR
    und Leipzig 1769
Borkenstein, Heinrich: Der Bookesbeutel. Ein Lustspiel in Drey Aufzügen.   BB
    Hamburg 1746
Brawe, Joachim Wilhelm von: Trauerspiele. Berlin 1768   B
Breithaupt, Karl Theodor: Barbarussa und Zaphire ein Trauerspiel in fünf   BZ
    Aufzügen. In: Anhang zu dem dritten und vierten Bande der Bibliothek
    der schönen Wissenschaften und der freyen Künste, […]. Hg. v. Fried-
    rich Nicolai. Leipzig 1760, S. 1–102
Büschel, Johann Gabriel Bernhard: Schauspiele für die deutsche Bühne.
    Leipzig 1780
Camerer, Johann Friedrich: Octavia ein Trauerspiel. Mit einigen Ueber-
    setzungen einiger Gedanken des Herrn von Voltaire über die Schau-
    spiele. Wolfenbüttel 1748
Clodius, Christian August: Medon, oder die Rache des Weisen. Frankfurt   Cl
    und Leipzig 1768
Cronegk, Johann Friederich von: Olint und Sophronia. Ein Trauerspiel.
    In: Jacob Minor (Hg.): Lessings Jugendfreunde. Chr. Felix Weiße, Joh.
    Friedr. v. Cronegk, Joach. Wilh. v. Brawe, Friedrich Nicolai. Berlin und
    Stuttgart [1887], S. 137–199
–: Der Mißtrauische. Ein Lustspiel in fünf Aufzügen. Hg. Sabine Roth   CM
    (= Komedia. Deutsche Lustspiele vom Barock bis zur Gegenwart 14).
    Berlin 1969
–: Schriften. Erster und zweyter Band. 7. vermehrte Aufl.. Hg. Werner   CS
    Gundel, Ansbach 2003
Derschau, Christoph Friedrich von: Pylades und Orestes oder Denckmaal   PO
    der Freundschafft. Ein Trauerspiel. Liegnitz 1747
Deschamps, François Michel-Chrétien: Caton d'Utique, Tragédie. La   DC
    Haye 1715

Diderot, Denis: Das Theater des Herrn Diderot. Herausgegeben und übersetzt von Gotthold Ephraim Lessing. Mit Einleitung u. Anmerkungen
v. Wolfgang Stellmacher. Leipzig 1981

–: Entretien d'un philosophe avec la maréchale de ***. In: Œuvres. T. 1:
Philosophie. Hg. Laurent Versini, Paris 1994, S. 925–943

Diderot, Denis/D'Alembert, Jean le Rond: Encyclopédie ou Dictionnaire
raisonné des sciences, des arts et des métiers […]. 28 Bde. Paris 1751–
1772

Gebler, Tobias Philipp von: Theatralische Werke. 3 Bde. Prag und Dres-   Gb
den 1772f.

Gellert, Christian Fürchtegott: Gesammelte Schriften. Kritische, kommen-   G
tierte Ausgabe. Hg. Bernd Witt. 6 Bde., Berlin u.a. 1988ff.

Goethe, Johann Wolfgang: Werke. Hamburger Ausgabe in 14 Bänden. Hg.
Erich Trunz. 6. Aufl. Hamburg 1962

Gottsched, Johann Christoph: Akademische Vorlesung, […] über die Frage: Ob man in theatralischen Gedichten allezeit die Tugend als belohnt,
und das Laster als bestrafet vorstellen müsse? 1751, den 8 May, auf der
Paulinerbibliothek gehalten. In: Das Neueste aus der anmuthigen Ge-
lehrsamkeit. [Brachmonat] 1751. S. 391–405, 487–496

–: Ausgewählte Werke. Hg. Joachim Birke. Berlin 1968ff.   AW

–: Sterbender Cato. Hg. Horst Steinmetz. Bibliograph. ergänzte Ausg.
(¹1964) Stuttgart 1984

–: Schriften zur Literatur. Hg. Horst Steinmetz. Stuttgart 1989

Gottsched, Luise Adelgunde Victorie: Die Pietisterey im Fischbein-Rocke.
Komödie. Hg. Wolfgang Martens. Bibliograph. ergänzte Ausg. Stuttgart (¹1968) 1979

Grossmann, Gustav Friedrich Wilhelm: Nicht mehr als sechs Schüsseln.
Ein Familiengemälde. Leipzig 1780

Gryphius, Andreas: Großmütiger Rechtsgelehrter oder Sterbender Aemilius Paulus Papinianus. Trauerspiel. Hg. nach der Erstausg. v. Ilse-Ma-
rie Barth. Stuttgart 1994

Hensel, Friederike Sophie: Die Entführung, oder: die zärtliche Mutter. Ein
Drama in fünf Aufzügen. Hg. Anne Fleig. Hannover 1998

Heufeld, Franz von: Die Liebhaber nach der Mode. Oder: Was soll man für
einen Mann nehmen? Ein Lustspiel von drey Aufzügen. Wien 1766

–: Julie, oder Wettstreit der Pflicht und Liebe. Ein rührendes Lustspiel.
Wien 1770

Hippel, Theodor Gottlieb von: Die ungewöhnliche [!] Nebenbuhler, ein   H
Lustspiel in drey Aufzügen. o. O. [Königsberg] 1768

Hobbes, Thomas: Leviathan. Bibliogr. ergänzte Ausg. Stuttgart 1998 (¹1970)

[Hutcheson, Francis:] Franz Hutchesons […] Sittenlehre der Vernunft, aus
dem Englischen übersetzt. 2 Bde. Leipzig 1756

Kleist, Ewald Christian von: Sämtliche Werke. Hg. Jürgen Stenzel. Stuttgart 1971

Klemm, Christian Gottlob: Beyträge zum Deutschen Theater. I. Bd. Wien 1767

–: Die Heurath wider die Mode. Ein Lustspiel von drey Aufzügen. Wien 1767

Krüger, Johann Christian: Werke. Kritische Gesamtausgabe. Hg. David   K
G. John. Tübingen 1986

La Mettrie, Julien Offray de: De la volupté: Anti-Sénèque ou le souverain bien
– L'école de la volupté – Système d'Epicure. Hg. Ann Thomson. Paris 1996

Langenau, Friedrich Wilhelm von: Ludewig, der strenge [!]. Ein Trau-   LL
erspiel in fünf Aufzügen, nebst nöthigen historischen Anmerkungen.
Breslau und Leipzig 1766

Lessing, Gotthold Ephraim: Werke. Hg. Herbert G. Göpfert. 8 Bde. Mün-   L
chen 1971ff.

Lessing, Karl Gotthelf: Der stumme Plauderer. Berlin 1768

–: Zwey Lustspiele. Der Wildfang ... Ohne Harleckin ... Berlin 1769

–: Die Mätresse. Hg. Eugen Wolff (= Deutsche Litteraturdenkmale des 18.
und 19. Jahrhunderts in Neudrucken 28). Heilbronn 1887

Lieberkühn, Christian Gottlieb: Die Lissabonner, ein bürgerliches Trauer-   Li
spiel, und die Insel der Pucklichten, ein Lustspiel. Breslau 1758

Löwen, Johann Friedrich: Schriften. Vier Teile. Hamburg 1765f.

Lucius, Georg Ignaz: Die unvermuthete Rettung ein Lustspiel in drey Aufzügen. Frankfurt a. M. 1770

Marmontel, Jean-François: Contes moraux. 3 Bde. Leipzig 1766

Martini, Christian Leberecht: Die Prachtsüchtige. Ein Lustspiel in einem
Aufzuge. In: Johann Friedrich Schönemann (Hg.): Neue Sammlung von
Schauspielen. 1. Bd. Hamburg 1754

–: Deutsche Schauspiele, Dresden und Leipzig 1765

Meier, Georg Friedrich: Theoretische Lehre von den Gemüthsbewegungen überhaupt. Halle 1744

–: Rettung der Ehre der Vernunft wider die Freygeister. Halle 1747

Möser, Justus: Sämtliche Werke. Historisch-kritische Ausgabe in 14 Bdn.   M
Hg. v. der Akademie der Wissenschaften Göttingen. Berlin 1943ff.

Mylius, Christlob: Vermischte Schriften. Gesammelt von Gotthold Ephraim
Lessing. Faks.-Nachdruck der Ausg. Berlin 1754. Frankfurt a. M. 1971

Nietzsche, Friedrich: Werke. Hg. Karl Schlechta. 5 Bde., 6. Aufl. München 1969

Nonne, Johann Gottfried Christian: Vermischte Gedichte. Jena und Leip-   N
zig 1770

Patzke, Johann Samuel: Virginia ein Trauerspiel. Frankfurt und Leipzig 1755   PV

Petrasch, Joseph von: Sämtliche Lustspiele. Hg. von der deutschen Gesellschaft zu Altdorf. II. Teil. Nürnberg 1765

Romanus, Karl Franz: Comödien. Dresden und Warschau 1761

Rousseau, Jean-Jacques: Discours sur l'origine et les fondements de l'inégalité parmi les hommes. Hg. Jean Starobinski. Paris 1969

Schiller, Friedrich: Sämtliche Werke in zehn Bänden. (Berliner Ausgabe). SW
Hg. Hans-Günther Thalheim u.a. Berlin 1980ff.

Schlegel, Johann Elias: Werke. Hg. Johann Heinrich Schlegel. 5 Bde. Kopen- S
hagen und Leipzig 1761ff.

–: Canut. Ein Trauerspiel. Hg. Horst Steinmetz. Stuttgart 1967 SC

–: Gedanken zur Aufnahme des dänischen Theaters. In: ders., Canut. Ein
Trauerspiel. Hg. Horst Steinmetz. Stuttgart 1967, S. 75–111

–: Die stumme Schönheit. In: Lustspiele der Aufklärung in einem Akt.
Hg. Georg-Michael Schulz. Stuttgart 1986, S. 41–77

Schmid, Christian Heinrich: Chronologie des deutschen Theaters. (Leipzig 1775) Hg. Paul Legband (= Schriften der Gesellschaft für Theater-
geschichte). Berlin 1902

Schönaich, Christoph Otto von: Versuch in der tragischen Dichtkunst, SV
bestehend aus vier Trauerspielen, nämlich I. Zayde, II. Mariamne,
III. Thußnelde, IV. Zarine. Breslau 1754

–: Montezum. Ein Trauerspiel in fünf Aufzügen. Königsberg 1763

Stölle, Gottlieb: Eines ungenannten Gönners kritische Gedanken über den
Sterbenden Cato, in: J. Ch. Gottsched, Sterbender Cato. Hg. Horst
Steinmetz. Stuttgart 1984, S. 91–114

Sulzer, Johann Georg: Allgemeine Theorie der Schönen Künste. In einzeln,
nach alphabetischer Ordnung der Kunstwörter auf einander folgenden,
Artikeln abgehandelt. 1. Theil Leipzig 1771, 2. Theil 1774

Thomasius, Christian: Einleitung zur Sittenlehre. Mit einem Vorwort v.
Werner Schneiders. Hildesheim 1968 (= Faks.-Nachdruck von: Von der
Kunst Vernüfftig und Tugendhafft zu lieben. Als dem eintzigen Mit-
tel zu einen [!] glückseligen / galanten und vergnügten Leben zu ge-
langen / Oder Einleitung zur SittenLehre Nebst einer Vorrede […].
Halle 1692)

–: Ausübung der Sittenlehre. Mit einem Vorwort v. Werner Schneiders.
Hildesheim 1968 (= Faks.-Nachdr. von: Von Der Artzeney Wider die
unvernünfftige Liebe und der zuvorher nöthigen Erkäntnüß Sein Selbst.
Oder: Ausübung der Sitten-Lehre […]. Halle 1696)

–: Kurtzer Entwurff der Politischen Klugheit / sich selbst und andern in
allen Menschlichen Gesellschafften wohl zu rathen und zu einer ge-
scheiden Conduite zu gelangen; Allen Menschen / die sich klug zu
seyn düncken / oder die noch klug werden wollen / zu höchst=nöthiger
Bedürfniss und ungemeinem Nutzen […]. Franckfurt und Leipzig 1710
(Faks.-Nachdr. Frankfurt a. M. 1971)

[Uhlich, Adam Gottfried:] Erste Sammlung neuer Lustspiele, Welche theils U
übersetzt, theils selbst verfertigt hat, A. G. U. Danzig und Leipzig 1746

Voltaire: Dictionnaire philosophique comprenant les 118 articles parus sous ce titre du vivant de Voltaire avec leurs suppléments parus dans les »Questions sur l'Encyclopédie«. Hg. Raymond Naves und Julien Benda. Paris 1967

Weisse, Christian Felix: Beytrag zum deutschen Theater. 1. Aufl., 5 Teile. Leipzig 1759ff.   WB 1

–: Beytrag zum deutschen Theater. 2. Aufl., 5 Teile. Leipzig 1765ff.   WB 2

–: Trauerspiele. 5 Teile. Leipzig 1776ff.   WT

–: Lustspiele. Erster Theil. (= Sammlung der besten deutschen prosaischen Schriftsteller und Dichter. Sechs und Siebenzigster Theil) Karlsruhe 1778   WL

–: Lustspiele. Neu überarbeitet. 3 Bde. Leipzig 1783   WLN

–: Selbstbiographie. Hg. Christian Felix Weiße. Leipzig 1806

–: Richard der Dritte. In: Quellenschriften zur Hamburgischen Dramaturgie. Bd. 1: Richard der Dritte. Ein Trauerspiel in fünf Aufzügen von C. F. Weiße. Hg. Daniel Jacoby und August Sauer (= Deutsche Literaturdenkmale des 18. und 19. Jahrhunderts. 3. Folge, Nr. 130). Berlin 1904   WR

Wieland, Christoph Martin: Sämmtliche Werke. Hg. v. der Hamburger Stiftung zur Förderung von Wissenschaft und Kultur. Faks.-Nachdr. der Ausgabe letzter Hand, Leipzig 1794–1811. 14 Bde. Hamburg 1984   W

[Wolff, Christian:] Herrn Christian Wolfs [!], [...] Gesammlete kleine philosophische Schrifften, Fünffter Theil, darinnen die zu der Sittenlehre gehörige Stücke enthalten, Welche aus den [!] Lateinischen übersezet, auch mit nöthigen und nüzlichen Anmerkungen versehen sind von G. F. H. Pr. der Ph. z. B. Halle 1740

Zedler, Johann Heinrich: Grosses Vollständiges Universal-Lexicon Aller Wissenschaften und Künste [...]. Halle und Leipzig 1732ff. Faks.-Nachdruck Graz 1993ff.

3. Forschungsliteratur

DVjs	= Deutsche Vierteljahrsschrift für Literaturwissenschaft und Geistesgeschichte
IASL	= Internationales Archiv für Sozialgeschichte der Literatur
LL	= Literatur für Leser
SPIEL	= Siegener Periodicum zur internationalen empirischen Literaturwissenschaft
WW	= Wirkendes Wort
ZfdPh	= Zeitschrift für deutsche Philologie
ZRGG	= Zeitschrift für Religions- und Geistesgeschichte

Adam, Wolfgang (Hg.): Geselligkeit und Gesellschaft im Barockzeitalter. Teil I (= Wolfenbütteler Arbeiten zur Barockforschung, Bd. 28). Wiesbaden 1997

Aikin-Sneath, Betsy: Comedy in Germany in the First Half of the Eighteenth Century. Oxford 1936

Alt, Peter André: Der Held und seine Ehre. Zur Deutungsgeschichte eines Begriffs im Trauerspiel des 18. Jahrhunderts. In: Jahrbuch der deutschen Schillergesellschaft 37 (1993), S. 81–108

–: Tragödie der Aufklärung. Eine Einführung. Tübingen u. a. 1994

–: Dramaturgie des Störfalls. Zur Typologie des Intriganten im Trauerspiel des 18. Jahrhunderts. In: IASL 29, 1 (2004), S. 1–28

Alteinhein, Hans-Richard: Geld und Geldeswert im bürgerlichen Schauspiel des 18. Jahrhunderts (Diss. masch.) Köln 1952

Arntzen, Helmut: Die ernste Komödie. Das deutsche Lustspiel von Lessing bis Kleist. München 1968

–: Von Trauerspielen. Gottsched, Gryphius, Büchner. In: Wolfdietrich Rasch u. a. (Hg.): Rezeption und Produktion zwischen 1570 und 1730. Festschrift für Günther Weydt zum 65. Geburtstag. Bern u. a. 1972, S. 571–585

Baasner, Frank: Der Begriff ›sensibilité‹ im 18. Jahrhundert. Aufstieg und Niedergang eines Ideals. Heidelberg 1988

Bähr, Andreas: Selbsttötung und Selbsterhaltung. Die Semantik moralischer Ausweglosigkeit in der Aufklärung. In: Das achtzehnte Jahrhundert 28, 1 (2004), S. 65–82

Barner, Wilfried: Barockrhetorik. Untersuchungen zu ihren geschichtlichen Grundlagen. Tübingen 1970

Barner, Wilfried (Hg.): Tradition, Norm, Innnovation. Soziales und literarisches Traditionsverhalten in der Frühzeit der deutschen Aufklärung. München 1989

Bauer, Roger: Die österreichische Literatur des Josephinischen Zeitalters: eine werdende Literatur auf der Suche nach neuen Ausdrucksformen. In: Bernhard Fabian/ Wilhelm Schmidt-Biggemann (Hg.): Das achtzehnte Jahrhundert als Epoche. Nendeln 1978, S. 25–37

Bauer, Volker: Die höfische Gesellschaft in Deutschland von der Mitte des 17. Jahrhunderts bis zum Ausgang des 18. Jahrhunderts. Versuch einer Typologie. Tübingen 1993

Begemann, Christian: Furcht und Angst im Prozeß der Aufklärung. Zur Literatur und Bewußtseinsgeschichte im 18. Jahrhundert. Frankfurt a. M. 1987

Beise, Arnd: Untragische Trauerspiele. Christian Weises und Johann Elias Schlegels Aufklärungsdrama als Gegenmodell zur Märtyrertragödie von Gryphius, Gottsched und Lessing. In: WW 47, 2 (1997), S. 188–204

Bekes, Peter: Poetologie des Titels. Rezeptionstheoretische Überlegungen zu einigen Dramentiteln in der ersten Hälfte des 18. Jahrhunderts. In: Poetica 11 (1979), S. 394–426

Berg, Gunhild: Schwierigkeiten der Gemütererkenntnis. Kritik und Funktionalisierung von Vorurteilen in der ›Anthropognosie‹ Georg Friedrich Meiers. In: Das achtzehnte Jahrhundert 28, 1 (2004), S. 9–26

Birk, Heinz: Bürgerliche und empfindsame Moral im Familiendrama des 18. Jahrhunderts. (Diss. masch.) Bonn 1967

Bohnen, Klaus: Nachwort. In: Gotthold Ephraim Lessing: Der Freigeist. Stuttgart 1980, S. 101–117

Boom, Rüdiger van den: Die Bedienten und das Herr-Diener-Verhältnis in der deutschen Komödie der Aufklärung (1742–1767). Frankfurt a. M. 1979

Borchmeyer, Dieter: Staatsräson und Empfindsamkeit. Johann Elias Schlegels Canut und die Krise des heroischen Trauerspiels. In: Jahrbuch der deutschen Schillergesellschaft 27 (1983), S. 154–171

Bornscheuer, Lothar u. a. (Hg.): Glaube, Kritik, Phantasie. Europäische Aufklärung in Religion und Politik, Wissenschaft und Literatur. Interdisziplinäres Symposium an der Universität-GH-Duisburg vom 16.–19. April 1991. Frankfurt a. M. u. a. 1993

Brandes, Helga: Leibhaftige Unvernunft. Zur Mutter-Rolle in der Typenkomödie der Aufklärung. In: Irmgard Roebling/Wolfram Mauser (Hg.): Mutter und Mütterlichkeit. Wandel und Wirksamkeit einer Phantasie in der deutschen Literatur. Festschrift für Verena Ehrich-Haefeli. Würzburg 1996, S. 57–63

Breidert, Wolfgang: Die Erschütterung der vollkommenen Welt. Die Wirkung des Erdbebens von Lissabon im Spiegel europäischer Zeitgenossen. Darmstadt 1994

Briese, Olaf: Die Macht der Metaphern. Blitz, Erdbeben und Kometen im Gefüge der Aufklärung. Stuttgart u. a. 1998

Brinkmann, Richard: ›Quasificirte Welt‹ oder resigniertes Theatrum Mundi. Im Dickicht politischer Klugheit zur Zeit der deutschen Frühaufklärung. In: ders. u. a. (Hg.): Theatrum Europaeum. Festschrift für E. M. Szarota. München 1982, S. 409–427

Brüggemann, Diethelm: Die sächsische Komödie. Studien zum Sprachstil. Köln u. a. 1970

Brüggemann, Fritz: Der Kampf um die bürgerliche Welt- und Lebensanschauung in der deutschen Literatur des 18. Jahrhunderts. In: DVjs 3 (1925), S. 94–127

Brüggemann, Fritz (Hg.): Die Aufnahme Shakespeares auf der Bühne der Aufklärung in den sechziger und siebziger Jahren. (= Deutsche Literatur. Sammlung literarischer Kunst- und Kulturdenkmäler in Entwicklungsreihen. Reihe Aufklärung II). Leipzig 1937 (= DLE XI)

–: (Hg.): Das Drama des Gegeneinander in den sechziger Jahren. Trauerspiele von Christian Felix Weiße, Leipzig 1938 (= Deutsche Literatur. Sammlung literarischer Kunst- und Kulturdenkmäler in Entwicklungsreihen. Reihe Aufklärung 12) (= DLE XII)

–: (Hg.): Die Anfänge des bürgerlichen Trauerspiels in den fünziger Jahren (= Deutsche Literatur. Sammlung literarischer Kunst- und Kulturdenkmäler in Entwicklungsreihen. Reihe Aufklärung 8). Faks.-Nachdruck der Ausg. Leipzig 1934. Darmstadt 1964 (= DLE VIII)

–: (Hg.): Die bürgerliche Gemeinschaftskultur der vierziger Jahre. Zweiter Teil: Drama (= Deutsche Literatur. Sammlung literarischer Kunst- und Kulturdenkmäler in Entwicklungsreihen. Reihe Aufklärung 6). Faks.-Nachdruck der Ausg. Leipzig 1933. Darmstadt 1964 (= DLE VI)

Bürger, Peter: Moral und Gesellschaft bei Diderot und Sade. In: ders.: Aktualität und Geschichtlichkeit. Studien zum gesellschaftlichen Funktionswandel der Literatur. Frankfurt a. M. 1977, S. 48–79

Cassirer, Ernst: Die Philosophie der Aufklärung. Hamburg 1998 (= Faks.-Nachdr. der Erstausg. Tübingen 1932)

Catholy, Eckehard: Das deutsche Lustspiel. Von der Aufklärung bis zur Romantik. Stuttgart u. a. 1982

Crüger, Johannes (Hg.): Joh. Christoph Gottsched und die Schweizer J. J. Bodmer und J. J. Breitinger (= Deutsche National-Litteratur, 42). Berlin u. a. 1883

Dainat, Holger/Voßkamp, Wilhelm (Hg.): Aufklärungsforschung in Deutschland (= Beiheft zum Euphorion, 32). Heidelberg 1999

Delon, Michel (Hg.): Dictionnaire européen des Lumières. Paris 1997

Dierse, Ulrich: ›Philosophes‹ und ›anti-philosophes‹ in französischen philosophischen Lexika des 18. Jahrhunderts. In: Das Achtzehnte Jahrhundert 22, 2 (1998), S. 172–183

Dürbeck, Gabriele: Einbildungskraft und Aufklärung. Perspektiven der Philosophie, Anthropologie und Ästhetik um 1750. Tübingen 1998

–: Physiologischer Mechanismus und ästhetische Therapie. Ernst Anton Nicolais Schriften zur Psychopathologie. In: Carsten Zelle (Hg.): »Vernünftige Ärzte«. Hallesche Psychomediziner und die Anfänge der Anthropologie in der deutschsprachigen Frühaufklärung (= Hallesche Beiträge zur Europäischen Aufklärung). Tübingen 2001, S. 104–119

Durzak, Manfred: Äußere und innere Handlung in *Miß Sara Sampson*. Zur ästhetischen Geschlossenheit von Lessings Trauerspiel. In: DVjs 44 (1970), S. 47–63

Ehrard, Jean: L'Idée de nature en France dans la première moitié du XVIIIᵉ siècle. Paris 1994 (¹1963)

Eibl, Karl: Gotthold Ephraim Lessing: *Miss Sara Sampson*. Ein bürgerliches Trauerspiel, Frankfurt a.M. 1971 (= Commentatio. Analysen und Kommentare zur deutschen Literatur, Bd. 2)

–: Identitätskrise und Diskurs. Zur thematischen Kontinuität von Lessings Dramatik. In: Jahrbuch der deutschen Schillergesellschaft 21 (1977), S. 138–191

Elias, Norbert: Über den Prozeß der Zivilisation. Soziogenetische und Psychogenetische Untersuchungen. Bd. I: Wandlungen des Verhaltens in den weltlichen Oberchichten des Abendlandes. Frankfurt a.M. 1976; Bd. II: Wandlungen der Gesellschaft. Entwurf zu einer Theorie der Zivilisation. Frankfurt a.M. 1982

Essen, Gesa von: Hermannsschlachten. Germanen- und Römerbilder in der Literatur des 18. und 19. Jahrhunderts. Göttingen 1998

Euchner, Walter: Egoismus und Gemeinwohl. Studien zur Geschichte der bürgerlichen Philosophie. Frankfurt a.M. 1973

Fabian, Bernhard/Schmidt-Biggemann, Wilhelm (Hg.): Das achtzehnte Jahrhundert als Epoche (= Studien zum achtzehnten Jahrhundert 1). Nendeln 1978

Fabian, Bernhard/Schmidt-Biggemann, Wilhelm/Vierhaus, Rudolf (Hg.): Deutschlands kulturelle Entfaltung. Die Neubestimmung des Menschen (= Studien zum achtzehnten Jahrhundert 2/3). München 1980

Feil, Ernst: Déisme. In: Dictionnaire européen des Lumières. Hg. Michel Delon. Paris 1997, S. 314–316

Fiederer, Margrit: Geld und Besitz im bürgerlichen Trauerspiel (= Epistemata. Würzburger Wissenschaftliche Schriften, Reihe Literaturwissenschaft, Bd. 414). Würzburg 2002

Fischer-Lichte, Erika/Schönert, Jörg (Hg.): Theater im Kulturwandel des 18. Jahrhunderts. Inszenierung und Wahrnehmung von Körper – Musik – Sprache (= Das achtzehnte Jahrhundert. Supplementa 5). Göttingen 1999

Foucault, Michel: Surveiller et punir. Naissance de la prison. Paris 1975

–: Sexualität und Wahrheit. 1. Bd. Der Wille zum Wissen. Frankfurt a.M. 1983

Frenzel, Elisabeth: Stoffe der Weltliteratur. Ein Lexikon dichtungsgeschichtlicher Längsschnitte. 3., überarb. und erweit. Aufl. Stuttgart 1970

Freund, Winfried (Hg.): Deutsche Komödien vom Barock bis zur Gegenwart. München 1988

Frevert, Ute: Frauen-Geschichte. Zwischen Bürgerlicher Verbesserung und Neuer Weiblichkeit. Frankfurt a. M. 1986

Friederici, Hans: Das deutsche bürgerliche Lustspiel der Frühaufklärung (1736–1750) unter besonderer Berücksichtigung seiner Anschauungen von der Gesellschaft. Halle 1957

Friess, Ursula: Buhlerin und Zauberin. Eine Untersuchung zur deutschen Literatur des 18. Jahrhunderts. München 1970

–: »Verführung ist die wahre Gewalt«. Zur Politisierung eines dramatischen Motivs in Lessings bürgerlichen Trauerspielen. In: Jahrbuch der Jean-Paul-Gesellschaft 6 (1971), S.102–130

Frühsorge, Gotthardt: Der politische Körper. Zum Begriff des Politischen im 17. Jahrhundert und in den Romanen Christian Weises. Stuttgart 1974

Frühsorge, Gotthardt/Manger, Klaus/Strack, Friedrich (Hg.): Digressionen. Wege zur Aufklärung. Festgabe für Peter Michelsen. Heidelberg 1984

Fulda, Daniel: Falsches Kleid und bare Münze. Tausch und Täuschung als Konstituenten der Komödie, mit zwei Beispielen aus dem Barock. In: IASL 25, 2 (2000), S. 22–47

Gabler, Hans-Jürgen: Machtinstrument statt Repräsentationsmittel: Rhetorik im Dienste der *Privatpolitic*. In: Rhetorik 1 (1980), S. 9–25

Gawlick, Günter: Der Deismus als Grundzug der Religionsphilosophie der Aufklärung. In: Hermann Samuel Reimarus (1694–1768) ein ›bekannter Unbekannter‹ der Aufklärung in Hamburg. Vorträge gehalten auf der Tagung der Joachim-Jungius-Gesellschaft der Wissenschaften Hamburg am 12.–13. Okt. 1972. Göttingen 1973, S. 15–43

–: »Von Duldung der Deisten«. Zu einem Thema der Lessing-Zeit. In: Eva J. Engel/ Claus Ritterhoff (Hg.): Neues zur Lessing-Forschung. Ingrid Strohschneider-Kohrs zu Ehren am 26. Aug. 1997. Tübingen 1998, S. 153–167

Gebauer, Gunter (Hg.): Das Laokoon-Projekt. Pläne einer semiotischen Ästhetik (= Studien zur Allgemeinen und Vergleichenden Literaturwissenschaft, Bd. 25). Stuttgart 1984

Gerth, Klaus: ›Moralische Anstalt‹ und ›Sittliche Natur‹. Zur Typologie des Dramas im Sturm und Drang. In: Wolfgang Wittkowski (Hg.): Revolution und Autonomie. Deutsche Autonomieästhetik im Zeitalter der Französischen Revolution. Ein Symposium. Tübingen 1990, S. 30–46

Geyer, Carl-Friedrich: Das »Jahrhundert der Theodizee«. In: Kant-Studien 73 (1982), S. 393–405

Godel, Rainer: Der Wilde als Aufklärer? Kulturanthropologisch vermittelte Rezeptionssteuerung in Joseph von Sonnenfels' *Mann ohne Vorurtheil*. In: Aufklärung 14 (2002), S. 205–232

Graevenitz, Gerhart von: Innerlichkeit und Öffentlichkeit. Aspekte deutscher ›bürgerlicher‹ Literatur im frühen 18. Jahrhundert. In: DVjs 49 (1975), Sonderheft, S. 1–82

Greiner, Bernhard: Die Komödie: eine theatralische Sendung. Grundlagen und Interpretationen. Tübingen 1992

Greis, Ingeborg: Drama Liebe. Zur Entstehungsgeschichte der modernen Liebe im Drama des 18. Jahrhunderts. Stuttgart 1991

Grimberg, Michel: La réception de la comédie française dans les pays de langue allemande (1694–1799) vue à travers les traductions et leurs préfaces. Bern u.a. 1995

Grimminger, Rolf: Aufklärung, Absolutismus und bürgerliche Individuen. Über den notwendigen Zusammenhang von Literatur, Gesellschaft und Staat in der Geschichte des 18. Jahrhunderts. In: Hansers Sozialgeschichte der deutschen Literatur, Bd. III: Deutsche Aufklärung bis zur Französischen Revolution 1680–1789. Hg. R. Grimminger, 1. Teilband, München 1980, S. 15–99

Grunert, Frank: Die Objektivität des Glücks. Aspekte der Eudämonismusdiskussion in der deutschen Aufklärung. In: F. G./Friedrich Vollhardt (Hg.): Aufklärung als praktische Philosophie. Werner Schneiders zum 65. Geburtstag. Tübingen 1998, S. 351–368

Grunert, Frank/Vollhardt, Friedrich (Hg.): Aufklärung als praktische Philosophie. Werner Schneiders zum 65. Geburtstag (= Frühe Neuzeit Bd. 45, Studien u. Dokumente zur deutschen Literatur und Kultur im europ. Kontext). Tübingen 1998

Gumbrecht, Hans Ulrich/Reichardt, Rolf: Philosophe, philosophie. In: Rolf Reichardt (Hg.): Handbuch politisch-sozialer Grundbegriffe in Frankreich 1680–1820. München 1985, S. 7–88

Guthke, Karl S.: Das deutsche bürgerliche Trauerspiel, 5., überarbeitete u. erweiterte Aufl. (= Sammlung Metzler, Realien zur Literatur, Bd. 116). Stuttgart 1994

Gutjahr, Ortrud u. a. (Hg.): Gesellige Vernunft. Zur Kultur der literarischen Aufklärung. Festschrift für W. Mauser zum 65. Geburtstag. Würzburg 1993

Hansen, Klaus P. (Hg.): Empfindsamkeiten. Passau 1990

Hartmann, Pierre: Le philosophe sur les planches. L'image du philosophe dans le théâtre des Lumières: 1680–1815. Strasbourg 2003

Hartung, Gerald: Über den Selbstmord. Eine Grenzbestimmung des anthropologischen Diskurses im 18. Jahrhundert. In: Hans-Jürgen Schings (Hg.): Der ganze Mensch. Anthropologie und Literatur im 18. Jahrhundert. DFG-Symposion 1992. Stuttgart u. a. 1994, S. 33–53

Hecht, Wolfgang: Materialien zu: *Die Stumme Schönheit.* In: Luise Adelgunde Viktorie Gottsched: *Der Witzling*/Johann Elias Schlegel: *Die stumme Schönheit.* Hg. W. Hecht. Berlin 1962, S. 80–104

Heinz, Jutta: ›Gedanken‹ über Gott und die Welt. Die Erprobung der Anthropologie im Essay bei Meier, Krüger und Nicolai. In: Carsten Zelle (Hg.): »Vernünftige Ärzte«. Hallesche Psychomediziner und die Anfänge der Anthropologie in der deutschsprachigen Frühaufklärung. Tübingen 2001, S. 141–155

Heitmüller, Ferdinand: Hamburgische Dramatiker zur Zeit Gottscheds und ihre Beziehungen zu ihm. Ein Beitrag zur Geschichte des Theaters und Dramas im 18. Jahrhundert (Diss.). Jena/Wandsbeck 1890

Heitner, Robert R.: German Tragedy in the Age of Enlightenment. A Study in the Development of Original Tragedies, 1724–1768. Berkeley und Los Angeles 1963

Herrmann, Hans Peter: »Ich bin fürs Vaterland zu sterben auch bereit«. Patriotismus oder Nationalismus im 18. Jahrhundert? Lesenotizen zu den deutschen Arminiusdramen 1740–1808. In: H. P. H./Hans-Martin Blitz/Susanna Mossmann

(Hg.): Machtphantasie Deutschland. Nationalismus, Männlichkeit und Fremdenhaß im Vaterlandsdiskurs deutscher Schriftsteller des 18. Jahrhunderts. Frankfurt
a.M. 1996, S. 32–65

–: Arminius und die Erfindung der Männlichkeit im 18. Jahrhundert. In: H. P. H./
Hans-Martin Blitz/Susanna Mossmann (Hg.): Machtphantasie Deutschland.
Nationalismus, Männlichkeit und Fremdenhaß im Vaterlandsdiskurs deutscher
Schriftsteller des 18. Jahrhunderts. Frankfurt a.M. 1996, S. 161–191

Herrmann, Hans Peter/Mossmann, Susanna (Hg.): Machtphantasie Deutschland.
Nationalismus, Männlichkeit und Fremdenhaß im Vaterlandsdiskurs deutscher
Schriftsteller des 18. Jahrhunderts. Frankfurt a.M. 1996

Heydebrand, Renate von: Johann Christoph Gottscheds Trauerspiel *Der sterbende Cato* und die Kritik. Analyse eines Kräftespiels. In: Wolfdietrich Rasch u.a.
(Hg.): Rezeption und Produktion zwischen 1570 und 1730. Festschrift für Günther Weydt zum 65. Geburtstag. Bern u.a. 1972, S. 553–569

Hillen, Gerd: Die Halsstarrigkeit der Tugend. Bemerkungen zu Lessings Trauerspielen. In: Lessing Yearbook 2 (1970), S. 119–123

Hilliger, Dorothea: Wünsche und Wirklichkeiten im bürgerlichen Trauerspiel. Ein
Beitrag zur Entstehungsgeschichte und Problematik neuzeitlicher Liebesbeziehungen. Frankfurt a.M. 1984

Hinck, Walter: Das deutsche Lustspiel des 17. und 18. Jahrhunderts und die italieni-
sche Komödie. Commedia dell'arte und Théâtre italien. Stuttgart 1965

–: Vom Ausgang der Komödie: exemplarische Lustspielschlüsse in der europäischen
Literatur. Opladen 1977

Hinck, Walter (Hg.): Handbuch des deutschen Dramas. Düsseldorf 1980

Hinske, Norbert (Hg.): Zentren der Aufklärung, Bd. I: Halle. Aufklärung und
Pietismus (= Wolfenbütteler Studien zur Aufklärung, Bd. 15). Heidelberg 1989

Hollmer, Heide: Anmut und Nutzen. Die Originaltrauerspiele in Gottscheds *Deutscher Schaubühne*. Tübingen 1994

Hollmer, Heide/Meier, Albert (Hg.): Dramenlexikon des 18. Jahrhunderts. München 2001

Horstenkamp-Strake, Ulrike: »Daß die Zärtlichkeit noch barbarischer zwingt, als
Tyrannenwut!« Autorität und Familie im deutschen Drama. Frankfurt a.M. u.a.
1995

Huyssen, Andreas: Das leidende Weib in der dramatischen Literatur von Empfindsamkeit und Sturm und Drang. Eine Studie zur bürgerlichen Emanzipation in
Deutschland. In: Monatshefte LXIX (1977), S. 159–173

Ishikawa, Fumiyasu: Das Gerichtshof-Modell des Gewissens. In: Aufklärung 7, 1
(1992), S. 43–55

Jacobs, Jürgen: Das klassizistische Drama der Frühaufklärung. In: Walter Hinck
(Hg.): Handbuch des deutschen Dramas. Düsseldorf 1980, S. 61–75

Jacobsen, Roswitha: Ordnung und individuelle Selbstbestimmung im bürgerlichen
  Trauerspiel. Der Fehler der Sara Sampson. In: Richard Fisher (Hg.): Ethik und
  Ästhetik. Werke und Werte in der Literatur vom 18. bis zum 20. Jahrhundert. Fest-
  schrift für W. Wittkowski zum 70. Geburtstag. Frankfurt a.M. 1995, S. 81–92
Jäger, Georg: Empfindsamkeit und Roman. Wortgeschichte, Theorie und Kritik im
  18. und frühen 19. Jahrhundert (= Studien zur Poetik und Geschichte der Litera-
  tur, Bd. 11). Stuttgart u.a. 1969
–: Freundschaft, Liebe und Literatur von der Empfindsamkeit bis zur Romantik:
  Produktion, Kommunikation und Vergesellschaftung von Individualität durch
  ›kommunikative Muster ästhetisch vermittelter Identifikation‹. In: SPIEL 9, 1
  (1990), S. 69–87
John, Regina: Vernünftige Menschenliebe. Wohltat und Almosen in Drama und
  Roman der deutschen Aufklärung. Frankfurt a.M. u.a. 1992
Jones, G. L.: Johann Elias Schlegel: *Canut*. The Tragedy of Human Evil. In: Lessing
  Yearbook 6 (1974), S. 150–161
Jung, Werner: Das Geld und die guten Worte. Zur Rolle des Geldes bei Gellert. In:
  Bernd Witte (Hg.): »Ein Lehrer der ganzen Nation«. Leben und Werk Christi-
  an Fürchtegott Gellerts. München 1990, S. 134–150

Kändler, Ursula: Von der sächsischen Komödie zum europäischen Rührstück. Schlüssel-
  wörter der Aufklärung im Triumph der guten Frauen von Johann Elias Schlegel.
  In: Sabine Heimann (Hg.): Soziokulturelle Kontexte zur Sprach- und Literaturent-
  wicklung. Festschrift für R. Große zum 65. Geburtstag. Stuttgart 1989, S. 245–254
Kiesel, Helmuth: »Bei Hof, bei Höll«. Untersuchungen zur literarischen Hofkritik
  von Sebastian Brant bis Friedrich Schiller (= Studien zur deutschen Literatur
  Bd. 60). Tübingen 1979
Killy, Walter (Hg.): Literaturlexikon. Autoren und Werke deutscher Sprache. 12 Bde.
  Autoren, 2 Bde. Begriffe, 1 Bd. Register. München 1988ff.
Kittler, Friedrich A.: »Erziehung ist Offenbarung«. Zur Struktur der Familie in
  Lessings Dramen. In: Jahrbuch der deutschen Schillergesellschaft 27 (1977),
  S. 111–137
Kittsteiner, Heinz D.: Die Entstehung des modernen Gewissens. Frankfurt a.M.
  u.a. 1991
Kleinheyer, Gerd: Wandlungen des Delinquentenbildes in den Strafrechtsordnun-
  gen des 18. Jahrhunderts. In: Bernhard Fabian u.a. (Hg.): Deutschlands kulturelle
  Entfaltung. Die Neubestimmung des Menschen. München 1980, S. 227–246
Knorr, Heinz: Wesen und Funktion des Intriganten im deutschen Drama von Gry-
  phius bis zum Sturm und Drang (Diss. masch.). Erlangen 1951
Komfort-Hein, Susanne: »Sie sei wer sie sei«. Das bürgerliche Trauerspiel um Indi-
  vidualität. Pfaffenweiler 1995
Kondylis, Panajotis: Die Aufklärung im Rahmen des neuzeitlichen Rationalismus.
  München 1986

Koopmann, Helmut: Drama der Aufklärung. Kommentar zu einer Epoche. München 1979

–: (Hg.): Bürgerlichkeit im Umbruch: Studien zum deutschsprachigen Drama 1750–1800. Mit einer Bibliographie der Dramen der Oettingen-Wallersteinschen Bibliothek zwischen 1750 und 1800. Tübingen 1993

Kopitzsch, Franklin (Hg.): Aufklärung, Absolutismus und Bürgertum in Deutschland. Zwölf Aufsätze (= nymphenburger texte zur wissenschaft, modelluniversität 24). München 1976

Kopper, Joachim: Ethik der Aufklärung. Darmstadt 1983

Koselleck, Reinhart: Kritik und Krise. Eine Studie zur Pathogenese der bürgerlichen Welt. 8. Aufl. Frankfurt a.M. 1997

Košenina, Alexander: »Es leihe [...] Trost der männertollen Dirne«. Beiträge über Nymphomanie aus dem Umkreis von Ernst Anton Nicolai. In: Carsten Zelle (Hg.): »Vernünftige Ärzte«. Hallesche Psychomediziner und die Anfänge der Anthropologie in der deutschsprachigen Frühaufklärung. Tübingen 2001, S. 120–140

Koschorke, Albrecht: Körperströme und Schriftverkehr. Mediologie des 18. Jahrhunderts. München 1999

Krauss, Werner: Studien zur deutschen und französischen Aufklärung (= Neue Beiträge zur Literaturwissenschaft 16). Berlin 1963

Krebs, Roland: Von der Liebestragödie zum politisch-vaterländischen Drama. Der Hermannstoff im Kontext der deutsch-französischen Beziehungen. Zu Johann Elias Schlegels und Justus Mösers Hermannstücken. In: Rainer Wiegels/Winfried Woesler (Hg.): Arminius und die Varusschlacht. Geschichte – Mythos – Literatur. Paderborn u.a. 1995, S. 291–308

Krebs, Roland/Valentin, Jean-Marie (Hg.): Théâtre, nation & société en Allemagne au XVIIIe siècle. Nancy 1990

Kühlmann, Wilhelm: Frühaufklärung und Barock. Traditionsbruch – Rückgriff – Kontinuität. In: K. Garber (Hg.), Europäische Barock-Rezeption. 2 Teile. Wiesbaden 1991, Teil 1, S. 187–214

Liepe, Else: Der Freigeist in der deutschen Literatur des 18. Jahrhunderts (Diss.). Kiel 1931

Lotman, Jurij M.: Problèmes de la typologie des cultures. In: Julia Kristeva (Hg.): Essays in Semiotics. Essais de sémiotique. The Hague u.a. 1971, S. 46–56

–: Die Struktur des künstlerischen Textes. München 1973

–: Das Problem des Zeichens und des Zeichensystems und die Typologie der russischen Kultur des 11.–19. Jahrhunderts. In: ders.: Aufsätze zur Theorie und Methodologie der Literatur und Kultur. Hg. Karl Eimermacher, Kronberg/Ts. 1974, S. 378–411

Luhmann, Niklas: Liebe als Passion. Zur Codierung von Intimität. Frankfurt a.M. 1982

Lukas, Wolfgang: Les tentations de la raison: transformations de la figure du philosophe dans le théâtre de l'Aufklärung. In: Pierre Hartmann (Hg.): Le philosophe sur les planches. L'image du philosophe dans le théâtre des Lumières: 1680–1815. Strasbourg 2003, S. 237–253

Luserke, Matthias: Funktion und Wirkung von Literatur im 18. Jahrhundert. Versuch einer diskursanalytischen Lektüre des Trauerspielbriefwechsels zwischen Lessing, Mendelssohn und Nicolai. In: Das achtzehnte Jahrhundert 17 (1993), S. 15–27

–: Die Bändigung der wilden Seele. Literatur und Leidenschaft in der Aufklärung. Stuttgart u.a. 1995

Mainusch, Herbert (Hg.): Europäische Komödie. Darmstadt 1990

Marquard, Odo: Anthropologie. In: Joachim Ritter (Hg.): Wörterbuch der Philosophie. Bd. 1. Darmstadt 1971, S. 362–374

–: Zur Theorie des indirekten Glücks zwischen Theodizee und Geschichtsphilosophie. In: Günther Bien (Hg.): Die Frage nach dem Glück. Stuttgart 1978, S. 93–111

–: Der angeklagte und der entlastete Mensch in der Philosophie des 18. Jahrhunderts. In: ders.: Abschied vom Prinzipiellen. Philosophische Studien. Stuttgart 1981, S. 39–66

Martens, Wolfgang: Die Botschaft der Tugend. Die Aufklärung im Spiegel der deutschen Moralischen Wochenschriften. Stuttgart 1968

–: Bürgerlichkeit in der frühen Aufklärung. In: Jahrbuch für Geschichte der oberdeutschen Reichsstädte 16 (1970), S. 106–120

–: Geselligkeit im Geselligen (1748–50). In: Ortrud Gutjahr u.a. (Hg.): Gesellige Vernunft. Zur Kultur der literarischen Aufklärung. Festschrift für W. Mauser zum 65. Geburtstag. Würzburg 1993, S. 173–185

–: Zum Marinelli-Typus vor Lessing. In: Richard Fisher (Hg.): Ethik und Ästhetik. Werke und Werte in der Literatur vom 18. bis zum 20. Jahrhundert. Festschrift für W. Wittkowski zum 70. Geburtstag (= Forschungen zur Literatur- und Kulturgeschichte 52). Frankfurt a.M. 1995, S. 69–79

–: (Hg.): Zentren der Aufklärung, Bd. III: Leipzig. Aufklärung und Bürgerlichkeit (= Wolfenbütteler Studien zur Aufklärung, Bd. 17). Heidelberg 1990

Martini, Fritz: Johann Elias Schlegel: Die stumme Schönheit. Spiel und Sprache im Lustspiel. Mit einem Anhang: Einige Überlegungen zur Poetik des Lustspiels (1963/69). In: Reinhold Grimm/Klaus L. Berghahn (Hg.): Wesen und Formen des Komischen im Drama. Darmstadt 1975, S. 303–365

Martino, Alberto: Geschichte der dramatischen Theorien in Deutschland im 18. Jahrhundert. Bd. I: Die Dramaturgie der Aufklärung (1730–1780) (= Studien zur deutschen Literatur 32). Tübingen 1972

–: Emotionalismus und Empathie. Zur Entstehung bürgerlicher Kunst im 18. Jahrhundert. In: Jahrbuch des Wiener Goethe-Vereins 81/82/83 (1977/78/79), S. 117–130

Matt, Peter von: Ästhetik der Hinterlist. Zu Theorie und Praxis der Intrige in der Literatur. München 2002

Mauser, Wolfgang: Geselligkeit. Zu Chance und Scheitern einer sozialethischen Utopie um 1750. In: Aufklärung 4, 1 (1989), S. 5–36

–: Freundschaft und Verführung. Zur inneren Widersprüchlichkeit von Glücksphantasien im 18. Jahrhundert. Ein Versuch. In: Wolfram Mauser/Barbara Becker-Cantarino (Hg.): Frauenfreundschaft – Männerfreundschaft. Literarische Diskurse im 18. Jahrhundert. Tübingen 1991, S. 213–235

Mauser, Wolfram/Becker-Cantarino, Barbara (Hg.): Frauenfreundschaft – Männerfreundschaft. Literarische Diskurse im 18. Jahrhundert. Tübingen 1991

Mauser, Wolfgang/Sasse, Günter (Hg.): Streitkultur: Strategien des Überzeugens im Werk Lessings. Referate der Internationalen Lessing-Tagung der Albert-Ludwig-Universität Freiburg und der Lessing-Society an der University of Cincinnati. Tübingen 1993

Mauzi, Robert: L'Idée du bonheur dans la littérature et la pensée françaises au XVIIIe siècle. Paris 1994

May, Kurt: Johann Elias Schlegels *Canut* im Wettstreit der geistesgeschichtlichen und formgeschichtlichen Forschung. In: Trivium VII (1949), S. 257ff.

McCarthy, John A.: Politics and Morality in Eighteenth-Century Germany. In: DVjs 68 (1994), S. 77–98

Meier, Albert: Dramaturgie der Bewunderung. Untersuchungen zur politisch-klassizistischen Tragödie des 18. Jahrhunderts. Frankfurt a. M. 1993

Memmolo, Pasquale: Strategen der Subjektivität – Intriganten in Dramen der Neuzeit. Würzburg 1995

Meyer, Herman: Hütte und Palast in der Dichtung des 18. Jahrhunderts. In: Walter Müller-Seidel/Wolfgang Preisendanz (Hg.): Formenwandel. Festschrift zum 65. Geburtstag von P. Böckmann. Hamburg 1964, S. 138–155

Meyer, Reinhart: Hanswurst und Harlekin oder: Der Narr als Gattungsschöpfer. Versuch einer Analyse des komischen Spiels in den Staatsaktionen des Musik- und Sprechtheaters im 17. und 18. Jahrhundert. In: Roland Krebs/Jean-Marie Valentin (Hg.): Théâtre, nation & société en Allemagne au XVIIIe siècle. Nancy 1990, S. 13–39

Meyer-Kalkus, Reinhart: Die Rückkehr des grausamen Todes. Sterbeszenen im deutschen Drama des 18. Jahrhunderts. In: ZRGG 50, 2 (1998), S. 97–114

Metwally, Nadia: Johann Gottlob Benjamin Pfeils *Lucie Woodvil* – eine ›Schwester der Sara‹? In: ZfdPh 103 (1984), S. 161–177

Miething, Christoph: Marivaux' Theater – Identitätsprobleme in der Komödie (= Freiburger Schriften zur Romanischen Philologie, Bd. 31). München 1975

Minor, Jacob: Christian Felix Weiße und seine Beziehungen zur deutschen Literatur des achtzehnten Jahrhunderts. Innsbruck 1880

Mix, York-Gothart: Nationale Selbst- und Fremdbilder in der Mode- und Alamodekritik des ›Hinkenden Boten‹ und anderer populärer Kalender des 18. Jahrhunderts. In: IASL 26, 2 (2001), S. 56–71

Möller, Horst: Vernunft und Kritik. Deutsche Aufklärung im 17. und 18. Jahrhundert. Frankfurt a. M. 1986

Mönch, Cornelia: Abschrecken oder Mitleiden. Das deutsche bürgerliche Trauerspiel im 18. Jahrhundert. Versuch einer Typologie. Tübingen 1993

Mog, Paul: Ratio und Gefühlskultur. Studien zur Psychogenese und Literatur im 18. Jahrhundert (= Studien zur deutschen Literatur, Bd. 48). Tübingen 1976

Müller, Klaus Detlev: Das Erbe der Komödie im bürgerlichen Trauerspiel. In: DVjs 46 (1972), S. 28–60

–: Das Virginia-Motiv in Lessings *Emilia Galotti*. Anmerkungen zum Strukturwandel der Öffentlichkeit. In: Orbis Litterarum 42 (1987), S. 305–316

Müller, Thomas: Rhetorik und bürgerliche Identität. Studien zur Rolle der Psychologie in der Frühaufklärung. Tübingen 1990

Müller-Kampel, Beatrix: Sittenrichter gegen Possenreißer: ›Österreichische Lösungen‹ auf dem Theater der zweiten Hälfte des 18. Jahrhunderts. In: LL, H. 4 (1996), S. 221–237

–: Hanswurst, Bernardon, Kasperl. Spaßtheater im 18. Jahrhundert. Paderborn 2003

Müller Nielaba, Daniel: Schlafes Bruder, zu Wort gekommen: Wie Lessing enden läßt. In: DVjs 73, 2 (1999), S. 266–288

Münch, Paul: Lebensformen in der Frühen Neuzeit. 1500–1800. Berlin 1998

Nell, Werner: Zum Begriff ›Kritik der höfischen Gesellschaft‹ in der deutschen Literatur des 18. Jahrhunderts. In: IASL 10 (1985), S. 170–194

Neumann, Peter Horst: Der Preis der Mündigkeit. Über Lessings Dramen. Anhang: über *Fanny Hill*. Stuttgart 1977

Neuss, Raimund: Tugend und Toleranz. Die Krise der Gattung Märtyrerdrama im 18. Jahrhundert. Bonn 1989

Nolle, Rolf-Werner: Das Motiv der Verführung. Verführer und ›Verführte‹ als dramatische Entwürfe moralischer Wertordnung in Trauerspielen von Gryphius, Lohenstein und Lessing. Stuttgart 1976

Nolting, Winfried: Die Dialektik der Empfindung. Lessings Trauerspiele *Miß Sara Sampson* und *Emilia Galotti*. Mit einer Einleitung: Gemischte Gefühle. Zur Problematik eines explikativen Verstehens der Empfindung. Stuttgart 1986

Ort, Claus-Michael: Affektenlehre. In: Albert Meier (Hg.): Hansers Sozialgeschichte der deutschen Literatur vom 16. Jahrhundert bis zur Gegenwart. Bd. 2: Die Literatur des 17. Jahrhunderts. München 1999, S. 124–139, 606–611

Pape, Walter: Symbol des Sozialen. Zur Funktion des Geldes in der Komödie des 18. und 19. Jahrhunderts. In: IASL 13 (1988), S. 45–69

–: ›Ein *billetdoux* an die ganze Menschheit‹. Christian Felix Weiße und die Aufklärung. In: Wolfgang Martens (Hg.): Zentren der Aufklärung, Bd. III: Leipzig. Aufklärung und Bürgerlichkeit. Heidelberg 1990, S. 267–295

Pikulik, Lothar: Bürgerliches Trauerspiel und Empfindsamkeit. Köln u.a. 1966

Plumpe, Gerhard: Epochen moderner Literatur. Ein systemtheoretischer Entwurf. Opladen 1995

Profitlich, Ulrich: Komödien-Konzepte ohne das Element ›Komik‹. In: Ralf Simon (Hg.): Theorie der Komödie – Poetik der Komödie. Bielefeld 2001, S. 13–30

–: (Hg.): Komödientheorie. Texte und Kommentare. Vom Barock bis zur Gegenwart. Reinbek 1998

Pross, Wolfgang: Das Konzept des Populären in Italien und sein Einfluß auf das deutschsprachige Theater des 18. Jahrhunderts. In: Jean-Marie Valentin (Hg.): Volk – Volksstück – Volkstheater im deutschen Sprachraum des 18.–20. Jahrhunderts. Bern u. a. 1986, S. 24–40

Pütz, Peter: Die Leistung der Form. Lessings Dramen. Frankfurt a. M. 1986

Rasch, Wolfdietrich: Goethes *Iphigenie auf Tauris* als Drama der Autonomie. München 1979

Regeniter, Rudolf: Karl Franz Romanus. Ein Beitrag zur Entwicklungsgeschichte des deutschen Lustspiels im 18. Jahrhundert. (Diss. Heidelberg) Berlin 1901

Reichardt, Rolf: Handbuch politisch-sozialer Grundbegriffe in Frankreich 1680–1820, München 1985

Rochow, Christian Erich: Das Drama hohen Stils. Aufklärung und Tragödie in Deutschland (1730–1790). Heidelberg 1994

–: Das bürgerliche Trauerspiel. Stuttgart 1999

Roth, Sabine: Die Dramen Johann Friedrich von Cronegks (1731–1757). (Diss. masch.) Frankfurt a. M. 1965

–: Materialien zum Verständnis des Textes. In: Johann Friedrich von Cronegk: Der Mißtrauische. Ein Lustspiel in fünf Aufzügen. Hg. Sabine Roth (= Komedia. Deutsche Lustspiele vom Barock bis zur Gegenwart 14). Berlin 1969, S. 92–117

Ruppert, Wolfgang: Bürgerlicher Wandel. Die Geburt der modernen deutschen Gesellschaft im 18. Jahrhundert. Frankfurt a. M. 1984

Saine, Thomas P.: Was ist Aufklärung? Kulturgeschichtliche Überlegungen zu neuer Beschäftigung mit der deutschen Aufklärung. In: Franklin Kopitzsch (Hg.): Aufklärung, Absolutismus und Bürgertum in Deutschland. Zwölf Aufsätze. München 1976, S. 319–344

–: Von der Kopernikanischen bis zur Französischen Revolution. Die Auseinandersetzung der deutschen Frühaufklärung mit der neuen Zeit. Berlin 1987

Sasse, Günter: Die aufgeklärte Familie. Untersuchungen zur Genese, Funktion und Realitätsbezogenheit des familialen Wertsystems im Drama der Aufklärung (= Studien zur deutschen Literatur, Bd. 95). Tübingen 1988

–: Liebe und Ehe. Oder: wie sich die Spontaneität des Herzens zu den Normen der Gesellschaft verhält. Lessings *Minna von Barnhelm*. Tübingen 1993

–: Die Ordnung der Gefühle. Das Drama der Liebesheirat im 18. Jahrhundert. Darmstadt 1996

Sauder, Gerhard: Empfindsamkeit. Bd. I: Voraussetzungen und Elemente. Stuttgart 1974

–: Empfindsamkeit – Sublimierte Sexualität. In: Klaus P. Hansen (Hg.): Empfindsamkeiten. Passau 1990, S. 167–177

–: Sensibilité. In: Dictionnaire européen des Lumières. Hg. Michel Delon, Paris
1997, S. 985–990

Schaer, Wolfgang: Die Gesellschaft im bürgerlichen Drama des 18. Jahrhunderts.
Grundlagen und Bedrohung im Spiegel der dramatischen Literatur. Bonn 1963

Schings, Hans-Jürgen (Hg.): Der ganze Mensch. Anthropologie und Literatur im
18. Jahrhundert. DFG-Symposium 1992. Stuttgart 1994

Schneider, Helmut J.: Schenken und Tauschen. Bemerkungen zu einer Grundfigur
der Lessingschen Dramatik. In: Wolfgang Mauser/Günter Sasse (Hg.): Streitkultur: Strategien des Überzeugens im Werk Lessings. Referate der Internationalen
Lessing-Tagung der Albert-Ludwig-Universität Freiburg und der Lessing-Society an der University of Cincinnati. Tübingen 1993, S. 462–471

Schneider, Katja: »Vielleicht, daß wir also die Menschen fühlen lehren«. Johann
Christian Krügers Dramen und die Konzeption des Individuums um die Mitte
des 18. Jahrhunderts. Frankfurt a. M. u. a. 1996

Schneiders, Werner: Thomasius politicus. Einige Bemerkungen über Staatskunst und
Privatpolitik in der aufklärerischen Klugheitslehre. In: Norbert Hinske (Hg.):
Zentren der Aufklärung, Bd. I: Halle. Aufklärung und Pietismus. Heidelberg
1989, S. 91–110

Schröder, Winfried: Zwei ›tugendhafte Atheisten‹. Zum Verhältnis von Moral und
Religion bei Pierre Bayle. In: Aufklärung 16 (2004), S. 9–20

Schulte-Sasse, Jochen: Drama. In: Hansers Sozialgeschichte der deutschen Literatur, Bd. III: Deutsche Aufklärung bis zur Französischen Revolution 1680–1789.
Hg. Rolf Grimminger, 2. Teilbd. München 1980, S. 423–499, 884–889

Schulz, Georg-Michael: Die Überwindung der Barbarei. Johann Elias Schlegels
Trauerspiele (= Untersuchungen zur deutschen Literaturgeschichte, Bd. 27). Tübingen 1980

–: Tugend, Gewalt und Tod. Das Trauerspiel der Aufklärung und die Dramaturgie
des Pathetischen und Erhabenen. Tübingen 1988

Sexau, Richard: Der Tod im deutschen Drama des 17. und 18. Jahrhunderts (von Gryphius bis zum Sturm und Drang). Ein Beitrag zur Literaturgeschichte. Bern 1906

Siegrist, Christoph: Phasen der Aufklärung von der Didaktik bis zur Gefühlskultur.
In: Victor Žmegač (Hg.): Geschichte der deutschen Literatur vom 18. Jahrhundert bis zur Gegenwart. Bd. I/1. Königstein/Ts. 1979, S. 58–174

Simon, Ralf (Hg.): Theorie der Komödie – Poetik der Komödie (= Aisthesis Studi-
enbuch, 2). Bielefeld 2001

Sørensen, Bengt Algot: Herrschaft und Zärtlichkeit. Der Patriarchalismus und das
Drama im 18. Jahrhundert. München 1984

–: Die Vater-Herrschaft in der frühaufklärerischen Literatur. In: Wilfried Barner
(Hg.): Tradition, Norm, Innnovation. Soziales und literarisches Traditionsverhalten in der Frühzeit der deutschen Aufklärung. München 1989, S. 189–212

–: Freundschaft und Patriarchat im 18. Jahrhundert. In: Wolfram Mauser/Barbara Becker-Cantarino (Hg.): Frauenfreundschaft – Männerfreundschaft. Literarische Diskurse im 18. Jahrhundert. Tübingen 1991, S. 279–292

Späth, Sibylle: Väter und Töchter oder die Lehre von der ehelichen Liebe in Gellerts Lustspielen. In: Bernd Witte (Hg.): »Ein Lehrer der ganzen Nation«. Leben und Werk Christian Fürchtegott Gellerts. München 1990, S. 51–65

Staiger, Emil: Rasende Weiber in der deutschen Tragödie des achtzehnten Jahrhunderts. In: ders.: Stilwandel. Studien zur Vorgeschichte der Goethezeit. Zürich u.a. 1963, S. 25–74

Stanitzek, Georg: Blödigkeit. Beschreibungen des Individuums im 18. Jahrhundert. Tübingen 1989

Steinhagen, Harald: Der junge Schiller zwischen Marquis de Sade und Kant, Aufklärung und Idealismus. In: DVjs 56, 1 (1982), S. 135–157

Steinhausen, Georg: Galant, Curiös und Politisch. Drei Schlag- und Modeworte des Perrücken-Zeitalters. In: Zschf. für den deutschen Unterricht 9 (1895), S. 22–37

Steinmetz, Horst: Die Komödie der Aufklärung. 3. bearb. Aufl. (= Sammlung Metzler, Bd. 47). Stuttgart 1978

–: Nachwort. In: J. E. Schlegel: Canut. Ein Trauerspiel. Stuttgart 1980, S. 117–127

–: Nachwort. In: J. Chr. Gottsched: Sterbender Cato. Bibliogr. ergänzte Ausg. (¹1964). Stuttgart 1984, S. 132–143

–: Das deutsche Drama von Gottsched bis Lessing. Ein historischer Überblick. Stuttgart 1987

Stephan, Inge: So ist die Tugend ein Gespenst. Frauenbild und Tugendbegriff im bürgerlichen Trauerspiel bei Lessing und Schiller. In: Lessing Yearbook 17 (1985), S. 1–20

Stuke, Horst: Aufklärung. In: Geschichtliche Grundbegriffe. Historisches Lexikon zur politisch-sozialen Sprache in Deutschland. Hg. Otto Brunner, Werner Conze, Reinhart Koselleck. Bd. 1. Stuttgart 1972, S. 243–342

Szondi, Peter: Die Theorie des bürgerlichen Trauerspiels im 18. Jahrhundert. Der Kaufmann, der Hausvater und der Hofmeister (= Studienausg. der Vorlesungen, Bd. 1. Hg. Gert Mattenklott). Frankfurt a.M. 1977

Ter-Nedden, Gisbert: Lessings Trauerspiele. Der Ursprung des modernen Dramas aus dem Geist der Kritik. Stuttgart 1986

Titzmann, Michael: ›Empfindung‹ und ›Leidenschaft‹: Strukturen, Kontexte, Transformationen der Affektivität/Emotionalität in der deutschen Literatur in der 2. Hälfte des 18. Jahrhunderts. In: Klaus P. Hansen (Hg.): Empfindsamkeiten. Passau 1990, S. 137–165

–: Friedrich Maximilian Klingers Romane und die Philosophie der (Spät-)Aufklärung. In: Harro Zimmermann (Hg.): Der deutsche Roman der Spätaufklärung. Fiktion und Wirklichkeit. Heidelberg 1990, S. 242–284

–: Literarische Strukturen und kulturelles Wissen: Das Beispiel inzestuöser Situationen in der Erzählliteratur der Goethezeit und ihrer Funktionen im Denksystem der Epoche. In: Jörg Schönert (in Zusammenarbeit mit Konstantin Imm und Joachim Linder) (Hg.): Erzählte Kriminalität. Zur Typologie und Funktion von narrativen Darstellungen in Strafrechtspflege, Publizistik und Literatur zwischen 1770 und 1920. Tübingen 1991, S. 229–281

–: Skizze einer integrativen Literaturgeschichte und ihres Ortes in einer Systematik der Literaturwissenschaft. In: ders. (Hg.): Modelle des literarischen Strukturwandels. Tübingen 1991, S. 395–438

–: ›Verstellung‹. Semiotische, anthropologische, ideologische Implikationen im Drama des deutschen Barock. In: Wolfgang Adam (Hg.): Geselligkeit und Gesellschaft im Barockzeitalter. Teil I. Wiesbaden 1997, S. 543–557

–: Semiotische Aspekte der Literaturwissenwschaft: Literatursemiotik. In: Roland Posner/Klaus Robering/Thomas A. Sebeok (Hg.): Semiotik/Semiotics. Ein Handbuch zu den zeichentheoretischen Grundlagen von Natur und Kultur. A Handbook on the Sign-Theoretic Foundations of Nature and Culture. 3. Teilbd. Berlin u.a. 2003, S. 3028–3103

Todorov, Tzvetan: Ästhetik und Semiotik im 18. Jahrhundert. In: Gunter Gebauer (Hg.): Das Laokoon-Projekt. Pläne einer semiotischen Ästhetik. Stuttgart 1984, S. 9–22

Torra-Mattenklott, Caroline: Metaphorologie der Rührung. Ästhetische Theorie und Mechanik im 18. Jahrhundert (= Theorie und Geschichte der Literatur und der schönen Künste. Texte und Abhandlungen, Bd. 104). München 2002

Trautwein, Wolfgang: Komödientheorien und Komödie. Ein Ordnungsversuch. In: Jahrbuch der deutschen Schillergesellschaft 27 (1983), S. 86–123

Valentin, Jean-Marie: La réception de Destouches en Allemagne au XVIIIe siècle: du comique décent au comique sérieux. In: Roland Krebs/J.-M. V. (Hg.): Théâtre, nation & société en Allemagne au XVIIIe siècle. Nancy 1990, S. 73–90

–: (Hg.): Volk – Volksstück – Volkstheater im deutschen Sprachraum des 18.–20. Jahrhunderts (= Jahrbuch für Internationale Germanistik. Reihe A Kongressberichte, Bd. 15). Bern u.a. 1986

Vogg, Elena: Die bürgerliche Familie zwischen Tradition und Aufklärung. Perspektiven des ›bürgerlichen Trauerspiels‹ von 1755–1800. In: Helmut Koopmann (Hg.): Bürgerlichkeit im Umbruch. Studien zum deutschsprachigen Drama 1750–1800. Mit einer Bibliographie der Dramen der Oettingen-Wallersteinschen Bibliothek zwischen 1750 und 1800. Tübingen 1993, S. 53–92

Vollhardt, Friedrich: Freundschaft und Pflicht. Naturrechtliches Denken und literarisches Freundschaftsideal. In: Wolfram Mauser/Barbara Becker-Cantarino (Hg.): Frauenfreundschaft – Männerfreundschaft. Literarische Diskurse im 18. Jahrhundert. Tübingen 1991, S. 293–309

–: Zwischen pragmatischer Alltagsethik und ästhetischer Erziehung. Zur Anthropologie der moraltheoretischen und -praktischen Literatur der Aufklärung in Deutschland. In: Hans-Jürgen Schings (Hg.): Der ganze Mensch. Anthropologie und Literatur im 18. Jahrhundert. DFG-Symposium 1992. Stuttgart 1994, S. 112–129

–: Naturrecht und schöne Literatur im 18. Jahrhundert. In: Otto Dann/Diethelm Klippel (Hg.): Naturrecht – Spätaufklärung – Revolution (= Studien zum achtzehnten Jahrhundert, Bd. 16). Hamburg 1995, S. 216–232

–: Die Grundregel des Naturrechts. Definitionen und Konzepte in der Unterrichts- und Kommentarliteratur der deutschen Aufklärung. In: Frank Grunert/Friedrich Vollhardt (Hg.): Aufklärung als praktische Philosophie. Werner Schneiders zum 65. Geburtstag. Tübingen 1998, S. 129–147

–: Aspekte der germanistischen Wissenschaftsentwicklung am Beispiel der neueren Forschung zur ›Empfindsamkeit‹. In: Holger Dainat/Wilhelm Voßkamp (Hg.): Aufklärungsforschung in Deutschland (= Beiheft zum Euphorion, 32). Heidelberg 1999, S. 49–77

Voßkamp, Wilhelm: Probleme und Aufgaben einer sozialgeschichtlich orientierten Literaturgeschichte des achtzehnten Jahrhunderts. In: Bernhard Fabian u. a. (Hg.): Das achtzehnte Jahrhundert als Epoche. Nendeln 1978, S. 53–69

Warning, Rainer: Komik und Komödie als Positivierung von Negativität (am Beispiel Molière und Marivaux). In: Harald Weinrich (Hg.): Positionen der Negativität (= Poetik und Hermeneutik VI). München 1975, S. 341–366

–: Elemente einer Pragmasemiotik der Komödie. In: Wolfgang Preisendanz/Rainer Warning (Hg.): Das Komische (= Poetik und Hermeneutik VII). München 1976, S. 279–333

–: Die Komödie der Empfindsamkeit. Steele – Marivaux – Lessing, in: Eckhard Heftrich/Jean-Marie Valentin (Hg.): Gallo-Germanica. Wechselwirkungen und Parallelen deutscher und französischer Literatur. Nancy 1986, S. 13–28

–: Theorie der Komödie. Eine Skizze. In: Ralf Simon (Hg.): Theorie der Komödie – Poetik der Komödie. Bielefeld 2001, S. 31–46

Wegmann, Nikolaus: Diskurse der Empfindsamkeit. Zur Geschichte eines Gefühls in der Literatur des 18. Jahrhunderts. Stuttgart 1988

Weinrich, Harald: Literaturgeschichte eines Weltereignisses. In: ders.: Literatur für Leser, Stuttgart 1971, S. 64–76

Wellbery, David E.: Lessing's *Laocoon*. Semiotics and Aesthetics in the Age of Reason. Cambridge u. a. 1984

–: Aufklärung als sprachpolitisches Programm. In: Kodikas 13 (1990), S. 171–189

–: Das Gesetz der Schönheit. Lessings Ästhetik der Repräsentation. In: Cristiaan L. Hart Nibbrig (Hg.): Was heißt ›Darstellen‹? Frankfurt a. M. 1994, S. 175–204

Wetterer, Angelika: Publikumsbezug und Wahrheitsanspruch. Der Widerspruch zwischen rhetorischem Ansatz und philosophischem Anspruch bei Gottsched und den Schweizern (= Studien zur deutschen Literatur, Bd. 68). Tübingen 1981

Wetzel, Hans: Das empfindsame Lustspiel der Frühaufklärung (1745–1750). Zur Frage der Befreiung der deutschen Komödie von der rationalistischen und französischen Tradition im 18. Jahrhundert. (Diss. masch.) München 1956

Wicke, Günter: Die Struktur des deutschen Lustspiels der Aufklärung. Versuch einer Typologie. Bonn 1965

Wiegels, Rainer/Woesler, Winfried (Hg.): Arminius und die Varusschlacht. Geschichte – Mythos – Literatur. Paderborn u.a. 1995

Willems, Marianne: Der ›herrschaftsfreie Diskurs‹ als ›opus supererogatum‹. Überlegungen zum Interaktionsethos des ›bloß Menschlichen‹. In: Wolfgang Mauser/Günter Sasse (Hg.): Streitkultur: Strategien des Überzeugens im Werk Lessings. Referate der Internationalen Lessing-Tagung der Albert-Ludwig-Universität Freiburg und der Lessing-Society an der University of Cincinnati. Tübingen 1993, S. 540–551

Willenberg, Knud: Tat und Reflexion. Zur Konstitution des bürgerlichen Helden im deutschen Trauerspiel des 18. Jahrhunderts. (Diss. masch.) Stuttgart 1975

Wirtz, Thomas: Gerichtsverfahren. Ein dramaturgisches Modell in Trauerspielen der Frühaufklärung. Würzburg 1994

Witte, Bernd: Vom Martyrium zur Selbsttötung. Sterbeszenen im barocken und im bürgerlichen Trauerspiel. In: Daphnis 23 (1994), S. 409–430

–: (Hg.): »Ein Lehrer der ganzen Nation«. Leben und Werk Christian Fürchtegott Gellerts. München 1990

Wünsch, Marianne: Der Strukturwandel in der Lyrik Goethes. Die systemimmanente Relation der Kategorien ›Literatur‹ und ›Realität‹: Probleme und Lösungen (= Studien zur Poetik und Geschichte der Literatur, Bd. 37). Stuttgart, Berlin u.a. 1975

Wurst, Karin A.: Familiale Liebe ist die »wahre Gewalt«. Die Repräsentation der Familie in G. E. Lessings dramatischem Werk. Amsterdam 1988

Zelle, Carsten: »Angenehmes Grauen«. Literarhistorische Beiträge zur Ästhetik des Schrecklichen im achtzehnten Jahrhundert (= Studien zum achtzehnten Jahrhundert 10). Hamburg 1987

–: Sinnlichkeit und Therapie. Zur Gleichursprünglichkeit von Ästhetik und Anthropologie um 1750, in: ders. (Hg.): »Vernünftige Ärzte«. Hallesche Psychomediziner und die Anfänge der Anthropologie in der deutschsprachigen Frühaufklärung. Tübingen 2001, S. 5–24

–: (Hg.): »Vernünftige Ärzte«. Hallesche Psychomediziner und die Anfänge der Anthropologie in der deutschsprachigen Frühaufklärung (= Hallesche Beiträge zur Europäischen Aufklärung, Bd. 19). Tübingen 2001

Zeller, Rosemarie: Struktur und Wirkung. Zu Konstanz und Wandel literarischer Normen im Drama zwischen 1750 und 1810. Bern 1988

Zeuch, Ulrike: Der Affekt: Tyrann des Ichs oder Befreier zum wahren Selbst? Zur Affektenlehre im Drama und in der Dramentheorie nach 1750. In: Erika Fischer-Lichte/Jörg Schönert (Hg.): Theater im Kulturwandel des 18. Jahrhunderts. Inszenierung und Wahrnehmung von Körper – Musik – Sprache. Göttingen 1999, S. 69–89

Zunkel, Friedrich: Ehre, Reputation. In: Geschichtliche Grundbegriffe. Historisches Lexikon zur politisch-sozialen Sprache in Deutschland. Hg. Otto Brunner, Werner Conze, Reinhart Koselleck. Bd. 2. Stuttgart 1975, S. 1–63

Zurbuchen, Simone: Der Philosoph des 18. Jahrhunderts zwischen Esoterik und Exoterik. Zur Strategie der radikalen Aufklärung. In: Frank Grunert/Friedrich Vollhardt (Hg.): Aufklärung als praktische Philosophie. Werner Schneiders zum 65. Geburtstag. Tübingen 1998, S. 271–280

Register der behandelten Werke